복음을 향한 열정, 세계를 향한 열정

(Heart for the Gospel, Heart for the World)

개혁주의 선교학의 선구자
요한 헤르만 바빙크(1895-1964)의 생애와 사상

폴 얀 뷔서(Paul Jan Visser)

약어표(List of Abbreviations)

General

CHDDP/FUA, Center for the Historical Documentation of Dutch Protestantism from 1800 Onward, Free University, Amsterdam

DHB, De Heerbaan

DM, De Macedoniër

DMC, Dutch Missionary Council

DWME, Division of World Mission and Evangelism

FUQ, Free University Quarterly

GKN, Gereformeerde Kerken in Nederland

GTT, Gereformeerd Theologisch Tijdschrift

GW, Gereformeerd Weekblad

HZB, Het Zendingsblad

IBMR, International Bulletin of Missionary Research

IMC, International Missionary Council

IRM, International Review of Mission

KJV, King James Version of the Bible

NHK, Nederlandse Hervormde Kerk

NRC, Netherlands Reformed Church (Nederlandse Hervormde Kerk)

NRSV, New Revised Standard Version of the Bible

NTT, Nederlands Theologisch Tijdschrift

RCN, Reformed Churches in the Netherlands (Gereformeerde Kerken in Nederland)

WCC, World Council of Churches

WZ, Wereld en Zending

바빙크의 책들과 연구논문들(Bavinck's Books and Monographs)

AWW, Alzo wies het Woord (And Thus the Word Grew and Increased, 1941)

BBO, De Bijbel: Het boek der ontmoetingen (The Bible: The Book of Encounters, 1942)

BCNCR, De boodschap van Christus en de niet-christelijke religies (The Message of Christ and Non-Christian Religions, 1940)

CBTM, The Church Between the Temple and Mosque (*1966*)

CMO, Christus en de mystiek van het Oosten (Christ and Eastern Mysticism, 1934)

CPVW, Christusprediking in de volkerenwereld (Preaching Christ to the Nations, 1939)

CWS, Christus en de wereldstorm (Christ and the World Storm, 1944)

DAC, De absoluutheid van het christendom (The Absoluteness of Christianity, n.d.)

DMN, De mens van nu (Contemporary Man, 1967)

DTK, De toekomst van onze kerken (The Future of Our Churches, 1943)

EGAHS, Der Einfliss des Gefühls auf das Assoziationsleben bei Heinrich von Suso (The Influence of Feeling on the Process of Association in the Work of Heinrich von Suso, 1919)

EVWE, En voort wentelen de eeuwen: Gedachten over het boek der Openbaring van Johannes (And Age Follows Upon Age: Reflections on John's Book of Revelation, 1952)

FF, Flitsen en fragmenten, (Flashes and Fragments, 1959)

GGNT, Geschiedenis der Godsopenbaring II: Het Nieuwe Testament (History of Divine Revelation II: The New Testament, 1938)

IBD, In de ban der demonen (Under the Spell of Demons, 1950)

ICNCW, The Impact of Christianity on the Non-Christian World, 1948)

IGHG, Ik geloof in de Heilige Geest (I Believe in the Holy Spirit, 1963)

ISM, An Introduction to the Science of Missions (1960)

IZK, Inleiding in de zielkunde (Introduction to Psychology, 1935^2)

IZW, Inleiding in de zendingswetenschap (Introduction to the Science of Mission, 1954)

LV, Levensvragen (Questions of Life, 1927)

OKZK, Onze kerk, zendingskerk (Our Church: Missionary Church, 1948)

OZB, Ons zendingsboek (Our Missionary Book, 1941)

MZW, De mensch en zijn wereld (Man and His World, 1946)

PO, De psychologie van den Oosterling (The Psychology of Eastern Peoples, 1942)

PPRAO, Het probleem van de pseudo-religie en de algemene openbaring (The Problem of Pseudoreligion and General Revelation, n.d.)

PWB, Persoonlijkheid en wereldbeschouwing (Personality and World View, 1928)

RBCG, Religieus besef en christelijk geloof (Religious Consciousness and Christian Faith, 1949, 1989^2)

ROL, Het raadsel van ons leven (The Riddle of Our Life, 1940)

RPW, Het rassenvraagstuk, problem van wereldformaat, (The Race Question: A World Problem, 1956)

RWBOT, Religies en wereldbeschouwingen in onze tijd (Religions and World Views in Our Day, 1958)

WW, Het Woord voor de wereld (Word for the World, 1950)

ZKO, Zielkundige opstellen (Essays on Psychology, 1925)

ZWN, Zending in een wereld in nood (Mission in a World in Need, 1946)

머리말

특히 칼빈 신학교(Calvin Theological Seminary)를 포함한 여러 단체들로부터 용기를 북돋아주는 요구들이 있은 후, 네덜란드에 있는 우트레흐트 대학교(the University of Utrecht)의 용엘(A. B. Jongeel) 교수님의 지도하에 행해진 저의 박사 논문의 영어판이 나오게 되어 매우 기쁩니다.

    네덜란드의 암스테르담 자유대학교(the Free University of Amsterdam)에 계시는 제리 호르트(Jerry Gort) 교수님께 아름답고 완벽한 번역을 해주신데 대해 특히 감사를 드립니다. 교수님의 작업덕택에 네덜란드 판의 각주에 있었던 많은 인용들이 이제 이 책에 실리게 되었습니다. 이러한 결과는 요한 바빙크(Johan H. Bavinck)의 생각에 더 잘 부합한 것입니다.

    요한 바빙크의 선교 신학이 그 타당성을 상실하지 않았다는 것이 나의 확고한 신념입니다 - 요한 페르까일(Johan Verkuyl)이 그를 공연히 현대적 대가(a modern classic)라고 부른 게 아닙니다 - 그리고 그의 신학적 유산을 통해서 많은 사람들이 부요하게 되기를 간절히 바랍니다.

폴 J. 뷔셔
네덜란드, 헤이그
2003년 7월

추천하면서 감수자의 말

이 책은 폴 얀 뷔셔 박사의 *Heart for the Gospel, Heart for the World: The Life and Thought of a Reformed Pioneer Missiologist, Johan Herman Bavinck, 1895-1964*(Eugene, OR: Wipf and Stock Publishers, 2003)을 전부 우리말로 옮긴 책입니다.

이 책은 개혁주의 선교를 잘 정초시킨 "얀 헤르만 바빙크"(Jan Herman Bavinck, 1895-1964)의 생애와 선교 신학에 대한 종합적인 안내서입니다. 얀 바빙크 교수는 우리에게 개혁신학자로 잘 알려진 헤르만 바빙크 교수의 조카로, 바빙크의 개혁파 사상을 선교에 잘 적용시킨 분이라고 할 수 있습니다.

이 책은 화란의 개혁파 목사님이신 폴 얀 뷔셔(Paul Jan Visser) 목사님께서 우트레흐트 대학교에서 화란어로 쓰신 박사학위논문에서 시작된 책입니다. 미국 칼빈 신학교의 선교학 교수의 조언에 근거하여 영어로 번역하여 세계의 여러 사람들에게 널리 읽히고자 하는 저자인 폴 얀 뷔셔 목사님의 노력으로 암스테르담에 있는 자유대학교 교수이신 제리 호르트(Jerry Gort) 교수께서 영어로 번역한 것을 이제 우리말로 번역하여 소개하는 중요한 책입니다. 이 작업으로 말미암아 요한 헤르만 바빙크 교수의 개혁주의적 선교 사상이 영어와 우리말로 전달되는 귀한 기회를 얻게 된 것입니다. 이 책을 잘 읽어 보면 왜 이 책의 저자이신 폴 얀 뷔셔 목사님께서 이 주제로 박사 학위를 하셨을 뿐만 아니라, 이 내용을 영어로 소개하시고, 또한 간절히 한국어로 번역되기를 원하셨는지를 우리는 잘 알 수 있습니다.

　　이 책의 우리말 번역이 우리 손에 주어진 것은 하나님의 섭리 가운데서 놀라운 몇 가지 일이 엮어졌기 때문입니다. 물론 그 중의 제일 큰 일은 폴 얀 뷔셔 목사님의 요한 헤르만 바빙크의 개혁주의 선교학에 대한 탐구입니다. 모든 목회자가 잘 알지만 교회의 목사로 섬기면서 동시에 박사 과정을 하여 학위를 한다는 것은 쉬운 일이 아닙니다. 그런데 뷔셔 목사님은 개혁 교회의 목사로 사역하면서 화란 우트레흐트 대학교에서 이 깊이 있는 논문을 완성하고 학위를 취득하셨습니다. 공부하는 목회자의 또 한 사람의 모습을 보고서 이와 같은 일이 곳곳에서 일어나기를 바라는 마음을 가지게 됩니다. 또 많은 목회자들이 바쁘다는 핑계로 논문을 대충 쓰고 박사학위를 했다고 하는 명목에 사로잡히는 것과 달리 뷔셔 목사님은 참으로 꼼꼼 하게 학위논문을 쓰셨다는 것을 우리는 이 책에서 확인하게 됩니다.

　　둘째는 이 내용이 중요하기에 얀 바빙크의 이 사상이 화란어로만 머물러서는 안 된다고 생각하여 영어 번역을 시도하고 제리 호르트 교수의 노력으로 아주 뛰어난 영어판이 나오게 된 것이 의미 있는 일입니다. 이 영어판을 미국 칼빈 신학교 교수들에게 제시하고 얀 바빙크적인 개혁파적 선교사상이 온 세상에 펴져 나가고 새롭게 드러나도록 하기 위해 지속적으로 국제적 학술회의를 주관해 가던 노력을 하던 중, 미국 칼빈 신학교의 한 실천신학 교수님께서 뷔셔 목사님께 당신의 이 책의 주제가 되는 얀 바방크적인 개혁주의적 선교 개념에 참으로 동의할 수 있는 사람들은 한국의 그리스도인들이니 이 책을 한국어로 번역할 수 있는 길을 찾아보라고 조언한 것이 두 번째 끈입니다.

　　그리하여 이 책의 추천자가 2006년 가을 학기에 화란 자유대학교 신학부의 초청으로 자유대학교에서 연구할 때에 뷔셔 목사님께서 시간을 내어 찾아 오셔서 이 책의 중요성을 설명하시면서 이 책을 한국어로 번역할 길을 알아봐 달라고 하신 것이 세 번째 끈입니다.

뷔셔 목사님을 생각하면 바로 이 책을 번역하여, 목사님께서 기대하시는 대로 많은 한국의 독자들에게 빨리 알렸어야 하는데, 2006년 가을과 겨울에 걸친 연구 학기를 마치고 2007년 귀국 후 여러 모로 바쁘다는 핑계로 그 일을 차일피일 미루다가 급기야 이 책을 번역하신 조호영 목사님께 이 책의 번역을 부탁한 것이 네 번째 끈이라고 할 수 있을까요? 성실한 조 목사님께서 늘 그러하시지만, 이 책도 잘 번역하셨습니다. 조 목사님께서 번역한 것을 조금 손질하여 독자들에게 내어 놓습니다.

이 책의 번역자이신 조 목사님은 그가 신학을 시작하실 때부터 추천자의 지도하에서 신학을 하였습니다. 웨스트민스터 신학원에서 기초적인 신학을 하고, 웨스트민스터 신학대학원과 국제신학대학원에서 목회학 석사 학위를 하였고, 더 공부하기 원하여 연세 대학교에서 철학 전공의 석사학위를 하였고, 역시 연세대학교에서 철학으로 박사 과정을 마치고, 지금은 이 책의 저자인 뷔셔 목사님께서 그리하셨던 것처럼 목회를 하시면서, 니체와 하이데거에 대한 철학 박사 학위논문을 쓰고 있습니다. 귀한 연구가 마쳐질 때에 우리들이 많은 도움을 얻을 것이라고 기대합니다. 조 목사님은 그 동안도 몇 권의 책을 우리말로 번역하셨는데, 특히 추천자와는 레온 모리스의 『그리스도의 십자가』(서울: 바이블리더스, 2009)를 공역으로 내기도 하였습니다. 영어를 늘 정확하게 읽고 우리말로 잘 표현하려는 노력을 하시는 좋은 번역자이십니다.

뷔셔 목사님이 부탁하신 2006년으로부터 거의 10년이 지난 다음에라야 이 책이 나오게 된 것에 대해서 뷔셔 목사님께도 죄송하고, 번역자인 조 목사님께도 죄송한 일입니다. 그러나 이를 통해 우리들은 얀 바빙크 교수의 철저한 개혁파적 선교 사상에 더 깊이 뿌리내리기를 바랍니다. 이미 오래 전에 전호진 교수님께서 얀 바빙크 목사님의 저서를 번역하여 제시하여 주신 일이 있지만, 이렇게 폭넓게 얀 바빙크 교수의 사상이 소개되는 일은 처음이므로 신학을 공부하는 사람들, 특히 선교에 관심을 가진 분들은 누구나 다 읽어 보아야 할 책이라고 여겨 이 책을 모든 분들께 추천합니다.

2015년 5월 24일

석가의 탄일(釋迦誕日)이라고 불자(佛者)들이 기념하는 날에
바빙크의 선교적 노력과 철저한 개혁파 선교 사상을 생각하면서

이승구 교수
(합동신학대학원대학교 조직신학 교수)

역자의 말

한 사람의 전기를 쓴다는 것, 또는 한 사람의 사상을 기록으로 남긴다는 것은 결코 쉬운 일이 아닙니다. 그런데 이 둘을 함께 해낸다고 한다면 얼마나 대단한 일일까요? 폴 얀 뷔셔 박사님께서는 바로 이 일을 해내셨다고 생각합니다. 그것도 아주 훌륭하게 말입니다. 이 책을 읽고서 이제 마지막으로 역자의 이 글을 읽는 독자께서는 역자의 말이 결코 과장이 아님을 아실 것입니다. 그런 면에서 "개혁파의 선구적 선교학자, 요한 헤르만 바빙크의 생애와 사상"(The Life and Thought of a Reformed Pioneer Missiologist, Johan Herman Bavinck)이라고 하는 부제는 이 책의 부제로서 전혀 손색이 없다고 생각합니다.

그러나 우리가 주목해야 할 것은 뷔셔 박사님께서 요한 헤르만 바빙크를 개혁파적 선교사상의 선구적 모델로서 제시하고 있긴 하지만, 그렇다고 해서 이 책이 바빙크에 대한 찬양으로 가득 차 있다고 생각한다면 그것은 오해일 것입니다. 이 책의 진정한 가치는 바빙크의 개혁파적 선교사상을 추적하는 동시에 그의 한계에 대해서도 명확하게 지적해 주고 있다는 것입니다. 따라서 우리는 이 책을 통해서 바빙크의 개혁파적 선교사상을 잘 이어 받으면서 동시에 그가 지녔던 한계들(그것은 그의 시대적 상황에서 나온 한계일수도 있고 그의 개인적 성품에서 나온 한계 일수도 있을 것인데)을 어떻게 잘 극복해 나갈 것인지에 대해서도 깊이 숙고해 보아야만 할 것입니다.

이 책은 특히 요한 바빙크의 인도네시아 선교와 관련하여 그의 생애와 사상을 다루고 있지만, 그러나 우리는 이 책을 통해서 훨씬 더 많은 정보들을 얻을 수 있습니다. 특별히 스코틀랜드와 더불어서 개혁파 사상의 본거지라 할 수 있는 네덜란드의 당시 상황뿐만 아니라, WCC의 설립과 제2차 세계대전이 기독교 선교에 미친 영향 등도 엿볼 수 있을 것인데 아마도 이것은 당시 우리나라의 선교 상황과도 일맥상통하는 부분일 것입니다. 따라서 과거의 선교 역사를 통해 미래의 선교 역사를 계획하고 준비하는 일 역시 이 책이 제공하는 유익이라 할 수 있을 것입니다.

아브라함 카이퍼는 다음과 같이 선언했습니다: "우리 인간 존재의 전 영역에서 만물의 주권자이신 그리스도께서 '나의 것이다!'(Mine!)라고 외치지 않는 영역은 단 1인치도 없다." 기독교 선교는 그리스도께서 '진정한' 의미에서 만물의 주권자가 되도록 하는 한 방편이며, 이런 의미에서 모든 그리스도인에게는 선교적 소명이 주어져 있다고 할 수 있습니다. 그가 '나가는 선교사'이든 아니면 '보내는 선교사'이든 이 책은 복음과 세상을 향한 열정이 결코 한 인간의 삶으로 끝나는 것이 아니라 모든 그리스도인의 삶에서 그리스도께서 다시 오시는 그 날까지 불타올라야만 한다는 것을 보여줄 것입니다.

먼저 이 귀한 책을 번역할 수 있는 기회를 주신 이 승구 교수님께 깊은 감사의 마음을 전합니다. 하나님께서 제 삶에 베풀어 주신 가장 귀한 선물 중 하나가 있다면 바로 신학원 2학년 때에 교수님을 만나서 어언 제 삶의 절반을 교수님과 관계하며 살아 올 수 있는 은혜를 베풀어 주신 것이라 생각합니다. 믿음의 선배들에게 본받고 싶은 신앙의 모델로서 박 윤선 목사님이나 한 경직 목사님 같은 분이 계셨다고 한다면, 이 승구 교수님은 저에게 바로 그와 같은 분이십니다.

삶을 산다는 것은 사랑의 빚을 늘려가는 일인 것 같습니다. 감사해야 될 분들이 너무 많은데 평소에 말로 하지 못했던 감사의 말을 이런 기회를 통해서나마 전했으면 합니다. 독자들의 넓은 양해를 부탁드립니다. 먼저 시골서 올라 온 어린 청년을 전도사로 섬겨주시며 신학을 공부할 수 있도록 온갖 도움을 아껴주지 않으신 안양 늘 푸른 교회의 조 성호 목사님과 사모님, 그리고 여러 성도님들께 비록 늦었지만 이 자리를 빌어서 깊은 감사의 마음을 전합니다. 교회를 떠난 지는 오래 되었지만 베풀어 주신 사랑은 늘 잊지 않고 있음을 고백합니다. 또한 부족한 사람과 함께 교회를 세워 나가는 일에 동참하고 있는 우리 예사랑 교회 가족들에게도 감사의 마음을 전합니다. 그들과 함께 예배하며 말씀을 나누는 시간이야말로 저에게 가장 즐겁고 행복한 시간입니다. 이 연약한 교회를 후원해 주고 있는 서울 언약교회와 성도님들에게도 감사의 말씀을 빼놓을 수 없을 것 같습니다. 특히 제가 언약교회에 출석했을 때에 함께 했던 성경공부 시간을 통해 나누었던 아름다운 교제들은 아직도 잊을 수 없는 기억으로 남아 있습니다. 마지막으로 아직까지도 늘 다 큰 자식 걱정에 노심초사하시는 시골에 계시는 부모님, 그리고 제 삶의 길에서 언제나 저와 보조를 맞춰준 사랑하는 아내와 아들 성민, 딸 서현에게도 깊은 감사의 마음을 전합니다. 이들의 희생과 도움이 없었다면 저의 학문의 길은 이루어질 수 없었을 것입니다.

"당신 앞에 내가 무엇이길래
날더러 당신을 사랑하라 명하시고
아니하면 나를 꾸짖기까지 하시나이까?"

(아우구스티누스의 『고백록』에서)

2015년 5월 26일
조 호영 목사

서문

폴 뷔셔 박사께서 요한 헤르만 바빙크(J. H. Bavinck)의 생애와 선교 신학에 대한 그의 책을 위해서 서문을 써달라고 부탁했을 때 저는 기뻤습니다. 왜냐하면 바빙크를 결코 만나 뵌 적도 없고, 그렇다고 그의 강의실에 앉아 본 적도 없지만 그의 글들을 통해서 그는 그 어느 누구보다도 더 많이 선교에 대한 저의 사고를 형성했기 때문입니다. 불행히도 바빙크의 중요한 글들 중 상당수가 아직 영어로 번역되지 않았으며, 출판된 몇 안 되는 책들은 그나마 절판된 상태입니다. 그러므로 제가 생각하기에 아주 훌륭한 번역을 통해서 바빙크의 생애와 사상에 대한 뷔셔 박사의 폭넓고 포괄적인 연구를 영어로 접할 수 있게 되어 기쁩니다.

이 원고를 읽으면서 저는 바빙크의 선교학이 오늘날의 독자들과 오늘날 우리가 직면하고 있는 문제들에 대해 그 타당성을 지니고 있음에 감명을 받았습니다. 명칭들과 환경들은 변했지만, 그러나 근본적인 문제들은 그대로 남아 있습니다. 저는 바빙크가 예수 그리스도의 유일성과 다른 종교들에 맞선 복음의 종국성의 문제(the question of the uniqueness of Jesus Christ and the ultimacy of the gospel over against other religions)를 어떻게 다루었는지에 대한 뷔셔 박사의 설명이 특히 도움이 됨을 발견했습니다. 이것은 21세기 내내 선교학자들에 의해 틀림없이 주요한 주목을 받게 될 주제입니다.

이와 관련해서 뷔셔 박사는 제가 이전에는 알아차리지 못했던, 그가 "사고의 전환"("reversal of thought")이라고 부르는 한 가지 변화를 바빙크의 사유에서 밝혀냅니다. 그것은 중생하지 않은 사람들이 하나님을 향한 자연적인 열정의 씨앗을 소유하고 있는지, 그리고 사실상 그들이 진정으로 하나님을 찾는지의 문제와 관련되어 있습니다. 인생의 후반기에 바빙크는 그가 초기에 취했었던, 보다 더 긍정적인 입장을 거부했습니다. 그는 성경적 관점에서 중생하지 않은 사람들은 하나님을 찾지 않고, 찾을 수도 없다고 결론을 내렸습니다. 왜냐하면 그들의 존재의 본질적인 핵심에 있어서 그들은 죄인들, 즉 그들의 본성의 가장 깊은 곳에서 하나님을 두려워하고, 그분을 피하고, 그분을 밀쳐내며 그분에게 전적으로 저항하는 반역자들이기 때문입니다. 바빙크에게 동의하는 사람들에게 이 주제에 대한 그의 입장은 종교간 대화에 있어 그들이 가지고 시작하게 될 전제들에 대해 굉장한 함의들을 지니고 있습니다.

뷔셔 박사는 바빙크가 걸음을 내 디딜 때마다 심리학적 사색과 철학적 고찰들로부터 점점 더 떠나서 그의 선교학을 성경적이고-신학적으로 보다 깊이 뿌리내리는 방향을 향해 나아갔음에 주목합니다. 이 점에 대해 우리 모두는 감사할 수 있습니다.

뷔셔 박사의 책은 놀라운 변화들이 기독교 선교에서 일어나고 있는 시점에 나왔습니다. 중심 축(momentum)은 북에서 남으로, 서에서 동으로 이동하고 있습니다. 그리스도인의 숫자가 증가하는 가운데 얼마 전까지만 해도 "선교지들"(mission fields)이라고 불렸던 국가들의 교회들에서 선교사들이 파송됩니다. 서울(남한), 마닐라(필리핀), 상 파울로(브라질), 산 호세(코스타리카), 나이로비(케냐), 그리고 데라 둔(인도)과 같은 곳들에 있는 학교들과 신학교들에서는 선교학자들이 성장하고 있습니다. 보다 젊은 세대의 선교학자들이 떠오르고 있습니다. 그들은 기독교적 증거에 대한 새로운, 상황화된(contextualized) 접근을 개발하고 있는 반면, 동시에 그들이 최고의 서양 선교학으로 간주하는 것의 토대 위에서 그러한 작업을 하고 있습니다. 그들은 이렇게 끊임없이 확장되고 있는 사역지의 새로운 개척지들을 탐험하며 바빙크의 선교 신학에 대한 뷔셔 박사의 연구로부터 큰 유익을 얻을 것입니다.

이러한 생각으로 인해서 저는 여전히 또 한 권의 책, 보다 더 짧고, 보다 더 쉽게 읽을 수 있으며, 바빙크의 생각들을 고등의 학문 영역으로부터, 폭넓게 말해서 가장 많은 수의 목사들, 선교사들 그리고 학생들이 작업하는 수준에로 옮겨줄 책이 쓰여져야만 한다고 제안하는 바입니다. 뷔셔의 책은 신학과 선교학을 공부하는 상급반 학생들에게 중요한 통찰을 풍성히 제공해 주는 학문적인 저서입니다. 그러나 조만간 바빙크를 철저하게 이해할 수 있는 교육과 정신 능력을 가진, 즉 서로 다른 문화와 교육적 배경 속에서 영어와 씨름하며 서양에서 출판된 훌륭한 책들을 살 여유가 없지만, 그럼에도 바빙크가 언급한 문제들과 그가 그들에게 적용한 성경적 통찰력들을 이해할 필요가 있는 아시아와 아프리카와 라틴 아메리카에 있는 수많은 학생들과 목사들과 복음전도자들의 필요에 아주 민감한 작가가 나타날 필요가 있습니다. 그러한 사람이 나타날 때 그는 20세기의 가장 위대한 선교학자들 중 한 사람인 요한 헤르만 바빙크에 대한 폴 뷔셔의 기념비적인 연구에 큰 빚을 지게 될 것입니다.

차례

머리말_7

추천하면서 감수자의 말_8

역자의 말_12

서문_15

제1장 배경과 생애의 전반기_21

제2장 생애의 후반기와 마지막_89

제3장 바빙크의 선교신학의 내용과 맥락_141

제4장 타 종교들과 일반계시_181

제5장 기독교 신앙과 종교적 의식_233

제6장 선교의 토대와 본질_305

제7장 선교의 목적과 접근_359

제8장 반증학_411

제9장 실천적 선교신학_451

제10장 결론적 후기_505

참고 도서_519

1
배경과 생애의 전반기

제1장 배경과 생애의 전반기

사실상 어떤 이의 전기를 쓰는 것은 불가능하다. 왜냐하면 우리가 어떤 이의 생애라고 부르는 것은 그 사람의 존재의 절반만을 구성하고 있기 때문이다: 그가 행하고, 생각하고, 추구한 것, 그가 범한 죄들. 진정한 전기라면 또한 그 사람의 '생애'의 나머지 절반을 보여주어야 할 것이다: 그에 대한 하나님의 다루심, 그를 향한 하나님의 끝없는 관심, 그에 대한 하나님의 은혜로우신 지켜보심. (*IGHG*, 73)

1. 바빙크의 가계(家系)

바빙크의 경력에 대한 전기적 상술은 그의 생애와 그의 역사적 배경 사이에 분리할 수 없는 연결이 있음을 증거해 준다. 바빙크 가문은 지성적이고 영적인 면에서 1834년에 있었던 네덜란드 개혁교회(the Dutch Reformed church)의 분열에 뿌리를 두고 있었는데, 이 개혁교회의 특징은 개인의 경건과 신앙 체험에 대한 강조였다. 교회 생활에 참여하고 개혁신학(Reformed theology)에 몰두하는 것은 바빙크의 직계 친족들 가운데에, 특히 둘 다 개혁 교회 목사들이었던 그의 할아버지인 얀 바빙크(Jan Bavinck)와 아버지인 꾼라트(Coenraad) 그리고 탁월한 재능의 교의학자인 그의 삼촌 헤르만 바빙크(Herman Bavinck)에게서 현저하게 중요한 자리를 차지했다. 바빙크 가문에 대한 보다 최근의 역사를 간략하게 그리고 있는 다음의 글들은 요한 헤르만이 자라난 영적이고 신학적인 환경에 대한 통찰을 제공하기 위한 것이다.

1.1. 얀 바빙크(1826-1909)

바빙크의 가문(The Bavincks)은 드렌터(Drenthe)와 오퍼르에이셀(Overijssel)이라고 하는 네덜란드 동부 지역들과 접해있는 독일 지역인 벤타임(Bentheim)[1]이란 시골 출신이었다. 얀 바빙크가 1826년 2월 5일 헤르마누스 바빙크(Hermanus Bavinck, 1781-1829)와 펜나 니하우스(Fenna Niehaus, 1795-1858)의 다섯째 아이이자 독자로서 처음 세상의 빛을 본 것 역시 바로 이곳에서였다. 얀의 아버지는 33살의 미망인인 그의 어머니로 하여금 여섯 자녀를 돌보도록 남겨둔 채 3년 후에 죽었다. 남편을 잃은 데서 오는 깊은 슬픔에도 불구하고 펜나는 그녀의 가족을 돌보는데 전적으로 헌신했다. 얀은 그녀에 대해 다음과 같이 썼다:

> 우리의 선하신 어머님께서는 그녀의 자부심이요 기쁨이었던 자녀들을 위해 최선을 다해서 사셨으며 일하셨다. 그녀는 우리를 잘 양육하시기 위해 최선을 다하셨으며 이 일을 위한 많은 은사들과 필요한 재능을 받으셨다. 그녀는 우리를 조심스럽게 지켜보셨으며 우리에게 나쁘거나 야비한 일들을 피하도록 끊임없이 상기시킴으로써 나쁜 친구들에게 물들지 않도록 하려고 애를 쓰셨다. 그녀는 우리로 하여금 신실하게 학교에 다니도록 하셨으며 주일에는 우리를 교회에 데리고 가셨고, 우리를 요리문답공부에 보내셨다. 우리는 단 한 번도 빠지는 것이 허용되지 않았다. 간단히 말해서, 우리에겐 선하시고 신실하신 어머니, 너무나 많은 것을 빚진 어머니가 계셨다.[2]

어린 시절에 얀은 이후의 그의 삶과 후손에게 결정적인 중요성을 지닌 것으로 판명될 영적 발달을 경험했다. 이러한 발달의 성격은 그의 전기에 있는 몇 몇 주목할 만한 구절들에 의해서 예증된다. 그의 엄격한 양육과 벤타임에 있는 개혁 교회(Reformierte Kirche)에 대한 그의 가족의 헌신된 충성을 묘사한 후 그는 다음과 같이 쓰고 있다:

---

[1] 바빙크 가족들에 의해 수집된 족보의 기록들은 바빙크란 이름이 1594년에 이미 벤타임 마을에서 나타나고 있음을 보여준다.
[2] J. Bavinck, *Korte schets van mijn leven*, 3.

> 나는 예의바른 중산층의 종교적 양육을 받았지만, 그럼에도 불구하고 어린 시절 나는 '내적 기독교'(inward Christianity)에 대한 어떤 것이나 또는 이성에 의해서는 알려질 수 없으나 하나님의 자녀들이 개인적 경험을 통해 이해하게 되는 것들에 대해 결코 들어본 적이 없었다. 내가 기억할 수 있는 한 나는 믿음과 회심에로 결코 부름받지 못했으며 어느 누구도 나로 하여금 예수님 앞에 무릎을 꿇고 나의 주님이시요 구세주로서 그 분을 찾고 열망하도록 강권하지도 않았다.3)

가족과 교회 모두에서 종교적인 생활은 "외적인 종교적 의무들의 준수"4)에 놓여 있었다고 쓰고 있으며, 계속해서 다음과 같이 말한다.

> 비록 거룩함과 경건이란 용어가 일상적으로 사용되는 것은 아니었던 환경에서 자랐음에도 불구하고 나는 어릴적부터 영원의 문제들에 관심이 있었다. (…) 때때로 혼자였을 때 나는 하나님 앞에 무릎을 꿇고 자비를 위해 기도하고 간구하면서, 이따금씩 눈물바다를 이룬 채 내 마음을 그 분에게 쏟아 놓았다.5)

반면에 얀 쉰다흐(Jan B. Sundag)의 지도 아래 벤타민에 분리 교회(a dissenting church)가 생겨났는데, 이 교회는 네덜란드에서 있었던 1834년의 교회 분열과 밀접하게 관련되어 있었다. 16살에 얀은 그의 외삼촌인 하름 니하우스(Harm Niehaus)를 통해 이 구개혁 교회(Alt-Reformierte Kirche)와 관계를 맺게 되었다. 그의 외삼촌의 회심과 그의 사촌의 회심은 그에게 깊은 인상을 주었다. 그는 규칙적으로 그들을 방문했으며 그들의 가족 예배에 참여했다. 그는 다음과 같이 기록하고 있다:

---

3) *Ibid.*, 4.
4) *Ibid.*
5) *Ibid.*

나의 외삼촌의 지도하에 주께서는 나로 하여금 그 어느 때보다 내 자신의 깊은 부패와 다른 한편으로 그리스도 예수 안에서 발견되는 구원에 대해 인식하게 하셨다. 하나님의 은혜로 말미암아 나는 하나님께 굴복했으며 그 분을 따르고 그분에게 달라붙어서 그 분을 섬기기로 의식적으로 결정하였다.[6]

그때부터 죽 그는 쉰다흐(Sundag)가 인도하는 교회예배에 참석하기 시작했다. 이것이 쉬운 결정이 아니었음은 다음 구절에서 명백히 드러난다.

만일 누군가가 멈추어 서서 내가 불과 16살의 소년이었다는 것과 헨드릭 콕을 따르는 사람들(the Cocksians)[7]의 모임에 갔던 벤타임 출신의 유일한 젊은이였다는 것을 생각한다면, 그리고 만약 콕을 따르는 사람들은 매우 멸시를 받았으며 증오의 대상이었다는 것, 즉 그들은 인간 쓰레기(scum and garbage)로 여겨졌다는 것을 좀 더 고려한다면 나 역시 어떻게, 왜 1834년의 교회분열에 가해진 중상적인 비방의 표적이 되었는지를 이해하는 것은 어렵지 않다.[8]

개혁 교회(the Reformierte Kirche)와 분명하게 단절하고 구개혁 교회(the Alt Reformierte Kirche)에 가입하고자 하는 결정은 훨씬 더 어려웠다. 파벌주의와 분리주의에 대한 두려움으로 인해서 그는 오랫동안 망설였다. 그는 개혁교회의 진영(the Reformed[Gereformeerde] fold) 내에 머물기 원했다. 마침내 많은 내적 갈등을 겪은 후에 그의 결정이 내려졌다: 그는 그의 소속을 옮겼다. "나는 개혁파로 남기 위해(in order to remain Reformed[Gereformeerd]) 개혁 교회(Reformierte Kirche)를 떠나 구개혁 교회(Alt-Reformierte Kirche)에 가입했다고 진심으로 솔직히 말할 수 있습니다."[9]

심지어 이전 교회를 떠나기 오래 전에 얀은 목사가 되고자 하는

---

6) *Ibid*.
7) 네덜란드에서 있었던 1834년의 교회 분열의 지도자였던 헨드릭 더 콕(Rev. Hendrik de Cock, 1801-1842)의 이름을 딴 교회의 집단.
8) J. Bavinck, *Korte schets van mijn leven*, 12.
9) *Ibid.*, 13.

"깊은, 불타는 열망"을 가지고 있었다. 그러나 그의 어머니께서 이것을 가능케 할 만한 재정적 수단이 없었으므로10) 그는 1842년 물레 제작자인 끄라버(J..B. Krabbe)의 견습공이 되었다. 이것은 끄라버가 하던 일보다는 오히려 끄라버를 선택한 것이었다. 왜냐하면 그 역시 분리주의자에 속했기 때문이다. 그는 곧 끄라버의 가정에서 편안함을 느꼈는데, 당시에 쉰다흐 역시 우연히도 거기에 묶고 있었다. 그리고 이로 인해서 목사가 되고자 열망하는 젊은이와 경험이 풍부한 분리주의 설교자 사이에 매일같이 접촉이 이루어질 수 있었다. 어느 순간에 다양한 분리주의 회중들 가운데에서 설교해야 할 쉰다흐의 책임이 지나치게 많아졌음이 분명해졌고, 그래서 복음 사역을 위해서 훈련받을 수 있는 젊은이들을 찾고자 하는 결정이 내려졌다. 지원한 다섯 명의 후보자들 중에서 한 명이 선택될 예정이었다. 얀 바빙크 역시 지원했었다. 이제 그가 깊이 간직해 왔던 소원이 성취되길 바라며.

1845년 1월 17일, 다양한 분리주의자들의 회중교회로부터 온 22명의 사역자들이 어느 지원자를 뽑아야 할 지 결정하기 위해 브란트레흐트(Brandlegt)라고 하는 작은 도시에서 만났다. 개표가 되었을 때, 11표가 프레데릭 하위스컨(Frederik Huisken)에게 그리고 11표가 얀 바빙크에게 투표한 것으로 드러났다. 이 난감한 상황을 어떻게 해결해야만 했을까? 기도로 모인 후에 제비뽑기로 이 문제를 해결하기로 결정했다.11) 시중드는 소녀로 하여금 두 사람의 이름 중 하나를 뽑도록 했다. 그녀가 뽑은 쪽지 위에 다음과 같이 적혀 있었다: 얀 바빙크.12) 이에 대해 그는 다음과 같이 기록하고 있다:

> 따라서 말씀의 종으로서 훈련받는 길이 나에게 열렸다. 사람들은 이 일이 일어난 방식과 관련해서 자신들 나름대로 생각할지 모른다. 나와 관련해서

---

10) *Ibid.*, 19.
11) 이것은 참석자들이 이 모임에서 두 번째로 제비뽑기에 의존해야만 하는 때였다.
12) J. Bavink, *Korte schets van mijn leven*, 20-22.

나는 그 속에서 하나님의 손, 즉 나의 많은 기도에 대한 응답과 내 마음의 강한 열정이 처음으로 성취되는 것을 보았다.[13]

당시에 기독교 분리주의 개혁 교회(the Christian Separatist Reformed Church, Christelijk Afgescheiden Gereformeerde Kerk)의 목회 후보생들이 훈련을 받는 신학교가 네덜란드에 세 곳이 있었다: 하나는 안토니 브륌멀캄프(Rev. Anthonie Brummelkamp)의 지도하에 있는 아른헴(Arnhem)에, 하나는 탐메 드 한(Tamme F. De Hann)이 교장으로 있는 흐로닝언(Groningen)에, 그리고 하나는 볼터 콕(Wolter A. Kok)이 이끄는 드렌터 지방의 라이더볼트(Ruinerwold) 근처에 있는 공동체인 베르겐(Bergen)에 있었다. 얀은 베르겐에 있는 학교에 출석하기로 결정되었다. 얀과 그의 10명의 동료 학생들은 콕과 개종한 유대인 학자인 로전스베이흐(Rozensweigh)에게서 가르침을 받았는데, 로전스베이흐는 그들에게 역사와 고전어를 가르쳤다. 1846년 콕은 호허페인(Hoogeveen)에 있는 회중교회(the congregation)로부터 청빙을 받았으며 신학교 역시 자동적으로 그와 함께 옮겨가게 되었다. 얀은 총명한 학생이었으며 열심히 공부했다. 로전스베이흐가 예기치 않게 헤이그(The Hague)에서의 청빙을 수락했을 때 얀은 콕의 제안과 동료 학생들의 승인으로, 하지만 자신은 상당히 놀라움 속에서, 로전스베이흐의 가르치는 사역을 떠맡도록 지명되었다. 그 자신은 이것을 "궁핍한 상황 속에서의 비상 선택"이라고 불렀으며 "언어 공부에 대해 주님으로부터 특별한 열정을 받았다"[14]고 덧붙였다. 심지어 공부를 마친 후에도 그는 1854년에 캄펀 신학교(Kampen Theological Seminary)가 설립될 때까지 대리자로서의 가르치는 일을 계속했다.

1848년 8월 9일, 23살의 얀은 그의 스승인 콕에 의해 베네이든 흐라프스카프(Beneden-Graafschap)에 있는 구개혁교회(Alt-Reformierte Kirche)의 사역자로 임명되었는데, 그는 설교 본문으로 디모데 후서 4장 5절을 택

---

13) *Ibid.*, 23.
14) *Ibid.*, 27.

했다: "그러나 너는 모든 일에 근신하여 고난을 받으며 전도인의 일을 하며 네 직무를 다하라."15) 이 상황에 대해 그는 다음과 같이 썼다: 나와 관련해서 나는 내 어깨에 놓인 직무의 무게와 중압감을 인식하고 있었으며 아주 깊이 인식하고 있었다.16) 목사로서의 그의 취임식에서 그가 설교한 본문은 골로새서 1장 8절이었다: "(너는 그것을 에바브라에게서 배웠나니, (…) 그는 성령 안에서 너희 사랑을 우리에게 고한 자니라." 이러한 설교 본문의 선택조차도 그가 쉰다흐에게 느꼈던 깊은 유대감을 반영했다. 그는 이제 벨트하우전(Veldhausen), 윌젠(Ülsen), 빌줌(Wilsum), 그리고 엠리히하임(Emlichheim)에 있는 회중들을 섬기기 시작했다. 후에 그의 목회자로서의 사역적 책임들은 윌젠과 빌줌으로 제한되었다. 처음에 시의 당국자들은 구개혁 교회의 모임을 방해하기 위해 그들이 할 수 있는 모든 일을 했다. 그러나 시간이 지나면서 그들은 그 모임에 대해 점점 더 관대해졌다.17) 중재 역할을 한 교회 위원회의 조언에 따라 얀은 프리즌페인(Vriezenveen) 출신의 열정적이고 용기 있는 여성인 헤시나 마흐델레나 홀란트(Gesina Magdelena Holland, 1827-1900)와 약혼을 하게 되었으며, 1850년 4월 27일에 그녀와 결혼을 했다.

      그 후 몇 년 동안 얀은 두 가지 어려운 결정에 직면했다. 첫째로, 그는 호허페인(Hoogeveen)에 있는 교회의 부목사로 오라고 하는 부름에 대해 고려해보라고 하는 콕의 요청을 받았다. 이러한 부름이 있게 된 것은 호허페인에 있는 교회의 규모 때문만이 아니라 그들 두 사람이 그 지역에서 떠맡고 있던 신학교육의 조직적 향상을 고려해서였다. 당시에 학생들은 그들의 공부의 첫 번째 부분을 얀 바빙크와 한 다음, 그 공부를 완성하기 위해 호허페인으로 가야만 했었다.18) 콕은 학생들의 신학 교육이 다시 한 번 한 지역에서 집중될 수 있다면 학생들에게 더 유익

---

15) 한글 성경의 경우 개역성경을 사용하였다-역주.
16) J. Bavinck, *Korte schets van mijn leven*, 33.
17) *Ibid.*, 36-39. 여기에서 그는 시 당국자들이 구개혁교회를 방해하기 위해 행했던 방법들을 자세하게 기록하고 있다.
18) 이러한 신학 교육에 대한 보다 많은 정보를 콕의 글, 171-180페이지에서 발견할 수 있다.

할 것이라고 생각했다. 그러나 얀은 베네이든-흐라프스카프를 떠날 수 없었다. 그러나 얼마 후 호허페인에 있는 교회가 어쨌든 그를 부르기로 결정했는데, 이로 인해 그에게 큰 내적 갈등이 있었다. 그는 다음과 같이 적고 있다:

> 나는 여기에서 마지막 결정을 내리는 것이 나에게 어떤 희생을 요구하는지 언급하지 않겠다. 다만 많은 주저와 의문이 있은 후에야 나는 마침내 베네이든-흐라프스카프를 떠나 호허페인으로 가기로 결심했다는 것만을 말하겠다.[19]

그럼에도 불구하고, 그가 결심을 한 이후에 조차 그의 마음에 의문이 남아 있었으며, 한 번 이상 그가 원래 있던 곳에 남아 있었어야만 했다는 생각이 들었다. 그러나 결국 그는 그 선택이 하나님의 뜻에 따른 것이며 하나님께서 그와 함께 가셔서 함께 하실 것이라고 확신했다. 1853년 5월 16일에 그는 사도행전 20장 32절의 말씀으로 고별설교를 했다: "지금 내가 너희를 주와 및 그 은혜의 말씀께 부탁하노니 그 말씀이 너희를 능히 든든히 세우사 거룩케 하심을 입은 모든 자 가운데 기업이 있게 하시리라."

1년 후에 즈볼러 총회(the General Synod of Zwolle)는 네 명의 첫 교수진으로 캄펀에 신학교를 세우기로 결정했다: 시몬 판 펠전(Simon Van Velzen, 안토니 브룸멀캄프(Anthonie Brummelkamp), 타메 드 한(Tamme F. De Haan), 그리고 당시 불과 28살이었던 얀 바빙크.[20] 그의 임명에 그는 깜짝 놀랐다:

> 아니! 이 일을 난 정말 상상조차 할 수 없었습니다. (…) 이 임명은 내게 큰 중압감을 주어서 나는 바로 그 모임 자리에서 그것을 거절할까 생각했습니다. 내가 어떻게 대학교육(academic education)을 받은 분들과 함께 일할 수 있단 말입니까?[21]

---

19) J. Bavinck, *Korte schets van mijn leven*, 42.
20) 이 결정에 대한 상술에 대해서는 다음을 참조하라: J. Bosch, 154-156과 H. Algra, 152-156.

그러나 그는 많은 분들로부터 그 교수 임명을 받아들이도록 권면을 받았으며, 그는 점차적으로 그래야만 한다고 마음에 확신을 갖게 되었다. 그러나 겸손하게도 자신의 능력에 대해 의구심을 가짐으로 인해서 그 부름에 전심으로 긍정적인 답을 할 수 없었다. 그는 마침내 두 개의 편지를 썼다: 신학교 교수직을 받아들이는 편지와 거절하는 편지. 그리고 나서 그는 당시에 우연히도 그와 함께 있었던, 그의 학생 중 한명인 몰화위전(J. Moolhuizen)에게 두 개의 편지 중 하나를 뽑아서 붙이도록 했다. 그것은 교수직을 정중히 거절하는 편지였다. 그는 다음과 같이 썼다: "아뇨! 전 [어느 편지가 보내어졌는지를] 알게 되었을 때 (…) 제 기분이 어땠는지, 그리고 제 마음이 어땠는지에 대해서는 아무 말도 하지 않겠습니다. 다만 이것만 말씀 드리겠습니다: 전 그때에도, 오랜 시간이 지난 후에도 그 문제로 인해 마음이 편치 못했습니다."22) 이와 관련해서 그는 일반적으로 자기 자신을 별 볼일 없게 여기고, 자기 확신이 불충분하며, 그래서 주어진 상황 속에서 부름 받은 행동을 취하길 부끄러워하여 달아나는 심약한 영혼들 중 하나임을 인정했다.23) 그는 자신의 결정을 번복하고자 애썼지만, 그의 노력은 신학교 이사회에 의해서 거절당했다.24) 28년 후에, 1854년에 태어난 그의 아들 헤르만 바빙크가 캄펀 신학교 교수로 임명되었을 때 그는 다음과 같이 썼다: "나와 관련해서 나는 이 일에서 하나님의 손길을 보았다. 그리고 나는 나의 아들에게 - 나를 '계승하라' 고 말하지 않고 - 믿음의 부족으로 내가 감히 받아들이지 못했던 그 직을 맡도록 허용해주신데 대해 하나님께 감사했다."25)

1857년 얀 바빙크는 븬스허튼(Bunschoten)으로의 부름을 받아들

---

21) J. Bavinck, *Korte schets van kijn leven*, 48-49.
22) *Ibid.*, 51.
23) *Ibid.*
24) 바빙크는 자신의 자서전에서 이 사실을 언급하지 않고 있지만, 이사회가 출판한 의사록 (*Handelingen der Curatoren 1854*)에 기록되어 있다. Cf. R.H. Bremmer, *Herman Bavinck en zijn tijdgenoten*, 14.
25) J. Bavinck, *Korte schet van mijn leven*, 51.

였는데, 거기에서 그는 5년 동안 행복하게 섬겼다. 1862년 그는 알름께르크(Almkerk)와 엠믹호번(Emmikhoven) 교회로 옮겼으며, 거기에서 그와 그의 아내는 연이은 커다란 슬픔을 받아들여야만 했다: 1863년에서 1868년까지 5년 동안 그들의 자녀들 중 세 명이 목숨을 잃었다. 그러나 그들은 또한 이 알름께르크에서 이 기간 동안 세 명의 자녀를 얻는 기쁨을 경험했는데, 그들 중에 요한 바빙크의 아버지 꾼라트 베르나르두스(Coenraad Bernardus)가 있었다. 1873년 얀은 캄펀에 있는 교회로의 부름을 받아들였다. 그는 이전에 신학교 교수로서의 임명을 감히 받아들이지 못했었음에도 불구하고, 이제 "목자와 교사로서" 그는 "비록 간접적일 뿐 일지라도, 결국 [학생들의] 훈련과 영적 고양에 무언가 이바지" 할 수 있게 되었다.26) 또한 캄펀에서 바빙크 부부는 많은 어려운 시련을 겪었다: 1896년 박사과정의 총명한 학생이었던 그들의 막내 아들이 24살의 나이로 죽었고, 4년 후에는 헤지나 막델레나(Gesina Magdelena) 자신이 50년 넘은 결혼 생활을 뒤로하고 73세의 나이로 생을 마감했다. 이것은 얀에게 매우 큰 상실감을 안겨주었으며, 그의 아내의 죽음 후에 외로움을 견딜 수 없었던 얀은 그의 아들 헤르만의 집으로 영구히 이사했는데, 헤르만은 1882년에 캄펀신학교에서 교수가 되었었다. 54년에 걸친 신실한 섬김의 사역 후에, 얀은 1903년 1월 25일 데살로니가 전서 5장 23절을 본문으로 해서 그의 고별 설교를 했다: "평강의 하나님이 친히 너희로 온전히 거룩하게 하시고 또 너희 온 영과 혼과 몸이 우리 주 예수 그리스도 강림하실 때에 흠 없게 보전되기를 원하노라." 그는 그의 사역에 대해서 왕의 인정을 받아 빌헬미나(Wilhelmina) 여왕에 의해 오렌지 낫소(the Order of Orange Nassau-네덜란드 최고의 기사작위-역주)라고 하는 기사작위를 받았다.27) 그의 생의 마지막 무렵에 그는 헤르만과 함께 암스테르담으로 이사했는데, 왜냐하면 헤르만 바빙크가 자유대학교에서 교의학 교수

---

26) *Ibid.*, 69.
27) Cf. "In memoriam ds. J. Bavinck, "*Handboek van de Gereformeerde Kerken in Nederland*, 22 (1910), 311-312.

로 임명되었기 때문이었다. 길고도 힘든 질병으로 인해서 침대에 누워 있어야만 했던 그는 1909년 11월 20일에 소천했다.

얀 바빙크는 그의 설교 능력으로 인해서 많은 사랑과 존경을 받았다. 이것은 1910년도에 출판된 교회 연감, 『In Memoriam』에 있는 그에 대한 다음과 같은 표현에 반영되어 있다: "그는 설교단에서 매우 분명하고 명료하게 말했으므로 가장 단순한 사람까지도 그를 따를 수 있었다. 그럼에도 불구하고 그는 하나님의 말씀에 대한 깊은 통찰을 지닌 사람이었으며 풍부한 교의적 박식함을 지녔다."[28] 그러나 이러한 경탄은 많은 사람의 권고로 인해 그의 설교 중 상당수가 여러 해에 걸쳐 출판되었다는 사실에 의해서도 증명된다. 『구원의 목소리』(Stemmen des heils, Voices of Salvation)란 제목으로 그의 첫 번째 설교집이 1863년에 나왔으며 기독교력의 다양한 성일에 선포된 설교들을 담고 있는 세 권의 설교집이 다음 년도들에 뒤따랐다.

비록 얀 바빙크가 일생동안 지역 교회의 목사로 남아 있었지만, 그는 또한 그 교회에서 보다 폭넓게 활동했다. 예를 들어, 그는 1859-1900년까지 캄펀 신학교의 이사회 임원이었으며 1854년과 1892년 사이에 반복해서 총회 모임에 파견되어 섬겼다. 그는 또한 그의 학문적 성향을 숨길 수도 없었다. 1868년에 그의 동료인 헬레니우스 더 콕(Helenius de Cock)과 함께 그는 증언(De Getuigenis, The Witness)이란 제목의 새로운 잡지를 만들어 출판하기 시작했다. 첫 번째 판에서 그는 처음의 망설임에도 불구하고 그 계획을 밀고 나가기로 결정했는데 왜냐하면 분리교회가 이미 30년 동안이나 존재해 왔음에도 불구하고 직접 편집한 잡지가 하나도 없었기 때문이라고 그는 설명했다. 이 새 잡지가 토대를 둔 원칙들이 분명하게 규정되었다: 절대적인 규범으로서 성경의 수용, 그리고 네덜란드 개혁교회 전통(Dutch Reformed tradition)의 신앙고백서들, 즉 하이델베르크 요리문답(the Heidelberg Catechism), 네덜란드 신앙 고백서(the

---

28) *Ibid.*, 312.

Dutch Confession of Faith), 그리고 도르트 신조(the Canons of Dort)에 대한 충성스러운 헌신.29)

이 잡지가 표명한 목표는 진리의 교리를 변증하고 확장하는 것이었다. 이것은 당대의 시대정신에 맞선 방패로서 젊은이들 가운데에 복음에 대한 헌신을 길러줌으로써, 실재(reality)에 대한 많은 다른 동시대의 종파적이고 세속적인 이해들에 대한 대안으로서 개혁파적 사고를 퍼뜨림으로써, 그리고 고립주의와 옹색한 마음이라고 하는 비난들에 직면하여 "우리 역시 우리가 믿는 바를 알며 우리의 신앙을 담대히 표현하고 변호한다"는 것을 증명함으로써 성취될 수 있다고 생각되었다.30) 그 잡지에 실린 항목들을 보면 편집자들과 저자들의 관심이 진정으로 신학적인 성격의 글을 싣고자 하는 데에 있음을 보여준다. 얀 바빙크는 규칙적으로 상당히 깊이 있는 신학적 글들을 그 잡지에 기고했다. 그는 또한 1903년에 두 권으로 된 하이델베르크 요리문답 해설서를 썼는데,31) 그것은 신중한 연구와 성숙한 신학적 연구를 증거해 준다.

요약하자면, 얀 바빙크는 관대하고 매우 겸손한 성품의 소유자였고, 날카로운 지성을 지녔으며 매우 근면하고 열정적인 믿음의 사람이었다고 결론지을 수 있다.

1.2. 헤르만 바빙크(1854-1921)

'바빙크'(Bavinck)라는 이름이 네덜란드의 신학계에서 한 집안을 나타내는 말이 된 것은 바로 얀 바빙크의 장남인 헤르만 바빙크32)의 열정적인 연구와 노고덕택이었다. 즈볼러에 있는 고등학교(gymnasium)에서 교양과목들을 공부한 후에 헤르만 바빙크 자신은 라이덴(Leyden)에 있는 주립대

---

29) 이러한 신앙 고백서들은 성경이란 시금석을 토대로 끊임없이 검증되어야만 하며 그것들이 비성경적인 것으로 판명되지 않는 한 명료하게 받아들여져야만 한다고 덧붙여졌다.
30) *De Getuigenis*, 1 (1868), 1-2.
31) Entitled, *De Heidelbergse Catechimus in 60 leerredenen verklaard*.
32) 헤르만 바빙크의 전기에 대한 상세한 정보는 R.H. Bremmer의 *Herman Bavinck en zijn tijdgenoten*과 V. Heepp의 *Dr. Herman Bavinck*에서 발견할 수 있다.

학 신학부에 등록하고자 하는 강한 열망을 지녔었다. 이러한 선택을 하고자 했던 동기는 현대 신학에 대한 직접적인 지식을 습득하고, 당시에 캄펀 신학교에서 가능했던 것보다 더 많은 학문적 교육을 받고자 하는 바램이었다. 그러나 그의 부모의 강권으로 그는 1873년에 캄펀 신학교 학생으로 등록했다. 어느 정도는 당시 라이덴에서 목사로 사역하던 요하네스 핸드리쿠그 돈너(Rev. Johannes H. Donner Sr.)의 부추김으로 인해 헤르만은 캄펀 신학교에서 첫해 공부를 마쳤을 때 라이덴으로 가기 위해 캄펀을 떠났다. 당연히 이는 캄펀에 있는 많은 사람들의 눈살을 찌푸리게 했다. 캄펀 목회자의 아들이 라이덴 대학교(Leyden University)에서 현대적이고, 자유주의적인 교수들 밑에서 공부하기 위해 이 개혁파적 정통이라고 하는 성채의 안전을 버리고자 하는 것은 많은 사람에게 충격이었으며 이해할 수 없는 일이었다. 심지어 캄펀 신학교 교수들 중 가장 열린 마음을 지녔다고 하는 브룸멀캄프 조차 얀 바빙크에게 이렇게 말했다: "자네는 자네 아들을 사자들의 굴에 맡기려하네."33) 라이덴에서의 헤르만의 공부는 매우 잘 진행되었으며 그의 지적인 총명함은 눈에 띄었다. 그는 그의 모든 시험들을 우등으로 통과했으며 쯔빙글리의 윤리 사상을 다루는 박사 학위로 그의 대학 공부에서 유종의 미를 거두었는데, 이 논문으로 그는 1880년 6월 우등으로(cum laude) 박사학위를 받았다.

    대학원공부를 마친 후에 그의 한 가지 바램은 그가 속한, 분리 교회를 위해 그가 배운 것을 사용하는 것이었다. 그리고 이것을 염두에 두고서 그는 1880년에 목사 후보생을 위한 교회의 시험에 응시했으며, 계속해서 좋은 결과를 얻었다. 설교 시험에서 합격한 후에 그는 네덜란드 기독 개혁 교회(the Christian Reformed Church in the Netherlands, *Christelijk Gereformeerde Kerk*)의 목사로서의 소명에 합당하다고 선언되었다. 1881년 3월 13일에 헤르만 바빙크는 프라네커르의 프리시언 타운(the Frisian town of Franeker)에 있는 교회에서 그의 아버지가 예배를 인도하는 가운데 안

---

33) H. Algra, 267.

수를 받았는데, 그의 아버지는 그의 설교 본문으로서 이사야 52장 7절을 사용했다: "좋은 소식을 전하며 평화를 공포하며 복된 좋은 소식을 가져오며 구원을 공포하며 시온을 향하여 이르기를 네 하님이 통치하신다 하는 자의 산을 넘는 발이 어찌 그리 아름다운가!" 이때에 그의 취임 설교로서 데살로니가 전서 2장 4절을 본문으로 선택했다: "오직 하나님께 옳게 여기심을 입어 복음을 위탁 받았으니 우리가 이와 같이 말함은 사람을 기쁘게 하려 함이 아니요 오직 우리 마음을 감찰하시는 하나님을 기쁘시게 하려 함이라." 그의 뛰어난 박식함에도 불구하고 목사로서 그는 심지어 가장 비천한 사람들과도 아주 잘 지냈을 뿐만 아니라 그들도 역시 그와 그러했다.34)

그러나 1년이 안되어서 헤르만에게는 캄펀 신학교의 교수직을 받아들일 수 있도록 하기 위해 휴직이 허용되었다. 그 이전에 그는 암스테르담의 자유대학교에서의 교수직을 거절한 바 있었는데, 그는 무엇보다도 자신의 교회를 섬기고 싶다는 것을 주된 이유로 내세웠다. 캄펀 신학교에서 그는 많은 양의 과목을 떠맡게 되었다: 신학부에서 교의학, 변증학, 윤리학, 그리고 신학대백과(encyclopedia of theology)를, 문학부에서 고전학, 신화학, 철학, 그리고 그리스어를 강의했다. 1883년 1월 9일에 그는 '신성한 신학'(*De wetenschap der heilige godgeleerdheid*, The Science of Sacred Theology)이란 제목의 취임연설을 했다. 1891년 7월 2일에 그는 요한나 아드리아나 스킵펄스(Joanna Adriana Schippers)양과 결혼을 했고, 그녀와의 사이에 딸을 하나 두었다.

19세기의 두 개의 분리주의 운동인 분리운동(*Afscheiding*)과 후기의 애통운동(*Doleantie*)에 뿌리를 둔 분리파 교회들이 합병하여 1892년에 네델란드 개혁 교회(*Gereformeerde Kerken in Nederland*, Reformed Churches in the Netherlands)35)*를 형성했음에도 불구하고, 그 각각의 신학기관인 캄펀 신

---

34) R.H. Bremmer는 *Herman Bavinck en zijn tijdgenoten*에서 이에 대한 주목할 만한 예를 제시해준다.
35) Dutch: *Gereformeerde Kerken in Nederland*.

학교와 자유대학교 신학부는 그들 자신의 합병에 대해 싫어했다. 처음부터 이것은 매우 논쟁의 여지가 있는 문제로 판명되었는데, 왜냐하면 이해 당사자들이 서로에 대해 직접적으로 대립했기 때문이다. 개인적인 그리고 감정적인 요소들 외에 대립하는 이 두 그룹의 사람들을 분열시킨 중요한 원칙의 문제가 있었는데, 그것은 다음과 같은 것이었다: 분리(Afscheiding)측이 주장하는 것처럼, 신학교육은 교회의 직접적인 책임과 감독 하에 있는가? 아니면 애통(Doleantie)측에 속한 사람들이 주장하는 것처럼, 신학교육은 교회를 섬기는 데 있어서 추구되어지는 자유로운 학문 분야로서 이해되어져야만 하는가?36) 이 두 교육기관을 통합하는 데 대한 저항은 특히 캄펀 신학교 측에서 강했다. 헤르만 바빙크는 그들의 통합이라고 하는 대의에 강렬하게 자신을 바친 몇 안 되는 사람들 중 하나였다. 통합을 지지하는 그의 변론을 특징짓는 것은 그러한 통합의 가능성과 잠재적 어려움에 대한 신중한 고찰이었다. 캄펀 신학교와 자유대학교 신학부의 통합이 1902년 아른헴 총회(the Synod of Arnhem)에서 영구적으로 거부된 후에 헤르만은 캄펀을 떠나야 할 때가 왔다고 결심

---

* 이해를 돕기 위해 현대 신학자 평전(5) 중 하나인 유해무 교수님의 『헤르만 바빙크』의 13페이지 본문에 나와있는 내용과 각주에 있는 내용을 함께 옮겨 본다: "네덜란드는 짧았던 나폴레옹의 지배가 끝난 1815년에 새 헌법을 공포하고, 빌럼 1세가 네덜란드 국왕으로 등극하게 된다. 그는 1816년에 '네덜란드 교회 치리정관'을 선포하고, 네덜란드 교회를 재조직하였다."
이에 대한 각주의 내용은 다음과 같다: "그 공식 이름은 '네덜란드 개혁교회'(De Nederlandse Hervormde Kerke)이다. 종교개혁 직후 네덜란드 개신교도들은 스스로를 '개혁교회'(Gereformeerde 또는 Hervormde keke)라고 칭하였다. 두 단어 모두 같은 의미를 지닌다. 그렇지만 역사적으로 다른 뉘앙스를 지니면서, 교단 간의 차이를 나타내는 말이 되었다. 네덜란드 교회가 1816년에 국가교회가 되면서, '헤르포름드'(Hervormde)를 고수하자, 분리 측은 '허레이포르미어르드(Gereformeerde)'를 고수하였고, 애통 측(분리운동을 전개 하면서 갈라졌던 측)과 1892년에 합동하면서, 스스로를 '네덜란드 개혁교회'(De Gereformeerde Kerken in Nederland)라 불렀다. 두 교회의 이름이 네덜란드어로는 구별이 가능하지만, 우리말로 번역하면 그 구별이 사라진다. 그래서 1816년에 국가교회가 된 네덜란드 개혁교회가 1848년의 네덜란드 헌법 개정 이후 점차 국가교회의 모습을 벗어나고 있음에도, 본서에서는 편의상 그 교회를 '국가교회'라고 표기할 것이다."
* 저자가 위에서도 언급했던 더 콕이 주도한 분리운동과 헤르만 바빙크의 아버지였던 얀 바빙크가 이 분리운동에 참여하게 된 배경에 대해서는 동일한 책의 21-28페이지를 참고하며, 아브라함 카이퍼에 의해서 주도된 애통운동과 더불어 분리측과 애통측의 합동과정에 대해서는 역시 동일한 책의 60페이지 이하를 참고하기 바란다.
36) H.C. Endedijk의 *passim*과 H.M. Kuitert의 *passim*을 참조하라. 이들은 이 문제에 대한 아브라함 카이퍼(Abraham Kuyper)의 분석을 제공해준다.

했다. 그와 그의 동료들 사이의 관계는 너무도 심하게 손상되어서 그는 거기에서 그의 사역을 계속할 수 없었다. 몇 주 후에 그는 암스테르담에 있는 자유대학교의 교의학 교수직을 받아들였다. 그는 고통스러운 마음을 안고 캄펀을 떠났다. 그렇지만 그가 그렇게 되기를 원했던 것은 아니었다. 자유대학교에서 그는 기독교 반개혁당(the Christian Anti-Revolutionary Political Party)의 지도자로서 네덜란드의 수상이 되었던 아브라함 카이퍼를 계승했다. 1902년 12월 17일 바빙크는 '종교와 신학'(Godsdienst engodgeleerdheid, Religion and Theology)이란 제목으로 암스테르담에서 취임 연설을 했다. 그의 존재로 인해 암스테르담은 온전히 성숙한 조직신학자를 얻게 되었다. 그의 기념비적인 연구인 '개혁교의학'(Gereformeerde dogmatiek, Reformed Dogmatics)은 1895년과 1901년 사이에 4권으로 나뉘어서 나왔는데, 이것은 캄펀에서 그가 재직하는 동안 행했던 교의학과 철학 분야에서의 헌신된 연구의 결실이었다. 그의 철저히 근면한 삶은 1921년 7월 29일에 끝나게 되었다.

브레머(R.H. Bremmer)는 헤르만 바빙크를 신학자로서는 정통 개혁 신학(classical Reformed theology)으로 하여금 현대성의 문제들(the problems of modernity)에 대처하게 했으며, 철학자로서는 19세기 실증주의적 유물론(the positivistic materialism)에 반대하였고, 신앙고백자로서는 그의 시대에 불어 닥쳤던 신앙과 신학의 세속화 풍조에 휩쓸리지 않고 어거스틴, 아퀴나스, 칼빈의 사상을 현대인들이 접할 수 있도록 만들었던 사람으로서, 간단히 말해 자신이 속해 있던 그 분리 운동을 그 운동이 처해 있던 영적 침체로부터 구해내서 보편교회라고 하는 보다 넓은 공간 속으로, 교회와 세상 사이의 긴장의 장 속으로 이끄는 데 관심이 있었던 사람으로서 묘사하고 있다.37)

헤르만 바빙크는 분명 재능 있는 신학자였지만, 그는 또한 누구나 알 수 있을 정도로 감수성이 강한 목사이기도했다. 그 자신이 설교

---

37) *Herman Bavinck en zijn tijdgenoten*, 252. 또한 다음을 참조하라. A. Pos, "Leven en werk van dr. Johan Herman Bavinck," 8.

에 능했으며 헤르만 바빙크가 설교하는 것을 학생으로서 규칙적으로 들었던 흐라르트 비써(Gerard Wisse)에 따르면, 바빙크의 설교들은 심오하면서도 동시에 심적으로 지각될 수 있었다.38) 이러한 자질들은 또한 그의 목양적 글들인 『찬양의 제사』(The Offering of Praise, De offerande des lofs)와 『신앙의 확실성』(The Certainty of Faith, De zederheid des geloofs) 같은 책들에 반영되어 있는데, 이 두 책 모두 1901년에 출판되었다. 이 중 전자는 교의학에 대한 보다 초기의 4권의 저서에 담겨진 근본적인 사상들에 대한 사려 깊은, 헌신적 해설로 이루어져 있다. 후자에서 그는 하나님의 확고한 약속들 보다는 영적인 삶의 표지들에 신앙의 확실성을 두고자 하는, 개혁 교회에 너무도 만연한 성향에 대적할 수 있는 목록들을 적고 있다. 브레머에 따르면 이러한 글들은 바빙크 자신의 영적 싸움을 통해 습득한 것이다.39)

비써는 헤르만 바빙크가 또한 잘 조율된 강력한 연설가였다고 말한다.40) 그리고 자유대학교에서 바빙크의 학생이었던 부스꺼스(J. J. Buskes)는 다음과 같이 썼다:

> [암스테르담의] 카이저스흐라흐트(Keizersgracht)에 있는 기물들이 형편없이 비치된, 페인트도 되지 않은 교실[이전에 아브라함 카이퍼의 거주지]에서 강의하는 동안에, 바빙크는 그 자신이 하나님의 무한한 영광에 완벽할 정도로 조율된 채로 하나님의 광휘에 너무도 압도되어 우리를 잊은 채 창문 밖 끝없이 먼 곳을 응시하며 말하는 일이 이따금 있었다. 그리고 우리는 예수 그리스도 안에서 우리의 자비로운 아버지이신, 영원하신 전능자의 구원의 신비에로 - 생명을 위해 - 이끌린 채 말없이 앉아 듣고 있었다.41)

나이와 상관없이 누구나 똑같이 그가 말하는 것을 들으려고 열심이었다. 바빙크가 캄펀에서 설교할 때 거기에서 교양 과목으로 고등학교에

---

38) G. Wisse, *Memoires*, 29.
39) *Herman Bavinck en zijn tijdgenoten*, 198.
40) *Memoires.*, 29.
41) *Hoera voor het leven*, 33.

서 네덜란드어를 가르쳤던 교사가 뷔르흐발 교회(Burgwal church)의 예배에 규칙적으로 참석했다: 나는 개혁파 분리주의자는 아니지만 바빙크에게 속한 네덜란드인입니다 - 그의 설교를 듣는 것은 즐거운 일이며, 그는 그것을 너무도 아름답게 합니다.42)

마지막으로, 헤르만 바빙크는 매우 폭넓은 분야에 관심을 가졌으며 신학과 철학 분야를 넘어서는 박식함을 소유했다. 예를 들어, 1897년에 그는 『심리학 원리』(Principles of Psychology, *Beginselen der psychologie*)란 제목의 책을 출판했는데, 이것은 이 연구 분야에서 개혁 교회 출신의 학자에 의해서 쓰여진 첫 서적이었다.43) 더욱이, 그는 학교와 국가의 일들에 활동적이었다. 그는 1911년부터 1921년까지 반개혁당(Anti-Revolutionary Party)의 상원의원이었으며 기독교 교육과 관련된 다양한 지위들에서 일했다.

결론적으로, 헤르만 바빙크는 그의 아버지로부터 주저함과 소심함의 성향뿐만 아니라 고도의 지성까지도 상속했다. 이러한 성격들의 결합으로 인해서 그는 주창자보다는 숙고자가 되었다. 브릴렌부르흐 부르트(G. Brillenburg Wurth)는 바빙크를 "틀림없이 20세기 전반의 가장 위대한 네덜란드 교의학자" 일뿐만 아니라 자기 자신의 한계를 아주 잘 인식하여 지도자의 직위를 떠맡도록 쉽게 설득되지 않았던, 온순한 "때로는 거의 자신을 내세우지 않는" 사람이라고 말했다.44) 반면에 그의 어머니처럼 그는 진취적이었으며 실천적이었고 대규모의 과제를 떠맡는 것에 대해 움츠러들지 않았다. 그는 그의 어린 시절의 단순하고 꾸밈없는 경건, 즉 현대 신학과의 조우로 인해서 후에 훨씬 더 깊은 차원을 띠게 되었으며 지인들에게 결코 잊을 수 없는 인상을 남겨 주었던 경건을 깊이 내면화했었다. 마지막으로, 그는 내적으로 깊이 성숙한 사람이었으며, 이로 인해서 그는 그가 정말 그랬던 것처럼 탁월하고 은혜로운 사람이

---

42) 브레머(R.H. Bremmer)가 쓴 *Herman Bavinck en zijn tijdgenoten*의 199 페이지에서 인용함.
43) *Ibid*.
44) "Herman Bavinck en onze tijd," *Trouw* (Feb. 18, 1961).

될 수 있었다.

1.3. 꾼라트 베르나르두스 바빙크(Coenraad Bernardus Bavinck, 1866-1941)

꾼라트 베르나르두스 바빙크 - 헤르만 바빙크의 형제요 이 연구의 주인 공인 요한 헤르만 바빙크의 아버지 - 는 그의 아버지인 얀 바빙크의 발자취를 따랐다. 그는 1890년 캄펀에서 신학 공부를 마치고 하쩌스부데(Hazerswoude)에 있는 기독개혁교회(the Christian Reformed Church, *Christelijke Gereformeerde Kerk*)의 목사로 임명되었다. 같은 해에 그는 발랄하고 실천적인 여성인 그리쩌 부베스(Grietje Bouwes)와 결혼했다. 하쩌스부데(Hazerswoude)에서의 4년 동안 바빙크는 세 아이를 낳았다. 1894년에 꾼라트는 로테르담(Rotterdam)으로 와달라고 하는 요청을 수락했고, 거기에서 그는 1930년에 퇴임할 때까지 사역자로서 섬겼다. 로테르담에서 꾼라트와 그리쩌는 다섯 명의 아이를 더 낳는 축복을 받았는데, 그들 중에는 1895년 11월 22일에 세상에 나온 요한 헤르만(Johan Herman)이 있었다. 이 가족의 삶에도 역시 순전한 경건이 스며있었다.

꾼라트의 생애에 대해서는 알려진 바가 거의 없다. 신학자로서 그는 언제나 그의 형인 헤르만 바빙크의 그늘 속에서 살았다. 그럼에도 불구하고, 현존하는 자료들을 통해서 그가 어떠한 사람이었는지를 알기에 충분한 정보를 얻을 수 있다. 그는 그의 아버지보다 훨씬 겸손하고 사회적으로 내성적이었다. 또한 교회와 관련된 일들에 있어서 지도적인 역할을 맡는 것 역시 그의 성격에 맞지 않았다. 이것은 로테르담에서의 다음과 같은 그의 고별 설교에서 분명하게 예증된다.

> 특히 로테르담에서의 저의 첫 시기동안 저는 종종 제가 여기에 속하지 못했으며 회중의 다수가 나의 설교에 별 관심이 없다고 하는 느낌을 받았습니다. 아직 제 사역의 초기이던 당시에, 이러한 느낌으로 인해서 종종 몹시

우울해지지 않도록 저는 모든 감정을 비우곤 했어야만 했습니다. 저는 드리줌(Driesum)에 있는 개혁교회로부터 당시에 받았던 부름을 아직도 아주 잘 기억하고 있는데, 그곳은 제 아내가 몹시 가고 싶어했던 곳이었습니다. 저는 교회회의(the Consistory)에 가서 말했습니다: "형제들이여, 여러분이 저에 관해 결정을 내려주셨으면 합니다. 그러나 저에게 솔직하셨으면 합니다. 만약 제가 떠나는 것이 회중에게 유익이 된다고 판단한다면 돌리지 말고 직접 저에게 말해 주십시오. 그러나 제가 머물러야 한다고 판단하신다면 그것 역시도 저에게 말씀해 주십시오." 다음 날 그 형제들은 (그들의 숙고의) 결과를 알려주기 위해 왔다: "당신이 머물러야 한다는 것이 교회회의의 참되고 정직한 판단입니다." 저는 그렇게 했습니다. 그리고 그렇게 머무는 것이 종종 저에게 너무도 힘들었지만, 저는 저의 눈을 하나님께 고정한 채 조용히 제 길을 계속 걸어갔으며, 할 수 있는 한 최선을 다하고자 했습니다. (…) 이따금씩 다름 아닌 어려움으로 인해 인격이 성장하곤 합니다. 하지만 저는 종종 염려와 싸워야만 했으며 많은 악한 점들 및 마음의 무거운 짐과 씨름해야만 했습니다.[45]

비록 눈에 드러나지는 않았지만 꾼라트 역시 교회의 폭 넓은 사역에 관여했다. 그의 아버지처럼 그는 1923년부터 1931년까지 캄펀 신학교 이사회를 섬겼다. 이 기간 동안에 1923년부터 1930년까지 그는 개혁교회의 신앙고백들(the reformed confessions)을 상세히 설명하고 재정식화 하는 일을 떠맡은 총회 위원회의 일원이었다. 더욱이 그의 로테르담 기간 동안 그는 네덜란드 개혁교회, 즉 좌위트 홀란트(Zuid Holland) 지역의 선교위원회 서기로 섬겼다. 1941년에 그가 죽은 후 선교잡지인 *Het Zendingsblad*지는 그를 다음과 같이 묘사했다:

> (그는) 꼼꼼하고, 신중한, 그러면서도 결단력이 있는 비서(였다). 그의 기사는 눈에 띨 정도로 명료하고 생생했다. 작고 큰 문제들에 있어서 그의 판단은 그의 날카로운 통찰력과 탁월한 지혜에 철저히 근거했다.[46]

---

45) C.B. Bavink, *Gaat in tot Zijne poorten met lof*, 15-16.
46) 39(1941), 143.

꾼라트는 몇 권의 책만을 출판했다. 1921년에 그는 네덜란드 개혁교회 신자들 사이의 교회 분열의 원인을 다루는 소책자를 내놓았다.47) 그는 이 소책자에서 자신이 속한 교회의 관점에서 명료하게 논증하고 있음에도 불구하고, 그의 논증의 음조는 다른 단체들에게 자애롭고 관대할 뿐만 아니라, 자신이 속한 교단을 비판하는데 있어서도 부족함이 없다.48) 1926년에 내 놓은 *우리의 모든 어머니*(Ons aller moeder, Our Every Mother)라는 문서를 작성하는 일에 그가 함께 참여한 것은 그가 어떤 식으로 일들을 바라보고 행하는 지를 보여주는데, 이 문서에서 그와 네 명의 동료들은 '헤일께르껜 문제'(Geelkerken question)49), 즉 당시에 격렬했던 교단의 교리 논쟁에 대한 균형 잡힌 해결책 - 정의도 진리도 무시되지 않은 해결책 - 이라고 여기는 바를 기술했다.

더 나아가 꾼라트 역시 매우 학구적인 정신의 소유자였다. 그는 특히 초기 교회의 역사, 그 중에서도 특별히 성 어거스틴의 생애와 사역에 관심이 있었다.50) 비록 그가 자신의 연구 결과를 출판하지는 않았지만, 그의 아들 요한 헤르만이 후에 그의 아버지가 이 분야에서 획득했던 지식을 유용하게 사용했다는 것은 충분히 생각해 볼 여지가 있다. 왜냐하면 『그리스도와 동양의 신비주의』라고 하는 그의 1934년의 연구는 어거스틴의 신학적 사유와 밀접한 관련이 있기 때문이다.

---

47) *Welke zijn de oorzaken van het kerkelijk-gescheiden leven der gereformeerden in Nederland?*
48) 케르스틴(G.H. Kersten)의 *De Saambinder*, 3, 6 (1922)에 나와 있는 이 소책자에 대한 비평을 참고하라.
49) 1926년 네덜란드 개혁 교회(the Reformed Churches in the Netherlands)는 J.G. 헤일께르껜 목사에 대해 징계조치를 내렸는데, 그 이유는 성경의 창조 이야기의 어떤 측면에 대한 그의 해석 때문이었다. 아쎈 총회(the synod of Assen)는 암스테르담에 있는 교회를 섬기고 있던 헤일께르껜에게 창세기 3장에 나오는, 뱀이 말을 한 것과 같은 상술들이 문자 그대로 받아들여져야만 하며 "감각으로 느낄 수 있는 실재들"(realities perceptible to the senses)로서 이해되어져야 한다고 하는 총회의 선언을 수용할 것을 요구했었다. 헤일께르껜은 그렇게 하기를 거부했으며 그 결과 목사직에서 물러나게 되었고, 이로 인해 또 하나의 네덜란드 개혁 교단, 즉 재설립된 개혁 교회(the *Gereformeerde Kerken in Herstld Verband*, Reestablished Reformed Churches)라고 하는 교단이 만들어지게 되었다. 다음을 참고하라. J.N. Bakhuizen van den Brink and W.F. Dankbaar, Vol. 4, 233.
50) A. Pos, "Leven en werk van dr. Johan Herman Bavink," 8.

한 마디로, 꾼라트 바빙크는 우리가 앞서서 그의 가족의 다른 구성원들에게서 주목했던 특성들을 공유했다고 말할 수 있다: 겸손, 지성, 그리고 깊은 신앙심. 요한 바빙크의 박사 과정 학생 중 하나였던 판 덴 베르흐(J. van den Berg)는 어린 시절 그의 집에 자주 들렀는데, 몇 년 후에 다음과 같이 썼다:

> 내 마음의 눈으로 나는 당시에 이미 생애의 황혼녘에 들어서 있던 꾼라트 바빙크 목사님의 모습을 내가 어린 시절 알았던 그대로 아직도 볼 수 있다: 전혀 꾸밈이 없으며 일생에 걸쳐 얻어진 깊고 자애로운 지혜를 소유한, 하나님께서 그의 생애에 허락하신 슬픔에 의해서 정화된, 하나님께서 그의 자녀들 안에서 베푸신 기쁨에 깊이 감사하는 사람.[51]

1.4. 요약

요한 바빙크가 성장한 배경과 종교적 환경과 관련해서 다음 네 가지를 특히 주목할 필요가 있다.

첫째로, 보다 폭넓은 의미에서 요한 헤르만 바빙크의 영적인 배경은 성경적-체험적 경건(biblical-experiential piety)을 강력하게 강조하는 1834년의 교회분리운동이었다. 그는 네덜란드 개혁 교회의 초기에, 즉 신학적 반성에 대한 강조와 교회적 삶의 체계화를 완성시키고자 하는 노력에 의해 특징지어지던 시기 동안에 성장했다.

둘째로, 보다 좁은 의미에서 그의 영성은 이 분리주의 운동 내에서 바빙크 가문이 차지하고 있던 지위와 그 가문의 뛰어난 자질 및 특성에 의한 것이었다. 바빙크 가문의 사역자들을 특징지었던 깊은 개인적 신앙과 명철한 신학적 반성의 결합은 반복해서 깊은 감명을 준다. 그들 가운데에서 고전 신학(classical theology)에로의 방향설정은 언제나 실존적 성격을 지닌 것이었다. 그리고 또한 그들은 그들 자신의 폐쇄된 집단

---

51) "Prof. Bavinck 40 jaar in het ambt," *Centraal Weekblad*, 9, 28 (1961).

을 넘어서까지 시야를 넓혔다. 그러한 좋은 예가 라이덴에서 자신의 학문을 하고자 했던 헤르만 바빙크의 결정과 그의 신학 작업에 의해서 드러나게 된 폭넓은 시야이다.52)

셋째로, 바빙크 가문 사람들의 겸손과 수줍음, 즉 내향적 성격을 주목하지 않을 수 없다. 한편으로 이러한 성격적 특성으로 인해서 종종 그들은 결정을 내려야 하는 순간에 망설이곤 했지만, 다른 한편 그들의 타고난 지성과 결합함으로써 이러한 성격은 그들을 사려 깊고 신중하게 만들어 주었다. 그들은 지나치게 원리를 고집하지 않았으며 갈등을 추구하지도 않았다.

넷째로, 그들의 성품이 처음에 어디서 길러진 것이든, 바빙크 가문은 또한 실천적인 성향의 정신과 낙천적인 기질을 물려받았다.

2. 초기(1895-1938)

요한 바빙크의 전문 사역자로서의 역사와 신학적 발전은 다양한 시기로 분류될 수 있으며,53) 이것들은 단 하나의 누적 과정을 구성한다: 이러한 단계들은 엄격하게 분리되기 보다는 상호 간에 뒤섞여 있다. "바빙크의 특징은 시간이 지나면서 그가 다양한 분야의 연구에 집중했다는 것이며, 이러한 연구의 본질은 한 국면에서 다음 국면으로 이어졌고 거기에서 새로운 맥락 속에 열매를 맺었다는 것이다."54) 처음에, 그의 심

---

52) "Herman Bavinck en onze tijd,"에서 브릴렌부르흐 부르트(G. Brillenburg Wurth)는 다음과 같이 썼다: (…) [아브라함] 카이퍼를 특징지었던 개혁 신앙고백(the Reformed confession)에 대한 그 동일한 충성을 보여주면서도, [헤르만 바빙크]는 개혁 신앙(the Reformed faith)에서 출발하여 [카이퍼가 그랬던 것보다 훨씬 더 넓은 관대함과, 이렇게 말하자, 보편성(catholicity)을 가지고 현대 과학과 문화의 분야들에서 당대의 문제들을 충분히 (신학적으로) 설명하고자 했다.
53) 이러한 역사 자료들에는 요한 바빙크의 생애와 사역을 다루는 기사들, 즉 교회와 선교 단체의 회보나 잡지나 주간지, 우트레흐트(Utrecht)에 있는 개혁 교회의 국내 고문서들, 헤임스떼이더(Heemstede)와 델프트(Delft)에 있는 *개혁교회(Gereformeerde Kerken)*의 고문서들, 캄펀 신학교의 고문서들, CHDDP/FUA에 소장된 요한 바빙크 고문서들, 생존해 있는 가족들과 바빙크와 개인적으로 알았던 다른 사람들과의 인터뷰도 포함되는데, 이들 중 상당수는 자신들이 간직하고 있는 기록된 자료들을 접할 수 있도록 해주었다.

리학적 관심과 적성은 그를 종교 심리학으로 이끌었다. 나중에 자바(Java) 선교사로서 안수를 받음으로 인해(1929) 잠자고 있던 선교학에의 관심이 살아나기 시작했다. 동양의(자바의) 신비주의에 대한 점증하는 매혹과 족자카르타(Jogjakrta)에 있는 신학교에서의 교육자로서의 경험(1934-1938)으로 인해 선교학적 성격의 문제들에 훨씬 더 주목하게 되었다. 그리고 1939년에 캄펀 신학교와 암스테르담 자유대학교 선교학 교수로 임명됨으로 인해서 이러한 문제들은 그의 학문적 작업에서 체계적인 반성의 대상이 되었는데, 이 두 학교는 다음 장에서 다루어지게 될 것이다. 현재로서는 선교와 선교학 분야에서의 바빙크의 활동들을 가장 집중적으로 다루고자 한다.

특히 그의 생애와 사역의 마지막 기간 동안에, 점증하는 합리주의적이고 현대주의적인 경향들에 직면해서 바빙크는 생명력이 있는 선교적 교회로서 존재하기 위한 선결조건으로서 진정한 영적 삶을 절박하게 부르짖었다. 그 자신의 사역은 철저히 예수 그리스도 안에서의 하나님과의 개인적인 만남과 주님께 대한 반복된 순종의 행위에 의해 얻게 된 지식에 근거한 것이었다.55) 바빙크의 "순전한 기독교적 헌신," 56) 복음의 대의에 대한 전념, 그리고 "그의 동료들의 필요에 대한 깊은 민감성"57)을 고려할 때 우리가 그의 삶의 역사의 다양한 단계들과 관련해서 '매혹', '열정' 그리고 '열심'과 같은 용어들을 사용하는 것은 전적으로 합당한 일이다.

서문으로서 마지막으로 주목할 점은, 비록 바빙크가 일생동안 네덜란드 개혁 교회의 신학적, 교회적, 교단적 틀 안에서 일했음에도 불구하고 영어로 된 책들을 출판하고 강의에 초대되는 일들을 통해서 보다 폭 넓은 단체들(circles)에서 인정을 받았다는 점이다.

---

54) J. Veenhof, "Honderd jaar theologie ann de Vrije Universiteit," 81.
55) Cf. J. Verkuyl, Contemporary Missiology: *An Introduction*, 35-36.
56) *Ibid.*, 35.
57) *Ibid.*, 36.

2. 1. 젊은 시절과 학업: 심리학의 매력(1912-1919)

1895년 11월 22일 네 번째 아이로 태어난 바빙크의 이름이 그의 할아버지 얀(Jan)과 삼촌 헤르만(Herman)의 이름을 따서 지어졌다는 것은, 증명된 바와 같이, 예언적이었다고 할 수 있겠다.58) 깊이 있는 경건과 커다란 박식함은 요한 헤르만의 생애 동안 함께 했다. 대학 입학준비를 위해 요한 바빙크는 로테르담에 있는 고전 연구를 위한 마르닉스 고등학교(the Marnix High School for Classical Studies, *Gymnasium*)에 다녔다.59) 이미 이때부터 그는 종종 그의 부모님에게 후에 선교사가 되고자 하는 자신의 열망을 말했었다.60) 그 사이에 그는 철학에 대한 깊은 관심을 키우고 있었으며, 시간이 자유로울 때에는 아빠의 서재에 있는 선반에서 발견한 철학서들을 즐겨 정독했다.61)

두 번째 교육 과정을 성공적으로 마친 후 요한 바빙크는 1912년에 암스테르담에 있는 자유대학교에서 신학을 공부하기 시작했다. 한번은 대학교에 다니던 중 몹시 심하게 아프게 되었다. 하지만 그로 인해서 그의 개인적인 신앙은 더 강력하게 깊어졌다. 후에 한 목격자는 아픔과의 이 한 판 승부에 관해 다음과 같이 썼다: "(…) 그의 부모님들은 그들이 그를 잃게 될까봐 두려워했다. 그러나 그들은 하나님의 뜻이라면 영생을 바라며 이 세상을 떠날 준비가 되어있다는 그의 증언에 깊은 위로를 받았다."62) 그가 폭넓은 관심을 가진 매우 근면하고 수고를 아끼지 않는 학생이었다는 것은 그의 대학 생활 동안에 그가 작성한 노트들의 질과 자료의 다양성을 통해서 분명히 입증된다. 총 239페이지 정도로 구성되어 있는 이 노트집 중 두 권에서 그는 근대 철학(modern philosophy)의 역사를 추적해 나간다. 더욱이 그는 예술의 역사에 대해 손

---

58) Cf. W. Breukelaar, "Berichten over werkzaamheden van J.H. Bavinck," *HZB* 36 (1938), 91, and A. Pos, "In memoriam prof. dr. J.H. Bavinck."
59) W. Breukelaar, "Berichten over werkzaamheden van J.H. Bavinck," *idem*.
60) *Ibid.*, 92.
61) *Ibid.*, 91.
62) *Ibid.*; cf. also A. Pos, "Het leven en werk van Dr. Johan Herman Bavinck," 11.

으로 쓰여진 삽화가 실린 책을 내놓았는데, 그것의 내용은 상대적으로 그의 생애의 이러한 초기에 조차 다른 사람들의 문화적이고 종교적인 표현들에 의해 얼마나 많은 영향을 받았는지를 보여준다.63) 그리고 마지막으로 그의 대학시절의 많은 해석주해들, 예를 들어 요한복음과 로마서 6장으로 8장에 대한 주해들은 철학적인 텍스트 분석뿐만 아니라 성경의 메시지와 그 해석과의 개인적 만남에 대한 그의 관심을 증거해 준다.64)

학생시절 요한 바빙크는 당시의 개혁주의 청년 운동(the Reformed Young People's Movement)에 매혹되었는데, 이 단체는 교조적으로 좀 덜 엄격한 반정립적 입장(a less regidly dogmatic, antithetic stance)의 발전을 촉진하고 종교적 경험에 대해 보다 더 생생하게 실존적인 열린 형태를 발견함으로써 자신에 대한 새로운 정체성과 개혁주의적 삶의 재설정을 적극적이지만 비판적인 방식으로 추구하고 있었다. 요한 바빙크의 삼촌인 헤르만 바빙크가 당시의 다른 여러 사람들과는 달리 이 운동을 부정적인 시선으로 보지 않았다는 점은 주목할 만하다.65) 요한 바빙크는 또한 당시에 헨드릭 크레머(Hendrik Kraemer)가 의장으로 있던66) 교단상호간의 네덜란드 기독학생운동(the interdenominational Dutch Student Christian Movement, SCM)67)에 참여했는데, 이 운동은 당시의 지식층 속에서 예수 그리스도에 대한 기독교적 증거를 재고하는데 목적이 있었다. 1918년에 요한은 이 운동의

---

63) 이것(예술사에 대한 내용-역주) 또한 하나의 발췌글 일지도 모르지만, 그렇다 하더라도 그러한 내용의 글을 어디에서 발췌한 것인지 그 원문의 글을 쉽사리 발견할 수가 없다.
64) 이러한 노트들은 CHDDP/FUA에 소장되어 있다. 위의 텍스트에서 언급된 것들 외에도 바빙크가 구약 성경 신학, 개혁 교의학, 그리고 사도 바울의 생애에 대해 적어놓은 모음집들이 있다.
65) 참조. J. Veenhof, "Geschiedenis van theologie en spiritualiteit in de Gereformeerde Kerken," 30-32. 헤르만 바빙크는 주간지인 "*종교개혁*"지(*De Reformatie*, The Reformation)에 규칙적으로 글을 기고했는데, 이 글이 이 운동의 발판으로서 역할을 했다.
66) 참조. A.T. van Leeuwen, 11 ff. 이후에 매우 큰 중요성을 띠는 것으로 판명될 바빙크와 크레머의 첫 만남이 이루어지게 된 것이 바로 이 때였다.
67) 세계에 있는 그 밖의 다른 단체들처럼, 네덜란드의 네덜란드 기독학생운동(SCM)은 세계 기독 학생 연합(the World Student Christian Federation, WSCF)의 국내 지부였는데, 이 단체는 존 모트(John R. Mott)와 다른 이들에 의해서 1895년에 설립되었다; 참조. S. Neill, G.H. Anderson and J. Goodwin, 569, 662.

연회에서 개회사를 했다.68) 이것 역시도 그의 신학적-영적 입장을 나타내주는 것이었다. 특정한 교회적 또는 신앙고백적 유대(specific ecclesiastical or confessional ties)가 없는, 그리고 칼빈주의 학생 운동(Calvinist Student Movement)의 대응운동(conterpart)으로서의 교단상호간의 네덜란드 기독학생운동(SCM)은 네덜란드 개혁 교회 내에서 적지 않은 의심을 받았다. 개혁교회의 젊은이들이 네덜란드 기독학생운동(SCM)에 가입한다면 그들이 지나치게 도덕주의 신학으로 치우치기 시작해서 교회에 대한 그들의 인식이 나빠지게 되지나 않을까 두려워한 것이었다. 이 점을 염두에 두면서 1920년의 총회는 이 학생 단체의 "일원이 되지 않도록 강력하게 충고하기로" 결정했다. 이 총회의 결정에 대해 헤르만 바빙크가 제기한 항의에 주목하는 것은 다시 한 번 흥미로운 일인데, 왜냐하면 그는 정확히 이러한 종류의 운동의 일원이 됨으로써 신앙을 부요하게 하며 깊이 있게 할 수 있는 가능성들을 보았기 때문이다.69)

시간이 지나면서 요한 바빙크의 관심은 신학과 철학 외에도 심리학, 특히 종교 심리학을 포함할 정도로 넓어졌다. 물론 이것은 당시에 심리학이 꽤 일반적인 관심사였다는 사실과 연관이 있었다. 그러나 그의 이러한 새로운 몰입은 그의 삼촌인 헤르만 바빙크의 영향 하에서 이루어진 것이라고도 할 수 있다. 왜냐하면 암스테르담 기간 동안 헤르만 바빙크는 신학뿐만 아니라 심리학에 관한 문제들로 인해 바쁜 나날을 보냈으며 종교 심리학이라는 학문 분과를 활성화시키기 위해 많은 일을 했기 때문이다. 당시에는 또한 아주 특별하게 개인적으로 요한 바빙크의 관심을 끌었던 종교적 경험의 추구와 양태인 신비주의가 확산되고 점증하는 것을 목도할 수 있었다.70)

---

68) "Openingsrede NCSV-conferentie 1918," *Eltheto*, 73 (1918): 1-6.
69) Cf. A.J. van den Berg, *De Nederlandse Christelijke Studenten-Vereniging 1886-1985*, 98 ff., and J. Veenhof, "Geschiedenis vantheologie en spiritualiteit in de Gereformeerde Kerken," 33-35.
70) J. van den Berg, "De wetenschappelijke arbeid van Professor Dr. Johan Herman Bavinck," 28.

암스테르담 자유대학교에서 신학으로 학부 과정을 마친 후 재능을 타고난 요한 바빙크는 먼저 기쎈(Giessen)에서, 다음엔 에어랑겐71)에서 대학원 과정의 공부를 계속하기 위해 독일로 떠났는데, 1919년 7월 11일 23살의 나이로 에어랑겐에 있는 프리드리히 알렉산더 대학교(Friedrich Alexander University)에서 철학 박사 학위를 받았다. 박사 학위 논문의 주제는 인간 삶의 정서적인 감각적 차원(affective, sensory dimension of human life)이 인식과 연상(cognition and association)의 과정에 영향을 미치는지 그리고 (미친다면-역주) 어느 정도 미치는지에 관한 것이었다. 사유와 연상은 당시에 널리 수용된 연상주의 심리학(associationist psychology)의 주창자들에 의해 가정된 것처럼 정신의 내재적인 인과 법칙(innate causal laws of the mind) 안에 그 기원을 두고 있으며 그것에 따라서 발달하는가? 아니면 그것들은 오히려 감각과 감정(sensation and feeling)에 의해서 점화되고 촉발된 각 개인의 개별적인 활동들로서 이해되어야만 하는가? 그는 중세의 신비주의자인 하인리히 폰 주모(Heinrich von Sumo)의 종교적 삶을 검토함으로써 이 문제에 대한 답을 찾는 일에 착수했으며, 이러한 연구를 토대로 사고하는 것과 배우는 것의 과정은 자동적으로 일어나기는커녕 주어진 실재에 대한 직관적 이해로서의 감정과 밀접하게 연결되어 있다는 것을 논증했다. 그리고 인간의 추론 과정과 지식 습득에서 감정(feeling)이 하는 역할에 관한 바로 이러한 통찰력은 연상주의 심리학이 무시하는 어떤 것, 즉 인간의 자아를 가리켜 준다.72)

바빙크의 논문은 신비적 삶에 대한 동경과 부정, 이 둘 모두에 대한 증거를 보여준다. 요하네스 판 덴 베르흐는 이것을 그의 따뜻하고 생동하는 경건에 비추어 보아야만 하며, 결국 이러한 경건이 그와 신비주

---

71) 요한 바빙크는 그의 신학 과정(his theological discipline of choice)에서 박사과정의 연구를 감독해 줄 교수가 당시에 자유대학교에 아무도 없었기 때문에 어쩔 수 없이 다른 대학교를 찾아보아야만 했다. 그가 왜 에어랑겐을 선택했는지는 알려져 있지 않다. 그 이유들 중 하나는 거기에서 그가 출석한 대학교가 정통 루터교의 학교(an orthodox Lutheran institution)였으며, 그곳에서 다른 네덜란드 신학자들 역시 학위를 받았기 때문이었을 수도 있다.
72) 참조. *Der inflows des Gefühls auf das Assoziationsleben bei Heinrich von Sumo*, 25-26.

의자들 사이를 연결하는 끈을 구성하게 된다고 말한다.73) 요하네스 페르까일(Johannes Verkuyl)은 바빙크의 논문에 있는 논증은 종종 복음의 능력과 일원론적 신비주의의 매혹적인 힘들 사이의 갈등에 그가 내적으로 휘말려 있다는 것을 증거해 준다고 덧붙인다.74) 페르까일은 바빙크가 다음과 같이 말한 것으로 인용하고 있다: "다시 말해 저는 일원론적인 신비적 경험에 대한 강한 성향을 가지고 태어났습니다. 이것이 제가 그것에 대해 말하는 이유입니다. 저는 매일 그러한 성향에 맞서서 싸워야만 합니다."75) 그러나 바빙크는 한편으로 신비주의와 다른 한편으로 성경적 경건 및 신앙이 궁극적으로는 서로 다른 두 세계라는데 결코 어떤 의문도 품지 않았다.76) 그의 초기 저작들 중 하나의 서문에서 신비적인 길의 유혹에 대한 바빙크의 개인적 갈등이 성 어거스틴에 대한 언급에서 드러난다: 1934년에 그는 "어거스틴은 그의 영혼 속에서 신비주의의 유혹에 끌리는 것을 느꼈지만, 하나님의 말씀이 자신을 이끌도록 함으로써 굉장히 힘들긴 했지만 자신과 씨름하여 그것으로부터 벗어났다"고 썼다.77) 그리고 몇 년 후인 1956년의 캄펀 신학교 고별사에서 그는 다음과 같이 말했다:

> 저는 인류라고 하는 매우 큰 집단적 삶의 폭풍우 속에 저자신이 휩쓸리도록 허용해선 안 됩니다. 언젠가 저는 '(하나님의 심판대 앞에서–역주) 저는'이라고 말해야만 합니다. 저는 이것을('저는'이라고–역주) 말 *할지도 모를* 뿐만 아니라 저는 그것을('저는'이라고–역주) 말*해야만* 합니다. (…) 저에게는 책임이 있습니다. 다시 말해서 저는 저에게 질문하실 그분에게 대답해야만 하며 반응해야만 할 것입니다.78)*

---

73) J. van den Berg, "De wetenschappelijke arbeid van Professor dr. Johan Herman Bavinck," 29.
74) J. Verkuyl, "In memoriam prof. dr. J.H. Bavinck," 93.
75) J. Verkuyl, "Woord vooraf," xviii.
76) 이것은 이미 그의 1928년의 책인 『개성과 세계관』 (Persoonlijkheid en wereldbeschouwing, Personality and World View), 150페이지에서 분명하게 지적되고 있다.
77) CMO, 9.
78) "Het evanglie en het mystisch levensgevoel," 158.

이로부터 바빙크가 신비주의에 저항하기로 선택했으며 신현과 예배(Epiphany and worship), 질문과 답변(Question and answer), 계시와 반응(Revelation and response)의 신학자가 되고 싶어했다는 것이 명백해진다.[79] 마지막으로, 이와 관련해서 그의 대학원 과정의 연구들이 그의 이후의 선교 사역의 토대가 되었다는 점을 말해야만 하겠는데, 이 선교 사역 동안에 그는 동양의 신비주의와 종교적인 의식의 발달을 깊이 탐구하곤 했다. 아브라함 포스(Abraham Pos)가 바빙크의 생애와 사역을 기리는 글에서 다음과 같이 쓴 것처럼 말이다:

> [그는] 스스로 결정을 내렸다. 하지만 동시에 다양한 가능성들 속에서 그가 예수 그리스도의 대의를 가장 잘 섬길 수 있게 될 그 직업과 사역을 그를 위해 선택한 것은 바로 하나님의 섭리적 인도하심이었다.[80]

박사 학위를 받은 후에 바빙크는 자신이 다음에 어떤 길을 가게 될지 정확히 알지 못한 채 네덜란드로 돌아 왔다.

2.2. 안수받은 사역자: 목회에의 열심 (1919-1929)

2.2.1. 메단(Medan)과 반둥(Bandung)의 목사

1차 세계 대전 후에 네덜란드의 개혁 교회는 인도네시아에 흩어져 살고 있는 네덜란드 사람들 가운데에서 그들의 사역을 강화하기 시작했다. 이 일은 메단에 있는 개혁 교회의 목사인 하렌스스떼인(W. G. Harrenstein)에 의해 수마트라(Sumatra) 서해안에서 힘있게 선도되었다. 이 일은 매우 빠르게 확장되어서 보조자의 도움이 절박하게 되었다. 네덜란드에서 휴

---

* 원문대조: I may not allow myself to be swept away in the storm of the great collective life of humanity; at a certain moment I must say 'I.' It is not only that I *may* say this, I *must* say it. (…) I am responsible, that is to say, I will have to answer, respond to the One who will put questions to me.
79) 참조. R. van Woudenberg, "Dr. Johan Herman Bavinck (1895-1964): Theoloog van Woord en antwoord," 25.
80) A. Pos, "Leven en Werk van Dr. Johan Herman Bavinck," 12.

가 중이던 메단에 있는 교회의 장로인 안토니 루트허르스(A.A.L. Lutgers)는 젊은 바빙크에게 접근하여 그로 하여금 이 일을 떠맡도록 설득하는데 성공했다.81) 네덜란드령 동인도 제도에 흩어져 있는 사람들을 위한 총회 파견 위원회(the Board of synodical Deputies for the People of the Dispersion in the Dutch East Indies)와의 사전 협의 없이 완전히 안토니 루트허르스 스스로 행한 일이었음에도 불구하고 바빙크는 이 위원회 앞에서 매우 좋은 인상을 심어 주었기 때문에 메단의 부목사(assistant pastor)로 즉시 임명받았으며,82) 거기에서 그는 1920년 1월 11일에 그의 사역을 시작했다. 자유대학교에서 이미 좋은 관계를 맺었었던 하렌스스떼인 안에서 바빙크는 아버지와 같은 친구를 발견했는데, 그는 이 실재적인 사역의 초기 기간 동안에 잊을 수 없는 방식으로 그를 지원해 주었다. 하렌스스떼인은 그의 겸손하면서도 종종 주저하는 젊은 동역자가 모든 종류의 어려움들을 극복하도록 도와주었으며 그들은 일생의 우정을 길렀다. 바빙크는 현장 목회 훈련(on-the-job pastoral training)의 이 값진 교육 기간에 대해 평생 감사했다.83) 그러나 메단에서의 실습기간은 그리 오래가지 못했다.

    1920년 10월 25일 재능 있는 부목사는 "그 교육 기관들로 인해 많은 젊은이들을 유혹했던 도시" 인 반둥에 있는 네덜란드 개혁교회 소속의 담임 목사(the regular minister)가 되라고 하는 부름을 받았다.84) 그러나 메단에서 반둥으로 옮겨가게 된 것은 바빙크의 명백한 재능 때문만이 아니라 당시 메단이 겪고 있던 경제적인 문제때문이기도 했다. 많은 네덜란드 식민지의 일꾼들은 그들의 일자리를 잃고서 네덜란드로 돌아와야만 했다. 이러한 상황 속에서 부목사들 역시 쉽게 남아돌게 되었다. 반둥에서 바빙크가 안수를 받기까지는 다소 오랜 시간이 걸렸는데, 그

---

81) W. Breukelaar, "Berichten over werkzaamheden van J.H. Bavinck," 91.
82) 참조. AAlgra, *De Gereformeerde Kerken in Nederlands-Indië*, 181.
83) 다음을 참조하라. A. Pos "Leven en werk van Dr. Johan Herman Bavinck," 12, and W. Breukelaar, "Berichten over werkzaamheden van J.H. Bavinck," 91. 이것은 또한 바빙크가 훨씬 이후에 썼던 글로부터도 명백하게 알 수 있다: "Harrenstein als oecumenische gestalte."
84) J. Verkuyl, *Contemporary Missology: An Introduction*, 36.

것은 그가 먼저 노회(classis)[85])에 의해서 검증받아야만 했기 때문으로, 이곳에서 이 회의는 1년에 한 번만 열렸다. 그는 거의 8개월을 기다려야 했지만, 마침내 1921년 7월 3일에 그의 스승(mentor)인 하렌스스떼인에 의해 반둥 교회의 목사로서 안수를 받고 부임하게 되었다.[86]) 다음 해 3월 21일에 그는 뜨리엔쪄 로베르스(Trientje Robers)와 결혼했으며,[87]) 그녀와의 사이에 세 자녀를 두었고 30년 넘게 행복한 결혼 생활을 했다.

바빙크의 목회 기간 동안 반둥에 있는 교회는 부흥했다. 그가 도착한 얼마 후에 반둥 교회는 새로운 교회 건물로 이사했는데, 바빙크는 이 교회를 위한 첫 돌을 놓았으며[88]) 이 교회는 1921년 12월 23일에 헌상되었다. 이때에 바빙크는 시편 125편 2절의 "산들이 예루살렘을 두름과 같이 여호와께서 그 백성을 지금부터 영원까지 두르시리로다"란 말씀으로 설교했다. 반둥에서 그의 목회와 설교의 재능은 더욱 더 잘 다듬어졌다. 보고들에 따르면 그는 먼저 조용히 인내심을 갖고 그의 교구민들의 말을 듣고 나서 그들에게 겸손하고 지혜로운 충고를 해주는 매우 신중한 목사였으며 이로 인해서 그와 그들 사이에는 큰 신뢰가 쌓이게 되었다. 그의 설교들은 단순성과 명료성의 모델들이었으며 그런 까닭에 매우 깊은 영성을 특징으로 하고 있었다. 그는 평범한 보통의 말로 매우 특별한 것들을 표현하는 법을 알았다. 그는 "젊은이와 노인들, 지성인들과 교육받지 못한 사람들, 유럽인들과 자바인들 모두에게 복음을 이해시킬 수 있는 큰 재능"을 소유했다.[89]) 이것은 왜 네덜란드의 식민지 주민들뿐만 아니라 네덜란드어를 사용하는 자바인들과 중국인들까지도 그의 교회에서의 예배에 참석했는지를 설명해 준다.[90]) 더욱이 바빙크

---

85) 노회는 복음 사역자가 되기 위해 안수를 받고자 하는 후보자들에 대한 평가를 포함한 지역적 차원에서의 교회 문제들을 다루는 개혁파 교회의 기구(Reformed ecclesiastical bodies)이다.
86) 이에 관해서는 알그라(A. Algra)의 *De Gereformeerde kerken in Nederlands-Indië*를 참조하라. 알그라는 1919년과 1920년을 각각 바빙크가 반둥으로 부름을 받고 거기에서 안수를 받은 해로서 잘못 인용하고 있다.
87) 그녀는 1900년 2월 13일에 태어나서 1953년 1월 12일에 죽었다.
88) 참조. Verkuyl, *Contemporary Missiology: An Introduction*, 36.
89) A. Algra, *De Gereformeerde kerken in Nederlands-Indië*, 117.

는 그가 한번 말하는 것을 들은 사람이면 누구나 그의 마음을 사로잡는 목소리를 지녔다. 반식민주의 지도자이자 후에 인도네시아의 대통령이 된 수카르노(Sukarno)는 이따금 반둥 교도소에서 바빙크를 만났었는데, 한번은 페르까일에게 다음과 같이 말했다: "나는 바빙크의 목소리와 같이 그렇게 감미로운 목소리를 결코 잊지 못할 것입니다."91) 항상 신중한 목자인 바빙크는 그의 교인들의 예배 참석을 신중하게 기록했으며 그의 교회의 건덕을 목표로 하는 많은 실천적인 창조적 일들을 개발했다.92) 그는 또한 많은 시간과 노력을 청년 사역에 쏟았다.93) 이 모든 것을 고려할 때 그의 반둥 교회의 교인 수가 단 몇 년 만에 180명에서 422명으로 성장한 것은 조금도 놀라울 것이 없다.94)

그럼에도 불구하고 바빙크의 시야는 자신의 교회를 넘어서 있었다. 이미 1922년 봄에 그는 다음과 같이 썼다: "인도네시아에서의 모든 영적 사역은 그것이 신앙으로부터 돌아섰던 많은 사람들을 다시금 신앙의 우리 안으로 돌이키고자 열망한다는 점에서 어느 정도 복음전도적 성격을 지니고 있다."95) 이 지역에 있는 많은 세속화된 유럽인들에게 다가가고자 마헐랑(Magelang)에 있는 교회는 *씨뿌리는 자*(De Zaaier, The Sower)라는 복음전도용 잡지를 발행했으며, 이 잡지에 바빙크는 규칙적으로 글을 기고했다.96) 당시에 동일한 그룹을 목표로 하는 논문과 작은

---

90) 바빙크의 청중들의 다인종적 성격(the interracial character)에 관한 정보는 내가 페르까일과 가진 인터뷰 동안에 그에 의해서 나에게 전해졌다.
91) 페르까일은 나에게 보낸 1990년 2월 2일자 편지에서 이렇게 말했다.
92) 종종 정확한 상술들까지 포함해서 이러한 창조적인 일들에 대한 정보는 *De Heraut*사가 다양한 판으로 출판한 바빙크의 편지들과 보고들, 즉 1922년 4월 30일과 5월 7일, 그리고 1925년 3월 15일과 22일, 29일의 것들 속에서 발견될 수 있다.
93) 예를 들어, 그의 논문, "De arbeid onder de rijpere jeugd," *De Opwekker*, 68(1923)의 96-101 페이지까지를 참조하라. 바빙크는 그의 평생 동안 젊은이들 속에서의 사역에 지속적인 관심을 가졌다.
94) 내가 페르까일과 가진 인터뷰에서, 그는 바빙크의 초상이 아직도 반둥 교회의 회의실(the consistory room)에 걸려 있다고 전해주었는데, 이것은 식민지 후의 인도네시아에서 매우 드문 일이며 이 도시에 있는 그리스도인들 사이에서 바빙크가 계속해서 받고 있는 높은 존경심을 보여준다.
95) Letter in *De Heraut*, (April 30, 1922).
96) 1925년에 노회(the classis)는 이 잡지에 대한 직접적인 책임을 떠맡았다.

소책자를 출판하자고 하는 요청 또한 생겨났다. 이것들 중에서 바빙크가 쓴 첫 번째 글이 1927년에 나왔는데, 제목은 *삶의 물음들*(Levensvragen, Questions of Life)이었다. 불행히도 이것은 별다른 성공을 거두지 못했다: 3년이 지나서도 첫 판 3,000부의 절반이 채 팔리지 않았었다.[97] 그러나 교회에 다니지 않는 네덜란드 사람들을 위한 이런 복음전도 활동들에도 불구하고 그는 그들에게만이 아니라 토착민들에게까지 관심을 돌렸다. 소년으로서 그가 가졌던 선교적 관심이 이제 꽃을 피우기 시작한 것이었다. 이러한 사실은 반둥에서의 활동들에 대한 1924년의 보고서에 있는 주목할 만한 구절을 통해 확인될 수 있는데, 거기에는 *마지막*으로 다음과 같은 의미 있는 말이 담겨 있다: "자바인 소녀들을 위한 요리문답반이 마침내 조직되었다. (…) 이것은 이 땅의 아이들로 하여금 복음을 접하도록 해줌으로써 선교 사역에 조금이나마 참여할 수 있게 되어 우리에게 커다란 만족을 준다."[98] 그의 초기 선교적 노력들이 축복을 받지 못한 건 아니라는 사실은 그가 이 보고서를 작성하기 이전에 몇 년에 걸쳐서 그의 교회의 인도네시아 교인들의 수가 증가했다고 하는 그의 기록에서 입증되어진다.

1926년 봄에 바빙크는 휴가차 네덜란드로 되돌아갔다. 그가 인도네시아를 떠났을 때 다시 돌아오게 될지는 분명하지 않았다. 그가 떠나기 전 행한 마지막 설교는 시편 90편 17절의 말씀이었다: "주 우리 하나님의 은총을 우리에게 임하게 하사 우리 손의 행사를 우리에게 견고케 하소서. 우리 손의 행사를 견고케 하소서." 돌이켜 보건데, 결국 이것이 고별설교가 되고 말았다.

2.2.2. 헤임스떼이더(Heemstede)에서의 더 많은 공부와 사역

---

97) A. Algra, *De Gereformeerde kerken in Nederlands-Indië*, 252-253; 이 소책자는 〈우리의 삶의 수수께끼〉(*Het raadsel van ons leven*, The Riddle of Our Life)란 제목으로 몇 번에 걸쳐 재출판되었다.
98) *De Heraut* (March 29, 1925).

다음으로 그의 아내와 무엇을 할 것인지에 대한 불확실성은 신학과 더불어 일생동안 그를 사로잡았던 또 다른 커다란 관심사, 즉 (종교) 심리학에 대한 보다 깊은 연구를 하고자 하는 소망과 밀접하게 연관되어 있었다. 반둥에서 머무는 동안 그는 이 분야의 연구를 계속했으며, 그 결과들을 『심리학적인 글들』(*Zielkundige opstellen*, Psychological Essays)이란 제목의 책으로 1925년에 출판했고 1926년에는 『심리학 입문』(*Inleiding in de zielkunde*, Introduction to Psychology)이라는 폭넓은 안내서를 뒤따라 내놓았다. 이 책의 서문에서 그는 그 책의 서술 목적을 다음과 같이 기록하고 있다: "[나의] 주된 목적은 가능한 한 마음, 영혼 그리고 정신(heart, soul and mind)의 현상들을 분류하고 목록화하는 것이며 인간의 내적 삶의 구조에 대한 통찰을 제공하는 것이다." 그가 서문의 마지막에 쓰고 있는 내용은 심리학의 가치와 위상에 관한 그의 견해를 멋지게 요약해주고 있다:

> 영혼의 구조에 대한 정확한 통찰력이야 말로 우리 안에서 영혼의 위대한 창조자에 대한 이 애정어린 흠모를 일깨워 주는 것이다. 모든 지점에 심리학으로부터 신학에 이르는 길이 놓여 있다. 어거스틴은 이것을 한마디로 이렇게 표현했다: *Deum et animam scire cupio*, 하나님과 나의 영혼을 나는 알고자 한다. 마음 속에 하나님께 대한 믿음을 가지고 영혼의 깊이를 꿰뚫어 보도록 허락하심을 얻는 것보다 이 세상에서 더 멋진 일은 거의 없다.

이 글로부터 바빙크는 신학이 심리학에 의해 가리워지거나 흡수되는 것을 보고 싶어 하지 않았다는 것이 명백해진다. 그는 이 둘이 하나님의 성경적 계시로부터 출발하기만 한다면 이 두 연구분야가 서로를 보조하는 상보적인 학문분과로서 연구될 수 있고 또 되어야만 한다고 느꼈다. 그는 심리학에 대한 안내서로서 쓴 책의 첫 페이지에서 이러한 사실을 다시 한 번 아주 명백히 하는데, 거기에서 그는 솔로몬의 잠언과 성경의

나머지 부분에 관해 다음과 같이 쓰고 있다:

> 최고의 심리학적 글들이 [잠언] 속에 우리를 위해 보존되어 있음을 우리는 발견한다. 여기에서 결코 견줄 데 없는 심리학자가 말하는데, 그의 눈은 하나님의 성령에 의해 인간의 의지와 인간의 생명의 원천을 바라보도록 밝아졌다. 그리고 이 책뿐만 아니라 성경 전체가 인간의 본성에 대한 통찰로 풍성하다. 성경은 우리에게 하나님에 대해 가르쳐 주지만 동일하게 인간의 마음을 우리에게 계시해 준다. 성경은 성부의 사랑을 묘사해 주지만 인간의 비참함의 본질과 정도를 특히 날카롭고 깊이 있게 드러내 준다. 성경은 신학과 심리학 둘 모두로 이루어져 있으며 하나님과 인간 둘 모두에 대한 지식[을 제공해 준다].

그러나 사실상 그의 사유의 시발점과 정교함이 언제나 완전히 일치하는 것은 아니었다. 그의 저서의 일부에서 신학이 심리학에 의해 지나치게 많이 가리워지는데, 특히 종교적 삶에 대한 분석과 묘사에 있어서 그렇다.

바빙크의 심리학 연구는 매우 높이 평가되어서 그가 휴가차 반둥을 떠나기 바로 전에 그는 이 분야에 대한 보다 깊이 있는 연구를 하도록 몇 년의 휴가를 받을 기회를 제안 받았다.[99] 그러나 그는 즉시 이 제안을 정중히 거절했다. 왜냐하면 그는 그것에 대해 네덜란드에서 먼저 조언을 구하고자 했으며, 또한 그것이 "하나님으로부터의 부르심"이라고 느끼지 않는 한, 그리고 그렇게 느낄 때까지 자신이 그것을 고려할 만큼 자유롭다고 생각하지 않았기 때문이었다.[100] 그가 고향에 돌아가서 그의 조언자들과 나누었던 대화에서 어떤 말들이 오고 갔는지를 결정하는 것은 더 이상 가능한 일이 아니지만, 자유대학교에서 유아 발달, 심리학, 교육학, 그리고 요리문답 등의 과목에 대해 새로운 교수를 임명하는 것이 그 결정 과정에서 결정적인 요소였음은 생각해 볼 수 있음직하다. 당분간은 부가적인 연구의 열매가 그의 주변단체들(circles) 안에서

---

99) Cf. *De Heraut*, (June 27, 1926).
100) *Ibid.*

생산적으로 사용될 길이 없을 것이었다. 더욱이 그의 책 『심리학 입문』(*Inleiding in de zielkunde*, Introduction to Psychology)은 당시의 네덜란드 개혁주의 세계에서 완전히 호의적으로 수용된 것만도 아니었다. 초자아(superego or higher self)에 대한 바빙크의 분석적 기술에 반대하는 사람들이 있었다. 왜냐하면 그들은 그 책에서 인간에 대한 우상화의 경향을 찾아 냈다고 생각했기 때문이었다.101) 다른 사람들은 종교에 대한 그의 견해를 비난했는데, 그는 그것을 감성적 삶(emotional life)의 일부로서 다루었으며 그 가장 깊은 본질에 있어서 하나님과의 교제에 대한 열망으로 정의했다. 종교는 언제나 하나님의 계시를 전제로 하고 있다는 개혁주의적 신앙고백의 입장에 기초함으로써 이 비판자들은 앎의 행위(the act of knowing)가 종교에서의 감정(feeling)과 감성(emotion)보다 논리적으로 우선하며, 따라서 종교의 주요한 요소로서 지식에 강조점이 주어져야 한다고 주장했다.102) 이러한 상황들의 전환과 그의 학문적 작업에 대한 부정적인 반응들은 주제넘지 않고, 때로는 주저하는, 그리고 여전히 상대적으로 젊은 교구 목사에게 그리 용기를 북돋아 주는 일이었을 리 만무하다.

1926년 8월에 있었던 헤임스떼이더에 있는 네덜란드 개혁교회의 목사로 오라는 요청은 바빙크의 상황을 훨씬 더 복잡하게 만들었다. 그는 이 요청을 정중하게 거절했다.103) 그리고 그렇게 한 것에 대해 그가 제시한 세 가지 이유들을 통해 그가 이 시기에 큰 불확실성을 겪고 있었음을 알 수 있다: (1) 그는 여전히 정서적으로 반둥에 애착을 갖고 있었고, (2) 목사관에서 학문적 작업을 집중해서 수행하는 것이 불가능했으며, (3) 헤임스떼이더 교회 전체에 의해서 완전하게 받아들여졌다는 확신을 갖기 원했다.104) 이 세 번째 이의제기는 의심할 바 없이 '헤이

---

101) Cf. J. Stellingwerf, 189.
102) Cf. T. Hoekstra, *GTT*, 28(1927): 236 ff., and J. Waterink, *GTT*, 29 (1928): 515 ff.
103) 1926년 9월 7일자 의사록에 따르면, 실망스럽게도 헤임스떼이더 교회회의는 "깊은 유감"의 뜻이 담긴 거절의 편지를 받았다.
104) 이러한 염려들은 바빙크에게 두 번째 요청을 해도 되는지를 알아보기 위해서 교회회의가

케르켄 문제'105)에 대한 논의에 의해서 야기된 것이었는데, 이 문제는 당시에 무척 심화되고 있었다. 감정들이 격화되었고 교회 전체에 상호 비방과 책임전가의 분위기가 만연했다. 하나의 징계 행위는 즉시 또 다른 징계행위를 초래했다. 자신에게 두 번째로 주어졌던 요청을 받아들이는 것에 대해 바빙크가 했던 또 하나의 염려는 이러한 교회의 논쟁과 직접적으로 연관되어 있었던 것이다: 헤임스떼이더 교회는 '헤이케르켄'과 관련하여 취해진 총회의 결정들에 대한 문제로 심하게 분열되었으며, 그는 서로 반목하고 있는 이 양측 사이에 서게 되는 자리에 있고 싶어하지 않았다. 1926년 11월 휴가가 끝날 때 쯤 그는 반둥으로 돌아가지 않기로 결정했다. 헤임스떼이더 교회는 즉시 새로운 요청의 가능성에 대해 그의 의중을 알아보기 위해 새롭게 그에게 접근하기로 결정했다.106) 11월 17일 바빙크와의 논의 후에 그의 전적인 승인을 얻어 교회회의는 두 번째로 하알렘 노회(Classis Haarlem)에 그를 초빙하는 것에 대한 허락을 요청했다.107) 그가 초빙편지를 받은 다음 날 그는 다음과 같이 답했다.

> 처음에 저로 하여금 거절하게 만들었던 염려들을 하나님께서 하나씩 하나씩 제거해 주시고, 이제 이것이 그분의 길이라는 것을 확신 있게 알게 하신 하나님께 감사합니다. 하나님께서 저로 하여금 여러분들 가운데에서 오래도록 신실하게 일하도록 해 주십사하는 것이야 말로 저의 열렬한 바램이며 기도입니다.108)

그와 함께 가졌던 이후의 한 토론에서도 언급되어졌다.
105) 위의 각주 49번을 보라.
106) 1926년 11월 11일의 의사록을 참조할 것.
107) 1926년 11월 17일의 교회회의록을 참조하라. 소문과 달리 이 회의에서 또한 바빙크는 '헤일께르깬'과 관련하여 아쎈총회의 결정을 지지하며, 헤임스떼이더에 있는 그 교회를 휩쓸고 있는 총회의 결정을 더 이상 그 교회의 초빙을 받아들이는 장애물로 간주하지 않고, 이제는 이 초빙을 이러한 분열을 치유하고 교회 분열을 막기 위해 애쓰라고 하는 그의 소명으로 간주하며, "그 교회가 만장일치로 그를 원하기만 한다면" 헤임스떼이더로 이사할 준비가 되어 있다고 말했다.
108) 1926년 12월 10일자 바빙크의 초빙수락 편지로부터 인용함.

바빙크는 1927년 1월 9일, 그의 아버지에 의해서 헤임스떼이더 교회에 취임하게 되었다. 취임 후 곧장 그는 논쟁거리였던 '헤일께르껀 문제'로 인해 야기된 교회의 분열에 주의를 집중했다. 그의 평화로운 성격에 맞게 그는 교회회의와 이 문제에 대한 총회의 결정들에 반대하는 사람들 사이의 정직하고 공개적인 논의를 통해 하나됨을 회복하는 일에 착수했다. 3월 30일에 처음으로 양쪽이 자리를 함께 했다. 바빙크는 주어진 주해나 성경 해석의 방법이 수용될만한 것인지 아닌지에 관해 판단할 권리를 총회가 가지고 있다고 생각한다고 지적했으며, 나아가 헤일께르껀과 그의 지지자들에 의해서 신봉된 성경의 창조 이야기에 대한 해석을 인정하지 않은 아쎈 총회의 결정에 동의한다고 말했다. 반면에 그는 총회가 스스로를 양심의 문제들에 대한 재판관으로 내세워서 사람들의 개인적인 신앙을 그와 같이 논쟁 속으로 몰아넣는 것은 옳지 않다고 생각한다고 말했다. 그는 총회가 그 판결들에 있어서 좀 더 부드럽고, 그 발표문들을 작성하는 데 있어서도 좀 더 관대했어야만 했다는 의견을 말했다. 계속해서 이어진 아홉 번의 모임은 바빙크가 희망했던 결과를 낳았다: 여전히 남아 있는 의견의 차이들에도 불구하고 서로에 대한 충분한 신뢰가 세워져서 교회가 함께 머물 것임을 보장하게 되었다.[109] 그의 호소력 있는 설교와 신뢰를 불어넣는 목회활동 덕택에 바빙크는 매우 빠르게 헤임스떼이더 교회에서 핵심적인 중요한 자리를 차지하게 되었다. 그의 성장하는 교회 내에서 하나됨이라고 하는 상호 유대를 북돋우며 교인들의 영적 성숙을 기르고자 바빙크는 지역 교회의 정기 간행물을 만들자고 제안했다. 이 생각에 대해 처음에는 몇몇 반대들이 있었지만, *교회소식지(Kerkblad)*라는 제목의 책자가 마침내 만들어지기 시작했으며 그 첫 판이 1928년 1월에 나오게 되었다.

이 시기에 나온 바빙크의 출판물들은 그가 심리학과 철학에 계속

---

[109] 이 모임들에서의 논의들은 *Notulen van bespekingen met bezwaarden in 1927*이라는 제목의 개별적인 노트에 기록되어 있으며, 이 노트는 헤임스떼이더에 있는 네덜란드 개혁교회의 고문서보관소에서 발견될 수 있다.

해서 몰두해 있었다는 것을 보여준다. 그가 헤임스떼이더에 있는 시기 동안 출판한 가장 광범위한 책은 『개성과 세계관』(*Persoonlijkheid en wereldbeschouwing*, Personality and World View)이었는데, 이 책은 1928년에 나왔으며 그가 1927-1928년 겨울에 델프트에 있는 기술대학(the Technical College)에서 행한 강의록을 묶은 것이었다.110) 그 제목 자체에서 그가 심리학과 철학을 밀접하게 연결시키고 있음이 드러나는 이 책에서 바빙크는 모든 세계관의 배후에는 개성(a personality)이 숨겨져 있다는 것을 강조했다. 이런 식으로 철학을 개성을 드러내는 것으로 특징지음으로써 그는 그것을 진리에의 접근으로서 상대화했다. 그는 철학의 진정한 단층선은 예수 그리스도의 복음의 진리에 관한 내적 확신의 현존과 부재 사이에 놓여 있는 틈새와 경계를 접하고 있다는 것을 분명히 하고자 했다. 그는 하나님과 인간 사이의 왜곡된 관계로 인해서 인간의 마음은 두 조각이 났다고 주장했다: 한 편에서 모든 인간은 하나님을 찾는데, 다른 편에선 모두가 그분으로부터 달아난다. 인간의 두뇌 속에서만 떠오르는 모든 생명관은 이러한 근본적인 단절에 의해 특징지어지며, 따라서 실재를 결코 헤아릴 수 없다. 우리가 가장 높은 정도의 객관성을 지니는 세계관, 즉 우리에 의해서가 아니라 하나님에 의해서 품어진 세계관을 확립할 수 있는 것은 바로 오직 하나님의 진리에 대한 개인적인 순복을 통해서뿐이다.111) 바빙크가 후에 보다 철저하게 성경적인 인간론을 받아들이게 될 것이지만, 앞서 말한 바로부터 분명한 점은 그가 예수 그리스도의 종으로서 철학과 심리학 분야들에서 자신의 모든 작업을 하고 싶어 했다는 것이다. 그는 관념들을 옹호하지 않았다. 오히려 그 자신이 실존적으로 확신하고 있던 그 진리에 대한 실재들을 지지했다. 그는 진리이신 예수 그리스도의 계시하시며 구원하시는 빛 속에 사람들을 거하게 하는 데 관심이 있었다. 이러한 바램이야말로 아마도 머지않아 그의

---

110) 이덴뷔르흐(A. W. F. Idenburg)는 이 책의 서문에서 비상할 정도의 관심으로 인해 많은 학생들과 일반인들이 이 강의에 참석했다고 쓰고 있다.
111) 참조. *PWB*, 19-24.

사역에서 일어나게 될 심리학에서 선교학으로의 전환에 대한 가장 중요한 설명이 될 것이다.

1928년 4월 센트럴 자바(Central Java)에 있는 솔로(Solo) 지역의 선교 개척자인 판 안덜(H. A. van Andel)이 자기 자신과 이미 거기에 있던 또 한 명의 동료 외에 이 지역에 복음을 위한 또 한명의 선교사를 파견할 수 있는지에 대해 델프트112)에 있는 그의 파송 교회와 상의하기 위해 네덜란드에 왔다.113) 그의 제안은 수용되었고 델프트의 협력 교회들(각주 112를 보라)은 이 직책에 적합한 후보자를 지명하라는 요청을 받았다. 제출된 유일한 이름은 바빙크뿐이었으며 만장일치로 이 선교직을 그에게 부탁하기로 결정되었는데,114) 이러한 일치에는 타당한 근거들이 있었다. 당시의 델프트 교회의 소책자에 따르면 바빙크는 "반둥에서 홀란트로 돌아왔을 때 적절한 시기에 다시 인도네시아로 돌아가게 될 것이라는 생각을 지니고 있었다. 그리고 그는 자신이 선교 사역에 마음을 두고 있다는 사실을 결코 숨기려 하지 않았다." 115) 더욱이 탁월한 박식함과 열린 태도로 인해 그는 자신이 부름을 받고 있는, 학식이 있으며 네덜란드어를 할 줄 아는 자바의 젊은이들 가운데에서 그 사역을 감당하기에 아주 적합하다고 간주되었다.116) 따라서 그가 이 선교 사역을 위한 자격을 그렇게 완벽할 정도로 갖출 수 있었던 것은 바로 그의 심리적-철학적 통찰력 때문이었다. 그리고 이러한 선교사로의 임명은 후에 그가 심리학에서 선교학으로 다시 눈을 돌리게 된 것이, 적어도 처음에는, 어떤

---

112) 교회의 선교 사역에 관한 미델부르흐 총회와 아른헴 총회(the Synods of Middelburg[1896] and Arnhem[1902])의 결정들에 따라서 선교를 수행할 책임이 지역교회들에게 맡겨졌다. 단 하나의 교회가 스스로 선교지의 모든 필요들을 돌보는 것이 불가능했기 때문에 여덟 개의 지역들로 나누어졌으며, 각 지역에는 그 지역의 나머지 다른 교회들과 협력하여 맡겨진 선교지를 책임지는 하나의 파송교회가 있었다. 델프트는 남홀란트(the province of South Holland)의 북쪽 지역을 위한 파송교회로 지명되었다. 참조. J. Slagboom, 10-14.
113) 참조. *HZB*, 26(1928): 48, 98.
114) *Notulenboek Breede Kerkeraad met Diakenen van 15-7-1926 tot 2-11-1935*에 있는, 1928년 6월 21일과 7월 5일자 델프트에 있는 네덜란드 개혁교회에 소속된 그 교회의 확장된 교회 회의 모임에 대한 의사록을 참조하라.
115) "Varia," *Gereformeerde Kerkbode*, July 7, 1928.
116) *Idem*, November 10, 1928.

의식적인 이전의 계획을 이행하기 위한 것이라기보다는 단순한 주변환경 때문이었다는 것을 증거해 준다.

바빙크는 솔로로의 이러한 부름에 대해 결정하기가 어렵다는 것을 알았다. 그는 1년 반 동안 오직 헤임스떼이더에만 있었을 뿐이었는데, 그곳에서 그에 대한 교인들의 많은 애정을 느꼈으며, "그의 사람됨과 사역을 그 교회가 그렇게 잘 받아들이도록 길을 (열어주신 데 대해) (…) 하나님께 감사했다."[117] 그렇지만 그는 자신이 제안 받은 솔로에서의 사역이 위기 속에 처한 한 민족의 젊은이들을 향한 것이며 따라서 이 민족의 미래에 결정적인 중요성을 지니게 될 것이었기 때문에 그 사역이 네덜란드에서 어떤 식으로 교회를 섬기는 것보다 더 중요하다는 것 역시 처음부터 깨닫고 있었다. 그럼에도 불구하고 그가 결국 이 부름을 거절하게 된 데에는 그것이 이중의 간청이었다는 사실, 즉 한편으로는 자바의 젊은이들을 위해 일해 달라고 하는 델프트의 교회회의로부터의 간청이었으며 다른 한편으론 지역의 중국 이민자들을 위해 일해달라고 하는 솔로의 교회회의로부터의 간청이었다는 사실과 관련되어 있었다. 후에 그가 쓴 것처럼 그는 이 두 사역이 서로 너무 달랐으며 함께 맡겨질 경우에 한 사람이 감당하기엔 너무 광범위하다고 느꼈다. 어쨌든 그는 자신이 어떤 식으로든 적절하게 이 일들을 동시에 수행할 능력이 없다고 여겼다.[118]

그가 그 부름을 거절한 후 몇 달 뒤에 솔로로부터 그곳의 교회회의는 그가 자바의 젊은이들을 위한 사역에 온전히 헌신할 수 있도록 네덜란드어를 하지 않는 사람들을 포함한 자신들의 요청의 일부를 취소함으로써 바빙크의 이의를 충족시켜줄 준비가 되어있다는 글이 도착했다. 델프트의 교회는 이런 새로운 조건들 하에서 두 번째 부름을 받아들이는 것을 고려할 수 있는지 바빙크에게 묻기로 즉시 결정했다. 후에 그는 이 물음에 대한 자신의 반응을 다음과 같이 묘사했다: "그때 우리는 더

---

117) *Kerkblad*, Heemstede, June 9, 1928.
118) *Idem*, October 13, 1928.

이상 주저하지 않았다. 왜냐하면 우리의 길을 막고 있는 바로 그 장애물이 제거되었으므로 우리가 더 이상 저항 할 권리가 없다는 것을 알게 되었기 때문이다. 그래서 우리는 '네' 라고 말했다."119) 1928년 11월 8일에 솔로에서의 사역을 위한 두 번째 공식 요청이 바빙크에게 왔다.120) 즉시 하루 뒤에 그는 자신이 "이 놀랍고 중요한 사역" 에로의 부름을 받아들이는 데에 "완전한 자유를 느꼈다"고 답했다.121) 이러한 일련의 과정은 바빙크가 어떤 사람인지에 대해 많은 것을 보여준다: 겸손하며 주저하지만, 그 길이 분명해지면, 또한 결단력이 있는 사람. 그리고 그가 이 요청을 수락한 후에 그의 헤임스떼이더 교인들에게 쓴 글은 그의 경건, 절제(sobriety), 분별력을 예시해준다.

> 아마도 여러분 중 누군가는 다음과 같이 물을지 모릅니다: "하지만 하나님께서 빛을 주시지 않습니까? 만약 하나님께서 그분의 빛에 의해 당신으로 하여금 처음에 거절하도록 이끄셨다면 그분이 갑자기 바꿔실 수 있을까요? 당신의 추론은 하나님의 인도하심을 충분히 고려하지 못한 거 아닌가요?" 형제, 자매 여러분, 우리가 결정을 내려야만 했던 몇 달 동안 우리는 하나님의 빛을 위해 많은 기도를 했으며, 마침내 우리는 하나님의 빛이 숙고를 통하지 않고 우리에게 오는 것이 아니라 바로 그 숙고라고 하는 매개를 통해서 온다는 것을 보게 되었습니다. 하나님께서는 우리에게 하늘로부터 음성을 들려주시는 것이 아니라, 사실들에 대한 통찰력을, 관계들에 대한 통찰력을 주십니다. 우리가 처음에 깨닫기 시작했을 때 우리는 그것을 하나님의 인도하시는 빛으로 여겼으며 그것에 대해 감사했습니다. 그리고 막혀 있던 장애물들이 완전히 제거되었을 때 우리는 그 속에서 아주 확실하게 하나님의 빛을 보았습니다. 하나님께서는 이 모든 것들 속에서 우리에게 분명하게 말씀하셨습니다.122)

---

119) *Ibid.*; 심리학을 통한 선교학으로의 바빙크의 인생 여정에 관해서는 룰만(J.A.C. Rullmann)의 "Bij het overlijden van prof. dr. J.H. Bavinck"를 참조하라: "그것은 우회로였지만, 돌이켜보건대 그는 곧장 그에게 예정된 그곳으로 인도되었다.
120) *Notulenboek Breede Kerkeraad met Diakenen van 15-7-1926 tot 2-11-1935*에 있는 1928년 11월 8일 자 델프트에 있는 개혁 교회에 속한 그 교회의 교회회의 모임의 의사록을 참조하라.
121) 1928년 11월 11일 자 바빙크의 수락 편지에서 인용됨.

1929년 1월 6일, 바빙크는 요한복음 4장 42절의 말씀으로 헤임스떼이더에서 그의 고별 설교를 했다: "그 여자에게 말하되 이제 우리가 믿는 것은 네 말을 인함이 아니니 이는 우리가 친히 듣고 그가 참으로 세상의 구주신 줄 앎이니라 하였더라."123) 바로 이러한 빛에서 바빙크는 과거와 미래의 그의 사역을 바라보았다.

2.3. 인도네시아에서의 사역: 선교에의 열정(1929-1938)

2.3.1. 솔로의 선교목사

"여호와께서 아브람에게 이르시되 너는 너의 본토 친척 아비 집을 떠나 내가 네게 지시할 땅으로 가라"(창 12:1). 바로 이 본문에 의거해서 바빙크는 1929년 1월 10일에 델프트에 있는 네덜란드 개혁교회에 속한 파송교회의 선교사로서 취임 설교를 했다. 이 예배와 관련해서 그는 "인도네시아가 최고 중의 최고의 것을 받아 마땅함을 분명히 할 기회로 삼았으며" 더 나아가 그는 "(부름을 받아들일 것인지-역주) 숙고하는 동안 이 본문이 그의 영혼에 미친 영향과 이 신적 명령이 그와 그의 가족에게도 적용된다는, 하나님께서 그의 마음속에 일으키신 충만한 확신에 대해 말했다"고 전해졌다.124) 그는 하렌스스떼인125)에 의해서 임명을 받았는데, 당시 그는 암스테르담에 있는 교회를 섬기고 있었으며, 사도행전 13장 2절과 3절을 본문으로 택했다: "주를 섬겨 금식할 때에 성령이 가

---

122) *Kerkblad*, heemstede, October 13, 1928.
123) *Idem*, January 19, 1929; 이것은 이 설교의 대략을 담고 있다.
124) 참조. "Varia," in: Gereformeerde Kerkbode, Delft, January 12, 1929. 이 기록에 따르면 취임 예배의 참석자수는 양호했지만, 그럼에도 마더 엠마 여왕(Queen Mother Emma)의 취임식 라디오 방송으로 인해 예상했던 것에는 미치지 못했다고 전해진다.
125) 1928년 12월 3일자 델프트에 있는 그 교회의 교회회의에 보낸 편지에서 바빙크는 다양한 이유로 인해 그의 아버지가 이 예배에서 그를 선교목사로서 임명하는 것을 달가워 하지 않았다고 쓰고 있는데, "특히 아버지께서 나를 작년에 헤임스떼이더에 있는 교회에 임명했기 때문"이라고 쓰고 있다. 그 배후 사정은 명확하지 않지만, 그렇게 짧은 기간만에 그의 아들이 헤임스떼이더를 떠나는 것과 관련하여 바빙크의 아버지에게 어떤 문제가 있었다는 것이 불가능한 일만은 아니다.

라사대 내가 불러 시키는 일을 위하여 바나바와 사울을 따로 세우라 하시니 이에 금식하며 기도하고 두 사람에게 안수하여 보내니라." 5월 2일에 그는 헤이그 노회(the classis of The Hague) 앞에서 선교사로서의 검증을 잘 통과하였고, 그 후에 그는 자바어 프로그램과 라이덴 대학교 및 다른 곳에서의 연구들을 통해 솔로에서 그를 기다리고 있는 과업을 위한 준비를 시작했다. 바빙크가 빠르게 자바인의 사고 방식을 습득했다는 것은 심지어 그가 출발하기 전에 *지상의 왕관*(Solo Adiningrat, Crown of the Earth)이란 주제에 대해 델프트의 선교 모임에서 말했다는 사실로부터 확증된다. 이 시기에 행한 바빙크의 강의의 골자는 선교의 목적이 그리스도에게 하늘과 땅에 있는 모든 권세가 주어졌다는 근거 하에 예수님에게 이 지상의 왕관을 드리는 것이었다.126) 1930년 1월 8일에 바빙크는 두 번째로 인도네시아를 향해 떠났다. 이 때에 한 동료는 다음과 같은 칭찬의 말로 그에 대해 썼다: "바빙크 박사는 우리 집단에서 아주 좋은 평판을 지니고 있다(Dr. Bavinck bears a name which has an excellent ring to it in our circles). 그리고 그는 영예롭게 이 이름을 지니고 다닌다. 그의 다양한 출판물들을 통해 그는 학식 있는 학자들의 무리 속에서 자리를 보장 받았다."127)

    당시에 센트럴 자바는 두 개의 고대 공국으로 나뉘어져 있었다: 솔로와 족자를 각각 수도로 하고 있는 수라카르타(Surakarta)와 족자카르타(Jogjakarta). 여기에서 일상의 삶은 여전히 전통적인 문화가 깊이 자리 잡고 있으며, 이런 이유로 이 두 지역은 자바인들의 마음에서 특별한 자리를 차지했다: "자바인들은 계속해서 두 공국, 그 수도들인 족자와 솔로를, 특히 후자를 주시한다"고 당시의 한 목격자는 기록했다.128) 인구가 8백 50만명인 센트럴 자바는 인구과밀 지역이었다. 네덜란드 개혁교회는 이곳에서 자신들을 위한 특별한 임무를 내다보았다: 자바의 토착

---

126) 참조. *Gereformeerde Kerkbode*, Delft, November 2, 1929.
127) W. Breukelaar, *HZB*, 27(1929), 243.
128) D. Pol, "Vorstenlanden," 648.

민들의 마음속에 복음을 선포하는 것. 이 교회들 속에는 자신들이 자바 전체에 중요한, 하나님께서 주신 선교지를 받았다고 하는 강한 느낌이 있었다.129) 이와 관련해서 바빙크는 다음과 같이 썼다:

> 아름답고 인구가 조밀한 자바 섬은 홀란트에 의해 선교지로서 자유롭게 선택된 것이 아니었다. 하나님께서는 우리로 하여금 거기에서 이 사역을 떠맡도록 강권하셔야만 했다. 따라서 자바 선교는 그 말의 가장 직접적인 의미에 있어서 하나님께서 이 위대한 백성을 다루신 그 다루심의 열매이다.130)

바빙크는 1930년 1월부터 1933년 7월까지 선교목사로서 섬겼다. 이 기간 동안 그의 사역은 다음 네 가지 특징들을 지녔다.

1. *자바인의 마음속에 들어갈 수 있는 능력*. 바빙크는 자바인의 문화 속에 젖어드는 것을 제일 우선순위로 여겼다. 그는 다른 문화 속의 사람들 중에서 복음을 전하는 첫 단계를 다음과 같이 묘사했다: "그들에게 복음을 전하는 사람은 그들이 복음의 정수에 가능한 한 가까이 접할 수 있도록 가능한 한 그들에게 호의적이어야만 한다."131) 아득한 옛날부터 자바 문화는 힌두교와 불교에 의해 형성되어왔고, 독특하게 신비적인 성격을 낳았으며 계속해서 또한 이슬람에 의해 영향을 받게 되었다. 심리학적 과정들을 해명하는 데 있어서의 바빙크의 능숙함과 그의 신비적 성향이 이러한 맥락에서 이루 말할 수 없는 가치를 지녔음은 말할 필요조차 없다. 바빙크가 죽은 뒤 약 20여년 후에 그의 학생이었던 사람 중 하나인 판 덴 베르흐는 다음과 같이 썼다: "그[바빙크]는 인품과 교육 모두에서 미묘하고 헤아릴 수 없는 자바인의 신비주의 세계를

---

129) 참조. D. Pol, *Midden-Java ten zuiden*, 11-12.
130) *ZWN*, 141.
131) "Christendom en cultuuruitingen," 44. 바빙크의 개인적인 글들에는(위의 각주 52를 보라) 불교와 이슬람뿐만 아니라 자바의 언어, 문화, 신비주의에 그가 얼마나 깊이 젖어있었는지를 보여주는 노트들이 포함되어 있다.

통찰할 수 있는 자격을 잘 갖추었다."132) 그리고 비슷한 시기에 바빙크를 지켜 본 또 한 사람은 이 기간 동안에 바빙크의 생애를 특징지었던 지식, 경험, 영성 사이의 밀접한 상호작용에 주목했다: 그의 심리학적 학습은 "분명히 그로 하여금 동양인의 영혼 속에 보다 깊이 들어갈 수 있도록 해주었으며," 그것은 반대로 "그 자신의 신비주의적 경향과의 친밀성을 강화해 주었다."133) 듣고자 하는 태도, 즉 자신과 다른 의견이나 확신을 지니고 있는 사람들에게 그가 변함없이 취한 공손한 자세 덕택에 그는 자바의 신비주의자들 및 무슬림 학자들과 좋은 접촉을 맺을 수 있었다.134) 그는 규칙적으로 그들과 장시간 대화를 나누었으며, 이를 위해 그가 선호한 시간은 한 밤중이었다. 그는 또한 솔로에 거주하는 두 명의 인도네시아 군주들의 궁정사회들(the court circles) 안에서 활동했는데, 그들 중 보다 중요한 이는 수수후난(Susuhunan)으로서, 그는 *크라톤* (*kraton*), 즉 많은 입구와 문을 가진 거대한 궁전 안에서 살았다. 바빙크는 이러한 비밀들과 신비들 속에 입문하기를 간절히 바랬다. 그는 또한 그림자인형극(puppet shadow plays)인 자바인의 웨양(Javanese wayang-wayang은 그림자란 뜻으로 천막 뒤에서 행해진 가죽인형극을 가리킨다-역주)에 깊이 빠져들었으며, 시간이 지나 신화론적 사건들에 대한 극적인 표상들로서 그것들이 지니고 있는 종교적 책임을 깨닫게 되었다.135) 이 모든 것에 있어서 문화적-철학적 연구 단체가 중요한 역할을 담당했는데, 이 단체는 자바인들, 네덜란드인들 그리고 중국인들이 서로를 더 잘 알고 이해하기 위해서 필요하다고 느낀 것을 충족시키기 위해 1931년 솔로에 설립되었다. 바빙크는 신뢰와 상호 이해의 목소리가 철두철미 완전하게 남아 있었던 그런 이야기들을 다양한 인종의 사람들 사이에서 나눌 수 있었다는 것을 발견했다는 점을 그의 일생에서 가장 놀라운 경험 중 하나로

---

132) "The Legacy of Johan Herman Bavinck," 7 (1983), 172.
133) J. van der Linden, *Centraal Weekblad*, 33 (Nov. 29, 1985).
134) 참조. Verkuyl, *Contemporary Missiology: An introduction*, 38.
135) 『그리스도와 동양의 신비주의』 (CMO, 1934) 100페이지에서 바빙크는 이러한 극들에 대해 간결하고 명확한 설명을 제공하고 있다.

여겼다. 그에게 최고의 순간들은

> 우리의 담화가 모든 지상의 것들을 넘어서서 우리를 초월한 신적 세계로 나아갔던 순간들이었다. 그때 우리는 우리 자신을 더 이상 중국인, 자바인 또는 네덜란드인으로 여기지 않았다. 그때 어떤 의미에서 우리 모두는 영원하신 분의 말할 수 없는 위대하심 앞에 서 있는 어린아이들이 되었다. (…) 아니, [이 모임들에서는] 단 하나의 어떤 공식이나 신조로 우리의 공통된 감정을 표현하는 것이 전혀 불가능했다. 그때에 우리가 건널 수 없는 경계선들이 있다는 것은 명백했다. 그럼에도 불구하고 이 밤 사이의 담화 동안에 우리는 그러한 분위기 속에서 이러한 것들에 대해 서로 함께 말할 수 있다는 것이 얼마나 유익하고 놀라운 일인지 깊이 그리고 강력하게 깨달았다.[136]

이 기간에 바빙크는 네덜란드 개혁교회의 헨드릭 크레머와 많은 접촉을 했는데 - 앞에서 주목한 것처럼 바빙크는 대학시절에 이미 그와 안면이 있었다 - 그는 당시에 솔로에 있는 네덜란드 성경학회에서 언어학자로 섬기고 있었으며, 자바 지역의 문화와 신비주의에 대한 전문가로서 문화적-철학적 연구 단체의 회원이기도 했다.[137] 몇 년 후에 바빙크는 크레머에 대해 다음과 같이 썼다: "그는 나의 스승, 즉 자바 문학의 비밀들, 특히 자바인의 신비주의의 비밀들 속으로 나를 입문시킨 사람이었다."[138] 그리고 크레머는 페르까일에게 이렇게 말한 적이 있었다: "나는 바빙크만큼 자바인의 신비주의를 그렇게 빠르고 철저하게 이해한 학생을 본 적이 없다."[139] 누구나가 그는 스펀지처럼 자바 문화에 빨려들었다고 말한다. 토착적인 자바 문화의 정신적이고 영적인 세계를 이해할 수 있는 이러한 종류의 능력은 네덜란드 개혁교회의 선교 단체에서

---

136) "De Cultuur-Wijsgerige Studiekring," 9-11.
137) 이러한 보다 초기의 접촉들이 없었다면 크레머가 1928년 탐바람(Tambaram)에서의 국제선교회의 당시에 바빙크에게 영향을 미쳤던 것만큼 그렇게 영향을 미쳤을 지는 추측에 달린 문제이다. 우리는 3장에서 이 문제로 돌아갈 것이다.
138) "Dr. Hendrik Kraemer als denker en medewerker," in: R. van Woudenberg, *J.H. Bavinck: Een keuze uit jijn werk*, 161.
139) J. Verkuyl, *Inleiding in de nieuwere zendingswetenschap*, 63.

결코 목격된 적이 없었다: "자바 건축이나 자바 문화와 인형극은" 우리 가운데에서 "설혹 있다손 치더라도 거의 진지한 연구주제는 아니었다"라고 당시의 한 네덜란드 개혁교회의 선교 지도자는 기록했다.140) 바빙크의 열린마음의 배후에 있는 가장 깊은 비밀은 복음의 진리에 대한 흔들리지 않는 신앙이었다.141) 바빙크가 대학시절부터 그의 동료 학생들 중 또 다른 한 명이었던 바렌트 스큐르만(Barend M. Schuurman)과 접촉했다는 것은 상당히 가능성 있는 일인데, 그는 당시에 네덜란드 개혁교회(Netherlands Reformed Church)의 선교사로서 자바 동쪽에 있는 말랑시의 바일레 비야타신학대학(Balé Wiyata Theological College)에서 가르치고 있었다. 스큐르만 역시 자바 문화를 배우는 사람이었고, 크레머와 가까이 일했으며 그의 영적인 배경에 매우 신실한 채로 남아 있었다.142)

여기서 또한 지적해야 될 점이 하나 있는데 그것은 이러한 접촉들을 통해 의심할 바 없이 바빙크의 개방적이고 종파를 초월한 세계교회의 일치를 추구하는(ecumenical) 입장이 강화되었다는 것이다. 바빙크가 죽었을 때 한 동료이자 친구는 바빙크가 추구한 세계 교회의 하나된 모습(Bavinck's ecuminicity)의 토대에 놓여 있는 바가 무엇인지를 다음과 같이 설명했다.

> 그는 결코 궁극적으로 진리들(truths)에 관심이 없었다. 그에게 정말로 중요했던 유일한 것은 그 진리(the Truth)였다. 그에게는 우리에게 오시는 예수 그리스도와 그분의 말씀이 유일한 진리(the Truth)였다. 이것(진리들에 대한 강조의 부족)은 그가 왜 진정으로 동일한 주를 고백한 모든 이들과 진정으로 교회의 하나됨을 추구하며(ecumenical), 그들과 접촉하고, 상담하고, 협력할 수 있는지를 설명해 준다.143)

---

140) H. Bergema, "Over de beteekenis van de kennis der Javaansche cultuur voor het verstaan van het Javaansche Levensvisie," 260-261.
141) 참조. "Protestantisme," 47. 여기에서 몇 년 후에 바빙크는 다른 맥락에 비추어 신앙과 개방성(faith and openness) 사이의 이러한 연결고리를 표현했다: "만약 우리 자신들이 신령과 진정으로 우리가 믿는 바에 더욱 더 헌신한다면 나는 우리가 또한 인본주의자들에 대해서도 좀 더 자유로울 것이며 열린 마음을 갖게 될 것이라고 확신한다."
142) 참조. B.M. Schuurman, 9-37, and J.J. Buskes, 92-98.

바빙크가 50대 중반에 쓴 한 기사에서 지적된 것처럼 그는 그 자신의 집단 밖에 많은 것을 배울 수 있는 사람들이 있다는 확신을 점점 강하게 갖게 되었다.

> 우리가 신앙의 전선에 다른 이들과 함께 서 있을 때 우리는 우리 자신과는 다른 교회 종파들에 속한 사람들, 즉 그들의 정통성과 교회질서에 대해서 우리가 흠잡을지도 모르며, 정당화될 수만 있다면, 흠잡아야만 하는 사람들이 때로 우리를 부끄럽게 하며 시기케 할 수 있을 정도로 놀라운 종교적 삶의 깊이를 드러낸다는 것을 경험하게 된다.[144]

2. *복음의 메시지를 보다 더 명확히 해명하고자 하는 열정*. 자바인의 마음속에 들어가고자 하는 바빙크의 시도들은 적절하고 효과적인 방식으로 복음을 전할 수 있는 가능성들에 대한 그의 탐구에 비추어서 이해되어야만 한다. 하지만 "동양적 사고에 대한 바빙크의 거의 직관적인 이해는 그를 어떤 형태의 혼합주의로도 이끌지 않았다"고 판 덴 베르흐는 썼다.[145] 그러나 사실은 정반대였다. 그들의 전통적인 세계에 대한 철저한 지식으로부터 출발해서 그는 자바인들을 예수 그리스도 안에 있는 하나님의 진리와 접촉하도록 하기 위한 애를 썼다. 그가 쓴 자바어 소책자인 *수크스마 수파나*(Suksma Supana)[146]는 이것을 잘 예증해 주는데, 이 책에서 그는 *크라톤*(kraton-많은 입구의 문을 가진 거대한 궁전-역주)의 설계에 비추어서 복음의 요지들을 상술했다.[147] 그는 또한 솔로에

---

143) A. Pos, "Bij het sterven van prof. dr. J.H. Bavinck."
144) "Apostoliciteit en katholiciteit," 232.
145) "The Legacy of Johan Herman Bavinck," 172.
146) 이 소책자는 1932년 Kjal Martawahana라는 가명으로 모습을 드러냈다.
147) 바빙크 자신에 따르면 크레머는 "상담과 조력을 통해 매 장마다" 이 책의 집필을 도와주었다. *DHB*, XI(1958), 90. 비록 당시에 이러한 시도가 복음을 명확히 해설함으로써 쉽게 접할 수 있도록 하기 위한 것임을 모두가 다 알아차린 것은 아니라 할지라도 말이다(참조. J. Verkuyl, *Inleiding in de nieuwere zendingswetenschap*, 63), in 1964 J.A.C. 룰만(Rullmann)은 이 책이 매우 완숙한 자바어로 쓰여졌기 때문에 "가명에 대한 비밀을 접하게 된 어느 누구도 [이 책이] 한 네덜란드인의 저서라는 것을 믿을 수 없었다"고 썼다, *passim*.

있는 다른 자바인 군주인 망쿠 나고로(Mangku Nagoro)의 궁정에서도 강의를 했는데, 이러한 집단들에서도 복음과 자바의 신비주의 사이에 교통을 확립하기 위해서였다.

이러한 노력들은 『그리스도와 신비주의』(*Thristus en de mystiek van het Oosten*, Christ and Eastern Mysticism)란 제목으로 1934년에 나온 한 권의 책으로 그 결실을 보게 되었는데, 이 책을 바빙크는 네덜란드에서의 휴가 기간 동안에 완성했다.148) 프리드리히 하일러(Friedrich Heiler) 같은 학자들의 영향 하에 당시의 사고에 너무도 깊이 스며들게 되었던 '연속성'(continuity)이란 개념에 대한 그의 저항은 그가 다른 신앙들에 어떻게 접근했는지를 분명하게 보여주는데, 하일러의 옹호자들은 현존하고 있던 종교들에 복음을 이음매가 없이 매끄럽게 갖다 붙일 것을 주장했다. 이것은 문화적-철학적 연구 단체의 모임들을 갖는 동안 있었던 만남들에 대한 그의 묘사들로부터 이미 명백했었다. 종국적인 해답(the Final Answer)이신 그리스도와의 강한 내적 유대감 때문에 그는 미숙한 답변들을 내놓지 않았으며, 대신에 완전히 마음을 열고서 동양의 사고를 완벽할 정도로 자유롭게 흡수했으며 맛보았다. 그는 복음과 자바 신비주의 사이에 놀라운 유사성들을 지적했고, 우리로 하여금 성경의 메시지를 보다 깊이 이해하도록 도와주는 동양적 사고의 요소들을 정확히 지적해 주었으며, 복음의 선포를 위한 접촉점을 형성하는 동양적 경험의 측면들을 발견했다. 그러나 당시에 그는 그것들(삶과 세계-역주)이 동양적 사고에서 지각되는 방식과는 "(서양적 세계에서의-역주) 삶이 다르며 세계가 다르다"고 하는 입장과 "동양의 신은 우리를 위해 그리스도 안에서 나타나신 하나님과는 다르다"고 하는 입장을 언제나 절대적으로 분명히 했

---

148) 페르까일은 이 책을 바빙크의 가장 중요한 책이라고 말했다. 『현대선교학 입문』(*Contemporary Missiology: An Introduction*), 39페이지를 참조하라. 응용 반증술(applied elenctics)의 영역에서 그가 처음으로 쓴 중요한 저서라고 부르는 것이 더 나을 지도 모른다(후자에 대해서는 아래 6장을 보라). 동양 세계에 대한 바빙크의 가공할만한 지식을 똑 같이 잘 증거해 주는 나중에 나온 책으로는 『동양인의 심리학』(*De psychologie van den Oosterling*, The Psychology of Eastern Peoples)이 있는데, 이것은 1942년에 나왔다.

다.149) 결론적으로 그는 다음과 같이 진술했다:

> 따라서 제가 철저히 확신하는 바는 이 차이를 깊이 그리고 진정으로 느낄 수 있는 유일한 하나의 방법이 있는데, 그것은 바로 동양이 예수 그리스도라고 하는 거룩하신 분과 만나는 것입니다. 바울 역시 그가 다음과 같이 썼을 때 이것을 이해했다는 것을 보여 줍니다: "내가 너희 중에서 예수 그리스도와 그의 십자가에 못박히신 것 외에는 아무 것도 알지 아니하기로 작정하였음이라" (고린도 전서 2장 2절). 종국적으로 그리고 모든 이성적 논증들에 직면해서 선교사역 전체는 다름 아닌 어린아이 같은 증언으로 이루어져 있습니다: "와서 보라!" (요한복음 1장 46절)150)

판 덴 베르흐가 이 책에서 바빙크는 여전히 복음과 종교 사이의 만남과 대화를 "이를테면 천진난만하게" 다루었으며, "후에 '연속성이냐 불연속성이냐'의 문제에 대한 논의가 매우 뜨겁게 불붙었던 탐바람 이후의 기간에 그가 이 문제를 다르게 접근하게 될 것"이라고 지적한 점은 옳다.151)

    3. *청년 사역에 대한 특별한 관심.* 바빙크는 자신이 얻은 지식을 솔로에 있는 젊은이들 속에서 일하는 데에 구체적으로 사용하였다. 이 주제에 대해 그가 쓴 글들은 인도네시아의 젊은이들이 직면한 문제들에 그가 깊이 관여하고 있음을 일관되게 증거해 준다. 한 보고서에서 그는 다음과 같이 썼다: "이 땅의 젊은이들은 참으로 특별한 돌봄과 헌신을 받을 만한 자격이 있다. 왜냐하면 그들은 특별히 복잡한 관계 속으로 인도되었기 때문이다."152) 이 젊은이들은 매우 어려운 위치에 놓여 있었다: 서구 학문에 노출된 결과로 인한 문화충격을 겪음으로써 그들은 또한 자신들이 옛 민속 신앙과 기독교 신앙 사이에 생긴 긴장의 장의 중심에 서 있다는 것을 발견했다. 바빙크는 기독교학교들(mission schools)이

---

149) *CMO*, 203, 202.
150) *Ibid.*, 228-229.
151) "De wetenschappelijke arbeid van Professor Dr. J. H. Bavinck," 34-35.
152) *HZB*, 29 (1931), 74.

젊은이들로 하여금 이 양극에서 서로 강하게 끌어당기는 힘을 다루도록 도와주는데 있어서 할 수 있고, 해야만 하는 중요한 역할을 지적하면서 끊임없이 그것들이 차지하고 있는 핵심적인 위치를 강조했다. 교내적인 접촉과 교외적인 접촉 모두에서 교사들은 이 젊은이들의 새로운 상황에 의해서 그들의 마음속에 생겨난 갈등과 긴장을 신중히 고려해야만 한다고 기록했다. 교사들은 또한 그들의 학생들에게 "그들의 옛 신앙과 세계관이 흔들리고 동요하는 가운데 그 안에서 안식과 강건함과 견고함을 찾을 수 있는" 분으로서 예수 그리스도에게 이르는 길을 보여주는 과업을 지녔다.153) 1945년의 전쟁 후에 그는 다음과 같이 썼다: "교육은 최고의 선교 형태들 중 하나이다. 그것은 복음이 모든 학문을 포함한 생명 전체를 요구하고 있다는 것을 인도네시아 세계에 보여주는 뛰어난 수단이다."154)

국제선교회(the International Missionary Council)의 후원 하에 작성되었던 1931년의 *인도에서의 고등 교육 위탁보고서*(Report of the Commission on Higher Education in India)에 대한 논평에서 바빙크는 자신이 그것의 추천서들에 서명했으며 자신은 그것들이 또한 자바에 있는 기독교 학교들에도 중요하다고 생각한다는 것을 지적했다. 기독교 학교에서의 교육에는 고려해야 할 세 가지 주요한 문제들이 있다고 그는 썼다: 첫째로, 그 교육이 인도네시아 사회에 보다 더 잘 들어맞아야 한다. 둘째로, 그것은 기독교적 원리들에 따라 개발되어야 한다. 그리고 셋째로, 그 학교들은 기독교회들과 보다 밀접한 협력을 통해 학생들의 개인적인 경건을 강화하고 그들 속에서 기독교적 삶을 배양하도록 해야만 한다.155) 바빙크는 이러한 원칙들을 솔로에 있는 기독교 교사 대학(the Christian Teachers College)에서 실천에 옮겼는데, 여기에서 그는 심리학을 가르쳤고 참석한 학생 모두에게 매주 강의를 했다. 이 때마다 그는 항상 질문할 기회를

---

153) *Ibid.*, 75.
154) "De zending nu!," 5.
155) "De crisis van het zendingsonderwijs in Indië," 97-101, 129-133.

주었고 이런 식으로 학생들이 생각하고 느끼는 바에 대한 통찰을 얻었으며, 반대로 이러한 통찰로 인해 그는 학생들이 "고뇌에 찬 심령의 탐구"를 하도록 효과적으로 도와줄 수 있었다. 이와 동일한 목적을 염두에 두고서 클럽하우스가 의도적으로 자바인 지역의 중간에 구입된 솔로에 있는 한 자바인의 집에서 1931년 1월에 개방되었는데, 이 일은 이렇게 함으로써 클럽하우스가 (자바인 젊은이들의 마음을-역주) 더욱 잘 끌게 되고 (그들이-역주) 쉽게 접근할 수 있을 것이라는 희망 속에서 이루어졌다. 이 청년 센터의 이름은 *Balé Sudda Sadana*, 즉 보다 높은 목표에 이르는 길에 대해 숙고하기 위한 집(House of Deliberation about the Path that Leads to a Higher Goal)이었다.156) 바빙크는 자바 전 지역과 다른 섬들로부터 젊은이들이 공부를 위해 거기에 왔다는 사실로 인해 솔로에 있는 자바 젊은이들 속에서의 사역을 의미 있다고 여겼다. "여기에서 늘 열려 있는 폭넓은 관점은 기쁨의 소망을 위한 변함없는 이유를 제공해 준다."157) 바로 이런 이유 때문에 그는 또한 네덜란드 개혁교회의 선교에 의해서 세워진 청년과 청년 지도자 대회들(the youth and youth-leader conferences)을 가장 가치 있게 여겼다.158) 이 대회들에 참석한 이들은 자바 전 지역으로부터 왔으며, 대회 동안에 참석한자들의 새롭게 각성된 신앙을 강화시켰을 뿐만 아니라 그 후에 복음의 메시지가 자동적으로 멀리 그리고 넓게 퍼지는 결과를 가져왔다. 바빙크는 이 모든 것이 인도네시아에서 신앙의 대 운동을 낳기를 바랬다.

이 시기 바빙크의 사역의 또 다른 면은 그가 '5인회들'(*pantj a saudara*, circles of five-5명을 한 조로 이루어진 써클들-역주)이라고 부른 것을 설립하는데 있어서 행한 주도적 역할이었다.159) 이것들은 젊은이들에게 그

---

156) 참조. *HZB*, 29 (1931), 76.
157) *Ibid*.
158) 이것들 중 두 개의 대회에 대한 이야기가 "Een kamp in een oude koningsstad," *DM*, 36 (1932) 1-8과 "De christelijke jeugdbeweging in Indië," *DM*, 37 (1933), 37-39에서 각각 발견된다.
159) 참조. J.H.Bavinck, "Jeugdwerk: De kringen van 5," 353-363. 여기에서 차례대로 제공된 정보는 대개 이 논문에 근거하고 있다. 이러한 유형의 청년 사역에 대한 간결하고 명료한 기

들의 개인적인 신앙을 위한 버팀목을 제공하는고자 의도된 성경공부모임이었다. 이러한 종교의 후원은 필수적이라고 여겨졌는데 그것은 학생들이 기독교 학교를 떠나자마자 그들이 돌아가게 되는 옛 환경들 속에서 큰 어려움과 유혹에 직면하는 것을 발견했기 때문이다. 고향에서 어떠한 적극적인 저항도 겪지 않는다면 그나마 최선이었다. "후에 이제 막 독립한 인도네시아에서 무거운 책임들을 짊어지도록 요청받게 될 [많은] 젊은이들에게 말할 수 없을 정도의 영향을 미쳤던"160) 이 작은 성경공부모임들은 그 참석자들에게 형제자매 공동체라고 하는 끊임없는 의식을 심어 주었다. 바빙크가 '다섯'을 이러한 모임들을 위한 지도적인 수로서 선택한 데는 나름대로 이유가 있었다. 전통적인 자바문화에서 '다섯'이란 숫자는 아주 특별한 의미를 지녔다: 한 손의 다섯 손가락과 같이 그것은 깨어질 수 없는 하나됨을 형성하는 다수성이나 양(quantity)을 의미했다. 지역 문화와의 이러한 연결은 많은 호의적인 결과들을 낳았다. 이 모임들의 회원들 자신이 모임에서 서로의 출석을 점검했으며 질병으로 참석하지 못한 사람이 있을 경우 그의 필요를 채워주었다. 이런 식으로 그들은 지정된 시간에 모임에 나타나지 못하는 자바인의 공통된 습관, 즉 자바에서의 연합 및 사회 활동들과 클럽 사역에 심히 부정적인 결과들을 낳은 불행한 습관을 깨뜨렸다. 이러한 모임들의 제한된 크기는 회원들이 상호 간에 진정으로 마음을 열도록 하는데 필수적인 조건인 내적인 상호신뢰를 증진시키는데 이바지했다. 이 그룹들의 주간 모임에서는 바빙크가 써서 나누어 준 연구 지침서의 도움으로 성경 구절에 대한 토의가 이루어졌는데, 그것의 내용들은 그가 성경 메시지에 대한 더 나은 이해뿐만 아니라 특히 이 메시지에 대한 개인적인 헌신을 배양하고자 했다는 것을 분명하게 보여준다. "다시 말해, 경건하게 둘러 앉아서" 모임의 회원들은 "서로 분리된 형태로가 아니라 깊은 상호간의 참여 속에서 토론하는 것을 배웠으며 하나님의 약속과

술은 *HZB*, 31 (1933)에서 출판된 바빙크의 편지 13-14페이지에서 발견될 수 있다.
160) J. Verkuyl, *Contemporary Missiology: An Introduction*, 38.

명령을 찾았다."161) 이러한 형태의 청년 사역이 매우 인기가 있었다는 것은 얼마 안가 바빙크의 연구 지침서가 천여 개나 요구되었다는 사실로부터 알 수 있다.

바빙크는 5인회들의 지도자들과의 규칙적인 만남을 통해 이 사역에 대한 전반적인 지도를 계속해 나갔다. 이를 통해서 그들은 자신들이 만나게 되는 어려움들에 대해 토의하고 그것들에 어떻게 대처할지에 대한 생각들을 교환할 수 있는 기회를 얻게 되었다. 바빙크가 이러한 기회를 제공했을 뿐만 아니라 그러한 기회를 제공받았다는 것은 그룹의 지도자들과 가진 모임들에 관해 그가 기록한 것을 보면 알 수 있다: "이 젊은 남녀들로부터 우리가 받은 충고는 (…) 종종 너무나 값진 것이었다. 그들은 우리가 나아가야 할 방향에 대해 자주 우리보다 훨씬 나은 생각을 갖고 있었다."162) 이러한 지도자 모임들 외에 솔로에 있는 모든 연구 그룹들의 연합 모임들이 일 년에 세 번 *Balé Sudda Sadana*(보다 높은 목표에 이르는 길에 대해 숙고하기 위한 집) 클럽하우스에서 열렸다. 바빙크는 또한 의식적으로 이 집단적 집회들의 구조와 구성을 자바인의 심성에 맞게 조정했는데, 이것은 기독교적 종교 경험이 토착화되어 발달하게 될 것을 염두에 둔 것이었다. 예를 들어 이러한 모임들은 집의 안쪽 방인 *달램*(the *Dalem*)에서 이루어졌는데, 자바 전통에 따르면 이곳에서 가족들은 함께 시간을 보냈으며 이것은 참석자들이 하나의 가족에 속해 있는 형제자매로서 서로를 볼 수 있고 또 보아야만 한다는 생각을 나타내는 것이었다. 더 나아가 이 모임들에서는 하층의 자바어(Low Javanese)가 사용되었는데, 이것은 이 공동체 안에서는 사회적 차별이 전혀 정당하지 않다는 표시였다. 이러한 형태의 청년 사역은 10년 동안 계속되었다.163)

---

161) *Ibid*.
162) *DM*, 37 (1933), 358.
163) 5인회 클럽들은 1942년까지 번창했는데, 그 후에는 사그러드는 것처럼 보였다. 그러나 1951년에 적당한 규모로 되살아났다. 참조. *HZB*, 50 (1952), 102-103.

1931년에 쏘어 라이브러리(the Sower Library)가 청년들의 영적 무장을 촉진하고자 하는 특별한 목적을 위해 설립되었다. 해마다 기독교 신앙의 기본 신조들을 다루는 다섯 권의 소책자가 출판되었다. 바빙크 역시 이 기간 동안에 많은 소책자들을 썼다.164) 이 책들에 대한 수요가 많았다는 것은 그것들 중 90,000부가 단 4년 만에 팔렸다는 사실에서 분명히 드러난다. 바빙크에 대해 쓰여진 모든 전기들은 이 기간 동안 그가 센트럴 자바에서의 기독교 청년 사역에서 지도력을 형성하고 부여한 방식으로 인해 그에게 주어졌던 높은 존경심을 강조한다. 그는 많은 젊은이들에게 깊은 인상을 남겼는데, 특히 솔로에 있는 교사훈련대학(Teachers Training College)에서 그에게 배웠던 큰 무리의 교사들에게 그러했으며, 이를 통해서 그의 영향은 오랫동안 계속해서 느껴질 수 있었다.165) 그의 나중 저서들 역시 청년 사역 일반과 특히 교육에 대한 지속적인 관심을 보여준다.166) 1938년에 한 동료는 이렇게 썼다: "그에게만 특별한 재능이 주어졌던 청년 사역은 그의 가슴에 매우 소중하다." 167)

4. *고조되는 민족주의에 대한 동정과 토착교회의 독립을 확립해야 할 동족적(cognate) 필연성.* 어떤 교회도 다른 교회에 종속되지 않는다고 하는 미델부르흐 총회(the Synod of Middelburg, 1896)의 공인된 원칙에 따라 네덜란드 개혁교회의 선교 기관들은 아주 처음부터 지역 선교 교회의 독립 문제에 대해 생각했었다. 따라서 바빙크가 이 문제에 관심을 두

---

164) *십계명*(*De tien geboden*, The Ten Commandments), 1932; *우리는 주 예수를 어떻게 발견할 수 있는가?*(*Hoe kunnen wij den Heere Jezus vinden?*, How Can We Find the Lord Jesus?), 1933; *생명의 빛*(*Het licht des levens*, The Light of Life), 1934; *위대한 사도, 바울* (*Paulus de grote apostel*, Paul, the Great Apostle), 1937.
165) 참조. A. Pos, "Leven en werk van Dr. Johan Herman Bavinck," 14. 당시의 신문인 *더 로테르담머*(De Rotterdammer, 6-26-1964)에 따르면, 실레비스 스미트 목사(Rev. J.H. Sillevis Smitt)은 바빙크의 장례식에서 다음과 같이 말했다: "아마도 그의 가장 위대한 사역은 자바인과 중국인 아이들이 함께 만났던, 인도네시아에서 딱 다섯 명으로 이루어진 이 작은 클럽들을 세운 것이었다."
166) 이와 관련하여 우리는 1937년, 1942년, 1947년, 1949년, 그리고 1950년에 나온 다양한 저서들을 지적할 수 있다. A. Pos et al., Christusprediking in de wereld, 224-246페이지에서 베젤스(A. Wessels)가 모아놓은 바빙크의 저서들에 대한 목록을 참조하라.
167) W. Breukelaar, *HZB*, 36 (1938), 92.

었다는 것은 특별한 것이 아니었다. 그의 경우에 독특한 점은 그가 인도네시아의 국가적 각성에 대해 두드러질 정도로 동정적이었으며 자바 교회들의 독립을 촉진하기 위해 자신이 할 수 있는 모든 일을 했다는 것이었다. 그는 교육받은 기독교 토착민들 사이에 그때까지만 해도 선교의 전문분야에 속하는 것으로 추정되었던 일들을 떠맡고자 하는 강한 열망이 있다는 것을 깊이 인식하고 있었다. 그리고 비록 지역의 신자들이 그러한 일을 떠맡을 준비가 언제나 완벽하게 되어 있었던 것은 아니라 할지라도 바빙크는 교회의 권위와 목회의 책임을 그들에게 넘겨 줄 여지를 만드는 것이 본질적으로 중요하다고 여겼다. 오직 식민주의적 권력 정치라고 하는 비난들과 그로 인해 생기게 될 수년에 걸쳐 쌓아 놓았던 신뢰를 상실하게 되는 것으로부터 선교를 보호하기 위해서라면 말이다. 다른 시기였다면 보다 더 점진적인 독립의 길을 선택했을지도 모르지만 상황이 상황이었던 만큼 시대에 맞추어서 가능한 한 가장 잘 이 과정을 이끌도록 도와주고자 노력하는 편이 더 나았다고 그는 1934년에 말했다.168) 이 시기의 한 논문에서 바빙크는 또한 당시의 경제적 위기를 길게 다루었으며 선교 사역의 중요한 분야들에 돌이킬 수 없는 손상을 입히지 않은 채 전 선교 사역에서 재정적인 축소를 단행하는 것이 가능할 것인지의 문제에 대한 답을 찾고자 했다. 그는 재정적인 필요만을 근거로 성급한 결정을 내리는 것, 특히 자바 교회들의 독립을 촉진하는데 역효과를 가져오게 되며, 그럼으로써 앞으로 오랫동안 그들로 하여금 편향된 관계와 외국의 관습으로 물든 삶을 살게 만드는 어떠한 결정에 대해서도 경고했다.169) 2년 전에 그는 동일한 어조로 말한 적이 있었다:

　　이들을 위해서 우리는 무엇을 할 수 있을까? 이들 속에서 들끓고 있는 정치

---

168) 페르까일은 크레머가 보다 더 점진적인 발달을 옹호했던 바빙크보다 더 급진적으로 식민주의에 반대했다고 나에게 지적해주었다. 바빙크가 크레머의 견해에 영향을 받아서 이 시기에 그러한 결정적인 입장을 취했을 수도 있다.
169) 참조. "Zending en crisis," 97-107.

적이고 민족주의적인 운동과 관련해서 우리가 어떤 입장을 취해야만 하는가? 우리 그리스도인들은 민족운동들에 패배하게 되는 수치를 피하기 위해 어떻게 할 수 있을까? 눈이 먼 것이 아니라면 우리는 식민지 발달의 현 국면에 비추어 이러한 물음들이 얼마나 중대한지를 즉시 보게 될 것이다.[170]

만약 자바에 있는 교회가 조금이라도 미래를 갖고자 한다면 그것은 자바인의 교회가 되어야만 할 것이다.

1933년 남센트럴 자바에 있는 교회가 독립하게 되었다.[171] 이러한 일의 전개에 모든 이가 기뻐한 것은 아니었다. 많은 사람들은 상황이 너무 빠르게 진전됐다고 염려했다. 하지만 바빙크는 분별력이 있는 논증을 사용해서 그들의 불편한 감정을 극복하려고 애썼다. 이것은 그가 자국에 보낸 편지에 쓴 다음의 인용문을 통해 분명히 실증된다.

> 물론 [자바 그리스도인들의 점증하는 활동은] 처음에 우리에게는 다소 낯선 것처럼 보인다. 우리는 모든 것이 선교로부터 나오도록 하는데 너무나 익숙해져 있어서 (이제-역주) 우리는 새로운 시대, 즉 토착교회들(the younger churches) 편에서의 독립적이고 자의존적인 활동의 시대가 밝아오고 있다는 생각에 익숙해져야만 한다. 그리고 우리가 [이 새로운 시대의 도래를] 기뻐할 충분한 이유가 있다는 것이 내가 받은 인상이다.[172]

바빙크는 또한 선교사역이 인도네시아에서의 민족주의와 같은 그러한 기후 속에서 조금이라도 성공하고자 한다면 그것이 점점 더 지역교회의 신자들에 의해서 수행되어야만 할 것임을 깨달았다. 그는 다음과 같이 명확하게 진술했다: "선교사역은 인간적으로 말해서 젊은 그리스도인 토착민들 속에 복음에 대한 열정과 사랑이 있느냐 없느냐에 따라 성공할 수도 실패할 수도 있다."[173]

---

170) "Een kamp in een oude koningsstad," 7.
171) 참조. K.J. Brouwer, *Zending in een gistende wereld*, 12.
172) *HZB*, 31 (1933), 13-14.
173) "Zending en crisis," 107.

대략적으로 이 몇 년 동안에 바빙크가 자바에서의 선교 사역이 진전을 이루는데 큰 기여를 했다는 것은 명백하다. 페르까일은 다음과 같이 적고 있다:

> 이 사람이 복음을 선포했던 그 환경 속에 몰두했던 방식을 돌아 볼 때 그의 사역에 대한 유일하게 적절한 평가는 그의 사역을 그의 사후에조차도 우리로 하여금 모방하도록 손짓해 부르는 하나의 모범으로서 바라보는 것이다. (…) 선교의 측면에서 솔로에서의 바빙크의 체류는 그의 삶에서 가장 열매가 풍성한 시기였다. 이 시기에 바빙크가 발휘한 영향력이 계속되어서 그것이 지금도 인도네시아에서 얼마나 많이 느껴지는지를 보는 것은 주목할 만한 일이다.174)

그러나 이것은 다른 방식으로도 작용했다: 룰만은 한 신문 기사에서 바빙크 사후에 지적하기를175) 바빙크의 선교적 실천은 그것이 그의 나중의 선교의 발달과 반성을 위한 첫 추동력을 구성했다는 점에서 그 자신에게도 또한 매우 큰 의미를 지녔다고 했다.176)

2.3.2. 족자카르타(Jogjakarta)의 신학 교수

청년선교목사로서의 상대적으로 짧은 바빙크의 사역은 자바의 복음전도자들과 사역자들을 훈련시키기 위한 교육기관인, 족자카르타에 있는 신학교 교수로 임명됨으로 인해서 끝나게 되었다. 더 나아가기에 앞서서 이 교육 기관의 기원과 의미에 대한 약간의 일반적인 정보를 얻는 것이 좋을 듯 싶다.177)

---

174) *Inleiding in de nieuwere zendingswetenschap*, 63-64.
175) "Bij het overleden van prof. dr. J.H. Bavinck."
176) 룰만은 또한 바빙크 자신의 증거에 따르면 비록 그가 솔로에서의 자신의 사역으로부터 '많은 것을 배웠'다 할지라도 그는 거기에서 "결코 완전한 편안함을 느끼지 못했"으며, 이것은 당시 솔로에 있는 네덜란드 기독교 공동체에서의 일반적인 분위기로 인한 것이었을지도 모른다고 지적했다. *Inleiding in de nieuwere zendingswetenschap*, 63페이지에서 페르까일은, 예를 들어, 솔로에 있는 선교서점의 직원의 경우에 바빙크의 소책자인 *Suksam Supana*에 요한복음서가 딸려있지 않다면(unless it was accompanied by a Gospel of John) 그것을 팔지 않도록 가르침을 받았다고 보고하고 있다.

이 신학교의 앞선 역사는 센트럴 자바에서 네덜란드 개혁 선교회가 일하던 때로 거슬러 올라간다.178) 이미 그때에 선교사들은 선교사역의 진전을 위해 훈련받은 원주민 조력자들이 얼마나 중요한지를 점점 깨닫기 시작했다. 이것을 염두에 두고서 그들은 1891년 푸르보레드조(Purworedjo)에 교육기관인 쾨허니우스 스쿨(the Keucheniusschool)을 설립했으며, 그곳에서 많은 원주민 자바 기독교인들이 교사와 복음전도자가 되기 위해 훈련을 받았다. 네덜란드 개혁교회가 1894년 5월에 이 선교지를 떠맡은 후에, 1902년의 네덜란드 개혁교회의 아른햄 총회에서 쾨허니우스 스쿨을 재조직하고 그것을 족자카르타로 옮기기로 결정되었는데, 거기서 그것은 1905년에 새로운 시설들로 다시 열렸다. 재구성된 학교는 두 분과로 나누어졌다: 하나는 교사들을 훈련시키기 위한 것이요, 다른 하나는 말씀의 사역을 돕는 자격을 부여받은 인도교사들(gurus indjil), 즉 원주민 목회 보조자들과 선교를 위한 복음전도자들을 교육하기 위한 것이었다. 이 두 분과 중 후자는 1906년부터 1911년까지 디르크 프레데릭 바커(Dirk Bakker)179)라는 선교목사에 의해서 지도되었으며, 그러고 나서 그 두 분과는 개별적이고 독립적인 기관들로 바뀌었는데, 그 결과 그는 1929년 은퇴할 때까지 새롭게 세워진 그 신학교의 학장(director)이 되었다. 1923년 프레데릭 프레데릭 바커(Frederik L. Bakker)는 그의 아버지와 나란히 이 학교에서 가르치는 자리에 임명되었으며, 기존의 자바어 연구과정에 덧붙여서 네덜란드어 교과과정이 고등 교육을 더 많이 받은 자바 학생들을 섬기기 위해 도입되었다. 제공된 교육 프로그램들을 향상시키기 위한 규칙적인 노력이 이루어졌는데, 특히 안수를

---

177) 이 정보들은 주로 폴(D. Pol)의 *Midden-Java ten Zuiden*, passim에서 취한 것들이다.
178) 이 선교회는 1959년 10월에 설립되었으며 1861년에 북센트럴 자바에서, 그리고 1867년에는 남센트럴 자바에서 일하기 시작했다. 폴의 *Midden-Java ten Zuiden*, 137페이지를 참조하라.
179) 몇 세대에 걸친 네덜란드의 뛰어난 선교사 가문의 선조인 프레데릭 바커(D. Bakker)는 70여명의 인도교사들(*gurus indjil*)을 교육시켰는데, 그들 중 다섯 명은 1929년에 안수를 받은 사역자가 되었다. 참조. W. Breukelaar, "De zendingsfamilie Bakker," *HZB*, 27 (1929), 163-168.

받은 자바 사역자들에 대한 필요가 점점 증가하고 있다는 것이 훨씬 더 명백해졌기 때문에, 이 당시에 이들을 충당할 수 있는 유일한 원천은 훈련된 인도교사들이었다. "족자카르타에 있는 그 신학교는 캄펜 신학교와 암스테르담에 있는 자유대학교의 신학과 만큼이나 센트럴 자바에서의 선교와 토착 교회들에게 중요하였다."180)

이러한 상황이었으므로 1929년 프레데릭 바커의 고별사가 그 학교의 학문적 수준을 높일 수 있는 더 나은 방법과 수단에 대해 숙고할 기회로 사용된 것은 놀라운 일이 아니다. 연구과정의 기간은 2년에서 3년으로 길어졌으며 네덜란드 개혁교회 선교 위원회는 프레데릭 바커의 빈 자리를 채울 두 명의 새로운 교사를 정하기로 했다. 족자카르타의 선교목사인 아브라함 포스(Abraham Pos)는 1903년에 지명되었으며 인도에서의 예비적인 연구기간을 거쳐 1932년에 그의 과업을 떠맡았다. 자바에 있는 선교목사들의 연합회의 추천을 통해 바빙크는 1931년에 그 신학교의 세 번째 교사로서 임명되었는데, 거기에서 그는 특히 자바어 연구와 지리학 및 인종학 과목들에 집중할 예정이었다. 1931년 12월 23일 자의 한 편지에서 바빙크는 이 임명을 받아들였다고 썼다. 이 때에는 어떤 망설임의 증거도 없다. 분명 그는 이 지위에 대한 자신의 자격에 대해 어떤 의심도 하지 않았으며 이러한 능력을 통해 그분의 나라의 대의를 섬기라고 하는 하나님의 부르심을 명확하게 느꼈다. 그러나 솔로에서의 그의 직을 당장 그만두기가 어렵다는 것을 발견하고서, 더욱이 거기에 있는 그의 이웃 동료가 1932년에 고향으로 휴가를 갈 예정이었기 때문에181) 더욱 그러하다는 것을 발견하고서 바빙크는 1933년 7월 1일까지 그의 임명을 연기하도록 조정했다.182) 불행히도, 그는 솔로에서의 마지막 몇 달을 남기고서 심각한 질병으로 인해 쓰러졌으며 영구히 네덜란드로 돌아가야만 할까봐 두려워했다. 그러나 얼마 안가서 그가 점차적으로 기력을 회복하고 있으며 그에

---

180) W. Breukelaar, *HZB*, 29 (1931), 240.
181) *Ibid.*, 240-241.
182) *HZB*, 30 (1932), 32.

게 주어진 그 직을 떠맡을 수 있을 것으로 알려졌다.

처음 생각은 바빙크가 그의 예비 연구 기간을 자바에서 보내는 것이었음에도 불구하고 결국은 그가 라이덴 대학교에서 자신을 준비시키기 위해 일찍 고국에서 휴가를 보내야 한다는 것으로 결정되었는데, 이것은 라이덴에서의 연구가 더 나을 수 있다고 여겨졌기 때문만이 아니라 그가 자바에서 머물면 선교사역으로부터 충분히 떠나 있을 수 없을 것이라는 두려움 때문이었는데, 이것은 그의 연구를 위태롭게 만들 것이기 때문이었다. 더욱이 일찍 휴가를 받음으로써 그는 6년 동안 중단 없이 신학교에서 섬길 수 있을 것이며, 이것은 그 학교의 학문 프로그램에 있어서 더 많은 연속성을 보장해 줄 것이었다.[183] 1933년 여름에 네덜란드에 도착해서 바빙크는 라이덴 대학교에서 1년간의 공부를 시작했으며 옛 자바인과 전통적 자바 종교의 분야에 그의 노력을 집중했다. 1934년 8월에 그는 세 번째로 인도네시아를 향해 떠났는데 이번에는 신학교수의 신분이었고, 그러한 자격 안에서 그는 선교목사로서의 지위를 유지했고 그 자체로 또한 델프트에 있는 파송교회를 여전히 섬겼다. 신학교에서의 그의 새로운 의무들이 허용하는 한에서 솔로에서의 사역에 대한 책임을 계속 떠맡으면서 말이다.

바빙크는 1934년 9월에 *신앙의 분투*(De strijd des geloofs, The struggle of Faith)[184]라는 제목의 취임 강연과 더불어 신학교에서의 사역을 시작했다. 그는 윤리학, 주해, 신약성경신학, 그리고 실천신학의 분야들에서 6시간의 네덜란드어 강의들과 다섯 시간의 자바어 강의들을 맡았다.[185] 맨 처음부터 바빙크는 이 새로운 일에 아주 편안함을 느꼈는데, 부분적으로는 그와 다른 두 명의 교수들이 서로 매우 멋진 관계를 맺었다는 사실 때문이었다. 네덜란드 개혁교회 선교국에 보낸 한 편지에서 바빙

---

183) *HZB*, 31 (1933), 101.
184) 비록 이 강연이 책으로 나오지는 않았지만 취임강의의 요약본이 *HZB*, 32 (1934) 172-173 페이지에 실렸다.
185) *HZB*, 32 (1934), 110-111.

크는 다음과 같이 썼다:

> 교사들로서의 우리는 우리 자신들이 믿음과 사랑의 끈으로 함께 묶여 있음을 느끼면서 너무도 아름답고 조화롭게 함께 일할 수 있는 커다란 특권을 받았습니다. 이 신학교에서의 첫 3개월의 사역을 뒤돌아 보면서 저는 우리에게 이 놀라운 노동을 주시고 또한 그것을 축복하기로 선택하신 하나님께 감사를 드립니다.186)

불행히도 다양한 선교지들과 총회보고서들은 학생들의 수와 연중행사들 외에 이 신학교에 대해 별다른 정보를 제공해 주지 않는다. 이러한 자료들로부터 결정될 수 있는 유일한 것은 바빙크가 이 기간 동안에 거의 60여명에 가까운 인도교사들을 훈련시키는 것을 도왔으며 이 신학교가 자바인 교회 내에서 유익한 역할을 했다는 것이다.187) 바빙크와 그의 특별한 교육적 재능들에 관해서 프레데릭 바커는 몇 년 후에 이렇게 썼다: "그는 그의 학생들과 그들의 생각들을 이해했으며 그들을 하나님께로 가까이 이끌었는데, 이로 인해서 그는 자바에 있는 자바인들과 중국인들로 이루어진 교회들의 생활에 큰 영향을 미쳤다."188) 그러나 그 교사들은 자신들의 실제적인 사역에 대해서 값진 것을 거의 기록하지 않았다. 따라서 이 분야에서 바빙크의 교수방법들과 그의 선교적 재능들의 발달에 대한 통찰을 얻는 것은 매우 어렵다. 페르까일은 이 신학교에서의 바빙크의 사역의 주요한 면들 중 하나는 그가 "기독교 신앙을 토착적인 신학으로 표현하도록 격려하는 일에 이전 보다 훨씬 더 많은 주의를 기울였다는 사실에 놓여 있었다"고 진술한다. 그는 자바의 문학과 종교를 깊이 탐구함으로써 "그의 동료인 포스와 함께 그것의 전통적인 문화에 대한 연구를 더욱 구체화했다."189)

---

186) *HZB*, 33 (1935), 24; 또한 참조. F.L. Bakker, "In memoriam prof. dr. J.H. Bavinck": 바빙크는 "여러 해 동안 우리가 함께 일한 최고의 친구들 중 한 명이었다."
187) 참조. F.L. Bakker, "Enkele gegevens over de Opleidingsschool te Djokja," 257-264; J.H. Bavinck, "Het dertigjarig jubileum van de Opleidingsschool te Djokjakrta," 488-491.
188) F.L. Bakker, "In memoriam prof. dr. J.H. Bavinck."

가르치는 일 외에도 세 명의 교수들은 교과서를 만들고 이전의 학생들과 계속 접촉을 해야 했다.190) 따라서 바빙크는 『신적 계시의 역사』(De geschiedenis der Godsopenbaring, The History of Divine Revelation)란 책을 쓰기 위해 프레데릭 바커와 팀을 이루었는데, 프레데릭 바커가 앞 부분인 구약성경을, 그리고 바빙크가 뒷 부분인 신약성경을 맡았다. 이 책은 1938년에 네덜란드어와 자바어로 출판되었으며, 1947년에는 인도네시아어로 출판되었다. 이 책의 특징은 단순성과 질(quality)이었으며, 따라서 신학교에서 공부하는 사람들뿐만 아니라 일반 교회성도들까지도 유익하게 사용할 수 있었다. 이 기간 동안에 나온 책자들은 바빙크가 그의 연구 분야에서 활동적이었을 뿐만 아니라191) 실천적인 선교영역에 속한 문제들을 깊이 생각하도록 도와주기도 했으며192) 본질적으로 한 명의 목사로서 끝까지 남았다고 하는 것을 보여준다.193) 포스에 따르면 바빙크는 이 기간들을 "일생에서 최고의 순간들"이라고 불렀다.194) 그리고 또 다른 친구는 바빙크가 죽기 바로 전에 이 기간을 "일생에서 가장 아름다운 때"라고 불렀다고 전해주었다.195) 어쨌든 그는 그의 후기 책자들의 어디에서나 드러나며, 그로 하여금 '선교학'(science of missio

---

189) Inleiding in de nieuwere zendingswetenschap, 64; 이것은 DM, 43(1939)의 127-128페이지에 있는 짧은 논평에 의해 입증되는데, 그것은 이 신학교에 있는 세 교사들 사이에서 이루어진 가르침과 연구들의 구분을 상술해준다: 프레데릭 바커는 이슬람 과목을 맡았고, 포스는 자바인의 삶에 미친 힌두교의 영향에 대한 연구를 맡았으며, 바빙크는 전통적인 자바인의 세계관과 자바인의 신비주의에 대한 탐구를 맡았다.
190) 참조. HZB, 32 (1934), 172.
191) 이 분야의 책들에는 다음과 같은 것들이 있다: "Is het christendom absoluut?" and "Zijn all godsdienstengelijk?" Horizon, 1 (1934/35); 265-272, 297-302; Tri-dharma eerstecirkel (1935); "Drie grote vragen: 1. De vraag van den mensche en zijn plaats," "2. De vraag der openbaring," "3. De vraag van de verlossing." DM, 42 (1938), 82-91, 97-104, 178-184.; Tri-dharma tweede cirkel (1938).
192) 여기에서 언급되어질 수 있는 책들로는 다음의 것들이 있다: "Wat kan het christelijk onderwijs aan de bevolking in indië brengen?" "Het goed recht van het christelijk onderwijs in indië" "Hoe kunnen wij het recht van het onderwijs der zending bepleiten?" DM, 41 (1937), 214-221, 238-246, 341-348, 353-359.
193) 이 기간 동안에 나온 목회사역 분야에서의 중요한 세 권의 책들은 다음과 같다: Zielzorg aan eigen ziel (1935), Menshen rondom Jezus (1936), 그리고 Jezus las zielzorger (1938).
194) "Leven en werk van Dr. Johan Herman Bavinck," 14.
195) J.A.C. Rullmann, "Bij het overlijden van prof. dr. J.H. Bavinck."

n)196) 교수로서의 자격을 갖추도록 해준 지식과 경험의 참된 보고를 얻었다. 바빙크의 사역이 그 자신의 단체들뿐만 아니라 외부에서도 인정을 받았다는 것은 그가 1938년에 빌헬미나 여왕(Queen Wilhelmina)에 의해서 오렌지 낫소의 일원(Officer in the Order of Orange Nassau)으로 임명되었다는 사실에 의해 증명되어진다.197)

3. 요약

바빙크의 생의 초기와 그 배경에 대한 주요 윤곽들과 특징들은 다음과 같이 기술될 수 있다.

1. 경건한 가족 안에서 성장함으로써 그의 젊은 시절은 하나님과의 친밀한 개인적 관계로 특징지어졌으며, 이것이 그의 소명을 결정했고 일생동안 다음과 같은 사람으로 살도록 만들었다: 깊은 겸손함 속에서 그는 그리스도를 감사함으로 섬기는 일에 자신을 전적으로 바쳤다.

2. 자신의 삼촌인 헤르만 바빙크를 따라 대학에서 그는 자기 자신과 다른 기독교회 신앙 공동체들 모두에 대해 건설적으로 비판적인 입장을 견지하기 시작했다.

3. 그의 지적인 능력들과 신비적인 감수성들이 결합해서 그로 하여금 (종교) 심리학을 연구하도록 이끌었다. 그가 선교에 관여하게 되었을 때 그는 선교학을 연구한다.

4. 그의 실천적인 성향 및 그의 지혜와 재능과 결합된 하나님 나라의 세계적 확장에 대한 큰 사랑으로 인해 그는 이 분야에서 그 사역을 조직하고 실행하는데 있어 위대한 선교사가 될 수 있었다.

---

196) 결국 독일어의 *Missionswissenschaft*(선교학-역주)에 해당하는 이 오랜 용어는 다음과 같은 일반적인 영어 표현으로 대체될 것이다: 선교 연구와 선교학(mission studies and missiology), 그리고 이 중 후자는 또한 지금 네덜란드에서 보편적으로 사용된다.

197) 참조. *HZB*, 36 (1938), 186.

ically

2
생애의 후반기와 마지막

제2장 생애의 후반기와 마지막

(Later Years and Life's End)

이제 교회의 선교적 성격이야말로 선교학의 대상이다. 그러므로 교회는 하나님의 영원하신 말씀의 관점으로부터 이러한 목적의 모든 면들에 빛을 비추어주어야만 한다(*IZW*, 13)

1. 학교에서의 삶과 사역

네덜란드 개혁교회의 선교 사역 내부에서 선교 목사들, 의사들, 간호사들, 그리고 교사들을 더 잘 훈련시켜야 할 필요성이 증가하고 있었다. 1900년에 이미 하르먼 데익스트라(Harmen Dijkstra)라고 하는 선교 목사가 "선교학 교수직"을 만들어 줄 것을 청했었으며,[1] 1914년에 그러한 자리를 위한 제안들을 담고 있는 보고서가 네덜란드 개혁교회의 선교국에 의해서 총회에 제출되었다. 비록 1917년의 총회가 이 보고서의 권고들에 대해 많은 긍정적인 결정들을 내렸음에도 불구하고 그것들은 실행되지 못했다.[2] 1927년의 흐로닝언 총회(the Synod of Groningen)에서 캄펀 신학교 이사회의 의장인 얀 스카우떤(Rev. Jan Schouten)은 선교학 교수직을 둘 것을 새롭게 주장했지만, 1930년까지는 어떠한 구체적인 행동도 취해지지 않았다. 선교국은 그 해에 아른헴 총회에 두 번째 보고서를 제출해서 선교학 교수의 임명을 요구했는데, 특히 미래 선교 사역자들을 훈련시켜줄 것을 요청했다. 총회는 이에 반응하여 캄펀 신학교에 특출한

---

1) 참조. *HZB*, 37 (1939), 235.
2) 참조. B.J. Esser, "Ambt en kerkelijke positie der missionair-predikanten in de Gereformeerde kerken en de Opleiding daartoe," 97.

선교학 교수를 청빙하고 임명하기 위한 복잡한 절차를 세웠다.3) 1932년 7월 전에 후보자에 대한 지명이 이루어져서 승인될 수 있기를 바랬으나 다양한 문제들로 인해서 이 일은 1938년까지 연기되었다.

무엇보다도 새로운 교수의 직무 내용과 한계를 기술하기가 예상보다 어려운 것으로 드러났다. 당연히 인종학과 토착종교들, 그리고 다양한 언어들에 정통한, 그리고 여기에 덧붙여서 신학과 선교역사에도 정통한 사람을 기대하지 않았겠는가? 에써(B.J. Esser)는 이것은 불가능한 것을 기대하는 것이며 네델란드에서 예비 선교학 과정을 훌륭하고 포괄적으로 받기 위해서는 최소한 세 명의 교수들이 봉사를 해야 할 것이라고 썼다. 그는 선교사 후보의 적성과 재능에 잘 들어맞는, 그리고 특히 그의 미래 사역에 초점이 맞추어진 선교지에서의 훈련 기간에 더욱 마음이 끌렸다. 그러나 선교학 교수는 선교의 역사와 이론 그리고 선교 교회 정책을 가르치기 위해서 일반 신학 교수회에 소속되어야 한다는 것이 그와 다른 이들의 확신이었다. 그러한 교수라야만 또한 네델란드에 있는 교회들에게 선교적인 일들에 대해 구체적인 정보와 충고를 해줄 수 있었다.4) 비록 이 문제에 대해 일어났던 상세한 논의들을 정확히 추적하는 것은 불가능하지만, 선교학 교수직은 마침내 이러한 방침에 따라서 제도화되었다.5)

다음의 난제는 이 교수직을 맡을 적당한 사람을 찾는 것이었다. 1936년에 브뢰켈라르(W. Breukelaar)는 다음과 같이 썼다:

---

3) 이러한 절차를 기술한 것에 대해서는 *HZB*, 30 (1930)을 참조하라: 암스테르담에 있는 자유대학교의 신학 교수회와의 상담에서 캄펀 신학교의 이사회와 교수들은 이 새로운 교수직이 맡게 될 종국적인 일을 작성할 수 있었고, 그 다음에 이사회와 선교국은 캄펀에 있는 교수들과의 상담에서 적절한 후보자를 찾을 수 있었으며, 그 후에 센트럴 자바와 줌바의 다양한 선교 단체들과 접촉이 이루어 질 수 있었다. 그리고 마침내 자유대학교와의 더 많은 상담이 있은 후에 후보자의 이름이 승인을 위해 총회에 제출될 수 있었다.
4) 참조. B.J. Esser, "Ambt en kerkelijke positie der missionair-predikanten in de Gereformeerde kerken en de Opleiding daartoe," 106-111.
5) *DM*, 42 (1938)의 62-63페이지에 있는 폴의 논평을 참고하라. 여기에서 그는 미래 선교학 교수의 직무를 반증술(elenctics) 뿐만 아니라 선교의 역사와 이론에 대한 연구와 가르침을 포함하는 것으로 기술하며, 동시에 선교학의 분야는 사실상 한 사람이 감당하기에는 너무 많은 것으로 이루어져 있다고 덧붙이고 있다.

우리는 우선 여기 고국에서 선교에 대한 연구와 대의에 온 마음을 쏟으며 전 시간을 집중할 최고의 학문적 재능을 갖춘 사람을 염두에 두고 있다. 또는 헤르만 바빙크 교수의 말을 인용하자면, "[우리는] 그의 전 능력을 선교에 바치고 전적으로 이 일을 위해 사는 사람, 선교의 역사로부터 삶을 위한 교훈들을 뽑아내기 위해 그것을 연구하느라 분주할 뿐만 아니라 우리의 원칙들에 비추어서 선교의 모든 절박한 문제들과 함께 선교 이론에 대해 반성하는 사람, 그리고 주님의 대의를 위해 일하는 우리의 미래 사역자들 안에 거룩한 열심을 불어넣어 줄 수 있는 사람을 [필요로 한다]."6)

브뢰켈라르는 자신이 볼 때에 이러한 조건을 만족시키는 사람들이 있었는데, 그들 중에 "그가 맡고 있는 사역의 중요한 이익에 별다른 해를 끼치지 않으면서 그의 현재의 의무들로부터 물러날 수 있는 사람이 있다"고 덧붙였다. 이미 이때부터 그가 헤르만 바빙크의 박식한 조카를 염두에 두고 있었다는 것이 불가능한 일만은 아니다.

1.1. 선교학 교수로서의 임명(1938-1954)

요한 바빙크는 1938년에 선교학 교수로 지명되었다. 4월 5일에 그는 네덜란드 개혁교회 총회에 의해 캄펀 신학교의 선교학 특임교수(extraordinary professor of mission)로 임명되었으며 동시에 암스테르담에 있는 자유대학교의 신학 교수회에서 동일한 자리에 임명되었다. 게다가 그에게는 네덜란드 개혁교회 선교국 모임에 참석하여 자문하는 일이 주어졌다. 이 교수직 임명에 대해 숙고해 보도록 시간이 주어졌을 때 바빙크는 5월 5일에 다음과 같은 전보를 보냈다: "하나님의 능력 안에서 임명을 기쁜 마음으로 기꺼이 받아들입니다."7) 브뢰켈라르는 이러한 진전에 관한 일반적인 만족을 분명하게 표현하고 있다:

---

6) *HZB*, 34 (1936), 213.
7) *HZB*, 36 (1938), 93.

바빙크라는 이름은 우리의 교회들에서 아주 잘 알려져 있다(The name Bavinck has an excellent ring to it in our churches). 곧 다시 한 번 우리 신학교에서 가르치는 또 한 명의 바빙크가 있을 것이며, (…) 그것도 헤르만 바빙크(the first Bavinck)가 강조해서 주장한 바와 같이 전임교수직을 요구하는 학과들에서 그러할 것이라는 사실은 우리 중 많은 이들에게 기쁨을 가져다 줄 것이다.[8]

그럼에도 몇몇 부서에서는 바빙크를 임명하는 것에 대해 상당히 주저했다. 당시에 엄격하게 기밀에 붙여졌던 편지가 존재하는데, 이로 보건데 바빙크를 후보로 임명한 것에 대해 캄펀 신학교의 교수들 중 한 명인 끌라스 스킬더(Klaas Schilder)와 신학교 이사회의 일원들 중 한 명인 히어디머(Rev. Geert Diemer)가 반대했던 것처럼 보인다.[9] 그들의 비판은 특별히 바빙크의 책, 『심리학 입문』(Inleiding in de ziekunde, Introduction to Psychology)을 겨냥한 것이었다.[10] 스킬더에 따르면 이 책에서 바빙크는 경솔하게도 개혁주의적 사고와 비개혁주의적 사고를 함께 연결시켰다. "아무리 의도적이지 않더라고 내가 보기에 비개혁주의적 이론들과의 연관성이 이 책 전체에서 발견될 수 있다"고 스킬더는 썼으며,[11] 더 나아가 이것은 바빙크가 사용한 방법 탓으로 돌려질 수 있다고 주장했다. 즉 "성경적 원리들은 오직 후험적으로(a posteriori)만 언급될 뿐이며 그 다음에 다른 수단에 의해서 발견하게 된 것들과 가능한 한 가장 잘 연관되어지는 방법 말이다." 그의 결론은 다음과 같다:

---

8) Ibid.; 참조. J. Veenhof, "Honderd jaar theologie aan de Vrije Universiteit," 79, "[요한 바빙크] 안에 그의 삼촌인 헤르만 바빙크의 정신이 계속 살아 있었다: 그의 사역의 특징은 동양에서의 그의 경험들에 의해서 훨씬 더 심화된 민감한 분별력과 개방성이었다."
9) 이 문제를 다루고 있는 날짜가 적히지 않은 두 개의 편지, 즉 하나는 스킬더로부터 온 것이요, 다른 하나는 디머로부터 온 두 개의 편지가 (당시 교회사 교수였던) 하르토흐(G.M. den Hartogh)의 개인적인 글들 가운데에서 발견될 수 있는데, 이것들은 캄펀 신학교의 고문서보관소에 보관되어 있다.
10) 그들은 카이퍼스(A. Kuypers)에 의해서 개정된 그리고 1935년에 재출판된 1926년도의 제2판을 토대로 했다.
11) Letter from K. Schilder, 4, personal papers of G.M. den Harttogh, Kampen Seminary.

심지어 방법론의 문제를 포함하여 [그의 글들]과 관련된 너무나 많은 불확실성에 비추어 볼 때, 여러 면에서 그가 아무리 뛰어나다 할지라도, 이러한 자리에 더 훌륭하고 더 예리한 사상가를 찾는 것이 불가능할 경우에만 지명을 고려해야 할 그러한 사람을 교수로 임명하는 것은 내가 보기에 너무도 현명치 못한 일이라고 확신한다.12)

디머는 그의 편지에서 동일한 염려를 표현했다. 바빙크의 서적들 중 상당수에 대해 큰 염려를 표현한 후에 그는 바빙크가 아직 "학문적 통찰을 충분할 정도록 명료화하고 굳건히" 하지 못했으며, 따라서 "그를 이러한 자리에 지명하는 것은 교회들에게 정당하지" 못할 것이라고 말했다.13) 디머는 바빙크의 설교조차도 명료성의 결핍을 입증한다고 느꼈다. 바빙크에 의해 출판된 에베소서 4장 20-24절의 설교에14) 대한 반응으로 그는 다음과 같이 썼다:

> 내가 주목하고자 하는 점은 신적 은혜의 절대성과 인간의 책임 사이의 관계이며, 이것들은 둘 다 저자에 의해서 정당하게 인정되지만 서로 적절히 구분되지는 않고 있으며, 이것들을 그는 개혁주의적인 틀에 맞지 않는, 다른 사유의 학파들에게서 빌려 온 용어들로 표현하고 있다.15)

브뢰켈라르가 바빙크의 지명에 대해 나중에 쓴 글에서, 바빙크의 보다 초기의 저서들에 대해서 뛰어난 네덜란드 학자들이 쓴 많은 긍정적인 논평들을 열거한 것은 바로 이와 같은 부정적인 평들에 대해 균형을 바로 잡거나 이러한 평들의 기선을 제압하기 위해서였을 것이다. 그러한 긍정적인 논평들은 분명히 바빙크의 가공할만한 학문적 능력에 대한 증

---

12) *Ibid.*, 5.
13) Letter from G. Diemer, 1, perosnal papers of G.M. den Hartogh, Kampen Seminary.
14) 이 설교는 1936년에 지도적인 신학자들과 사역자들에 의해 쓰여진 설교 모음 시리즈인 *Menigerlei grenade*에 실렸다.
15) Letter from K. Schilder, 2, personal papers of G.M. den Harttogh, Kampen Seminary.

거를 제시하고자 의도되었다. 그는 개혁교단의 한 지도자를 인용했는데, 이 지도자는 『심리학 입문』의 1935년도 개정판에 대한 모든 혐의를 벗어던졌지만 사실 이 책의 이전 판에 대해서는 비판을 가했었다.

> 봐떠링크(Wateringk) 교수 정도의 대가가 이 책에 대한 그의 논평에서 다음과 같이 썼다: 이것은 훌륭한 책이다. 나는 이 책으로 인해 기쁘다고 말하고 싶다. 이것은 매우 신뢰할만한 핸드북이다. 이 책을 읽고 이해한 사람은 누구나 현대 심리학의 거의 모든 중요한 면들에 대한 통찰을 얻었다고 정당하게 주장할 수 있다. 더욱이 [그 주제가 다루어지는 그 방법]은 [개혁주의적] 원리들에 일치한다. 공부에 대한 열심을 가지고 있는 사람은 누구나 이 책이 빛나는 교과서임을 발견할 것이다.[16]

우리는 브뢰켈라르의 다음과 같은 말에서 안도감을 발견한다: 일반적으로 말해서 우리 교단의 신문(ecclesiastical press)이 그의 임명을 크게 인정하게 된 것은 큰 기쁨의 원천이다.[17]

그의 임명을 받아들인 후에 바빙크가 족자카르타에 있는 신학교에서 그의 일을 마무리 하는데 1년이 걸렸다. 그는 네덜란드에서의 첫 개신교 선교학 교수로서의 책임을 맡기 위해[18] 1939년 6월에 고향에 돌아왔으며,[19] 10월 12일과 13일에 캄펀과 암스테르담에서 각각 *열방에 그리스도를 선포함*(Christusprediking in de volkeren-wereld, Preaching Christ to the Nations)이라는 제목의 취임 연설을 했다. 이 연설에서 그가 다룬 중심 문제는 그의 마음속에 늘 있던 것이었으며 그의 선교사역 전체를 통해 붉은 실(a red thread)과 같은 역할을 하게 될 것이었다. 즉, 메시지가 사람들에게 추상적인 것이 아니라 손으로 만져볼 수 있으며 실제적인 것이 되

---

16) *HZB*, 36 (1938), 93.
17) *Ibid*.
18) 네이메이헌(Nijmegen)에 있는 가톨릭 대학교는 이미 알폰스 뮐더르스(Alphons Mulders)를 조교수(senior lecturer)로 임명했었으며 1936년에는 선교학 교수로 임명했었다; 참조. J.A.B. Jongeneel and E. Klootwijk, 15-16.
19) 참조. *HZB*, 37 (1939), 67.

도록 예수 그리스도를 어떻게 선포할 수 있을 것인가?

바빙크는 조심스럽게, 특히 이미 지적된 것처럼 모두가 그의 임명을 기뻐하기만 한 것은 아니었던 캄펀에서 조심스럽게 나아갔다. 거기에서 그의 사역을 시작한지 얼마 안 되어서 그는 그가 가르치고 있던 "과목들과 관련된 몇 가지 문제들에 대해 이야기하기 위해" 교수들의 특별 모임을 요구했다. 그가 "[그의] 동료들의 판단에 따르기를" 원했던 문제들 말이다. 유익한 제안을 매우 좋아하고 불화를 몹시 싫어했기 때문에 그는 대립보다는 열린 대화를 훨씬 더 좋아했다. 그의 요구는 받아들여졌고 12월 14일의 한 모임에서 그는 "일반 계시와 관련한 유사 종교 현상"(The Phenomenon of Pseudo Religion in Connection with General Revelation)이란 제목의 글을 발표했다. 뒤 이은 토론은 잘 진행되었으며 바빙크에 대한 신뢰를 쌓게 되어 다음 해에 그는 심지어 심리학을 가르쳐 달라고 하는 요청을 받게 되었다.[20]

1.1.1. 교수활동과 저술활동

복음 사역을 준비 중인 학생들이 따른 표준적인 신학 교과과정 내에서 바빙크는 주로 선교를 가르치는 책임을 맡았다. 이것은 세 부분으로 세분되었다: 네덜란드령 동인도/인도네시아에서의 선교 역사, 개혁주의 원리들에 따른 선교론, 그리고 네덜란드 개혁교회의 인도네시아 선교지에서 발견되는 비기독교적 종교들을 특별히 겨냥한 반증학 또는 선교변증론.[21] 선교학을 필수 과목으로 만든다면 학생들 중 일부를 고무시켜 적극적인 선교사역에 뛰어들도록 하는 수단이 될 뿐만 아니라 집에 머물고 있던 사람들로 하여금 선교의 중요성을 인식하도록 만드는 수단

---

20) 참조. the Minutes of the Meetings of Professors (Kampen), October 30, 1939, December 12, 1939, June 24, 1949, and September 21, 1940; 후자들의 의사록에 따르면 바빙크는 네덜란드 개혁교회 선교국이 그가 심리학을 가르치는 것에 아무런 반대도 하지 않았으며 따라서 그는 기꺼이 그 일을 맡았다고 보고했다.

21) 다음을 참고하라. the Minutes of the Meetings of Professors (Kampen), February 21, 1939.

도 될 것이었는데, 이것은 다시, 바라건대, 그들로 하여금 그들의 미래 회중들 속에서의 선교에 대한 사랑과 기도와 연보를 유발하게 될 것이었다. 이러한 바램이 실제로 실현되었다는 것은 캄펀 학생 연합회(the Kampen student union)의 1943년 보고서인 *Fides Quaerens Intellectum*(이해를 추구하는 신앙)22)에서 보여지는데, 이 보고서에서는 다음과 같이 진술되고 있다: "바빙크 교수의 고무적인 영향이 계속 느껴지고 있다."23) 바빙크의 남아 있는 강의록은 굉장한 박식함, 폭넓은 지식, 그리고 전 세계를 향하고 있음을 보여준다. 선교 역사의 분야에서 그는 인도네시아뿐만 아니라 인도와 중국도 다루었다. 선교이론(the theory of mission)을 다루는 과정에서 그는 자신을 개혁주의적 관점에만 제한하지 않고서 1910년 이래로 개최되어 왔던 국제선교회의(International Missionary Conferences)에서 명확하게 언급된 현대 에큐메니컬 선교관(the modern ecumenical views of mission)을 포함해서 수세기에 걸친 선교적 사고의 발전을 고려하기도 했다. 선교변증학 분야에서 그는 종교들의 역사와 현상학을 광범위하게 다루느라 바빴다.24) 공식적인 강의들 외에 그는 또한 캄펀과 암스테르담에서 출석률이 좋은 선교 연구 그룹을 이끌었는데, 거기에서 그는 헨드릭 크레머의 『비기독교 세계에서의 기독교 메시지』(The Christian Message in a non-Christian World)와 같은 중요한 선교 책자들에 대해 토론했다. 더욱이 바빙크는 예비 선교목사들을 위한 2년 과정의 자격증 취득 과정에 참여할 것으로 기대되기도 했다.25)

바빙크는 그의 학생들과 일반적으로 좋은 관계를 가졌다. 그의 밑에서 공부했던 많은 학생들은 그를 개방적이고 마음이 따뜻하며 지혜로운 사람으로 기억한다. 그의 강의들에 스며있던 절제있는 경건성은 그

---

22) *Fides quaerens intellectum:* 이해를 추구하는 신앙, 즉 *proemium*으로부터 *Crede, ut intelligas*의 아우구스티누스적 모델을 밀접하게 따르는 안셈의 *프로슬로기온*(*Proslogion*)에까지 이르는 신앙과 이성의 관계에 관한 경구.
23) *HZB*, 41 (1943), 5.
24) 참조. the J.H. Bavinck, Archives, Appendix 1, in the ChDDP/FUA.
25) 참조. *HZB*, 37 (1939), 235, and H. Baas, 7.

의 학생들에게 종종 깊은 인상을 남겼으며, 그들 중 한 명이었던 알베르스(B.J. Albers)는 몇 년 후에 다음과 같이 썼다:

> [1948년에 캄펀 신학교에서 수업을 받던 학생들인] 우리는 바빙크란 인물에 처음부터 매료되었다. (…) 다소 과장되게 들릴지도 모르지만 바빙크의 기분이 최고였을 때 우리는 때때로 '우리의 사랑하는 주님 자신'이 강대상 뒤에서 우리에게 말씀하시며 서 있다고 하는 느낌을 받았다. (…) 바빙크는 또한 그 자신에 대해 예언자적인 어떤 것을 지녔다: 그가 말을 했을 때 그것은 큰 내적 권위를 지니고 있었다. (…) 언제나 나를 사로잡았던 것은 [그의] 꾸밈 없는, 철저히 참된 겸손과 온유함이었다. (…) 20살 정도의 나이에 교실에 앉아 수업을 들을 때 당신의 인상에 남는 것은 바로 가르쳐지고 있는 주제 뿐만 아니라 특히 당신의 교수의 모든 태도와 방식이다.26)

그리고 1964년에 포스는 다음과 같이 진술했다: "[바빙크]는 많은 무리의 학생들을 끊임없이 매혹했다. 얼마나 많은 학생들이 바빙크가 전해 준 하나님의 전세계적인 사역이라고 하는 비전에 의해서 평생 동안 사로잡혔는지를 말하는 것은 불가능하다."27) 당시에 네덜란드의 개혁파 교회들 안에서 너무도 명백하게 드러났던 강렬할 정도로 정반대의 분위기를 종종 거부한 것도 이 학생들이었는데, 그들은 진리를 부당하게 다루지 않으면서도 동시에 다른 방식으로 신학이 행해질 수 있는 방식의 한 가지 예를 바빙크 안에서 발견했던 것이다. 알데르스가 다음과 같이 쓴 것처럼 말이다: "예를 들어 교회의 지도력 속에서 군림했었으며 총회들에 결정적인 영향을 미쳤던 엄격한 지성주의적 정신은 바빙크가 말했던 온유하고, 평화적이고, 세련되며, 품격 있는 방식과 완전히 달랐다."28)

---

26) 1992년 7월 25일 알베르스로부터 바우덴베르흐(Boudenberg)에게로 온 편지. 이전에 그의 학생들 중 하나였던 볼티우스(L.J. Woltius)가 나에게 말해 준 다음의 일화를 통해 볼 때 그러한 큰 존경을 이끌어 낸 온유함이 바빙크에게는 장애가 되었음에 분명하다: 한번은 어떤 학생이 구두 시험에 실패한 것이 분명했을 때 바빙크는 그에게 그것을 어떻게 말해야 할지 알지 못하는 것처럼 보였다. 잠시 침묵이 흐르고 나서 마침내 학생이 직접 "나중에 다시 와서 시험을 또 볼까요?"라고 물었다. 바빙크는 안도의 숨을 내쉬고는 답했다: "그래요, 그렇게 하세요."
27) "Bij het sterven van prof. dr. J.H. Bavinck."

바빙크는 또한 의학 박사들, 간호사들 그리고 '선교를 위한 자매들'(missionary sisters)29)을 위해 1년 과정의 선교 훈련 과정을 세우라고 하는 총회의 명령을 받았는데, 이것은 1940년 1월 25일에 시작되었다. 이러한 범주의 선교 사역자들의 특수한 필요들을 채우기 위한 예비 과정이 필요하다는 것은 오랫동안 느껴져 왔던 것이었다. 사실상 이것이 처음에 선교학 교수 지명을 지지하기 위해 제시되었던 핵심 주장들 중 하나였다. 이 새로운 훈련 과정의 틀 내에서 바빙크가 맡고 있는 교수 사역의 책임들에 대한 논의들이 이루어지는 동안 한 사람이 모든 것을 감당할 수는 없으며, 그의 경우에는 선교학 과목들에 우선순위가 주어져야 하고 다른 분야들은 보조교사들에게 맡겨져야 한다는 것을 깨닫게 되었다. 암스테르담과 우트레흐트 두 곳에서 일주일에 한 번 제공된 이 과정은 1시간짜리 4개 과목으로 이루어졌다: 선교학(the theory of mission); 선교역사, 특히 네덜란드령 동인도 제도의 선교역사; 인도의 토착 종교들; 그리고 지리학과 인종학. 학생들로 하여금 상당히 자립적인 공부에 참여할 것을 요구했던 이 과정에 대한 관심은 모든 기대들을 넘어선 것이었다: 이것은 33명이 넘는 첫 번째 그룹의 참여자들을 매혹시켰다. 그러나 이 과정은 이미 임명을 받은 선교 사역자들을 위해 의도된 것이었을 뿐만 아니라 '선교적 잠재성'(missionary potential)을 확립하고자 하는 취지에서 선교에 적극적인 관심을 가진 사람들을 의도적으로 겨냥한 것이기도 했다.30) 이러한 훈련 과정이 시작된 후에 다음과 같은 총회의 규칙이 발효되었다.

> 어떠한 [선교 후보자도] 그들이 요구받은 연구 과정을 만족스러울 정도로 완성했다는 사실을 입증하는 선교학 교수의 증명서를 갖고 있지 않다면 파견될 수 없다. 그들이 그들의 선교 사역에서 사용하는데 필요하게 될 그 언어를 열심히 공부했다는 것을 확증해 주는 추가적인 증명서와 함께 말이다.31)

---

28) Letter to R. van Woudenberg, July 25, 1992.
29) 이 '선교를 위한 자매들'은 인도네시아 여성들에게 복음을 전하는 특수 임무를 띠고서 보내졌는데, 이 여성들의 세계는 사실상 남성들에게 접근 불가능한 것이었다.
30) 참조. *HZB*, 38 (1940), 28, 75.

아주 예외적인 경우들에만 선교사 후보사역자에게 이러한 규칙이 면제될 수 있었다.

2차 세계대전 후에 바빙크는 보다 폭넓은 활동을 시작했다. 신학생들의 요구에 따라 자매교단인 기독 개혁교회(the Christelijke Gereformeerde Kerk)는 아뻴도른(Apeldoorn)에 위치한 자신의 신학교의 표준 교과과정에 선교학을 추가하기로 결정했으며, 바빙크는 거기에서 이 과목을 가르쳐 달라는 요청을 받았는데 이에 대해 그는 1945년 11월에 시작하는 격주 강의의 형태로 하는데 동의했다. 그 자신의 교회에서 이러한 외부강의는 *명예로운 이름*(a nomen honoris)으로 간주되었다.32) 1947년 10월 11일에 그는 미국의 미시건 주의 그랜드 레피즈에 있는 칼빈 대학과 칼빈 신학교에서 강의했으며 50대에 그는 국제선교회 신학교육재단(the Theological Education Fund of the International Missionary Council)의 요청으로 남아프리카에 세 번 여행을 했다. 1952년 6월 26일부터 9월 9일까지 이어졌던 첫 번째 여행은 남아프리카의 절박한 선교 문제들을 파악하고자 하는 목적의 여행으로 짜여졌다. 두 번째 방문인 1953년 3월 2일부터 10월 2일 동안 그는 포체프스트룸 신학교(Potchefstroom Theological Seminary)에서 부교수로서 선교학, 교의학, 심리학, 철학 등과 더불어 다양한 관련 과목들을 강의했는데, 거기에서 그의 강의에 대한 관심은 "너무 대단" 했다고 전해졌다.33) 1959년에 그는 흑인들을 위한 별도의 학부(faculties)를 세우고자 하는 대학 확장 법안에서 제시된 제안을 평가해 달라고 하는 요청을 학문과 자유에 대한 남아프리카 위원회(the South African Committee on Science and Freedom)로부터 받았다.34) 1960년 9월에 그는 켄터키 주의 루이스빌에 있는 장로교 신학교(Presbyterian Theological Seminary)에서 강의를

---

31) *HZB*, 38 (1940), 3-4.
32) 참조. D. Pol, *HZB*, 43 (1945), 16.
33) 참조. *HZB*, 51 (1953), 174.
34) 바빙크는 이것에 반대하지 않았지만 통합(integration)을 목적으로 해야 할 필요를 강조했다; 참조. the J.H. Bavinck Archives in the CHDDP/FUA, document no. 50.

했으며,35) 1961/62년에는 시카고 대학교의 연방 신학부(the Federated Theological Faculty of the University of Chicago)에서 초빙교수로서 가르쳤다. 후자와 관련해서 페르까일은 바빙크의 책인 『종교적 의식과 기독교 신앙』(*Religieus besef en christelijk geloof*, Religious consciousness and Christian Faith)에서 "종교 형태론에 대한 섬세한 분석"이 "매우 뛰어나서 (…) 오늘날 종교 형태론에서 세계적으로 가장 뛰어난 학자인 미르체 엘리아데(Mircea Eliade)"가 비교 종교에 대해 "학생들에게 강의해 달라고 (…) 바빙크를 초대했다"고 쓰고 있다.36) 다시 한 번 신학교육재단의 후원 하에 이루어진 바빙크의 세 번째 남아프리카 방문은 1960년에 있었는데, 이것은 신학교의 선교학 교수들을 위한 과정을 제공하기 위한 것이었다. 그 사이에 그는 또한 네덜란드에 있는 다양한 그룹들, 즉 자신의 교회와 학문적 집단의 안과 밖에 있는 다양한 그룹들에게 여러 해에 걸쳐 셀 수 없는 강의와 연설을 했다.37)

바빙크는 매우 고무적인 교사였으므로 석사와 박사 과정 모두에서 국내외 대학원생들을 매혹시켰다.38) 그는 이러한 종류의 학문적 연구를 매우 장려했으며 그의 대학원 학생들을 집중적으로 그리고 능숙하게 지도했다. 바빙크 밑에서 박사 과정을 했던 페르까일은 이런 면에서 교수로서의 바빙크의 뛰어난 영향은 무엇보다 그의 학생들의 "펜들로부터 흘러나오는 일련의 논문들"에 의해 헤아려질 수 있으며 더욱이

---

35) 이러한 사실은 *루이스빌 장로교 신학교의 역사*(*History of Lousville Presbyterian Theological Seminary*)라고 하는 바빙크의 책 속에 쓰여진 샌더스(R.S. Sanders)의 헌사에 근거하고 있다: "요한 H. 바빙크 박사께, 1960년 9월 23일 루이스빌 신학교에서 강의할 때." 바빙크의 서재에서 나온 이 책은 볼투이스(L.J. Wolthuis)에 의해서 이용가능하게 되었다.
36) *Contemporary Missiology: An Introduction*, 40.
37) 바빙크는 이러한 연설들 중 다수를 즉석에서 행한 것으로 유명했는데, 그는 종종 연단에 오르기 바로 전에 "무슨 주제로 말해야지요?"라고 묻곤 했다. 뛰어난 박식함과 놀라운 추론능력으로 인해서 사전 준비가 없이 연설할 수 있었다는 것은 바빙크, 크레머, 미스코테(K.H. Miskotte)에 대한 "소개"서인 *왕이여 구원하고서*(*Salve Rex*)에 있는 말, 즉 이 책에서 바빙크를 다루는 장은 연설의 전달과정 동안에 이루어진 강의의 요약본을 문체상 다시 다듬어서 기술하고 확장한 것이라는 말에 의해서 확증되어진다.
38) 그의 외국인 대학원생들 대부분은 북아메리카와 남아메리카에서 왔다. 이 책의 끝에 있는 부록을 참고하라.

바빙크는 학생들이 쓴 글의 줄 하나 하나를 평가하는 식으로 결코 학생들을 섬기지 않았다; 그의 영향력의 비밀은 딱 집어서 말하기가 더욱 어려운 것들에 놓여 있었다. 그는 그의 학생들을 위한 '구루'(guru), 동양의 구루(an Estern guru)와 같은 사람이었다.39)

그의 학생들의 논문들의 주제가 종종 자신의 선교학적 관심들과 밀접하게 연관되어 있었기 때문에 그는 선교학 분야에서 중요한 국제적인 추종자들을 갖고 있었다고 말해도 무방할 것이다.

바빙크는 이 기간에 다작을 했다. 비록 그가 국제적인 선교학 저널들에 상대적으로 적은 논문을 기고했지만 말이다. 여러 네덜란드 기간지들에 실린 글들에서 그는 선교학적인 문제들을 다루거나 자신의 교회가 직면한 실천적인 선교적 문제들에 대한 그의 견해들을 제시했다. 후자와 관련해서 그는 인도네시아의 탈식민지화 문제와 그리고 이와 관련해서 토착 교회들과 선교 사이의 변화하는 관계들, 즉 당시에 매우 아픈 곳을 건드려서 교회 내에서 적지 않은 긴장을 야기했던 문제들에 대해 많은 글을 썼다. 네덜란드 개혁교회 위클리에 있는 신중하게 숙고된 많은 논문들을 통해서 그는 본국의 교회(the ecclesiastical home front)에 이러한 진보들이 돌이킬 수 없으며 교회는 긍정적으로 이것들을 다루어야 할 소명이 있다고 가까스로 설득했다.40) 더욱이 그는 변화하는 세계 속에서의 교회와 선교의 책무에 대해 더 많이 숙고하기 시작했으며 동양과 서양에서 일어나고 있는 모든 물질적 진보 가운데에서 발흥하고 있는 허무주의(nihilism)의 위험과 이러한 영적 진공 상태에서 복음을 전해야 하는 어려운 책무에 주목할 것을 요구했다. 그는 또한 새로운 기대들에 대해 교회를 일깨우고자 지속적으로 애쓰면서도 비판적으로 내부를 들여다

---

39) *Contemporary Missiology: An Introduction*, 40. 바빙크가 가르친 다른 학생들에 의한 유사한 증언을 위해서는 포스의 "Leven en werk van Dr. Johan Herman Bavinck" 의 25-26페이지를 참조하라.
40) 참조. the bibliography of these writings during the period 1945-1949 in A. Pos, et al., *Christusprediking in de wereld*.

보았다. 제2차 세계대전이 있고난 후 몇 년 뒤에 그는 이렇게 썼다:

> 우리의 말을 통해 하나님께서 이 현대 세계에서도 놀라운 일을 하실 수 있으며, 그리스도께서 그분의 승리의 진군 속에 우리를 사용하기를 원하시며, 우리가 위대한 일을, 즉 그분으로부터 오는 매우 위대한 일들을 기대할 만한 타당한 이유를 가지고 있다는 강한 믿음이 언젠가 우리의 교회들 안에서 일깨워질 수 있다면, 그때에 삶을 향한 우리의 전 태도는 순식간에 바뀔 수 있을 텐데.[41]

바빙크가 캄펀과 암스테르담에서 교수로서 임명된 후에 나온 그의 가장 중요한 선교학적 작품들은 거의 예외없이 점진적으로 깊어가고 있는 통찰력을 보여주는데, 기독교 신앙과 다른 종교들 간의 관계에 대한 신학적 반성으로부터 생겨난 통찰들이 가장 주목할 만하다. 이러한 책들의 내용은 앞으로 다루어질 것이므로 여기에서는 그것들을 간단히 언급하는 것으로 충분할 것이다.

『그리스도의 메시지와 비기독교 종교들』(*De Boodschap van Christus en de niet-christelijke religies*, The Message of Christ and non-Christian Religions, 1940). 이 책은 헨드릭 크레머가 쓴 『비기독교 세계에서의 기독교 메시지』(*The Christian Message in a non-Christian World*)의 논증을 요약해서 설명해 주고 있는데, 크레머는 이 책을 탐바람에서 열린 1938년 국제선교회의를 위해 썼으며 이 책에서 그는 기독교 신앙과 비기독교적 종교들의 본질적인 양립불가능성을 변호했다. 바빙크는 크레머의 접근에 깊은 인상을 받았으며 이 문제에 대한 그의 사유가 매우 중요하다고 여겼기 때문에 네덜란드어로 이 책의 요약본을 내는 일을 떠맡았고, 또한 크레머의 급진적인 기독교관, 성경적 실재론에 대한 그의 개념, 그리고 그의 주의주의적 (voluntaristic) 신개념과 관련해서 많은 비판적인 평을 추가했다.

『따라서 말씀은 자라고 성장했다』(*Alzo wies het Woord*, And Thus the

---

41) *OKZK*, 34.

Word Grew and Increased, 1941). 이 책에서 바빙크는 선교적 소명을 동시대적으로 책임 있게 수행하는 일을 증진시키고자 사도 바울의 방법들에 몰두했다. 특히 사도행전 17장에 기록된 아레오바고에서의 바울의 연설에 대한 그의 해석은 기독교와 다른 종교들 사이의 관계에 대한 반성에 그가 얼마나 집중적으로 몰두했었는지를 보여준다.

『궁핍한 세계에서의 선교』(Zending in een wereld in nood, Mission in a World in Need, 1946). 관심 있는 교회 성도들을 위한 선교의 원칙들에 대한 기초적인 입문으로서 의도된 이 책은 선교 일반의 역사와 특히 네덜란드령 동인도 제도에서의 선교 역사를 다소 길게 다루고 있다.42)

『비기독교 세계에 미치는 기독교의 영향』(The Impact of Christianity on the Non-Christian World, 1948). 1947년에 그랜드 레피즈에 있는 칼빈 신학교에서 바빙크가 행한 강의들의 모음집인 이 책은 선교 변증론에 대한 사려 깊은 반성의 책이다. 이 책의 서문에서 보우마(C. Bouma)는 다음과 같이 썼다: "(…) 이 책은 현대 선교학에 참된 공헌이다. 비록 범위에 있어서는 크레머의 『비기독교 세계에서의 기독교 메시지』만큼 넓지는 않다 할지라도 정신과 내용에 있어서는 그의 책과 함께 분류되어야만 한다."

『종교적 의식과 기독교 신앙』(Religieus besef en christelijk geloof, Religious Consciousness and Christian Faith, 1949, 1989²). 그가 가장 몰두했던 작품들 중 하나인 이 연구에서 바빙크는 위에 언급된 첫 번째 책에서 제시된 크레머의 사상들에 대해 상술하며 그 자신의 사유와 통찰에 따라서 그것들을 발전시킨다. 일반 계시의 실재, 종교적 의식의 기원과 내용, 그리고 이 둘이 예수 그리스도 안에서의 하나님의 계시와 맺는 관계와 관련된 질문들이 특히 로마서 1장에 비추어서 답변되어진다. 신학적 반성과 심리학적 통찰의 결합으로 특징지어지는 이 책은 때때로 놀라운 방향전환

---

42) 처음에 이 책은 『우리의 선교서』(Ons zendingsboek, Our Mission Book)라는 제목으로 나왔는데, 이것을 바빙크는 네덜란드의 젊은이들의 연합동맹(the Dutch Leagues of Young Women's and Young Men's Associatons)의 요구에 따라 썼었다. 1946년에 이것의 증보판이 나왔는데, 필자의 이 연구에서는 이 책을 사용하였다.

을 시도하며, 페르까일에 따르면 "현대의 고전"의 범주에 속한다.43)

『세계를 위한 말씀』(*Het Woord voor de wereld*, Word for the World, 1950). 비성경적 종교들의 가르침과 비교하여 성경 메시지의 *전적 타자적 성격*(the *totaliter aliter* character of the Biblical message)에 대한 멋지고 명확한 해석은 분별력이 있는 신자들을 위한 교육적 도움을 주도록 의도된 실천적인 변증적 작업이다.

『선교학 입문』(*Inleiding in de zendingswetenschap*, Introduction to the Science of Mission, 1954). 위에서 언급된 책들을 주요 내용을 확장해서 다루고 있으며 1960년에 영어로 번역이 되었던 이 핸드북은 네덜란드에서 출판되어지는 선교학적 주제들이 이 책에서 전개되는 방식은 물론 바빙크의 교회적 배경과 개인적인 경험에 의해서 특징지어지며, 접근 방식에 있어서 이 책은 분명 식민주의 시대의 특징들을 지니고 있다.

『성전과 모스크 사이의 교회』(*The Church Between the Temple and Mosque*, 1966). 바빙크가 1962년 시카고에서 행한 강연들을 사후에 출판한 책이며, 보다 이른 시기에 쓰여 진 책인 『종교적 의식과 기독교 신앙』과 밀접하게 관련되어 있는 이 마지막으로 중요한 책은 상세하고 심오한 방식으로 기독교 신앙과 관련한 종교적 의식(religious consciousness)의 내용을 새로이 다루고 있다.

하지만 바빙크의 관심사들은 선교학에만 제한되지는 않았다. 그는 또한 성경 신학(biblical theology) 분야에 속한다고 볼 수 있는 두 개의 연구서를 출판했다: 『성경: 만남의 책』(*De Bijbel: Het boek der ontmoetingen*, The Bible: The Book of Encounters, 1942)과 『인간과 그의 세계』(*De mensch en zijn wereld*, Man and His World, 1946). 이 책들은 바빙크의 뛰어난 박식함 뿐만 아니라 그의 깊은 목회적 관심도 증거해 준다. 더욱이 그는 또한 『그리고 세대는 이어진다: 요한계시록에 대한 반성』(*En voort wentelen de eeuwen: Gedachten over het boek der Openbaring van Johannes*, And Age Follows Upon Age:

---

43) 참조. "Woord vooraf," *RBCG*, ix.

Reflections on John's Book of Revelation, 1952)이란 제목이 붙은 성경의 마지막 권에 대한 독창적인 주해서를 출간했다. 당대의 많은 관찰자들에 의해서 입증되었듯이 바빙크가 출판한 모든 책들은 학문성과 명료함, 즉 학문적 열정과 단순성의 결합으로 특징지어지는데, 이로 인해서 최고의 신학자들로부터 평범한 교인에 이르기까지 폭넓은 일반 대중이 그의 책들에 이끌리게 되었다. 『종교적 의식과 기독교 신앙』에 대한 그의 논평에서 하레스타인은 다음과 같이 쓰고 있다: "이 책은 어려운 주제를 다루고 있지만 바빙크는 그의 논의를 아주 공정하게 진행하며 아주 명료하게 쓰고 있어서 소설 이상의 것을 읽는데 익숙한 사람은 누구나가 별 어려움 없이 이 책을 따라갈 수 있을 것이다." [44] 몇 년 후에 또 다른 주석가인 힐하위스(J.C. Gilhuis) 또한 바빙크의 이러한 재능을 지적했다. 바빙크가 그의 취임 연설에서 매우 복잡한 문제들을 아주 단순한 방식으로 설명하는데 성공했다고 말한 후에 힐하위스는 다음과 같이 덧붙였다: "그리고 이것이 의도적으로 된 일이었다는 것은 [바빙크가] 연설을 시작할 때에 말한 것으로부터 알 수 있다: '최전방에서의 싸움을 통해서 조국에 있는 교회는 [전장에서 싸우고 있는 사람들과 함께 더불어 생각하고 기도해야만 한다는 것을 배워야 한다.'" [45] 더욱이 『선교학 입문』에 대한 그의 비평에서 힐하위스는 다음과 같이 말했다: "이 책은 학문적인 성격을 지니고 있는 것이 명백하지만, 바빙크 교수가 복잡한 것들을 단순하게 쓰는 기술을 알고 있기 때문에 책을 읽는 것을 두려워하지 않는 교인들은 그 속에서 특별히 풍부한 많은 자료를 발견하게 될 것이다." [46]

1.1.2. 제2차 세계대전 기간과 '스킬더 갈등'
(The War Years and the 'Schilder Conflict')

---

[44] *HZB*, 48 (1950), 78.
[45] *HZB*, 50 (1952), 27.
[46] *HZB*, 52 (1954), 141.

바빙크가 캄펀과 암스텔담의 교수직을 맡고난 후 얼마 안가서 제2차 세계대전이 발발했다. 그의 성품에 맞게 바빙크는 그의 형제 성직자인 C. B. 바빙크와 함께 『회개와 전망』(*Inkeer en uitzicht*, Repentance and Prospects, 1940)이라는 제목으로 다섯 개의 설교로 된 한 권의 책을 출판했는데, 이것은 그리스도의 교회에 당시의 어려운 혼란 속에서 실천적인 영적 안내를 제공하고자 한 것이었다. 이 즈음에 그는 한 신문에 실은 글에서 전쟁의 공포들이 교회의 논쟁을 그치게 하고 새롭게 기꺼운 마음으로 하나님의 메시지를 듣고자 하도록 만든다면 그것들은 긍정적인 측면 또한 지니고 있다고 하는 생각을 제시했다: "놀라운 날들, 영적인 삶의 놀라운 부흥의 날들, 하나님께서 우리의 삶을 그분의 은혜의 선물들의 부요함으로 충만케 하실 날들이 우리 앞에 놓여 있다는 것은 생각할 수 있을 만한 일임에 틀림없다"라고 그는 썼다.[47] 심지어 교수로서 그는 무엇보다도 말씀의 종, 하나님의 양떼의 목자로 남았다.

전쟁의 직접적인 결과들 중 하나는 네덜란드와 네덜란드령 동인도 제도 사이의 관계가 깨어진 것이었다. 지명된 선교사들이 보내어질 수 없었다. 이제 인도네시아에서의 선교사역은 네덜란드로부터의 인도와 후원이 없이 수행되어야 할 것이며 그곳에 있는 '토착교회들'(younger churches)은 스스로 살아가야만 할 것이다. 이것이 가능할 지에 대한 많은 불확실성이 존재하는 것은 당연했다. 처음의 정체 후에 이 변화된 상황 속에서 교회의 선교 사역을 구체화하기 위한 새로운 방식들을 찾는 일이 시작되었으며 다른 사람들과 더불어 바빙크는 이 일에 있어서 주도적인 역할을 담당했다.

이 기간 동안에 행해진 가장 중요한 활동들 중 하나는 제2차 세계대전 이후에 기다리고 있던 책무를 떠맡을 선교 사역자들, 의사들, 교사들 그리고 간호사들을 집중적으로 훈련시키는 일이었다. 1941년 10월 2일에 열린 파송교회들과 선교사들의 모임에서 전쟁으로 인해 인도네시

---

47) "Veel vragen en éé antwoord."

아로의 복귀가 어려웠던 의료 선교사인 비르서마(J.S. Wiersema)는 최고의 미래 선교사역자 집단을 훈련시키는 것을 목적으로 하는 특별한, 인가 받은 선교사 학교의 설립을 제안했다. 그러한 학교에서의 공부 과정은 미래 선교 사역에 크게 유익할 뿐만 아니라 교회들에서 감소하고 있는 선교에 대한 인식을 높이도록 도와 줄 것이라고 주장했다. 더욱이 그것은 오직 잘 준비된 사람들만이 선교사로서 보내어질 수 있다는 전쟁 전의 판결을 이행하는 수단이 될 것이다. 그는 "충분히 훈련되지 않은 일꾼들을 성급하게 뽑아서 내보내는 것은 과거의 일이 되어야만 한다는 것이 우리 모두에게 너무도 명백하다"고 말했다.[48] 비르서마는 또한 그가 보기에 이 선교사 훈련 학교는 바빙크가 이끌어야만 한다고 지적했다. 전문화된 연구를 위해서는 인도학을 담당하는 교수진과 다양한 병원들이 사용될 수 있을 것이다. 비어스만의 제안은 수용되었으며 파송 교회들로부터 각 한 명씩 그리고 네덜란드 개혁교회 선교부로부터 두 명으로 이루어진 예비 훈련 위원회(a Committee on Preparatory Training)가 이 계획을 실행에 옮기기 위해서 세워졌다.[49] 일단 위원회가 출범하고 나자 바빙크는 많은 에너지를 이 계획에 쏟아 부었으며 교육 과정들과 회의들을 짜고, 학습과제들을 작성하며 조사결과들을 들었다.[50] 1991년 인터뷰에서 이 훈련 프로그램의 이전 졸업자들 중 한 명이자 후에 캄펀 신학교 선교학 교수였던 안톤 호너흐(Anton G. Honig)는 다음과 같이 진술했다: 바빙크는 정말 뛰어난 방식으로 이 몇 년의 기간 동안에 선교 사역을 위해 우리를 준비시켰다.

선교의 일반적인 관심사들을 효과적으로 섬기기 위한 센터를 세우고자 하는 열망이 점차적으로 예비훈련 위원회의 회원들 내에서 생겨

---

48) *HZB*, 39 (1941), 171.
49) 참조. H. Baas, 8.
50) 이 학교에 관여한 다른 이들로는 내과의사들인 오프링하(J. Offringa)와 비르서마(이들은 의료 선교사 후보들이었다), 그리고 (교육 선교사들[missionary educators]을 위해서는) 솔로에 있는 교사훈련대학의 이전 감독이었던 메이어링크(H.J.W.A. Meyerink)가 있었다. 참조. *HZB*, 42 (1944), 44, 47.

났다. 이미 선교부(a Missions Bureau)가 존재하고 있었는데, 이것은 선교적 활동, 집행, 통신의 문제들을 맡도록 1931년에 세워졌었다. 그러나 선교 사역자들을 위한 중앙화된 훈련 과정이라는 개념이 확고하게 세워졌으므로 현재의 제도를 재조정해야 할 필요성이 더욱 강하게 느껴졌다. 바빙크는 이러한 목적에 맞는 계획을 작성했으며, 다양한 선교 관할권에서 첫 토론을 거친 후에 1943년 네덜란드 개혁교회 우트레흐트 총회의 교단 선교부(the Denominational Mission Deputies to the RCN Synod of Utrecht)에 의해서 제출되었는데, 거기에서 그것은 만장일치로 수용되었다. 이 계획은 교단 선교부의 지도하에 선교센터를 설립하는 것이었는데, 이곳에서 미래의 선교사들이 훈련을 받고, 이곳에 선교 도서관이 들어서며, 이곳에 선교부(the Missions Bureau)가 위치해 있고, 그리고 이곳에서 다양한 그룹의 교인들 속에서 훨씬 더 많은 선교에 대한 인식을 일깨우고자 하는 의도로 그들을 위한 회의들이 개최될 예정이었다.

그러나 *Het Zendingsblad*의 편집자이며 교단선교부(the Denominational Mission Deputies)의 의장이었던 폴(D. Pol)이 완곡한 말로 쓴 한 글에 비추어 볼 때 많은 교인들이 광범위한 중앙화(far-reaching centralization)라고 하는 이러한 생각으로 인해 주춤하게 되었다는 사실을 추론해 볼 수 있다.

> 선교는 *교회*에 속해 있다고 하는 우리의 [공식 입장]을 위협하는 지배적 지위를 선교센터가 떠맡게 될 것이라고 하는 어떠한 두려움도 가질 필요가 없다. 왜냐하면 선교 사역을 이끄는 일은 전적으로 지역의 파송 교회들의 문제로 남아 있기 때문이다. (…) 우리의 선교사역이나 선교단체들을 떠맡게 될 어떤 선교센터에 대한 얘기나 생각도 존재하지 않는다.[51]

따라서 1896년 미델부르흐 총회에 의해서 확립된 선교의 교회적 탈중심화(the ecclesiastical decentralization of mission)라고 하는 원칙은 여전히 효력을 발휘했다. 그럼에도 불구하고, 선교센터의 목적에 관해서는 조금의 오

---

51) *HZB*, 41 (1943), 71.

해도 계속 남아 있지 않았다. 그리고 후에 바빙크가 선교센터에 대해 품은 목적을 반복해서 말해야 할 필요성을 발견했다는 사실로 볼 때 이러한 계획들에 대한 어떤 실질적인 저항 역시 있었다고 결론지어도 좋을 것이다: 그 목표란 '해외의 선교 사역을 섬기는 것과 고국에서의 선교 인식을 적극적으로 북돋아 주는 것'이었다. 이러한 활동들을 통해서 "우리는 '티나지 않게'(vaguely) 선교에 참여할 뿐만 아니라 우리를 보내시는 그분의 명령에 순종함으로써 생겨나게 된 책임감으로부터 진정으로 선교에 참여하는 교회가 될 것이다"라고 그는 썼다. 바빙크와 다른 이들은 이 계획을 실현하는 일에 열정적으로 착수했다. 이 계획에 대해 어떠한 적절한 조정도 아직까지 이루어지지 않았음에도 불구하고 바렌트 리히터스(Rev. Barend Richters)가 1944년 4월 12일에 선교 센터의 미래 감독으로 임명되었다.52) 조직, 경영 그리고 정보의 보급과 같은 분야들에 대한 책임과 함께 말이다.53)

불행히도 캄펀과 암스테르담에서의 바빙크의 강의들은 독일 점령군 당국의 명령에 의해서 1943년부터 1945년까지 중지되어야만 했다. 전쟁의 마지막 해 동안에 그가 쓴 일기에 있는 다음과 같은 인용문에 비추어 볼 때에 이로 인해서 그가 매우 슬퍼했다는 것을 알 수 있다: "나는 나의 선교 사역, 학생들과의 접촉, 삶에 윤리와 목적을 부여해 주는 모든 것을 빼앗겼다."54) 그는 이 강요된 자유시간의 대부분을 연구하는데 썼다. "어제 나는 새로운 책, 일종의 종교의 역사와 현상학 입문을 위한 윤곽을 잡았다. 책을 마치는 데에 몇 년이 걸릴 것이지만 그 첫 기초작업은 전시에 완성되었다"라고 그의 전쟁 일기에 썼다.55) 이것 외에도 그는 또

---

52) 후에 하렌스스떼인은 당시에 북홀란트 지방의 한 지역 교회의 목사였던 리히터스를 "적절한 시기의 적절한 사람"이라고 기술했다. HZB, 45; 또한 참조. Bass, 10. 바쓰는 리히터스의 영성과 사업가적 정신이야말로 뛰어난 지도력에 대한 보증들이었다고 진술한다.
53) HZB, 42 (1944), 37-38.
54) Herinneringen aan het laatste oorlogsjaar 1944-1945, 49; 이것은 162페이지에 달하는 일기로서 결코 출판되지는 않았는데 바빙크의 가족이 소유하고 있다.
55) Ibid., 59. 이 전시의 윤곽으로부터 이후에 나오게 된 책이 어떤 것인지 전적으로 명확한 것은 아니지만, 아마도 그것은 1949년에 나온 『종교적 의식과 기독교 신앙』이었을 것이다.

한 초청객에 한해서 이루어지는 네덜란드 정치의 미래에 대한 일로 바빴는데 낡은 정치적 동맹들을 뚫고 나아가고자 하는 목적으로 국민당(a people's party)을 형성할 수 있는지의 가능성에 대한 토론에 몰두해있었기 때문이다.56) 더욱이 그는 이 기간 동안에 여러 새로운 자리들에 임명되었다: 1941년 5월에 그는 수리남(Surinam)에 있는 모라비안 선교회를 위해 돈을 모금하는 기금의 의장으로 임명되었으며,57) 다양한 선교적 문제들에 집중하는 폭넓은 토대를 가진 교단단체인 선교연구위원회(the board of the Council for Mission Study)의 일원으로 선출되었다.58) 마지막으로 그는 또한 네덜란드 선교회의 사역에도 적극적으로 관여했다.59)

전쟁기간은 바빙크와 그의 아내에게 많은 개인적인 근심으로 가득찼는데, 그것은 그들의 두 아들과 어느 시점에서는 그의 딸까지도 네덜란드 저항 운동(the Dutch resistance movement)에 적극적으로 관여했기 때문이다. 1944년 6월에 아들 둘이 모두 일주일 이내에 체포되었는데, 첫째는 1944년 9월까지 독일군의 감옥에 갇혀있었던 반면에, 둘째는 독일로 추방되어서 포로수용소들인 작센하우즌(Sachsenhausen)과 라테나우(Rathenau)에 감금되었는데 그는 결국 1945년 6월에 아무 탈 없이 돌아와서 그의 부모와 형제자매들을 기쁘게 했다.60)

슬프게도 심각한 신학적 갈등이 전쟁 동안에 네덜란드 개혁교회 안에서 불 붙었으며, 그것은 결국 1944년에 소위 *해방*(Vrijmaking, Liberation)이라는 교회분열을 낳았다. 이 갈등의 중심에는 캄펀 신학교의 교수들 중 한 명인 끌라스 스킬더의 견해가 놓여 있었는데, 그는 *inter alia*, 즉 예정된 중생의 세례에 대한 카이퍼주의적 개념을 주장했다. 이 연구의 제한범위 내에 비추어 볼 때에 이 갈등을 상세히 다루는 것은 불필요한

---

56) *Ibid.*, 55.
57) 참조. *HZB*, 39 (1941), 95.
58) 참조. *Ibid.*, 94. 네덜란드 개혁교회가 네덜란드 선교회(the Dutch Missionary Council)에 의해서 제공된 보다 폭넓은 상담 포럼에 참여하게 되었던 1948년에 이 연구 그룹이 해체되었다.
59) 참조., *Ibid.*, 152, 그리고 *HZB*, 41 (1943), 53-64.
60) 이 정보는 위에 언급된 바빙크의 전시일기에 근거하고 있다.

일이다. 우리의 관심은 이 문제에서 바빙크가 한 역할이다. *Fides quaerens intellectum*(이해를 추구하는 신앙)이라고 하는 학생 연합회의 초청으로 바빙크는 1942년 11월 2일에 『우리 교회의 미래』(*De toekomst van onze kerken*, The Future of Our Churches)[61]라는 제목으로 캄펀에서 강의를 했는데, 이 강의에서 그는 교인들 내에 있는 당시의 긴장 상황에 대해 말했다. 그는 이 주제에 대해서 말하도록 특별히 선택되었는데 한편으로는 그가 상대적으로 짧은 기간 동안 네덜란드로 되돌아가 있음으로 인해서 그 모든 문제로부터 다소간 거리를 둘 수 있었기 때문이며, 다른 한편으로는 그가 갈등을 싫어해서 어느 한 무리의 일원이 되지 않았기 때문이다. 이 연설에서 바빙크는 네덜란드 개혁교회 내에서 생겨났던 영적인 물결의 진전을 묘사했는데, 이런 식으로 '스킬더 논쟁'에 대해 열매 있는 논의를 촉발시키고자 바랬기 때문이었다. 이 연설은 당시 네덜란드 개혁교회에서의 일반적인 진행상태에 대한 좋은 윤곽을 제공해 줄 뿐만 아니라 바빙크 자신의 신학적인 성장이 이루어졌던 틀을 조명해 주기 때문에 이 연설을 상세히 살피는 것이 중요하다.

그의 연설의 서두는 단연 최고였다(The very introduction was vintage Bavinck): 그는 자신이 "어떠한 꾸밈도 없이" 토론하기를 원하며, 어느 누구에게 고통을 주고 싶지 않고, 그가 말한 것이 어떤 사람에 대한 개인적인 언급으로서 해석되어서는 안 된다는 것을 지적했다. 그 다음에 그는 계속해서 자신의 학창 시절에 얻었던 지적인 풍토를 네 가지 점에서 기술했다. 첫째로, 당시에 "정신적인 지각과 경험"(spiritual perceptions and experience)에 대한 관심이 증가하고 있었는데, 이것은 과학적(scientific) 사유 전체를 특징짓는 실험적 방법 및 논증과 연관되어 있었다. 만약 신학이 '과학'이기를 원한다면 신학을 하는 사람들이 "교조적 공식을 언명하는데 자신들을 제한하는 것은 도움이 되지 않을 것이다." 둘째로, 심

---

61) 본래 등사원지에 쓰여진 이 연설의 복사본은 우트레흐트에 있는 연합교회봉사센터(the National Service Center of the Uniting Churches)에 있는 네덜란드 개혁교회 고문서보관소에서 발견될 수 있는데, 이것은 1943년 출판되었다. 참조. J. Kamphuis, 60, note 23.

리학적 반성을 향한 강력한 경향이 있었는데, 이것은 당시에 네덜란드 개혁교단 내에서도 느껴질 수 있었다. 하나님께서 자신을 "살아 있는 사람들의 영혼을 통해" 계시하셨다는 생각으로부터 출발해서 인간 심령(psyche)에 대한 철저한 연구가 신적 계시를 적절하게 이해하는데 요구되는 것은 아닌지에 관한 물음이 생겨났다. 이러한 새로운 경향은 "현존하는 구 경건주의의 흐름과 융합되었는데," 이 구 경건주의는 신앙의 내적 경험을 매우 강조했다. 이 시기의 세 번째 특징은 비기독교적 과학과 문화에 대한 개방성과 인정이었다. "하나님의 일반은총"이란 실재는 진리와 미를 자기 자신의 집단들로 제한하는 것을 허용하지 않았다. 다양한 여러 분야들에서의 비신자들과의 협력은 직접적으로 관련된 사람들과 사회 전체를 부요하게 하는 영향을 미칠 것이다. 네 번째로, 이 기간은 영적인 상대주의(spiritual relativism)의 위협, 즉 어떤 사람들로 하여금 다음과 같이 묻도록 하는 상대주의의 위협으로 만연했다:

> 개혁주의적 사유 전체를 (다른 사유들과—역주) 구별 지어 주는 것은 하나의 크고 강력한 삶, 즉 모든 시대의 교회를 특징짓는 추동력인데, 이것은 상대적으로 우연한, 역사적으로 결정된 것에 불과한 것은 아닌가? (…) [개혁주의적 사유]는 바다 옆 저지대 지역에 거주하는 사람들의 심리적 기질, 즉 침착함과 합리성 같은 말로 특징지어지며 상냥함과 신비주의에 대한 어떤 성향에 근거한 기질에 의해서 유지되는 것이 아닌가?

바빙크에 따르면 제1차 세계대전 이후의 기간은 이러한 문제가 진전하는데 있어서 하나의 단절을 목격했으며 "새로운 정신"이 나타났다: 사람들은 더 이상 어떤 주저함이나 의심하는 마음을 갖지 않고 절대적으로 확실하다고 느꼈다. 교회 안에도 들어오게 된 이러한 새로운 사유방식에 대한 바빙크의 평가는 공정했다. 분석을 막 시작하면서 그는 두 가지 가능한 오해를 제거했다: 비록 이러한 사유가 교회 밖에서 발전한 것임을 인정한다 할지라도 그는 이 새로운 정신을 그저 그 시대의 지나쳐가는 한 현상에 불과한 별 것이 아닌 것으로 상대화시켜서 그것의 객관적 타당성을 부인하기를 거부했으며, 다른 한편으로 이 "새로운 사유"를 한 무리의 사람들과 동일시하는 것, 즉 교회 안에서 그러한 사상을 가장 열렬히 지지하는 사람들에 대한 개인적인 공격을 개시하는 것이 그의 의도가 아니었다.

바빙크는 이 새로운 사유방식의 7가지 특징을 묘사했다. 그 중 첫 번째는 그것의 "절대주의를 향한 경향"이었다. 비록 한편으론 이것이 이전 시기들의 "결단력이 없는 태도"와 비교하여 "중요한 진보"로 보여질 수 있다 할지라도 "좀 더 과묵하고 더욱 자제하는 것이 보다 더 현명한 곳에서"조차 이 절대주의가 나타나서 대화를 불가능하게 만들 위험이 있었다. 더욱이 이 새로운 사유의 대표자들이 (자신들의 사유를-역주) 간결하게 공식화함으로써 종종 무슨 말인지 이해할 수가 없었다. 이 사유 학파의 두 번째 특징은 그 지지자들의 부정주의(negativism), 즉 논쟁 형식에 있어서 그들의 습관적인 사유방식이었다: "그들은 끊임없이 싸움을 걸고 있으며, 끊임없이 방어 자세를 취하고 있으며, 끊임없이 적을 격퇴하고 있다." 심지어 그들의 설교조차 논쟁적인 것으로 퇴보해버렸다. 이러한 새 사유의 세 번째 특징은 그것의 객관주의(objectivism)였는데, 이것은 심리학과 모든 내적 경험에 대한 철저한 혐오를 표현했다. "말씀의 일관성"에 대한 일방적 강조는 "성령께서 이 말씀으로 우리 마음에서 일으키시는 역사"를 인식하는데 실패할 위험을 야기하며, 이것은 영적인 "내적 불모" 상태를 초래할 것이다. 이 학파의 네 번째 특징은 구원의 역사에 대한 큰 관심이었다. 이러한 *구속사적*(heilsgeschichtliche) 강조가 긍정적인 측면이 있었다 할지라도 - 바빙크는 심지어 하나님께서 구원 역사에 대한 교회의 관심을 일깨우는데 세계 역사에 대한 증가된 관심을 사용하셨다고까지 말했다 - 그것 또한 과도하게 나아갔다. 모든 것을 이러한 관점으로부터 접근했으며, 신학자들은 끊임없이 새로운 발견들을 하고 있었고, 사역자들은 "저는 봅니다. 저는 여러분이 보지 못하는 것을 봅니다"라고 하는 형태의 설교들을 하고 있었다. 새로운 사유를 특징지었던 다섯 번째 것은 모든 것이 하나님의 언약이라는 개념 하에 총괄되었다는 사실이었다. 이러한 입장의 일방성은 차치하고라도 - 바빙크는 고려할 필요가 있는 다른 중심적인 개념들, 예를 들어 하나님의 나라와 같은 개념들을 지적했다 - 그것은 또한 언약이 자동적으로 작용한다고 전제했으며, 그 결과 모든 것이 "너무도 단조롭고, 너무도 값싸며, 너무도 외적인" 것이 되었다. 이러한 사유 방식의 여섯 번째 특징은 그것이 기독교 사회들 내에서의 기독교적 활동에 부여한 전체주의적 강조(totalitarian emphasis)였는데, 이로 인해서 신자들은 주변세계와 더 이상 아무런 관계도 맺고 싶지 않다고 할 정도가 되었다. "복음주의적 설교"(evangelistic address)란 표현은 내용 없는 설교에 대한 욕설로서만 사용되었다. 그리고 이 새로운 사유의 마지막 특징은 문화에 대한 태도였다. 일반 은총 개념은 불신을 받게 되었으며 이러한 사유 방식의 옹호자들은 "(그 교회 밖에 있는) 다른 사람들이 생각하고 말하는 것에 감사히 귀를 기울이고자 하는 성향이 덜했다."

바빙크에 따르면 이 모든 것이 사람들의 마음과 삶 속에서 내적인 위기를 낳았으며, 반대 그룹들을 형성하게 될 경우 교회의 미래에 치명적이 될 수 있었다. 신학적 전선(the theological fronts)이 어디에 있는지도 모른 채 "강하게 말하고 대담하게 행동하기"를 원하는 사람들은 "신중함과 공의의 경계들"을 넘어서서 서로 다투고 있었다. 그가 보기에 사람들은 그림자들과 키메라들에 맞서 싸우고 있었던 반면에, 가장 깊은 본질에 있어서 적은 오직 하나, 즉 "우리는 때로 서로를 거의 이해하지 못하거나 신뢰하지 못하며 서로에 대한 사랑이 거의 없는 것"이었다. 이런 식으로 나아가다가는 필연적으로 "불화, 분열 그리고 불행"에 이르게 될 것이며 특히 교회가 전쟁 후에 직면하게 될 시대의 어두움과 과업에 비추어 볼 때 전적으로 무책임한 일이 될 것이다.

바빙크는 파당주의(factionalsim)를 조장하는 일을 끝내고 상호신뢰의 회복을 위해 일하며 형제자매로서의 대화에 필수적인 내적 평온함을 추구하며 상대방의 말에 겸손히 귀를 기울이는 자세를 취하고 저질러진 불의를 용서하자고 하는 호소로 그의 연설을 끝냈다. 이 연설의 감동적인 맺음말은 바빙크의 선교를 향한 마음으로 인해 영감되었음에 분명했다.

> 나의 심장과 우리 교회들에 속해 있는 다른 많은 사람들의 심장 속에 살아 있는 한 가지 열렬한 소망과 뜨거운 간구가 있습니다. 그리고 그것은 머지않아 그 사역으로 부름을 받게 될 여러분들이 그 순간에 우리의 교회들 안에서 진행되고 있는 모든 논쟁의 흡수력에 저항할 수 있게 되는 것입니다. (…) 겸손하고 어린아이와 같이 되십시오. 하나님의 말씀을 붙드십시오. 상대방이 당신의 삶의 토대를 형성하고 있는 동일한 신앙에 서 있다면 언제나 그로부터 배울 준비를 하십시오. 예수 그리스도 안에서 우리를 부르시고 우리를 그의 놀라운 나라의 자녀로 삼으신 전능하신 하나님 아버지께서 믿음과 상호간의 사랑으로 우리를 엮어주시기를 바랍니다. 그분께서 우리 모두를 가르치시기를 바랍니다. 그분께서 모든 곳에 있는 그분의 교회에게 불화와 분쟁으로 교회의 힘을 흐트러뜨리지 않고 구속의 메시지, 구원의 복음을 가지고 확고하며 단호하게 바깥세계를 향하게 하시기를 바랍니다.

이 연설은 학생들에게 깊은 인상을 남겼으며 그들 중 한 명은 후에 이렇게 기록했다: "아주 면밀하면서도 따뜻하고 감성적인 호소가 우리에게 전해졌다. (…) 참으로 이것은 '큰 세계' 속의 '작은 교회' 안에 있는 우리 모두가 사소한 문제들, 쓸데없는 일들에 대해 흥분하고 있었다는 것이 아닌가?"[62] 그럼에도 불구하고 바빙크와 더 많은 토의를 벌인 후에도 학생 연합회는 그 연설의 출판을 후원할 준비가 되어 있지 않았다: 어느 누구도 바빙크의 선한 의도들을 의심하지 않았으나 더 이상의 아무런 소란없이 기꺼이 싸움을 중단하고자 하는 마음은 없었다.[63] 당시에 그가 살고 있었던 비밀 주소에서 그 연설에 대한 보고서(a report)를 받았던 스킬더는 모든 점에서 바빙크의 논증에 이의를 제기했다.[64] 바

---

62) J. Kamphuis, 31.
63) Ibid., 32.
64) 참조. Ibid., 39-58. 이곳엔 캄푸이스가 약간의 설명을 덧붙인 메모와 함께 스킬더가 보인 반응의 전체 텍스트가 담겨 있다.

빙크에게 보인 스킬더의 반응의 글은 그 어조가 매우 날카로웠다. 예를 들어 그는 "형제 같은 대화"에 대한 바빙크의 요청이 그러한 논쟁 단계에서는 단순한 속임수에 불과하다고 생각한다고 말했다. 게다가 그는 바빙크가 *교회*에 대한 인식(a sense of *ecclesia*)이 부족한 사람이라고 비난했는데, 이것은 바빙크가 개혁주의적 교회관을 훼손하는 신학자들과 함께 책을 공동 저술했었다는 사실에 의해 증명되었다는 것이다.65) 스킬더의 성실함을 의심하고 싶지는 않지만 그가 바빙크의 심오한 의도들을 오해했다는 것은 아주 분명하다. 알려진 바에 따르면 바빙크는 스킬더의 편지에 답하지 않았는데, 아마도 어떤 말을 하든 갈등을 깊게 할 뿐이라는 깨달음 때문이었던 것 같다.

1945년 5월 5일에 네덜란드는 연합군에 의해서 독일로부터 해방되었다. 다음 일요일인 8월 8일에 바빙크는 우트레흐트에서 가장 큰 교회들 중 한 곳에서 신도들이 가득 찬 가운데 예배를 인도했는데 디모데전서 1장 17절로 말씀을 전했다: "만세의 왕 곧 썩지 아니하고 보이지 아니하고 홀로 하나이신 하나님께 존귀와 영광이 세세토록 있을지어다 아멘." 그는 그의 일기에 이 본문과 예배에 대해 다음과 같이 썼다: "[이 말씀은] 우리 마음속에 살아 있었다. 회중은 깊이 감사했고 기쁨으로 가득 찼다. 그리고 나는 하나님께서 이 힘들고 어려운 여러 해를 이런 식으로 마감할 기회를 나에게 주신 것이 놀랍다는 것을 발견했다." 66)

1.1.3. 전쟁 이후

1945년 8월 18일 일본의 항복이 있은 후에 네덜란드 개혁교회는 가능한 빨리 센트럴 자바와 줌바에 있는 선교 현장으로 돌아갈 방법을 찾았다. 파송되어질 일단의 선교후보사역자들이 전쟁 동안에 준비되어 있었다.

---

65) 바빙크가 다른 사람들과의 협력 하에 출판한 책들과 관련해서(문헌 목록의 '공동 저작들' 이란 항목을 보라) 스킬더는 분명 왕이여 구원하소서(*Salve Rex, 1941*)를 염두에 두고 있었다.
66) *Herinneringen aan het laatste oorlogsjaar* 1944-1945, 152.

바빙크는 이 모든 일에 매우 긴밀히 관련되었다. 일본이 항복한 날에 그는 『이제 선교다』67)라는 제목의 소책자를 썼으며, 여기에서 그는 인도네시아에서의 선교에 있어서 예상되는 어려움들과 새로운 가능성들을 기술했다. 당시에 그는 이 땅의 어린 토착 교회들이 어떻게 일본의 지배를 이겨냈었는지 아직 명확하지 않다고 적었다. '모교회'(mother church)와의 접촉이 단절되었을 뿐만 아니라 모든 선교사들이 억류되었다. '토착교회들'이 그러한 상황을 감당해 낸 것으로 판명될 것인가? 아니면 그들이 교회적 혼란에 빠져서 복음의 혼합주의적 희석의 유혹에 굴복한 것으로 드러날 것인가? 일본 점령국의 당국자들에 의해 개신교회들에 강요된 통합은 인도네시아 교회의 삶에 긍정적인 영향을 미쳤는가? 아니면 부정적인 영향을 미쳤는가? 어떤 교회들이 가장 먼저 도움을 필요로 할 것이며 제일 먼저 어떤 도움이 요구될 것인가? 그 다음에 바빙크는 다음과 같이 결론을 내린다: 우리는 우리의 선교 현장에서 많은 혼란과 분열을 보리라고 예상하는 것이 현명할 것이다. 그리고 바로 이것 때문에 가장 중요한 것은 우리가 아주 민첩하게 행동하는 것이다.68)

그러나 개혁교회 소속의 교회들은 어떻게 반응할 수 있었을까? 네덜란드 개혁교회 총회는 예비훈련위원회와 네덜란드 개혁교회 선교위원회 공동의 충고에 따라서 이런 특별한 상황 하에서는 기존의 선교정책을 버리는 것이 필요하다는 결론에 이르렀다. 어느 지역이 선교사를 가장 필요로 하는지가 분명하지 않았으므로 여러 파송교회들이 자신들이 책임지고 있는 선교지에 개별적으로 선교사들을 파견하는 것은 바람직하지 않다고 여겨졌다. 대신에 전후 주요 선교사역의 재건을 위한 위원회(the post-war Commission for the Reconstruction of the Chief Work of Mission)의

---

67) 이 소책자에서 바빙크는 1890년에 카이퍼(A. Kuyper)가 선교에 대해 했던 유명한 연설의 지속적인 의미를 확언하고 있다. 비록 동시에 "몇 가지 점들에 있어 우리의 견해가 다소 바뀌었다"고 말하고 있지만 말이다. 그가 여기에서 가리킨 것은 특히 그가 보기에 카이퍼의 지나친 낙관적 평가와 이슬람에 대한 비인격적인 접근이라고 여기는 것들이었다. 이 문제에 대한 간결한 개관을 위해서는 민쩌스(J. Mintjes)의 책 153-155를 보라.
68) "De zending nu," 2.

일시적인 감독 하에 훈련을 받고서 대기 중인 10명의 선교목사들을 하나의 그룹으로서 보내기로 결정되었다.69) 다음의 인용글을 보면 통상적인 절차로부터의 이러한 일탈이 바빙크를 괴롭히지 않았다는 것을 알 수 있다: "어쩔 수 없는 상황 하에서 일시적인 조치로 [훨씬 더 선교 중심적이 되기 위해서] 이러한 전환을 할 수 있었다는 것은 은혜라고 생각한다."70) 사실상 그는 당시에 일어나고 있던 발달과 변화들을 하나님에게서 오는 축복으로 여겼다.

> 이 남자들과 여자들이 그들의 허리를 동여매고 하는 그 과업은 놀라울 정도로 아름다운 일임을 잊지 말도록 하자. 사람들에게는 새롭게 시작할 기회가 좀처럼 주어지지 않는다. 이것은 모든 선교 역사에서도 역시 언제나 그러했다: 교회는 그 사역을 새롭게 시작할 기회를 거의 갖지 못했다. 그러나 이것이 하나님께서 지금 우리에게 주시고 있는 바로 그 가능성이다. (…) 우리에게는 과거의 사역에서 우리가 인정하게 된 그 실수들을 피하고 전통에 의해 부여된 방해물들로부터 벗어나 새롭게 우리의 사역의 방법을 결정할 기회가 주어지고 있다.71)

전통에 대한 후자의 암시(전통에 의해 부여된 방해물들로부터 벗어나는 것-역주)는 특히 네덜란드와 머지않아 단일한 독립국가가 될 인도네시아 사이의 변화하는 정치적 관계, 즉 교회에도 영향을 미치게 될 두 나라 간의 식민관계가 깨어지는 것을 언급하는 것이었다.* 네덜란드령 동인도 제도에서 발생하고 있던 독립을 향한 강력한 움직임은 선교가 "이전에 그랬던 것보다 더 강력하게 선교지에 있는 교회들과의 팀사역과 열린 마음의 협력"으로 이루어져야만 한다는 것을 함의했다.72)

---

69) 이 위원회는 1950년에 해산되었는데, 그때에 '주요' 선교 '사역'('main service' of mission)에 대한 책임이 여러 파송교회들에게로 넘어간 반면, '보조적인 선교사역들'('auxiliary missionary services'), 예를 들어 교육과 의료 같은 사역들은 이러한 목적을 위해서 설립된 새로운 협력위원회(Council of Cooperation)에 의해서 공동으로 제공되고 관리되었다.
70) "De zending nu," 4.
71) *Ibid.*, 5.
72) *Ibid.*, 7.

또한 이 즈음에 10명의 의사들과 15명의 간호사들을 단기로 보내고자 하는 시도가 있었으나 이러한 일을 주도하는데 있어서 교회는 전후의 네덜란드 정부 정책에 의해 제약을 받았으며 따라서 자체적으로 행동하는데 자유롭지 못했다: 의료 선교사들과 간호사들은 오직 네덜란드령 인도 시민 정부(Dutch Indies Civil Administration)를 경유해서만 보내어질 수 있었으며 이 정부 당국자에 의해서 그들의 특정한 일과 사역 장소 또한 배정되었다. 인도네시아에 교사들을 파견하는 것은 네덜란드 정부에 의해서 잠정적으로 중단되었는데 그것은 먼저 네덜란드 정부가 거기에서 전 교육 체계를 재정립하고자 했기 때문이었다.73) 비록 바빙크가 새로운 상황으로부터 생겨날 많은 어려움, 특히 앞으로 세워질 새로운 인도네시아 정부에서 압도적으로 큰 이슬람의 존재로 인해 제기될 선교 사역에 대한 잠재적 위협을 예견하긴 했지만, 그는 그럼에도 불구하고 최근의 이 모든 진전들로 인해서 주어진 긍정적인 도전을 강조했다:

> 그것[선교]은 어느 누구도 그것이 멈추기를 원하지 않을 그러한 방식으로 행해져야만 한다. (…) 인도네시아의 독립은 선교로부터 한 가지를 요구한다: 앞으로 그것이 떠맡는 모든 것은 인도네시아 세계가 자발적으로 그 봉사를 요구하게 될 그러한 성격의 것이어야만 한다. 이에 미치지 못하는 것은 어느 것이나 충분히 못할 것이다. 만약 우리의 선교 사역이 이러한 기준에 맞지 않다면 몇 년 이내에 그것은 불가능하게 될 것이다.74)

이 새로운 전후의 상황과 거의 식민지 이후의 상황에 대한 바빙크의 모든 접근은 철저히 현실주의(realism)와 신앙의 확신 간의 조화에 의해서 형성된 것이었다.

---

* 원문비교: The latter allusion to tradition bore reference especially to the changing political relationship between the Netherlands and what was shortly to become Indonesia, a shift away from the colonial linkage of the two countries that was to have an effect at the level of the church as well.
73) *Ibid*.
74) *Ibid*.

1946년 바빙크와 두 명의 동료들인 프레데릭 바커(F.L. Bakker)와 포스(A. Pos)는 네덜란드 개혁총회에 의해서 네덜란드 개혁교회 선교 사역의 결과로서 생겨나게 되었던 교회들과의 협의를 위해 다음 해에 인도네시아로 여행을 하도록 위임을 받았다.75) 그들이 조직했던 그 모임, 소위 크비탕대회(Kwitang Conference)76)에 대한 그의 보고에서 바빙크는 새로운 형태의 서구지배에 대한 어린 자바 교회들 속의 불신이 처음에 예상했던 것보다 훨씬 더 큰 것처럼 보인다고 썼다: 그것은 "거의 고통에 가까운 사실의 발견"이었다. 그러나 점차적으로 신뢰는 회복되었는데 그것은 "우리의 유일한 관심은 예수 그리스도의 나라가 오는 것임을 매번 강조해서 주장한" 사실 때문이었다.77) 이 대회가 있기 전 기도 모임에서 바빙크는 이미 주기도문의 두 번째 간구인 '나라이 임하옵시며'에 대해 말함으로써 이미 이 점을 분명히 했었다.78) 페르까일은 다음과 같이 쓰고 있다: "의심할 바 없이 이 대회는 특별히 센트럴 자바인들의 목회자인 프로보비노토(B. Probowinoto)의 견해들과 바빙크의 견해들에 의해서 날인되었다." 79)

바빙크의 보고서는 1948년의 네덜란드 개혁교회 총회에서 오랫동안 심의되었다. 깊이 있는 열띤 논의가 있은 후에80) 총회는 만장일치로

---

75) 참조. *HZB*, 44 (1946)과 *HZB* (1947), 11.
76) 자카르타의 바타비아(Batavia)에 있는 크비탕에서 열린 이 대회는 1947년 5월 19-24일에 걸쳐 이루어졌다. 여기에 참석한 자바 교회들 중 일부는 네덜란드 개혁교회(Reformed Churches in the Netherlands)에 뿌리를 두고 있었으며, 다른 교회들은 (또 다른 이름의-역주) 네덜란드 개혁교회(Netherlands Reformed Church)에 뿌리를 두고 있었다. 그러나 그들은 1946년 5월 이래로 공식적으로 상호 협력해 오고 있었다. 참조. K.J. Brouwer, 55-57. 이 모임에 대한 더 자세한 정보를 위해서는 다음을 보라. J. Verkuyl, *Gedenken en verwachten*, passim, and J.C. Gilhuis, *Ecclesiocentrische aspecten van het zendingswerk*, passim.
역주: 이 책에서 언급되는 바빙크 가문이 소속되어 있는 교단은 네덜란드 개혁교회 (Reformed Churches in the Netherlands)로서 특별한 언급이 없이 '네덜란드 개혁교회' 로 번역된 것은 바로 이 개혁교회를 가리키는 것이다.
77) *HZB*, 45 (1947), 40-42.
78) *HZB*, 46 (1948), 26.
79) *Gedenken en verwachten*, 157.
80) 헤르만 리델보스(H.N. Ridderbos)는 바빙크가 너무나 많은 것이 걸려 있다고 느꼈기 때문에 이 논의에 깊이 관여했다고 보고했다. 참조. "In memoriam prof. J.H. Bavinck," 2.

이제부터 선교 사역은 주로 인도네시아 교회들에게 달려 있으며 그들이 다른 자바어를 말하는 교회들이나 말레이시아어를 말하는 교회들과의 밀접한 협력 하에 이 일을 수행하게 될 것이라고 하는 자바 교회들에 의해 공식화된 기본적인 생각들을 수용했다.81) 외국 교회들은 '단지' 선교에서의 보조 역할만을 할당받게 될 것이다. 이 새로운 관계는 캐나다의 휘트비(Whitby)에서 개최된 1947년의 국제선교대회(the 1497 International Missionary Conference)에서 나타났던 용어인 '복종 속에서의 동역자 관계'(partnership in obedience)의 성격을 지니게 될 것이었다. 사실상 이것은 네덜란드에 있는 파송교회들이 인도네시아에 있는 토착교회들과 상호협력적인 일치속으로 들어가는 것을 의미했다. 바빙크는 이러한 결정이 1896년 네덜란드 개혁교회 미델부르흐 총회의 생각과 완전히 일치한다는 것을 입증했는데, 이 총회에서 선교 사역의 원리들 중 하나는 다음과 같이 공식화되었다.

> 모든 지역교회, 자바에 있는 교회들까지도 그 자체로 완전하며 왕이신 예수님 아래에 직접 서 있으므로 모교회로서의 파송교회는 자바에 있는 그러한 교회를 돕고 충고하는 것은 좋지만 그 위에 권위를 휘두르려고 해서는 결코 안 된다. 자바의 교회들은 우리와 상호협력관계에 있으며 우리에게 종속된 위치에 있지 않다.82)

바빙크도 참여했던 마헐랑(Magelang)에 있는 자바인 교회들의 1948년 총회는 크비탕대회의 보고서를 채택했다. 바빙크는 후에 이것에 대해 다음과 같이 썼다: "이런 어렵고 혼란스러운 시대에 그러한 것이 가능했던 것에 대해 우리는 하나님께 진심으로 감사한다."83) 바빙크의 경우에 그러한 표현들은 경건한 표어들 이상이었다. 이러한 진전들에 오직 객관적으로만이 아니라 영적으로도 접근하는 것이야말로 그의 본성이었

---

81) *HZB*, 46 (1948), 56-58.
82) *HZB*, 46 (1948), 21-22.
83) *HZB*, 47 (1949), 24-25.

다.[84] 이에 대한 주목할 만한 한 예가 정규 선교 사역이 10년 동안 정체되어 왔었다는 사실과 관련해서 쓴 그의 논문이다.

> 10년! 때때로 나는 하나님께서 왜 우리의 손을 그렇게 오랫동안 묶어 놓으셨는지에 대한 물음으로 괴로워했다. 하나님께서는 그의 엄위 앞에서 우리를 겸손케 하시기를 원하셨는가? 하나님께서는 우리의 개인적인 죄들과 교회적인 죄들에도 불구하고 그가 여전히 우리를 사랑하시기를 원하신다는 것이 얼마나 큰 축복인지를 우리가 인식하도록 가르치시기를 원하셨는가? 하나님께서는 우리에게 감사하도록, 즉 우리가 그분을 계속 섬기도록 하심에 대해 매일 어린아이와 같이 감사로 충만하도록 가르치시기를 원하시는가? (…) 하나님께서는 우리가 과거보다 더 열정적으로 매일같이 기도하도록 가르치시기를 원하시는가? 그리고 이제부터 그의 놀라운 능력에 대한 확신 속에서 우리의 일을 하도록 우리를 가르치시는 것이 하나님의 목적인가? (…) 하나님의 임재 앞에서 우리는 이러한 것들에 대해 더듬거리며 말할 수 있을 뿐이다. 그러나 만약 이런 일이 일어난다면, 만약 10년 동안 우리의 손을 묶어두었던 끈이 끊어진다면 그것은 얼마나 놀라운 일이겠는가! 이것은 우리가 과거에 그랬던 것처럼 (교회를 ―역주) 조직하고 세우기 위한 기회 이상의 것이 될 것이다. 이것은 하나님의 은혜의 선물, 우리가 우리의 죄로 가득함으로 인해 상실했던 선물이 될 것이다. (…) 우리가 어떻게 합당한 방식으로 이 일을 회복할 수 있을 것인가? 이것은 우리의 죄로 가득참과 연약함에 대한 깊은 의식 속에서, 뿐만 아니라 뜨거운 감사와 아이 같은 신뢰를 가지고 하나님의 손으로부터 이 위대한 일을 기꺼이 받고자 할 경우에만 가능할 것이다.[85]

토착 교회들의 독립문제는 네덜란드 식민정책에 대한 반혁명당(the Anti-Revolutionary Party, ARP)[86]의 보수적 관점과 밀접하게 연결되어 있었다. 비록 바빙크가 정치적인 일에 직접 관여하진 않았지만 그는 일관되게 반혁명당의 이러한 보수적 성향에 대해 반대했다. 바빙크의 진보적 견

---

84) 참조. van den Berg, "Prof. Bavink 40 jaar in het ambt."
85) *HZB*, 47 (1949), 131-132.
86) 이것은 당시 네덜란드 개혁교회와 연합된 기독교 정치 정당이었다.

해의 주목할 만한 한 예가 그의 친구들 중 한 명인 판 바알(van Baal)에게 쓴 편지 속에서 드러나는데, 바알 역시 반혁명당의 정책에 동의하지 않았으며 1951년에 의회 후보가 되어 달라고 하는 청을 이 당으로부터 받았었다. 바알은 이 문제에 대해 바빙크에게 조언을 구했으며 바빙크는 이렇게 답했다: "자네는 상대 후보자들이 누구인지 아는가? (…) 그들은 다소 진보적인 젊은이들인가? (…) 아니면 그들은 또다시 보통 때처럼 나이든 인물들인가?"87) 그 사이에 그는 반혁명당이 추구하는 과정이 성경적으로 지지받을 수 없으며 실천적인 면에서는 실행가능하지 않다는 것을 끊임없이 설명하고자 애썼다. 페르까일에 따르면 수라카르타(Surakarta)에서의 선교목사로서 지내던 기간과 남아프리카뿐만 아니라 족자카르타에 있는 신학교에서 교사로서 보낸 기간 모두에서 바빙크는 세계의 다른 지역에 있는 나라들과 관련하여 서양의 정책을 위한 안내자로서의 식민지 수호라고 하는 개념을 변호할 수 없다는 것을 끊임없이 부드러운 방식으로 지적했다.88) 바빙크는 또한 선교목사인 판 덴 브링크(H. Van den Brink)가 쓰고, 그의 14명의 동료들의 승인 하에 출판된 소책자89)의 서문을 썼는데, 여기에서 브링크는 네덜란드의 식민주의를 지속하는데 대해 강력하게 반대의견들을 제기했다.90) 대부분의 사람들이 인도네시아에서 일어나고 있던 민감한 관계들에 대해 개인적으로 알고 있지 못했다는 사실을 변함없이 고려할 수 있도록 해 주었던 그의 조용하고 지혜로운 논증방법 덕택에91) 그는 많은 사람들에게 자신의

---

87) J. van Baal, 278-280.
88) 참조. "De spanning tussen westers imperialisme en kolonialisme en zending in het tijdperk van de 'ethische koloniale politiek,'" 206.
89) Een eisch van recht, 1947.
90) 참조. Stellingwerf, 1947.
91) 참조. Verkuyl, Gedenken en verwachten, 142-143, 여기에서 페르까일은 자신과 바빙크가 연단에 함께 섰었던 목회자 회의에서, 한번은 그 모임의 의장이 끝맺는 말을 하면서 그들의 정치적이고 교회적인(ecclesiastical) 비평 스타일의 차이를 모직(wool, 페르까일)과 실크(silk, 바빙크), 남성용 재킷(jacket)과 여성용 재킷(jacquet) 사이의 차이에 비유했었다고 말하고 있다. 개인적인 대화에서 페르까일은 나에게 바빙크의 이런 강한 측면은 동시에 그의 상처받기 쉬운 측면이기도 했다고 지적했다: 그의 겸손과 섬세함은 때로 그의 주장을 약화시키기도 했다.

입장이 옳다는 것을 확신시킬 수 있었다. 심지어 선교정책과 식민정책에 대한 첨예한 의견 차이가 존재하던 이 시기에조차 말이다.[92] 그의 지식과 통찰력 또한 좀 더 넓은 사회 속에서 주목을 받지 않을 수 없었다. 그는 인도네시아의 독립 문제가 정부 차원에서 논의되었던 원탁회의에서 조언자로 초대를 받았다.[93]

바빙크는 해외에서의 발달 뿐만 아니라 국내에서의 발달에도 계속 관여했는데 이것들이 서로 간에 밀접히 연관되어 있다고 여겼기 때문이었다. 특히 선교센터의 건립은 그의 마음의 중심에 있었다. 그는 교인들에게 이 선교센터를 실현하는데 도움이 되어달라고 하는 호소로 그의 소책자인 『이제 선교다』를 마무리했다. "왜냐하면" 그는 "앞으로 우리는 선교에 주목할 필요가 많을 것이기 때문"이라고 썼다.[94]

> 여기에 머물고 있는 분들을 포함해서 우리 신학자들은 선교 현장에서 제기되는 크고 중요한 문제들에 대해 더 많이 반성해야만 할 것입니다. 우리의 의사들, 교사들, 간호사들, 아니 사실은 우리 교인들 모두가 선교활동은 세계 역사에서의 이 불확실한 중요한 시점에 우리 주 예수 그리스도의 이름에 참여하게 되는 특권을 갖게 되는 위대한 일이라고 하는 보다 분명한 견해를 습득해야만 할 것입니다. 우리는 선교사역을 후원하는 한 사람으로서 서 있을 필요가 있습니다. 헌금함에 있는 선물만으로는 충분하지 않습니다. 선교사역은 여러분의 헌신된 관심을 요구하며, *그러한 여러분의 관심이 정말로 알려지게 되는 것은 오직 선교센터가 설립되는 것을 통해서만 가능할 수 있습니다!*[95]

오랫동안 헛된 수고를 한 끝에 리히터스와 바빙크는 마침내 바아른 시내(the town of Baarn)에서 선교센터를 위한 적절한 건물을 발견했는데, 이

---

92) 참조. J.A. Boersema, 69.
93) 참조. "J.H. Bavinck: bekende zendingsman en bij velen geliefd auteur," Trouw (June 24, 1964).
94) "De zending nu!" 8.
95) *Ibid.*; 이탤릭체는 바빙크의 것임.

곳에서 그것은 1946년 2월 20일에 공식적으로 개원되었다. 이때에 리히터스는 다음과 같이 말했다: "어느 누구도 바빙크 교수의 계획들이 그렇게 빨리 실현되리라고는 상상도 할 수 없었을 것입니다. 이 센터는 예수 그리스도의 나라에 대한 흔들림 없는 신앙을 증거해 주는 것입니다."96) 바빙크는 바아른에 주거를 정했으며 센터의 일에 깊이 관여하게 되었고, 특히 선교목사들의 훈련과97) 교인들을 위해 조직된 선교 회의들에 이바지했다.98) 한편으로 이 센터는 선교 훈련과 정보의 원천을 위한 장소로서 그 필요를 충족시켰으나, 다른 한편으로 볼 때에 네덜란드 개혁교회의 많은 성도들은 이것을 부정적으로 보았다. 왜냐하면 이 센터를 인도네시아의 독립을 옹호하는 사람들과 동일시하는 잘못된 생각 때문이었는데, 인도네시아의 독립은 반혁명당과, 따라서 대다수의 네덜란드 개혁교회의 일원들이 반대하는 것이었다. 이러한 태도에 변화가 생긴 것은 1949년에 인도네시아로 주권이 넘어간 이후였다.99) 바아른에 있는 훈련 센터 설립 10주년을 맞아 출판된 선교 잡지인 *Het Zendingsblad*의 특별판 논조로부터 볼 때에 새로운 사유의 흐름이 교회들에 의해 널리 수용되었다는 것을 명백히 알 수 있는데, 이 센터가 그러한 새로운 사유가 생겨나는데 기여했다.100)

그 사이에 바빙크의 사역은 너무 광범위해져서 그는 협력자를 필요로 하게 되었는데, 그는 수년 동안 인도네시아에서 네덜란드 개혁교회 선교에 봉사했었던 비어징가(H. A. Wiersinga)라는 사람이었다. 비어징가는 1946년에 네덜란드 개혁교회 총회에 의해서 임명되었는데 그는 특히 센

---

96) H. Baas, 10.
97) 1956년에 시작해서 이 교육 시설에는 전문적인 훈련 프로그램을 제공한 사실을 강조하기 위해서 '선교 신학교'(missionary seminary)란 이름이 붙여졌다. 참조. 바아스(H. Baas), 16. 1951년에 바빙크는 또한 선교에 관심이 있는 젊은 사역자들을 위한 과정을 제공했는데, 이들은 - 아직 선교사들이라고 불리지는 않았지만 - 잠재적인 미래의 선교일꾼들이었다.
98) *Het Zendingsblad*에 나와 있는 이러한 선교대회들의 선언문에서 바빙크는 언제나 주요 연사로 거명되었다.
99) 참조. H. Haas, 10-11.
100) 참조. J.H. Bavinck, *HZB*, 54 (1956), 26.

터에서 바빙크의 학문적 작업에 속하지 않았던 모든 일, 그 중에서도 학습과정들(courses)과 회의들(conferences)의 지도, 교회들에 충고하는 일, 그리고 다른 선교 단체들과의 접촉을 유지하는 일 등을 떠맡았다.101)

전쟁 후에 국내와 국제적인 수준 모두에서 네덜란드 개혁교회와 다른 교회들 사이의 접촉들이 점차적으로 확장되었다. 바빙크는 이러한 발전을 촉진시키기 원했는데 자신이 에큐메니컬한 성향(ecumenically minded)을 지니고 있었을 뿐만 아니라 교회는 본질적으로 에큐메니컬하다고 확신했기 때문이었다.102) 1946년에 네덜란드 개혁교회는 네덜란드 선교협의회(the Dutch Missionary Council, DMC)에 가입했으며 그 덕택에 또한 국제선교협의회(the International Missionary Council, IMC)의 회원이 되었다.103) 같은 해에 리히터스는 다른 나라들에 있는 선교기관들과 총회를 대신해서 직접 접촉을 하도록 지시를 받았다.104) 게다가 흐라프 판 란트붸이크(S.C. Graaf van Randwijck)라는 이름의 네덜란드 개혁교회 소속 종신파견인(a permanent RCN delegate)이 국제선교협의회 모임에 참석하도록 임명되었으며 1947년에 똑같이 네덜란드 개혁교회 소속인 블라우(J. Blauw)가 네덜란드 선교협의회의 사무총장이 되었다.105) 비록 바빙크 자신은 네덜란드 선교협의회에서 공식적인 지위를 가지고 있지 않았음에도 불구하고 그것의 선교 잡지인 『주님의 대로』(De Heerbaan, The Highway of the Lord)의 편집국에서 일했는데, 이 잡지는 그 이전의 두 개의 선교 간행물을 대신하여 1948년에 출판되기 시작했다.106) 더욱이 바빙크는 1948년 욱스트헤이스트(Oegstgeest)라고 하는 네덜란드 도시에서 열린 국

---

101) 참조. *HZB*, 44 (1946), 5.
102) 참조. *IZW*, 207.
103) 1946년 네덜란드 개혁교회 총회는 DMC의 정식회원이 되기로 결정했는데, 특히 IMC와의 제휴를 내다보며 그리고 특히(*inter alia*) 자신의 신앙고백적 상징들에 충돌하는 어떠한 에큐메니컬한 신앙고백적 진술에 대해서도 서명을 하지 않아도 될 것이라는 조건 하에서였다. 참조. *HZB*, 44 (1946), 3.
104) 참조. *HZB*, 45 (1947), 67, 121. 여기에서 리히터스는 자신이 바젤과 런던을 방문한 것과 바빙크가 북아메리카를 방문 한 것에 대해서 보고하고 있다.
105) 참조. *HZB*, 45 (1947), 29.
106) 참조. *HZB*, 46 (1948), 45-46.

제선교협의회 모임에 "자문역"으로서 참여했으며 또한 네덜란드 선교협의회에 의해서 조직된 선교대회들에 적극 참여했다.107)

1947년에 네덜란드 개혁교회는 또한 미시건 주 그랜드 레피즈에서 열린 개혁주의 에큐메니컬 총회(the Reformed Ecumenical Synod, RES)의 개회모임에 참여했는데, 여기에는 여러 아메리카와 남아프리카 그리고 서유럽의 개혁 교회들이 대표로 참여했다. 바빙크는 이 모임에서 선교를 위한 개혁주의 원리들이 함의하는 바를 연구하고 선교를 통해 이 원리들을 전파하는 방법들을 찾고자 하는 목적의 국제 협력 위원회(international cooperative committee)를 설립하자고 하는 제안을 받아들일 것을 열렬히 지지했다. 고국으로 돌아 온 후에 그는 이 생각을 지지하여 열렬히 호소했으며 그러한 집단적 노력의 유익을 기술했다: 교회와 선교 모두가 선교학적인 주요 문제들에 대한 공동의 반성으로부터 그리고 봉사와 경험과 장점들을 서로 공유함으로부터 많은 이익을 얻을 것이다.108) 1949년에 암스테르담에서 개최된 두 번째 개혁주의 에큐메니컬 총회는 국제 개혁주의 선교위원회를 설립했으며, 이것 역시 바빙크는 적극적으로 승인했다.109) 바빙크는 이 위원회에 대의원으로 임명되었는데,110) 이와 관련해서 인도네시아에서의 선교 현장을 맡는 것에 대해 토론할 목적으로 그랜드 레피즈에서 열린 기독교 개혁교회 총회(the 1950 synod of the Christian Reformed Church)에 참석했으며,111) 1952년에는 몇 개월 동안 남아프리카를 방문했는데 그곳에 있는 자매 개혁교회(a sister Reformed church)가 그 선교 사역을 확립하고 확장하고자 하는 노력을 돕기 위한 것이었다.112)

1948년에 세계교회협의회(the World Council of Churches, WCC)가 암스테르담에서 설립되었다. 1930년부터 계속해서 다양한 네덜란드 개혁교

---

107) 참조. *Ibid.*, 109.
108) 참조. *Ibid.*, 6-7.
109) *HZB*, 47 (1949), 147-148.
110) 참조. *HZB*, 48 (1950), 30.
111) 이 정보는 네덜란드 개혁교회의 일반 선교부(the General Mission Deputies)의 날짜가 기입되지 않은 보고서에 나타나고 있다.
112) 참조. *HZB*, 50 (1952), 110.

회 총회는 이 에큐메니컬 운동에 참여하기를 거부했었으며, 후에는 WCC의 회원이 되기를 거부했었는데 이 운동과 새로운 협의회가 진리를 희생하면서 하나됨을 추구하고 있다고 두려워했기 때문이었다.113) 바빙크는 비록 사람들이 이러한 두려움을 가질 수 있는 권리가 있음을 인정했지만 총회의 이러한 거부권들에 대해 매우 유감스러워했다. 그에게 암스테르담에서 열린 첫 WCC 총회에서 공식화되고 채택된 토대가 되는 조항 - "세계교회협의회는 성경대로 주 예수 그리스도를 하나님과 구세주로서 고백하는 교회들의 교제이다"114) - 은 이 에큐메니컬한 몸 안에서의 지체됨을 정당화했다. 더욱이 WCC에의 공식적인 참여는 네덜란드 개혁교회로 하여금 세계-교회 수준에서의 진리 이해에 적극적으로 이바지할 수 있도록 해 줄 것이었다. 결국 그러한 국제적인 모임이 전 세계 교회들의 삶과 사고에 미치는 강력하고 지속적인 영향 때문에 이러한 에큐메니컬한 소명을 무시하는 것은 무책임한 일이 될 것이라고 주장했다.115)

선교분야에서 네덜란드 개혁교회를 이끄는 권위자로서의 이러한 지위에도 불구하고 바빙크가 1953년에 *Het Zendingsblad*라는 선교잡지의 50주년에 쓴 글에서 분명하게 목격될 수 있는 것처럼 매우 겸손한 자세로 남아 있었다:

> 거기에[선교 현장에]는 어떠한 '선생님'(sirs)도 '부인'(madams)도 존재하지 않는다. 사실상 우리 모두는 이 위대하고 헤아릴 수 없는 하나님의 사역에 참여한 어린 아이들로서 거기에 서 있다. 그분께서 그의 구원의 이적들을 성취하시는 수단으로서 잠시 동안 섬길 특권을 지니고서 말이다. (…) 거기에서 여러분은 (…) 연약함, 즉 극단적인 왜소함과 무력함 그리고 하나님께서 행하신 - 놀랍게도 우리를 통해서 - 이적들에 대한 숭배의 감정(들)만을 가질 뿐이다.116)

---

113) 참조. A. Wind, *Zending en oecumene in de twintkjste eeuw*, Part 1, 208-210.
114) 참조. M. Kinnamon and B.E. Cope, 4, 469.
115) 참조. "De vergadering van de Wereldraad van Kerken," 276.

오랜 소모성 질환을 겪은 바빙크의 아내 뜨리엔쩌(Trientje)는 1953년 1월 12일에 죽었으며, 이것은 그와 그의 자녀들에게 말할 수 없는 상실감을 안겨 주었다. 바빙크의 모든 사역에 대한 그녀의 깊은 관심은 평생 그에게 큰 힘이 되었다. 그녀의 성품은 침착함(sobriety), 개방성, 따스함으로 특징지어질 수 있으며 그리스도와의 살아 있는 관계는 그녀의 삶의 주 원천이었는데, 이제 그것은 죽음을 통해서 편안함을 가져다 주었다. 수년에 걸친 외로움을 겪은 후에 바빙크는 1956년 4월 11일 그의 두 번째 부인인 페네시네 판 데어 벡트(Fennechine van der Begt)와 재혼했다.

1.2. 실천신학 교수로 임명됨(1954-1964)

마지막으로 그의 실천지향적인 접근과 심리학적 통찰력으로 인해 그는 자연스럽게 1954년 암스테르담에 있는 자유대학교의 실천 신학 교수직을 선택하게 되었으며, 그럼에도 그러한 자격으로 그가 책임을 맡고 있었던 다양한 새로운 학문분야들 외에도 계속해서 선교학을 가르쳤다.

바빙크는 1954년 1월에 암스테르담에 있는 자유대학교의 실천 신학 교수로 임명되었다.[117] 이 임명은 실질적이고도 실천적인 근거에 기반해서 이루어졌다: 바빙크는 설교와 목회 능력을 겸비한 높은 수준의 종교적-심리학적 통찰력과 전문성을 지니고 있었다.[118] 그는 이 지위를 수락했는데 왜냐하면 그의 나이에 그는 암스테르담, 캄펀 그리고 바아른 사이를 끊임 없이 여행하는 것은 너무도 부담스러운 일임을 알기 시작했기 때문이었다.[119] 하지만 바빙크는 암스테르담에서 계속하여 선교학을 가르쳤는데, 이것은 그가 선교학에 대한 그의 핸드북에서 실천

---

116) *HZB*, 51 (1953), 3-4.
117) 포스는 "Leven en werk van Dr. Johan Herman Bavinck,"의 17페이지에서 바빙크의 임명 년도를 1955년으로 잘못 보고하고 있다.
118) 참조. J. van den Gerg, "The Legacy of Johan Herman Bavinck," 172.
119) 참조. *HZB*, 54 (1956), 166-167.

신학에 이 분야를 포함시킨 것을 볼 때 그리 놀라운 일이 아니었다.[120] 이 직분을 그가 받아들임으로 인해서 그는 캄펀에서의 사역을 그만두어야 했다. 비록 그의 후임자가 임명된 후인 1956년 10월 5일까지 캄펀신학교를 공식적으로 그만두지는 않았지만 말이다.[121] 그의 고별 강연의 주제는 *복음과 신비적 생명감*(The Gospel and the Mystical Sense of Life, Het evangelie en het mystiek levensgevoel)이었으며,[122] 따라서 이것은 17년 전의 그의 취임연설과 동일한 주제, 즉 기독교 신앙과 비기독교적 종교들의 만남을 다루었다. 고별사에서 행해진 연설은 그가 어떠한 교수였는지를 보여주었다. 신학교 이사회의 선임자는 그의 연설에 대해서 다음과 같이 말했다: "당신은 지성을 다해서 가르쳤을 뿐만 아니라 언제나 진심을 다해서 가르쳤습니다. 당신은 언제나 따스함을 심어 주었기 때문입니다."[123] 그리고 학생연합회인 *이해를 추구하는 신앙*의 회장은 특히 다음과 같이 말했다: "당신은 사유하고 연구하는 방식에 의해서 뿐만 아니라 삶의 방식에 의해서도 우리를 가르쳤습니다."[124]

바빙크의 생애에서의 이런 새로운 국면은 관심의 변화가 아닌 새로운 관심의 추가로 특징지어졌다.[125] 포스는 이 점에 대해 다음과 같이 썼다.

> 두 번에 걸쳐서 우리는 바빙크가 옛 분야를 영구히 버리지 않은 채 새로운 분야에 대한 탐구로 전환하는 것을 목격했다. 1926년에 있었던 그의 『심리

---

120) 참조. *IZW*, 15-16(cf. *ISM*, xx), 그리고 여기에서 바빙크는 선교학의 주요 주제가 세상에서 교회를 섬기도록 하기 위한 하나님의 부르심이며 따라서 이 연구 분야는 신학의 봉사직에 대한 학문분야(the diaconal disciplines of theology)에 속한 것으로 간주되어야만 한다고 주장한다.
121) 참조. *HZB*, 52 (1954), 30. 베르허마(B. Bergema)와 페르까일이 이 자리에 지명되었었다. 그리고 이 두 사람 중에서 1955년 네덜란드 개혁교회 총회는 다수표에 의해 베르허마를 선출했다. 참조. *HZB*, 53 (1955), 171-173.
122) 이 강연은 *DHB*, 9 (1956)페이지에 실렸다.
123) 참조. *De Bazuin*, 99 (1956).
124) *Ibid*.
125) 참조. J. van den Berg, "De wetenschappelijke arbeid van Professor Dr. Johan Herman Bavinck," 40.

학 입문』의 출간은 이 분야에서의 그의 직접적인 학문적 반성의 정점과 종점을 이루었다. 비록 이 연구의 결과들이 그의 실천적이고 학문적인 선교 활동들에서 계속 중요한, 아마도 지배적이라고까지 말해야만 할 지도 모르는 역할을 했지만 말이다. 그리고 1954년의 그의 『선교학 입문』의 출간은 선교에서의 그의 교수직의 왕관이었지만 이 연구의 성과들은 실천신학에서의 그의 작업에 계속 영향을 미쳤다. 따라서 바로 심리학과 선교학, 이 둘 모두가 이 새로운 사역에 대한 자격을 그에게 주었던 것이다.[126]

그의 새로운 지위에서 바빙크는 설교학, 목회신학과 심리학 그리고 복음전도를 가르쳤다. 사랑과 헌신 속에 행해진 그의 강의들은 많은 학생들이 참여했으며 그의 학생들 중 상당수에게 잊을 수 없는 인상을 남겼다. 그가 수업 시간에 전한 설교의 개요들은 부지런히 복사되어서 미래의 많은 설교자들에게 큰 영감을 주었다.[127] 그가 행한 강좌들 중 하나의 강의록이 사후인 1967년에 『동시대 인』(De mens van nu, Contemporary Man)이라는 제목 하에 출판되었다. 이 책은 그의 사역의 심리학적이면서도 선교학적인 차원을 드러내준다: 이 책 안에서 그는 복음의 보다 더 효과적인 선포와 목회적 돌봄의 실천에 이르기 위해 그의 시대의 맥락에서 현대인을 분석하고자 시도했다. 그는 그 자신의 교회에서도 신앙고백적인 믿음이 줄어들고 있다는 것을 분명하게 인정했다. 죄와 은혜의 경험, 세상에서 기독교적 삶의 실천, 종말론적인 지향, 간단히 말해서 성령 안에서 성령에 따라 사는 삶이 줄어들고 있었다. 그러나 주목할 만한 점은 그가 심지어 여기에서 조차 음울하게 결론을 내리는 것이 아니라 적극적인 도전을 부르짖고 있다는 것이다: "이 모든 점들과 관련해서 우리는 지난 세기에 자라난 다양한 관념들과 실천들로부터 사람들을 구하라고 하는 놀라운 소명을 가지고 있다."[128] 그는 그의 학생들에게 자신이 언제나 그렇게 하려고 했던 것과 같이 이러한 도전을 짊어지

---

126) A. Pos, "Leven en werk van Dr. Johan Herman Bavinck," 17.
127) 이것은 바빙크의 조카인 H.J. 바빙크와 내가 가졌던 인터뷰에서 확증되었는데, 그는 직접 그의 삼촌의 수업에 출석했었다.
128) DMN, 74-75.

도록 강권했다: "[우리의 소명을 성취하고자 할 때] 우리는 결코 성령님을 우리의 시야에서 놓쳐서는 안 되며 우리는 언제나 성경으로부터 말해야만 한다. 오직 그때에만 우리는 하나님의 이름으로 말하고 있는 것이 될 것이다."129) 그러나 바빙크의 목소리는 또한 그가 1959년에 그리고 1962년에 다시 했던 라디오 대담 시리즈에 의해서 교실을 넘어 보다 더 많은 대중에게까지 이르렀다.

    과거에 바빙크는 선교의 문제를 지역교회를 위해(for the local churches) 해석했었다. 이제 그는 동일한 일을 실천신학에 비추어서(in terms of practical theology)했으며 교회 장로들과 집사들을 위해 교육 잡지에 이 기간 동안 몇 편의 글들을 실었다. 이러한 것에도 불구하고 그 '교사'(teacher)는 마지막 순간까지 '목자'(shepherd)로 남았다. 오랫 동안 그는 대중적인 네덜란드 개혁교회의 주간지인 *Gereformeerd Weekblad*에 간결한 묵상의 글을 실었다. 이러한 글들을 묶은 책의 서문에서 인용한 다음의 글은 글쓴이가 어떠한 사람이며 그 글의 내용이 어떠한지에 대한 전형을 보여준다:

> 제가 이 글들을 작성하는 일은 때로 쉽지 않았습니다. 그럼에도 불구하고 이 일을 할 수 있었던 것에 대해 감사드립니다. 이 일은 하나의 학습 경험을 형성했으며 이러한 경험에 의해서 하나님께서는 삶의 가장 평범하고 일상적인 것들을 매번 상기하는 방식으로 성경을 읽을 수 있다는 것과, 반대로 우리가 끊임없이 성경에 다시금 우리 자신을 맡기는 방식으로 삶을 살 수 있다는 것을 저에게 보여주시기 원하셨습니다.130)

동일한 음조로 그는 *네덜란드어의 세계봉사*에 대해 정기적으로 짧은 연설을 했다.131) 당시의 냉랭한 영적 삶의 문제에 대해서 그는 다양한 글들 외에도132) 『나는 성령을 믿는다』(*Ik geloof in de Heilige Geest*, I Believe in

---

129) *Ibid.*, 75.
130) *FF*, 5.
131) 이 연설들은 *Stille tijd in vrije tijd*라는 제목으로 1986년도에 출판되었다.

the Holy Spirit, 1963)고 하는 통찰력 있는 책을 썼다. 이 책에서 그는 문화적 전도(cultural reversal)를 예언적으로 지적했는데, 이러한 전도에 의해서 하나님께서는 위대한 부재자(the great Absent One)가 되고 있었으며, 이것은(하나님의 부재자되심-역주) 또한 교회의 삶에 영향을 미치는 종교적 위기를 형성하였다. 사실 바빙크는 이러한 사실을 훨씬 일찍 알아차렸는데 당시에 이것은 거의 눈에 띄지 않았다. 1948년의 한 책자에서 그는 다음과 같이 진술했다.

> 1년 후 우리의 복음전도화 위원회들의 활동과 교회의 다른 모든 사역에 의해서 얼마나 많은 사람들이 예수님과 그분의 교회에 돌아올지를 나는 묻고 싶다. 그리고 이와 비교해서 1년 후에 얼마나 많은 사람들이 예수 그리스도에게 등을 돌리고 세상의 유혹들에 이끌리는지를 볼 수 있다면 나는 우리가 깊이 부끄러워해야 할 이유를 가질까봐 두렵다.133)

그리고 1952년에 그는 다음과 같이 썼다: "헌신적인 실천과 같은 그러한 것이 있는데 이 점에 대해서 우리는 지금 매우 해이해지고 있다."134) 그는 과학과 과학기술에 최종적인 권위가 주어지던 당시에 모습을 드러내고 있던 비종교적인(a-religious) 시대의 정신과 씨름했다.

> 하나님께서 우리의 인간 지식과 능력들의 지평선 아래로 완전히 가라앉도록 해서는 안 된다! 하나님께서는 여전히 임재하시며 당신은 그분을 느낄 수 있고, 그분의 이적적인 능력이 우리의 삶을 새롭게 하며 채울 수 있다는 믿음을 고수하도록 하자! '우리의 분수에' 훨씬 '미치지 못하게' 사는 것을 그만 두도록 하자. (…) 육욕적인 것들, 우리의 과학기술 문화, 우리의 번영 그리고 우리의 기술들, 즉 지나친 전문성과 능력이라고 하는 저 거대하고 강력한 전 구획(that whole big powerful block)과 그리고 동시에 우리의 현대 세계를 일컬을 수 있는 불안과 광기는 그러한 위압적인 힘으로 우리

---

132) 참조, GW, 11 (1956), 305, 314, 321, 329.
133) OKZK, 37.
134) "Mystiek dus niet-wat dan wel?" GW, 6 (1952), 361.

의 전 존재를 관통하며 우리 마음의 모든 방에 깊이 자리 잡고 있어서 우리는 완전히 어찌할 바를 모르게 된다. 이것에 대해 우리는 아무 것도 할 수 없는 것일까? (…) 아니면 욥이 여러 세기 전에 다음과 같이 말했을 때 성령을 통해서 그가 지각했던 것을 이해하는 것이 가능한가?: "내가 주께 대하여 귀로 듣기만 하였사오나 이제는 눈으로 주를 뵈옵나이다."(욥 42:5) 여전히 하나님의 식사에 참여하는 것, 다시 말해서 그분 안에 완전히 잠기는 것이 가능한가?135)

참된 목자로서 그는 하나님의 말씀의 지팡이로 이 위기의 어두운 계곡을 통해 하나님의 양떼를 이끌었다. 그의 마지막 책인 『우리는 부름을 받았습니다』(*Wij worden geroepen*, We Are Called, 1964)는 묵상집인데 이러한 목회적 관심을 보여준다. 이 작품은 그의 평생에 걸쳐 그를 채웠던 열정을 분명하게 증명해 준다: 가능한 한 이해할 수 있으며 적절한 방식으로 그의 청취자들과 독자들에게 성경의 메시지를 해석해 주고자 하는 깊은 열망.

마지막으로, 그는 또한 또 다른 분야에서도 생산적이었다. 한 동료와 함께 그는 새 네덜란드어 주석성경(a new Dutch-language annotated Bible)을 편집했는데,136) 이것은 1957년에 나왔으며 여기에서 그는 디도서와 빌레몬서 그리고 디모데에게 보낸 목회 서신들에 대한 주해를 직접 썼다.

2. 계속되는 선교 활동과 다른 활동들

선교학에 대한 그의 강의들 외에도 바빙크는 강조점은 변했지만 선교분야의 다른 영역들에서도 여전히 활동적이었다. 그는 교단차원의 선교활동들에는 직접적으로 덜 관여하게 된 반면 국제적인 면에서의 접촉은 증가했다. 그는 바아른에 있는 선교신학교의 이사회 의장의 자격으로 이 신학교의 일들에 계속 관여했음에도 불구하고 여기에서 더 이상 거

---

135) *OKZK*, 9.
136) Bijbel in de nieuwe vertaling met verklarende aantekeningen.

의 가르치지 않았다.137) 선교분야에서의 일상적인 선교활동에 대한 그의 강렬한 관심 역시 줄어들었으며 1954년 후에 그는 고국에서의 휴가 중 선교사들과 더 이상 별다른 접촉을 갖지 않았다.138) 반면에 그는 선교 문제들에 대해 총회에 충고하는 일은 계속 수행했으며, 이 일을 위해 네덜란드 개혁교회의 선교 분야에서의 중요한 진보들에 대해 계속해서 정보를 얻고자 노력했다.139)

바빙크의 국제적 명성이 증가하게 되고 해외 교회들과 학문기관들이 그를 초대하게 된 것은 그의 책들 중 일부가 영어로 출판된 것에 힘입은 것이었다. 대륙을 넘어서 바빙크에 대한 인식이 증가하고 있음을 보여주는 한 좋은 예를 우리는 미연합장로교회(the United Presbyterian Church of the USA)의 크리스티(N.E. Christy)가 바빙크의 역서들인 『비기독교 세계에 미친 기독교의 영향』과 『선교학 입문』에 관해 국제 선교 위원회의 에큐메니컬 선교와 관계 위원회(the Commission of Ecumenical Mission and Relations of the IMC)의 총무에게 쓴 한통의 편지에서 발견할 수 있다.

> 이 책들 중 첫 번째 것을 거의 다 읽었는데, 저는 위원회가 이 책이 위원회 소속 선교사들과 형제 사역자들에게 보다 더 널리 읽힐 수 있도록 고려해 주시기를 바랍니다. 아마도 이 책은 스터디모임에서 사용될 수 있을 것입니다. 만약 이 모임에서 아직 이 책이 사용되고 있지 않다면 말입니다.140)

앞에서 언급했던 아메리카와 남아프리카에서 행한 강연들 외에도 바빙크는 1955년 실론(Ceylon)과 인도에 있는 많은 교회들을 방문했으며,141)

---

137) 리히터스가 바빙크에게 보낸 1959년 4월 24일 자 편지에 따르면 바빙크의 이름은 바아른에서의 수업명부에 더 이상 나타나지 않았다.
138) 이러한 사실은 호너흐에 의해서 나에게 전해졌는데, 그는 이것이 바빙크다운 일이 아니었기 때문에 자기 자신과 다른 이들은 이것을 이해할 수 없다고 덧붙였다. 아마 다음의 요소들이 여기에서 모종의 역할을 했을지도 모르겠다: 바빙크의 나이가 들어감, 그의 첫 아내의 죽음, 국제적인 관심의 증가, 휴가 중 사역자들과 접촉해야 할 책임을 공식적으로 맡고 있는 이들에 대한 호의의 감소.
139) 참조., 예를 들어 1960년 9월 2일 자로 바빙크가 리히터스에게 보낸 편지에서 바빙크는 리히터스에게 선교의 진행상황들에 대해 계속 최신의 정보들을 알려달라고 요구하고 있다.
140) 1961년 6월 13일 자로 리히터스가 바빙크에게 보낸 편지에서 인용함.

같은 해에 국제선교위원회의 요청으로 투니스(Tunis)에서 있었던 무슬림 학자들과 기독교 학자들 간의 모임에 참여했는데, 이것은 그들이 대표했던 양 종교들 간의 상호 이해의 정도를 높이기 위해 개최된 것이었다. 더 나아가 그는 1960년에 수리남을 3주간 방문 - 특정한 선교적 의미가 전혀 없으나 남아있는 네덜란드 식민지들에서의 정부정책에 대한 보다 폭 넓은 재검토의 일환으로서 취해진 여행 - 했는데, 이를 토대로 그는 이곳에서 나타나는 힌두스탄(Hundustan, 페르시아어로 '인도인의 땅'이란 뜻으로, 인도 남부의 데칸과 대비를 이루는 북부 지역을 의미했다-역주)과 서구 유럽적인 문화적 표현들에 대해 폭넓게 인정을 받게 된 대중적인 비교 연구서를 썼다.142) 50년대와 60년대에 걸친 몇 번의 남아프리카 방문 동안에 바빙크는 현존하는 인종 관계들과 인종차별제도에 대한 깊은 연구를 했는데, 그는 한 편으로는 성경의 메시지에 비추어서 그리고 동시에 선교의 관점에서 이러한 인종차별을 거부했다. 그의 정직함(integrity), 그의 곧은 말과 행동 덕택에 남아프리카의 백인들은 당대의 다른 비평가들의 비평보다 그의 비평에 훨씬 기꺼이 귀를 기울이고자 했다.

이 기간 동안에 바빙크는 또한 위에서 언급했듯이 복음전도에 대해 가르치기도 했으며 복음전도센터의 이사가 됨으로써 자신이 속한 교단의 복음과 사역에 밀접히 관여하게 되었는데, 이것 역시 바아른에 위치해 있었다. 그는 이 센터의 *인간실존에 대한 물음 위원회*(Committe on Questions of Human Existence, *Comité Levensvragen*)에서 특히 활동적이었는데, 그는 이미 전쟁 전에 이 위원회에 관여한 적이 있었다. 교회에 다니지 않는 지성인들에게 복음을 들고 다가가고자 하는 시도로 지역의 네덜란드 개혁교회 복음전도 위원회들에 의해서 조직된 연속 강연들과 토론 그룹들의 상당수는 바빙크를 주요 연사로 내세웠다.143) 몇 년 동안 바빙크는 당대의 사회적 문제들에 대해 반성하고자 규칙적으로 만났던 전

---

141) 바빙크는 *GW* 12월 호(1956)에 9개의 논문형태로 이 방문에 대한 보고서를 썼다.
142) 이 보고서는 CHDDP/FUA에 있는 바빙크 고문서보관소에서 발견할 수 있다.
143) 이 대담들은 *Horizon*이란 잡지로 출판되었다.

후 지성계의 의장(chairman of a post-war circle of intellectuals)이기도 했다. 더욱이 그는 자신이 오랫동안 좋아했던 분야들 중 하나인 청년 사역과 기독교 교육의 분야에서 계속 활동했다. 베르까우어(G.C. Berkouwer)와 다른 사람들과 더불어 젊은이들 속에서의 사역을 위한 네덜란드 개혁교회 산하 단체의 조언자로서 활동하고,144) 많은 간단하고 호소력이 있는 글들을 여러 청년 잡지들에 쓰며, 전후에는 힐버숨(the town of Hilversum)에 있는 기독교 고등학교 위원회 위원장으로 섬기면서 말이다.

3. 삶의 마지막

심각한 신장질환은 지난 2년 동안 바빙크의 힘을 고갈시켰으며 이로 인해 그는 그의 활동들을 더 많이 제한해야만 했다. 예를 들어 하이델베르크 요리문답에 나오는 다양한 주의 날들(the various Lord's Days)에 대한 선교적 주해를 달아 달라고 하는 리히터스의 편지에 대한 답변으로부터 볼 때 이것은 명백하다: "그것은 엄청난 정력을 요구합니다. (…) 보다 젊은 사람에게 그것을 맡기십시오. (…) 제가 그 일을 해낼 수 있을 것 같지 않습니다."145) 그는 1963년 봄을 건강상 이유로 이탈리아에서 보냈으며,146) 그의 교수임명 25주년 바로 전인 다음 해에 그는 암스테르담에 있는 병원에 입원했고 거기에서 그는 1964년 6월 23일에 그리스도 안에서 잠들었다. 6월 26일에 그의 몸은 하나님의 대수확의 날을 기다리기 위해 암스테르담에 있는 초르흐플리트(Zorgvlied) 묘지의 땅에 뿌려졌다. 바빙크의 요청대로 그것은 연설이나 꽃들이 없는 수수한 장례식이었다. 따라서 심지어 죽음에서조차 그는 *하나님의 영광(gloria Dei)*, 즉 그가 생애 동안에 선교의 종국적인 목적으로서 설정했었던 것과 동일한 하나님의

---

144) 참조. J. Veenhof, "Geschiedenis van theologie en spiritualiteit in de Gereformeerde Kerken," 61-62. 복음전도적 성격을 지니고 에큐메니컬 운동을 지향하는 이 청년 운동은 전통주의와 지성주의에 맞서서 개혁주의적 입장의 독립적인 해석을 발달시키고자 했다.
145) 1963년 2월 6일 자로 바빙크가 리히터스에게 보낸 편지.
146) 참조. 1963년 4월 10일 자로 리히터스가 바빙크에게 보낸 편지.

영예와 찬미를 드높였다. 장례식 마지막에 애도자들은 우리가 사는 거대한 우주의 중심에서 어둠의 왕국을 단번에 정복하실 예수 그리스도, 우리 가운데에서 사시며 그의 통치 하에서 우리가 복을 받고 자유를 누리는 구세주, 영광과 능력을 영원토록 받으시기에 합당하신 주님께 찬송을, 요한 헤르만 바빙크의 삶의 비밀을 반영하는 찬송을 불렀다.

4. 요약

바빙크가 생애 후반기에 경험한 주요 사건들과 활동들은 다음과 같이 요약될 수 있다.

1. 네덜란드 개혁교회의 첫 선교학 교수로서 그는 그의 교회의 신학적이고 신앙고백적인 관점들로부터 선교의 원리들에 대해 신중하게 숙고했으며, 네덜란드와 그 밖의 곳에서 이러한 개혁주의적 선교학의 모델을 제시해 주었다.

2. "하나님과 인간 영혼의 문제에 대한 매혹"[147]은 그의 선교학적 반성에 독특한 색깔을 부여했을 뿐만 아니라 그로 하여금 실천신학 분야에서 뛰어난 연구를 할 수 있도록 해주었다.

3. 그는 체계적인 신학자라기보다는 열정적인 사유가이자 예언자적인 선각자였다: 그는 "폭넓게" 그리고 "영원의 관점"에서 사유하는 "위대한 비전을 지닌" 사람이었으며, 그는 "반성을 통해서 보기 위해 자신이 배웠던 것을 반복했으며 받았던 것을 전해주었다."[148] 그는 자신에게 종국적인 진리의 원천이었던 성경에 비추어서 인간 삶과 세계 역사의 깊이의 차원들을 조명하고자 했으며,[149] 가능한 한 폭넓은 대중에게 분명한 언어로 메시지를 전달하고자 했다. 이것은 그가 출판한 책들에서 분명하게 보여지는데, 거기에서는 학문적인 열정과 내적 확신이 함께 하고 있다.

---

147) J. van den Berg, "The Legacy of J. H. Bavinck," 173.
148) J.A.C. Rullmann, "Bij het overlijden van prof. dr. J.H. Bavinck."
149) 참조. H.N. Ridderbos, "In memoriam prof. dr. J.H. Bavinck," 2.

4. 그는 자연스럽게 열린 정신(a naturally open mentality)을 소유했으며 진리를 타협하지 않으면서도 에큐메니컬한 태도를 진전시켰다.150) 헨드릭 크레머와 맺은 것과 같은 교단적 경계를 넘어선 친밀한 우정들 덕택에 그는 개방적이 되었다.151) 그는 자신의 교회가 고립상태에서 빠져나와 에큐메니컬한 관계에 들어가도록 도와줌으로써 자신의 교회에서 선구자적인 역할을 했다.

5. 그의 인격을 가장 잘 특징짓는 것은 감정(feeling)과 지성(intellect)과 의지(will)의 조화로운 연합이었으며,152) 더 나아가 그는 온건하고 (modest, 이러한 성격으로 인해 그는 때로 너무 주저하기도 했다), 신실하며 따스한 마음의 성향을 지녔는데, 이 모든 것들은 그의 말과 행동들에 특별한 권위를 부여해주었다. 그의 예언자적 비전은 언제나 목자적 관심(priestly concern)을 동반했다.

6. 호전적인 행동은 그에게 완전히 낯선 것이었다: 그의 성향 상으로나 신앙 면에서나 그러한 행동은 용인되지 않았다. 더욱이 그가 보기에 그러한 행동은 어떠한 실천적 유익도 낳지를 못했다.

7. 그의 성품, 그의 종교적 믿음 그리고 그의 신학적인 작업은 모두 그의 선조의 그것과 명백한 유사성을 보여준다. 베르흐가 헤르만 바빙크에 관해 썼던 것은 동일한 근거로 요한 바빙크에게도 적용될 수 있다: "개혁교회의 전통에서 '바빙크' 라는 이름은 '개혁주의 사상의 보편적이고 평화로운 형태(the catholic and irenic form)와 연관되어 있다." 153)

---

150) 참조. *Ibid.*, 여기에서 리델보스는 진리에 대한 바빙크의 태도와 관련해서 그는 "확실성을 주장하는 얄팍한 예언자들" 에 대한 혐오를 드러냈으며 또한 당시에 유행하던 "확실성을 과시하고자 하는 위기" (exhibitionistic crisis of certainty)와 어떠한 관계도 맺기를 거부했던 반면, 그와 동시에 자기 자신의 인격으로부터 "공격할 수 없을 정도로 적극적인 어떤 것" 을 발산했다고 쓰고 있다.
151) 참조. *Ibid.*, 여기에서 리델보스는 바빙크의 우정들을 특징짓는 것은 그의 "타자의 자유와 개성에 대한 순수한 존중" 이었으며 "어느 누구도 그의 마음을 움직여서 그가 동의하지 않는 어떤 것을 말하거나 행하도록 할 기회를 가져본 적이 없다" 는 사실을 말하고 있다.
152) 1990년 2월 2일 자로 필자에게 보내어진 편지에서 페르까일에 따르면 그렇다.
153) "The Legacy of J.H. Bavinck," 171.

3
바빙크의 선교신학의 내용과 맥락

제3장 바빙크의 선교신학의 내용과 맥락
(Content and Context of Bavinck's Missionary Theology)

> 교회가 존재하는 동안 적극적으로 선교에 종사해 왔음을 고려할 때, (…) 선교학에 대한 학문 분야가 발전하는데 그렇게 오랜 시간이 걸렸다는 것은 놀라운 일이다.(IZW, 5)

1. 도입

앞 장에서 다룬 바빙크의 생애 및 경력과 다음 장들에서 다룰 그의 선교학의 분석 사이에 놓인 다리인 이번 장은 도입의 성격을 지닌 많은 문제들을 다룬다: 바빙크의 선교신학의 구성과 내적 체계, 그것의 명칭, 전체 신학 내에서 그것에 부여된 위치, 그리고 마지막으로 그것의 맥락적 배경. 이 서론들(prolegomena)이 여기에서 다루어지는 순서는 바빙크의 핸드북인 *Inleiding in de zendingswetenschap*에서 발견되는 순서와 동일한데, 이 책은 영어로 *Introduction to the Science of Mission*(선교학 입문)으로 번역되었다.

2. 선교학에 대한 정의

2.1. 선교학의 분과들

바빙크는 선교학의 세 가지 주요 관심 분과들을 구분했다: 선교이론(theory of mission), 반증술(elenctics) 그리고 선교역사(history of mission).[1]

선교이론. 이 분야에서 지도적 권위자가 되었던 구스카프 바르넥(Gustav Warneck)2)을 따라서 바빙크는 선교이론의 연구와 발달에 우선순위를 두었는데, 이것은 선교의 성경적 토대, 본질, 접근 그리고 목적이나 목표에 대한 반성으로 이루어져 있다. 바빙크는 여기에서 성경은 모든 시대와 모든 민족들에게 타당한 하나님의 완전한 계시를 담고 있다는 근본적인 전제로부터 출발했다.3) 물론 종교적 확신의 항목 이외에 결코 다른 어떤 것일 수 없는 이러한 출발점은 적절한 선교신학의 발달이 하나님께서 그분의 말씀에서 이 문제에 대해 우리에게 계시하는 것을 집중해서 들음으로 인해서만 성취될 수 있다는 것을 함의하고 있다.

반증술. 바빙크의 선교신학의 구분은 다른 종교들에 대한 성경적으로 책임 있는 관점과 접근을 탐구하는데 관심을 두고 있다. 발터 홀스텐(Walter Holsten)을 인용하면서4) 바빙크는 진지한 선교학이라면 어느 것이나 *종교신학*(theologia religionum)의 발달을 다루어야만 하는데, 왜냐하면 다른 종교들에 대한 교회의 평가는 교회가 선교사역을 지각하는데 결정적으로 중요하기 때문이다.5) 그리고 바빙크는 자신의 상담에 주의를 기울였다. 비록 『선교학 입문』이 종교신학(theology of religion)에 의해서 기대되어지는 것보다 적은 것을 제공해 준다 할지라도 이 연구분야를 통해서 이것이 제시하는 사유의 요체(main lines)는 바빙크 자신의 철저한 탐구와 반성의 열매였다. 그가 자신의 선교신학(missionary theology)을 명확하

---

1) *IZW*, 16-17. *IZW*의 선구자격인 *ZWN*에서 바빙크는 단 두 개의 분과만을 말한다: 선교이론과 선교학.
2) 참조. G. Warneck, *Evangelische Missionslehre*, Part. 1.
3) *OKZK*, 8-9. 바빙크는 분명한 어조로 만약 이 계시가 부정되거나 그것의 진리가 상대화되어 진다면 기독교 선교를 위한 어떠한 토대나 여지도 더 이상 존재하지 않는다고 말한다.
4) *Das Kerugma und der Mensch*, 55: "Die Religionswissenschaft ist von hier aus gesehen nicht eine Hilfswissenschaft der Missionswissenschaft, sondern sie bedingt die Missionswissenschaft, wie sie von ihr bedingt ist; beide gehören zusammen als ein Ganzes." (종교학은 여기에서부터 선교학의 보조학문으로 여겨지지 않는다. 선교학이 종교학을 요구하듯이, 종교학은 선교학을 요구한다. 이 둘은 하나의 전체로서 함께 속해 있다. 역자의 번역). 이것은 선교신학자들에 의해서 일반적으로 받아들여졌다. 참조. e.g. K. Hartenstein, *Die Mission als theologisches Problem*).
5) *IZW*, 17.

게 표명하기 전에 쓰여 졌던 보다 초기의 작품들, 즉 유고작인 『성전과 모스크 사이의 교회, 1966』뿐만 아니라, 『그리스도와 동양의 신비주의, 1934』, 『기독교의 메시지와 비기독교적 종교들, 1940』, 그리고 특히 『종교적 의식과 기독교 신앙, 1949, 1989²』등은 *종교신학(theologis religionum)*이 바빙크가 선교적으로 발전하는 전 기간 내내 일관되게 주요한 자리를 차지했다는 사실을 증거해 준다.

선교역사: 『선교학입문, 1954』에서 바빙크는 성경적으로 도출된 선교 원리들에 비추어서 그리고 동시대적인 선교실천을 위해 선교역사로부터 교훈들을 배우고자 그것을 묘사하면서, 선교역사를 이 세계에서의 하나님의 큰 사역으로 다루고 있다.6) 그의 선교학에서 선교역사를 다룸으로써 바빙크는 이 주제를 일반 교회역사의 한 영역으로 보았던 구스타프 바르넥에게서 떠났다.7) 바빙크는 선교역사를 "교회역사의 하위분야(subdivision)로서 다루지 않는 게 더 낫다"고 생각했다. "그것을 별개의 분과학문으로 여기는 것이 더 낫다." 첫째로, 왜냐하면 "선교역사는 교회역사의 일반 구분들과" 는 다른 결과를 낳게 될 "그 자신의 구분의 원리를 요구하기 때문이다." 그리고 둘째로, 선교신학은 "그것(선교역사-역주)이 없이는 이루어질 수 없기 때문이다."8) 이 두 학문분과는 나란히 함께 간다고 그는 주장했다.

> 선교역사가 없는 선교이론은 결코 충분할 정도로 만족스러울 수 없다는 게 아주 명백하다. 왜냐하면 오직 역사 안에서만 이론적인 문제들이 실현되기 때문이다. 역사 안에서 실현될 때 이것들은 모호하고 창백한 채로 남아 있지 않고 형태를 띰으로 보다 더 날카롭게 정의되어진다. 그 반대 역시 사실이다. 선교역사는 선교이론이 없이는 이루어질 수 없다. 왜냐하면 바로 이 이론으로부터 전자는 과거에 일어났던 것을 판단하는데 필요한 규범들을 이끌어 내기 때문이다. 선교역사는 성경의 관점으로부터 역사적으로 주어진 것

---

6) 참조. *Ibid.*, 280-281.
7) 참조. G. Warneck, *Evangelische Missionslehre*, I, 35.
8) *ISM*, 281.

들을 바라볼 경우에만 그것들을 올바르게 평가할 수 있다.9)

그리고 선교이론에 대한 논의에 이어서 선교역사를 다루면서 바빙크는 보다 초기의 네덜란드 선교 연구자인 다우반톤(F. E. Daubanton)이 취했던 입장을 거부했는데, 그는 정 반대의 순서(선교역사를 선교이론에 앞서 다룸-역주)가 선교 신학의 '학문적 질(scientific quality)'을 보장하는 유일한 길이라는 근거 하에 그것을 주장했었다.10) 바빙크에 따르면 바우반톤은 "선교이론은 그것의 재료를 전적으로 선교역사로부터 이끌어내야만 하며, 따라서 [전자는 문자 그대로 [후자에 토대를 두고 세워져야만 한다는 의견의 소유자였다."11) 바빙크는 이것이 "논쟁의 여지없이 잘못된 생각"이라고 쓰고 있다.

> 이러한 성격의 개념적 틀에서 선교역사의 기능은 분명히 과대평가되고 있다. 선교역사는 선교의 토대들을 결정할 수 없으며, 그것은 심지어 하나님의 말씀의 요구에 따라서 사용되어져야만 하는 선교 방법에 대한 적절한 통찰을 제공할 수조차 없다.12)

비록 선교역사가 분명히 선교학 분야 내에서 추구되어야만 한다 할지라도 그것은 선교이론보다 우위를 차지하지는 않는다. 실로 그것은 후자에 비해 상대적인 이차적 지위를 차지한다.

> 선교이론은 선교역사에 앞선다. 왜냐하면 그러한 [이론적 반성]은 우리를 하나님의 말씀으로 되돌아가도록 이끌어주며 그렇게 함으로써 [선교학]의 신학적 성격을 결정하기 때문이다. 오직 이때에만 그리고 오직 이러한 토대에서만 선교역사는 선교사역, 즉 하나님 자신께서 세세토록 그분의 교회를 통해 성취하신 사역의 역사에 대한 학문으로서 연구되어질 수 있다.13)

---

9) *IZW*, 280-281.
10) 참조. F.E. Daubanton, *Prolegomena van protestantse zendingswetenschap*, 202.
11) *IZW*, 279.
12) *Ibid*.

바빙크에게 있어서는 '규범적인' 성경신학적('normative' biblical-theological) 학문분과와 '기술적인' 사료편찬적 선교학적('descriptive' historiographical missiological) 학문분과 사이에 날카롭게 선이 그어질 수 없었다. 그의 마음에 선교역사는 결코 경험적 사실들을 단순히 등재하는 것으로 이루어진 것이 아니라 하나님의 행위들에 대한 기술로서 언제나 신학적 차원 또한 지닌 것이었다. 바빙크는 완전한 개신교 선교학을 건설하고자 하는 네덜란드의 첫 개혁교회 신학자였다. 이러한 틀에서 볼 때 그의 선교학적 글들에서 성경적 선교 명령에 대한 종교적 반성이 선교역사에 대한 보다 기술적인 연구에 우선한다는 것은 놀라운 일이 아니다.

2.2. 선교학에 대한 바빙크의 명성

바빙크는 선교론(missiology)의 세 분야를 '선교학'(science of mission)이라는 이름 하에 포함시켰으며, 이것은 당시에 개신교와 로마가톨릭교회의 네덜란드와 독일 선교학자들에게 있어서 공통으로 사용되었다.14) 『선교학 입문』에서 바빙크는 특히 아브라함 카이퍼가 이 명칭의 문제에 대하여 글을 썼던 것을 배경으로 해서 명칭의 선택을 설명하고 있다.

카이퍼는 기독교 선교 연구에 대한 명칭으로서 자신이 적절하다고 생각하는 두 개의 용어를 제안했었다: '사도학'(apostolics)과 '교제학'(prosthetics). 그는 '사도학'이 이 학문분야를 가리키는데 적절한 용어라고 간주했는데 왜냐하면 어원적으로 그것이 기초하고 있는 히브리어와 그리스어 단어들이 그리스도의 사역과 선지자들, 사도들, 복음전도자들 그리고 다른 교회의 종들의 사역, 이 두 가지 모두를 포함하고 있기 때문이다. 그럼에도 불구하고 카이퍼는 이 용어를 채택하지 않았는

---

13) *Ibid.*, 282.
14) E.G., the Protestants F.E. Daubanton, H.W. Schomerus and W. Holston, and the Roman Catholics A.J.M. Mulders and J. Schmidlin.

데, 왜냐하면 그는 그것이 그 자체로 (오늘날에는 더 이상-역주) 존재하지 않는 사도직을 지나치게 시사하고 있으며, 또한 그것이 선교적 명령만을 일방적으로 강조하는 반면에, 선교에 대한 연구(the study of mission)는 훨씬 폭넓은 분야를 다루고 있다고 생각했기 때문이었다. 카이퍼는 '교제학'이 이러한 폭넓은 관심을 훨씬 더 잘 표현한다고 생각했다. 이 용어는 신약 성경의 동사 *prostithenai*(신자들의 공동체에) 더하다로부터 유래했으며, 이것을 카이퍼는 양적인 의미 뿐만 아니라 질적인 의미로도 이해했다. 카이퍼에 따르면 세상을 *향한* 강력한 끌어당기는 힘을 발산하고 세상 *안에서* 광범위한 능력을 드러내는 것이 교회의 본질에 속한다는 것 또한 '교제학'(prothetics)은 함축하였다. 이 용어의 부가적 이점은 그것이 선교를 교회의 틀 안에 정당하게 위치시킨다는 것이며, 그럼으로써 모든 형태의 개인주의적 해석과 행동으로부터 그것을 보호해 주는 것이라고 주장했다.15)

그러나 바빙크가 보기에 '교제학'이라는 용어에 대해 제기될 수 있는 중요한 반론이 있었다. 즉 신약성경에서 *prostithecnai*라는 동사의 주어는 언제나 하나님이라는 것이다(참조. 행 2:41, 47 그리고 11:24). "[신약성경의 용례에서 *prostithenai*의] 명백한 의미는 이 '더하는 것'이 인간의 능력 안에 놓여 있지 않다는 것이며, 그리고 그것은 오직 거룩하고 헤아릴 수 없는" 신적인 수행으로서만 "여겨져야 하며," 그럼으로써 하나님께서 그분 자신의 "선한 기쁨"에 따라 값없이 행하신다고 바빙크는 쓰고 있다.16) 따라서 그것(교제학-역주)이 거슬러 올라가는 신약성경의 그 동사는 명백하게 하나님의 사역을 가리키기 때문에 바빙크는 '교제학'이라는 용어가 "적절치 않다"고 생각했다. 선교에 대한 연구는 "복음을 전하고 세세에 그리스도의 이름을 선언해야 하는 *우리의*(이탤릭체는 첨가된 것임) 소명으로 이루어져 있다."17) 바빙크는 '사도학'이란 이름이

---

15) 참조. A. Kuyper, *Encyclopaedie der heilige Godgeleerdheid*, III, 519.
16) *Ibid*.
17) *Ibid*.

'교제학'보다 더 적절하다고 생각했다. '사도학'이란 용어에 대한 카이퍼의 반론은 지지를 받을 수 없다고 바빙크는 주장했는데, 왜냐하면 사도적 소명은 카이퍼가 주장한 것과 달리 사도들의 죽음으로 끝난 것이 아니라 마태복음 18:19-20에서 발견되는 선교명령으로부터 제시될 수 있듯이 모든 세대의 교회에게 전해졌기 때문이었다.[18] 올바르게 이해되기만 한다면 '사도학'은 선교에 대한 연구를 나타내는 명칭으로서 "틀림없이 사용될 수" 있다고 그는 단언했다.[19]

그러나 결국 바빙크는 '사도학'이란 용어 역시 채택하지 않고 앞에서 이미 지적한 것처럼 '선교학'(science of mission)이란 표현을 선택했다. 이러한 선택을 한데 대한 변호로 그는 성경적 논증과 실천적 논증 두 가지를 사용했다. 그는 다음과 같이 썼다:

> 교회는 그리스도께서 아버지의 보냄을 받은 자이신 것처럼(참조. 요 20:21) '보냄을 받은 공동체'이며 그러한 공동체로 남아 있다. 이것은 교회를 보내는 것이 선교학의 목적이라는 것을 의미한다. 그리고 영원히 영속하는 하나님의 말씀의 관점으로부터 선교학의 모든 측면에서 그것의 목적을 탐구하는 것이 선교학의 의무이다.[20]

몇몇 주석가들은 '선교학'이란 용어에 반대해 왔는데 왜냐하면 그것이 이 학문분과에 대해서 보다 더 신학적-성경적 학문분과들(the more theological- biblical branches of the discipline)을 위한 여지를 거의 또는 전혀 남겨주지 않으며 보다 경험적인 구성요소들에 지나치게 많은 강조를 두고 있는 것처럼 보이기 때문이었다.[21] 그러나 필자의 견해로 보건데 '학'(science)이란 개념이 신학적이고 성경적인 고찰에 적용될 수 없다는

---

18) 참조. *IZW*, 11-12.
19) *Ibid.*, 12.
20) *Ibid.*, 13. 바빙크는 이미 '선교학'(science of mission)이란 용어를 그의 취임 연설인 *Christusprediking in der volkerenwereld*, 5에서 사용했다.
21) 참조. e.g., J.A.B. Jongeneel, *Missiologie*, I, 52-54.

것은 결코 명확한 것처럼 보이지 않는다. 학문적인 지식이 증거의 경계들을 넘어설 수 있는가? 그리고 신앙에 의해서 알려진 것의 증거가 학문(science)에 의해서 얻어진 지식의 증거보다 덜 타당한가?22) 어쨌든 학문(science)과 신학(theology), 지식과 신앙 사이의 이러한 구별은 바빙크에게 완전히 낯선 것이었다. 왜냐하면 그에게 하나님께 대한 지식은 가장 높은 정도의 객관성을 지니고 있기 때문이다.23)

이것은 선교역사관(view of the history of mission)에서 볼 때도 명백하다: "선교역사는 선교학의 하위 분과이다. 이것의 즉각적인 함의는 선교역사가 하나님, 하나님께서 바라시는 것, 하나님께서 역사의 과정 속에서 행해오신 것과 관련이 있다는 것이다."24) 역사적 기술은 단순히 사실들이 수집되었을 때가 아니라 하나님의 활동이 이러한 사실들 안에서 탐구되고 발견될 때에만 완전하다.25) "선교역사는 [사람들로 하여금 선교 사역에 [종사하도록] 강제한 잡다한 동기들이 함께 섞여 있음을 보여준다. (…) 그러나 때때로 이 모든 혼란을 통해서 그 동기, 즉 하나님의 위대한 동기가 빛을 발한다. (…) 그러한 것이 선교역사의 흥미로운 파노라마이다"26)라고 바빙크는 썼다. 보다 초기의 책에서 바빙크는 이미 "경험적 기독교"를 "역사의 상대적 영역" 속으로 집어넣은 헨드릭 크레머에 반대해서 이러한 원리를 주장했었다. 바빙크는 이에 답하여 다음과 같이 말했다: "교회역사는 신학적인 학문분과이다. 그것은 세속적인 역사와 구별되어야 한다. 그것은 교회의 역사를 하나님께서 그분의 백성과 씨름하시는 영역으로서 의미 있게 보고자 하는 강력한 시도

---

22) 이것은 철학과 신학에서 지속적인 논의점이지만 엄격성을 추구하는 학문들(exact sciences)에 종사하는 것들 가운데에서도 그렇다. 이와 관련해서 네덜란드의 한 물리학자가 최근에 과학적 지식의 증거와 신앙의 지식의 증거는 똑같이 타당하다고 설득력 있게 주장한 것을 주목하는 것은 흥미 있는 일이다. 참조. A. van den Beukel, *De dingen hebben hun geheim*, 122-131.
23) 참조. RBCG, 110.
24) *IZW*, 273.
25) 참조. *Ibid.*, 273-378.
26) *Ibid.*, 175-276.

이다."27) 앞에서 이미 지적한 것처럼 이 현재의 연구에서 오늘날 사용하는 용어인 '선교론'(missiology)은 바빙크의 용어인 '선교학'(science of mission)에 대한 동의어로 사용될 것이다.

2.3. 선교학의 자리(The Place of Missiology)

1939년 그의 취임 연설에서 바빙크는 신학적인 학문분과들의 백과사전 내에서 선교학에 올바른 독립적인 자리가 주어져야만 할 뿐만 아니라 그것에 특정한 위치가 할당되어야만 한다고 주장했다: 그것은 교회의 본질과 과업에 대한 반성을 그 목적으로 하는 교회론(ecclesiology)에 속한다고 그는 단언했다.28) 이 지점에서 바빙크는 아직 자신의 논증을 신학적으로 뒷받침하지 않고, 단지 선교 사역의 점증하는 복잡성과 중요성으로 인해 아카데미 신학(academic theology)에서 선교 연구에 정규과정으로서의 자리를 부여하는 것이 "완전히 당연하게" 되었다고 주장했다.29) 『선교학 입문』에서 바빙크는 다시 한 번 신학 전체 내에서 선교학의 자리를 논의한다. 자신이 보다 초기에 썼던 것으로 되돌아가서 그는 선교학이 그것의 선교적 의무라고 하는 특별한 관점으로부터 교회를 보고 있으며, 이것은 이 학문 분야가 "두 실재", 즉 첫째로 신적 부르심과 [교회의] 성직임명(ordination), 그리고 그 후에 역사의 과정 속에서 이러한 부르심을 실제로 실현하는 것과 관련이 있다는 것을 의미한다고 말한다.30) 그 결과 주해, 교의학, 윤리학, 설교학 그리고 교회역사와 같은

---

27) *BCNCR*, 93.
28) *CPVW*, 6. 바빙크는 여기에서 또한 선교학이 유사종교와 대면해야 하기 때문에 교의론과 반증술과도 관련이 있다고 덧붙인다.
29) 흥미롭게도 바르넥이 이미 1877년에 출간한 그의 책 *Das Studium der Mission auf der Universität*(대학교에 대한 선교연구)에서 이러한 입장에 대한 신학적 근거를 제시했었다는 것에 주목할 수 있다: "Der Missionsgedanke ist ein integrirender Bestandtheil der gesammten Heilsoffen-barung in Christo. 선교의 개념은 그리스도 안에 있는 구원의 전 계시의 필수적인 부분이다." 비록 바빙크가 1939년에 (필요했다면-역주) 이러한 신학적 주장에 서명을 했을 것이라는데 의심의 여지가 없음에도 불구하고 그는 『선교학 입문』, 13페이지 이후에서야 처음으로 명시적으로 이러한 주장을 피력하였다.
30) *IZW*, 15.

신학적인 과목들과 선교학 사이에는 밀접한 관련이 있다. 선교학은 신학의 나머지로부터 떨어져서 고립된 채로 서 있지 않다. 하지만 반면에 그것은 그것이 연결되어 있는 신학적 연구 분야들과 섞이거나 그것들에 의해 흡수되어서는 안 된다. 바빙크는 자신보다 앞선 구스타프 바르넥과 죠셉 슈미들린(Joseph Schmidlin)31)과 같이 선교학의 독립을 변호했다. 그러나 바빙크는 선교학의 구성과 여러 다양한 분야들에서의 그것의 자리(the constitution and encyclopedic place of missiology)를 이해하는데 있어서는 바르넥과 슈미들린과 의견을 달리했다.

이미 지적한 것처럼 바빙크는 선교학이 교회와 관련이 있다는데 동의한다. 그러나 그는 또한 그것의 구체적인 목적이 교회의 *선교적 소명*이라는 것을 지적했으며, 이것은 먼저 이러한 탐구 영역이 단 하나의 통일체를 형성하도록 함께 무리지어진 보다 앞서 언급된 다양한 요소들로 이루어져 있다는 것을 의미한다. 그리고 이러한 입장은 선교학이 신학이라고 하는 보다 큰 구성체에서 어디에 들어맞는지에 관한 문제에 대해 부가적인 함의들을 지니고 있다. 그의 취임연설 이후의 중간기에 바빙크는 이 문제에 대한 자신의 견해를 바꾸었다. 시간이 경과함에 따라 그는 선교학은 더 이상 단순히 교회론의 하위분과로 여겨질 수 없다는 결론에 이르렀었다. 카이퍼를 따라서32) 그는 교회의 *디아코니아* (봉사)[the *diaconia* (ministry) of the church]의 측면에 대한 반성으로 이루어져 있는 선교학은 실천 신학의 몇몇 학문분과들 가운데에서 올바른 자리를 차지할 만 하다고 주장했다.33) 그는 선교학의 주된 목적은 교회의 신적 소명이며 그러한 소명으로 남아 있다고 주장함으로써 이러한 분류법이 선교학의 하위분과로서의 선교역사를 제대로 다루지 못하고 있다는 반론을 피해간다.34)

---

31) 참조. Warneck, *Evangelische Missionslehre*, I, 32-44, and Schmidlin, *Einführung in die Missionswissenschaft*, 8-11.
32) 참조. *Encyclopaedie der heilige Godgeleerdheid*, III, 487.
33) 참조. *IZW*, 15.
34) *Ibid.*, 15-16.

그러나 바빙크는 카이퍼가 가르치는 그룹의 실천적-신학적 하위분과들(didascalic group of practical-theological sub-disciplines), 즉 말씀의 사역과 관련된 그룹에 선교학을 분류한다고 그를 비판한다. 한편으로 그는 *디다스 칼리아*(didaskalia, 교육과 선포)가 "선교사역의 핵심"을 이룬다는 점에서 이러한 주장의 정당성을 인정한다. 그러나 또 다른 면에서 그는 이러한 분류가 "선교사역의 범위를 다소 지나치게 제한한다"고 느낀다.35) 바르넥을 언급하면서36) 바빙크는 선교사역의 복잡성을 다음과 같이 지적한다: "강조해서 말하건데 선교는 말씀의 사역과 관련이 있지만 선교 현장에서 이 말씀은 자비의 사역과 그리고 교회정치의 사역과의 친밀한 연합 속에서 역사한다." 그 다음에 그는 선교학이 "실천 신학 내에 있는 가르치는 학문분과들하고만 배타적으로 분류될 수 없다"고 결론을 내린다.37)

바빙크가 신학 전체 내에서 선교학을 위한 독립적인 자리를 주장한 것은 옳았으며, 교회의 선교적 소명과 과업에 대한 진지한 학문적 반성이 지속되고자 한다면 선교학이 이러한 지위를 지녀야만 하는 것은 명백하다. 더욱이 본 저자가 보기에 선교학의 연구 목적이 교회의 봉사의 활동(the diaconal activity)의 측면으로 이루어져 있다는 근거 하에 그것을 실천 신학 하에 분류한 것 역시 옳은 일이었다. 그리고 마지막으로 그는 선교학의 신학적이고 경험적인 분야들이 함께 속하며 상호 연계 속에서 연구되어야만 한다고 주장한데 있어서 옳았다: 선교의 *사실*들(the *facts* of mission)을 기술하는 것과 관련된 하위 분과들은 선교학 전체 내에서 독특한 자리를 지니고 있다. 하지만 어떤 점에서 *마그놀리아 데*

---

35) *Ibid.*, 16.
36) 바르넥은 선교사의 직을 "ein kirchliches Kollektivamt(교회의 공동직)," 이라고 말하며 더 나아가 그것은 "본성상," "공동직이며 이로부터 다른 모든 활동들은 본성에 맞게 발전하였고 계속해서 발전하게 된다 ("seiner Natur nach" a "Gesamtministerium, aus welchem sich natur gemäss alle andern Diakonieen entwickelt haben und fort und fort entwickeln" 독일어 번역은 역자의 것이며, 원문의 natur gemäss는 Natur gemäss의 오타로 보여서 그렇게 이해하고 번역 하였으며, nach 다음의 a는 빼야 될 것 같다- 역주).
37) *IZW*., 16.

이[magnolia Dei, 하나님의 큰 일]가 이러한 사실들 안에서 인식되지 않는다면 그것은 이상하고 심지어 생각할 수 없는 것으로서 지나가고 말 것이다.

3. 맥락 속에서의 바빙크의 선교학(Bavinck's Missiology in Context)

3.1. 도입

바빙크의 많은 출판물들과 강의 노트들로부터 볼 때에[38] 그가 선교학자로서 다루었던 다양한 분야들에 아주 박식했음이 분명하다. 그는 특히 종교 연구 분야에 정통했다. 그가 이러한 연구를 통해서 획득한 지식의 상당수는 그의 선교학적 반성 속에 통합되었으나 이러한 통합은 일반적으로 말해서 매우 부수적인 성격을 지녔으므로 많은 경우에 그가 인용했던 자료들은 그 자신의 사유에 본질적인 영향을 미치지는 않았다. 더욱이 그가 언급한 것들 중 상당수는 역사적인 발달이나 신학적인 입장을 개략적으로 그리기 위한 기술적인(descriptive) 성격을 띤 것이다. 아래에는 바빙크의 선교신학이 형성되고 발전하게 된 가장 중요한 준거들에 대한 묘사가 따라나온다. 그가 사용한 다양한 자료들에 대한 긍정적인 반응들과 부정적인 반응들은 그가 다루고 있던 문제들에 대해 그가 취한 입장에 대한 명확한 지침을 제공해 준다. 바빙크는 상대적으로 거의 각주를 달지 않았기 때문에 그의 선교학의 맥락에 대한 아주 명확한 상을 얻기가 어렵다는 것을 여기에서 언급해야만 하겠다. 본 연구의 다음 장들에서는 바빙크가 제시한 선교적 반성의 내용을 따라서 종교신학의 맥락(theology of religion in context)과 선교 신학의 맥락(theology of mission in context)을 구별하고 있다. 비록 이 둘의 초점이 바빙크의 저서에서 언제나 엄격하게 구분되는 것은 아니라는 것을 기억해야만 할지라도 말이다.

---

[38] 이러한 노트들은 CHDDP에 목록화되어 있는 것을 발견할 수 있다.

3.2. 바빙크의 종교 신학의 맥락(Bavinck's Theology of Religion in Context)

아우렐리우스 아우구스티누스(Aurelius Augustinus). 종교 신학 분야에서 바빙크의 첫 번째 중요한 출판물인 『그리스도와 동양의 신비주의, 1934』에서 그는 아우구스티누스의 생각이 인도네시아에서의 상황에서 자신의 반성에 중요한 의미를 지니는 이유는 "다시 말해서, 아우구스티누스가 동양에서 지금 매우 강력하게 통치하는 동일한 세력들과 싸웠기 때문"이라고 썼다.39) 바빙크에게 결정적으로 중요했던 아우구스티누스의 생각의 세 요소들이 있다.

첫째로, 인간 존재들(human beings)이 생애의 마지막에 그 안으로 다시 흡수되는 추상적인 존재(abstract Being)라는 개념에 맞서서 아우구스티누스는 하나님의 본질은 신적 속성들이나 덕들 안에서 표현된다고 말했다. 따라서 하나님은 모든 존재(all being)가 그분을 통해서 존재하게 되는 절대 존재(the absolute Being)일 뿐만 아니라 (죄된) 인간 존재가 그분과 함께 결코 하나가 될 수 없는 거룩하신 타자(the holy Other)이시다. 이것은 다양한 형태의 신비적 연합에 맞선 그의 싸움에서 바빙크에게 중요한 통찰이었다.40)

둘째로, 아우구스티누스에 따르면 하나님의 존재와 인간영혼은 뗄 수 없을 정도로 함께 묶여 있다. 바빙크는 이러한 개념에서 명백한 신플라톤주의의 영향을 발견했음에도 불구하고 하나님의 내재성 개념이 우리의 전 존재를 떠받치는 힘으로서 성경적으로 이해된다면 그것을 수용하는데 자유로움을 느꼈다. 하나님과 인간 사이의 이러한 뗄 수 없는 유대라는 실재 안에 놓여 있는 것은 바로 인간 존재들은 하나님으로부터 자신들을 분리시키는 것이 불가능하며 어떤 식으로든 그들이 하나님을 의식하고 있다는 비밀이다. 아우구스티누스와 바빙크가 이러한 개

---

39) 『그리스도와 동양의 신비주의』, 9. 바빙크는 특별히 『고백론』(*Confessions*), 『삼위일체』(*De Trinitate*), 그리고 『하나님의 도성』(*De Civitate Dei*)에서 인용했다.
40) 참조. 『그리스도와 동양의 신비주의』, 112-117.

념을 발전시킨 방식에서의 차이들에도 불구하고 이것은 모든 인간 존재들 안에 내재하는 신의식(the consciousness of God)에 대한 바빙크의 신학의 출발점으로서, 즉 이러한 앎이 하나님에 의해서 시작되었다는 것으로서 기능했다.41)

셋째로, 아우구스티누스는 신학적 사유 방식을 선호해서 우주적 질서에 대한 이해를 바탕으로 신을 이해하고자 하는 우주론적 접근을 거부했는데, 이것(신학적 사유방식-역주)에 의해서 그는 자신의 삼위일체에 대한 이해에 비추어 피조된 실재를 파악하고자 시도했다. 비록 아우구스티누스가 이러한 중심 사상을 상술하는 그 방식을 받아들이는데 있어서 바빙크가 주저했다 할지라도 이와 관련된 다음과 같은 원리는 그에게 결정적으로 중요한 것이었다: 존재의 진리는 오직 하나님의 계시를 토대로 해서만 파악될 수 있다.42)

존 칼빈(John Calvin). 자신의 종교 신학을 좀 더 발전시키는데 있어서 바빙크는 분명 칼빈이 그의 『기독교 강요』(Institutes of the Christian Religion)에서 기술한 노선을 따랐다. 여기에서도 역시 세 가지를 주목할 만하다.

첫째로, 칼빈에 따르면 종교는 순전히 인간의 발명품이 아니라 하나님께서 세계에서 자신을 계속하여 계시하신다는 사실에서 기인한다. 이것은 종교가 근본적으로 신학적인 현상이라는 것을 의미한다.43)

둘째로, 칼빈은 또한 자연적으로 주어진 신의식(a naturally endowed sense of God), 즉 결코 파괴될 수 없으며 자연 안에서 그리고 인간 삶의 질서 안에서 하나님의 계시에 의해 촉발되어지는 인식에 대해 말한다.44)

마지막으로 하나님에 대한 지식이 언제나 즉시 질식되거나 부패케 된다는 것은 칼빈에게 명백하다. 그 결과 성경에서 벗어난

---

41) 참조. *Ibid.*, 120 ff.
42) 참조. *Ibid.*, 173 ff.
43) 참조. J. Calvin, *Institutes of the Christian Religion*, Vol. Ⅰ, Bk. 1. Ch. Ⅲ. 2.
44) *Ibid.*, Ch. Ⅲ. Ⅰ and Ch. V. 1.

(extra-biblical) 모든 종교는 부정적인 가치평가를 받게 된다.45)

비록 자신의 반성들을 통해 일반적으로 이러한 칼빈주의적 원리들을 확증하게 되었음에도 불구하고 바빙크는 점점 자연적으로 심겨진 인간의 신인식(the naturally implanted human perception of God)이라는 칼빈의 개념에 대한 신칼빈주의적 해석에 대해 보다 더 비판적이 되었다. 그는 이러한 신의식이 *선험적인* 의미(an *apriori* sense)에서가 아니라 *후험적인* 의미(a *posteriori* sense)에서 현존한다고 생각하게 되었다*: 그것(이러한 신의식-역주)은 하나님의 계시를 수용하기 위한 지식의 독립적인 기관이라기보다는 이 계시의 결과이다. 그것의 존재 양태는 본질적(substantial)이라기보다는 관계적(relational)이다.46)

프리드리히 슐라이어마허(Friedrich Schleiermacher). 처음에 바빙크는 슐라이어마허의 종교-철학적 사유에 영향을 받았으나 동시에 그는 또한 이 명철한 신학자의 저서의 어떤 면들에 대해서는 심오한 신학적 의구심(reservations)을 가졌다.47) 그러나 바빙크는 한 가지만은 진심으로 슐라이어마허에게 동의했다. 즉 하나의 추상적 종교 개념인 *자연종교*라고 하는 합리주의적 구성물을 그가 거부한 것이었는데, 여기에서 잡다한 경험적 종교들은 추상적 종교의 파생물이며 부패물로 간주되었다. 슐라이어마허는 오직 다양한 역사적 종교들과 시대를 통한 그것들의 현상학

---

45) *Ibid.*, Ch. IV. 1-2.
* 칸트는 *apriori*하다는 것을 "우리의 모든 경험에 앞서"는 동시에 "우리의 모든 경험의 토대가 되는" 것이라고 규정하고 있다. 예를 들어 칸트는 그의 『순수이성비판』에서 "감성(직관)의 형식"으로서의 '시간'과 '공간'을 *apriori(선험적)*이라고 언급하는데, 이 경우 우리의 감각(감성)적 경험이 가능하기 위해서는 적어도 '시간'과 '공간'이 우리의 *경험에 앞서서 먼저* 있어야 한다는 것과 *이것들을 토대로 해서* 우리의 모든 경험이 가능하게 된다는 것을 우리가 우리의 감각으로 경험해 보지 않아도 분명하게 알 수 있다. 바로 이러한 의미에서 '시간'과 '공간'은 *apriori*하다고 말할 수 있다. 반면에 *posteriori(후험적)*하다는 것은 경험을 토대로 하는 모든 것을 가리킨다-역주.
46) 참조. *RBCG*, 147-148.
47) 참조. P.J. Visser, *Geen andere naam onder de hemel: De missiologie van Johan Herman Bavinck*, masters thesis, Utrecht, 1987. 바빙크가 철저히 동의하지 않은 슐라이어마허의 관점들 중 세 가지, 즉 하나님의 형상; 절대적인 내재적 인과성(absolute immanent causality); 성경: 종교적 경험들의 모음집; 기독교 신앙: 순수한 일신론에 이르는 한 단계 등에 대해서는 앞의 책을 참조할 것.

적 발달에만 관심이 있었다. 바빙크는 자신의 작업을 위한 주요 출발점으로서 이러한 기본적인 슐라이어마허적 입장을 채택했다.48)

루돌프 오토(Rudolf Otto). 그의 선교 연구의 초기 단계에서 바빙크는 인간 안에 내재하는 종교적 감정은 하나님에 대한 경험들에 의해서 활성화되며 동시에 인간들을 그러한 경험에 개방되도록 한다는 사상을 포함해서 오토의 1922년 출판물인 *Das Heilige*(성스러운 것)에서 언급된 견해들 중 상당수를 지지했다. 후에 계속해서 바빙크는 신학적 근거들을 통대로 이러한 형태의 종교적 *선험성*(this type of religious a priori)을 거부했지만 인간의 종교적 감수성에 대한 오토의 기술에 대해서는 동질감을 결코 잃지 않았다.

아브라함 카이퍼(Abraham Kuyper). 바빙크가 종교신학의 분야에서 카이퍼의 관점들을 철저히 알고 있었다는 것은 분명하다. 그러나 카이퍼의 생각들은 헤르만 바빙크의 생각들과 일치하기 때문에 그리고 바빙크가 카이퍼보다는 헤르만 바빙크를 더 많이 언급하는 이유로 인해서 우리는 여기에서 두 가지 문제에만 우리를 제한할 것이다. 그의 중요한 여러 권으로 된 저서들 중 하나에서 나타나는 반증술에 대한 그의 논의에서 카이퍼가 로마서 1장 18절 이하에 비추어 '비기독교적 종교들'에 대한 그의 견해를 진전시켰다는 것은 주목할 만하다.49) 이 성경구절을 자신의 숙고를 위한 출발점으로서 사용하는데 있어서 바빙크가 카이퍼의 인도를 따르고 있었다고 하는 것은 있음직한 일이다. 어쨌든 바빙크에게 지울 수 없는 인상을 남긴 카이퍼의 한 가지 견해가 있었는데, 그것은 그리스도인 역시 유사종교에 자연스럽게 끌리기 때문에 복음을 증거하는 그리스도인은 본질적으로 그의 비기독교인 청자와 동일한 위치에 서 있다는 인식이었다.50) 바빙크는 이러한 통찰을 자신의 저서에서 거듭 강조한다.

---

48) 참조. *RBCG*, 99-102.
49) 참조. *Encyclopaedie der heilige Godgeleerdheld*, III, 446-448.
50) 참조. *Ibid.*, 449.

헤르만 바빙크(Herman Bavinck). 요한 바빙크는 헤르만 바빙크의 교의학적 반성에 매우 정통했는데, 특히 이것이 『개혁주의 교의학』(Gereformeerde Dogmatiek, Reformed Dogmatics)이란 형태로 출판된 후에 더욱 그러했다.51) 자신이 그 상속자였던 고전적 개혁주의 신학(the classical Reformed theology)에 따라서 바빙크는 종교신학과 관련된 네 가지 핵심을 상술한다.

첫째로, 종교는 하나님께서 하나님이시기 때문에, 그리고 하나님께서 그의 이성적 피조물들에 의해서 예배 받으시기를 원하시기 때문에 존재한다. 따라서 하나님께서는 모든 종교의 *본질적 원리(principium essendi)*이시다.52)

둘째로, 하나님께서는 그렇게 예배 받으시기를 원하시기 때문에 그는 자신을 자연, 역사 그리고 인간의 양심 안에서 드러내시며(인식의 외적 원리, *principium cognoscendi externum*), 인간 존재들로 하여금 주관적으로 이러한 계시를 받을 수 있도록 하신다(인식의 내적 원리, *principium cognoscendi internum*).53)

셋째로, 인간 존재들 안에 자연적으로 현존하는 신지식(the knowledge of God)은 한편으로는 적절하지 않지만, 다른 한편으로 그것은 그들이 하나님의 형상대로 창조되었다는 인식을 그들의 마음속에 살아 있도록 해주며 그리스도 안에서의 성취를 갈망하는 성향과 열망을 낳는다.54)

넷째로, 따라서 일반계시는 특별계시라고 하는 건물이 그 위에 세워지는 토대이며, 이 자연적인 신지식 안에 복음을 위한 접촉점이 놓여 있다.55)

처음에 바빙크의 사유는 이러한 길을 따랐다. 비록 그것이 자신의 삼촌의 사유보다 덜 철학적인 반면, 보다 심리학적인 색채를 띠었다 할

---

51) 1901년에 나온 이 책은 1911년에 개정되었으며 1918년에 마지막으로 재인쇄되었다.
52) 참조. H. Bavinck, *Gereformeerde Dogmatiek*, Ⅰ. 287.
53) 참조. *Ibid.*, 286-290.
54) 참조. *Ibid.*, 334-335.
55) 참조. *Ibid.*, Ⅲ, 248.

지라도 말이다. 한편으로 그의 점증하는 성경적-신학적 반성은 그로 하여금 종교가 신학적 현상이라고 하는 헤르만 바빙크의 기본 원리를 강조하도록 이끌었다. 그러나 다른 한편으로 그는 이것에 대한 어떠한 성경적 근거도 발견할 수 없었기 때문에 가능한 접촉점으로서의 인식의 내적원리라고 하는 논리적으로 고안된 개념을 부정했다.56)

칼 바르트(Karl Barth). 칼 바르트는 사실상 바빙크에게 어떤 직접적인 영향도 미치지 않았다. 바르트는 일반계시와 종교적 의식(religious consciousness)의 기원 사이의 어떤 연관 가능성도 단호히 거부했다. 바르트에게 종교는 신학적인 현상이 아니라 오히려 "신이 없는 인간의 문제"(Angelenhiet des gottlosen Menschen)였다.57) 로마서 1장 18절 이하에 대한 이해로 인해서 바빙크는 바르트적 입장과 근본적으로 의견을 달리하게 되었다. 그러나 바빙크는 다음 장에서 명백하게 드러나게 되듯이 헨드릭 크레머를 통해서 바르트에 의해 간접적으로 영향을 받았다.58) 이러한 영향은 특히 신학적 반성을 위한 유일한 출발점으로서 하나님의 말씀 안에 있는 그분의 계시의 사용을 바르트가 열렬히 주장한데 있었다. 바빙크는 바르트가 이 문제와 관련해서 방향을 급진적으로 바꾸었으며 성경 지향적인 이런 엄격한 입장을 전적으로 취하게 되었다는 것을 알아차렸다.59)

에밀 브루너(Emil Brunner). 비록 브루너의 하나님과 인간 사이의 변증법적 관계(dialectical relationship) 개념과 바빙크의 중요한 하나님-인간(divine-human)의 "대화적 관계"(dialogical relationship) 개념 사이에 명백한 유사점들이 있다 할지라도 바빙크는 요약하는 정도로만 브루너를 언급한다.60) 하지만 바빙크는 브루너의 의도들에 관해서는 다소 주저한다: 그

---

56) 참조. *RBCG*, 160 ff.
57) K. Barth, *Die Lehre vom Worte Gottes*, 329.
58) 크레머는 또한 바르트로부터 떠남으로 인해 바빙크에게 영향을 미치기도 했는데, 예를 들어서 성경에 근거하여 바르트와 달리 종교적 인식과 일반계시 사이에 연결점이 있음을 그가 주장했을 때가 그러했다.
59) 참조. *RBCG*, 156.
60) 브루너에게 있어서 *하나님의 형상(imago Dei)*으로서의 인간은 언제나 하나님을 지향하

는 브루너가 "옛 *자연신학*"(the old *theologia naturalis*)에서 자연스럽게 따라 나오는 몇몇 요소들을 받아들이고 있지는 않은지 의문을 던진다.61) 그러나 결국 이 문제에 대한 브루너의 견해들이 바빙크 자신이 지적하는 것 이상으로 그 자신에게 - 아마도 또한 크레머를 통해62) - 더 많은 영향을 미쳤다는 것은 있음직한 일이다.63)

헨드릭 크레머(Hendrik Kraemer). 그의 선교학적인 사역을 처음 시작할 때부터 바빙크는 개혁주의 선교 신학자인 헨드릭 크레머와 꽤 깊은 접촉을 가졌다. 그들은 학생시절부터 서로 알고 지냈었으나 1930년과 1934년 사이의 기간에 인도네시아의 솔로에서 더욱 친숙해지게 되었는데, 여기에서 크레머는 바빙크에게 자바 문학과 신비주의의 비밀들(the secrets of Javanese literature and mysticism)을 소개해 주었다. 후에 바빙크는 이 기간 동안에 크레머를 선생으로 두었던 것은 하나의 특권이었다고 썼으며,64) 크레머는 뒤이어 바빙크만큼 자바 신비주의를 빠르고 철저하게 흡수한 학생을 둔 적이 없었다고 썼다.65) 따라서 바빙크의 1934년 저서인 『그리스도와 동양의 신비주의』는 부분적으로 크레머의 지도의 열매라고 볼 수 있다.

며 하나님과 마주하여 "말할 수 있는 권한" 또는 하나님과 마주하여 "말할 수 있는 능력"("Wortmächtigkeit" or "Sprichfähigkeit" vis-a-vis God)을 소유하고 있다는 사실로 인해 신-인 관계 안에 연속성이 있으며, 이러한 연속성으로 인해 하나님에 대해 사람들과 말하는 것이 가능하게 된다. 그러나 이러한 관계는 또한 불연속성을 드러내기도 하는데, 이러한 불연속성은 그것(신-인 관계-역주)이 사랑이 없거나 적대적인 세상 안에서 존재하며 그에 따라서(accordingly, 사랑이 없고 적대적인 세상 안에 존재하는 한계 안에서-역주) 인간은 하나님에게 응답하는 사실에 놓여 있다. 참조. 그의 책 *Natur und Gnade*(자연과 은혜)와 *Der Mensche im Widerspruch*(모순 속의 인간).

61) *RBCG*, 159.
62) 참조. J. van Lin. Protestanse theologie der godsdiensten; Van Edinbrugh naar Tambaram (1910-1938), p. 357. 린은 예이츠(T. Yates)가 그런 것처럼 브루너가 크레머에게 미친 영향에 대해서 인용하고 있다. 『20세기 기독교 선교』(*Christian Mission in the Twentieth Century*), 113.
    63) 이러한 점을 가리켜 주는 것은 바빙크가 다소 즉석에서 한, 하지만 그 맥락에 비추어 볼 때, 그럼에도 중요한 질문인 *RBCG*, 160페이지이다: "혹은 '말할 수 있는 권한'(Wortmächtigkeit)에 대해서만 말을 하는 것이 (…) 더 좋은가? 그러나 이것은 무엇을 의미하는가?"
64) "Kraemer als dender en medewerker," 86.
65) 참조. J. Verkuyl, *Inleiding in de nieuwere zendingswetenschap*, 63.

이후에 크레머는 종교신학에 대한 바빙크의 반성과 관련하여 그에게 결정적인 영향을 미쳤다. 1938년 인도의 탐바람에서 열린 국제선교대회를 위해 쓰여진 『비기독교 세계에서의 기독교 메시지』라고 하는 크레머의 연구서는 바빙크로 하여금 다른 종교들에 대한 그의 견해를 바꾸도록 이끌었다. 이 책에서 크레머에 의해 제시된 성경적-신학적 접근은 이 연구 분야에서 바빙크 자신의 반성을 위한 출발점이 되었다: 크레머의 견해들로 인해서 기독교와 주변 세계의 관계 문제에 대한 바빙크의 신학적 입장은 급진적이 되었다.66) 반대로, 크레머는 바빙크가 자신의 심리학적 통찰을 사용하여 그의 책 『종교적 의식과 기독교 신앙』에서 로마서 1장 18절 이하를 해석한 방식에 대해 깊이 인정하였다.67)

그러나 바빙크가 크레머의 의견에 동의했다고 해서 중요한 비판적 계기들이 없었던 것은 아니었다. 크레머의 바르트적 관점과 견해들과 달리 바빙크는 개혁주의적, 신칼빈주의적 입장에 대한 지지를 강조하였다. 예를 들어 그는 경험적 기독교에 대한 크레머의 신랄한 고발에 제한을 두었으며, 크레머의 성경적 실재론(Kraemer's biblical realism)과는 대조적으로 교의적 반성을 보다 더 강조하였고, 그리고 성경을 토대로 하여 크레머의 주의주의적 체계에 존재론적 토대가 더해졌어야만 한다고 주장했다.68)

3.3. 바빙크의 선교신학의 맥락(Bavinck's Theology of Mission in Context)

3.3.1. 개혁주의 선교신학

기스베르투스 후티우스(Gisbertus Voetius). 바빙크는 많은 선교 원리들을 세운 첫 개혁주의 신학자였던 후티우스에 대해 깊은 감사를 표했다.69)

---

66) 이 문제는 다음 장에서 보다 상세히 다루어질 것이다.
67) 참조. H. Kraemer, *Religion and Christian Faith*, 79-81.
68) 참조. *BCNCR*, 89 ff., and 101 ff., as wewll as *IZW*, 247, and "Kraemer als denker en medewerker."
69) 참조. *IZW*, 8 and 21, and *ZWN*, 31. 선교신학에 대한 후티우스의 글들을 위해서는 다음을

네덜란드 개혁교회 내에서 후티우스는 중요한 권위자로서 인정받았다는 것을 여기서 주목해야만 한다. 이것은 특히 1896년 미델부르흐 총회 동안에 명백했는데, 여기에서 네덜란드 개혁교회는 처음으로 성경적 선교관을 발전시키고자 시도하였다.70) 비록 바빙크가 수년 전에 쓰여졌던 박사 학위를 통해서 후티우스의 글들에 대한 간접적인 지식만을 얻었던 것처럼 보인다 할지라도,71) 후티우스는 분명히 바빙크에게 영향을 미쳤다. 특히 미델부르흐 총회에서 다섯 개의 별개 영역으로 공식화된 선교 원리들에 의해서 말이다.

    1. 후티우스의 신중심적 출발점인 *하나님의 선교*(the missio Dei)를 바빙크는 선교가 일차적으로 하나님의 사역이고 오직 이차적으로만 교회의 사역을 의미하는 것으로 이해했는데, 이것은 바빙크의 선교신학의 토대를 형성했다.72) 비록 이 개념에 대한 바빙크의 이해가 후티우스의 개념이 그랬던 것보다는 예정론에 의해서 영향을 적게 받았지만 말이다.

    2. 선교 사역을 위해서 세워진 특별한 협회들이나 단체들의 일이라고 하는 선교 개념에 반대해서 바빙크는 후티우스에 의해서 주창된 교회중심적 선교 개념, 즉 선교 사역은 오직 교회에만 속해 있다는 견해를 옹호하였다.73)

    3. 선교 활동의 목표와 목적에 대한 논의에서 바빙크는 선교의 삼중목표라고 하는 후티우스의 개념을 받아들였다: *불신자들의 개종*

보라: J. Jongeneel, "Voetius' zendingstheologie: De eerste comprehensive protestantse zendings-theologie," 123.
70) 참조. J. Jongeneel, "Voetius' zendingstheologie," 142-143.
71) H.A. van Andel, *De zendingsleer van Gisbertus Voetius*, 1912. 바빙크는 심지어 후티우스의 중요한 선교에 관한 저서들 중 하나인, 폴이 번역한 *Tractaat over de plantig en planters van kerken*을 언급조차 하지 않는다.
72) 참조. *ZWN*, 5. 바빙크는 시사적인 문장으로 이 책을 시작했다: "선교는 예수 그리스도의 활동으로서 이것에 의해 그분께서는 그 분의 교회 안에서 그리고 그 분의 교회를 통해 자신을 모든 사람에게 알리시며 그들을 그분의 구원 사역의 광휘 안으로 인도하신다."
73) 참조. *ZWN*, 32 ff. 바빙크는 여기에서 마태복음 29장 18절-20절의 선교 명령에 근거해서 선교가 교회의 일(a church matter)이라고 주장한 것은 사실 후티우스가 아니라 첫 개신교 신학자였던 아드리아누스 사라비아(Adrianus Saravia, 1531-1613)였다고 지적한다. 또한 다음을 참조하라. *IZW*, 65-70 / *ISM*, 57-62.

(conversio gentilium), 교회의 설립(plantatio ecclesiae), 그리고 하나님을 영화롭게 함(gloria gratiae diniae).[74]

4. 안수를 받은 말씀의 사역자들의 실제적이고, 교회적이며, 공식적인 선교 사역과 의료사역자들과 교사들의 보조적인 봉사를 구분하도록 해주는 선교의 포괄적인 성격에 대한 후티우스의 이해는 복음의 선포를 구성하는 *중추적인* 선교사역과 의료봉사, 교육 그리고 사회봉사를 포함하는 *보조적인* 선교사역들을 바빙크가 구분하는 데에 반영되고 있다. 그러나 이러한 유사성에도 불구하고 바빙크에게 있어서 이러한 주요사역과 보조사역들은 그것들이 후티우스에게서 그러한 것보다 상호 간에 훨씬 더 밀접하게 연관되어 있다는 것에 주목해야 한다: 바빙크에게 있어서 그 모든 것들은 함께 하나의 선교 명령을 표현하는 것이었다.[75]

5. 특히 아브라함 카이퍼의 영향 하에서 바빙크는 후티우스의 *반증신학*(theologia elenctica)을 소생시켰다.[76] 선교에 대한 그의 소책자에서 그것에 두드러진 자리를 부여함으로써 말이다.[77]

미델부르흐 총회(The Synod of Middelburg, 1896). 네덜란드 개혁교회가 선교 사역과 관련하여 기초적인 지침을 마련한 것이 바로 미델부르흐 총회에서였다. 바빙크의 최초의 선교적 반성은 이러한 준거틀 내에서 일어났으며 그는 또한 이후의 모든 사역을 이것과 계속해서 연관시켰다. 그의 글들 속에는 이 총회의 *헌장*(Acts)에 관한 언급이 수십 번 나타나는데, 특히 방금 위에서 언급한 점들과 관련해서 그렇다. 1940년에 출간된 선교와 관련한 미델부르흐 총회의 결의안의 서문에서 그것들 안에 반영된 "깊은 통찰"에 대해 큰 감사를 표했다.[78] 동시에 그는 또한 이러한 결정들이 그들의 시대의 산물이라는 것을 인정했다.

---

74) 참조. *IZW*, 157-161 / *ISM*, 155-159.
75) 참조. *ZWN*, 51 ff., and *IZW*, 113-121 / *ISM*, 107-116.
76) 참조. J.A.B. Jongeneel, "Voetius' zendingstheologie," 121. n. 8.
77) 참조. *IZW*, 222-272 / *ISM*, 221-272. 반증술의 주제는 8장에서 상세히 다루어질 것이다.
78) 참조. *Historisch Document*(이것은 1890년 암스테르담에서 열린 선교대회에서 아브라함 카이퍼가 행한 연설의 재판을 담고 있었다), I-III.

50년 전에 미델부르흐 총회는 선교 사역이 발전하는데 따라야 할 지침들을 세웠다. 반세기가 지났다. 세계의 모든 것, 인도네시아의 모든 것이 변했다. 또 하나의 "미델부르흐"가 있어야만 한다. 다시 말해서, 우리는 인도네시아의 필요와 자바인 교회들의 점증하는 독립 그리고 우리와 인도네시아 사이에 출현하고 있는 새로운 관계에 완전히 어울리게 될 선교 사역의 조직을 위해 최선의 노력을 다시 한 번 해야만 한다.79)

그의 성경적-신학적 반성들에서 바빙크는 "미델부르흐"의 견해들을 한층 더 정교화 했을 뿐만 아니라 그것들을 비판적으로 논했다. 그는 특히 '비기독교' 종교들 안에서의 진리 요립들의 존재 가능성에 관한 총회의 가정과 소위 보조적인 선교 봉사들이 단순히 복음을 위한 준비로서만 여겨져야 한다는 총회의 가르침에 반대했다. 이와 달리 바빙크가 모든 선교 활동의 찬미적 동기와 목적에 관한 총회의 의심스러운 양면적 해석(the synod's questionable tow-sided interpretation of the doxological motive and end of all missionary activity)에 관해 침묵을 지켰다는 것은 주목할 만하다. 미델부르흐는 다음과 같이 진술했다:

> [하나님을] 영화롭게 하는 것은 [선교]를 통해 하나님의 은혜와 자비의 놀라운 부요함이 비춤으로써 잃어버린 자들을 구원에로 이끄는 데에서 가장 분명하게 드러난다. 그러나 [선교의 궁극적인] 목적은 이런 식으로 이해될 수 없다. 심지어 [선교]가 구원을 가져오지 못하거나 마음의 완고함만을 충족시킬 때조차도 동일한 최고의 목적(하나님을 영화롭게 하는 것)에 이바지하며 그것을 성취한다.80)

바빙크는 이 후자의 주장을 어디에서도 부인하지 않았지만, 그것을 명시적으로 말한 적도 없다.

---

79) "Nieuw oriëntering in ons zendingswerk," 23-24.
80) *Historisch Document*, 1.

선교신학 영역에서 일어난 네덜란드 개혁교회 내에서의 발전. 그 자신의 교회에서 바빙크는 선교에 대한 체계적 반성을 했던 첫 번째 사람이지만 유일한 사람은 아니었다.81) 수년에 걸쳐서 다른 네덜란드 개혁교회의 학자들, 특히 페르까일, 블라우, 호너흐 그리고 판 덴 베르흐 등을 포함한 이전의 그의 박사 학위 학생들 다수가 이 연구 분야에서 의미 있는 공헌을 해왔다. 바빙크가 네덜란드 개혁교회 내에서 선교학의 발전과 관련하여 지도적인 역할을 했던 것은 바로 선교학 교수로서 재직하던 기간 동안이었으며 그들의 글들에 대한 그의 언급들로부터 분명하게 드러나듯이 그가 훈련시켰던 선교학자들과의 관계는 풍성한 상호작용의 관계였다.

3.3.2. 다른 개신교 선교신학과 로마 가톨릭 선교신학
(Other Protestant and Roman Catholic Missionary Theology)

바빙크는 다른, 특히 국내와 국외에 있는 개신교 선교 신학자들의 글들을 아주 잘 알고 있었으며, 어느 정도는 그들의 통찰력을 사용함으로써 그 자신의 선교학적 반성을 발전시켰다.

구스타프 바르넥. 바빙크는 위대한 독일 개신교 선교학자인 구스타프 바르넥에게 자신이 학문적으로 빚을 진 것을 인정했으며, 바르넥의 『복음주의 선교학』(*Evangelische Missionslehre*, 1892)을 "학문적인 선교 연구를 위한 가장 중요한 자료들 중 하나"라고 불렀다.82) 바르넥이 선교 연구의 주제를 다루는 방식은 자신을 포함하여 "선교이론 연구에 자신들을 바쳐 온 모든 사람들에게 연속적으로 큰 영향을 끼쳐왔다"고 그는 썼다.83) 예를 들어, 우리는 여기에서 선교에 대한 모든 반성은 성경에

---

81) 미델부르흐 이후에 그리고 바빙크가 글쓰기를 시작하기 전에 그의 교회 안에는 선교의 성경적-신학적 토대에 대한 어떠한 체계적 반성도 없었다. 헤르만 바빙크는 비츠(H. Beets)의 *Triumfen van het kruis*, 7-30페이지에 있는 "*De zending in de Heilige Schrift*"라는 제목의 글에서 이런 방향으로 조심스럽게 시도했다.
82) *ZWN*, 31.
83) *IZW*, 22 / *ISM*, 7.

근거하고 있어야만 한다는 바르넥의 기본적인 주장을 생각할 수 있다. 바빙크와 바르넥 사이의 많은 유사점들을 목격할 수 있는 곳이 바로 이러한 성경적 토대의 문제와 관련해서 특히 그렇다. 이와 관련하여 바빙크는 20세기를 시작할 무렵 바르넥이 마틴 켈러(Martin Kähler)의 지도를 따라서 선교를 성경 안에 가르쳐진 그리스도를 교회가 증거하는 것 대신에 "일종의 '이해'(Verständigung), 즉 다른 종교들과의 대화"로서 생각하고자 하는 에른스트 트뢸취(Ernst Troeltsch)에게 강력하게 반대하였다는 사실을 언급한다.[84] 바빙크가 바르넥의 글들을 주의 깊게 연구했던 것은 확실하며, 따라서 그가 바르넥의 견해들을 자신의 사유 안에서 통합시켰다고 결론을 내려도 좋은 반면에,[85] 그는 바르넥으로부터 직접적인 인용문들을 거의 사용하지 않고 있는데 이로 인해서 바르넥이 바빙크에게 미친 명백한 영향들을 추적하기가 어렵다. 그가 바르넥을 긍정적으로 인용하는 것은 몇몇 부수적인 영역들, 예를 들어 선교에서의 문화이식 문제와[86] 선교 현장에 있는 새롭게 새워진 교회들 내에서 권징(discipline)을 실천하는 문제[87] 등과 관련해서일 뿐이다.

그러나 바빙크는 또한 두 가지 핵심적인 문제에 대해 바르넥에 비판적이다. 그 중 하나는 선교의 토대와 관련되어 있다.[88] 바르넥은 성경적인 발판뿐만 아니라 선교의 역사적이고 인종론적인(ethnological) 기초에 대해 말했는데, 후자에 의해서 그는 "그들의 국적이나 문화적 수준과 상관없이 모든 사람이 기독교를 받아들일 수 있는 능력"[89]을 의미했다. "선교의 초석은 단 하나만 있을 수 있으며 있어도 된다"[90]고

---

84) *ISM*, 299 / *IZW*, 296.
85) 『복음주의 선교학』(*Evangelische Missionslehre*, 1892)에 덧붙여서 바빙크는 바르넥이 지은 다른 책들을 언급한다. 예를 들어 다음과 같은 것들이다. *Die gegenseitigen Beziehungen zwischen der modernen Mission und Kultur*, Gütersloh, 1879, 그리고 *Abriss einer Geschichte der protestanitischen Missionen*, Berlin, 1905.
86) *IZW*, 107 / *ISM*, 101.
87) *Ibid.*, 185 / 182.
88) *Ibid.*, 71 / 63.
89) *Evangelische Missionslehre*, I, 301: "(...) die Fähigkeit der Menschen aller Nationalitäten und Kulturstufen für das Christentum."

썼던 한스 쉐러(Hans Schärer)를 따라서 바빙크는 선교의 다중 토대(a multiple foundation of mission)라고 하는 이런 개념을 철저히 거부했다. 두 번째로, 바빙크는 선교의 대행자에 대한 바르넥의 견해를 심하게 비판한다. 바르넥은 이론상 선교에로 부름을 받은 것은 바로 교회라고 말했다. 그러나 그는 실제적으로 선교사역은 교회 내에 있는 활동적이고 선교적인 마음을 가진 단체(fellowship), 즉 "성령의 인도와 영감 하에서 선지자들과 교사들에 의해" 선교사들을 후원하고 파송하도록 "자극을 받고 격려를 받은"91) *교회 안에 있는 작은 교회(ecclesiola in ecclesia)*에 의해서 수행되는 것이 더 좋다고 주장했다. 선교가 개별적인 단체들이나 선교 협회들보다는 교회에 고유하게 속해 있다고 하는 바르넥의 주장에 대해 바빙크가 많은 고마움을 느꼈지만,92) 그는 선교적인 *교회 안에 있는 작은 교회*라는 개념에 대해서는 단호하게 거부했다:

> 이 [개념]은 성경적 사유 방식에 반한다. 성경은 선교를 위한 책임을 떠맡으라고 하는 특별한 소명을 가지고 있는 교회 내에 있는 '내부 단체'에 대해서 아무 것도 알지 못한다. (…) 성경은 영화롭게 되신 그리스도께서 그것을 통하여 그리고 그것 안에서 그의 위대한 구속 사역을 세상에 계시하시기 원하시는 그 기관(the organ)을 구성하는 것은 바로 그의 몸된 교회라는 것을 분명히 하고 있다.93)

다른 선교 신학자들. 앞에서 이미 언급한 것처럼 바빙크는 네덜란드 개

---

90) H. Schärer, *Die Begründung der Mission in der katholischen und evangelischen Missionswissenschaft*, 37.
91) *Evangelische Missionslehre*, II, 31: the missionary calling should be fulfilled by "die auf Anregung von Propheten und Lehrern unter Antrieb und Leitung des heiligen Geistes handelnde Gemeinde," which has "die Machtsbefügnis Zur Sendung."
92) 참조. 또한 T. Yates, *Christian Mission in the Twentieth Century*, 19-20. 그는 ("Die moderne Weltevangelismus-Theorie," *Allgemeine Missions-Zeitschrift*, XXIV [1897], 305-325에 있는) 선교를 교회와 독립적으로 활동하는 신앙 선교단체들(faith missions)에 의해 세계를 복음화하는 것이라고 하는 대중적이고 현대적인 유행을 따르는 앵글로-색슨적 선교 이해에 대한 바르넥의 반론을 지적한다.
93) *IZW*, 66 / *ISM*, 58, 59.

혁교회에 속하지 않은 지도적인 개신교 선교학자들과 가톨릭에 속한 지도적인 선교학자들의 저서들에 대해 직접적인 지식을 지니고 있었다. 바빙크의 저서에서 네덜란드, 독일, 앵글로 색슨 그리고 제3세계 신학자들에 관한 언급들을 마주치게 되는데, 예를 들면 다음과 같은 사람들이다: 호이켄디크(J.C. Hoekendijk), 헨드릭 크레머(Hendrik Kraemer), 크루이트(A.C. Kruyt) 그리고 슈우르만(B.M. Schuurman); 발터 프라이탁(Walter Freytag), 브루노 구트만(Bruno Gutmann), 카를 하르텐슈타인(Karl Hartenstein), 발터 홀스텐(Walter Holsten), 크리스티안 카이쎄르(Christian Keysser), 쥴리우스 리히터(Julius Richter), 죠셉 슈미들린(Joseph Schmidlin), 그리고 죠한네스 타우렌(Johannes Thauren); 선교 개척자인 윌리엄 케리(William Carey), 롤란드 알렌(Roland Allen), G.E. 필립스(G.E. Phillips), 스테판 네일(Stephen Neill), 워렌(M.A.C. Warren) 그리고 해리 보어(Harry R. Boer); 인도인 벵갈 카카라이(Vengal Chakkarai)와 일본인 토요히꼬 카가와(Toyohiko Kagawa). 하지만 이 외에도 언급될 수 있는 사람들이 많다.

일반적으로 말해서 이러한 사람들이 바빙크에게 미친 영향을 정확히 지적하거나 그가 자신의 지각들과 다른 사람들의 지각들을 어디에서 정확하게 구분하고 있는지를 결정하는 것이 언제나 쉬운 일만은 아니다. 한편으로 그는 종종 다른 사람들의 견해에 동의하였으며 그들의 통찰력을 자기 자신의 사유 속에 통합시켰다.[94] 반면에 선교 분야에서의 동료 저자들의 저서에 대해 반론을 제기한 예들, 즉 자신의 입장을 분명히 하도록 도와준 불일치의 예들도 있다.[95] 더욱이 그는 규칙적으로 다른 신학자들과 선교학자들의 전문 지식을 객관적으로 사용하였다.[96] 바빙크가 위에 적힌 사상가들 중 한 명이나 몇몇을 특별히 선호

---

[94] 여기에서 크레머와 호이켄디크의 영향이 두드러지며, 다소 약하게는 슈우르만, 하르텐슈타인, 리히터, 홀스텐, 알렌, 네일 그리고 필립스의 영향을 들 수 있다.
[95] 바빙크는 특히 구트만, 카이쎄르, 슈미들린, 타우렌, 카카라이 그리고 카가와의 생각과 주장을 비판하며, 좀 더 약하게는 호이켄디크와 크레머도 비판한다.
[96] 이와 관련해서 인용될 수 있는 많은 이름들 중에 호이켄디크, 크레머, 크루이트, 바렌, 카카라이, 카가와 등은 특별히 언급할 만한 가치가 있다.

했다는 어떠한 암시도 없다. 위에서 이미 지적했던 헨드릭 크레머 한 사람만을 제외하고 말이다.97)

3.3.3. 에큐메니컬 선교 신학(Ecumenical Missionary Theology)

바빙크가 에큐메니컬한 선교적 반성에서 일어나고 있던 주요한 발달들을 따랐다는 것은 분명한데, 그 이유는 그것들 중 일부가 자신의 사유에 잘 들어맞는다는 것을 발견했기 때문인 반면에 다른 다양한 요소들은 그의 저서 속에서 비판에 직면했다.

에큐메니컬한 선교적 사유에 대한 바빙크의 일반적인 반응. 1870년대 이후 동안 선교 분야에서의 에큐메니컬한 협력의 필요성이 점점 꾸준히 인식됨으로써 1910년 에딘버러에서 열렸던 역사적으로 처음 있는 국제적인 선교대회가 조직되게 되었다. 이 회의의 가장 중요한 결과들 중 하나는 국제선교협의회(International Missionary Council, IMC)의 설립이었는데, 이것은 제1차 세계 대전으로 인해 연기되었다가 뉴욕의 레이크 모홍크(Lake Mohonk, New York)에서 있었던 1921년 에딘버러 지속위원회(Edinburgh Continuation Committee) 모임에서 마침내 생겨났다. 이 국제선교협의회는 1928년 예루살렘, 1938년 인도 탐바람, 1947년 캐나다 휘트비, 1952년 독일 빌링엔, 그리고 1958/59년 가나 아키모타(Achimota, Ghana) 등을 포함한 일련의 부가적인 국제선교대회들을 조직했다. 뉴델리(New Delhi)에서 열린 제3차 세계교회협의회 총회에서 국제선교협의회는 세계교회협의회 안으로 통합되었으며, 여기에서 세계선교와 복음전도 분과(the Division of World Mission and Evangelism, DWME)로서의 새로운 정체성을 띠게 되었고, 그 이후의 국제 선교대회들을 조직하는 책임을 떠맡았는데 이러한 대회들 중 1963년의 멕시코 시티대회만이 1964년 바빙크가 죽기 전에 열렸다.98)

---

97) 바빙크는 크레머에 대해 매우 감사하는 두 개의 글을 썼다: "Dr Hendrik Kraemer als denker en medewerker," *DHB*, XI (1958), 84-96. 그리고 "Hendrik Kraemer de zendingsman," *Trouw*, 16 August 1958.

바빙크는 복음의 신빙성과 교회의 선교적 의무를 성취하고자 협력할 때 얻게 되는 이점들을 고려하여 선교의 문제들이 에큐메니컬하게 접근되어져야 한다는 입장에 기본적으로 동의했다.99) 그는 서로 본질적으로 다른 견해들과 진술들을 제시하는 에큐메니컬 대회들의 경향은 그러한 모임들의 기본적인 약점을 이룬다는 것을 인식했으나, 동시에 이러한 다양성을 통해 그들의 장점이 드러난다고 생각했다. 1948년 세계교회협의회의 설립에 대한 한 반응으로 그는 에큐메니컬 모임들에 대해 다음과 같은 평가를 내렸다.

> 교회 내에 흐르고 있는 다양한 영적이며 지성적인 흐름들이 서로 접촉하게 되었으며 이러한 성격의 대회들에서 동일한 영역에 초점을 맞추게 되었다. [이러한 흐름들은] 서로 경쟁하며, 상호 간에 비교 고찰되고, 각각의 흐름에는 다른 것들이 들어오게 된다. 간단히 말해서 때때로 몇 년이 지난 후에도 계속 작용하는 발효과정이 발생한다. 따라서 점잖은 척 하면서 그러한 국제적인 모임들에 대해 [그것들이 요구하는] 시간과 돈을 투자할 가치가 없는 것이라고 경멸하는 사람들 편에서 볼 때 이것은 실로 천진난만한 일이 아닐 수 없다. 그런 식으로 말하는 사람은 누구든지 교회의 초국가적 성격에 관한 비전의 부족과 다양한 교회들의 삶 속에서 드러난 엄청난 힘들 [에 관한 인식이 슬프게도 결핍되어 있음]을 보여준다.100)

---

98) 바빙크가 죽은 후에 열린 대회들은 다음과 같다: 방콕 1972/73; 멜버른 1980, 텍사스 산 안토니오(San Antonio, Texas) 1989; 브라질 살바도르 드 바히아(Salvador de Bahia, Brazil) 1996. 이 국제선교협의회 회의들을 다루고 있는 많은 양의 저서들 중에서 네덜란드어와 영어로 된 한, 두 권 정도만 예로 들겠다: A. Wind, *Zending en oecumene in de twintigste eeuw* I and IIa; J.J.E. van Lin, *Protestantse theologie der godsdiensten: Van Edinburgh naar Tambaram 1910-1938*; J.D. Gort, "Van Edinburgh 1910 naar San Antonio 1989: Een doorlopend verhaal," *Wereld en Zending*, (1989); "Edinburgh to Melbourne," theme issue, *International Review of Mission*, with essays by Harry Sawyerr (Edinburgh), J.D. Gort (Jerusalem), E. Jansen Schoonhoven (Tambaram), F.V. Carino (Whitby), R.C. Bassham (Willingen), R.C. Winter (Ghana), Anastasios Yannoulatos (Mexico City), and John V. Taylor (Bankok); R.C. Bassham, *Mission Theology 1948-1975: Years of Worldwide Creative Tension, Ecumenical, Evangelical, and Roman Catholic*; and T. Yates, *Christian Mission in the Twentieth Century*; 그리고 이 마지막 책은 지도적인 선교학자들의 사유에 특별히 주목한다.
99) 참조. *IZW*, 202-207 / *ISM*, 199-204.
100) "De vergadering van de Wereldraad van Kerken," 276. 또한 다음을 참조하라. *ZWN*, 200, 여기에서 바빙크는 에큐메니컬한 반성과 협력을 "기뻐해야 할 이유"(a cause for joy)라고

이 인용문에 비추어서만 판단하더라도 바빙크가 에큐메니컬한 사고의 영역에서 상당히 많은 정보를 지니고 있었음에 틀림없다. 어쨌든 그는 연속적인 국제 선교대회들에서 지속적인 성찰의 일부로서 다루어지는 주제들을 규칙적으로 언급한다. 하지만 동시에 그가 다양한 개별적인 대회들에 거의 주의를 기울이지 않음으로 인해서 이러한 모임들에서 이루어진 논의들을 그가 얼마나 받아들였는지에 대해서는 연대기적으로 기술하기가 불가능하다. 이러한 이유로 에큐메니컬한 선교학적 통찰들에 바빙크가 동의한 것과 동의하지 않은 것들에 대한 가장 중요한 실례들이 다음 단락에서 주제적으로 그리고 논리적 순서로 제시될 것이다.

주요한 에큐메니컬한 선교학적 주제들에 대한 바빙크의 견해들. 국제 선교대회들의 심의 과정 동안에 전개된 핵심 주제들 중 어느 것을 바빙크는 그의 글들에서 명시적으로 다루었으며 그 자신은 그러한 문제들에 어떻게 반응했는가?

1. 하나님의 선교(Missio Dei). 모든 선교 사역을 위한 삼위일체적 토대는 1910년 에딘버러 대회에서 이미 확고하게 세워졌었다: 선교 사역을 행하는데 있어서 교회는 성부, 성자, 성령의 선교에 참여한다. 삼위일체적 출발점, 즉 현대 에큐메니컬 역사 내내 강력하게 나타났던 "하나님은 선교의 하나님이시다" 라는 확신[101]은 1952년 빌링엔에서 특별히 강조되었다.

> 우리가 그 일부로서 참여하고 있는 선교 운동은 삼위 하나님 자신 안에 그 원천을 가지고 있다. 우리를 향하신 그분의 깊은 사랑에서 성부께서는 성령님을 통해 모든 사람이 하나님의 바로 그 본성인 완벽한 사랑 가운데에서 성부와 함께 그분(성자-역주) 안에서 하나가 되도록 만물을 자신에게 화목케 하시기 위해 자신의 독생자를 보내셨다.[102]

부른다.
101) Norman Boodall, "Towards Willingen," 13.

비록 빌링엔대회와 보다 더 초기의 대회들103)에서 있었던 이 문제에 대한 논의들에 의해서 특별히 영향을 받았다기보다는 심정적으로 동조했다고 말하는 것이 아마도 보다 더 옳다고 할지라도 바빙크는 이 선교학적 출발점에 대해 진심으로 서명했다. 왜냐하면 선교의 삼위일체적 토대는 1890년 암스테르담에서 있었던 선교 대회에서 이미 아브라함 카이퍼에 의해 세워졌었으며104) 1896년 미델부르흐 총회에 의해서 공식적으로 확언되었었기 때문이다. 다른 한편으로 바빙크는 *하나님의 선교*라는 개념을 미델부르흐 총회가 그랬던 것보다는 보다 덜 예정론에 비추어 바라보도록 에큐메니컬한 선교신학에 의해서 자극을 받았던 것처럼 보인다.

    2. 교회의 선교(Missio ecclesiae). 에큐메니컬 운동의 바로 초기부터 교회의 선교적 성격이 강조되었다. 선교는 교회의 복지에 이바지할 뿐만 아니라 교회의 본질에 속한다고 주장되었다.105) 선교는 "'살아있는 몸으로서의 교회의 기능의 일부' - 국내와 국외 모두에서 - 로 받아들여졌다."106) 바빙크는 일반적으로 받아들여진 이 개념을 교회의 선교로서 네덜란드 개혁교회의 선교 개념을 지지하는 것으로서 환영했다.107) 그는 또한 선교 사역을 복음전도와 (봉사적, diaconal) 증거 둘 다를 포함하는 것으로서 그리고 원심적(centrifugal) 성격뿐만 아니라 구심적(centripetal) 성격까지도 지닌 것으로서 이해하는 탐바람의 이해에 긍정적으로 반응했다.108)

---

102) Norman Goodall (ed.), *Missions Under the Cross*, 189 ff.
103) 참조. I.P.C. van't Hof, *Op zoek naar het geheim van de zending: In diallog met de wereldzendingsconferenties 1910-1963*. 호프는 선교를 위한 삼위일체적 토대라고 하는 주제가 1910년 에딘버러로부터 시작해서 그가 연구했던 모든 국제 선교대회들에 의해서 직접적으로 논의되었거나 분명하게 전제되어 있었다고 주장한다.
104) 참조. *Ibid*., 17.
105) 참조. *Ibid*., 35.
106) Harry Sawyerr, "The First World Missionary Conference: Edinburgh 1910" *IRM*, LXVII/267 (July 1987), 272.
107) 참조. *IZW*, 67, 또한 298을 보라. / *ISM*, 59, 또한 300을 보라.
108) 참조. *Ibid*,69 / *Ibid*. 61.

호이켄디크의 생각에 의해 깊이 영향을 받았던 빌링엔 이후의 (post-Willingen) 선교 신학에서 교회는 점차적으로 다른 무엇보다도 "사도직의 기능"으로서 보여지게 되었다. *그리고 교회의 선교*는 교회를 심는 것(the planting of the church)이라기 보다는 하나님 나라의 오심에 비추어 더욱 더 규정되었다.109) 바빙크는 이러한 견해를 확고하게 거부했다. 그에게 교회의 *존재이유(raison d'être)*는 오직 사도직에 의해서만 규정되는 것이 아니라110) 찬미적(doxological) 소명과 양육 사역에 의해서도 규정되었다.111) 그리고 그가 보기에 하나님 나라의 도래는 기독교 신앙으로 사람들이 회심하는 것과 교회를 심는 것에 의해서 실현될 것이다.112)

모든 사람이 호이켄디크 만큼 멀리 나간 것은 아니었지만 1952년 빌링엔대회 이후 많은 선교 신학자들이 이미 임하신 하나님 나라와 앞으로 임할 하나님 나라라고 하는 종말론적 틀 내에서 *교회의 선교* 개념을 해명하기 시작했다. 이때부터 계속해서 바빙크의 선교론 또한 이러한 경향의 흔적들을 지니고 있다는 것은 흥미로운 일이다. 그는 "하나님 나라"라는 용어를 보다 더 빈번하게 사용하기 시작했지만 - 『선교학입문』에서 그는 심지어 그것을 선교에 대한 정의에 포함시켰다 - 그는 또한 "보다 최근의 사유에서 종말론적 순간에 보다 큰 중요성이 주어지고 있다"113)는 사실에 대한 신학적 인식을 표현하기도 했다. 교회의 선교 사역은 그리스도의 임박한 재림에 비추어서 보여져야만 한다.

---

109) 참조. A. Wind, *Zending en oecumene in de twintigste eeuw*, I, 221 ff.
110) 이러한 생각은 예루살렘회의(the deliberations of Jerusalem, 참조. Van't Hof, 113)와 1936년에 "교회가 태어나는 바로 그 동일한 순간에 선교가 태어났으며" 오순절 사건은 "교회가 되는 것은 선교적이 되는 것이며 선교적이 되는 것은 교회가 되는 것"(*Kerk en zending*, 24)임을 분명하게 보여준다고 주장했던 헨드릭 크레머와 1939년에 "우리가 교회를 말할 때 우리는 선교를 말한다(Van't Hof, 114에서 인용됨)"고 진술했던 하르텐슈타인과 같은 선교 지도자들의 사유 안에 뿌리를 두고 있었다.
111) 참조. *IZW*, 76-77 / *ISM*, 68-69; 바빙크가 여기에서 크레머와 1952년에 빌링엔에서 열렸던 국제 선교대회 및 그에 연달아서 있었던 논의들에 대해 반응하고 있었다는 것은 명백하다.
112) 참조. *Ibid*., 157 ff. / *Ibid*., 155 ff.
113) *Ibid*., 58. 또한 300을 참조하라.

모든 선교 사역은 종말(the end)을 향하고 있다. 종말이 그의 시대에 가까이 왔다고 바울이 느꼈다는 것은 그의 증언의 일부에 비추어 볼 때에 명백하다. 그러나 [정확한 때]는 핵심이 아니다. 종말이 가까이 있느냐 멀리 있느냐 하는 것은 선교의 본질상 선교 사역이 최종적인 목표를 향해 있다는 고찰과 비교해 볼 때 중요하지 않으며, 이 최종적인 목표의 실현은 세계 역사의 지평을 넘어서서 오직 다가오는 세대에서만 가시적인 형태를 띠게 될 것이다.114)

3. 교회의 동역관계(Church Partnership). 1928년에 예루살렘에서 열린 국제선교협의회에서 '파송하는 교회'와 '선교지' 사이의 관계를 인식하고 명료하게 하는데 있어서 커다란 진전들이 있었다.115) 예루살렘 회의는 이 전통적인 용어를 새로운 명칭들, 즉 '보다 오래된'(older) 교회들과 '보다 어린(younger)' 교회들로 대체했을 뿐만 아니라 또한 교회의 이러한 양 범주들의 근본적인 평등을 강조했으며, 심지어 그들의 관계를 묘사하기 위해 '동역관계'(partnership)와 같은 용어들을 사용했다.116) 심지어 보다 어린 교회들로 하여금 선교사들을 서양에 보내도록 권유해야 할 필요성에 대한 얘기까지도 있었다.117) 동역관계란 주제는 휘트비에서 1947년에 새로운 방식으로 다시금 취해졌다. 완전한 조화 속에서 보다 어린 교회의 대의원들과 보다 오래 된 교회의 대의원들은 세계적인 선교 사역을 수행하기 위해 그들이 필요하다고 믿었던 상호 관계를 묘사하기 위해서 "복종 속에서의 동역 관계"(partnership in obedience)라는 표현에 의견의 일치를 보았다. '동역관계'란 개념은 모든 교회들의 공식적인 동등함을 표현했으며, '복종 속에서'는 복음에 복종해야 할 공통의 의무를 가리켰다. 많은 대의원들에게 "전 세계는 선교 현장으로 여겨졌으며, 따라서 보다 오래된 교회들이든 보다 어린 교회들이든 교회들은 그들의 공통된 선교적 과업을 성취하는데 있어서 각 교회가 상대

---

114) *IZW*, 58.
115) 참조. A. Wind. *Zending en oecumene in de twintigste eeuw,* I, 77.
116) *Ibid.*; 또한 다음을 참조하라. *IZW*, 211, n. 5 / *ISM,* 319, n. 5.
117) I.P.C. van 't Hof, *op. cit.,* 81.

편 교회들을 도와야만 한다는 선교적 상황에 놓여 있었다."118) 네덜란드 개혁교회는 이미 1896년 미델부르흐 총회에서 선교 현장에 있는 교회들은 네덜란드에 있는 파송교회들과 동등하며 따라서 독립적이어야만 한다고 진술했었기 때문에 바빙크가 이러한 면에서 주저없이 휘트비 대회의 견해들을 받아들였다는 것은 놀라울 게 없다.119)

휘트비는 '상호지원'(mutual assistance)이란 개념을 거의 알지 못했으며 이때까지 바빙크 역시 그랬다. 이 개념이 서구 세계에서 일어나고 있는 점증하는 세속화에 대한 반응으로 1963년에 멕시코 시티에서 열린 국제선교협의회에서 소개되었을 때 바빙크 또한 그것의 중요성을 보기 시작했다. 이것은 1966년에 쓰여진 그의 책자들 중 하나에서 발견되는 주장에 의해서 간접적으로 보여진다: "그리고 이것은 단순히 세계의 다른 지역들에 있는 교회들에 대한 서구 나라들의 메시지가 아니다. 이것은 인종과 민족의 구별없이 우리 모두를 향한 하나님의 메시지이다."120)

4. 포괄적인 접근(Comprehensive approach). 1928년 예루살렘 대회는 선포, 교육, 의료, 그리고 사회-경제적 도움 등으로 이루어진 '포괄적인 선교적 접근'이라고 하는 사유의 시작이었다. 이때부터 계속해서 삶 전반을 포함하는 4가지 차원을 지닌 성격을 가지고 있는 것으로서의 선교에 대해서 말하는 것이 관례가 되었다.121) 예루살렘 대회에서의 관심은 주로 미세구조들(microstructures)의 수준에서의 변화를 향했던 반면에, 탐바람대회에서는 또한 인간사회의 거대구조들(macrostructures of human

---

118) F.V. Carno, *IRM,* 67, 267 (1978), 318; 또한 다음을 참조하라. A. Wind, *Zending en oecumence in de twintigste eeuw,* I, 168 ff.; 윈드가 지적하고 있듯이, 이 복종 속에서의 동역관계란 개념은 1963년 멕시코 시티에서의 국제선교협의회의 주제의 서론(prelude)을 이룬다: '여섯 대륙들 속에서의 선교' (mission in six continents).
119) 참조. *IZW,* 210 ff. / *ISM,* 207; 바빙크는 이 새로운 관계에 대한 질문들이 제기될 수 있다는 것을 인식했으나 "[보다 어린 교회들과 보다 오래된 교회들] 둘 다 보다 높은, 보다 에큐메니컬한, 보다 보편적인(Catholic) 관점에서 생각해야만 한다고 주장한다: [즉 그들은 동일한 주님과 왕을 섬기는데 있어서 함께 [선교] 사역을 하고 있다는 [관점]," *Ibid.,* 211 / *Ibid.,* 208.
120) *Church Between Temple and Mosque,* 205.
121) *IZW,* 114 / *ISM,* 108.

society)을 변화시켜야 할 필요를 강조했다.122) 이러한 명제에 대해 네덜란드 개혁교회 내에 있는 많은 관찰자들에 의해서 즉각적인 비판이 제기되었다.123) 그리고 바빙크 역시 이것에 대해서 의문을 가졌다. 그는 '포괄적인 접근'이라는 개념 자체에 대해서는 거부하지 않았지만 - 그리고 사실 그의 글들에서 그것을 사용했다 - 그는 에큐메니컬한 선교신학에서 이 개념이 생각되어지는 그 방식을 문제삼았다: 그는 4가지 차원의 접근이 선교에서의 복음의 선포가 지닌 결정적인 의의와 중심적인 위치를 쉽게 희석시키는 결과를 초래할 수 있다고 주장했다.124) 그러나 동시에 그는 말과 행동에서의 포괄적인 선교적 증언이라고 하는 개념에 대한 진지한 성경적-신학적 반성에 관여하였다.125)

5. *종교신학(Theologia religionum)*. 소위 '비기독교적' 종교들에 대한 신학적 평가 문제가 1910년 에딘버러대회에서 현대적인 에큐메니컬 운동이 막 시작되었을 때에 철저한 논의에 붙여졌으며, 이 문제에 대한 논쟁은 1928년 예루살렘 대회를 통해 지속되었고, 1938년 탐바람 대회에서 잠정적인 절정에 이르렀다. 기독교와 다른 종교들 간의 '연속성' 과 '불연속성'에 관해 일어났던 논의들에서, 예루살렘 대회와 탐바람 대회에서는 한 편으로 앵글로 색슨 신학학파(the Anglo-Saxon school of theology)에 속하는 사람들과 다른 한 편으로는 대륙 학파(the Continental school)에 속하는 사람들로 이루어진 두 개의 서로 대립하는 파당이 생겨났다. 아시아의 참가자들 역시 종교간 관계에 대한 그들의 견해들에서 다소 분열되었다.126)

---

122) 참조. A. Wind, *Zending en oecumence in de twintigste eeuw*, I, 77과 152.
123) 참조. 예를 들어, H.A. van Andel. 안델은 "De conferentie op de Olijfberg"라는 제목의 글의 72페이지에서 "복음의 선포로서의 선교는 기독교적인 사회적, 정치적 삶이 생겨날 수 있는 씨앗을 사람들의 마음 속에 심는다. 그러나 그것은 사회적 변혁이나 정치적인 활동 프로그램을 위한 의제(agenda)를 제공하지는 않는다"라고 썼다.
124) *IZW*, 113 ff. / *ISM*, 107ff.
125) 이 문제에 대한 그 자신의 반성의 연장으로서 바빙크는 그의 박사학위 학생들 중 한 명인 안톤 호너흐(Anton G. Honig)로 하여금 이 문제에 대해 학위논문을 쓰도록 권고했다. 바빙크를 언급하면서 호너흐는 그의 논문의 서문에서 네덜란드 개혁교회는 당시에(1951년) 포괄적인 접근이란 주제에 관해 '고통스러운 혼란' 상태에 있었다고 썼다.

바빙크는 탐바람대회 이전의 논의들과 그리고 그 대회에서 있었던 논의들에 깊은 관심을 가졌을 뿐만 아니라 『교회를 살아가게 하는 믿음』(The Faith by Which the Church Lives)이란 제목의 소책자 형태로 그러한 논의들에 약간의 공헌을 하기도 했는데,127) 이 책자에서 그는 삶의 우주적 이해와 대비하여 인간과 신적 계시에 관한 기독교적 가르침을 기술하였다.128) 탐바람대회에 의해서 야기된 논쟁들에 바빙크가 열정적으로 관여한데 대해 두 가지 이유가 제시될 수 있을 것이다. 첫째로, '비기독교적' 종교들의 가장 깊은 의미를 탐구하고자 하는 그의 열렬한 선교학적 충동과 짝을 이루고 있는 종교적 의식의 표현들에 대한 그의 개인적인 끌림이었다. 둘째로, 이러한 관심은 탐바람대회에서 주요한 신학적 주역들 중 한 명이었던 헨드릭 크레머와 그가 유지했던 개인적으로 가까운 접촉들에 의해서 설명되어질 수 있다. 이 장의 앞 부분에서 이미 지적된 바와 같이 바빙크의 종교신학은 그리스도의 십자가 안에서 드러난 하나님의 계시는 죄된 인류의 종교들에 대한 하나님의 심판에 대한 증거라고 하는 크레머의 기본 입장에 의해서 결정적으로 영향을 받았다. 이로 인해서 그는 다른 종교들은 복음을 위한 접촉점들을 담고 있다고 하는 아브라함 카이퍼와 헤르만 바빙크의 노선에 있었던 그의 초기의 입장으로부터 완전히 떠나게 되었다.

4. 요약

종교신학 분야에서 하나의 지침서로서 그가 사용할 수 있는 어떤 정해진 네덜란드 개혁교회의 준거틀이 없었기 때문에 바빙크는 이 분야에서

---

126) 참조. A. Wind, *Zending en oecumence in de twintigste eeuw*, I, 71 ff.; J.D. Gort, "Van Edingurgh 1910 naar San Antonio 1989," 260-263 ff.; 그리고 T. Yates, *op. cit.*, passim.
127) 제네바에 있는 WCC 고문서보관소에서 발견될 수 있는 이 소책자는 또한 *De Opwekker*, 82(1937)의 520페이지에서 547페이지에 걸쳐 "Het geloof waaruit de kerk leeft"라는 제목의 네덜란드어로도 나타났으며, *DM*, XLII (1938)의 82-91, 97-104, 그리고 178-184 등에서 "Drie grote vragen"이란 제목 하에 다소 개정된 형태로 나타났다.
128) C. J.J.E. van Lin. *op. cit.*, 286-287.

자신의 사유를 꽤 독립적으로 발전시켰다. 아브라함 카이퍼와 헤르만 바빙크의 숙고는 이 분야와 관련하여 제한적이었으나 바빙크는 그들의 견해에 얽매일 필요성을 느끼지 않았다. 처음에 그의 심리학적 경향 때문에 이 분야의 연구에서 그의 반성은 루돌프 오토의 사상과 (보다 비판적 거리를 유지하면서) 프리드리히 슐라이어마허의 사상으로 경도되었다. 변증론과 관련해서는 아우구스티누스의 많은 통찰들에 의존하였다. 자신의 집단들 내부로부터 오는 비판에 대한 반응으로 그는 헤르만 바빙크의 신학적인 사상들 중 일부를 자신의 작업에 융합시켰다. 헨드릭 크레머의 견해들을 알게 됨으로써 이와 관련해서는 헤르만 바빙크의 사상과 단절하게 되었다. 변증신학에 대한 크레머의 해석에 영향을 받고, 탐바람대회에서 있었던 논의들에 직접적으로 관여하며, 그 전보다 더욱 칼빈의 사상들을 보다 폭넓게 사용함으로써 바빙크는 종교신학에 대한 최초의 공헌이라고 정당하게 불릴 수 있는 기독교와 다른 종교들 간의 관계에 관한 네덜란드 개혁교회의 이론을 발전시켰다.

선교신학 영역에서 바빙크는 개혁주의적 사유에서 출발했는데, 그것은 특히 기스베르투스 후티우스의 가르침과 1896년 미델부르흐 총회 이래로 네덜란드 개혁교회 내에서 발전하고 있었던 선교적 견해들에서 표현되어 있었다.129) 그는 미델부르흐 총회에 의해서 세워진 방침들을 보다 더 면밀히 조사하고 다듬었다. 그러나 동시에 그는 개혁주의적인 저자들과 다른 개신교 저자들 뿐만 아니라 에큐메니컬 저자들과 로마 가톨릭 저자들에 의해서 쓰여진 국내외 모두에서 출판된 선교학 서적을 폭넓게 습득하였다. 이것은 당시 네덜란드 개혁교회의 자발적인 신학적 고립을 배경으로 놓고 볼 때에 더욱 주목할 만하며 바빙크의 수용력 있는 에큐메니컬한 비전을 시사해준다. 이런 식으로 습득한 지식

---

129) 바빙크가 칼빈 신학의 선교론적 측면들과는 별 관련이 없었다는 것을 여기에서 주목해야만 한다: 이것에 대해서는 *Hervormers en humanisten*, 185 이하에 있는 W.F. Dankbaar, "Het apostolaat bij Calvijn."과 S. van der Linde, *Zending naar gereformeerd beginsel*을 참고하라.

을 자신의 반성 속에 융합시킴으로써 그는 개혁주의 선교학이 다른 사상의 선교학파들과 대화할 수 있도록 만들었다. 베르흐는 매우 주목할 만한 방식으로 바빙크의 선교학적 자질들을 기술했다: "그는 고의로 셀 수 없는 영향들에 자신을 노출시킴으로써 강력한 창조력을 갖춘 광대하고 대단히 민감한 수용력을 보여주었다. (…) 그는 이러한 영향들을 그 자신의 삶의 경험의 핵심(key) 안으로 이식시켰다."130)

요약하자면 개신교 선교 신학자인 바빙크는 자신의 전통의 부요함과 자원들에 대한 깊은 충성과 감사의 정신 속에서 뿐만 아니라 건설적인 비판과 에큐메니컬한 헌신과 개방성의 분위기 속에서 자신의 선교학을 발전시켰다고 말해질 수 있다.

---

130) J. van den Berg, "De wetenschappelijke arbeid van Professor Dr. Johan Herman Bavinck," 41.

4
타 종교들과 일반계시

제4장 타 종교들과 일반계시
(Other Religions and General Revelation)

우리가 여기서 논의 할 주제는 매우 오래 된 것이다. (…) 이 문제가 지금만큼 절박했던 적은 결코 없었다는 것이 확실하다.[1]

1. 도입

"종교적 경험과 예수 그리스도 안에서의 하나님의 계시"의 관계 문제는 바빙크의 선교 신학 전반을 지배했던 *바로 그* 주제이다.[2] 가장 깊은 의미에서 바빙크의 사역에서의 이 주제에 대한 강조는 그의 의식의 핵심이었던 일반적이고 종교적인 감정들[3]과 하나님의 은혜에 의해서 그의 토대를 이루었던 기독교 신앙 사이에 그의 마음에서 계속되고 있던 존재론적 결투(existential joust)에 의해서 위태롭게 되었었다. 이러한 내적인 정신적 전투를 배경으로 우리는 그가 심리학에 흥미를 가졌던 학창 시절에 왜 종교적 삶의 심리학적 해석을 하나의 일반적인 인간 현상으로서 제시하고자 열정적으로 시도했는지, 하지만 동시에 기독교 신앙으로부터 '종교'를 구별하고자 간절히 원했는지를 이해할 수 있다. 그리

---

1) J.H. Bavinck, *CBTM*, 11-12.
2) J. van den Berg, "The Legacy of Johan Herman Bavinck," 173; 또한 다음을 참조할 것. *ICNCW*, 81, 여기에서 바빙크는 이것을 선교학의 "지배적인 문제"(ruling problem)라고 언급한다.
3) 한 인터뷰에서, 발케(W. Balke)는 본 저자에게 바빙크 가문은 벤타임 출신이었기 때문에 이 지역의 고대 색슨족의 자연-신비주의(the old Saxon nature-mysticism)의 어떤 것을 내면화했을 가능성을 전적으로 배제할 수 없다고 제안했다: 또한 다음을 참조하라. W. Balke, 25 ff., 여기에서 그는 색슨족의 신앙과 종교를 묘사하고 있다.

고 그가 선교로 돌아섰을 때 그는 이 문제 전반을 설명하고 분석하는데 훨씬 더 깊이 몰두하게 되었다.[4] 후에 그는 직접 이 시기에 대해서 다음과 같이 썼다: "반복해서 우리 사역의 전면에 부각된 것은 바로 종교들 간의 관계에 대한 물음이었다."[5] 따라서 그로 하여금 한편으로는 동양의 종교성을 탐구하며 동시에 복음의 '타자성'을 강조하도록 만든 것은 바로 개인적인 관심과 선교적 필연성 둘 다였다.

그러나 이것들이 관련된 유일한 요소들은 아니었다. 1930년과 1934년 사이에 바빙크는 헨드릭 크레머와 꽤 가까이 접촉했다. 다시 말해서 크레머는 당시에 선교 단체들 사이에서 발견되던 영적 상대주의에 반대하는 사람들의 명단에 이름을 올렸으며 이 싸움에서 줄곧 바빙크를 지지하였다. 다음은 바빙크 자신의 말이다: "(…) [종교들 간의 관계에 관한] [바로 그] 문제가 선교 사역의 전 방법론을 지배해야만 한다고 나에게 반복해서 지적한 사람은 바로 크레머였다."[6] 바빙크가 1934년에 『그리스도와 동양의 신비주의』에 관한 책을 출판한 것은 이러한 문제들에 대한 그의 반성의 직접적인 열매였다. 그러나 기독교와 다른 종교들 간의 관계에 대한 바빙크의 확신을 확고히 해주고 그로 하여금 이 주제에 대해 훨씬 더 깊이 있고 폭넓게 반성하도록 이끌어 준 것은 바로 특히 1938년에 나온 크레머의 중요한 영향을 미치게 될 책인 『비기독교 세계에서의 기독교 메시지』(*The Christian Message in a Non Christian World*)와 국제적인 선교 단체들에서 보여 준 이 책에 대한 반응들이었다.

앞의 사실에 비추어 볼 때 바빙크의 선교 신학에 대한 논의는 '비기독교적' 종교들에 대한 그의 견해들을 검토하는 것으로 시작해야만 한다는 것이 명백한 것처럼 보인다. 정식으로 말하자면 이러한 접근은 『선교학 입문』에서 바빙크 자신이 자료를 배열한 것에 의해서 지지

---

[4] 바빙크로 하여금 이 문제에 큰 관심을 갖도록 한 요소들 중 하나로서 이 문제가 1920년대 개혁주의적 학문 탐구의 대상으로서 주요한 자리를 차지하고 있었다는 것을 여기서 주목해야만 한다.
[5] "Hendrik Kraemer als denker en medewerker," 161.
[6] *Ibid.*

를 받지 못한다고 할 수 있는데, 이 책에서 기독교와 다른 종교들 간의 관계 문제는 제1부인 "선교이론에 대하여"에서 다루어지지 않고 오히려 제2부인 "반증술에 대하여"에서 다루어지고 있는데 그것도 아주 암묵적으로만 그렇다. 그러나 『선교학 입문』의 서두에서 바빙크가 '비기독교적' 종교들에 대한 평가는 선교의 토대에 관한 *제일 우선적인* (*primary*) 선교적 질문과 밀접하게 연관되어 있으며[7] 다른 종교들의 문제는 선교에 "매우 본질적이고 매우 필수불가결한" 것이어서 선교학은 이것을 다루지 않고서는 적절하게 수행될 수 없다고 말하는 사실에 비추어 볼 때 이러한 접근은 실질적 의미(in a material sense)에서 정당화 될 수 있을 것이다.[8]

종교들에 대한 바빙크의 견해들은 점차적으로 발전해 갔다. 이 발전은 두 단계로 구분될 수 있다. 처음에 그는 종교심리학의 개념적 자료들로부터 출발했는데, 그 다음에 그는 그것들을 신학적으로 정립하고자 했다. 이후부터는 계속해서 그 순서가 바뀌었다: 성경적-신학적 탐구가 그의 사역에서 제일 중요한 자리를 차지하게 되었으며 그는 이러한 탐구에 비추어서 종교성의 출현과 관련된 심리학적 과정들을 해명하기 시작했다. 이와 관련해서 바빙크가 붙들고 씨름한 두 개의 중요한 개념들이 일반계시와 종교적 의식이다. 이중 첫 번째 것에 대한 바빙크의 이해는 이 장에서 나중에 다루어질 것이며, 두 번째 것에 대한 그의 견해들이 다음 장에서 검토될 것이다. 그러나 이 두 번째, 신학적 접근을 언급하기 전에 우리는 먼저 종교성에 대한 그의 이해가 발달하게 된 보다 초기 단계에 주목해야만 한다.

---

7) 참조. *IZW*, 18-19.
8) *Ibid.* 19; 이러한 주장을 지지하기 위해서 바빙크는 홀스텐을 인용하고 있다: "Religionswissen-schaft ist (…) nicht eine Hilfswissenschaft der Missionswissenschaft, auch nicht ein Kapitel in ihr, genannt Missionsapologetik oder änlich, sondern sie bedingt die Missionswissen-schaft, wie sie von ihr bedingt ist; beide gehören zusammen als ein Ganzes," [종교학은 (…) 선교학에 속해 있는 보조적인 분과가 아니며 후자에 들어 있는 선교 변증술이라고 불리는 하나의 장(a chapter)과 같은 것도 아니다. 오히려 그것(종교학-역주)은 선교학을 전제로 하고 있다. 마치 선교학이 그것을 전제로 하고 있는 것처럼 말이다. 이 둘은 하나의 전체로서 함께 속해 있다, *Das Kergyma und der Menschen*, 55.]

2. 심리학적 접근(Psychological Approach)

2.1. 종교적 감정들(Religious feelings)

심리학 분야에 대한 첫 저서(『심리학에 대한 소론들』, *Zielkundiege opstellen, Essays on Psychology*, 1925)에서 바빙크는 종교를 인간의 감성적 삶의 종국적이고 가장 근본적인 강박관념(complex)이라고 부른다.9) 그는 종교적인 감정의 본질을 "하나님과의 교제에로의 충동"10)으로 묘사한다. 사람들 가운데 언제나 어디서나 존재하는 이러한 내적충동은 '나'(I)라고 하는 인간이 하나님이 없이는 존재할 수 없다는 사실 안에서 발견되어진다. 하나님은 "이러한 '나'(I)가 뿌리를 두고 있는 토대"이다.11) 그러나 종교적 감각과 감정은 언제나 엄청난 정도의 양면성으로 가득 차 있다.

> 하나님은 두려운 분, 즉 말할 수 없을 정도로 무섭고, 무시무시하며, 불쾌감을 주는 분인 동시에 강력하게, 마법적으로 매혹시키는 분으로서 경험되어진다. 한편으로 사람들은 하나님 앞에서 강렬한 소심함을 보여주며 그분으로부터 달아나고자 하는 강한 열망에 사로잡힌다. 그러나 반면에 그들은 또한 하나님께 매료되며 끊임없이 그분을 향하게 된다.12)

이러한 양면성은 인간 영혼 안에서 발견되는 감정의 세 가지 근본적인 강박관념들이 있다는 사실에서 생겨난다: 자기 인식(self-awareness), 사회적 인식(social awareness)-타자에 대한 느낌, 그리고 종교적 인식(religious awareness)-하나님께 대한 느낌. 이 세 가지 기둥들 - 자아, 자신의 동료, 그리고 하나님 - 간의 관계들은 개인의 인성을 구성하고 형성하는데 결정적이다. 논리적 관점에서 보자면 오직 한 가지 올바른 관계만이 존재한

---

9) 이것은 그의 박사논문의 결론, 즉 느낌(feeling), 감정(emotion), 그리고 직관(intuition)은 신비주의 그리고/또는 종교에서 매우 중요한 요소들이다; 참조. *EGAHS*, 92-95. (이곳 외에서 역자는 feeling을 대부분 '감정'으로 번역하였다. - 역주).
10) *ZKO*, 96.
11) *Ibid.*, 103.
12) *Ibid.*, 96.

다: (하나님께서는 우리의 존재의 근거이신 까닭에) 다른 무엇보다 하나님을 사랑하는 것, 그리고 이웃을 자기자신으로서(the neighbor as oneself) 사랑하는 것, 그리고 (인간은 언제나 공동체의 열매이자 원천이기 때문에) 자기자신을 이웃으로서 사랑하는 것. 그러나 이러한 관계적 균형은 죄에 의해서 철저히 파괴되었다. 인간은 자신을 신(a god)으로 만들었으며 스스로를 높였고 모든 것의 중심에 두었다. 사회적이고 종교적인 감정은 자아에 대한 감정으로 뒤덮였다. 인간의 인성은 균형을 잃게 되었고 서로 어긋나 있다.[13] "인간으로 하여금 그가 찾고 있는 하나님을 계속 거부하도록 만드는 것은 바로 자아에 대한 감정의 상승이다."[14] 바빙크는 이러한 과정을 '기꺼이 원함'과 그럼에도 '기꺼워하지 않음'('willingness' and yet 'non-willingness'), 즉 '마주봄'과 동시에 '돌아섬'(a 'turning toward' that is at once a 'turning away')으로서 묘사하였다.[15] 인간들은 아무리 열심히 그것을 극복하고자 한다 하더라도 그들 존재의 중심에 있는 헌신과 배임(dedication and defalcation) 사이의 이러한 모순을 결코 벗어날 수 없다.[16] 심지어 가장 깊은 종교적 수행 속에, 즉 신비주의 속에 몰두해 있을 때조차도 하나님에 대한 인간의 추구는 자기 신성화, 그리고 이로 인한 자아의 유지를 향한 강박적 성향에 의해서 더럽혀져 있다.[17] 심리학이라는 안경을 통해서 성경을 읽음으로써 바빙크는 다양한 성경 구절들 속에서 자신의 이론이 확증되는 것을 발견했다. 예를 들어, 그는 호렙산에서 주의 임재 가운데 서 있는 엘리야의 이야기 속에서 예증되는 하나님을 향한 갈증과 이와 동시적인 하나님으로부터의 도피라고 하는 심리학적 실재를 바라본다: "엘리야가 [하나님의 임재의 부드러운 속삭임을 듣고 겉옷으로 얼굴을 가리우고 나가 굴 어귀에 서매"(왕상 19:13). 바빙크는 이 본문에 대해 다음과 같이 주석을 달았다: "하나님을 두려워하는 소심함이 그로 하여금 그의 얼굴을 가리도록

---

13) 참조. *Ibid.*, 100-104, *IZK*, 277-280, 그리고 *PWB*, 36-41.
14) *PWB*, 171.
15) *Ibid.*
16) 참조. *Ibid.*, 41-42.
17) 참조. *Ibid.*, 145-146, 그리고 *CMO*, 222-223.

만들었으나 그럼에도 불구하고 그가 느낀 강한 끌림은 그로 하여금 나가서 주를 맞도록 했다."[18] 바빙크는 또한 인간 존재의 중심에 있는 내적 모순이라는 이러한 개념이 로마서 7장 19절에 있는 사도 바울의 말 속에서 확증되는 것을 본다: "내가 원하는 바 선은 하지 아니하고."[19]

『심리학 입문』에서 바빙크는 인간의 종교적 삶이 드러나는 방식을 자세히 다룬다. 바빙크는 종교적 감정을 인간 영혼의 진단적이고 평가적인 의식(the diagnostic, evaluative consciousness) 속에 위치시키는데 이것은 세 영역 속에서 활동적이다: 삶의 사건들과 창조에 대한 비판적 관찰과 평가,[20] 인간의 마음속에 기록되고 창조 안에 구현된 하나님의 법의 준수, 그리고 신비적 경험.[21] 바빙크는 법에 의해서 명령된 세계에 관해 다음과 같이 쓰고 있다:

> 만약 당신이 세계를 주의 깊게 관찰한다면 당신은 섬김[의 원리]가 강력하게 존재하는 것에 의해서 언제나 새롭게 감동을 받을 것이다. '섬김의 법 (the 'law of service')은 팔과 같이 모든 피조물을 떠받치며 이 영광스러운 세계 전체를 존재케 한다. (…) 이 섬김의 법이 없다면 어떠한 존재도 있을 수 없을 것이다.[22]

비록 종교적 의식에 대한 이러한 표현들이 하나님의 형상[23]으로의 인간창조에서 처음으로 발견된다 할지라도 그들의 활동성은 필연적으로 주관적 성격을 지니고 있다.[24] 바빙크는 이러한 각성을 마치 꿈으로부

---

18) ZKO, 96; 또한 다음을 참조하라. IZK, 272-273.
19) 참조. ZKO, 106
20) 바빙크는 『심리학 입문』에서 창조를 언급하지 않지만 『삶의 물음들』(Levensvragen, Questions of Life, 1927)에서 이것을 다룬다.
21) 참조. IZK, 265.
22) In LV, 23-28.
23) LV, 35-40에서 바빙크는 타락이후에 조차도 사실상 인간은 계속해서 - 하나님의 형상으로의 그의 창조와 그 결과로 인한 지식, 공의 그리고 거룩함의 수여덕택에 - 하나님과의 교제를 추구하는 사유하는 도덕적 존재(a thinking and moral being)로 남아 있다고 주장한다. 그리고 그의 종교적 감정이 깨어나게 된다면 그는 타락의 결과로 인해 상실된 이 세 가지 가장 고상한 선들을 열망하게 될 것이다.
24) 참조. "Een woord van verweer tegen prof. Hoekstra en prof. Waterink," 548 ff.

터의 영혼의 '위대한 깨어남'이라고 부른다:

> 그것[영혼]은 사유에 관여해 왔으며 셀 수 없는 방식으로 욕구해왔고, 증오해 왔으며, 사랑해 왔으며, 추구해 왔으며, 소망해 왔으며, 흐느껴 왔으며, 그리고 행동해 왔다. 그리고 이제 갑자기 이 모든 것이 가라앉아 사라져 버리고, 그리고 이제 [영혼]은 마치 처음으로 자신이 거대한 수수께끼 앞에 서 있는 것을 발견하는 것처럼 보인다: 사물들의 깊이, 사물들의 근거, 사람들의 의미와 목적.[25]

영혼이 깨어날 때에 "그것은 자신이 진리의 영원한 문들에서 무지의 초라한 넝마를 걸친 채 맨발의 거지로서 서 있는 것을 발견한다. 그리고 그것은 문을 두드린다. (…) 오! 하나님, 정말 당신이 존재한다면, 오 하나님! (…) 내가 어떤 존재이며, 왜 내가 있고, 왜 모든 것이 존재하는지를 내게 말해주소서."[26] 이러한 깨어남은 각 개인의 삶 속에서 뿐만 아니라 모든 사람들의 삶에서도 일어날 수 있으나 결코 확실하지는 않다: "그러한 질문들이 심지어 존재한다는 어떤 암시도 갖고 있지 않은 사람들이 많다."[27]

여기에서 또한 바빙크는 더듬어 찾다가 넘어질 수밖에 없는 방식으로 자신을 드러내는 종교적 삶은 참된 종교의 부패를 의미한다는 점을 지적한다. 자신에 대한 인간의 죄된 자기 중심성은 "하나님께서 삶을 섭리적으로 인도하신다는 것을 악의적으로 인식하며", 인간의 삶을 위한 신적 규범을 왜곡하고, 신-인 관계를 오해하게 만든다.[28] 그 밖의 다른 곳에서 바빙크는 다음과 같이 쓰고 있다:

> 모든 세계관은 인간 영혼 안에 존재하는 이상한 불화에 대한 살아 있는 증

---

25) *LV*, 7-8.
26) *Ibid.*, 8.
27) *Ibid.*, 9. 이러한 고찰들 중 어느 것에서도 우리는 '일반계시'라는 용어를 발견하지 못한다. 여기에서의 핵심은 분명히 인간 영혼 자체의 종교적 본능이나 열망이다.
28) *IZK*, 265-273.

거이다. 인간과 하나님 사이의 관계가 변할 수 없을 정도로 비틀어지고 뒤틀려 있는 까닭에 어떤 인간도 이러한 내적 불안을 넘어 설 수 없다. 죄의 미묘한 독이 인간의 모든 기능과 취향 속으로 기어들어 온다. 인간은 그들 존재의 가장 깊은 심연에서 하나님을 열망한다는 사실에 비추어서 그분을 찾는 것 외에는 아무 것도 할 수 없으며 그들이 그들 본성의 모든 기질에 있어서 그분을 두려워하고 그분을 증오하기 때문에 그분을 회피하는 것 외에 아무 것도 할 수 없다.29)

종교적 삶은 심지어 전적으로 세속적인 형태들을 지닐 수도 있다. 예를 들어 사람들이 돈, 영예 또는 쾌락주의적 즐거움 등으로 하나님에 대한 그들의 갈증을 해소하고자 할 때에 그렇다.30)

자연-종교적 삶과 기독교적 삶의 관계는 연속성 안에 있는 불연속성의 관계이다: 인간의 마음이 하나님을 목말라 한다는 사실, 즉 그분을 알고 그분과의 교제 속으로 들어가서 그분의 법을 따르고자 한다는 사실로 인한 연속성이요, 인간이 명확한 이해와 이상을 성취하는 것을 가로막는 인간의 자아 콤플렉스로 인한 불연속성이다. 종교는 "여러 면에서 참되지 않은" 채로 남아 있으며 "하나님의 계시에 의해 모든 면에서 깨어져 열려야만 하는데" 이것은 "영원하신 말씀이 우리의 마음속에서 말씀하시기를 시작할" 때 발생할 것이다.31) 이것이 거짓으로부터 자유케 하는 진리이다.32) 바로 이러한 토대 위에서 바빙크는 복음을 인간의 깊고 강력한 필요에 대한 유일한 답(the answer)이라고 부른다: 하나님과 인간 자신 사이의 긴장의 제거. 바빙크는 이러한 긴장을 다음과 같이 묘사한다:

---

29) *PWB*, 23.
30) 참조. *LV*, 47-69. 바빙크는 심지어 인간의 삶을 유혹하고 충동질하지만 "인간의 마음의 굶주림"을 오랫동안은 만족시킬 수 없는 "죄의 '삼중적'-통일성"("'tri'-unity of sin")에 대해 여기서 말하기도 한다.
31) *ZKO*, 116.
32) 참조. *PWB*, 176-177.

인간 존재의 운명에 직면해서 사람은 그의 삶의 삼중의 파산상태[즉, 지식과 의와 거룩함과 관련한 파산상태]를 인정하는 것 외에 아무 것도 할 수 없다. (…) 우리는 이상을 바라보며 산다. 하지만 우리는 그것을 성취하지는 못한다. 보다 고상한 의미에서 우리는 우리의 삶이 실패라는 것을 느끼지 않을 수 없다. 아무리 훌륭하다 할지라도, 아무리 총명한 것처럼 보인다 할지라도, 조금만 깊이 평가해 본다면 우리의 삶이 그 본질적인 가치를 실현하는 데 실패했다는 것을 인정하지 않을 수 없다. 이것이 구원과 삶의 자유를 위한 외침이 전 세계 역사 내내 그렇게 끊임없이 그리고 그렇게 간절히 울려 퍼졌던 이유이다.[33]

거룩하신 분과 그리고 하나님의 참된 인자이신 예수님과 대면함으로써 사람들은 그들의 죄로 가득한 참된 본성을 발견한다. "회심이 시작되는 것이 바로 이 만남에서이며, 바로 여기에서 하나님은 사랑이시며 회개하는 마음을 용서하시기를 기뻐하신다는 승리의 믿음이 생겨난다."[34] 바빙크는 이와 관련해서 "인간 삶의 위대한 전환점,"[35] 즉 "자기 자신의 상실과 일으킴을 받기 위해서 죽는 것인 보다 높은 수준에서의 자신의 재발견"을 의미하는 "위대한 도약"에 대해 말한다.[36] 그는 이것이 모든 심리학적 탐구를 초월하는 "하나님의 사역이다"라고 분명하게 말한다.[37] 이후의 저서에서 바빙크는 종교의 어떤 형태와 기독교적 신앙 사이의 지배적인 차이가 드러나게 되는 곳이 바로 정확히 이 지점이라고 주장했다. "복음에서 구속은 유일하게 또는 심지어 일차적으로 심리학적인 과정이 결코 아니라, 무엇보다도 하나님과 인간의 관계에서의 심오한 변화이다. 그것은 화목과 칭의로 이루어져 있다."[38] 회심과 구원은 심리학적인 용어로는 결코 헤아려질 수 없으나 성령에 의한 내적

---

33) *LV*, 82-83.
34) *Ibid.*, 98.
35) *Ibid.*
36) *IZK*, 273.
37) *Ibid.*
38) *CMO*, 225.

거듭남, 즉 "성령의 능력에 의해서 [일어난] 본질적으로 새로운 생명"으로서 언제나 이해되어야만 한다.39) "그 인격의 집중의 전환"(a different concentration of the personality), 즉 새로운 삶의 방향설정을 가져온다.40) 우리는 여기에서 바빙크가 과거와의 절대적인 단절에 대해 말하고 있다고 생각해서는 안 되고, 오히려 종교적인 삶의 성숙함과 성취에 대해 말하고 있다고 생각해야만 한다.

위의 사실로부터 그의 사유가 발전하는 과정의 보다 초기 단계에서 바빙크는 상당히 심리학적인 용어로 자연인의 종교적 삶의 기원과 본질을 규정했다는 것이 명백해진다. 비록 그러한 상황 속에서도 그가 성경적 전통 안에 머물고자 노력했지만 말이다. 더욱이 하나님을 추구하고 느끼는 것으로서 이해되어진 종교적 삶에 대한 그의 신학적 평가는 분명 상대적으로 긍정적이었다. 그리고 마지막으로 당시에 종교에 대한 그의 심리학적 접근으로 인해서 그는 자연인의 종교적 삶과 기독교 신앙 사이의 유사점들에 대해 상당히 자유롭게 말할 수 있었음에 분명하다.41)

판 덴 베르흐는 바빙크가 이런 면에서 슐라이어마허의 영향을 받았다고 지적한다.

> [바빙크의] 사유의 음조는 슐라이어마허를 떠올리게 하는데, 그는 종교적 경험이란 개념을 그의 출발점으로 삼았다. 본 저자는 바빙크 자신이 표시를 해 둔 슐라이어마허의 책인 『종교에 대한 말』(Reden über die Religion)을 가지고 있는데, 이곳에 그어져 있는 밑줄들은 그가 이 주제에 대해 슐라이어마허의 사유에 얼마나 많이 빠져있는지를 보여준다.42)

---

39) *IZK*, 271.
40) *Ibid.*, 275.
41) 참조. *Ibid*. 265-273: 이곳에서 종교적 경험과 기독교적 경험은 마치 그것들이 기본적으로 유사한 현상인 양 서로를 관통하도록 허용된다. 여기에서 심리학이 주해를 지배하고 있다.
42) "The Legacy of J.H. Bavinck," 171.

슐라이어마허는 종교의 본질을 영원자를 느끼는 것(a sense of the Eternal)으로 규정했다. 모든 종교가 자라나온 곳은 바로 영원자에 대한 절대 의존의 감정(schlechthinniges Abhängigkeitsgefühul, feeling of sheer dependance)으로부터이다. 종교들 간의 큰 차이는 영원자가 인간의 마음 속에서 다양한 방식으로 반영된다는 사실에 의해서 설명된다. 기독교는 그리스도 안에서 계시된 하나이신 하나님에 대한 절대 의존으로 인해서 모든 종교들의 정상에 서 있다. 슐라이어마허의 사유에서 경험과 계시는 동시에 발생한다.43) 분명 바빙크는 슐라이어마허가 종교에 접근하는 근본 구조에 의해 어느 정도 영향을 받았음에 틀림없다. 그러나 이러한 영향은 베르흐가 지적하는 것보다는 아마 훨씬 덜했을 것이다. 사실 바빙크의 저서를 보면 그가 루돌프 오토의 견해들에 의해서 보다 더 직접적으로 영향을 받았다고 추정할 만한 이유가 있다. 오토는 인간들 안에서 발견되는 종교적으로 선험적인 것, 즉 거룩한 자에 대한 감각(a sense of the Holy)이 있다는 가정에서부터 앞으로 나아간다. 이러한 내적 성향이나 충동으로 인해 인간들은 거룩하신 분으로부터 오는 인상들(impressions)에 열려 있으며 삶의 실재와 세계에 종교적인 방식으로 반응하지 않을 수 없다고 오토는 주장했다. 이러한 잠재적으로 현존하는 종교적 감각은 모든 종교의 경험들에 의해서 활성화될 수 있다.44) 바빙크의 견해들과 오토의 견해들 사이의 유사성은 명백하며, 이것은 바빙크가 종교적 선험성의 개념을 버리고 난 지 한참 후에 그 자신에 의해서 확언되는데, 그때 그는 다음과 같이 썼다: "오토의 이러한 주장들 안에는 우리에게 말하는 어떤 것이 있다."45)

2.2. 심리학적 접근의 비판에 대한 논박

---

43) 참조. 그의 *Reden über die Religion*과 *Der christliche Glaube*, 이 저서들은 바빙크에 의해서 *RBCG*에서 인용되지만 그 내용에 있어서는 전혀 사용되지 않는다.
44) 참조. R. Otto, *Das Heilige*, passim.
45) *RBCG*, 105.

바빙크의 견해들은 그 자신의 내부로부터, 특히 두 명의 탁월한 교수들인 혹스트라(T. Hoeskstra)와 봐떠링크(J. Waterink)46)로부터 심한 비판을 받았는데, 이들은 바빙크가 지나치게 심리학적으로, 다시 말해서 하나님의 계시와 객관적인 지식에 비추어서 충분히 신학적으로 한 것이 아니라 주관적인 감정에 의해서 종교의 기원과 핵심을 해석했다고 주장했다. 혹스트라는 종교에서 감정적인 순간을 인식론적인 요소보다 상위에 두는 것은 개혁주의적 전통과 직접적으로 상충한다고 여겼다. 봐떠링크도 여기에 동의했다. 헤르만 바빙크47)와 같이 그는 종교가 언제나 하나님으로부터의 계시를 전제로 하며, 따라서 논리적으로 말해 지식의 행위가 감정보다 우위를 차지한다고 주장했다. 하나님에 대한 지식이 없는 하나님께 대한 어떤 감정, 즉 하나님이나 하나님과 함께하는 삶에 대한 어떠한 열망도 가능하지 않다.48)

이러한 비판에 대한 답변으로 바빙크는 신적 계시와 하나님께 대한 지식이 없이는 능동적인 종교가 실로 불가능하다는 것을 인정한다. 그의 비판자들이 그가 이것을 부인할 것이라고 생각하게 된 것은 종교를 감정의 영역에 자리매김하도록 하고자 하는 그의 시도로 인해서 야기된 오해로 말미암은 것이라고 그는 주장했다. 그는 자신이 이러한 범주화를 주창한다고 해서 직관이나 감각이 종교의 기원에 있어서 단지 한 측면에 불과한 것이 아니라 그 이상의 어떤 것을 시사한다고 하는 의도를 지니고 있지 않았다고 썼다. 그가 전달하고자 한 유일한 생각은 인간의 마음 속에 있는 하나님을 향한 잠재적인 열망에 신적 계시가 답하지 않는다면 주관적 종교는 불가능하다는 것이라고 그는 진술했다. 처음에 이러한 열

---

46) 참조. Hoekstra in his review of IZW, in: GTT, XXVIII (1927/1928), 233-240과 Waterink, "Iets over de psychologie der religie," GTT, XXVIII (1927/1928), 443-517.
47) 참조. H. Bavinck, Gereformmerde dogmatiek, 244: "Religio subjectiva(주관적 종교)는 무엇보다 아비투스(a habitus), 즉 인간 존재 안에 있는 어떤 태도나 성향이며 이것은 religio objectiva(객관적 종교)의 작용(agency)을 통해서 악투스(actus)로 전환된다."
48) 참조. Ibid., 277, 여기에서 바빙크는 종교가 전인과 관계하며 하나님과의 관계가 전체적이고 중심적이라는 것이 사실인 반면에 그럼에도 지식이 지도적인 역할을 하는 하나의 질서(an order)가 있다고 주장한다.

망은 *아비투스(habitus)*로서 존재하는데, 바빙크에 따르면 이것은 칼빈이 *종교의 씨앗*이라고 부른 것과 가장 잘 연관될 수 있다.49) 그러나 바빙크가 단언하고 있듯이 이 논쟁이 단지 오해의 문제인지 아니면 - 본 저자가 생각하듯이 - 그가 처음에 사실상 종교의 기원과 원리를 주로 하나님에 의해 주어진 것은 틀림없지만 그럼에도 *인간의* 경향성 안에(in a God-given, to be sure, but nevertheless *human* aptitude) 위치시켰는지에 대한 의문은 열린 채로 남아 있다. 어쨌든 이때부터 계속해서 바빙크가 그 이전보다 훨씬 더 명시적으로 종교적 의식이 심리학적인 현상일 뿐만 아니라 신학적인 현상임을 강조했다는 것은 분명한 사실이다.50)

이 모든 것은 『심리학 입문』의 두 번째 개정판에서 분명하게 반영되고 있으며, 이곳에서 종교는 가치평가적 감정의 틀 내에서 더 이상 다루어지지 않고 오히려 인간 자아(the human ego)를 다루는 단락에서 다루어지고 있다. 그리고 이 책의 첫 번째 판에서 불분명한 채로 남아 있었던 것이 이제 충분하게 설명된다:

> (…) 모든 인간의 종교는 하나님의 지속적인 자기 계시의 작용 안에 놓여 있으며 오직 그것을 통해서만 가능한데, 이러한 자기 계시는 태초부터 인간에게 말해졌다. (…) 하나님의 이러한 자기 계시는 자연과 역사 모두가 그분의 덕들을 우리에게 나타낸다는 의미로 이해되어져야 할 뿐만 아니라, 이것은 또한 인간의 영혼이 다시 말해 하나님께 매여있다는, 즉 내적으로 하나님을 향하도록 창조되어 있다는 사실을 수반한다.51)

---

49) 이 문제와 관련하여 요한 바빙크와 헤르만 바빙크 사이의 차이는 전자가 *종교의 씨앗*을 감정의 영역에 속한 한 요소, 즉 감정적인 삶의 요소로서 해석한 반면에, 후자는 그것을 사고와 지식의 영역에 속한 한 요소로 보았다는 것이다. 헤르만 바빙크가 *주관적 종교(religio subjectiva)*를 *종교의 씨앗*과 동일시했을 때 분명 그는 사유를 위한 내적 경향성(an inner aptitude for thought)을 가리키고 있었다: 감정의 영역 내에서 (하나님을-역주) 찾는 것들은 지식으로부터 생긴다; 참조. *Gereformeerde dogmatiek*, 244-245. 칼빈 자신은 이런 식의 구분을 하지 않았다: the *semen religionis* or *sensus* (!) *Divinitatis*(*종교의 씨앗 또는 신성에 대한 감지력*)은 단정적인(assertive) 측면과 인식적인(cognitive) 측면 모두를 명시적으로 보여주는 하나의 실재(a reality)이다.
50) 참조. "Een woord van verweer tegen prof. Hoekstra en prof. Waterink," 544-552.
51) *IZK²*, 303.

더욱이 바빙크는 이제 한편으로는 일반적인 종교적 삶의 현상들과 다른 한편으로는 기독교 신앙 사이를 더욱 분명하게 구분한다. 그는 "우리가 여기에서 종교적인 삶의 심리학적 측면에 대해 말할 때에 우리는 이 말의 일반적인 의미에서의 종교적 삶을 언급하고 있는 것이다. 따라서 자연인의 종교야말로 우리가 [지금 논의하고자 하는 것이다"라고 강조해서 말한다.52) 기독교 신앙과 대비되는 일반적인 종교적 삶에 대한 평가는 그것들 사이의 신학적인 차이들이 심리학적인 유사성들보다도 강조됨으로 인해서 보다 부정적인 경향을 띤다. 성경에서 하나님의 계시에 비추어 살게 된 삶의 *전적으로 다른* 성격(totaliter aliter character)은 분명한 말로 단정되고 있다: "하나님의 특별계시가 비추이는 곳에서 모든 것이 달라진다." 53)

1934년에 나온 책인 『그리스도와 동양의 신비주의』에서, 그리고 이 책의 출발점은 동양의 종교들과의 집중적인 선교적 만남이었는데, 바빙크는 한 편으로 하나님을 향한 모든 형태의 종교적 추구와 감정 그리고 다른 한편으로는 예수 그리스도 안에 나타난 하나님의 진리 앞에 절하는 것 사이에 놓여 있는 커다란 균열을 인상적이게도 현상학적으로 구체화하고 있다. 틀림없이 그는 동양 종교들 안에 있는 가치 있는 요소들을 높이 평가하고 있는데, 그는 이러한 요소들을 하나님과 인간 사이의 형이상학적 고리로 설명하며 복음 선포를 위한 접촉점 또는 출발점으로 간주한다. 그러나 도덕적 의미에서 하나님과 인간 사이의 단절, 즉 인간의 노력에 의해서 복원될 수 없는 파열에 비추어 볼 때 바빙크의 핵심 메시지는 모든 게 그것이 인간 종교 안에서 묘사되는 방식과는 다르다는 것이다: "삶이 다르며 세계가 다르다. 하나님은 다르며 나 역시 다르다 (…)" 54) 이 저서는 바빙크에게 있어서 종교적 의식으로부터 기독교 신앙

---

52) *Ibid.*
53) *Ibid.*, 312.
54) *Ibid.*, 203. 참조. J.J.E. van Lin, 185, note 4 and 187, note 49.

으로의 도약이 더욱 멀었다는 것을 보여준다. 비록 그 둘 사이의 근본적인 단절에 대해서는 어떠한 언급도 여전히 없지만 말이다. 반면에 바빙크는 인간과 하나님의 관계의 왜곡들 속에서 복음을 위한 접촉점들을 계속해서 찾아낸다. 따라서 그는 복음이 다양한 형태의 종교적 의식을 근본적으로 교정하는 것으로서의 비판적 기능을 성취할 뿐만 아니라 여러 세기 동안 하나님을 찾고 하나님에 대해서 생각해 오고 있는 이 모든 사람들에게 종국적인 답을 제공해 준다고 하는 견해를 취한다.55)

2.3. 요약

당시의 경향을 따라서,56) 바빙크는 일반계시와 종교적 의식에 대한 가장 초기의 고찰들에서 심리학을 공식적인 개혁주의 신학과 연결시키고자 했다. 처음에 종교적 의식의 기원과 본질은 대개 그가 신학적인 색채를 더한 심리학적 범주들에 의해서 묘사되었다. 때때로 그는 심리학적 관찰들에 대한 차후의 '증거'를 제시하기 위해 성경 본문들을 사용했다.57) 비판으로 인한 압력으로 그는 개혁주의적 견해들을 보다 결정적으로 그의 사유 속에 통합하여 종교적 의식의 기원과 본질을 일차적으로는 신학적 용어들로 정의하기 시작하였으며 심리학적 용어들은 이차적으로만 사용하였다.58) 이 개념에 중심적인 사상은 피조물들이 내재적으로 신을 향하도록 방향지어져 있었던 것처럼 인간들은 잠재적으로 하나님을 추구하는 사람들이라는 것이었다. 종교적 의식은 일반계시에

---

55) *IZK²*., 232.
56) 참조. J. Stellingwerf, 107 ff. 바빙크 자신은 *DTK*에서 이러한 경향을 언급했다.
57) 보다 이후의 시기에 쓰여진 한 편지에서 잘 알려진 개혁주의 신학자인 스킬더는 바빙크의 초기 저서에서 "성경적인 원리들이 오직 *후험적으로*(a priori)만 언급되며 다른 방식에 의해서 획득된 결과들과 가능한 한 가장 잘 연결되어 있다"고 분명하게 진술한다. 특정한 날짜가 적혀 있지 않은 이 비밀 편지는 캄펀 신학교의 고문서보관소에서 발견된다.
58) *종교의 씨앗* 또는 *주관적 종교*라는 개념이, 바빙크의 경우에 그런 것처럼, 일반은혜의 열매로서 간주된다면 그때에 모든 종교는 원칙상 하나의 신학적인 현상이다. 그것이 아무리 심리학적인 용인들로 차후에 결정된다 할지라도 말이다; 참조. R.H. Gremmer, *Herman Bavinck as dogmaticus*, 227.

의해서 이러한 잠재성이 작용하도록 하는데, 이러한 종교적 의식은 그것을 특징짓는 조악함(adulteration) 속에 긍정적인 요소들을 포함하고 있다. 이 문제에서 바빙크는 비록 명시적으로 그를 언급하고 있지는 않지만 기본적으로 헤르만 바빙크의 노선을 따르고 있다. 그럼에도 불구하고 둘 사이에 한 가지 중요한 차이점은 그대로 남아 있다: 요한 바빙크는 종교를 일차적으로 감정의 영역에 두었던 반면, 헤르만 바빙크는 그것을 사유와 지식을 위한 능력 안에 두었다. 당시에 이 문제에 대해 요한 바빙크가 취한 입장은 그의 이후의 사유에서 본질적인 역할을 계속하게 될 것이었다. 복음의 진리에 관해서 다른 신앙을 지닌 사람들을 설득하는데 있어 합리적 논증이 부적절하다는 것을 이후에 강조하는 데에서 예증되어질 수 있는 것처럼 말이다. 그러나 이 단계에서 그는 아직 이 문제에 대한 독립적인 성경적-신학적 검토에 종사해야만 했다.

3. 신학적 접근

3.1. 도입

'비기독교적' 종교들에 대한 바빙크의 신학적 평가는 점차적으로 부정적인 함의를 띠게 되었다. 예를 들어 1938년 탐바람에서 열린 국제선교대회를 염두에 두고서 썼던 일련의 세 논문들[59)]에 의해 이러한 사실을 확인할 수 있는데, 이 대회에서는 기독교 신앙과 타종교들의 관계가 중요한 논의 주제가 될 예정이었다. 이 논문들에서 그는 인간, 계시, 구속에 관한 "기독교 교회의 증거"는 선교 현장에 있는 "많은 사람들의 중심에 있는 사유들과 직접적으로 모순된다"고 주장했다.[60)] 사유에서의 이러한 기본적인 변화는 헨드릭 크레머가 1938년에 쓴 책인 『비기독교 세계에서의 기독교 메시지』의 내용에 대한 반성의 결과로서 생겨났던

---

59) 이 논문들은 당시 유일한 네덜란드 선교 잡지에 "Drie grote vragen"이란 제목으로 동시에 실렸다.
60) "Drie grote vragen: De vraag naar de verlossing," 178,

것처럼 보인다.

    오직 성경에만 비추어서 다른 종교들과 기독교의 문제에 접근하고자 했던 크레머에 따르면 종교의 기원은 하나님의 뜻의 계시 안에서 발견되어야 하며, 이것은 또한 성경과 더불어 자연, 역사, 그리고 인간 이성 안에서 일어난다. 종교 자체는 하나님의 계시에 대한 인간의 응답이며, 인간은 끊임없이 하나님의 뜻에 반하기 때문에 종교는 그 자체로, 심지어 그 가장 고상한 형태들에서조차 하나님께 대한 인간의 반역 외에 결코 다른 것이거나 다른 것으로 보여질 수 없다. 그리스도 안에 나타난 계시는 모든 종교적 열망들의 성취가 아니라, 그 반대로 이러한 노력들에 대한 하나님의 심판을 이룬다. 이러한 심판의 집행은 그것이 어디에서 그리고 언제 일어나든지 철저한 회심을 촉진시킨다. 크레머 자신의 말을 들어보자:

> 그리스도 안에 나타난 하나님의 계시는 그것의 신적인 어리석음에 의해서는 모든 인간적인 지혜를 초월할 뿐만 아니라 그것에 모순되며, 모든 인간의 열망과 기대를 성취하는 전적으로 예기치 않은 방식에 의해서는 그것들(인간의 열망과 기대 – 역주)을 초월하고 그것들과 모순되기 [때문에], 성취라는 용어를 사용하는 것은 잘못이다. 회심과 중생이 사실에 더 맞을 것이다. 어찌되었든 그리스도 안에서 계시된 생명과 진리에 어느 정도 성공적으로 도달할 만큼 이미 자연스럽게 성장한 것을 완전에 이르게 한다고 하는 관습적인 의미에서의 성취란 용어는 비기독교적인 종교들이 그리스도의 계시와 맺는 관계에 적용될 수 없다. (…) 하나님께서는 인간 안에서 역사하시며 자연을 통해서 빛을 비추신다. 인간의 종교적이고 도덕적인 삶은 인간의 성취이며 하나님께서 인간과 씨름하는 것 또한 그렇다. 이것은 (인간이 – 역주) 하나님을 알 수 있다는 것(a receptivity to God)뿐만 아니라 하나님께 대한 변명의 여지가 없는 불순종과 눈이 먼 것을 동시에 명시적으로 보여준다. 세상은 자신의 최고의 지혜로도 하나님을 알지 못한다. 그렇게 하려고 아무리 애를 쓰더라도 말이다. 인간은 하나님을 찾으면서 동시에 그로부터 달아난다. 왜냐하면 그의 의지의 자아 – 단언적인 자기중심성, 즉 그의 뿌리 깊은 죄가 언제나 침투하기 때문이다. (…) 이런 것이 세상의 그리고 서로 다

른 형태를 띤 세상의 종교적이고 도덕적인 삶의 모순된 조건이었으며 조건이고 하나님께서 세상과 맺는 변증법적 관계이었으며 관계이다.61)

이 인용글은 인간종교에 대한 크레머의 이중적(two-edged) 접근을 보여준다.

암스테르담 자유대학교의 선교학 교수로서 임명되었을 때 행한 취임연설에서 바빙크는 크레머의 이 책을 "굉장히 중요하고 가치 있는 선교서"라고 말했다.62) 바빙크가 크레머의 견해들에 얼마나 영향을 받았는가 하는 것은 그가 크레머의 책에 대해서 소개하는 크레머가 쓴 그 책 만한 분량의 네덜란드어 요약본의 도입부에서 그가 쓴 다음과 같은 말에 의해서 분명하게 드러난다:

> [크레머의 책에서 비기독교적인 종교 현상들은] 생생하고 감동적으로 묘사될 뿐만 아니라 잘 숙고되고 있다. 다시 말해서 먼 동양 세계 속으로 뚫고 들어가기를 시작하시는 그리스도의 메시지에 직면하고 있다. 이러한 평가와 관련된 중요한 신학적 문제들이 신중하게 고찰되고 있으며 이러한 질문들이 지닌 가장 큰 의미를 분명하게 밝히고 있다. [크레머는] 이러한 현상들에 관한 하나의 기본적인 이상, (…) 그것들에 대한 우리의 이해를 매우 깊게 해주는 하나의 이상을 제공해 준다.63)

18년 후에 바빙크는 『비기독교 세계에서의 기독교 메시지』에서 다음과 같이 썼다:

> 다른 종교들과 관련한 복음 선포라고 하는 굉장히 중요한 문제가 매우 깊이 있고 정직하게 다루어지고 있어서 이 책은 셀 수 없는 선교사들 뿐만 아니라 특히 아시아와 아프리카에 있는 많은 젊은 그리스도인들에게 놀라운 인상을 남기지 않을 수 없었다.64)

---

61) *The Christian Message in a Non-Christian World*, 124 그리고 126-127.
62) *CPVW*, 22.
63) *BCNCR*, 6.
64) "Kraemer als denker en medewerker," 88.

크레머에 의해 영감을 받아서 바빙크는 종교적 의식의 기원과 본질에 관한 독립적인 성경적-신학적 고찰에 몰두하기 시작했다.

앞으로의 논의에서 우리는 먼저 일반계시에 대한 바빙크의 관점을 다루고 그 다음에 종교적 의식에 대한 그의 개념을 다룰 것이다. 지금부터 이 두 개념이 바빙크의 사유에서 언어와 반언어(word and counter-word), 설교와 반응(summons and response), 행동과 반작용(action and reaction)으로서 관련되어 있는 까닭에 이러한 순서는 그 자체로 정당하다. 다음 단락들에서 본 저자가 고안한 구조에 따라 자료를 배열할 수밖에 없었는데 왜냐하면 바빙크가 이러한 문제들에 대해 빈번하게 글을 썼음에도 불구하고 그 자신은 결코 그것들을 철저하게 조직적으로 결코 다룬 적이 없기 때문이었다. 심지어 이 분야에서 그의 가장 중요한 책인 『종교적 의식과 기독교 신앙』에서도 그렇다. 아래에서 제공된 소제목들은 여기에서 다루는 문제들에 관한 바빙크의 사유에 대해 최선의 통찰력을 촉진하고자 그 주제에 대해 가능한 한 완전하고 분명한 개관을 제공할 목적으로 의도된 것이다. 우리는 이 분석에서 특히 바빙크가 가장 특별하게 더불어서 대화를 나눈 네 명의 신학자, 즉 존 칼빈, 헤르만 바빙크, 칼 바르트, 그리고 헨드릭 크레머와의 지성적인 연결고리들을 추적함으로써 보다 폭넓은 신학적 관점에 그의 견해들을 위치시키고자 할 것이다. 하지만 우리는 선교학 분야에서 이후에 나타나는 바빙크의 반성적 노력들 전체를 위한 기본적인 출발점에 대한 논의로 시작하고자 한다.

3.2. 기본적인 출발점(Basic Point of Departure)

바빙크가 선교 신학을 발전시키고자 할 때에 직면했던 많은 근본적인 물음들이 있었다:

종교는 어디서 기원하는가? 인간인가? 하나님인가? 종교란 사실상 무엇인가? 언어(a word)요, 삶에 대한 태도요, 확신이요, 인간의 마음속에서 생겨난 일단의 생각들과 정서들(sentiments)인가? 아니면 그것은 그 가장 깊은 본질에 있어서 응답, 즉 하나님께서 먼저 말씀하신 것에 대한 답변, 하나님께서 먼저 행하신 것에 대한 반응, 하나님의 행위에 대한 반작용으로 이루어져 있는가?[65]

종교적 의식의 기원과 본질의 개념들은 결코 학문적으로 증명될 수 없으나 전제들의 기초 위에서 단정되어지고 그에 따라서 해명되어질 수 있을 뿐이다. 왜냐하면 종교적 의식에 대해 말할 때 우리는 인간존재의 가장 깊은 토대들을 다루기 때문인데 인간의 사유는 그것들을 헤아릴 수가 없다. 이러한 문제들에 대해 숙고하면서 바빙크는 다음과 같이 쓰고 있다:

> 우리는 우리의 전 인간 존재를 특징짓는 이루 말할 수 없는 왜소함과 하찮음이라고 하는 감정에 의해서 압도된다. 우리는 이 세계 안에 잠시 동안, 이 완전한 수수께끼같은 세계 안에 서 있으며, 그 중대한 '어디에서'(the great 'where'), 그 중대한 '무엇을 위해서'(the great 'wherefore'), 그 중대한 '어디로'(the great 'whereto'), 그 중대한 '어떻게'(the great 'how')에 관한 어떤 암시도 가지고 있지 않다.[66]

전 우주, 우리의 존재, 우리의 내적인 삶은 신비에 뿌리를 두고 있다. 그러나 이것은 여기에 관련된 문제들이 학문적 탐구의 가치가 없다거나 그것에 적합하지 않다고 말하는 것이 결코 아니다. 이와 달리, "이것[신비]을 느끼지 못하는 자는 누구든지, 이것을 느껴본 적이 없는 자는 누구든지, 아직 진정한 학문적 노력을 위한 준비가 되어 있지 않다."[67]

철학적으로 말해서 종교에 대한 신학적 접근은 종교의 역사와 현상학(the histoy and phenomenology of religions) 같은 학문분야들의 접근만큼이

---

65) *RBCG*, 112.
66) *Ibid.*, 110; 또한 다음을 참조하라. *DAC*, 9, 10.
67) *Ibid.*, 110.

나 타당하다는 크레머의 이론에 바빙크는 동의를 표한다. 후자는 '전-과학적인'(pre-scientific) 견해들, 가치들 그리고 선택들이 없이 이루어지지 않는 까닭에 신학적 접근이 그 자신의 주관적 편견들로 더불어 이루어진다는 이유를 들어 (학문으로서의-역주) 자격이 박탈될 수 없다.68) 하지만 바빙크는 한 걸음 더 나아간다. 인류학적인 관점에서 종교에 대한 신학적 접근과 평가를 거부하는 것은 인간을 부당하게 다루는 것을 의미할 것이라고 그는 주장한다. 왜냐하면 이러한 접근의 부재로 인해서 삶의 가장 심오한 질문들(하나님, 죄, 은혜 그리고 계시)에 관한 어떤 실존적 관심도 없는 학문의 형태만이 생겨나게 될 것이기 때문이다. 그는 이러한 관심, 이러한 관련이 없이는 "우리는 어떠한 결정도 내리지 못한 채, '예' 나 '아니오' 라고 한 번도 말해보지 못한 채 이 문제들의 주변만을 파헤칠 수 있을 뿐이다. 만약 우리가 이것을 모든 학문의 극치라고 부르기를 원한다면, 그때에 그 학문의 극치는 우리의 인간됨의 전적 몰락(the total debasement of our humanity)을 초래할 것이다" 라고 쓰고 있다.69) 더욱이 그는 계속해서 '과학적인' 접근은 여전히 또 다른 선입견, 즉 종교는 역사적인 현상에 불과하며 삶의 가장 심오한 질문들은 답변되어질 수 없다고 하는 선입견을 수반한다고 말한다.

  그리스도인에게 중요한 전제는 성경에 나타난 하나님의 계시가 절대적 진리라고 하는 믿음을 그 토대로 하고 있다는 것이다. 이것이 바빙크가 종교적 의식을 계속 검토하기 전에 다음과 같이 말한 이유이다: "지금부터 계속해서 우리는 신학적으로만 말할 수 있을 뿐이다. 이것은 우리가 하나님의 말씀에 귀를 귀울여야만 한다는 것을 의미한다. 하나님만이 우리에게 그것이 무엇인지, 즉 우리가 인식하는 것을 배워온 이 종교적 의식이 무엇인지, 그것이 어디서 오는 것인지, 그것이 어디서 끝나는지를 말해 줄 수 있다."70) 다른 곳에서 그는 그리스도인은

---

68) "Religie en het christelijk geloof," 66-67. 참조. H. Kraemer, *Religion and the Christian Faith*, 143.
69) "Religie en het christelijk geloof," 69.

"이러한 관점이 추론(reasoning)에 근거한 것이 아니라 그 대신에 신앙의 문제라는 것을 인정한다"고 덧붙인다.71) 다시금 그는 동일하게 다음과 같이 쓰고 있다: "어떠한 신학적 고찰도 여기에서 우리를 도울 수 없다. 우리는 우리 인간의 지성(minds)으로 이러한 것들을 결코 헤아릴 수 없다. 우리가 할 수 있는 유일한 것은 하나님께서 여기에서 우리에게 말씀하셔야만 하는 것을 듣는 것뿐이다."72) 그리고 그는 더 나아가서 "인간의 모든 사색들은 쓸모가 없다. 우리는 오직 하나님 자신께서 이방인들 가운데서의 그분의 사역에 대해 우리에게 드러내시는 바를 들어야만 한다"고 덧붙인다.73) 성경에서 가르쳐지고 있는 것을 떠나서 단순한 추론을 통해서만 종교에 대한 명확한 그림을 얻는 것은 불가능하다. 모든 철학적이고 심리학적인 사유들은 자신들을 말씀(the Word)에 복종하도록 붙들려야만 한다(참조. 고후 10:5).74) "오직 하나님 자신만이 이러한 모든 인간 종교를 올바르게 판단하실 수 있다."75) 따라서 여기에서도 바빙크는 '비기독교적' 종교들의 기원과 본질에 대한 어떠한 논의도 그 유일하게 타당한 출발점으로서 그리스도 안에 나타난 하나님의 계시에만 철저하게 방향지어져야 한다는 주장에 있어서 크레머를 따르고 있다.76) 크레머는 "[이러한 종류의 고찰을 위한] 유일하게 가능한 토대는 하나님께서 그 길(the Way)과 그 생명(the Life)과 그 진리(the Truth)를 그리스도 예수 안에서 계시하셨다고 하는 믿음 (…)"이라고 썼으며,77) 이러한 믿음은 마음대로 대체되어질 수 있는 주관적인 선택사항 이상의 것이라고

---

70) *RBCG*, 110.
71) *CBTM*, 19.
72) "Het evangelie en de andere godsdiensten," 149.
73) *ICNCW*, 102.
74) 『종교적 의식과 기독교 신앙』의 105-109페이지에서 바빙크는 특히 프로이드의 종교심리학적 해석을 거부하지만 다음과 같이 덧붙인다: "우리는 서로에게 무력한 존재로 서 있다. 우리는 서로를 논박할 수 없다. 왜냐하면 우리는 우리의 학습과 탐구의 신비적 한계에 도달한 것처럼 보이기 때문이다."
75) *CBTM*, 117.
76) 참조. *Ibid*.
77) *The Christian Message in a Non-Christian World*, 107.

덧붙였다. "그리스도인의 신앙의 궁극적인 토대"는 바울의 다음과 같은 고백에서 발견되어져야만 한다고 그는 단언한다: "'성령이 친히 우리 영으로 더불어 우리가 하나님의 자녀인 것을 증거하시나니'(롬 8:16), 그리고 [신자는 이것을 위해서 죽을 수 있다."78) "이러한 입장은 어떤 사람들에게는 과학적으로 타당하지 못하다는 인상을 줄 수도 있지만 그들은 인간 삶의 이러한 기초적이고 결정적인 질문들에 관해 어느 누구도 편견으로부터 자유로울 수 없다는 것을 깨달을 필요가 있다."79) 이후에 출판된 책에서 크레머는 이 문제에 대한 자신의 확신들을 반복했고, 자신의 확신들로 인해서 야기된 비판에 맞서서 그것들을 변호했다.

> 그들은 나의 [입장을] '비과학적'이고, 편향된 옹색함으로 여기고서 나에게서 중립적인, 아마도 '객관적인' 관점을 요구했다. 마치 그리스도인은 자신이 예수 그리스도를 판단할 수 있는 '입각점을'(a 'standing-place') 가질 가능성과 권리를 가지고 있는 양 말이다. 더욱이 그들은 어떠한 반성이나 타당한 철학적 논의도 없이 자신들이 그리스도 안에 나타난 계시는 종교라는 일반 개념 하에 포섭된다는 것을 당연시했다는 것을 보지 못했다.80)

크레머의 책이 나온 후 곧바로 바빙크는 자신이 이러한 견해들에 전적으로 동의한다고 썼다.81)

3.3. 일반계시

3.3.1. 일반계시의 실재(The Reality of General Revelation)

바빙크가 '일반계시'라는 개념을 사용할 때 그는 신학사(the history of theology) 수업시간에 이 용어에 종종 주어졌던 의미를 거부한다. 이 개념은 이성에 의해서 발견되는 신적 진리들을 드러낸다는 것이 아니라 하

---

78) Ibid.
79) BCNCR, 80-81.
80) Religion and Christian Faith, 142-143.
81) 참조. "Religie en het christelijk geloof," 66-67.

나님의 뜻이 인간을 향해 있고, 인간과 관련이 있고, 인간과 충돌한다는 것을 가리킨다.

> 만약 우리가 '일반계시'라는 표현을 사용하고자 한다면 우리가 그것으로부터 논리적으로 하나님이 존재한다는 결론을 내릴 수 있다는 의미에서 사용해서는 안 된다. 이것이 가능할*지도 모른다.* 하지만 이것은 단지 제일원인(the first cause)으로서의 하나님이라고 하는 철학적 개념에 이를 뿐이다. 그러나 이것은 '일반계시'에 대한 성경적 개념이 아니다. 성경이 일반계시에 대해 말할 때 그것은 전혀 다른 어떤 것을 의미한다. 거기에서 이것은 훨씬 더 인격적인 성격(personal nature)을 지니고 있다. 그것은 집단으로서의 그리고 개인으로서의 인간에 대한 신적 관심(divine concern for men collectively and individually)이다. 하나님의 신성과 영원한 능력은 명백하다. 그것들은 인간을 압도한다. 그것들은 인간이 생각하기에 그것들이 아주 멀리 있다고 생각하는 순간에 갑자기 그를 덮친다. 그것들은 그를 서서히 점령한다(They creep up on him). 그것들은 그를 내버려 두지 않는다. 인간이 그것들에게서 벗어나기 위해 최선을 다한다고 해도 말이다.82)

바빙크는 칼 바르트에 의해 영감을 받은 크레머의 주장, 즉 '일반계시'(general revelation)라는 용어는 자기 모순적인데 왜냐하면 하나님의 자기-교통(self-communication)이라는 의미에서의 계시는 그 본성상 결코 일반적(general)일 수 없기 때문이라는, 즉 모든 곳에 있으며 그래서 언제나 미리 이용가능 할 수 있는 것이 아니기 때문이라는 주장에 동의한다. 크레머는 다음과 같이 주장한다:

> 계시는 하나님의 행위, 즉 버림받은 인간과 버림받은 세계를 위한 은혜의 행위이며, 이것에 의해서 그분께서는 그분의 뜻과 그분의 마음(His Will and His Heart)을 계시하시기 위해 낮아지시며 그리고 바로 이것은 계시이기 때문에 신앙의 눈을 제외하고는 숨겨진 채로 남아 있으며, 심지어 그러

---

82) *CBTM*, 124. 여기에서 좀 더 초기에 바빙크는 일반계시에 대해 보다 정적으로(in a more static way) 말했었다는 것을 주목해야만 한다. 참조. 예를 들어, *LV*, 38-39.

한 때조차도 불가해한 이적으로 남아 있다. (…) 계시는 어떤 물체(object)가 아니라 하나의 행동(an action), 신적인 운동(a divine movement)이다. 이런 면에서 자연, 역사, 이성 안에서 놀라운 정도로 명료하게 그분 자신을 계시하시는 하나님이라는 의미에서의 '일반계시'는 용어상 모순이다. 왜냐하면 거리에 놓여 있는 것은 계시될 필요가 없기 때문이다. 그 본성상 계시는 특별하며(special), 특별해야만 한다. 그것은 인간이 아니라 하나님께서 길을 여신다는 것을 확언한다.83)

하지만 이러한 경고(caveats)에도 불구하고 바빙크는 말씀과 나란히 일어나는 하나님의 자기-개시(self-disclosure of God)를 가리키기 위해 '일반계시'란 용어를 계속 사용한다.84)

오직 『성전과 모스크 사이의 교회』에서만 최종적으로 바빙크는 일반계시를 그리스도 안에 나타난 하나님의 계시와 연관시킴으로써 그것의 실재성을 신학적으로 설명하고 변호한다: "예수 그리스도 안에 나타난 하나님의 자기-개시(self-disclosure)는 그분께서 인간을 찾으시며 인간에게 끊임없이 말씀하시는 것의 뿌리이다."85) 따라서 바로 나중에 가서야 바빙크는 일반계시를 위한 기독론적 토대를 제시했다.86) 보다 초기에 바빙크는 전 세계를 통해 들리는 하나님의 음성이란 개념을 창조의 개념과 연결시켰다: "¹땅과 거기 충만한 것과 세계와 그 중에 거하는 자가 다 여호와의 것이로다 ²여호와께서 그 터를 바다 위에 세우심이여

---

83) 『비기독교 세계에서의 기독교 메시지』, 118-119. 신적 자기계시의 문제에 대해서 크레머는 칼 바르트를 따르고 있는데, 바르트는 우리가 계시가 무엇인지를 발견하는 것은 오직 그리스도 안으로부터, 즉 "이전에는 가려지고 숨겨져서 알려지지 않았던, 진정으로 '새로운' 어떤 것"에 대한 "인간 차원에서의" 계시로 부터만이라고 주장했다. 또한 다음을 참조하라. H. Kraemer, *Godsdienst, godsdiensten en het christelijk geloof*, 296-297.
84) 크레머 역시 이 용어를 계속 사용했다: "새로운, 일반적으로 받아들여진 용어들을 찾기가 굉장히 어렵다. [이 문제를 다루는 가장 유익한 [방법]은 우리가 보기에 옛 용어들을 정화하기 위해 끈기 있게 노력하는데 [참여하는 일일 것이다"라고 말했다; *Godsdienst, godsdiensten en het christelijk geloof*, 298.
85) *CBTM*, 19.
86) 그러나 앞에서 지적한 바와 같이 크레머를 통해 얻은 이러한 통찰은(또한 다음을 참조하라. *The Christian Message in a Non-Christian World*, 103-104) 바빙크에 의해서 신학적으로 철저하게 정밀할 정도로 탐구되지는 않았다.

강들 위에 건설하셨도다"(시 24:1-2).87) 창조자로서의 그분의 지위에 힘입어 하나님께서는 온 세상과 그것에 대한 전적인 통치권(jurisdiction)을 요구하신다: "13여호와께서 하늘에서 감찰하사 모든 인생을 보심이여 14곧 그 거하신 곳에서 세상의 모든 거민을 하감하시도다"(시 33:13-14).88) 그리고 바빙크는 또한 아레오바고에서의 바울의 말이 이것과 잘 들어맞는다고 주장한다: "왜냐하면 그분 안에서 우리가 살며 움직이며 우리의 존재를 갖고 있기 때문입니다"(행 17:28).89)

분명 하나님께서 인간의 가족에 속해 있는 각각의 일원과 그 모든 일원들로 인해 바쁘시며 바쁘시기를 원하신다.90) 여기에서 바빙크는 존 칼빈을 따르고 있다:

> [하나님께서는] 우리가 말한 종교의 씨앗을 인간의 마음[minds] 속에 뿌리셨을 뿐만 아니라 자신을 계시하셨고 매일같이 우주의 전작품 속에서 자신을 드러내신다. 그 결과 사람들은 눈을 뜰 때에 그분을 보지 않을 수 없다.91)

하나님께서는 타락한 인간들을 버리지 않으시고, 오히려 그분의 은혜로 그들을 방문하시며 그들에게 자신을 계시하신다. "첫째로, 모든 인간은 아무리 깊이 타락하거나 아무리 멀리 빗나갔다할지라도 하나님의 일반계시의 범위 내에 머물러 있다는 것을 주목해야만 한다"고 1954년에 바빙크는 썼다.92) 몇 년 후에 그는 "발생하는 모든 것 속에서 손으로 만질 수 있고 눈으로 볼 수 있는 하나님의 지속적이고 살아있는 임재하심"에 대해 말하며93) 그의 중요한 유고작에서는 다음과 같이 진술하고 있다:

---

87) 참조. *IZW*, 25 (*ISM*, 12).
88) 참조. *Ibid*.
89) 참조. *RBCG*, 113; 보다 초기부터 계속해서 바빙크는 인간의 마음속에 종교적 열망이 있다는 것과 관련해서 이 본문을 사용했다; 참조. *ZKO*, 103.
90) 참조. *RWBOT*, 136.
91) *Institutes*, Vol. Ⅰ, Nook 1, Chap. Ⅴ. 1, 51-52.
92) *IZW*, 228(참조. *ISM*, 227).
93) *RBCG*, 117.

모든 시대에 [하나님께서는] 인간에게 말씀하셨고 그를 회개와 회심으로 부르셨다. 인류의 역사는 단지 인간이 행하고, 창조하고, 발명한 것에 대한 기나긴 역사 그 이상의 것이다. 그것의 가장 깊은 신비는 인간에 대한 하나님의 관심과 하나님의 계시에 대한 인간의 반응에 대한 이야기이다.[94]

바빙크는 이러한 사상이 성경에 명백하다고 주장한다.

> 이스라엘의 분단기 동안에 하나님께서는 다른 나라들을 버리시고 그들의 운명에 맡기신 것처럼 보일지 모르지만 사실은 결코 그렇지 않다. 다른 민족들 역시 하나님께서 계속해서 다루시는 대상이었다. 그들에 대해서도 역시 하나님께서는 의로운 재판장으로서 자신을 세우셨다. 시편에서 다른 나라들이 하나님을 인정하고 섬기도록 얼마나 많은 요청을 받으며 선지자들이 이스라엘 주변의 민족들에 대해 얼마나 자주 경고하는가 하는 것은 주목할 만하다. 하나님께서는 민족들에 대한 그분의 통치권(jurisdiction)을 포기하지 않으시고 그들의 예배를 요구하시며 그들의 배교와 타락에 대해 책임을 물으신다.[95]

여러 책자들에서 바빙크는 자신이 일반계시를 이해하는 바대로 일반계시의 실재성을 분명하게 가리키고 있다고 보는 다섯 개의 성경구절을 모두 인용하고 있다.[96]
(욥 33:14-18) "*14*사람은 무관히 여겨도 하나님은 한 번 말씀 하시고 다시 말씀 하시되 *15*사람이 침상에서 졸며 깊이 잠들 때에나 꿈에나 밤의 이상 중에 *16*사람의 귀를 여시고 인치듯 교훈하시나니 *17*이는 사람으로 그 죄를 버리게 하려 하심이며 사람에게 교만을 막으려 하심이라 *18*그는 사람의 혼으로 구덩이에 빠지지 않게 하시며 그 생명으로 칼에 멸망치

---

94) *CBTM*, 19.
95) *IZW*, 25-26 (참조. *ISM*, 12-13).
96) 그의 책자들에서 바빙크는 거듭 이 본문들을 언급하는데, 이것들은 일반계시 문제와 관련하여 그에게 가장 중요한 성경구절들이다. 이러한 본문의 선택은 오랜 신학적 전통과 일치한다.

않게 하시느니라." 이 본문은 하나님께서는 모든 인간의 일생을 통해 그와 대화하시며 어떤 순간에는 그 사람의 바로 가까이에서 그의 귀에 무언가를 속삭이신다는 것을 명백하게 보여준다.[97]

(요 1:4, 5, 9) "*[4]그 안에 생명이 있었으니 이 생명은 사람들의 빛이라 [5] 빛이 어두움에 비취되 어두움이 깨닫지 못하더라 (…) [9]참 빛 곧 세상에 와서 각 사람에게 비취는 빛이 있었나니.*" 이 말씀으로부터 우리는 말씀의 활동의 우주적 범위와 목적에 대한 통찰을 얻는다. 가치들의 모든 의미, 모든 철학과 종교, 그리고 삶을 이루는 모든 다른 것들은 어둠 속에서 빛나는 빛의 말씀에 복종하며 이 어둠에 의해서 삼키워지지 않는다. 인간의 삶이 닻을 내리고 있는 곳이 바로 이곳이다. 9절에서 이것은 훨씬 더 구체화되고 개별화된다: *각 사람에게 비취는*. 이것은 "모든 사람의 삶에서, 알아차리든 그렇지 않든, 들리든 들리지 않든 상관없이, 각 사람과 말씀 사이에 대화가 일어나는데, 이 말씀은 그의 주변의 어디에나 현존하며, 언제나 그와 동행하고, 그의 모든 삶을 받아들인다"는 것을 가리킨다.[98]

(행 14:15b-17) "*[15]너희에게 복음을 전하는 것은 이 헛된 일을 버리고 천지와 바다와 그 가운데 만유를 지으시고 살아 계신 하나님께로 돌아 오라 함이라 [16]하나님이 지나간 세대에는 모든 족속으로 자기의 길들을 다니게 묵인하셨으나 [17]그러나 자기를 증거하지 아니하신 것이 아니니 곧 너희에게 하늘로서 비를 내리시며 결실기를 주시는 선한 일을 하사 음식과 기쁨으로 너희 마음에 만족케 하셨느니라하고.*" 하나님의 손의 작품들은 그분의 오래참으심과 선하심에 대해 말해 준다. 인간의 마음에 의해서 만들어지고 인간의 손에 의해서 행해진 모든 왜곡된 행위들 속

---

97) 참조. *RWBOT*, 136.
98) *Ibid.*, 37; 또한 다음을 참조하라. *RBCG*, 128-129. 요한 바빙크가 헤르만 바빙크로부터 빌려온(참조. *Gereformeerde dogmatiek*, 282) 요한복음의 서론(Prologue)을 이런 식으로 해석하는 것은 후에 여러 사람들(observers)에 의해 반대에 부딪쳤는데, 그들은 이 구절에서 아주 다른 어떤 것, 즉 하나님께서 오직 그리스도 안에서만 자신을 드러내신다는 입장에 대한 확언을 보았다.(참조. G.C. Berkouwer, 199 ff.)

에 하나님의 크신 은혜의 행위들, "하나님의 자비의 끝없는 선포"가 그 빛을 발한다.99)

(행 17:26, 27) "²⁶인류의 모든 족속을 한 혈통으로 만드사 온 땅에 거하게 하시고 저희의 년대를 정하시며 거주의 경계를 한하셨으니 ²⁷이는 사람으로 하나님을 혹 더듬어 찾아 발견케 하려 하심이로되 그는 우리 각 사람에게서 멀리 떠나 계시지 아니하도다." 인간은 하나님을 찾고 발견하도록 그분에 의해 운명지어져 있다. 우리가 민족들이 하나님을 찾는 것에 대해 말할 수 있는 한, 이러한 찾음은 순전히 그리고 단지 하나님께서 그들을 다루시고 그들에 대해 관심을 가지고 계시는 것의 열매일 뿐이다. 다시 말해서 하나님께서는 그들이 그분에게 이르도록 모든 어두움 속에서 그들을 계속 끌어 당기신다. 하나님께서는 인간에게서 어떤 식으로든 답변을 이끌어내고자 하신다.100)

(롬 1:19, 20) "¹⁹이는 하나님을 알만한 것이 저희 속에 보임이라 하나님께서 이를 저희에게 보이셨느니라 ²⁰창세로부터 그의 보이지 아니하는 것들 곧 그의 영원하신 능력과 신성이 그 만드신 만물에 분명히 보여 알게 되나니 그러므로 저희가 핑계치 못할찌니라." 바빙크에게 로마서 1장 19-32절은 일반계시(따라서 종교적 양심도)에 관한 가장 중요한 증거가 되는데,101) 이것이 바로 그가 이 구절을 그렇게 길게 다루는 이유이다. 다음 단락에서는 19절과 20절에 대한 그의 해석에 특별히 주목하게 될 것이다.

"하나님을 알만한 것"이란 말씀은 18절에서 언급된 진리를 규정하지만 동시에 한계선을 함축하고 있다: 명백하게 된 것 또는 계시된 것은 하나님의 지혜와 지식의 온전한 부요함이 아니라 인간이 알기에 가능한 것이다(it is not the full riches of the wisdom and knowledge of God that is made

---

99) *AWW*, 135; 참조. *ZWN*, 70.
100) 참조. *AWW*, 179; *RBCG*, 121; *ZWN*, 70. 앞서 출판된 책인 『신적 계시의 역사 II: 신약성경』(*Geschiedenis der Godsopenbaring II: Het Nieuwe Testament*, History of Divine Revelation II: The New Testament, 1938)의 601페이지에서 바빙크는 이 구절을 통해 "인간의 고결성"에 대한 묘사를 본다. 이것은 그의 사유에서 보다 인간중심적인 강조로부터 신중심적인 강조로의 진전을 예증해준다.
101) 참조. *RBCG*, 122.

plain or revealed, but that which is possible for man to know). "명백하다"(is plain)는 말은 그리스어의 형용사인 *파네론*(φανερόν, 명백한evident, 투명한transparent, 또는 가시적인visible)이며 "그것을 명백하게 했다"(has made it plain)란 표현에 의해서 번역된 이 단어는 보통 *아포칼립토*(αποκαλύπτω, 드러내다unveil, 계시하다reveal)로부터 유래한 것이 아닌데, 예를 들어서 이 단어는 하나님의 진노와 연관해서 18절의 초두(우리말 성경의 경우는 말미에-역주)에 나타나지만 *파네로오*(φανερόω, 보여주다show, 가시적이거나 분명하게 하다make visible or clear)의 부정과거(aorist) 형태이다. 바빙크에 따르면 "하나님께서 이를 저희에게 보이셨느니라"(because God has make it plain to them, 왜냐하면 하나님께서 그것을 그들에게 명백하게 하셨기 때문이다)는 절의 의미는 하나님의 진리가 스스로를 사람들에게 강권하시며 하나님의 음성이 너무 강력해서 누구도 그것으로부터 벗어날 수 없다는 것이다. 그리고 "저희에게"라는 말은 물이 오리의 등에서 떨구어지는 것처럼 이 진리가 사람들에게서 떨구어지지 않는다는 사실을 강조하지만 대신에 그들의 양심을 관통하여 그들의 마음과 정신에 스스로를 입증한다. "그의 보이지 아니하시는 것들(God's invisible qualities)"이란 말씀은 하나님의 덕들(God's virtues), 즉 인간의 눈으로 접근할 수 없는 것을 가리킨다. 그의 "영원하신 능력"과 "신성"(divine nature)은 하나님께 대한 인간의 본질적인 관계를 결정하는 두 가지 덕을 가리킨다. '영원하신 능력'은 하나님께서는 모든 것의 담지자(the bearer of all things)이며, 인간은 하나님의 권능에 의해 살아가며, 따라서 하나님과 인간의 관계는 절대의존의 관계라는 사실을 가리킨다. '신성'이란 개념은 하나님의 전적타자성(wholly otherness)을 의미하는데, 이것은 언제나 나-당신님의 관계(I-Thou relationship), 인간과 하나님 사이의 책임의 관계를 수반한다. "창세로부터"(since the creation of the world)라는 표현은 '언제나 어느 곳에서나'란 함의를 지니고 있다. "그 만드신 만물"이라는 표현을 바울이 사용하는 것은 하나님에 대해 알려지는 것이 명백하게 드러나는 것은 바로 자연 안에서 뿐만 아니라 역사 속에서의 하나님의 활동, 하나님의 삶의 인도하심과 세계통치, 그리고 인간의 양심 안에서라는 것을 보여준다.102) 바빙크는 누메나(νοούμενα) 란 용어를 가장 대중적인 네덜란드 성경에서는 "이성에 의해서 파악된"(apprehended by reason)103), 새영어성경(New English Bible)에서는 "이성의 눈으로 볼 수 있었다"(have been visible to the eye of reason)와 같이 번역했는데, 이러한 현존하는 번역들에 반대하였다. 이러한 번역들은 '이성'(reason)이란 단어를 사용함으로써 오해를 야기한다. 문자적으로 번역될 경우 노에오(νοέω)란 동사의 이 수동분사형은 "이해되는"(becoming understood)을 의미하며, 따라서 본문과 관련된 부분은 다음과 같이 읽혀져야만 한다: "그의 보이지 않는 것들 - 그의 영원하신 능력과 신성 - 은 그 만드신 만물로부터 이해됨으로써 분명하게 보여진다(are clearly seen, becoming understood from what has been made)." 이 분사형을 다음과 같이 조건적 함의를 지닌 것으로서 보는 것은 올바르지 못할 것이다: '보이지 아니하는 것들이 이해된다면 그것들은 파악될 것이다'(if the invisible qualities are understood, they will be apprehended). 이 구절이 나타나는 전체적인 맥락으로부터 명백하듯이 바울은 여기에서 가능한 것(a possibility)이 아닌 사실적인 실재(a factual reality)에 대해 말하고 있다. 이 본문 안에는 하나님에 대해 알려질 수 있는 것을 파악하도록 하는 추론과정과 같은 것에 대한 언급이 전혀 없다는 것을 인식하는 것이 중요하다.

> 문자적으로 "지성적으로 관찰되는"이란 뜻의 그리스어 누메나(nooumena)는 이 경우에 눈으로 보는 것을 가리키는 것이 아닐 뿐만 아니라 "하나님의 영원하신 능력과 신성(godhead)을 보는 것"이 추론과정에 의해서 이루어진다는 의미도 아니다. 그것은 논리적 귀결이 아니라 순간적인 봄(a moment of vision)을 통해 오는 불꽃(a flash)이다. 그것은 인간에게 갑자기 와서 인간을 압도한다.104)

---

102) 참조. *CBTM*, 125.
103) Dutch: "met het verstand doorzien."
104) *CBTM*, 120.

이 구절들을 끝맺고 있는 말씀인 "저희가 핑계치 못할찌니라"(so that men are without excuse)는 앞서 일어난 일의 논리적 귀결을 표현한다. 바빙크는 19절의 "이를 저희에게 보이셨느니라"는 말씀은 하나님에 대해 알려질 수 있는 것을 "인간이 정말로 보고서 이해한다는 것을 의미할 수 없다"고 주해한다. "인간이 정말로 [이것을] 볼 수 있을 정도까지 이를 수 있는지는 별개의 문제이다. 인간이 그것을 보지 못할 수 있는데 그것은 보통 자동적으로 억압되기 때문이다."[105] 하나님에 대해서 인간에게 명백하게 된 것은 "지식을 가져오지 못한다. (…) 인간은 진리를 억압한다. 그러므로 그는 '핑계치 못'한다."[106] 요약하자면, 바빙크에 따르면 이 구절이 전달하고자 하는 중심 메시지는 세상에서 하나님의 놀라운 역사하심이 역사 전체를 통해서 그리고 모든 인간의 삶에서 변함없이 문을 두드리는 소리로 들렸을 것이라는 게 분명하다.[107]

바빙크에 따르면 다음 두 가지 사실을 통해서 하나님의 가까이 계심에 관한 이러한 성경적 가르침이 실제적인 실천에 의해서 확증되는 것을 볼 수 있다. 첫째로, "세상의 모든 민족들이 하나님, 신들 또는 영들(God, god or spirits)에 대해서 숙고했으며 그것들을 믿었을 것이라는 단순한 사실만으로도 인간이 하나님의 계시에 의해서 항상 어느 정도는 접촉되어 왔다는 사실을 설득력 있게 실증해 주는 것처럼 보인다."[108] 그리고 두 번째로, 그는 그들의 심연에서 인간들은 언제나 자신들이 전능자와 게임을 하고 있으며 결국엔 그분의 손으로부터 벗어나고자 항시 애씀으로써 그분으로부터 달아나고자 끊임없이 시도하고 있다는 막연한 인식을 언제나 지니고 있다는 사실을 지적한다.[109] 바빙크는 언젠가 자신

---

105) *Ibid.*, 119. 에파네로센(ἐφανέρωσεν)의 개념과 관련하여 바빙크가 *RBCG*의 123페이지와 127페이지에서 말하는 것과 *CBTM*의 119-120페이지에서 말하는 것 사이에 기본적으로 아무런 차이가 없다할지라도 *CBTM*에서 그가 이 개념을 다루는 것은 형식(formulation)에 있어서는 보다 더 정교하다는 것을 여기에서 주목해야만 한다.
106) *CBTM*, 120.
107) 참조. *RBCG*, 123, 124, 127, 163, 167, 168, 그리고 *CBTM*, 119-120.
108) "General Revelation and the Non-Christian Religions," 53.
109) 참조. *IZW*, 229 (*JSM*, 227-228), 그리고 *CBTM*, 124. 이 두 가지 관찰 가능한 사실들은 다른

이 극동에서 어떤 사람과 나누었던 얘기에 대한 한 이야기 속에서 이에 대한 주목할 만한 예증을 들고 있다. 바빙크가 하나님의 진리에 대해서 이 사람을 납득시키고자 했지만 성공하지 못했던 그 대화가 끝날 무렵에 바빙크와 저녁 내내 논쟁을 했던 이 사람은 마침내 "아마도 저는 제 마음을 다잡고자(to reassure my heart) 당신의 말에 반대했던 것 같습니다"라고 말했다.110) 바빙크는 "하나님의 일반계시가 모든 사람에게 미친다는 이해를 근거로해서만 이 [두 번째] 현상을"111) 설명할 수 있다고 썼다.

바빙크는 인간의 삶이 결코 이차원적인 것만은 아니고 어떤 식으로든 세 번째 차원을 언제나 포함한다는 결론에 이른다. 동료 인간들 그리고 우주와의 함께함(togetherness) 외에도 하나님과의 영구적인 함께함이 있다. 그것이 일상의 회오리 속에서 아무리 상실되어질 수 있다하더라도 말이다. 인간의 삶은 하나님과의 지속적인 대화, 즉 하나님께서 반복해서 계시하시는 대화로 이루어져 있다. 이 하나님과 우리 사이의 나-당신님(I-Thou)의 관계는 우리의 존재의 핵심을 이룬다.112) 일반계시의 시행과 관련해서 바빙크는 크레머를 따랐는데 그는 모든 철학적 견해들에 반대해서 성경적 실재론(biblical realism)을 따라 하나님의 계시의 주의주의적(voluntaristic)이고 인격적인(personal) 특성을 강조했다. 크레머는 일반계시에 관해 다음과 같은 견해를 피력했다.

> 하나님께서 그분의 창조물들을 통해서, 진리와 미에 대한 갈증과 탐구를 통해서, 선에 대한 갈증과 탐구 그리고 양심을 통해서 계시적으로 빛을 비추신다는 것을 의미할 수 있을 뿐인데, 이 양심은 타락한 죄성의 상태에서 조차도 인간 안에서 고동친다.113)

방식으로 설명될 수 있으므로 이것들은 어떤 것도 '입증하지' 못한다는 것을 여기서 지적하는 것이 좋을 듯 싶다. 그러나 이것들이 성경적 가르침과 조화를 이룬다는 의미에서 이것들은 그것(인간들이 끊임없이 하나님으로부터 달아나려고 한다는 것-역주)을 확증해 준다고 말할 수 있다.

110) PPRAO, 19.
111) IZW, 229 (참조. ISM, 228), 또한 다음을 보라. AWW, 148.
112) 참조. RWBOT, 137; "De onbekende God," 11; CBTM, 123-124; RBCG, 124.
113) The Christian Message in a Non-Christian World, 125.

바빙크는 크레머의 입장을 다음과 같이 요약한다: "이 계시는 지혜로운 사상들을 드러내는 것이 아니라 하나님의 살아 있는 강력한 뜻(the living, prevailing Will of God)을 표현하는 것인데, 이것은 모든 순간에 우리의 뜻과 어긋나며 따라서 우리의 뜻과 생사를 건 싸움을 한다."114) 바빙크가 크레머의 성경적 실재론에 관해 약간의 의구심들(reservations)을 가지고 있기는 하지만 "그는 그것 안에서 비상할 정도로 놀랍고 매혹적인 것"을 본다.115) 그리고 그는 일반계시를 활기찬 사건, 즉 인간 삶의 충만한 실재와 직접적으로 관계되어 있는 역동적인 신적 활동으로 해석하는데 있어서 크레머의 지도를 따르고 있다. 분명 바빙크는 여기에서 슐라이어마허와 오토의 사상들에 작별을 고했는데, 왜냐하면 그들에게 있어서 인간과 신의 나-당신님의 관계는 영원자에 대한 *선험적인* 절대의존의 감정(an *a priori* feeling of sheer dependance on the Eternal)이나 거룩하신 분에 대한 의식(sense of the Holy)으로부터 생겨나기 때문이다.

요약하자면 일반계시의 실재를 입증하는 것과 관련해서 바빙크는 칼빈과 헤르만 바빙크의 발자취를 따랐다고 말해질 수 있는데,116) 이 두 사람 모두 각자 자신의 방식으로 창조의 측면에서 신학에 종사했다. 그러나 크레머를 따라서 바빙크는 이 두 사람이 그랬던 것보다 더 역동적으로 일반계시의 실현에 대해 생각했으며, 후에 그는 또한 일반계시에 기독론적 토대를 간접적으로 제공하기도 했다.

3.3.2. 일반계시의 유형적 양태들과 도구적 양태

(The Material and Instrumental Modes of General Revelation)

일반계시의 실재에서 시작하여 바빙크는 또한 하나님께서 이러한 자기-

---

114) *BCNCR*, 27.
115) *Ibid.*, 96.
116) "죄가 (…) 계시의 사실성(factuality)을 바꾸지 못한다는 것은 주목할 만하다. 하나님께서는 계속해서 자신을 계시하신다. 그분은 뒤로 물러나지 않으신다." H. Bavinck, *Gereformeerde dogmatiek*, 321.

계시를 초래하는 방식을 다룬다.

첫째로, 하나님께서는 우주 안에서, 자연 안에서 자신을 드러내신다. 다시 말해서 창조의 압도하는 듯한 웅장함을 통해서 우리는 하나님을 인식하게 된다. 그리고 우리는 논리에 의해서, 즉 주의 깊게 구성된 논증에 의해서 이러한 인식에 이르는 것이 아니라 직접적으로 그리고 자발적으로 그것에 이른다.117) "¹하늘이 하나님의 영광을 선포하고 궁창이 그 손으로 하신 일을 나타내는도다 ²날은 날에게 말하고 밤은 밤에게 지식을 전하니."(시 19:1-2) 이러한 선포는 역설적인 성격을 지니고 있다. "³언어가 없고 들리는 소리도 없으나 ⁴그 소리가 온 땅에 통하고 그 말씀이 세계 끝까지 이르도다."(3-4절) 따라서 이 계시는 언어가 없는 말(speech without word), 즉 언어가 없는 증거(wordless witness)로 이루어져 있다. 이것은 조용한 엄위 속에 사방에서 인간을 감싸고 있는 능력(a power)이다.118) 이것은 별들로 가득한 광대한 하늘(시 83:3, 4)의 매개와 그 경이로운 높이 솟은 산맥들(시 65:6)과 동물들의 신비한 본능(렘 8:7)을 통해서 일어난다. 하나님께서는 창조와 자연과, 시대와 계절과, 사회적이고 경제적인 생활(시 104), 바람, 천둥 그리고 번개의 질서 안에서, "영광스러운 여름날 아침의 빛나는 아름다움" 안에서 인간을 만나신다.119) 이것들은 단지 몇몇 예들에 불과하다. 왜냐하면 "하나님께서는 인간에게 자신의 존재를 입증하시는 숨겨진 방법들을 누가 추적할 수 있겠는가?"120) 하나님께서는 총체적인 분으로서(in His totality) 우리 앞에 언제나 서 계신다.

둘째로, 하나님께서는 인간의 양심 속에서 자신을 계시하신다. "하나님께서는 인간의 (…) 가장 내밀한 것을 살피신다. 하나님께서는 책임과 죄책이 정말 존재한다는 것을 그에게 반복해서 상기시키신다

---

117) 참조. "De onbekende God," 8과 *CBTM*, 124.
118) 참조. *RBCG*, 114와 "*General Revelation and the Non-Christian Religions*," 53.
119) *CBTM*, 124; 참조. *RBCG*, 114, *CBTM*, 123-124. 보다 앞서 출판한 책에서 바빙크는 이와 관련하여 창조 전체에 스며 있는 "섬김의 법칙"을 언급하고 있으며 하나님의 은혜, 공의 그리고 의에 관한 것을 선포한다.
120) *CBTM*, 124.

."[121) '양심'이 구약성경에서 전문용어로서 나타나지는 않는다 할지라도 그것은 분명 실재한다. 이것을 보기 위해서는 위에서 이미 인용된 욥기의 구절(33:14-18)과 같은 몇 가지 예들을 생각해보는 것으로도 충분하다. 아모스 4장 13절: "자신의 생각이 무엇인지를 사람에게 선포하시는 (…) 하나님", 그리고 "우리의 내적인 삶의 심연 속에, 즉 [우리의] 양심 속에 하나님께서 임재하심"을 분명하게 증거 하는 시편 139편.[122) 신약성경에서 이 개념은 바울의 글들에서 새롭게 표현되는데, 예를 들어 로마서 2장 14절, 15절에서 그렇다:

> ¹⁴율법 없는 이방인이 본성으로 율법의 일을 행할 때는 이 사람은 율법이 없어도 자기가 자기에게 율법이 되나니 ¹⁵이런 이들은 그 양심이 증거가 되어 그 생각들이 서로 혹은 송사하며 혹은 변명하여 그 마음에 새긴 율법의 행위를 나타내느니라

이 구절 역시 분명 인간의 마음속에서 일어나는 하나님의 숨겨진 활동을 증거하고 있다.[123) 이러한 신적인 활동 안에 인간의 자의식의 기원, 즉 관찰하면서도 동시에 비판하는 내적 눈의 기원이 있다. "인간은 항상 동시에 배우이자, 관찰자이며, 재판관이다. 그는 행동하지만 자신이 행동하고 있다는 것 역시 알고 있으며 또한 그가 행하는 것을 판단한다."[124) 인간들은 그들의 행위를 숙고하기도 하며 평가하기도 한다. 그들은 자신들을 보기도(see themselves)하지만 스스로를 비판적으로 바라보기도(view themselves critically) 한다. "우리의 의식 속에 있는 이런 엄청난 이중성의 신비 속에 하나님의 어떤 것(something of God)이 있다."[125)

마지막으로 하나님께서는 또한 민족들과 개인들의 역사에서 자신

---

121) *Ibid.*
122) *RBCG*, 115-116.
123) 참조. *PPRAO*, 10-11. 이상하게도 바빙크는 『종교적 의식과 기독교 신앙』에서 이 본문을 사용하지 않았다.
124) *RBCG*, 115.
125) *Ibid.*

을 계시하신다. "좋은 날들과 나쁜 날들이 있고, 모든 종류의 흥망성쇠들이 있으며 이 모든 것들 속에서 우리의 삶의 위대한 통치자께서는 우리에게 말씀하신다."126) 특히 구약 성경은 하나님께서 세상사에 현존하신다는 것을 분명하게 가르쳐주고 있으며 인간의 삶에서 운명은 행위에 매여 있다는 것을 보여준다. 이와 관련해서 바빙크는 잠언서로부터 많은 구절들을 언급하는데(1:31, 5:22, 14:34), 이러한 구절들은 그의 말에 따르면 그들에게 '카르마 같은'(karma-like) 고리를 가지고 있는 것처럼 보이지만, 그것들은 "사실상 언제나 신학적 의미를 지니고 있으며," 개인의 삶과 대중의 삶에서 목격될 수 있고 만져질 수 있는 죄에 대한 하나님의 의로우신 심판에 대해 무언가를 개인들과 민족들에게 가르쳐 준다.127) "모든 형벌 속에는 하나님에 대한 어떤 것이 현존해 있으며 하나님 자신이 그 속에 관여하신다. 심지어 죄가 그 자신의 형벌을 초래하는 것처럼 보일 때조차도 하나님께서는 여전히 그것에 관여하신다."128)

바빙크가 또한 일반계시의 성령론적 측면, 즉 일반계시의 도구적 방법으로서의 성령을 강조하고 있다는 것은 주목할 만하다. 고린도 전서 2장 14절과 15절에 따르면 그리스도 안에 있는 계시를 사람들에게 알게 하시는 분은 바로 성령님이시다. 그러나 사람들은 성령의 사역이 없이 *일반*계시에 의해서 (이러한 앎에-역주) 도달하지 못한다: "[자연]인의 안에는 비록 그가 끊임없이 성령에 저항한다 할지라도 성령의 침묵적 활동이 언제나 있다."129) 바빙크는 종종 성령을 언급하지 않는다. 그가

---

126) "De onbekende God," 8.
127) *RBCG*, 116-117.
128) *CMO*, 186. 잠언서로부터의 구절들의 배경이 '*주님께 대한 두려움* (the fear of the Lord)'이란 개념임을 고려할 때 이러한 구절들이 하나님께서는 죄책과 열방들에 대한 심판 사이의 고리를 계시하신다는 성경적 증명으로서 아주 적합한지는 의문으로 남는다. 이러한 목적을 위해서는 다른 구절들, 예를 들어 블레셋 사람들이 전승품으로서 언약궤를 탈취했을 때 하나님께서 그들로 하여금 어떻게 이러한 고리를 직접적으로 그리고 철저하게 경험하도록 하셨는가에 대한 이야기를 다루는 사무엘상 5장과 같은 구절들을 제시하는 것이 더 좋을 것이다.
129) *CBTM*, 125.

성령에 대해서 언급하는 다른 드문 사례들 중 하나에서 그는 "(…) 나는 하나님의 영(the Spirit of God)이 우리가 종종 기대하는 것 이상으로 이교도들 가운데에서 역사해 오셨다는 것을 부인하고 싶지 않다"고 쓰고 있다.130) 그러나 이러한 구체적인 언급이 부족하다 하더라도 그는 자신의 글들에서 몇 번이고 성령님의 사역을 암시하고 있다. 그 한 예를 그가 하나님의 광휘의 일반계시에 대해서 쓰고 있는 것에서 볼 수 있다: "(…) 하나님의 위엄이 (…) 전 세계에 보편적으로 계시되었다는 것은 사실이지만, 그럼에도 사람이 이 위엄을 볼 때마다, 그의 눈이 그것에 뜨일 때마다, 그것이 그를 압도할 때마다 이 일반계시는 매우 개인적인 간섭의 성격을 띤다."131)

바빙크는 하나님께서 우주와 인간의 양심과 그의 섭리적 돌보심을 통해 자신을 계시하신다는 견해와 더불어 전적으로 개혁주의 전통 안에 머물러 있다. 칼빈은 일반계시의 이러한 양태들에 대해132) 헤르만 바빙크와133) 크레머가134) 그랬던 것처럼 유사하게 말하고 있다. 비록

---

130) *AWW*, 186.
131) *RBCG*, 117.
132) 『기독교 강요』, 상권, 1부, 5장, 1항의 52페이지에서 칼빈은 - 시편 104편 2절, 시편 19편 1절, 로마서 1장 19절을 언급하면서 - 창조를 통한 계시에 관해 다음과 같이 쓰고 있다: "여러분은 드넓게 뻗어 있는 이 매우 광대하고 아름다운 우주를 얼핏 둘러보기만 해도 그것의 무한한 광휘에 완전히 압도당하지 않을 수 없습니다." 그리고 5장, 7항의 59-60페이지에서 시편 107편과 사도행전 17장 27절을 언급하면서 그는 신의 섭리를 통한 계시에 대해서 다음과 같이 쓰고 있다: "또한 일반적인 자연과정의 밖에 있는 두 번째 종류의 사역들에서 (첫 번째 종류의 사역들에서-역주)만큼이나 아주 분명한 그의 능력에 대한 증거들이 제시되고 있다(In the second kind of works, which are outside the ordinary course of nature also, proofs of his powers just as clear are set forth)." 칼빈은 인간의 양심을 통한 하나님의 자기계시를 명시적으로 다루지 않는다. 이것은 3장 43-47페이지의 *신의식(sensus Divinitatis)*에 관한 논의와 연관해서 단지 암묵적으로만 다루어지는데, 이곳에서는 그 주장을 지지하기 위한 어떠한 성경 본문도 제시되지 않음을 주목할 만하다.
133) 헤르만 바빙크는 다음과 같이 진술한다: "그분께서는 자신을 자연 안에서 계시하신다. (…) (욥 36, 37; 시 29, 33, 65, 67:7, 90, 104, 107, 145; 사 59:17-19; 마 5:45; 행 14:16; 롬 1:18). 그분께서는 자신을 민족들과 개인들의 역사 안에서 계시하신다. (…) (신 32:8; 시 33:10; 67:5, 115:16; 잠 8:15, 16; 행 17:26). 그분은 또한 모든 인간의 마음과 양심 안에서 자신을 계시하신다(욥 32:8, 33:4; 잠 20:27; 요 1:3-5, 9, 10; 롬 2:14-15, 8:16)." *Gereformeerde dogmatiek*, 321.
134) 크레머는 다음과 같이 쓰고 있다: "이 타락한 세계에서조차도 하나님께서는 깨어진, 거친 방식으로 빛을 비추신다: 이성 안에서, 자연 안에서 그리고 역사 안에서."(그는 여기에서

이 주제에 관한 첫 두 사람의 사상에는 성령론적 요소가 빠져있지만 말이다. 바빙크는 이 세 명의 주석가들이 사용한 성경 구절들 중 상당수뿐만 아니라 다른 것들도 사용했다. 그러나 그가 열거하고 있는 본문 모두가 그것들을 인용하는 그 일에 똑같이 적절한 것은 아니다. 어쨌든 아모스 4장 13절과[135] 시편 129편에서[136] 인간의 양심을 통한 하나님의 계시에 관한 언급을 찾는 것은 주해적 관점에서 다소 억지스러운 것처럼 보인다.

3.3.3. 일반계시의 성격

바빙크가 일반계시를 역동적인 실재로 간주한다는 사실은 위에서[137] 이미 지적했었다. 그가 (일반계시의-역주) 이러한 성격에 부여하는 커다란 중요성을 고려할 때 이것을 좀 더 자세하게 검토하는 것이 유익할 것이다.

바빙크는 데카르트 이후로 신학이 철학을 따라서 인간과 세계를 서로에게서 점점 분리하는 경향이 있었다는 사실을 지적한다: 인간은 대상으로서의 세계를 마주하고 있는 면밀히 검토하고 사유하는 주체로서 여겨지게 되었다. 그러나 신학에는 자신에게서 그런 모든 "추상적인 철학적 첨가물들"을 제거하는 것이 의무로 지워져 있다.[138] 이러한 정화를 요구하는데 있어서 바빙크는 자신의 전통을, 그리고 특히 헤르만

어떠한 성경본문도 언급하지 않는다.) *The Christian Message in a Non-Christian World*, 120.
135) 이 구절 ("대저 산들을 지으며 바람을 창조하며 자기 뜻을 사람에게 보이며 아침을 어둡게 하며 땅의 높은 데를 밟는 자는 그 이름이 만군의 하나님 여호와니라-역주)은 이스라엘 백성에 대한 하나님의 심판과 관련이 있는데, 이러한 심판속에서 하나님께서는 그들의 생각을 드러내실 것이며 그들의 마음속에 품고 있는 것과 더불어 그들을 대면하실 것이다.
136) 『선교학 입문』, 262페이지에서 바빙크는 시편 139편을 아무런 제약 없이 일반계시와 연결 짓는다: "(…) [하나님께서는 아주 가까이에 계십니다 (…). 그분께서는 여러분의 삶에서 일어나는 매 사건 안에 현존하시며, 매일 그분은 여러분을 부르시고, 여러분에 대한 소유권을 주장하시며 여러분을 에워싸고 계십다: '내가 주의 신을 떠나 어디로 가며 주의 앞에서 어디고 피하리이까?(7절)'" 그러나 이 시편은 은혜언약을 배경으로 해서 읽혀져야만 하는데, 이러한 은혜언약 덕택에 인간은 하나님의 자녀로서, 하나님께서는 깊은 관심을 갖고서 돌보아주시는 아버지로서 그와 가까이 걸어가신다는 것을 안다.
137) 3.3.1에서.
138) 참조. *RBCG*, 117-164.

바빙크를 간접적으로 비판하고 있었는데, 헤르만 바빙크의 저서 역시 그러한 '첨가물들'로부터 전적으로 자유롭지는 못했다.139) 일반계시는 언제나 매우 구체적이고 참되다: "그것은 종종 인간을 덮친다. 다시 말해서 인간으로 하여금 갑자기 하나님께서 존재하신다는 사실(reality)과 (하나님께-역주) 저항하고자 하는 우리의 모든 노력에도 불구하고 우리는 결코 그분을 철저하게 밀쳐낼 수 없다는 사실에 직면한다."140) 이것에 일반계시는 인간과 세계 사이의 살아 있는 친밀한 연합, 즉 공생 안에서만 일어날 수 있다는 사실이 더해진다. 이러한 깨질 수 없는 연합은 인간들 속에서 이중날의 경험(a-two-pronged experience)을 야기한다: 한편으로 인간들은 지금까지 알려지지 않았던 영광을 이해하는 반면에, 다른 한편으로는 그들의 절망적인 비참함과 충돌한다. "인간의 타락한 상태"의 결과인 이러한 양면성은 모든 곳에서 인간들의 생명을 건 싸움을 형성하고 있다. 그리고 하나님께서 그들 앞에 나타나시는 것은 바로 여기에서, 이 싸움 안에서이다. 즉 바로 여기가 그들이 하나님의 계시와 조우하는 지점이다. 이로 인해서 일반계시가 매우 존재론적인 성격을 지니고 있다는 사실, 즉 "인간의 철학적 본능에 호소하는" 하나의 실체(an entity)라기 보다는 "인간이 그의 생명의 [다양한] 관계성들 속에서 조우하는 하나의 능력(a power)임이 분명해진다."141) 이것은 면밀한 검토와 반성의 요소들이 신적계시의 형태와의 조우 속에 완전히 부재하다는 것을 의미하지 않는다. 그럼에도 불구하고 일반계시는 항상 존재론적 배경 내에서 발생하며 이것에 대한 반응으로 관찰과 숙고의 요소들의 의미가 분명 과장되어서는 안 된다.142)

---

139) 참조. H. Bavinck, *Gereformeerde dogmatiek*, 320-321. 브레머(R.H. Bremmer)는 일반계시의 문제에 대한 헤르만 바빙크의 입장을 다음과 같이 요약했다: "바빙크는 일반계시를 엄격하게 창조에 제한하고 싶어했다. 그것은 하나님의 사유들(thoughts of God)을 포함하고 있으며, 하나님께서는 '인간이 사유에 의해서 그것들을 이해할 수 있도록 하기 위해서 피조물의 방식대로(in a creaturely way) [그분의] 피조물들 안에 그것들을 이식해두셨다.' 헤르만 바빙크는 역사와 각 사람의 마음과 양심까지도 피조물들로 간주했다." *Herman Bavinck als dogmaticus*, 163-164.
140) *RWBOT*, 138.
141) *RBCG*, 165.

그리고 일반계시의 이러한 존재론적 성격은 훨씬 더 깊은 차원을 지니고 있다. 다시 말해서 때때로 하나님께서는 열방들 가운데서 발견되는 종교적 개념들과 표상들을 이용하시는 것처럼 보이는데, 이러한 곳들에서 별들의 움직임과 꿈같은 것들은 종종 신적 현현들(divine manifestations)로서 인식되었다. 이러한 개념들에 대한 강력한 성경적 거부에도 불구하고 어떤 순간들에서 하나님께서는 자신을 계시하시기 위해서 꿈(예를 들어, 파라오와 느브갓네살의 경우에서)과 별(참조. 마 2장)을 이용하셨다는 것 또한 분명하다.143)

이미 앞에서 언급했듯이 (일반)계시의 성격이 철저히 실존적이라는 개념의 선구자는 바로 크레머였는데, 바빙크의 책 『비기독교 세계에서의 기독교 메시지』는 지속적으로 이 개념을 증거하였으며, 이로부터 그는 많은 것을 배웠다. 그러나 바빙크가 이 문제에 대해서 크레머의 입장에 의해 깊은 영향을 받았던 반면에, 그는 또한 그것에 대해 비판적이었다. 크레머에게 있어서 계시의 실존적 성격은 이것과 관련하여 존재론(ontology)에 대한 어떤 고찰도 절대적으로 미리 배제했던 반면에, 바빙크는 하나님의 자기계시에는 강력한 존재론적 측면이 있다고 성경을 근거로 주장했다. 제일 먼저 주목해야 할 점은 성경이 *실존(existence)* 뿐만 아니라 *존재(being)*에 대해서도 말하고 있다는 것이다. 성경에는 하나님과 계시에 대한 주의주의적 개념과 존재론적 개념 사이에 어떠한 대립도 없다. 계시는 주의주의적인 것만은 아니다. 다시 말해서 크레머가 주장하고 있는 것처럼 하나님의 의지의 계시 안에서만 기원하거나 그것으로만 이루어져 있는 것은 아니다. 왜냐하면 하나님의 적극적인 의지(active will)의 배후에는 하나님의 존재와 본질(His being and essence)이 놓여 있기 때문이다. 다시 말해서 신적인 의지가 계시에서 유일하거나 지배적인 요소가 아니라는 것이다: 계시는 만약 그것이 또한 존재론적이지 않다면 주지주의적일 수 없다. 성경에 나오는 첫 번째 이야기, 즉 창조

---

142) 참조. *Ibid.*, 164-166.
143) 참조. *WW.* 56.

이야기는 하나님과 인간 사이의 존재론적 관계에 대한 날카로운 그림을 그려주고 있으며 바로 이러한 토대 위에서만 우리는 신적 의지를 알게 된다.144) 더욱이 만약 인간이 그의 *전* 실존 속에서(in the *totality* of his existence) 계시에 의해 하나님의 실재와 대면하는 것이 사실이라면145) 하나님의 자기계시에 관한 존재론적 고찰들은 배제될 수가 없다. 왜냐하면 이 전체성(totality)은 "또한 [인간의] 지성, 즉 논리적으로 사물들을 바라보아야 하는 그의 필요를 포함하고 있기 때문이다."146)

3.3.4. 일반계시의 내용(The Content of General Revelation)

일반계시에 의해서 마주하게 되는 사람들의 서로 다른 성격과 환경으로 인해서 그것의 내용은 매우 다양하다. 하지만 이것은 일반계시의 본질에 대해서 아무 것도 말해질 수 없다는 것을 의미하는 건 아니다. 일반계시는 "하나님의 위대한 자기-현현"으로 이루어져 있다. "모든 사람에게 빛을 주시는" *로고스*(the *Logos*, 요 1:9)는 다름 아닌 "육체가 되시어서 우리 가운데 거처를 만드셨던"(14절) 바로 그 *로고스*이시며,147) 이것은 하나님의 단일성(unicity)과 관련이 있다. 그는 두 개의 얼굴을 가진 한 하나님이 아니시다. 그는 하나이시다(He is One).

> 우리는 무수히 많은 해들과 달들이 태어나게 된 세계의 근거가 우리의 손을 붙들고 한 걸음 한 걸음 앞으로 우리를 이끄시는 우리 삶의 통치자와 동일하다는 것을 이해해야만 한다. 그리고 우리는 그분의 손 안에 우리의 운명의 흥망성쇠를 붙들고 계시는 우리 삶의 이 감독자가 예수 그리스도 안에서 그의 얼굴을 우리에게로 향하신 바로 그 하나님과 동일하다는 것을 보고 알아야만 한다. 우리는 그 알려지지 않은 하나님이 알려지신 하나님

---

144) 참조. *BCNCR*, 101-107.
145) 참조. Kraemer, 『기독교 세계에서의 비기독교 메시지』, 64-65: "성경의 강력한 종교적 실재론은 실재들(realities)을 선포하고 단언한다. 그것은 (…) 그의 *전* 존재 속에 있는 인간(man in his *total* being)으로 하여금 자신을 이러한 실재들에 대면하도록 도전을 준다."
146) *BCNCE*, 97.
147) *RBCG*, 188.

과 동일하며 그의 거룩한 의지를 우리가 예수 그리스도 안에서 본다는 것을 배워 이해해야만 한다.148)

바빙크는 로마서 1장 20절에 나오는 (하나님께서 만물의 창조자[the bearer of all things]이심을 가리키는) "영원하신 능력"과 ('전적 타자', 즉 '거룩하신 분' 임을 가리키는) "신성"이란 개념들 안에서, 즉 여러 방식으로 기술되며 인간을 하나님과의 "도덕적 관계 안에" 놓는 개념들 안에서 일반계시의 내용이 좀 더 구체화됨을 발견한다.149)

바빙크는 이러한 기독론적 접근에서 생기는 거대한 긴장을 느낀다. 특별계시 안에서 말해진 것과 동일한 말씀을 일반계시 안에서 듣는 것은 종종 결코 쉬운 일이 아니다. 일반계시는 철저히 숨겨진 방식으로 우리에게 온다: 그는 제2차 세계대전을 배경으로 하여 "발걸음을 내 디딜 때마다 나는 [그] 알려지지 않으신 하나님([the] Unknown God)이 예수 그리스도 안에서 나에게 말씀하셨던 [그] 하나님과 동일하시다는 것을 이해하기가 점점 더 어려워진다"라고 썼다.150) 여기에서 다시 한 번 바빙크는 크레머에 의해서 놓여진 길을 따르고 있는데, 크레머는 계시가 "이 타락한 세상"으로 뚫고 들어가는 "깨어진 거친 방식"(broken and trouble way)에 대해 말한다.151) 이러한 견해를 수용함으로써 바빙크는 일반계시로부터 구원에 이르는 지식을 얻을 수 있는 가능성에 관해 (신칼빈주의적) 낙관론의 다양한 현존하는 형태들로부터 거리를 두었다.152)

---

148) "De onberende God," 8.
149) *RBCG*, 124; *PPRAO*, 12.
150) "De onberende God," 9.
151) 『비기독교 세계에서의 기독교 메시지』, 120.
152) 여기에서 바빙크의 사유는 칼빈 자신과 가까움을 보여주는데, 칼빈은 한편으로 일반계시라는 매개를 통해서 하나님에 의해 제공된 (구원에 이르는) 지식을 성취할 수 있는 *잠재적(potential)* 가능성에 대해 긍정적으로 쓴 반면, 다른 한편으로는 *실제적인(actual)* 지식을 얻을 수 있는 가능성에 관해서는 비관론을 표현했다. 칼빈은 이와 관련해서 동심원의 이미지를 사용했다: 원의 가장 안쪽에 있는 신자는 창조 안에서 *하나님의 흔적(vestigia Dei)*을 발견하는 반면에, 원의 가장 바깥쪽에 있는 불신자는 이러한 하나님의 흔적들을 발견할 수도 없고 발견하고자 바랄 수도 없다. 참조. *Institutes*, Vol. I, Book, 1, Chap. V. 7-10, 59-63.

3.3.5. 일반계시의 목적

바빙크는 인간의 모든 삶을 하나님께서 다루시는 것의 배후에는 목적이나 목표가 있다고 쓰면서, 이와 관련해 사도행전 17장 27절을 반복해서 언급한다: "이는 사람으로 하나님을 혹 더듬어 찾아 발견케 하려 하심이로되 그는 우리 각 사람에게서 멀리 떠나 계시지 아니하도다." 따라서 일반계시는 외관상 사람들에게서 반응을 끌어내도록 의도되었으며 사람들이 종교적으로 활동적이도록 만들고자 의도되었다. 이러한 목적이 어느 정도 성취되는지에 관한 물음과 열방들이 정말로 하나님을 찾고 발견하는지의 물음은 열려진 채로 남아 있다. 일반계시에 이르게 되든 아니든 이러한 목표가 인간을 향한 하나님의 목적을 구성한다는 사실은 남아 있다.153)

바빙크가 "그러므로 저희가 핑계치 못할지니라"(so that man are without excuse, εἰς τὸ εἶναι αὐτοὺς ἀναπολογήτους)고 하는 로마서 1장 20절의 목적절(the final clause)을 다루지 않음은 주목할 만하다. 이것은 의심할 바 없이 그가 전치사 εἰς를 결과적이고 서술적인 의미(a consecutive and predicative sense ['so' 또는 'so that'])로 번역하고 있다는 사실에 의해서 설명되어지는데, 이로 인해서 εἰς로 시작되는 그 절은 결과절(a result clause)이 된다.154) 따라서 그 의미는 인간이 그의 행위의 내재적인 결과로서 변명의 여지가 없다는 것이다: 비록 볼 수 있는 눈과 들을 수 있는 귀를 가지고 있을지라도 사람들은 보지 못하고 듣지 못한다. 그러므로 그들은 변명의 여지가 없다. 또 다른 대안은 εἰς를 *목적을 나타내는*(final, 'in order that' 또는 'to the end that', -하도록) 것으로서 취하는 것이며, 이것은 그 절을 목적절(a purpose clause)로 만들 것이다.155) 따라서 그 의미는 하나님께서 인간이 무지를 변명할 수 없도록 하기 위해서 자기 자신을 계시하신다는 것,

---

153) 참조. *RBCG*, 121, *AWW*, 179, 그리고 *ZWN*, 70.
154) 결과절은 "주동사의 행위로 인한 결과로서 나타나거나 그 행위에서 오는 것을 말한다," Dana and Mantey, 285.
155) 목적절은 "주동사에 의해서 지시된 행동의 목적을 표현한다," Dana and Mantey, 282.

즉 그분께서는 인간들이 그분에 대해 알려질 수 있는 것을 인식하지 못한 것에 대한 변명을 가질 수 없도록 하고자 하는 목적으로 자신을 계시하신다는 것이다. 하나님께서는 그분을 인정하지 않는 사람들이 그들의 행위에 대해 어떠한 알리바이라도 상실하게 되기를 원하신다.

이런 종류의 절들이 결과를 가리키는지 아니면 목적을 가리키는지를 결정하는 것은 종종 매우 어려운 일인데, 특히 εἰς에 의해서 이끌리는 절들의 경우에 더욱 그러하다.156) 이러한 문제는 문법적으로는 결코 거의 해결될 수 없으나 신학적으로만 보통 해결될 수 있다. *하나님의 영광*이 하나님의 모든 행위들의 궁극적인 목적이었던 존 칼빈은 20절 마지막의 이 절을 목적절로 여긴다. 그는 위에 언급된 일반계시의 목적이나 목표 두 가지를 모두 언급한다(사람들의 반응을 이끌어 내는 것과 그들이 종교적으로 활동적이도록 만드는 것-역주). 그는 하나님께서 인간의 최고의 목적으로서 자기 자신을 지각하고 섬기도록 정하셨기 때문에, 한편으로는 자기 자신을 계시하신다는 것을 강조한다: 일반계시는 "축복받은 삶의 종국 목적이 (…) 하나님을 아는 데에 있으며 어느 누구도 (…) 행복에 이르는 것으로부터 제외되지 않도록 하기 위함"인 까닭에 발생한다.157) 반면에 하나님께서는 "누구든지 무지를 핑계치 못하도록 하기" 위해서 그리고 "그분을 섬기지 못하고 그분의 뜻에 그들의 삶을 바치지 못한" 사람들이 "그들 자신의 증거에 의해서 정죄되도록" 하기 위해서 자기 자신을 계시하신다.158) 헤르만 바빙크 역시 이러한 생각을 따른다: 일반계시는 "사람들이 하나님께로 돌아서서 그의 율법을 지키도록 또는 이것에 실패할 경우 핑계치 못하도록 하기 위해" 일어난다.159) 이러한 구별들은 바빙크가 집중하고자 하는 범위를 벗어났는데, 이것은 우리가 20절의 마지막 절을 그가 왜 결과절로 해석하기로 선택했는지 추측만

---

156) 참조. Dana and Mantey, 285, 그리고 A. Oepke, "εἰς," in Kittel, 특히 429.
157) *Institutes*, Vol. I, Book, 1, Chap. V. 1, 51.
158) *Ibid.*, Chap. III. 1, 43-44.
159) *Gereformeerde dogmatiek*, 365.

할 수 있을 뿐임을 의미한다. 죄인을 찾으시는 하나님의 사랑에 대한 깊은 신뢰로 인해서 그가 이 절을 목적절로 해석할 경우에 함축되어지는 그러한 종류의 하나님의 자기계시의 계획된 목적(premeditated aim)을 받아들이기가 불가능했을 것이라고 보는 것이 그럴 듯해 보인다.160)

3.3.6. 일반계시와 특별계시의 관계

위의 내용으로부터 바빙크에게 있어서 일반계시와 특별계시가 밀접하게 연결되어 있다는 것은 이미 명백하다. 왜냐하면 둘 다 하나님의 자기-현현으로 이루어져 있기 때문이다.161)

하나님은 한분이시라는 사실 때문에 두 가지 형태의 계시 사이에 물리적 연합과 본질적 연합(a material and an essential unity)이 둘 다 존재한다: 둘 다 기독론적으로 적합하다.162) 그럼에도 이것들은 실질적으로는 (substantially) 다르다. 일반계시는 사람들을 하나님에 관한 지식으로 이끌 수 있지 않은데, 이러한 능력은 오직 예수 그리스도의 복음에만 주어져 있다.

하나님께서 복음의 바깥에서 자신을 증거하셨다 할지라도 그분께서 자신을 "가능한 한 가장 친밀한 방식"으로 알리신 것은 바로 오직 특

---

160) 반면에 이런 식의 εἰς에 대한 선호할 만한 해석에 관해서 흥미로운 질문이 남아 있다. 많은 권위자들 - 다나(Dana)와 맨티(Mantey), 월터 바우어(Walter Bauer)를 따르는 아른트(Arndt)와 깅그리히(Gingrich) 그리고 외프케(A. Oepke) 등은 키텔(Kittel) 사전에서 다음과 같이 말한다: "εἰς τὸ εἶναι αυτους ἀναπολογήτους[롬 1:20]는 목적을 나타낼 수가 없다"- 은 우리가 여기서 결과절을 다루고 있다고 주장한다. 그러나 본 저자는 레크케르케르커(A.F.N. Lekkerkerker)가 취한 입장이 상당히 추천할 만하다고 생각하는데, 그는 오토 미켈(Otto Michel)과 아돌프 찬(Adolf Zahn)을 따라서 다음과 같이 진술한다: "우리는 [εἰς의 의미로서] 여러 가지 중 슐라터(Schlatter)가 제시한 증거에 기반해서 *하기 위하여(in order that)*를 훨씬 더 고수한다: ('하나님에 의해서 의지되지 않는 신적 활동의 결과라는 개념은 바울에게 낯선 것이며 그의 언어적 용례를 토대로 볼 때 그가 [하나님의] 활동이 목표로 하는 것을 가리키는데 εἰς를 사용한다는 것에 의심의 여지가 있을 수 없다.)
161) 참조. *RBCG*, 180-188.
162) 우리는 이것에 대한 주목할 만한 예를 『선교학 입문』의 23-28페이지에서 발견할 수 있는데, 여기에서 바빙크는 창조질서 안에 있는 섬김의 원리가 그리스도 안에서 충만하게 계시된다고 주장한다.

별계시의 중개를 통해서일 뿐이다.163) 특별계시는 "다른 세대의 사람들에게는 알려지지 않았"으나 "이제는 성령에 의해 드러난 그리스도의 신비"(엡 3:5)에 대한 계시로 이루어져 있다.164) 바빙크에 따르면 하나님의 계시는 "그리스도 안에서 그 중심과 절정"을 발견하게 되는데,165) 이것은 요한일서 역시 증거 하는 진리이기도 하다.166) 그러나 그들 사이의 이러한 차이에도 불구하고 특별계시는 또한 일반계시와 공통점을 지니고 있는데, 그것은 하나님의 존재와 본질에 대한 충만하고 적절한 계시를 제공하지 않는다는 점이다: "우리가 이제는 거울로 보는 것같이 희미하나 (…) 이제는 내가 부분적으로 아나 (…)"(고전 13:12). 특별계시 역시 그 한계를 지니고 있다: 우리는 우리가 "얼굴과 얼굴을 대할 때"에라야만 충만하게 알 것이다(idem).167) 바빙크는 특별계시를 "하나님께서 인간에게 어떠한 분이시고자 하는지에 대한 유비적 표상"(an analogical representation of what God wishes to be for people)이라고 말했다. 신적 의지인 특별계시는 "모든 민족과 세대들이 그것 안에서 발견할 수 있는 그러한 방식에 있어서" 그들이 하나님의 본질을 아는데 가능하고 필수적인 것으로 "묘사된다": "잃어버린 자를 찾고 구원하시는 그분의 사랑."168)

일반계시와 특별계시 사이의 기본적인 차이로부터 오는 어떤 것을 제거함이 없이 바빙크는 "우리가 '일반' 계시를 다루고 있는지 아니면 '특별' 계시를 다루고 있는지 말하기 어려운 수 많은 순간들이" 있다고 하는 사실을 지적한다.169) 성경에서 우리는 "하나님께서 꿈을 통해

---

163) 바빙크는 여기에서 시편 147편 19절과 20절을 언급한다: "19저가 그 말씀을 야곱에게 보이시며 그 율례와 규례를 이스라엘에게 보이시는도다 20아무 나라에게도 이같이 행치 아니하셨나니 저희는 그 규례를 알지 못하였도다."
164) Drie grote vragen: "De vraag der openbaring," 101.
165) Ibid., 102; 참조. CBTM, 180.
166) 이 복음서의 첫 장에서 일반계시는 태초부터 계셨고 예수 그리스도 안에서 육체가 되신 말씀(the Word)인 로고스와 매우 직접적으로 연관되어 있다고 바빙크는 주장한다. 여기에서 바빙크가 코르프(F.W.A. Korff)의 영향을 받았을 가능성이 있는데, 그는 "계시를 통해 인간에게 오시는 그 동일한 로고스께서 또한 현현을 통해 보다 일찍 인간에게 오셨었다. 이 안에서 우리는 일반계시와 특별계시의 연합을 발견한다"(75-76)고 주장했다.
167) 참조. DAG, 11.
168) Ibid.

사람들에게 자신의 심판을 드러내시기 위해" 또는 별들을 통해 "한 위대한 왕이 이스라엘에 태어나셨다"는 것을 알리기 위해 (…) "이교도의 수준에까지 자신을 낮추시는" 상황들에 대한 이야기를 발견한다.170) 그리고 "선교 현장에서 우리는 심지어 오늘날까지도 지속적으로 하나님께서 꿈과 이상을 통해 사람들을 복음으로 이끄신다고 하는 놀라운 사실에 직면하게 되며, 그러한 경우 우리는 끊임없이 우리가 '일반계시'를 다루고 있는지 아니면 매우 특별한 어떤 것을 다루고 있는지 우리 자신에게 묻는다"고 덧붙인다.171) 그는 이 질문에 대한 답을 열어 둔 채도 놓아둔다.

바빙크의 관점에서 일반계시와 특별계시 사이에는 도구적 양식(instrumental mode)이라는 점에서도 일치점이 있다: 이 두 형식의 신적 자기계시 안에서 역사하시는 분은 바로 성령님이시다. 이것은 일반계시 역시 가능한 완전한 의미에서 하나님의 행위이며, 헤르만 바빙크에 의해서 이루어진 *자연계시(revelatio naturalis)*와 *초자연계시(revelatio supranaturalis)*172) 사이의 구별이 요한 바빙크에게 있어서는 더 이상 유효하지 않다는 것을 의미한다. 그에게 있어서 *자연을 넘어서(praeter hanc naturam)* 일어나는 계시 뿐만 아니라 *자연을 통해서(per naturam)*173) 일어나는 계시 역시 둘 다 심오할 정도로 초자연적이다.

마지막으로 일반계시와 특별계시는 성격상 유사성을 보여준다. 위에서 지적된 것처럼 일반계시의 성격은 바빙크에 의해서 모든 인간 삶에 대한 하나님의 인격적 관여하심으로 분명하게 규정되는데, 그럼으로써 [하나님과 인간 사이의-역주] 접촉점은 타락한 인간 삶의 존재이다. 그리고 그는 이와 유사하게 특별계시에 대해서 말한다: 그것은 삶과 떨어져서 또는 삶을 넘어서 일어나는 것이 아니라 바로 삶 속에서 일어난다.

---

169) *RBCG*, 180.
170) *WW*, 55-56.
171) *RBCG*, 180-181.
172) 참조. *Gereformeerde dogmatiek*, 320.
173) 참조. *Ibid.*

말씀이 육신이 되었다는 것이 사실이라면 이것은 그것이 우리의 육체성(fleshliness), 즉 우리의 인간됨(humanity) 안에서 우리와 만난다는 것을 의미한다. 우리는 육체(flesh)일 때, 삶이 우리 안에서 에너지로 넘쳐서 끓어오를 때, 우리가 진노나 열망으로 끓어오를 때 가장 말씀에 가까이 있음을 발견한다. (…) 이때에, 바로 이 단계에서 [말씀]은 우리와 만나기를 원하며, 이때에 그것은 우리를 덮치고, 이때에 그것은 우리를 압도한다. 따라서 인간이 참으로 그리고 진실로 살고 추구하며 그의 마음의 심연으로부터 손을 뻗고 있는 곳에서는 어디서든지 인간과 말씀 사이의 접촉점이 발견된다.[174]

바빙크가 일반계시와 특별계시 모두가 같은 것이라는 사실, 즉 *하나님*의 자기계시라는 사실에 의해서 굳게 묶여 있다고 간주한다는 것은 분명한데, 이것은 무엇보다 일반계시 역시 기독론적이고 성령론적인 요소를 담고 있다는 것을 의미한다. 그럼에도 불구하고 바빙크는 또한 이 둘 사이의 결정적인 차이를 본다: 성령께서는 오직 그리스도 안에서만 또는 경우에 따라서는 말씀 안에서만, 다시 말해 오직 특별계시의 양식 안에서만 하나님의 은밀한 것들을 계시하신다.

3.3.7. 요약

자신의 전통과 헨드릭 크레머의 사상 둘 모두를 감사하게 그리고 비판적으로 사용함으로써 바빙크는 원초적이고, 성경적-신학적으로 닻을 내린 일반계시관을 발전시켰다. 그의 접근의 가장 중요한 점은 일반계시를 *삼위일체적* 관점 안에 두었으며, 이런 식으로 일반계시와 특별계시를 강조했다는 사실에 있다. 이러한 입장을 취함으로써 그는 창조의 관점에서 신학을 추구하는 신칼빈주의자들과 오직 그리스도중심적 신학을 추구하는 바르트주의자들 사이의 논쟁에서 중재적 역할을 했다.[175]

---

174) *BBO*, 8-9.
175) 참조. M.E. Brinkman, *De theologie van Karl Barth: Dynamiet of dynamo voor christelijk handelen?*. 그러나 브링크만 바빙크에 대한 언급이 없이 이 논쟁에 대한 역사적 이야기를

더 나아가 그의 전형적인 입장은 그가 일반계시를 개인적인 만남의 범주로 규정함으로써 매우 실존적으로 일반계시를 생각하고 있다는 것이다. 때때로 그는 그가 했을지 모르는 것보다도 더 적게 주해에 신경을 쓰는데, 그럼으로써 어떤 점에서는 그의 논증을 약화시키고 있다. 더욱이 로마서 1장 20절의 마지막 말씀을 바빙크가 결과를 나타내는 원인절(a consecutive causal clause)로서 해석하는 것과 이러한 해석을 일반계시의 목적 또는 목표라고 하는 그의 일면적 개념(one-sided conception)에 동화시키는 것은 적어도 개혁주의 전통의 빛에서 주목할 만 하다고 말해질 수 있을지 모른다.

4. 4장 요약

처음에 바빙크는 종교 심리학 분야에 대한 그의 통찰들을 토대로 그리고 헤르만 바빙크의 신학적-철학적 전제들에 일치해서 종교성에 대한 그의 견해를 발전시켰다. 신적으로 지향된 피조물인 인간은 잠재적으로 하나님을 추구하는 자이다. 이러한 잠재성은 일반계시에 의해서 활성화 되는데, 이 계시를 통해서 종교적 의식, 즉 비록 부패하긴 했지만 긍정적인 요소들 또한 담고 있는 의식이 존재하게 된다.

이후에 계속해서 1938년 인도의 탐바람에서 열린 국제선교대회에서 있었던 논의들과 함께 크레머의 책 『비기독교 세계에서의 기독교 메시지』에 의해서 영향을 받고 그리고 개혁주의 전통에 일치하여서 바빙크는 비기독교 종교들의 기원, 본성, 존재에 대한 성경적-신학적 해석을 상술하는데 전념했다. 하나님을 향한 인간의 열망과 추구를 중심적인 초점으로 삼고 있는 그의 본래의 입장은 그 과정 속에서 상당할 정도로 훨씬 큰 깊이를 획득함으로써 근본적인 변화를 겪었다. 일반계시와 그 것의 결과들에 대한 그의 사상들을 정교화 할 때 - 주로 종교적 의식과

제공해 준다.

기독교 신앙에 대한 그의 책에서 - 심리학적 과정에 대한 그의 지식에 의해서는 깊이 알려진 로마서 1장 18절 이하에 대한 그의 주해가 핵심적인 중요성을 차지했다.

바빙크가 그의 시대의 네덜란드 개혁주의 신학에서 취해진 사상, 즉 인간은 하나님의 계시의 신호들을 포착하는 본질적이거나 *내적 원리* (*principium internum*)를 소유하고 있다는 중요한 사상으로부터 점점 자신을 멀리했다는 것은 주목할 만하다. 그의 입장을 버림으로써 그는 점점 일반계시의 실재로부터 떠나기 시작했는데, 처음에 창조론에 의해서만 그것을 보았음에도 불구하고 결국 그것의 토대를 기독론 안에 두었다. 그는 일반계시를 우주, 인간 양심 그리고 일반 역사와 개인의 역사 둘 모두에 의해서 살아 있는 모든 영혼을 향하도록 방향지어진 말없는 불가항력적인 신의 말씀하심(a wordless but ineluctable divine speech)이라고 생각했다. 성령께서는 이 계시에 역동적인 성격을 부여하심으로써 그것 안에서 활동적으로 임재하신다. 하나님의 단일성(unity) 때문에 일반계시의 내용은 그리스도 안에 나타난 특별계시의 내용과 질료적으로는 (materially) 다르다 할지라도, 형식적으로는(formally) 후자와 동일하다.

5 기독교 신앙과 종교적 의식

제5장 기독교 신앙과 종교적 의식
(Christian Faith and Religious Consciousness)

> 우리는 하나님의 은혜에 의해서 억압과 대체(repression and substitution)*
> 가 항상 성공하는 건 아니라고 말할지 모른다. 거듭 우리는 하나님께서 정
> 말로 이러한 사람들에 관여하신다는 것을 보여주는 것들을 종교의 역사 안
> 에서 목격한다.(*CBTM*, 203)

1. 도입

앞 장의 초두에서 이미 제시된 것처럼 종교적 의식과 기독교 신앙 사이의 관계에 대한 물음은 바빙크의 모든 선교론적 저서 전체에 스며들어 있는데, 이에 대한 증거는 무엇보다 심지어 그가 그의 선교론적 핸드북(*IZW*, 1954)을 쓰기 전에도 이 문제를 광범위한 별개의 책(*RBCG*, 1949)에서 역사적이면서도 신학적으로 분석했었다는 사실에 의해서 주어진다. 더욱이 그의 마지막 신학 서적인 『성전과 모스크 사이의 교회』는 이러한 문제들을 새롭게 다루고 있다.

2. 내적인 종교적 원리의 문제

하나님께서는 일반계시에 의해서 모든 인간과 대화를 시작하신다. 그러나 진정한 조우, 인간과 하나님 사이의 나-당신님의 관계를 위한 필연적 선결조건은 하나님께서 말씀하시고 있는 것을 듣고, 그분이 투영시키는

소리를 받고, 그분이 방출하는 빛을 지각할 수 있는 인간 능력이다. 조직신학의 용어로 말하자면 *외적 원리*(principium externum)는 *내적 원리*(principium internum)를 필요로 한다.1) 여기에서 핵심이 되는 문제는 후자가 존재하느냐이며, 만약 존재한다면 그것이 무엇인가하는 것이다. 그리고 하나님에 의해서 전해진 계시적 신호들을 포착하는 인간의 능력에 관한 이 이중적 물음에 주어진 답은 종교적 의식의 내용과 가치를 결정하며, 그러므로 선교신학 전체에 결정적으로 중요할 것이다.2) 따라서 바빙크는 "이곳이 그것이 예민하게 되는 곳이며, 여기에 모든 문제의 핵심이 놓여 있다"고 올바르게 결론을 내린다.3)

첫 번째 물음은 *내적 원리*가 정말 있는가이다. 역사적으로 이것은 결코 의문의 여지가 없었다. 신적 계시를 받기 위한 인간의 능력(faculty)의 존재는 다소간의 철학적 확실성으로서 단지 가정되었다. 그러나 바빙크의 시대에 이러한 물음은 바르트가 취한 입장으로 인해서 신학적 논의에서 핵심 문제가 되었으며, 바로 이 시기의 논의를 배경으로 해서 바빙크는 자신의 관점을 발전시켰다.

바르트는 비록 말씀을 제쳐둔 채 신적 계시에 대해 말하는 것이 가능하지 않다 할지라도 인간이 이러한 방식으로 하나님의 음성을 결코 들을 수 없었다는 것은 바로 그리스도 안에 나타난 하나님의 계시로부터 명백하다는 견해를 주장했다. 바르트는 다음과 같이 적고 있다:

---

* 여기에서 '억압'은 하나님의 계시를 억누르는 것을 그리고 '대체'는 하나님의 형상을 우상으로 바꾸는 것을 의미하는데, 영어원서에는 substitution과 exchange가 별 의미 차이 없이 사용되었다. 따라서 역자는 이 두 단어 모두를 '대체'란 말로 통일시켜서 번역하였다-역주.

1) 이러한 용어들은 헤르만 바빙크로부터 빌려온 것이다. 이것들이 이 단락에서 언제나 그가 그것들을 이해했던 의미로 사용되는 건 아니고 일반계시와 이 계시를 받기 위한 인간의 능력을 지칭하는 것으로서도 사용된다. 바빙크는 이 전문용어를 유사할 정도로 자유롭게 사용했다. 참조. *RBCG*, 168.

2) 참조. "일반계시와 비기독교 종교들," 49. 여기에서 바빙크는 이러한 물음들이 선교에 굉장히 중요하다고 쓰고 있다: "선교사에게 모든 것은 그가 사역하고 있는 그 사람들의 종교를 어떻게 생각하고 평가하느냐의 (문제) (…)에 달려 있다."

3) *RBCG*, 168.

[인간]은 육체가 되셨던 하나님의 동일하신 영원한 말씀이 또한 자연 안에서, 역사 안에서, 자신의 마음(heart)과 양심과 지성(mind) 안에서 들려질 수 있다는 것을 인정할 것이다. 그러나 그때에 그는 더 나아가서, 부끄럽게도, 사실상 그가 거기에서 그것을 결코 들은 적이 없으며, 결코 들을 수 없고, 들으려고도 하지 않을 것임을 인정할 것이다. 그리고 그는 성육하신 말씀으로서의 예수 그리스도를 그가 알기 때문에, 이러한 전적으로 다른 방법을 사용해서 그 분의 말씀을 계시하는 것이 하나님을 기쁘시게 했다는 사실을 그가 알기 때문에, [하나님의 계시를 이해할 수 있는] 은혜를 그가 받았으며, 따라서 은혜를 필요로 한다는 사실을 그가 알기 때문에, 그는 (…)라고 말할 것이다. 이러한 지적능력에 의하여 그는 자신이 창조 안에서 하나님의 말씀을 명확하게 들을 수 없다는 것을 알 것이다.[4]

바르트는 인간이 듣는 것은 단지 창조의 요소들의 음성에 불과하며, 그때에 인간은 더 나아가서 그것에 신적 존엄성으로 옷을 입히는 잘못을 범한다고 덧붙인다. 일반계시는 비록 그것이 종교에로 이끈다 할지라도 하나님과의 진정한 만남을 가져오지 않는다 :[5] "하나님의 계시는 사실상 하나님의 임재이며 따라서 인간종교의 세계 속에서의 하나님의 은폐(concealment)이다."[6] 말씀 밖에서 하나님과 인간이 만날 수 있는 여지를 허용하지 않는 바르트의 범주적 거부는 이것이 그리스도 안에 있는 그 계시의 유일한 의미와 믿음의 절대적 의미를 손상시킬 것이라는 두려움에서 생겨났다.[7] 더욱이 크레머가 지적한 것처럼 "계시는 오직 하나님

---

4) Het christelijk openbaringsbegrip, 21-22.
5) 비테(J. Witte)는 바르트의 관점을 여기에서 다음과 같이 요약하고 있다: "Gott hat sich wohl in der Schöpfung und im Gewssen offenbart. Aber die Menschen waren infolge ihrer Sünde ausserstande Gott in dieser Offenbarung zu erkennen." (하나님께서는 창조와 양심 안에서 자신을 계시하셨다. 그러나 그들의 죄의 결과로 사람들은 이러한 계시 속에서 하나님을 알아 볼 능력이 없었다), *Die Christus-botschaft und die Religionen*, 40.
6) "Gottes Offenbarung ist tatsächlich Gottes Gegenwart und also Gottes Verborgenheit in der Welt menschlicher Religion," *Kirchliche Dogmatik*, I, 2, 307(참조. *Church Dogmatics*, I, 2, 282); 이 문제에 대한 바르트의 견해에 관해서 보스(H. de Vos)는 이렇게 적고 있다: "반면에, 계시와 종교는 서로에게 속박되어 있다. 계시는 종교를 초래해야만 한다. (…) [그리고] 하나님께서는 종교 안에 숨겨져 있다할지라도 임재하신다." 44.
7) 참조. C.G. Van Niftrik, 238, 그리고 Kraemer, *The Christian Message in a Non-Christian World*, 120.

의 행위이며 인간과 세계를 위한 새로운 상황을 창조하는 것은 오직 그분의 은혜뿐이라고" 주장함으로써 바르트는 "믿음의 영역에서 신인협동론의 어떠한 그림자라도 철저하게 거부하며, 동일한 근거로 또한 자연신학과 같은 어떤 것도 철저하게 거부한다."8)

비록 크레머가 모든 형태의 영적 상대주의에 맞선 그의 투쟁에서 바르트를 지지한다 할지라도 그는 바르트가 일반계시의 유형적 실재(material reality)를 부인하는 것에는 동의하지 않는다.9) 하나님께서 세계와 인간 종교들 가운 데에서 어떻게 역사하시는가에 관한 물음은 무시될 수 없다: "성경적 실재론은 우리로 하여금 그것을 붙들고 씨름하도록 요구한다. 왜냐하면 세계는 여전히 하나님의 피조물이며, '하나님께서는 그분의 손으로 만드신 작품을 버리지 아니하시고' 그 안에서 계속해서 역사하시기 때문이다."10) 크레머는 바르트가 예수 그리스도 안에 있는 하나님의 은혜의 주권성을 올바르게 강조하고 있지만 그가 이러한 통찰력을 너무 단순하게(simplistically) 적용함으로써 "하나님과 인간 사이에 일어나는 드라마의 침전물(precipitate)로서의 살아 있는 종교들의 실재에로" 접근하는 것을 가로막는데 이것을 사용하고 있다고 말한다.11) 바빙크는 바르트에 대해 동일한 비판의 목소리를 낸다.

> 나는 인간에 대한 바르트의 부정적인 평가에 함께할 준비가 되어 있지만, 이 한 가지 점에 대해서만은 분명하게 그에게 반대한다. 바르트는 인간, 또한 타락한 인간, 죄된 인간은 하나님의 계시와 떨어져서 결코 개념화될 수 없으며(can), 개념화되어서도 안 된다(may)는 것을 이해하지 못한다.12)

---

8) *The Christian Message in a Non-Christian World*, 119-120.
9) 참조. *Ibid*.
10) *Ibid*., 120: 또한 다음을 참조하라. *Godsdienst, godsdiensten en het christelijk geloof*, 161 ff.
11) *Godsdienst, godsdiensten en het christelijk geloof*, 161. 이상하게도 이 점에서 현재 변증신학의 '아버지'의 사유가 결정적으로 변증적이지 않으며 합리주의적이다. 참조. Bavinck, "Religie en christelijk geloof," 67-69.
12) *RBCG*, 176.

그리고 바빙크가 여기에서 의미하는 계시는 참된 만남을 뜻하며, 일반계시라고 하는 매개를 통해 하나님을 인식할 수 있는 어떠한 가능성도 부인하는데 있어서 바르트는 "로마서 1장 18절 이하를 해석하는 것과 관련해서 아무런 어려움에도" 직면하지 않는다고 덧붙인다.13) 이 구절에 대한 바르트의 공들인 주해에 따르면 바울은 여기에서 창조 안에서의 신적 자기계시에 토대를 두고 있으며, 그 안에서 하나님께서 그분의 진노를 드러내시는 하나님과 불신자 사이의 관계에 대해서 말하고 있는 것이 아니다. 바르트의 견해에 따르면 바울은 모든 종교에 대한 하나님의 심판(verdict)으로서의 그분의 진노가 그리스도의 십자가의 복음이 선포될 때 계시되었다는 것을 말하고자 의도했을 뿐이었다.14) 크레머를 따라서 바빙크는 특별히 로마서 1장 18절 이하에서 바울은 확실한 말로 계시는 단순히 사람들을 스쳐지나가는 것이 아니라(not just slide off people's backs) 실제로 그들에게 다다른다고 반복해서 진술하고 있다고 지적한다: 그는 "사실상 이 계시는 어느 정도 인간에게 작용한다"고 쓰고 있다.15) 바빙크는 이로부터 인간 안에 "그가 일반계시를 받는 것을 가능하게 만드는" 어떤 것이 있음에 틀림없다고 결론을 내리며,16) 따라서 위에서 제기된 첫 번째 물음, '소위 내적원리라는 것이 정말로 존재하는가?'란 물음에 긍정적인 답변을 한다.

다음 물음은 이것이다: 우리는 이 *내적 원리*를 어떻게 이해해야만 하는가? 종교적 의식에 대한 그의 책, 『종교적 의식과 기독교 신앙』에서 바빙크는 역사적으로 이 문제는 다양하게 간주되어 왔다는 것을 증명하며, 그는 이러한 역사적 배경에 비추어 그 자신의 견해를 명료하게 말하기 때문에, 여기에서 그가 과거로부터 인용하는 신학적인 목소리들에 대한 간단한 개관을 제공하는 것이 좋을 것이다.

---

13) *Ibid.*
14) 참조. F.W.A. Korff, 113. 그리고 또한 다음을 참조하라. E.J. Beker과 J.M. Hasselaar, 26-28.
15) "General Revelation and the Non-Christian Religions," 53; 또한 다음을 참조하라. *CBTM*, 120과 *RBCG*, 125.
16) *RBCG*, 179.

초대교회시기로부터 중세시대에 이르기까지 신학자들(예를 들어 저스틴 마터, 알렉산드리아의 클레멘트 그리고 토마스 아퀴나스)은 *내적 원리*를 이성에 위치시켰으며, 그것은 보통 로고스의 씨앗이나 배아로 간주되었다. 이러한 견해에 따르면 *내적 원리*가 일차적이요 *외적 원리*는 이차적이다. 종교개혁 동안에 지도자들(예를 들어 칼빈)은 *신의식*(sensus divinitatis, sense of divinity) 또는 *종교의 씨앗*(semen religionis, seed of religion)에 대해 말했으며, 이것은 하나님 자신에 의해서 타락한 인간 안에 심겨졌으며 일반계시가 매일 인간에게 작용하는 매개였다. 여기에서 *내적 원리*와 *외적 원리*는 서로 나란히 서 있다. 계몽주의의 영향 하에 신학자들은 때때로 *내적 원리*를 '순수 이성' 17)(pure reason, 스피노자나 라이프니츠)이나 '실천 이성' 18)(practical reason, 칸트)과 동일시했는데, 이것에 *외적 원리*는 완전히 종속되었다. 19세기에 이성은 영원자에 대한 절대의존의 감정(the feeling of sheer dependence on the Eternal, 슐라이어마허)이라는 개념이나 거룩자에 대한 느낌(sense of the Holy, 오토)이라는 개념으로 대체되었으며, 그리고 여기에서도 역시 *외적 원리*는 *내적 원리*에 종속되었다. 이 주제를 다룰 때에 헤르만 바빙크는 다시 칼빈에게로 거슬러 올라가서 *내적 원리*를 외적 원리의 *악투스(actus)*에 의해서 생기 있게 되어지는 *아비투스(habitus)*로서 가정했다. 마침내 크레머의 사유에서 *내적 원리*는 그가 하나님의 계시의 실재에 부여하는 강조로 인해서 *외적 원리*에 의해 어느 정도 흡수되어지는데, 그 하나님의 계시는 성령의 강력한 역사하심 때문에 인간에 의해서 저항되어질 수 없다.

*내적 원리*에 관한 바빙크의 이해에 대한 탐구는 그의 사유에 길고도 점진적인 발전이 있음을 드러낸다. 대규모의 심리학적 관점으로부터 종교적 의식을 해석했던 기간에 그는 - 슐라이어마허와 특히 오토의 계열을 따라서 - 하나님에 대한 열망으로서의 *내적 원리*를 매우 강조한다. 후에는 혹스트라와 봐떠링크 같은 개혁주의적 비평가들의 영향을 받아

---

17) *Reine Vernunft*
18) *Praktische Vernunft*

서 헤르만 바빙크의 입장으로 보다 더 가까이 나아간다: *내적 원리*가 그의 사유에서 비록 본래 그대로 남아 있다 할지라도 그는 이제 그것을 *외적 원리*와 관련하여 일차적이고 독립적인 것으로서 보지 않고 오히려 일반계시에 종속하는 종속하는 것으로서 바라본다.19) 그러나 크레머의 철저하게(radically) 성경적인 접근을 접하게 된 후에, 특히 인간의 타락의 인류학적인 결과에 관한 그의 사유를 접한 후에 바빙크는 *내적 원리*라고 하는 이 완전한 심리학적으로 영감된 개념을 버린다. 그는 이제 신학적으로 볼 때 인간 안에서 기원하는 하나님에 대한 열망은 전혀 없다고 주장한다. 1941년에 출판된 책자에서 그는 직접 1928년에 자신이 썼던 것을 명시적으로 부인함으로써 이러한 사유의 반전을 드러냈다:20)

> 보다 초기에 나는 *하나님으로부터 달아나는 동시에 하나님을 추구함* (Suchen im Fliehen)이라는 개념을 반복해서 언급했다. 이제 나는 이 문제를 다르게 표현하고 싶다. 어느 누구도 스스로의 힘으로, 심지어 단 한명도 하나님을 찾지 않는다(롬 1:11). 만약 어디에든지 어떤 종류의 그러한 추구가 있다면 그것은 [심지어] 깊이 가라앉은 인류에 대한 그것의 지배력을 포기하지 않는 신적 목적과 안내라고 하는 정의(*horismos*, definition)로 인해서 존재한다.21)

바빙크는 이제 계시를 전적으로 강조하며 *내적 원리*에 대해 매우 조심스럽게 말한다. 이 지점에서 그는 이러한 성격의 내적인 인식적 도구의 실재, 즉 하나님에 관한 지식을 습득하기 위한 '기관'이 성경에 의해서 가르쳐지고 있다고 주장한다.22) 그는 그러한 '기관'의 존재를 로마서 1장 20절에서 추론하는데, 그가 보기에 그곳에서 그것의 존재는 그리스어의 수동태 분사형인 *누메나*(νοούμενα, 이해되어지거나 파악되어짐으로써)에 의해서 함축되어 있다.23) 인간 안에 있는 지식의 이러한 매개장치

---

19) 위의 단락 2번을 참조하라.
20) In *PWB*, 165 ff.
21) *PPRAO*, 18.
22) 참조. *PPRAO*, 15.

(vihicle)에 대한 명칭은 바빙크가 보기에 부차적인 문제였지만, 그는 칼빈의 용어24)를 선호한다고 말했으며 바빙크의 용어를 버렸다. 그가 직접 설명하고 있지는 않지만 이러한 선택을 한 가장 그럴듯한 이유는 후자의 접근이 지나치게 철학적임을 그가 발견했으며 칼빈의 것이 보다 더 역동적이라고 간주했다는 것이다.

종교적 의식에 대한 그의 책에서 바빙크는 *내적 원리*를 어떻게 생각하는지에 대한 물음을 물으면서 다시 한 번 이것을 다룬다. 로마서 1장 20절의 *누메나*(νοούμενα)란 용어 - 이것은 그러한 가정을 가능하게 하는 유일한 토대이다 - 는 그러한 의미로 해석될 수 없다고 주장하면서 그는 이러한 원리를 이성 안에서 찾아서는 안 된다는 주장을 강조한다. 이 단어는 "지성의 다양한 간계"를 암시하기 보다는 "인식하게 되는 것, 느끼는 것, 관찰하는 것, 알아차리는 것"이란 관념을 의미한다. 바울은 여기에서 "인간이 진리를 정복할 수 있는 보다 더 뛰어난 고상한 기관"을 가리키고 있지 않다. *누메나*(νοούμενα)와 *카소라타이*(καθορᾶται, are clearly seen, 분명히 보여지다)란 단어의 결합은 "거의 가시적으로 일어나는 일, (…) 인간은 갑자기 사태(things)를 본다"는 것을 암시한다.25) 이러한 봄(seening)은 이성적인 과정 그 이상의 것이다. 그것은 그의 존재의 심연에 있는 인간에게 속해 있다. 바빙크는 좀 더 고찰한 후에 칼빈의 *종교의 씨앗*과 *신의식*이란 개념들을 위한 성경적 토대가 전혀 없으며, 초기의 주장들과 달리 또한 "*내적 원리*"는 성경에서 결코 언급되지 않는다고 말하면서, 하지만 이것은 단지 그러한 원리의 존재, 즉 단지 그러한 "일반계시를 위한 주관적 발판"의 존재를 배제하지는 않는다고 덧붙인다.26) 이 지점에서 그의 논증은 다소 인위적인 성향을 띤다. 그는 성

---

23) 참조. *PPRAO*, 7. 후에 우리가 결국 보게 될 것이겠지만 그는 이러한 종류의 기관적인 인식적 매개(organic cognitive medium)의 존재에 대해서 훨씬 더 조심스럽게 말한다.
24) 참조. *Ibid.*, 15: "Het problem der 'Anknüpfung' bij de evangelieverkondinging, 65-66; 그리고 *ICNCW*, 104.
25) *RBCG*, 168-169; 또한 다음을 참조하라. *CBTM*, 120.
26) *RBCG*, 168-169.

경은 인간 안에 있는 일반계시를 위한 이러한 수용기관(receptor)에 대해서 말하지 않는데, 왜냐하면 성경은 하나님의 객관적 현현을 강하게 강조하고 있어서 "[이러한 현현]에 반응하는" 주관적인 "인간의 기관은 그저 간과되고 있다"고 말하기 때문이다.27) 좀 더 나아가서 그는 다음과 같이 쓰고 있다:

> 성경은 우리가 즉시 모든 주의를 이러한 내적 원리에 집중하고, 그럼으로써 하나님의 실재를 잊을 것을 두려워하여 마치 그것을 다루기를 주저하는 것처럼 보인다. 눈이 눈 자체를 볼 수는 없다; 이것은 그것의 존재의 의미와 [모순될 것이다.] 이와 마찬가지로 이 내적 원리 역시 그것 자체를 보지 못한다. 그것은 오직 하나님만을 볼 수 있다. 그리고 나는 가장 예리한 반성조차도 그것을 발견하는데 성공하지 못할 것이라고 확신한다.28)

*내적 원리*에 대해 말할 수 있는 유일한 것은 "그것이 인명부(human ledger)의 대변(the credit side, 오른쪽 가장 자리의 기타 기입란-역주)에 추가될 수 없다는 것, 인간의 공덕으로 기재될 수 없다는 것이다. 왜냐하면 그것은 하나님께서 그것을 존재케 하심으로 인해서만 존재하기 때문이다."29) 한편으로 바빙크는 개혁주의적 전통을 따라서 "내적 원리"란 개념을 유지하고 싶어하는 것처럼 보인다. 그러나 다른 한편으로 그는 인간과 하나님 사이의 나-당신님의 관계를 매우 강조하고 있다:

> 개인적으로 나는 이 한 가지 것을 매우 중요한 문제, 즉 인간은 오직 교통적 상호교환(communicative interchange)의 형태로만 삶을 떠맡을 수 있다고 보고 싶다. 인간은 언제나 대화에 참여한다: 그는 그의 암소와 말과 그의 볏씨와 구름과 태양과 대지와 말을 한다. 오직 이런 식으로만 그는 살아 있는 인간으로서 존재할 수 있다. 나는 이것이 무엇으로 되돌아가는지,

---

27) *Ibid*., 168.
28) *Ibid*., 170.
29) *Ibid*., 171. 이것은 이 장의 앞에서 논의된 일반계시에 있어서 성령의 결정적인 작용의 문제를 상기시킨다.

무엇이 그 뒤에 놓여 있는지 알지 못한다. 그러나 나는 인간이 매일 새롭게 자신 앞에 서 있는 이 누군가(Someone)와 계속해서 말하는 것 외에 아무 것도 할 수 없다는 사실에 깊이 주의하고 있다.30)

따라서 바빙크는 인간 안에 별개로 그리고 독립적으로 존재하는 내적 원리라고 하는 개념에 의문을 갖는다. 어쨌든 그는 칼빈이 『기독교 강요』에서 창조주 하나님에 대한 지식에 대한 강화를, 계시에 대한 그의 논의에 앞서서, 그리고 계시와 분리된 종교의 씨앗을 다루는 것으로 시작함으로써 일반계시와 *종교의 씨앗* 사이에 받아들일 수 없는 균열을 만들고 있다는 견해를 지니고 있다. "이 *종교의 씨앗*은 별개의 어떤 것인가? 그것은 별개의 실체(an isolated entity)로서 생각될 수 있는가? 오히려 그것은 주변 세계에 있는 하나님의 빛나는 광휘에 대한 반응으로서 간주되어야만 하지 않은가?"라고 그는 묻는다.31) 이로 보건데 바빙크가 크레머의 지도를 따라서 본질적으로 더 이상 *내적 원리*에 본질적인 (substantial) 무게를 두지 않고 오히려 관계적인(relational) 무게를 두고 있다는 것이 명백해 보인다. 어쨌든 *내적 원리*라고 하는 용어는 이 분야에서의 바빙크의 마지막 저서인 『성전과 모스크 사이의 교회』에는 더 이상 나오지 않는다. 이 저서에서 그의 표현 방식은 순전히 관계적(relational)이 되었다: 인간은 이 계시 자체, 즉 "인간 안에 있는 성령의 말없는 활동"32)으로 이루어져 있는 계시 때문에 하나님의 계시를 이해한다. 그리고 그의 모든 삶의 방식이 하나의 반응(a response)인 반응적 존재(reactive being)로서 인간은 "긍정적인 의미로든 부정적인 의미로든" 33) 하나님의 말없는 말씀하심(wordless speech)에 응답하는 것 외에는 다른 어떤 것도 행할 수 없다.

우리는 아무런 의심 없이 *내적 원리*에 관한 바빙크의 사유가, 그

---

30) *Ibid.*, 170.
31) *Ibid.*, 146-147.
32) *Ibid.*, 125.
33) *Ibid.*, 32와 19.

것을 인간 안에 있는 숭고한 특징으로 인식하는 데로부터 그것을 신적 계시에 내재하는 실재로서 이해하는 것으로 이동함으로써, 수년 동안에 걸쳐 상당히 바뀌었다고 결론을 내릴 수 있다. 이러한 노정에서 바빙크가 취한 매 걸음들로 인해서 그는 심리학적인 사색과 철학적인 반성들로부터 한 걸음 더 나아가 결국은 그의 선교학을 성경적-신학적으로 보다 깊이 뿌리내릴 수 있게 되었다. 이것은 그가 마침내 옛 의미에서의 *내적 원리*를 버렸을 때 그가 개혁신학에 해를 끼치지 않고 본질적으로 그것을 도와 주었다는 것을 의미한다.

3. 인간의 반역

만약 일반계시가 "빗방울이 납빛의 나뭇잎을 미끄러져 내리듯이" 아무 효과도 없이 인간에게서 그저 미끄러지지 않고 실제적으로 그에게 도달한다면, 그것은 그를 '아는 자'로 바꾸어 놓는다: "인간의 사법적 지위는 아는 자(one who know)의 지위이다."34) 하지만 동시에 성경은 인간의 실제적인 지위를 알지 *못하*는 자(one who does *not* know)의 지위로서 그리고 있다: "너희가 알지 못하고 위하는 그것을 (…)"(행 17:23). 이것은 인간의 지위가 역설적35)임을 의미하며 그 이유는 인간 자신 안에서 찾아져야만 한다. 따라서 물음은 이것이다: 인간은 누구인가?36)

이 물음을 다루는데 있어서 바빙크는 다시 한 번 그의 출발점으로서 성경을 택한다. 이 물음에 대한 결정적인 답을 제공할 수 있는 것은 심리학이 아니라 - 비록 그것이 가치있긴 하지만 - 바로 신학뿐이다.37)

---

34) *RBCG*, 171.
35) 참조. *Ibid.*
36) 이 단락에서는 하나님에 대한 인간의 태도, 즉 교의학적인 용어로 말해 좁은 의미에서의 *하나님의 형상(imago Dei)*에 주목할 것이다. 다른 맥락에서 바빙크는 또한 인간의 *비참함(misère)*, 즉 다시 한 번 조직신학의 용어로 말해서 넓은 의미에서의 *하나님의 형상*에도 불구하고 하나님의 피조물로서의 인간의 지속적인 *위대함(grandeur)*을 지적한다. 참조. "De zegen van den arbeid: Het raadsel van ons leven," passim; 그리고 "Het raadsel mensch," 55-64.
37) 참조. "Het raadsel mensch," 65. 심리학이 역할에 관해서 바빙크는 여기에서 그것은 "뒤엉

인간이 올바른 판단을 기르고자 한다면 그는 자기-사색이라는 마법으로부터 자신을 자유롭게 해야만 하며 하나님과 마주하여서 듣는 자세를 취해야만 할 것이다. 하나님께서는 우리를 어떻게 보시는가? 하나님께서는 우리의 삶을 어떻게 판단하시는가? 우리의 삶에 수를 놓는 일의 동기들이 만족스럽게 그리고 최종적으로 설명되어질 수 있는 것은 바로 하나님의 말씀에 대한 믿음만을 통해서이다.38)

창세기 3장은 인간을 오늘날의 그의 모습으로 만든 완전히(pervasively) 결정적인 행위 - 하나님의 말씀을 의심하는, 악한 자(Evil One)의 혈뜯는 말에 탐욕스럽게 주의를 기울이는, 인간이 하나님에게 맞서서 책략으로 자신을 보호해야만 하는 포위자(besieger)로서 그를 간주하는, 하나님과 같이 되기를 갈망하는 행위 - 에 대해 말하고 있다.39) 그 이후로 인간은 언제나 그의 전 존재로 더불어 그리고 그의 전 존재의 가장 깊은 층에 이르기까지 하나님께 반역해 왔다.40) 그 어디에서도 인간이 "여기는 내적 성소이다"라고 말할 수 있는 "더럽혀지지 않은 한 조각 땅"조차도 발견할 수 없다. 성경은 어디에서도 "생명의 갱신"을 위해 나아가기 위한 출발점(point of access)으로서 인간 안에 있는 "발판"에 대해 말하지 않는다. 왜냐하면 "하나님의 아들"로서의 그의 피조된 조건으로부터 인간은 "마귀의 세력들의 노예들"로 전락했기 때문이다.41) 하나님으로부터 소외된 상태에 있는 인간은 불행한 운명의 희생양이며 자신의 기원을 계속해서 찾고 있는 "버려진 아이"가 아니라 자신의 행위로 말미암아 하나님과의 교제로부터 멀어져 있고, 멀어진 채로 남아 있는 "추방된

킨 실타래로부터 몇 가닥의 실을 풀 수 있다. 그것은 우리의 눈으로 하여금 매듭을 볼 수 있도록 할 수 있다. 그러나 그것은 인간의 조건 또는 행위의 "가장 깊은 심연을 결코 드러내 줄 수 없다."
38) Ibid.
39) 참조. WW, 181.
40) 이상하게도 바빙크는 그의 성경적 논의의 어디에서도 로마서 5장 12-21절을 언급하지 않는데, 여기에서 바울은 "그 한 사람(the one man)의 죄"와 모든 사람의 죄 사이에 명백한 고리를 만들고 있다.
41) WW, 161, 163.

자" 이기 때문이다.42) 바빙크는 이와 관련해서 로마서 3장 9-20절을 언급하는데 여기에서 이러한 사실이 모든 공포 속에서 예리하게 묘사되며, 또한 마태복음 15장 19절을 언급하는데 여기에서 예수님은 인간의 마음을 그래픽 그림과 같이 묘사하신다. 후자와 관련해서 그는 다음과 같이 쓰고 있다:

> 예수님께서 인간의 마음과 그것으로부터 나오는 것들에 대해 말씀하실 때 그분께서는 '악한 생각들, 살인' 그리고 다른 많은 끔찍한 것들을 지적하신다. 그러나 그분께서는 더럽혀지지 않은 곳은 단 한 곳도 언급하지 않으신다. 즉 우리가 붙들 수 있는 단 하나의 확고한 특징도 언급하지 않으신다.43)

그는 성경적 인류학은 인간이 그의 존재의 가장 중요한 핵심에 있어서 그가 죄인, 즉 그의 가장 깊은 본성에서 하나님을 두려워하고, 하나님을 회피하고, 하나님을 밀쳐내며, 하나님께 저항하는 반역자라는 사실을 인정하지 않을 수 없다고 결론을 내린다.44)

바빙크의 반성이 심리학보다는 신학에 의해 더 많이 지배를 받게 된 이후에 죄인으로서의 인간에 대한 그의 평가는 급진적이 되었음에 분명하다. 그의 선교학 핸드북에서 그는 종교심리학은 사람들의 삶에서 가장 깊은 곳에 놓여 있는 심리학적으로 소여된 것과 동기, 즉 "'하나님과 같이' 되고자 하는 열정적인 열망에 뿌리박고 있는, 하나님을 인정하기를 꺼려하는 마음"에 관한 성경적 가르침을 주의 깊게 고려해야만 한다고 주장했다.45) 그가 보다 초기의 저서들에서46) 제안했던 것과 같은, 인간 안에 있는 하나님을 향한 열망의 자연적 씨앗이라고 하는 개념은 어느 것이든 이제 완전히 거부되어진다. 그가 이러한 방향으로 선회하게 되었던 것은 크레머의 논증과 간접적으로는 바르트의 논증에 의해

---

42) 참조. *Ibid.*, 161, 165-166.
43) "Het raadsel mensch," 66-67.
44) 참조. *ZIW*, 126(*ISM*, 122).
45) *IZW*, 238. (참조. *ISM*, 237).
46) 예를 들어, *ZKO*, 99-100에서.

서였다는 것은 명백한 것처럼 보인다. 더욱이 그가 이와 관련해서 제2차 세계대전, 즉 대부분의 사람들의 마음속에서 인간에 관한 모든 이상주의적 사유를 파괴하고 결국은 인류학 분야에서 새로운 반성의 출현을 가져왔던 전쟁을 간접적으로 언급하고 있다는 것은 주목할 만하다: "지금 그러한 것처럼 그들 앞에서 모든 것을 휩쓸어가는 폭풍우 같은 세계 사건들 속에서 모든 닻들이 부서질 때 (…) 우리는 인간의 수수께끼의 피할 수 없는 문제에 직면해 있다."47)

4. 억압과 대체(Repression and Substitution)

바빙크가 볼 때에 일반계시를 통해 자신을 인간에게 계시하실 때 인간은 *사법적*(a de jure)인 의미에서 (하나님을 알 수 있는-역주) 지식을 갖게 되지만, 하나님과의 이 계시적 만남 속에서 죄가 심히 깊은 것으로 판명됨으로 말미암아 *실제적인*(de facto) 지식에 이르는 일은 발생하지 않게 된다. 인간은 "알지 못하는 '아는 자'(knower)이며, 인식하지 못하는 '인식자(perciever)'이다."48) 바빙크는 로마서 1장 18절 이하가 이러한 개념을 지지하는 것을 발견하며 이 구절에 근거하여 그러한 개념을 보다 확장하여 두 개의 문장을 특별히 강조한다: "불의로 진리를 막는 사람들"(18절), 그리고 "저희가 하나님의 진리를 거짓으로 바꾸어"(25절). 그는 이 말씀들을 선교학적으로 주해하고자 할 뿐만 아니라 그것들을 심리학적 관점에서 분석하고자 한다.

하나님의 진리가 인간을 붙잡을 때마다 인간은 이 진리를 붙잡아서 그것을 억압한다(Whenever God's truth grasps man, man grasps that truth subjects it to a process of suppression[κατεκόντων]). 이 용어는 폭력에 대한 함의를 지니고 있다. 즉 전사(a fighter)가 그의 상대의 머리를 눌러서 물 아래에 처

---

47) "Het raadsel mensch," 60. 제2차 세계대전의 문제는 그 밖의 바빙크의 저서들 어디에서도 중요한 자리를 차지하지 않으며 따라서 분명히 그의 신학적 사유에 온건한 영향만을 미쳤다.
48) *RBCG*, 172.

박아 두는 것처럼, '어떤 것을 아래로 내리 누르는 것' 또는 '어떤 것을 아래에 붙들어 두는 것'이란 개념을 지니고 있다.49) "나는 '억압'이란 개념이 현대 심리학에서 이해되듯이 κατεκόντων을 그러한 '억압'의 의미로 받아들이고 싶은데",50) 현대 심리학에서 '억압'은 인간의 "인식적 기능들이 인간성 전체에서 작용하고 있다는 사실을 가리킨다: 그러한 인식적 기능들은 스스로 존재하지 않고 선천적으로 감정적이고 의지적인 힘들과 연결되어 있다."51) 다시 말해서 "다양한 방식으로 우리의 감정적이고 의지적인 삶과 밀접하게 연결되어" 있는 "우리의 인식적 삶"은 매우 복잡한 것이다. 인간은 결코 어떤 것을 완전히 객관적으로 보지 못한다: "우리는 우리의 관심을 끄는 것을 인식한다. 우리는 우리가 분별하고자 하는 것을 분별하거나,"52) 또는 역으로 우리가 보고 싶어 하는 것을 보지 못한다. 바빙크는 '억압'을 "수용할 수 없는 욕망들 또는 충동들이 의식으로부터 배제되고 따라서 직접적인 만족을 거부당함으로 인해 무의식적인 것들 안에서 작용하도록 남겨지는 과정"으로 정의하고 있는 웹스터의 *대학생을 위한 새사전*(New Collegiate Dictionary)을 인용하고 있으며,53) 이에 덧붙여서 프로이드 이후의 심리학은 "억압되는 충동들과 욕망들이 매우 가치가 있을 지도 모르며, 수용된 삶의 유형이나 (…) 지배적인 대중적 관념들에 반하는 것은 어느 것이나 억압될지 모른다"는 것을 보여준다고 말한다.54) 일반적으로 이러한 억압은 "무의식적으로" 일어난다. "우리는 그것이 일어나고 있다는 것조차도 모른다."55) 그러나 그렇다고 해서 "그것(억압이 일어나고 있다는 것-역주)이 조금이라도 덜 실재적이 되는 건 아니다."56) 더욱이 "이러한 억압은 매우

---

49) 참조. *PPRAO*, 8.
50) *Ibid*.
51) *Ibid*.
52) *RBCG*, 172; 바빙크는 *IZK*의 78페이지 이하를 여기에서 언급한다.
53) *CBTM*, 118.
54) *Ibid*.
55) *Ibid*.
56) *RBCG*, 122; 또한 172를 참조하라.

즉각적으로, 매우 자발적으로, '지성'(understanding)과 '인식'(perception)과 더불어 동시적으로 일어나서, 바로 동일한 순간에 그는 보기도 하며, 더 이상 보지 못하기도 하고 바로 동일한 순간에 그는 알기도 하며 더 이상 알지 못하기도 한다."57) 엔 아디키아(ἐν ἀδικίᾳ, 불의로)란 용어를 사용해서 바울은 "도덕적, 혹은 오히려 비도덕적 요소들이" 하나님의 진리를 억압하는데 "작용하고 있다"고 지적한다. 전치사 ἐν은 여기에서 "-의 영역 안에"를 의미하며58) ἀδικία(불의)란 개념은 타락한 인간이 하나님과 대면하여 지속적으로 취하는 비도덕적 자세를 가리킨다.59) 따라서 억압은 인간의 "숨겨지고, 변함없이 들려지지 않는, 또한 종종 완전히 무의식적인 [하나님께 대해 도덕적으로 대립하고자 하는] 동기"로부터 기인한다.60)

이러한 억압과 직접적으로 연관되어 있는 것이 대체의 행위인데, 그리스어로 엘락싼(ἤλλαξαν, ἀλλασσω, 알라스소)과 메텔락싼(μετήλλαξαν, μεταλλάσσω, 메탈라스소)인 이 표현은 로마서 1장 23절, 25절, 26절에서 세 번 나타난다.61)* 바빙크는 대체가 또한 심리학에서 잘 알려진 원리이며 이 단어를 사용할 때에 바울은 "다시 한 번 오늘날의 심리학이 가리키는 그 주목할 만한 현상들 중 하나를 건드리고 있다"는 것에 주목한다.62) 심리학은 짓눌린 인상들(stifled impressions)과 억압된 경험들이 인간의 무의식적인 삶에서 계속 작용하고 있다는 것을 보여주었다: 비록

---

57) Ibid., 172.
58) Ibid., 173.
59) 참조. Ibid., 122-123.
60) Ibid., 173.
61) 참조. Ibid., 177.
* 이 세 곳의 성경 구절은 다음과 같다:
  롬 1:23. "썩어지지 아니하는 하나님의 영광을 썩어질 사람과 금수와 버러지 형상의 우상으로 *바꾸었느니라.*"
  1:25. "이는 저희가 하나님의 진리를 거짓 것으로 *바꾸어* 피조물을 조물주보다 더 경배하고 섬김이라."
  1:26. "이를 인하여 하나님께서 저희를 부끄러운 욕심에 내어버려 두셨으니 곧 저희 여인들도 순리대로 쓸 것을 *바꾸어* 역리로 쓰며" (역주강조는 역자의 것임)
62) CBTM, 121.

"그것들이 인간의 의식적인 삶에서는 어떠한 역할도 하지 않는다" 할지라도, 그럼에도 그것들은 "강하게 남아 있으며 반복해서 자신들을 드러내고자 함으로써" 결국 "자신들이 여전히 존재한다는 것을 이따금씩 보여주는데" 성공한다.63) 바빙크가 볼 때에 이러한 통찰들은 또한 하나님의 계시에 대한 인간의 반응에도 적용될 수 있다: "내가 보기에 바울은 이것들을 다루는 것처럼 보인다."64) 하나님의 진리가 억압된다 할지라도 이것은 하나님의 진리가 파괴되었거나 또는 죽었다는 것을 의미하지 않는다.65) 그와는 반대로 하나님의 말씀은 단편적으로 의식적인 마음에 자신을 계속해서 심어 주신다. 일반계시는 인간에게 영향을 미치지만 즉시 억제되며, "그것(일반계시-역주)으로부터 도출되는, 의식적인 정신 안에 가까스로 달라붙어 있는, 드물지만 완전히 탈맥락화된 요소들은 완전히 탈선한 본성의 개념적 콤플렉스들이 그 주변에서 결정체를 이루게 되는 핵들을 형성한다.66)

이러한 과정을 다소 분명히 하기 위해서 바빙크는 꿈의 유비를 사용한다. 꿈꾸는 상태에서도 또한 모든 종류의 객관적이고 참된 현상들, 예를 들어 처마 물받이에서 흐르는 물소리, 지나가는 차의 헤드라이트의 불빛, 멀리서 지나가는 기차소리, 또는 알람시계의 단조로운 째깍거림 등과 같은 현상들이 나타나지만 (그것들은-역주) 즉시 맥락에서 떨어져서 끝없이 확대되고 그것들을 야기한 그 현상의 실재와는 확연히 다른 일련의 사유를 위한 지주로 변한다. 꿈의 세계에서 우리는 '억압'과 '대체'의 과정들을 친숙한 연상 속에서 본다. 실재는 질식되며 동시에 이 억압된 실재는 창조적인 힘을 드러낸다. 그 결과는 하나의 거대한 환영, 즉 다채로운 모양의 혼동된 이미지들인데, 이 혼동된 이미지들이 토대로 하고 있는 그 객관적인 요소들은 가장 큰 어려움을 겪고서라야만

---

63) *Ibid.*
64) *Ibid.*, 122.
65) 참조. *RBCG*, 175, 그리고 *CBTM*, 121.
66) *RBCG*, 179.

그 혼동된 이미지들로부터 벗어날 수 있다.[67]

이것은 선교신학 전반에 굉장히 중요한 문제이므로 하나님의 계시된 진리에 대한 억압과 이 진리에 대한 인간의 대체조작에 관한 바빙크의 견해들이 간략하게 그려져 있는 그의 유고로부터 긴 구절을 인용하는 것이 유익할 것이다.

> 인간은 하나님의 신성의 영원한 능력에 대한 진리를 억압해왔다. 그것은 그의 무의식, 즉 그의 존재의 지하토굴로 추방당해 왔다. 그러나 이것은 그것이 영원히 사라졌다는 것을 의미하는 건 아니다. 여전히 활동적으로 그것은 반복해서 스스로를 계시한다. 하지만 그것은 공개적으로 의식될 수는 없다. 그것은 변장한 채로 나타나며 그것은 다른 어떤 것으로 대체된다. 따라서 모든 종류의 신 관념들이 형성된다. *우상공장(fabrica idolorum*, 칼빈)으로서의 인간의 마음은 자신의 신 관념들과 자신의 신화들을 만들어낸다. 이것은 의도적인 기만은 아니다 – 이것은 인간이 그것을 알지 못한 채 발생한다. 그는 [이러한 관념들과 신화들을] 제거할 수 없다. 따라서 그는 종교를 지니고 있다. 그는 신(a god)으로 인해 바쁘다. 그는 그의 신(a god)을 섬긴다 – 그러나 그는 자신이 섬기는 그 신(the god)이 하나님 그분이 아니라는 것을 보지 못한다. 일종의 대체가 발생해 왔다 – 위험한 대체가. 하나님의 본질적인 성질(quality)은 인간의 삶의 유형에 적합하지 않다는 이유로 더럽혀져 왔고, 인간이 하나님에 대해 가지고 있는 그 상(image)은 더 이상 참되지 않다. 신적 계시는 [이러한 상의] 뿌리에 놓여 있지만 인간의 사유와 열망은 그것을 받아서 그것에 자신을 순응시킬 수 없다. 인간이 하나님에 대해 가지고 있는 그 상(image)에서 우리는 인간 자신의 상(image) 인식할 수 있다.[68]

바빙크는 원칙상 모든 종교들이 이러한 관점에 비추어 판단받아야 하지만, 그럼에도 억압과 대체와 관련하여 그들 가운데에 정도의 차이가 존재한다고 주장했다: "선교 경험뿐만 아니라 역사는 우리에게 모든 종교

---

67) 참조. *Ibid.*, 178-179.
68) *CBTM*, 122. 우상공장에 대한 칼빈의 논의를 위해서는 *Institute*, Vol. I, Chap. XI. 8, 107-109를 보라.

와 그 추종자들에 대해 무차별적인 일반화를 행하는 것은 말이 안 된다"는 것을 가르쳐 준다.69)

> 억압의 과정이 너무도 완벽하게 성공해서 심지어 그러한 일이 일어났다는 것을 의식하지도 못하는 사람들이 있다고 어떤 이는 말할 수도 있다. 그들은 '신'(god)이라고 하는 작은 단어가 의미하는 것에 대한 관념을 형성하는 것이 완전히 불가능한 사람들이며, 그들에게 있어서 '하나님'(God)은 너무도 비실재적이어서 한 번도 그분에 대한 생각에 몰두해 본 적이 없는 사람들이다.70)

다른 경우들에 있어서 이러한 과정은 훨씬 더 큰 어려움을 동반하게 되거나 심지어 완전히 붕괴되기도 한다. "때때로 하나님의 임재는 인간의 삶 속에 너무도 자명하게 간섭하셔서 그는 그것을 피할 능력이 전혀 없으며, 그것을 억압할 기회를 얻지 못하고, 단지 그것에 의해서 압도될 뿐이다." 71) 억압과 대체는 두 개의 톱니바퀴처럼 들어맞거나 또는 사실상 하나의 동일한 과정의 두 면을 이루기 때문에 그것들은 어떤 일치를 보여준다. 바빙크는 신적 진리를 억압하고 대체하는 것 둘 모두를 특징 짓는 것은 강도(intensity)와 정도(degree)의 단계적 변화라고 하는 사실에 특히 주목한다.

> 우리는 언제나 억압하고 대체하는 세력들을 만나지만 이것은 그들이 항상 동일한 본성과 힘을 지니고 있었다는 것을 의미하는 건 아니다. 우리는 비기독교적인 종교들의 역사에서 하나님께서 매우 특별한 방식으로 그들과 씨름하였다고 느끼는 인물들을 만난다. 우리는 그들이 반응했던 방식에서

---

69) *RBCG*, 174.
70) *Ibid*. 바빙크는 여기에서 칼빈을 인용하는데, 칼빈은 다소 다른 맥락에서이긴 하지만 진리의 억압에 대한 이와 동일한 해석을 제공한다: "경험은 *종교의 씨앗*이 신적으로 모든 인간 안에 심겨졌다는 것을 가르쳐 주고 있다. 그러나 자신의 마음속에서 그가 품고 있는 것에 자양분을 공급하는(nourishes) 사람을 백 명 중 거의 한 명도 찾을 수 없다. 그리고 심지어 그 안에서 그것이 자라나는(matures) 사람을 단 한 명도 찾을 수 없으며, 더욱이 때가 되어 열매를 맺는(bears fruit) 사람은 더 더욱 찾을 수가 없다."
71) *RBCG*, 174.

여전히 억압과 대체의 과정에 대한 흔적들을 발견하지만, 이따금 우리는 다른 많은 인간 종교들에서 보다 훨씬 더 큰 하나님의 영향을 목격한다. 종교의 역사는 항상 그리고 어디서나 동일한 것은 아니다. 그것은 어리석음과 타락에 대한 단조로운 그림만을 보여주지는 않는다. 그 속에는 [예를 들어, 불교와 이슬람 안에는] 정점들(culminating points)이 있다.[72]

하나님의 진리에 대한 억압과 대체가 더 심각할 수 있었음에도 불구하고 그렇지 않은 것으로 판명된 사건의 경우에 이것은 그것이 어떤 종류든 인간의 공로로 돌려질 수가 없다. 억압과 대체의 과정에서의 이러한 완화는 "어떤 사람들이 다른 이들에 비해 훨씬 더 낫기 때문이 아니라 때때로 신적 긍휼이, 인간이 진리를 완전히 억압하고 대체하지 못하도록 하는 신적 긍휼이 간섭하기 때문에" 일어난다.[73]

바빙크에 따르면 로마서 1장은 억압과 대체의 과정에 대해서 "철저히 비극적인 어떤 것"[74]이 있다는 것을 드러내 준다. 21절에 있는 수동적 표현들 ἐματαιώθησαν ἐν τοῖς διαλογισμοῖς αὐτῶν(그 생각이 허망하여지며)[75]과 ἐσκοτίσθη ἡ ἀσύνεαος αὐτῶν καρδία(그들의 미련한 마음이 어두워졌나니)는 이것이 어떤 주어진 순간에 인간이 전혀 어찌할 수 없는 과정, 즉 "그가 더 이상 통제할 수 없는" 하나의 기제(mechanism)임을 보여준다.[76]

---

72) *CBTM*, 126; 불교와 이슬람에 대한 언급들을 위해서는 125페이지를 보라.
73) *Ibid.*, 126. 참조. *RBCG*, 174.
74) *RBCG*, 128.
75) *RBCG*의 126페이지에서 바빙크는 이 구절의 "극단적으로 수동적인" 성격을 명백히 언급하고 있음에도 불구하고 그것을 다소 능동적인 의미로 해석한다: 그들은 자신들의 생각 속에 깊이 빠졌으며, 그럼으로써 그들 자신의 상실을 초래했다. *CBTM*의 120페이지에서 바빙크는 새영어성경(New English Bible)을 따른다: "그들의 모든 생각은 허무 속에서 끝났다." 그럼으로써 그리스어 본문의 수동적 의미는 사실상 사라져버렸다. 아른트와 깅그리히는 바우어를 따라서 동사인 ἐματαιώθην을 "무가치함으로 넘겨졌다"로 그리고 문제가 되는 구절은 "그들의 생각이 무가치한 것들로 향하게 되었다"로 번역하고 있다, 496. 리넥커(Rienecker)는 동사인 ματαιόω를 "나태하게 만들다"나 "우롱하다, 속이다, 미혹하다"로 번역할 것을 제안한다, 317. 그리고 리델(Liddel)과 스코트(Scott)는 수동형 동사를 "어리석게 되다"로 옮기고 있다, 1084. 이 후자의 번역들은 억압과 대체의 과정에 능동적인 요소들과 수동적인 요소들이 함께 뒤섞여있다는 것을 보다 더 분명하게 보여준다는 점에서 선호할 만하다.

인간은 비도덕성을 섬김으로 [하나님의] 규범에 [순응해야 할 책무]로부터 벗어나기 위해 진리를 억압하고 대체하는 범죄자이다. 그러나 그는 동시에 어느 순간엔가 자신이 행하고 있는 것을 멈출 능력이 더 이상 없는, 고수해야 할 것이 더 이상 아무 것도 없는, "자신을 상실한" 희생자이다. 그는 이것을 행하는 자이며 동시에 이것은 그를 덮쳐서 휩쓸어가며, 이것은 그를 질질 끌고 가며, 그는 [이것에] 더 이상 저항할 수가 없다.77)

다시 말해서, 하나님의 진리를 거절하고 대체하는 지속적인 과정은 인간으로 하여금 일반계시를 더욱 더 수용하지 못하도록 만든다: "인간의 마음의 안테나는 더 이상 하나님의 음성의 파장을 받아들일 수 없다. 비록 그것이 사방으로 에워쌀지라도 말이다. 그러나 그의 가장 심연에서 인간은 하나님으로부터 돌아섰으며 이제 하나님께서는 시야에서 사라지셨다."78) 하나님께 대한 인간의 도전에 있어서의 이 극적인 면은 24절, 26절 그리고 28절에 나타나는 παρέδωκεν αὐτὺς ὁ Θεός(하나님께서 저희를 내어 버려두사)라고 하는 세 번에 걸친 반복된 표현 속에 분명하게 반영되어 있는데, 이것은 18절에 있는 ὀργὴ Θεοῦ(하나님의 진노)의 계시를 상기시킨다. 바빙크는 "하나님께서 저희를 내어 버려두사" 란 표현을 다음과 같이 해석한다: "그들은 내부에 있는 그 세력들에 더 이상 저항할 수 없었으며, 그것들이 그들을 끌고 다녔다."79) 이 모든 것은 신비하게도 서로 잘 들어맞는다.

　　바빙크는 또한 억압과 대체 과정의 실재가 선교경험에서도 확증됨을 목격한다.

---

76) *RBCG*, 128.
77) *Ibid*.
78) *CBTM*, 120-121.
79) *Ibid*., 122. 바빙크는 *RBCG*에서 보다 *CBTM*에서 이 문제에 대해 더 많이 주목하는데, 그곳에서(*RBCG*-역주) 이 문제는 127페이지에서 간략하게만 언급될 뿐이다. 더욱이 *CBTM* 187페이지에서 그는 로마서 1장의 이 단락이 하나님의 의로움의 계시에 대한 맥락(17절) 보다는 오히려 하나님의 진노의 계시에 대한 맥락(18절)에 위치해 있다는 사실에 대한 더 깊은 인식을 보여준다.

[이 경험]은 우리에게 때때로 누군가 복음의 빛에 의해서 조명을 받기 시작할 때 그는 갑자기 억압의 과정이라고 하는 끔찍함을 인식하게 되며 다음과 같은 사실을 깨닫게 된다: 나는 언제나 알고 있었지만 알기를 원하지는 않았다. 인간의 삶의 너무도 많은 순간들을 특징짓는 불안, 근본적인 염려, 긴장은 인간 존재의 뿌리에 놓여 있는 이런 기본적인 현상과 관련이 있다. 세상에서 그가 취한 자세는 정직한 자세가 아니다.[80]

사실상 누군가 모호한 인식을 가질 때 그는 하나님과 게임을 하고 있는 경우가 있다. 긴 대화가 끝나갈 때, 인도네시아인 대담자가 자신은 새로운 확신으로 자신의 영혼을 강화하기 위해 밤새 바빙크에게 반대해 왔을 뿐이라는 취지로 한 마지막 고백을 듣고서[81] 바빙크는 "억압과 대체라고 하는 [그] 헤아릴 수 없는 능력이 (…) 자발적으로 그리고 지속적으로 자신을 드러내지만 이러한 과정은 분명 인간이 이따금 그 소리에 대해 뭔가를 알아차릴 수 없을 정도로 그렇게 무음으로 진행되는 것은 아니라는 사실에 내 눈이 열리게 되었다"고 말한다.[82]

판 덴 베르흐는 로마서 1장 18절 이하에 대한 바빙크의 주해를 "장인다운 분석"[83]이라고 올바르게 부르고 있으며, 페르까일 또한 종교적 의식에 대한 그의 책에서 바빙크가 "계몽, 억압 그리고 대체라고 하는 [그] 과정에 대한 심오한 분석을 제공했다"[84]고 올바르게 말한다. 크레머가 다음과 같이 썼을 때 그는 문제가 되고 있는 구절에 대한 해명을 처음으로 촉진시켰다: "하나님께서는 인간 안에서 역사 하시며 자연을 통해서 빛을 비추신다. 인간의 종교적이고 도덕적인 삶은 인간의

---

80) *RBCG*, 173.
81) 위의 3.3.1의 말미에서 언급됨.
82) *PPRAO*, 19; 또한 *Institutes*, Vol. Ⅰ, Book 1, Chap. Ⅲ. 2와 3, 44-47페이지에서 자신을 유사하게 표현하고 있는 칼빈을 참조하라.
83) "The Legacy of J.H. Bavinck," 174.
84) *De Kern van het christlijk geloof*, 17. 판 덴 토렌(B. van den Toren) 역시 그의 최근 연구서의 314페이지 각주(note) 82에서 로마서 1장에 대한 바빙크의 해석을 승인하면서 인용하고 있다.

성취일 뿐만 아니라 하나님께서 그와 씨름하신 [결과]이기도 하다. 이것은 하나님을 받아들일 수 있다는 사실 뿐만 아니라 동시에 하나님께 대한 변명의 여지가 없는 불순종과 맹목상태를 명시한다."85) 그러나 이러한 해석을 주해적이며 심리적으로 정교화한 사람은 다름아닌 바빙크였다. 내용과 관련해서 이 문제들에 대한 바빙크의 주해 및 사유와 칼빈의 것 사이에는 분명 상당한 일치가 존재하는데, 칼빈은 종교적 의식, 일반계시 그리고 진리에 대한 억압과 대체에 대한 논의의 결론을 내리면서 다음과 같이 썼다:86)

> 그러므로 매우 많은 불타는 램프들이 창조주의 영광을 보이고자 우주의 작품 안에서 우리를 위해 빛나는 것은 헛된 일이다. (…) 틀림없이 그것들은 약간의 불꽃을 일으키지만, 그러나 그것들의 보다 충만한 빛이 비추기 전에 그것들은 소멸되고 만다. (…) 그러므로 주님께서는 많은 다양한 친절하심으로 사람들을 자신에 대한 지식으로 부드럽게 이끄시는데 있어 증거가 부족하지 않음에도 불구하고, 사람들은 이로 인해 그들 자신의 길을 따르는 것, 즉 그들의 치명적인 오류들을 따르는 것을 그만두지는 않는다.87)

그럼에도 불구하고 바빙크의 접근은 신학적이며 인류학적으로 모두 칼빈의 접근보다 더욱 잘 확립되어 있다.

여기에서 바빙크의 주해에 대해 우리가 느끼는 높은 평가에도 불구하고 그의 해석이 지나치게 심리학적인 범주들과 반성들로 물들어 있지는 않은지에 관한 물음이 제기될 수 있다. 본 저자의 견해로는 이러한 물음에 대해 부정적으로 답하며 억압과 대체의 개념들을 사용하는데 있어서 바울 자신이 당시의 철학에서 유행했던 심리학화하는 경향(the psychologizing trend)을 활용하고 있었다고 추측할 만한 이유가 있다.88) 고

---

85) 『비기독교 세계에서의 기독교 메시지』, 126.
86) *Institutes*, Vol. I, Book 1, Chap. III-V. 14, 48에서. 칼빈이 쓴 이 장들에 대한 주해에서 바빙크는 칼빈이 로마서 1장 18절 이하의 "모든 요소들을 정당하게 다루고자 애썼다"고 진술한다, *RBCG*, 146.
87) *Institutes*, Vol. I, Book 1, Chap. V. 14, 68.

대 세계의 다양한 철학 학파들은 민속종교에 대하여, 특히 우상숭배에 대하여 비판적 입장을 취했을 것이다. 대중종교는 철학적으로 다듬어진 신개념의 렌즈를 통해 분석되었다. 예를 들어, 에피쿠로스(Epicurus)는 그것이 신들의 참된 본성, 즉 신들의 불멸성과 절대적인 지복이 거짓임을 보여준다고 하는 근거로 민속종교를 거부했는데 그러한 민속종교는 대부분 신들에 대한 불안과 강한 두려움에 의해 지배되었다.

> 왜냐하면 신들에 대한 지식은 명료한 봄에 의한 것인 까닭에 그들은 존재한다(For gods there are, since the knowledge of them is by clear vision). 그러나 그들은 많은 사람들이 믿는 그러한 존재들은 아니다: 왜냐하면 실로 그들은 사람들이 믿는 바대로 자신들을 일관되게 나타내지 않기 때문이다. 그리고 불경건한 자는 많은 사람들의 신들을 부인하는 자가 아니라 많은 사람들의 신앙을 신들에게 덧붙이는 자이다. (…) 왜냐하면 그들 자신의 덕들에 언제나 익숙해 있는 사람들은 그들 자신과 같은 자들(즉, 신들[gods])을 환영하지만 그들의 본성에 속하지 않은 모든 것을 낯선 것으로 간주하기 때문이다.[89]

사도행전 17장 23절에서 사람들이 신들에 대해 가지고 있는 깊은 불안에 대한 바울의 재치 있는 비판은 에피쿠로스적 사유와 연관이 있음이 드러났다.[90]

그러나 바울의 접근에 있어서 훨씬 더 중요한 것은 스토아 철학자들에 대한 종교적 비판이었다. 이 철학적 경향의 영향력 있는 대표자이자 바울과 동시대인인 세네카는 우상숭배에 대해서 이렇게 썼다: "신성하고, 불멸하며, 범할 수 없는 존재들에게 그들은 가장 값싼 생명이

---

88) 바빙크는 로마서 1장을 다룰 때에 이것을 명시적으로 언급하지는 않는다. 하지만 *AWW* 172-174페이지에서 그는 사도행전 17장에 대한 논의에서 바울이 그리스 철학 내에서 이제 막 싹이 터오던 이러한 발달로부터 기술하고 있다고 지적한다.
89) C. Bailey, Epicurus, the Extant Remains, 83-84. 또한 레크레티우스의 *Titi Lureti Cari*, 66-72에 있는 *De rerum natura*에 대한 베일리(Bailey)의 주해를 참조하라: "첫째로, 전통적인 종교는 그에게 혐오스러운 것이다. 신들은 대중의 신앙이 그들에 대해 생각하는 그러한 존재들이 아니며 대중의 견해들을 받아들이는 것은 사실상 불경건한 행위이다."
90) 참조. 예를 들어, J. van Eck, 132.

없는 물체로 된 상들(images)을 바친다. 그들은 그것들에게 사람이나 짐승이나 물고기의 형상들을 부여한다. 어떤 이들은 사실상 그것들을 양성이 합쳐지거나 상이한 몸이 하나로 된 이중적 상의 모습으로 만든다."91) 사도행전 17장 18절로부터 바울이 이러한 헬라 철학들에 익숙했었다는 것은 분명한데, 이러한 철학들은 당시의 대중종교에 대한 심리학적 해석을 어느 정도 공유하고 있었다. 따라서 바울이 이러한 철학들에 의존했다는 것은 개연성이 없는 건 아니다. 어쨌든 롬 1:20-23과 에피쿠로스, 그리고 세네카 사이에 있는 어법의 형식적인 유사성은 주목할 만하다.92) 이러한 빛에서 볼 때 로마서 1장에 대한 바빙크의 접근은 처음에 언뜻 보기보다 바울의 의도에 좀 더 가깝다. 그리고 만약에 또한 바울의 논증 자체가 사실상 심리학화하는 경향을 드러내고 있다는 것을 고려한다면 바빙크의 해석은 훨씬 더 정당한 것처럼 보일 것이다. κατέχειν(억압하다, to suppress)이라는 개념과 ἀλλάσσειν(바꾸다, to exchange)이란 개념은 그것들을 심리학적으로 해석하는 것이 주해적으로 결코 무책임하지 않을 만큼 그렇게 여기에서의 바울의 용례에서 상호 연결되어 있다.93) 더욱이 심리학에서 너무도 중요하게 등장하는 무의식적인 것의 요소는 이 인용문, 특히 22절에도 틀림없이 존재한다. 그러므로 바빙크의 심리학적 접근은 결코 본문을 왜곡하고 있지 않다고 결론을 내려도 좋을 것이다.

그러나 바빙크가 문제가 되고 있는 구절을 충분히 정당하게 다루고 있는지에 대한 문제가 제기될 수 있다. 왜냐하면 그는 한편으로 인간을 끊임없이 찾으시는 데에서 드러난 하나님의 자비와, 다른 한편으로 모든 종교에 내려진 부정적인 판결에서 뿐만 아니라 인간을 그 자신의 죄된 생각들과 욕망들에 넘겨주시는 데에서 나타난 하나님의 진노 사이

---

91) St. Augustine, *De Civitate Dei*, VI, 10에서 인용됨. 여기에 사용된 번역은 George I. McCracken, 351에서 취한 것이다.
92) 또한 θεὸς ἄφθατος(불멸의 신)이라고 하는 당시에 널리 쓰이던 철학적 표현을 바울이 사용하는 것도 주목할 만하다.
93) 참조. A.F.N. Lekerker, 60.

에 본문이 보여주는 긴장을 전혀 언급하고 있지 않기 때문이다.94) 아마도 바빙크가 하나님의 진노의 요소를 충분히 설명하지 못했던 이유는 그가 선교학자로서 특히 종교의 기원에 관심을 가졌기 때문만이 아니라 진노하신 하나님을 희생시킨 채 찾으시는 하나님에만 편향적으로 초점을 맞추는 그의 성격 탓 때문이었을 것이다. 물론 신적 심판이란 개념이 바빙크의 사유에서 완전히 부재한 것은 아니다. 하지만 우리는 그의 선교학적 접근에서 어떤 편향성을 발견하는데, 이것은 그 자신이 또한 그가 그렇게 강력하게 강조하였던 심리학적 현상, 즉 인간의 관찰은 주관적으로 물들어 있다고 하는 현상에 의해서 어느 정도 영향을 받았다는 것을 의미한다. 그러한 결핍(진노하신 하나님을 다루지 않은 것-역주)이 그 자체로 종교적 의식에 대한 바빙크의 전체적인 접근에 별다른 실질적 중요성(material consequence)을 지닌 것은 아니라 할지라도 만약 그가 로마서 1장에 있는 신적 진노의 요소에 좀 더 광범위한 주의를 기울였더라면 인간의 종교성에 대한 그의 부정적인 평가는 틀림없이 성경적으로 더 좋은 근거에 기반 할 수 있었을 것이다.95)

5. 종교적 의식의 기원과 본질

앞의 논의로부터 바빙크에게 있어서 종교적 의식의 기원은 일차적으로 인간 안에 놓여 있지 않다는 것, 즉 종교적 감수성은 "우리 인간 구조의 일부"가 아니라는 것은 분명하다.96) 종교적 인식의 진정한 기원은 하나님이신데,97) 그는 자신을 증거 하지 아니하신 채로 있지 아니하시고 모

---

94) 바빙크는 이러한 긴장을 *PPRAO*의 8페이지에서 언급하는데, 여기에서 그는 다음과 같이 쓰고 있다: 하나님께서는 이교의 중요한 죄에 대해서 '마음의 죄된 욕망들에 버려두심'이라고 하는 형벌로 답하신다. (…) 상당히 중요하게 바울은 '하나님께서 그들을 넘겨주셨다'(24절, 26절, 28절)라고 하는 세 번에 걸친 반복을 통해 이 결과를 세 번 폭로한다.
95) 비록 바르트적인 변증법적 방식이긴 하지만 여기에서 크레머가 하나님의 진노에 주의를 기울이고 있다는 것에 주목할 수 있다.
96) *CBTM*, 18.
97) 참조. *Ibid.*, 18-19.

든 인간에게 자신을 계시하신다(행 14:17과 요 1:9). 이 계시는 "너무도 참되고, 너무도 구체적이어서, 너무도 불가항력적이고, 너무도 절박해서 아무도 그것을 피할 수 없다." 아무도 그것에 반응하는 것 외에는 달리 행할 수 없다.98) 따라서 종교적 의식은 다른 무엇보다도 신학적 현상, 즉 하나님께서 인류를 영속적으로 다루심으로 말미암은 열매이다.99) 하나님 안에 있는 이러한 기원은 또한 종교의 본질을 결정한다: "종교는 결코 독백", 즉 인간이 세계, 자기 자신, 그리고 하나님에 대해서 자신의 생각만을 말하는 것에 불과한, "인간이 자신과 나누는 대화가 아니라,"100) 하나님의 자기-계시에 대한 "인간의 반응"이다.101) 하나님의 계시에 대한 인간의 반응으로서 "역사에서의 모든 위대한 종교들"은 억압과 대체 둘 모두의 "신비적" 과정들을 구현하고 있다는 사실이 이것에 즉시 덧붙여져야만 하겠다.102) 이것이 종교적 의식의 기원과 본질의 핵심이다. 그러나 바빙크에 따르면 종교적 삶의 형성과 본질에서 또한 모종의 역할을 하는 많은 보조적인 요소들이 있다는 것을 잊어서는 안 된다. 비록 그가 어디에서도 이러한 결정인자들에 대한 체계적 개관을 제공하지 않는다 할지라도 그는 그의 여러 책자들에서 그것들을 개별적으로 언급하고 있다.

첫째로, 바빙크는 자신이 *최초의-말씀 계시*(proto-word revelation) 또는 원시적인 신적 자기-계시(primeval divine self-revelation)라고 부른 것에 대해 여러 곳에서 말했는데, 이 표현에 의해 그가 의미한 바는 인류가 더럽혀지고 오염되기 전의 시대에 일어났던 하나님의 계시였다.103) 종교적 연구 분야에서 발견한 것들에 의지해서 바빙크는 모든 민족들이 이

---

98) *RBCG*, 187.
99) 참조. *PPRAO*, 5. 그리고 *AWW*, 179.
100) *CBTM*, 18.
101) *Ibid.*, 19; 또한 *RWBOT*, 139를 참조하라.
102) *CBTM*, 125와 *RBCG*, 187-188.
103) 참조. *CMO*, 23; "Het broblem der '*Anknüpfung*'" 65; "Phaenomenologische classificatie der religieuze structuren," 32; *ZWN*, 70; *PPRAO*, 13; "General Revelation and the Non-Christian Religions," 51; 그리고 *IZW*, 235-236 (*ISM*, 234-236).

초기의 계시와 원시적 상태의 왜곡된 회상들, 즉 다소간 그들의 종교적 삶을 결정짓는 기억들을 간직하고 있다는 결론에 이르렀다. 이런 이유로 반드시 다음의 사실을 고려해야만 한다.

> 모든 민족들이 낙원에서 일어났던 일에 대한 약간의 인식 가능한 기억을 간직해 왔다. 비록 그것이 언제나 매우 왜곡된 것이긴 하지만 말이다. 특히 우리가 보통 원시적(primitive)이라 부르는 민족들은 영광스러운 원시시대에 대해서 말하는 많은 신화들을 가지고 있다. (…) 그리고 그 신화들에 따르면 이 축복된 시기는 어떤 큰 잘못 또는 사고에 의해서 끝났다. (…) 창세기의 처음 몇 장들과 관련되어 있는 것들의 공통된 기억 중 어떤 것은 모든 민족들에 의해서 간직되고 있음에 분명하다. (…) 따라서 비기독교적 종교들을 고려할 때 우리는 일반계시에 직면할 뿐만 아니라 인간의 가장 먼 역사에서 나타는 하나님의 계시의 기억들 역시 직면하게 된다.[104]

다음으로 바빙크는 열방의 종교들 속으로 *특별계시*가 *확산*되거나 *유입*될 수 있는 가능성을 지적한다.[105] "우리가 여러 종교들의 역사에 대해 아는 게 거의 없기"[106] 때문에 그 가능성을 과거와 관련해서 확실하게 말할 수 없다 할지라도, 그러한 유입이 실제로 일어났을 개연성이 전혀 없는 것은 아니다. 예를 들어, 힌두교가 은혜(grace)와 신(God)에 대한 복종을 강력하게 강조하게 된 것은 인도에서의 고대 기독교 교회의 선포에 그 기원을 두고 있으며, 중국의 불교는 극동 지역에서 매우 초기에 자리를 잡았던 네스토리우스파 기독교에 의해 영향을 받았을 수도 있다.[107]* 바빙크는 이와 같은 예들은 "비기독교적 종교들이 특별계시의

---

104) "General Revelation and the Non-Christian Religions," 51; 또한 다음을 참조하라. *ICNCW*, 103.
105) 참조. "General Revelation and the Non-Christian Religions," 51-52.
106) *IZW*, p. 235.
107) 참조. "General Revelation and the Non-Christian Religions," 51-52.
* 콘스탄티노플의 총대주교였던 네스토리우스는 예수님의 어머니 마리아에 대해 '하나님의 어머니'(*theolokos*, mother of God)라는 표현을 사용하는 것에 반대함으로써 알렉산드리아의 씨릴(Cyril of Alexandria)과 논쟁을 벌였으며, 인간 그리스도는 하나님이 아니라 신성의 담지자(*theophoros*, God-bearer)요, 그리스도는 하나님이시기 때문이 아니라 하나님께서 그분 안에

영역 밖에서 꽃피었던 종교들은 아니지만, 몇몇 경우들에서 어느 정도의 유입이 있었을 개연성으로서 간주되어야만 하는 흥미로운 자료들임"을 가리킨다고 결론을 내린다.108) 현대와 관련해서 바빙크는 이러한 종류의 가능성이 분명히 존재한다고 생각한다.

셋째로, 그는 모든 (비기독교적) 종교들에서 마귀론(demonism)이 행한 역할에 주목한다: 종종 새롭게 회심한 그리스도인들 자신이 마귀(the devil)에 대해 말할 때마다 목격할 수 있듯이, 전 세계에 있는 수많은 사람들이 매일 어둠 (…) 의 세력들에 의해 억압받고 있다.109) 고린도 전서 8장 4절과 10장 19절, 20절에 따르면 우상들에 바치는 희생제물들은 마귀들에게 바치는 제물들이다. 분명 마귀적 세력이 이런 식으로 사람들을 우상숭배의 거짓 속에 빠지도록 유혹하며 그들이 계속 잘못 나아가도록 만든다.110) 엡 2:2, 3에서 바울이 하는 말, 즉 "그때에 너희가 그 가운데서 행하여 이 세상 풍속을 좇고 공중의 권세 잡은 자를 따랐으니 곧 지금 불순종의 아들들 가운데서 역사는 영이라" 라는 말씀 또한 사단의 엄청난 능력을 보여준다.111) "인간의 마음을 농락하는 마귀적인 세력들"의 현존과 활동들은 "열방의 모든 종교들 위에 드리워져 있는 어두운 그림자"를 이룬다.112)

마지막으로 바빙크는 사람들이 그들의 종교에서 하나님의 계시에 대해 보여주는 응답은 그 자체로 이루어지는 것이 아니라 언제나 *현존하는 종교적 맥락* 속에서 이루어진다는 사실을 지적한다: 사람들은 그들의 부모로부터 하나님에 대한 관점을 형성한다. 그들은 그들이 속해 있는 그 종교 내에서 성장한다.113) 그들은 개인들이지만 종교적 공동체

(in Him) 계시기 때문에 경배되어야 한다고 주장함으로써 안디옥 공의회를 통해 이단으로 정죄되었다-역주.
108) *Ibid.*, 52; 또한 다음을 참조하라. *ICNCW*, 105-106.
109) *ICNCW*, 151.
110) 참조. *ZWN*, 70, *IBD*, 28, 그리고 *ICNCW*, 98.
111) 참조. *IZW*, 62 (*ISM*, 53), 그리고 "General Revelation and the Non-Christian Religions," 54.
112) *ZWN*, 70.
113) 참조. *CBTM*, 124.

라고 하는 한 그룹의 일원들이며,114) 이 모든 것들이 자연스럽게 하나님의 계시적 부르심에 대한 그들의 반응에 지대한 영향력을 행사한다.

바빙크의 선교학적 사유에서 종교적 의식의 기원과 본질은 매우 복잡한 문제들이지만, 그 강조점은 어떤 종류든지 간에 하나님의 자기 현현과 이 계시에 대한 인간의 반응에 놓여 있다. 이러한 응답에 관련되어 있을지도 모르는 어떠한 마귀적 조작에도 불구하고 말이다. 따라서 바빙크에게 종교적 의식은 일차적으로 신학적 현상이며 이차적으로만 인간적 현상이다. 이런 면에서 그의 견해는 칼빈의 견해와 일치하며 또한 크레머의 견해와 친밀하게 연관되어 있는데, 이것은 그의 견해가 바르트의 견해와 대조된다는 것을 의미하는데, 바르트는 기원과 관련하여 종교를 "신 없는 인간의 일"(the affair of godless man)로115) 간주하고 이와 밀접히 연관해서 종교의 본질을 "하나님께서 그분의 계시 속에서 행하시기를 원하시며 그리고 행하시는 것을 미연에 방지하고자 하는 인간의 노력, 즉 하나님의 역사를 인간의 조작으로 대체하고자 하는 시도"116)로 생각한다. 바르트의 마음에 종교는 일차적으로 하나의 독백인 반면에, 바빙크에게 그것은 하나의 독백 이상이다. 로마서 1장에 비추어 보면 바빙크의 입장은 설득력이 있으며 바르트의 입장은 의문의 여지가 있다.117)

6. 종교적 의식의 내용

바빙크에 따르면 세계의 종교들은 사유에 있어서는 매우 다르며 너무도

---

114) 참조. *Ibid.*, 19.
115) "Die Angelegenheit des gottlosen Menschen," *Kirchliche Dogmatik*, I, 2, 327 (참조. *Church Dogamtics*, I, 2, 3, 300).
116) "Das Unternehmen de Menschen, dem, was Gott in seiner Goffenbarung tun will und tut, vorzugreifen, and die Stelle des göttlichen Werkes ein menschliches Gemächte zu schieben," *Ibid.*, (참조. *Church Dogamtics*, I, 2, 302).
117) 코르프(Korff)는 로마서 1장 8절 이하에 대한 바르트의 주석이 교리적으로 편향되어 있으며 왜곡되어져 있다는 것을 실증하였다.

복잡하고 풍부해서 그것들을 하나의 우산 안에 총괄하거나 그것들을 하나의 공통 분모로 줄이는 것은 전적으로 불가능하다.118) 이러한 주장은 그 자체로 주목할 만한 것이 못된다. 왜냐하면 슐라이어마허가 이미 다양한 종교들이 가지들로서 자라날 수 있는 하나의 몸통으로 기능한 *자연종교*와 같은 것은 결코 존재할 수 없다고 주장했었기 때문이다. 바빙크의 입장에서 새로운 것은 크레머119)와 다른 사람들과 대조해서 그가 점차적으로, 다양한 역사적 종교들의 분류법을 고안하고자 하는, 종교 현상학의 도움으로 이루어진 시도들에 대해 주의하게 되었다는 것이다.120) 그는 "모든 분류는 어느 정도 정당화될 수 있지만, 그것은 겉으로 보이는 것만큼 그렇게 중심적이지 않은 면들을 왜곡하거나 적어도 지나치게 강조할 위험이 있다. 따라서 나는 분류하는 것을 선호하지 않는다"고 썼다.121) 그러나 이것은 바빙크의 견해에 따르면 종교적 믿음과 실천의 폭넓은 다양성 내에서 어떠한 일반적인 경향들도 확인되어질 수 없다는 것을 의미하는 건 아니다. 바빙크는 종교적 의식의 원초적 형태론(an original morphology of religious consciousness)을 개발했는데, 이것은 특히 세계의 주요 종교들에 대한 철저한 지식을 증명해 주고 있다.122)

---

118) 참조. *RBCG*, 11.
119) 참조. *The Christian Message in a Non-Christian World*, 142-228.
120) 보다 초기의 단계에서 바빙크는 비기독교적인 종교들의 분류를 실행가능한 것으로 여겼으며 그 자신이 그것들을 세 개의 유형으로 묶었다는 것을 지적해야만 하겠다: 역동적(dynamic), 물활론적(animistic), 그리고 물활론적이며 역동적인(animistic-dynamic); 참조. 예를 들어, "Phaenomenologische classificatie der religieuze structuren." 그러나 그는 기독교는 다른 종교들과 매우 달라서 어떠한 분류에도 결코 포함될 수 없다고 주장했으며, 이로 인해 그는 크레머와 분명하게 대립되는 입장을 취하게 되었는데, 크레머는 "가장 적절한 구분은 예언적(prophetic) 계시종교들과 경험초월적인 실현의 자연주의적 종교들로의 구분"이라고 주장했으며 그 다음에 기독교를 예언적 종교들로 분류했다; 참조. *The Christian Message in a Non-Christian World*, 142. *IZW*, 241(참조. *ISM*, 240)에서 바빙크는 기독교를 "유대교와 이슬람과 나란히 예언적 종교들의 범주"에 포함시킴으로써 "결국 치명적이 될 수 있는 어떤 상대주의"의 위험을 무릅쓰고 있는 것은 아닌지 의문을 가졌다.
121) *CBTM*, 29; 『종교적 의식과 기독교 신앙』에서 그는 이러한 거절의 목소리를 아주 명확하게 내지는 않는다. 하지만 그럼에도 불구하고 종교들을 어떤 식으로든 범주화하는 일에 빠지지 않도록 삼가고 있다.
122) 참조. J. Verkuyl, "Woord vooraf," *RBCG*, XIII. 페르까일은 이와 연관해서 '형태론'이란 용어를 제안했으며 부켓은 바빙크의 현상학적 접근을 '그 자신의 분류'라고 불렀다, 385.

바빙크는 자신이 크레머에 의해서 주장된 보편적인 종교적 의식이라고 하는 개념[123], 즉 "모든 교란과 혼란스러운 변화들 속에서 파괴되지 않고 계속해서 존재하며 우리가 모든 다양한 종교들 속에서 그것들의 배후에 있는 힘으로서 만나게 되는"[124] 감성(sensibility)에서부터 나아간다고 지적했다. 그는 이러한 주장을 지지하는 명백한 논증을 제공하지는 않고 있다. 하지만 그가 종교적 의식의 기원과 본질에 관해서 말했었던 것의 내적 일관성이 그에게 매우 분명함으로 인해 그러한 주장을 떠받쳐 줄 더 많은 근거를 제시 할 필요를 느끼지 못했을 수도 있다. "이 보편적인 종교적 의식은 신비로운 것이다"라고 그는 쓰고 있다.[125]

> 이것은 구체적인 어떤 것, 우리가 파악할 수 있고 붙잡을 수 있는 어떤 것이 아니다. 이것은 자신을 보여주지 않는다. 그래서 우리는 이것을 그 본래적 형태로 접할 수 없다. 이것은 모호하며 불투명하다. 그래서 우리는 이것이 발생하게 된 다양한 종교들을 면밀히 탐구함으로써 이것을 오직 간접적으로만 발견할 수 있다. 그러므로 단 한마디로 이 종교적 의식을 묘사하는 것은 불가능하다. 만약 우리가 이것의 성질에 대해서 무언가라도 말할 수 있다면 그것은 긴장들과 대조로 가득한 복잡한 것이라는 점이다. 반면에 이러한 종교적 의식은 매우 많은 다양성을 보여준다는 사실에도 불구하고 어떤 지속성을 지니고 있다는 것이 우리의 주목을 끈다. 이러한 지속성은 (…) 사람들 사이의 무수한 차이들에도 불구하고 그들이 유사한 궤적을 따를 수 밖에 없다는 것을 고려할 때에 이해할 만하다.[126]

종교들을 깊이 연구해 보면 "인류의 종교적 사유가 그 안에서 나아가야만 하는 일종의 틀"이 있음을 보여준다. "(…) 모든 종류의 관념들이 그

---

[123] 크레머는 "과학적 탐구와 비판적 사고가 둘 다 가르쳐주듯이 '자연' 종교란 없으나 인간 안에 있는 보편적인 종교적 의식만이 있을 뿐인데, 이것은 인류의 (…) 모든 종교들 속에 있는 열망, 관념들, 제도, 상징 그리고 직관"에 의해서 "많은 유사점들, 즉 (…) 종교적이고 윤리적인 통찰의 (…) 유사한 자료들을 산출한다"고 썼다. 『비기독교 세계에서의 기독교 메시지』, 111-112.
[124] *RBCG*, 11-12; 참조. *CBTM*, 29-30.
[125] *CBTM*, 30.
[126] *Ibid*.

주위에서 투명하게 되는 어떤 교차점들 (…) [또는] 인류의 종교적 사유가 저항하지 못하고 이끌리게 되는 [근본적 물음들의 형태로 된] 자성점들(magnetic points)이 있는 것처럼 보인다."127)

바빙크는 종교적 의식의 지도를 구성하는 다섯 가지 주요한 요소들을 기술한다: 전체에 속해 있다는 느낌(sense), 초월적 규범들에 대한 느낌, 보다 높은 또는 최고의 힘과 관계를 맺고 있다는 느낌, 구속을 필요로 한다고 하는 느낌, 그리고 섭리적이거나 운명을 결정짓는 힘에 의한 존재의 통치에 대한 느낌.128) 종교적 의식의 이러한 면들은 사람들이 이 세계속에서 관련되어지게 되는 그리고 하나님께서 자신을 그들에게 계시하시는 존재론적 관계들, 즉 "인류의 통일성"으로 인해 어디에서나 어느 때에나 유사성들을 지니고 있는 관계들과 일치한다. "언제나 인류학적 구조에 의해서 제한된" 한계들을 지닌 존재로서 인간은 "자신의 성질과 경향을 결코 넘어설"수 없으며, 자신이 묶여 있는 존재론적 연결고리를 피할 수 없고, - "세계에서의 자신의 위치로 인해" - "자신의 존재 자체가 수반하는 기본적인 문제들과" 씨름해야만 하는 필연성을 피할 수 없다.129) 인간들은 그들의 인간적 존재성(human beingness)에 의해서 제한되어 있다.

> 인간이 그의 자아성(self-being), 그의 개성(individuality), 그의 왕이란 의식(sense of royalty)을 벗어버릴 수만 있다면, 그가 규범이나 도덕이 없는 식물이나 동물의 수준으로까지 이 세계 속에서 자신을 끌어내릴 수만 있다면! 하지만 그는 그렇게 할 수 없다. 그는 인간, 말할 수 없을 정도로 고상하고 동시에 절망적일 정도로 불쌍한 이름의 담지자이다.130)

---

127) *RBCG*, 103.
128) 참조. *RBCG*, 12-69. 이 다섯 가지 면들은 또한 『성전과 모스크 사이의 교회』, 32-33페이지와 37-113페이지에서 다루어지고 있다. 비록 순서는 다르지만 말이다: 나중에 출판된 이 책에서 '보다 높은 힘에 대한 느낌'은 더 이상 목록의 중심이 아닌 끝에 놓여 있는데 그 이유는 제시되지 않고 있다. 아마도 바빙크는 이것이 보다 더 논리적인 순서라는 결론을 내렸던 것으로 보인다. 그 이유야 무엇이든 이러한 요소들이 논의되는 순서는 어떤 *본질적인* 차이도 만들지 않는다. 왜냐하면 그것들은 모두 전체의 일부를 형성하기 때문이다.
129) *CBTM*, 31.

종교적 의식에 의해서 인간은 한 방향을 제외하고는 모든 방향으로 나아갈 수 있다: 그들은 그들 존재가 지닌 다섯 가지 근본적인 문제들을 피할 수 없다. 그들은 "모든 종교적 반성의 위대한 물음들이 절박하게 제기되어지는 그 신비한 틀"의 외부에 자신들을 둘 수 없다.131) 어떤 사람이 이러한 물음들을 "숙고하기 위해 결코 일부러 시간을 내어 수고하지 않는다" 할지라도 그의 "전체적인 삶의 방식은 이미 하나의 답변을 함의하고 있으며 하나의 답변*이다*."132) 바빙크는 종교적 의식의 다섯 가지 면들을 주의 깊고 광범위하게 분석한다. 그것들을 명료화할 수 있는 많은 구체적인 예증들을 사용해서 말이다. 우리는 『종교적 의식과 기독교 신앙』과 『성전과 모스크 사이의 교회』에 있는 그의 논의에 대한 간단한 개관만을 할 것이다. 후자의 책이 두 권 중 보다 최근의 것이므로 후자에서 제시된 순서를 따라서 말이다.

1. *전체에 속해 있다는 느낌 - 우주적 관계에 대한 인식*(A sense of belonging to the whole; an awareness of cosmic relationship). 인간들은, 그들에게 긍정적 힘과 부정적 힘 모두를 발휘함으로써 언제나 그들의 삶을 영구적으로 에워싸고 있는 만물의 총체성에 신비로운 친밀성을 느껴왔다. 인간은 이러한 우주적 총체성이 신적인 기원과 성격을 지니고 있다고 깊이 느끼고 있다. 한편으로 그는 자신의 존재가 이 총체성 속에 있는 간단한 순간에 불과하며 따라서 그의 개인적 의미는 별 볼일 없다는 것을 인정한다: 그는 거대한 우주적 집단의 한 파편, 즉 "우주라고 하는 거대한 몸에 있는 하나의 작은 세포"에 불과하다.133) 반면에 그는 자신이 신적 세계의 일부이며, 이것이 그의 삶에 의미를 부여한다는 것을 깨닫고 있다. 우주적 하나됨에 대한 이러한 느낌은 책임감의 느낌

---

130) *RBCG*, 166.
131) *Ibid.*, 104.
132) *CBTM*, 34.
133) *Ibid.*, 54.

보다는 공동체성과 집단성에 대한 느낌을 낳는다. 하나님과 인간 사이의 구분선을 이런 식으로 없앤 결과 인간은 헤아릴 수 없을 정도로 무의미한 동시에 견줄 수 없을 정도로 거대한 존재가 된다. 이 모든 것은 서로 뗄 수 없을 정도로 묶여 있는 대우주(우주)와 소우주(인간의 삶)라고 하는 개념 속에 반영되어 있는데, 이러한 개념은 신학, 우주론 그리고 사회학의 밀접한 연관을 함의하며 조화의 윤리를 낳는다: 인간의 행동은 우주적 법칙에 순응할 필요가 있다.

2. *초월적 규범들에 대한 느낌(A sense of transcendent norms).* 모든 곳에서 사람들은 존재하는 것은 "그것이 그러해야만 하는 방식으로" 존재하지 "않는다" [134]는 것, 즉 "만물은 현상태에서 올바르지 못하며" 바뀌어야만 한다는 것을 깨닫고 있다.[135] 그들이 생각하며 행하거나 행하지 못하는 모든 것에서 인간들은 자신들이 다른 생각들을 받아들이고서 다른 방식으로 행동할 수도 있었다는, 자신들이 이러한 문제들에 있어서 선택을 갖고 있다는 것을 인식하는 신비로운 현상에 직면하게 된다. 세계 모든 곳에서 인간들은 자신들이 사유와 행동 모두에서 스스로가 만들지 않은 도덕적 규범들과 가치들에, 즉 그들이 "신적 기원을 가지고 있다"고 느끼는, 따라서 "신적 제도"를 구성하는 규율들과 규범들에 전적으로 복종하고 있다는 것을 알고 있다.[136] 우리 인간들은 "허용할 만한 것과 허용할 만하지 않은 것 사이를 나누는 경계선이 우리를 엄청나게 초월하는 힘에 의해서 그려져 있다"는 것을 너무도 잘 인식하고 있다.[137] 이 종교적 의식 내에서 또한 신적인 것과 인간적인 것은 사람들의 경험 속에서 밀접하게 서로 엮여 있으며 규범의식은 우주적 질서와 종종 밀접하게 동일시된다. 규범에 대한 집착이나 무시는 광범위한 긍정적 또는 부정적 영향을 인류와 우주에 미치고 있는데, 이것은 인간이

---

[134] 참조. 플란팅가 2세(Plantinga, Jr.)의 책의 제목. *Not the Way It's Supposed to Be: A breviary of Sin*, Grand Rapids: Eerdmans / Leicester: Apollos, 1995.
[135] *CBTM*, 112.
[136] *Ibid.*, 54.
[137] *RBCG*, 27.

책임감을 지닌 존재임을 증거해 준다: "우리는 책임을 지닌 존재이다 - 다시 말해서 우리는 우리의 행동들에 대해 설명해야만 할 것이다."138) 분명히 책임감에 대한 이러한 지각과 우주적 전체성 속에 빠져 있다는 느낌(the sense of submersion in the cosmic whole) 사이에는 어느 정도의 괴리가 존재하는데, 이로 인해서 '나'(the I)는 사실상 하나의 망상에 불과하다. 인간의 자유는 여기에서 위험에 처하게 된다: 인간은 본질적으로 자신의 존재를 포함하고 있는 신적 질서에 어느 정도까지 저항할 수 있는가?

3. *섭리적이거나 운명을 결정짓는 힘에 의한 존재의 통치에 대한 느낌*(A sense of the governance of existence by a providential or destining power). 어느 시대에나 그리고 어디서든지 사람들은 행위와 운명 사이의 긴장을 경험해 왔다: 그들은 그들의 삶을 *이끈다*(lead). 하지만 또한 그들의 삶을 *겪는다*(undergo). 그들은 삶이 두 측면, 즉 "능동적 [측면]과 수동적 [측면]을 가지고 있는 것처럼 보인다"는 사실에 충격을 받는다.139) 인간은 자신보다 훨씬 크고 자신의 삶의 작용과 과정을 통치하는 힘들과 지속적으로 만나게 되는데, 이 만남 속에서 그는 언제나 종교적 실재를 지각한다. 한 편에는 우리의 행위들조차도 운명(fate)에 의해서 결정되어진다는 관념이, 다른 편에는 운(fortune)이란 적어도 부분적으로 우리의 행위들에 달려 있다는 견해가 있다. 가장 깊은 의미에서 행위와 운명이나 운 사이에 이성적이고 도덕적인 고리가 존재한다. 만약 그들의 관점이 모든 것을 포괄하는 우주적 전체성의 관점이라면 사람들은 언제나 능동성보다는 수동성을 우위에 두는 경향을 지닐 것이다.

4. *구속의 필요에 대한 인지*(A recognition of the need for redemption). 인간은 가장 깊은 의미에서의 자신의 삶이 그러하도록 의도되어졌던 삶이 아니며, 따라서 끊임없이 이러한 결핍을 바로잡는 방법들, 즉 참된 충만함과 풍부함 속에서 삶을 살기 위해 자신의 삶을 한층 더 높은 곳으로 고양시킬 수 있는 방법들을 찾아 왔다는 것을 언제나 알고 있다. '잃어

---

138) *CBTM*, 55.
139) *Ibid.*, 67.

버린 낙원'에 대한 느낌, 즉 하늘과 땅 사이의 유대가 아주 오래 전 원시 시대에 깨어졌다는 사실로 인해 땅이 저주 아래에 놓여 있다고 하는, 사람들 사이에 깊이 뿌리박히고 널리 퍼져 있는 느낌이 있다. "아주 오래 전에 인간으로 하여금 셀 수 없는 극복하기 힘든 어려움들, 특히 죽음과 씨름하도록 만들었던 무언가가 일어났음에 틀림없다."140) 이로 인해 신성화라고 하는 기능을 통해서 이러한 저주로부터 일상의 현실을 구속하고자 하는, 즉 삶에 "부가적인 차원, 성스러움의 차원"을 부여하고자 하는 지속적인 시도들이 인간의 역사 내내 있어왔는데, 삶은 "살만한 가치가 있고 유익하기 위해서" 그러한 차원을 필요로 한다.141) 인간은 비참함과 죽음으로부터 자신의 삶을 자유롭게 하고 자신의 종교적 의례들과 노력들을 통해 본래의 낙원적 상태를 회복하기를 소망한다. 인간의 종교는 인간의 죄성과 구속 및 구원에 대한 그의 굶주림을 그가 감지하고 있다는 명백한 표시이다.

　　　많은 종교적 전통들에서 구속은 우주적 전체성 속에서 인간이 차지하고 있는 미약한 위치와 밀접하게 연관되어 있으며 결국 다름 아닌 '나'(the 'I')의 상실, 즉 신적 질서에 대한 모든 인간적 열정의 상실로 이루어져 있다. 대부분의 종교들에서 구속은 개인적이며 동시에 집단적인 초점을 지니고 있다: 그것은 개인의 구원과 사회, 즉 전체로서의 공동체의 구원 모두와 연관되어 있다. 더욱이 이 개념은 일반적으로 자력에 의한 구원적(autosoteric) 성격과 타자에 의한 구원적(heterosoteric) 성격을 모두 지니고 있다. 그러나 이것이 후자의 의미, 즉 신적 선물로 이해될 때조차 그것으로부터 자력에 의한 구원적 경향들, 즉 구원을 성취하고자 하는 노력에서 인간이 신과 협력하고자 하는 시도가 결코 전적으로 제거되는 것은 아니다. 그리고 이러한 신인협력이 "강력하게 강조될 때 구속은 곧 인간 자신의 노력의 산물로서 간주된다."142)

---

140) *Ibid.*, 83.
141) *Ibid.*, 84.
142) *Ibid.*, 90.

5. 보다 높은 또는 최고의 힘과 관계되어 있다는 느낌(A sense of relatedness to a Superior or Supreme Power). 위에서 언급된 종교적 의식의 모든 면들에서 인간은 그의 삶이 종속되어 있는 보다 높은 힘을 경험한다. 종교의 역사는 지식을 얻고자 언제나 노력했으며 이 힘(Power)을 파악하고자 노력해 왔는데, 이 힘은 종종 개인적인 성격을 지니고 있지 않다. 때때로 그것은 그(He)이거나 그녀(She)이지만 대개의 경우 동시에 그것(It), 즉 모든 것의 배후와 아래에 있는 알려지지 않은 것, "모든 존재 중에서 가장 깊은 존재, 모든 것들의 숨겨진 비인격적인 배경"이다.143) 인간은 "접근할 수 없는 거리에" 거하는 이 신적 힘이 파악하기에 어렵다는 것을 인식하고 있다.144) 그럼에도 그는 동시에 그것을 주변의 천상적이고 자연적인 세계와 동일시 한다: 태양, 달, 별, 크토이언적이거나 자애로운 힘들(chthonian or benign forces),* 다양한 현상들과 사건들. 이와 비슷하게 그것은 또한 종종 "우주의 모든 힘들이 집중되는 소우주적 세포로 간주되는" 인간 자신과 동일시되거나 밀접하게 연관된다.145) 많은 종교들과 종교적 흐름들에서 하나님은 인간 밖에 있는 하나의 실체가 아니라 "인간의 가장 깊은 내면의 존재 (…) 내면의 숨겨진 비밀"로서 간주된다.146) 요약하자면 다음과 같다: 선과 악은 보다 높은 이 힘 안에서 함께 결합되는데, 이 힘은 하나의 거대한 초월적 실체가 아니라 우주, 즉 세계와 인간 안에 있는 숨겨진 힘들의 덩어리로 여겨져 왔으며, 이것은 자연적인 것과 초자연적인 것의 경계선이 종종 불명확한 점선에 불과하다는 것을 의미한다.

바빙크는 비록 종교적 의식의 이 다섯 가지 특징들이 구별될 수 있을지라도 이것들은 결코 개별적으로 존재하지 않고 언제나 "전체적

---

143) *Ibid.*, 101.
144) *Ibid.*, 97.
* 그리스 신화의 올림포스 신들은 높은 산인 올림포스에 살기 때문에 하늘과 연관된 반면에 크토니오스 신들은 그 이름이 암시하듯이 지하나 땅과 관련되었다. 그래서 올림포스 신들은 높은 사각형의 제단에서 바쳐진 희생제물을 받았으나 크토노스 신들은 낮은 원형제단에서 불태워진 제물을 받았다-역주(참조. 『장영란의 그리스 신화』, 살림).
145) *Ibid.*, 101.
146) *Ibid.*, 102.

으로 엮여진 채로, 즉 하나가 다른 하나에 의해서 조건지어진다"는 것을 강조한다.147) 전체적으로 우리는 종교적 의식이 두 가지 주요한 차원을 갖고 있다고 말할 수 있다. 그 중 첫 번째는 강력한 *너는 있다*고 하는 느낌(the feeling of an overpowering *du bist*)으로 이루어져 있다: 우리의 모든 삶의 운명은 우리가 우주의 측량할 수 없는 광활함 속에 있는 하나의 소우주, 전체 실재의 끝없는 대양에 있는 하나의 작은 물결, 우주적 존재의 거대한 불 속에 있는 하나의 작은 불꽃에 불과하다는 사실에 의해서 결정된다고 하는 숙명론적인 느낌. 두 번째 차원은 강력한 *너는 해야만 한다*는 인식(cognizance of a compelling *du sollst*)으로 이루어져 있다: 현존하는 도덕적 규범에 직면해서 비난받아 마땅하며 책임을 져야한다는, 따라서 구속을 필요로 한다는 전율케 하는 인식 - 그러므로 개성, 책임, 자유 그리고 가능성에 대한 느낌으로 특징지어 지는 인식.148) 만약 이 두 차원을 비유적으로 상호 교차하는 한 쌍의 선들로 취한다면, 그때에 그것들이 만나서 교차하는 그 지점은 종교적 의식의 중심, 모든 종교의 바로 그 핵을 이루는 보다 높은 힘과 관련되어 있다는 느낌으로서 간주될 수 있다. 실로 종교적 의식의 다른 모든 면들이 종교의 성격을 띠게 되는 것은 오직 보다 높은 힘(a Higher Power)과 관련되어 있다는 이러한 느낌 때문이라고 말해질 수 있다: "종교가 우선 그 단어의 의미 그대로의 종교가 되는 것은 바로 이 한 가지 면에 힘입고 있다."149)

    종교적 의식의 다양한 요소들이 역사적인 종교들 사이에서 모든 시대에 걸쳐 이해되어지고 상술되어져 온 종종 반복된 방식들은 수적으로는 헤아릴 수 없을 정도이며 반복적으로 내적 모순에 의해 특징지어진다.

    우리는 종교의 역사가 매우 다양한 신적 형상들과 신화들을 묘사하고 있는

---

147) *RBCG*, 72.
148) 참조. *Ibid.*, 72-74.
149) *Ibid.*, 75.

것을 본다. (…) 거듭해서 동일한 관념들이 생겨난다. 또한 이 역사는 여러 번 반복된다. 그것이 탐색하며 찾고 있는 것을 조사할 때에 우리는 매우 많은 서로 다른 관념들을 만나게 된다. (…) 그것들은 때때로 기괴하며, 믿을 수 없을 정도로 유치하고 어리석다. 그럼에도 때때로 그것들은 숭고하고 강력한 인상을 우리에게 심어준다. 때때로 이러한 생각들은 비인간적이고, 잔인하며 끔찍한 전쟁을 초래하지만, 또한 자기-부정과 이웃 사랑을 가져오기도 한다.[150]

바빙크에게 위에서 논의된 종교적 의식의 다섯 가지 측면들은 인류가 오랫동안 그 타자(the Other)와 씨름해오고 있는 것의 실질적인 내용을 구성하는데, 그 타자는 - 로마서 1장 18절 이하에서 가르쳐지고 있듯이 - 일반계시를 통해서 인간과 만난다. 그리고 이 전체적인 담화는 종교에 대한 바빙크의 이해에 중요한 의미를 지니고 있다: 종교적 의식에 관련된 모든 물음들은 "인간의 존재론적 관계들과 관련되어 있다."[151] 인간이 오직 자기 자신에게만 몰두해서 더 이상은 내다보지 않을 수도 있다고 그는 쓰고 있다.

> 그러나 그가 그의 관계들을 인식하자마자 그는 넋을 잃게 되어서 다음과 같이 묻는다: 이 거대한 우주에서 나는 무엇인가? 내 위에 권위를 행사하는, 내 삶에 있는 저 이상한 현상인 그 규범에 맞서 있는 나는 누구인가? 계속해서 앞으로 나아가는 내 사람 속의 나는 무엇인가 (…)? 때때로 나를 압도하는 이 주목할 만한 느낌, 모든 것이 바뀌어야만 한다는 느낌에 직면해 있는 나는 무엇인가 (…) ? 존재의 저 매우 신비로운 배경, 신적 힘들에 맞서 있는 나는 무엇인가? 바로 [이러한] 존재론적 관계들의 영역에서 인간은 삶의 중요한 문제들에 직면한다 - 그리고 (…) 종교는 인간이 가장 깊은 존재론적 관계들을 경험하고 이러한 경험을 표현하는 방식이다.[152]

모든 오해를 배제하기 위해서 이제 기독교가 성경에 있는 하나님의 특

---

150) *CBTM*, 111.
151) *Ibid.*, 112.
152) *Ibid.*

별계시에 대한 반응을 구현하고 있다는 것을 제외하고는 바빙크의 사유에서 종교에 대한 이러한 정의가 기독교에도 또한 적용된다는 것을 말해야만 하겠다.153)

7. 종교적 의식과 현대 문화

바빙크의 책들에서 반복해 나타나는 주제는 그가 두 세계 사이의 경계에 서 있었다는 그의 인식이다. 그는 다음과 같이 쓰고 있다.

> 이 순간에 아시아에 보내진 사도로서 섬기고 있는 "서양 교회" 자체는 그 전례를 상상할 수 없는 위기의 상태에 놓여 있다. 셀 수 없는 사람들의 삶이 무한히 더 세속화되어 지고, 공허해 지며, 그들 자신이 깨닫는 것 이상으로 부패되어 있다. 과학, 기술, 인간의 사유와 능력에 대한 수 많은 서양인들의 믿음 가운데에서 사회적이고 국수주의적인 운동들은 하나님께 대한 신뢰를 저 뒷자리로 밀어냈다. (…) [그리고 동시에, 우리는] 아시아의 문을 두드리고 있는 새로운 이상들의 살육 앞에서 오랫동안 인간의 삶을 단단히 족쇄로 묶어 놓았었던 옛 종교들이 사라지고 있는 시대 안에 우리가 있음을 발견한다.154)

바빙크는 현대사회의 세속화 문제를 잘 의식하고 있었던 크레머에 대해 한번은 이렇게 말한 적이 있었다: "이 문제는 그의 관심을 끌며 그를 괴롭힌다. 그는 그가 선언한 영적 생애에서 현대인의 이러한 종교적 위축을 이해하는데 힘겨운 시간을 겪고 있다."155) 그러나 이러한 관찰은 바빙크 자신에게도 똑같이 적용될 수 있으며 이 문제를 규칙적으로 언급

---

153) 바빙크는 이 물음을 『성전과 모스크 사이의 교회』, 129-193페이지에서 상술하고 있으며, 종교적 의식의 다섯 가지 면들이 어떻게 경험되고 그리스도 안에 있는 하나님의 계시에 의해서 해석되는지를 보여주고 있다. 또한 다음을 참조하라. *RBCG*, 184-186. 그러나 이 문제는 현재의 논의와 별 관련이 없으므로 여기에서 다루지는 않을 것이며, 후에 반증술에 대한 단락에서만 다루어질 것이다.
154) "Christus en de wereld van het Oosten," 210-211.
155) "Dr, H. Kraemer as denker en medewerker," 169-170.

함에도 불구하고 왜 그가 상대적으로 적은 공간을 이 문제를 논의하는 데 할애하고 있는지에 관해 중요한 실마리를 제공해줄지도 모른다. 그러나 그가 이 현상을 요약해서 다룬다할지라도 바빙크는 그것의 만연함과 심각함을 분명히 인지하고 있었으며, 그래서 종교적 의식에 대한 그의 관점 안에 그것의 자리를 할애하고자 시도했다. 그는 종교적 의식이 과거의 것인지, 즉 문화의 세계적 세속화에 직면해서 사라져가고 있는 어떤 것인지 또는 역으로 그것이 현재에 살아서 번창하며 비록 다른 형태이긴 하지만 미래에도 계속해서 강력하게 주도적 역할을 할 것인지에 관해 스스로에게 묻고 있다.156) 그는 이 물음에 이중적인 답을 한다.

바빙크는 실증주의적인 학문과 과학기술(positivist science and technology)의 진보에 의해서 생겨난 초월성에 대한 의식(sense)의 거대하고 만연한 상실을 인정한다.157) "[서구적] 세계관의 *신들의 소외*의 과정(the process of *Entgötterung*)158)과 삶 일반의 세속화는 빠르게 계속된다."159) 따라서 바빙크는 미국계 영국인 시인인 T.S. 엘리엇(1888-1965)이 다음과 같이 썼을 때 어떤 의미에서 그가 옳았다고 단언한다: "사람들은 말하기를 인간은 다른 신들을 위해서 하나님을 버린 것이 아니라 어떤 하나님도 사절하기 위해서(for no God) 하나님을 버렸다고 한다: 그리고 이런 일은 전에 일어난 적이 없었다."160) 종교적 관점에서 현대 문화의 발달은 재난과 같은 것이다: "우리의 사유에 있는 어떤 것은 수리될 수 없을 정도로 파괴되었다."161) 보다 높은 존재와 관련되어 있다는 느낌은 그것의 강력한 힘을 상실했다. 즉 종교적 의식의 핵심이 사라지고 있다. 삶과 죽음에 대한 존재론적 물음들에 여전히 주어지고 있는 답변들은

---

156) 참조. *RBCG*, 76.
157) *Ibid.*, 5.
158) 문자적으로 'de-god-ing,' 'un-god-ing,' 따라서 다음과 같은 뜻이다: 신들의 소외, 신들로부터 소원해짐, 신들의 폐기(alienation of, estrangement from, disposal of the gods).
159) *RBCG*, 6.
160) "Choruses From the Rock," *The Penguin Poets*, p. 118. 참조. "General Revelation and the Non-Christian Religions," 53.
161) *RBCG*, 83.

어느 것이든 그것들의 종교적 음색을 상실하고 있으며 사업적이고, 메마르고, 하찮고, 빈약하고 씁쓸한 것이 되고 있다.162)

특히 서구에서 이러한 과정은 깊은 흔적들을 남겼다. 서구에 있는 모든 곳에서 사람들은 교회로부터 돌아서고 있으며 교회의 메시지에 대립하고 있다. "신은 죽었다. 우리가 그를 죽였다. 한 세대가 자라고 있다. 그들에게 신은 사실상 고대의 글들에서나 발견되는 아주 오래 전에 잊혀진 단어에 불과하다. 신을 잃어버렸다고 하는 것에 대해 눈꼽만큼의 슬픔도 느끼지 않는 세대."163) 실증주의적 자연 과학들이 그러한 길을 닦음으로 인해 사람들은 하나님을 전혀 보지 못하게 되었으며 그들은 그분을 어디에서도 더 이상 만나지 못한다고 느낀다. 여러 다른 형태로 모습을 드러내는 무신론적 유물론이 등장했다.164) 제단은 인간이 자신 외에 아무 것도 보지 않는 거울로 대체되었다.165) 그럼에도 불구하고 우리는 종교 자체가 사라진 후에조차 모든 종류의 종교적 느낌들이 "태양이 이미 지고 난 후에도 여전히 남아 있는 저녁놀과 같이 여러 세대에 걸쳐" 그들의 강력한 "힘"을 지닌 채 오랫동안 계속된다는 것을 잊어서는 안 된다.166) 이 기독교 이후의 종교적 의식은 그것이 한편으로는 기독교의 영향을 받고 있으나, 다른 한편으로는 그것에 강력하게 대립하고 있다는 면에서 특별한 성격을 띠고 있다.167) 그리고 어느 순간에든지 이 잔존한 종교적 느낌들은 국수주의, 국수적-사회주의 그리고 공산주의와 같은 여러 형태의 운동들에서 구현될 수 있으며, 그 과정에서 그것들로 하여금 놀라운 종교적 빛을 보여주도록 만들 수 있다.168) 이후의 단계에서 바빙크는 종교적으로 물든 이상주의(idealism)의 이러한 형태들 또한 사라져 가고 있다는 것을 목격했다. 비인격적인 형

---

162) 참조. *Ibid.*, 83-91.
163) *Ibid.*, 91.
164) 참조. *PWB*, 163.
165) 참조. "De onbekende God," 20.
166) *RBCG*, 9.
167) 참조. *Ibid.*, 77.
168) 참조. *Ibid.*, 7-9.

태의 대중적 삶이 생겨나고 있다고 그는 지적했다. 실존주의와 허무주의가 싹터오고 있다. 쾌락주의(hedonism)와 유행(sensation)에 대한 끝없는 추구, 즉 영적이고 도덕적인 가치가 없는 삶으로 특징지어 지는 삶이 번지고 있었다.[169]

이것이 현대인의 삶의 유일한 표식이라면 이것이 의미하는 바는 현대 문화가 원칙상 사라지도록 운명지어져 있는 다소 약화된 종교적 느낌들의 최후의 죽음의 경련을 목격하고 있다는 것일 것이다. 간단히 말해서 현대인은 비종교적 존재로 변해가고 있을 것 것이다. 그러나 바빙크는 이러한 결론을 내리기를 거부한다. 왜냐하면 그는 세속화를 결코 현 존재의 유일한 실재로 여기지 않았기 때문이다. 앞에서 지적된 바와 같이 그는 근본적으로 어떤 인간도 하나님께서 자신을 계시하시는 그 존재론적 관계들로부터 최종적으로 벗어날 수 없다고 확신했다. "우리가 그것을 알든 모르든, 우리는 인류의 종교적 물음들의 족쇄에 걸려 있다."[170] 그리고 우리의 삶은 이러한 물음들에 대한 답으로 이루어져 있다. 누구나가 자신의 삶의 요소을 이루는 수수께끼들에 어떤 식으로든 반응한다.[171] 따라서 모든 인간의 삶, 세속화된 사람의 삶까지도 "본질적으로 하나의 선택이요 하나의 결단이다."[172] 종교적 의식에 관련된 다섯 가지 물음들은 비종교적인 현대인들에게조차 실존에 대한 열쇠로 남아 있으며 그들은 "이런 저런 방식으로 그것들에 반응해야만 한다."[173]

> 이것은 철학적으로 행해질 필요는 없다 – 이 기본적인 문제들에 대한 답변은 일상의 삶의 과정에서 주어질 수 있다. 일상의 활동들, 책임감이나 그것의 결핍, 야망들, 인간이 열망하는 것들, 이 모든 것들은 인간이 그의 실존의 기본적인 문제들에 행하는 구체적인 답변이다.[174]

---

169) 참조. *DMN*, 38-47.
170) *Ibid.*, 84.
171) 참조. *CBTM*, 112.
172) *Ibid.*
173) *Ibid.*, 111.
174) *Ibid.*

하나님의 말없는 말을 근본적으로 억압한 결과 이러한 답변은 또한 하나님을 부정하는 성격을 지니며, 그렇게 됨으로써 전적인 세속적인 모양을 띨 수 있다.175) 그럼에도 불구하고, 심지어 그때조차 종교적 반응, 즉 하나님과 인간 사이의 감추어진 대화라고 하는 신비로운 것의 틀 내에서 주어진 반응은 남아 있다. 왜냐하면 "이것은 인간이 직면하게 되는 가장 깊은 종교적 실재들을 건드리기 때문이다."176) 더욱이 이러한 반응의 종교적 성격은 형식적인 의미에서 뿐만 아니라 감정적인 의미에서도 유효하다: 현대인은 그의 전 삶이 "전적으로 신비로운 실재 속에서" 펼쳐진다는 것을 이해하고 있으며, 그러한 실재는 그의 안에서 "종교적 절박함을 지닌 감정들"을 낳는다.177) 그리고 "그가 보다 초기 세대들의 생각들과 종교적 교리들을 버릴" 때조차도 그가 이것을 행할 때 가지게 되는 바로 그 강도(intensity)와 원한의 쓰라림은 "그의 가슴에서 종교적으로 울려퍼진다. (…) 모든 곳에서 인간은 어느 것에나 가득 차 있고 어느 것에서나 울려 퍼지는 종교적 정서라고 하는 이 특별한 실재와 충돌한다."178)

더욱이 문명화의 발달이 밟아 온 과정에 대한 반성은 "현대 문화 역시 긍정적인 의미에서나 부정적인 의미에서나 종교적 현상이다"는 것을 증명해 주는데,179) 이것은 이 문화의 담지자들이 그 단어의 진정한 의미에서 비종교적이지 않으며 결코 그럴 수 없다는 것을 의미한다. 바빙크에 따르면 실로 하나님을 부정하는 무신론 자체는 상대적 현상으로 남아 있는데, 그는 한 걸음 더 나아가 보다 높은 힘에 대한 느낌이 계속해서 무신론자를 따라다닌다고 주장한다. 인간이 "실재의 배후에

---

175) 참조. *CWS*, 이 책에서 바빙크는 네 개의 항목 하에 현대의 세속화된 인간의 물음들과 답변들을 다룬다: 인간과 공동체(8), 본능과 이성(14), 도덕적 규범들에 관한 망설임(21) 그리고 역사의 수수께끼(26). 또한 다음을 보라. "Christus nu," 7-35.
176) *CBTM*, 111.
177) *RBCG*, 7.
178) *Ibid.*
179) *CBTM*, 23.

있는 실재"(the reality behind reality)에 대한 믿음을 버리고 (…) "그 단어의 진정한 의미에서 무신론자가 되고자 하는" 경향이 있을 때조차 "그는 다시 말해서 종종 여전히 그것에 의해서 압도당한다. 그 자신이 관계 맺고 있는 *최고의 힘*(a Supreme Power)이 있다는 생각은 분명 그가 제거할 수 없는 어떤 것이다."180) 대체적으로 말해서 종교적 의식은 20세기의 인간에 의해서 결코 폐지되거나 무시될 수 없는 강한 힘으로 판명된다. 왜냐하면 발생하는 모든 변화에도 불구하고 인간 존재의 보다 깊은 층들은 변함없이 남아 있기 때문이다.181) 실로 사람들이 '자율적으로', 즉 하나님을 의지하지 않고서 다루고자 하는 존재론적 물음들은 "그들이 모든 시대에 걸쳐서 언제나 지니고 있었던 종교적 태도를 회복하게 될 정도로" 어느 때든지 "강화되어" 질 수 있다.182) 예를 들어서, 절망과 소망의 상실은 현대 문화가 그 신이 없는 상태(godlessness)에 대해 지불해야만 하는 대가일 가능성이 있다. 제2차 세계 대전 후에 곧 바로 바빙크는 다음과 같이 썼다:

> 최근 수십년에 걸친 극적인 사건들은 (…) 현대인이 그의 내적 확실성에 대한 어떤 것을 상실했다는 의미에서 어떤 변화를 가져왔다. 그는 우리의 문화를 앞으로 추동시키는 비인격적인 실용주의와 신이 없는 삶의 방식을 향한 저항할 수 없는 충동을 계속해서 경험하지만, (이제) 그는 이러한 추동적인 힘을 비극적 과정, 즉 그가 저항할 수 없는 것이지만 그가 충만하게 느끼는 불안(precariousness)과 고통으로 간주한다.183)

이러한 암담한 속에서 잃어버린 종교적 가치들에 대한 일종의 향수가 생겨날 수 있으며 억압된 종교적 느낌들이 마음의 헤아릴 수 없는 심연으로부터 솟아오를 수 있다.184) 바빙크에 따르면 이것은 인간의 '사

---

180) *Ibid.*, 84.
181) 참조. *RBCG*, 76.
182) *Ibid.*, 84.
183) *Ibid.*, 7.
184) 참조. *Ibid.*, 7, 92. 또한 "Worden wij weer primitieve menschen?"을 보라. 이곳에서 바빙

절'(no)에도 불구하고185) 하나님의 말없는 말은 누그러지지 않고 계속된다는 사실과 결합됨으로써 종교적 의식의 부활이 언제나 현실적인 가능성이라는 것을 의미한다. 그러나 그는 또한 요한계시록 13장과 관련해서 "마지막 날에" 인간 삶의 종교적 차원이 매우 극적인 형태를 띨 수 있다는 것에 주목한다. 요한계시록의 이 구절은 종교적 경험과 종교적 타락 사이의 공생에 대한 생생한 그림, 땅에서 올라 온 짐승과 관련된 억압과 대체의 순전한 과정을 묘사한다.186)

세속화로부터 오는 중대한 위험과 영향을 전혀 손상시키지 않은 채 바빙크는 무엇이든지 간에 인간의 삶은 언제나 결코 근절될 수 없는 종교적 차원을 포함한다고 하는 확신을 굳게 고수한다. 비록 이러한 차원이 이 생애에서는 깊이 숨겨져 있다 할지라도 이것은 다양한 여러 순간에 다시금 나타날 수 있다. 이러한 식의 추론 - 이러한 추론은 성경으로부터 그 권위를 도출하며 다른 많은 관찰자에 의해 폭넓게 지지를 받으며 영성 분야에서의 최근의 발달에 의해 확증된다187) - 은 바빙크의 전체 사유와 잘 들어맞는다. 그러나 여기에서 일반계시의 수용과 종교

크는 판 더 레이우(G. van der Leeuw, *De primitieve mensche en zijn religie*)를 따라서 현대의 추상적 사유는 삶의 실재와 충돌하여 종교적 경향들을 지닌 새로운 원시성을 초래하기 때문에 만족을 주지 못한다고 주장한다.
185) 위의 3.3.1을 보라.
186) 참조. *EVWE*, 169-196, 특히 188-196을 보라; 여기에서 바빙크는 종교의 마귀적 측면을 길게 다룬다.
187) 다음을 말을 참조하라: "현대 세계는 사실상 그 어느 때보다 더 많은 새로운 종교들, 사이비 종파들, 유사 종교들 그리고 우상숭배들을 만들어 내고 있으며, 이것은 인간이 뿌리뽑을 수 없는 종교적 성향을 지니고 있다는 것을 증명해 준다," H. Kraemer, *Communicatie*, 116; "많은 사람들은 종교적 의식의 역할과 종교들의 역할은 끝났으며 우리는 불가지론과 무신론, 무종교적인 '제3의 인간'(an a-religious 'third man')과 '비종교적인 기독교'(non-religious Christianity)로 나아가야 한다고 생각했다. 그러나 그러한 식으로 생각하던 때는 지났다. 종교성은 다시 (우리-역주) '안에' 있으며 (…) 많은 새로운 형태의 종교성이 나타나고 있다," H. Berkhof, 169; "현대인에게 개인적으로 종교적 물음들은 사실상 그대로 남아 있다. (…) 우리는 사방에서 추구되고 있는 종교의 만개에 주목한다. (…) 누구나 다시 하나님으로 인해 바쁘다," H. Jonker, 13, 111; 이와 관련해서 뉴 에이지(New Age)에 대해 특별히 언급해야만 하겠는데, 이 운동은 심지어 하이-테크(high-tech) 회사들의 협동적인 삶 속에 소개되며 흡수되고 있다: "서구에서 뉴 에이지의 발흥과 세계의 기타 다른 곳들에서 비기독교적인 종교들의 부흥은 인간 역사의 종국적인 목적지로서의 불가지론과 무신론하고는 다른 방향을 가리켜 주고 있다." J.A.B. Jongeneel, "Missie en zending," 582.

적 의식 속으로의 일반계시의 동화에 비추어서 기독교 이후의 상황이 기독교 이전의 상황과 실천적이며 신학적으로 얼마나 다른지에 관한 물음이 생겨난다. 바빙크는 "현대 문화에서 종교적 의식은 기독교에 의해서 다소간 일정한 방향으로 기울어진 (…)" 반면에, 그 반대 역시 똑같이 사실이라고, 즉 종교적 의식이 "이 동일한 기독교와 강력하게 대립하고 있다"고만 말할 뿐 이 문제에 대해 별로 주의를 기울이지 않는다. 그러나 사실이 어떠하든 종교적 의식은 "(…) 기독교가 우리의 문화에 대해 지녀왔던 의미를 매순간 드러낸다."[188]

8. 종교적 의식의 가치

종교적 의식에 관한 바빙크의 신학적 평가가 발전했다는 것은 명백하다. 즉 종교적 의식의 본질에 관한 그의 견해가 바뀐 것과는 대조적으로 (신학적 평가는-역주) 발전을 이루었다. 종교의 내용에 관한 그의 보다 초기의 상당히 부정적인 평가는 그것이 예전에 담고 있었던 긍정적인 요소를 희생함으로 급진적이 되었다. 1930년대 중반에 그는 다음과 같이 썼다: "이교도의 [거룩한] 책들에는 사실상 깊은 지혜를 담은 아름답고 참된 사유들이 많다. (…) 우리는 이교도의 선지자들을 사기꾼으로 간주할 필요가 없다. 실로 우리는 그들 역시 하나님의 음성의 일부를 들었을지 모른다는 것을 자유롭게 인정해도 좋다."[189] 처음에 그는 하나님으로부터의 도피 *안에서* 일어나는 하나님에 대한 인간의 추구에 대해 말했었다.[190] 그의 이후의 반성에서, 특히 로마서 1장 18절 이후에 비추어 볼 때 이러한 추구와 도피는 동시에 일어난다: 하나님에 대한 모든 추구는 본질상 하나님으로부터의 도피이다.[191]

추구와 도피가 동시에 일어나는 것은 하나님께서 말씀하시자마자

---

188) *RBCG*, 77.
189) "Het christendom als absolute religie," 330.
190) 참조. *PWB*, 165 ff.
191) 참조. *PPRAO*, 18.

그리고 말씀하실 때마다 일어나는 억압과 대체의 과정 때문이다. 하나님과 인간 사이의 대화에 있는 첫 번째 단어는 두 번째 단어가 거짓인 것만큼이나 정확하게 그 만큼 참되며(롬 1:25), 역으로 인간의 반응은 하나님의 최초의 언명이 참된 것만큼이나 정확하게 그 만큼 거짓되다. 신과 인간 사이에 이루어지는 대화의 관계는 "카니발 거울(a carnival looking glass) 앞에 서 있는" 사람에 견줄 수 있다: "휘어진 거울은 그 앞에 있는 형태를 반영하지만, 그것이 보여주는 상은 모든 면에서 일그러져 있으며, 그 상은 완전히 거짓된 것이다."192) 이 비유는 일반계시에 대한 인간의 왜곡된 반응으로부터 나오는 것은 단지 하나님에 대한 *잘못된 개념*이지 *다른* 하나님이 아니라고 하는 인상을 줄 수도 있다. 그러나 이러한 인상은 잘못된 것이다. 왜냐하면 이러한 인간의 거짓됨은 에베소서 2장 12절에서 언급된 살아계신 하나님으로부터의 끊임없는 소원함을 보여주기 때문이다. 여기에서 바울은 신자들에게 예전에 그들이 "세상에서 소망도 없고 하나님도 없었다"는 것을 상기시키는데, 이것은 가장 본질적으로 진리를 억압하고 바꾸는 과정에서 거부된 것이 바로 "우주의 보좌 위에 앉아 계시는 분"의 영원한 능력과 신성이라는 사실로부터 기인하는 상태이다.193) 하나님께서 자신을 예수 그리스도 안에서 계시하신 것과 다르게 하나님을 바라보는 사람은 누구든지 하나님에 대한 잘못된 개념을 가지는 것에 불과한 것이 아니라 완전히 다른 또 하나의 신을 갖는 것이다.194) 바빙크는 "칼빈이" 『기독교 강요』에서 "했던 것보다 더 잘 그리고 보다 더 깊이 있게 이것을 표현할 수"195) 없었다고 적고 있다:

---

192) "Het evangelie en de andere godsdiensten," 166.
193) 참조. *ZWN*, 69 (*ISM*, 53); "General Revelation and the non-Christian Religions," 54; "Het eerste gebod: 'Gij zult geen andere goden voor Mijn aangezicht hebben,'" 88 ff.; 그리고 *ICNCW*, 98-101.
194) 참조. "Het eerste gebod," 91.
195) *Ibid*.

실로, 자만과 결합된 허영은 하나님을 찾을 때에 (…) 공허한 사변들 속으로 날아가 도피한다는 사실에서 탐지될 수 있다. 그러므로 그들은 하나님께서 자신을 드러내신 대로 하나님을 이해하는 것이 아니라 그들 자신이 추측하여 형성한 대로 그를 상상한다.196) 왜냐하면 참된 하나님을 무시한 채 우주에 대한 숙고를 통해서 약간의 신성을 맛보다 즐겨왔으므로 우리는 하나님 대신에 우리 자신의 뇌를 통한 꿈들과 망령들을 높이 치켜세우며 그 참된 원천이 아닌 다른 것에 의로움과 지혜와 선함과 능력과 찬양을 돌린다.197)

바빙크는 또한 참된 종교에 대한 칼빈의 성경적 기술을 받아들이며,198) 경험적인 종교들이 이러한 척도로 측량되어질 때 그것들은 영적인 타락과 배교의 형태들로 드러나게 된다고 주장한다.199) 이것이 성경에서 허영, 방탕, 어두움 그리고 무지와 같은 용어들이 그것들을 묘사하는데 사용되는 이유이다.200) 1941년에 출판된 한 저서에서 바빙크는 "이교주의의 가장 큰 특징"은 사도행전 14장 16절에서 발견되는데, 거기에서 바울은 비기독교적 종교들의 본질적인 성격을 묘사하는 데에 "제 갈 길로 간다"고 하는 개념을 사용하고 있다고 썼다.201) 비성경적인 종교들은 모두 "인간의 어리석고, 흥분된 행위들과 그들의 묵상"의 산물이며, 이런 것들을 통해 그들은 직접 "[그들이] 따르기를 원하는 길의 지도를 작성한다."202)

이 후자의 책에서 바빙크는 아레오바고에서의 바울의 연설(행 17:22 이하)을 길게 다루는데, 그것이 이 연설이 다른 종교들에 대한 기독교적 평가의 역사에서 중요한 역할을 해왔기 때문이다. 초대교회에서 저스틴

---

196) Vol. I, Book 1, Chap. IV. 1, 47.
197) Vol. I, Book 1, Chap. V. 15, 69.
198) 참조. *Institutes*, Vol. I, Book 1, Chap. II. 2, 41-43.
199) 참조. *PPRAO*, 10. 바빙크는 하나님의 말씀으로부터 생겨나며 그것에 의해서 영감된 종교와 대립되는 어떤 형태의 *자연종교*에 관해서든 칼빈의 부정적인 판결을 공유한다.
200) 이와 관련해서 바빙크는 *IZW*, 62(참조. *ISM*, 54)에서 엡 2:18, 19, 4:17, 5:8과 *RBCG*, 129에서 고전 2:8을 언급한다.
201) *AWW*, 134.
202) *Ibid*.

마터와 알렉산드리아의 클레멘트 같은 지도자들은 이 바울의 연설을 기독교 신앙과 그리스 철학 사이에 다리를 놓고자 하는 그들의 시도를 정당화해 주는 것으로서 간주했다.203) 이후에 계속해서 로마 가톨릭의 신학자들은 그 연설을 통해서 바울이 자신의 종교 외에 다른 종교들을 "완전히 마귀의 작품"으로 간주하지 않았음이 입증된다고 주장했다.204) 그리고 개신교 선교사인 구스타프 바르넥은 바울의 연설을 "선교적 접촉점이나 연결고리를 세우고자 하는 기술의 전형적인 예"라고 불렀다.205) 아레오바고에서의 연설은 또한 20세기에도 계속해서 기독교 사상가들의 흥미를 끌었다. 에두아르드 노르덴(Eduard Norden), 마틴 디벨리우스(Martin Debelius) 그리고 알베르트 슈바이쩌(Albert Schweizer)는 각자 자신의 방식으로 바울의 연설의 그리스도 철학적 성격에 빛을 던져 주었는데, 그들은 그것이 헬레니즘적 철학에 대해서 보여주는 암묵적 인정을 이유로 그것은 바울 자신에 의해서 행해지지 않았을 가능성이 있는데, 왜냐하면 우리가 로마서 1장 18절 이후와 3장 11절에서 만나게 되는 진정한 바울은 이교도적 사상이나 실천을 약화시키거나 희석시키고자 하는 어떠한 시도에 대해서도 반대했기 때문이라고 주장했다.206)

바빙크는 바울의 연설에 대한 이러한 해석들 중 어느 것도 만족스럽지 않음을 발견하며, 대신에 바르트의 제자인 요하네스 비테의 해석을 선포하는데 그는 아레오바고 연설의 바울 기원을 지지하며 바울이 아덴에서 철학자들에게 말한 것은 그가 로마서 1장 18절에서 주장한 것과 다르지 않다는 것을 증명한다.207) 비테에 따르면 그 연설 전체는 30절에 있는 *회개*(μετάνοια)라는 용어에 비추어서 읽혀져야만 한다. 바울이 그의 주장을 제단에 새겨진 글인 "알지 못하는 신에게"와 연결지을 때

---

203) 참조. *Ibid.*, 154-156.
204) *AWW*, 157; 참조. J. Thauren, 12.
205) *Ibid.* 참조. Warneck, *Evangelische Missionslehre*, II, 2, 95.
206) 참조. *AWW*, 157-164; 이 세 명의 신학자들의 관련 책자들은 이 책 뒤의 도서목록에 나와 있다.
207) 참조. J. Witte, 40 ff.

에 바울은 결코 아덴 사람들이 올바른 방향으로 발을 내디뎠다는 것을 암시하는 것이 아니라 오히려 "하나님께서는 우리 각자에게서 결코 멀리 계시지 않다"(27절)는 사실에도 불구하고 그들이 하나님을 알지 못한다(23)는 암묵적 비난을 표현하고 있었다. 바울은 여기에서 *비난받아 마땅한* 무지인 *아는 것의 실패*에 대해 말하고 있다.208) "과거에는 하나님께서 그러한 무지를 간과하셨다"(30절)고 하는 그의 선언은 결코 그가 이러한 무지를 변명의 여지가 있는 것으로 간주했다는 것을 함의 하지 않고 오히려 하나님의 은혜의 광대하심을 가리킨다. 바울의 연설에 대한 이러한 해석을 받아들임으로써, 바빙크는 오해를 초래할 수 있는 이 연설에서 보여지는 논쟁의 여지가 없는 그 음조는 선교적 교통을 위한 장치로서 기능한다고 주장하면서 그것의 반증적 성격을 강조했다.209) 이러한 해석을 지지해서 바빙크는 22절의 *데이시아이모네스테루스(δεισιδα μονεστέρους)*를 제시하는데, 이것은 긍정적인 함의(유달리 종교적인)와 부정적인 함의(지나치게 미신적인)를 모두 가질 수 있다.210) 바울의 청취자들은 이 말을 긍정적으로 받아들였을 수도 있는 반면에, 바울은 그것을 부정적으로 의미했다.211) 바빙크는 이 연설이 신학적인 논문으로 읽혀져서는 안 된다는 것을 강조한다. 그것은 선교적 실천의 맥락에서 전해졌으며 그러한 빛 하에서 해석되어져야만 한다.

---

208) 참조. *AWW*, 168; 바빙크는 여기에서 하르낙(Harnack) 또한 이와 관련하여 죄가 되는 무지(a guilty ignorance)에 대해 말하고 있다는 사실을 언급한다. 참조. *Mission und Ausbreitung des Christentums in den ersten drei Jahrhunderten*, 392; 또한 비난 받아 마땅한 망각(obliviousness)의 개념에 대해서는 *RBCG*, 129를 보라.
209) 이러한 성격에 대한 상술을 위해서 *AWW*, 174-187을 참고하라.
210) 참조. G. Bertram, 123: "*δεισιδαιμονεστέρους*는 종종 비판적인 의미나 심지어 정죄의 의미로 사용된다. 이것은 심지어 미신까지 의미할 수 있다."
211) 참조. *AWW*, 166; 이후의 주석가인 빌링가(D.K. Wielinga)는 바울이 참된 경건성, 즉 참된 종교를 의미하는 긍정적인 헬레니즘적 개념들인 *데오세쎄스(Θεοσεβής)*나 *데오세쎄이아 (Θεοσέβεια)*를 사용하지 않은 데에는 이유가 없지 않다고 주장한다. 여기에는 바울의 입장에서 암묵적인 판단이 놓여 있는데, 그것은 그가 그 모든 우상들로 가득한 아덴을 두루 걷고 있는 동안 받았던 느낌, 즉 매우 괴롭고, 성나고, 분노하고, 화가났던 느낌에 대해 16절에서 그가 보고하고 있는 것과 일치한다, 11-12; 또한 Bertram, 123-126, 그리고 Seesemann, 857을 참조하라.

나는 바울의 연설이 연구에서 보다는 선교의 장에서 검토되었더라면 그것은 다르게 판단되었을 것이라는 점을 거듭 말한다. (…) 어떤 선교적 선포에든지 유효한 주요한 기준은 그것이 주목을 끄는 것이어야만 한다는 것이다. 그것은 사람들의 가장 깊은 내면으로부터 그들을 붙잡아야만 한다. 그것은 듣는 자들의 마음에 맞는 언어로 말해져야만 한다.[212]

바울이 그리스 철학으로부터 용어들을 빌렸을 때 그의 의도는 그러한 사유의 영역과 세속적으로 하나가 되고자 한 것이 아니라 단지 자신을 이해시키고자 그 용어를 비판적으로 사용한 것뿐이다.[213] 여기에서 바빙크는 바울이 그리스 철학의 표현들을 사용할 만한 더 그럴듯한 이유가 있었다고 덧붙이는데, "그 이유는 이 철학이 사실상 장차 올 것을 위한 준비로서 하나님에 의해 사용되었기 때문이었다."[214] 그리스의 사상가들이 옛 다신론이 어리석은 짓이었다는 결론에 이르고서 보다 더 일신론적인 견해를 수용했었다는 사실은 "이 깊이 몰락한 세계를 다루시는 하나님의 자비로우심의" 열매였다.[215] 그러나 모든 것을 고려할 때에 모든 비기독교적 종교에 대한 심판은 아레오바고에서 행해진 바울의 연설로 인해 약화되지 않는다는 것이야말로 바빙크의 견해이다.

비기독교적 종교에 대한 철저한 심판은 그것이 긍정적 의미를 가지고 있지 않다는 것을 의미하는가? 바빙크는 이 물음에 부정적으로 답한다. 비테의 사유를 따라서 그는 종교의 '저것임'(thatness)과 '무엇임'(whatness) 사이를 구별한다.[216] 그는 '저것임'을 보다 더 높은 힘, 초월적 규범 그리고 구속과 같은 어떤 것이 있음에 틀림없다는 기초적 의식으로 이해하며, '무엇임'을 사람들이 이 의식을 해석하고 그것에 실

---

212) *AWW*, 170-172; 또한 *RBCG*, 120을 참조하라. 빌링가는 똑같은 점을 지적한다: "만약 이교도들의 주목을 끌고자 한다면 그들의 종교를 강하게 정죄함으로 시작하는 것은 특히 현명치 못한 것처럼 보인다," 11.
213) 참조. *AWW*, 172-173.
214) *Ibid*.
215) *Ibid*.
216) 참조. Witte, 37 ff.

질적인 형태를 부여하는 방식으로 이해한다.217) 모든 종교의 '저것임'에서 하나님의 "숨겨진 방식들"과 "말없는 활동"이 확실하게 현존한다.218) 바빙크는 하나님의 이러한 사역의 의미를 충분히 강화하기 원하며, 그것을 "우리가 타락한 인간을 향한 하나님의 계획의 강력한 능력을 보게 되는 것"이라고 부른다.219) 사람들 가운데에서의 하나님의 활동의 주권적 자유와 그분의 말없는 말에 대한 그들의 상대적인 개방성으로 인해서 일반계시의 효과에는 정도의 차이들이 존재하기 때문에 종교의 '저것임' 또한 깊고 넓은 그늘들을 드러낸다.

> 다른 신앙 전통들을 통해서 우리에게 전수되어져 온 종교적 작품을 보다 깊이 알게 되면 종종 놀람과 참된 감탄을 자아내게 된다. 참으로 하나님께서는 아무런 증거 없이 계시지 아니하셨다: 그분의 임재는 경험되어져 왔으며 그분의 빛은 한 민족 이상 가운데에서 반복하여 명백하게 빛을 발해 왔다.220)

때때로 사람들은 하나님의 접근에 저항할 수 없으며 그것에 의해서 압도당한다: "우리는 하나님의 은혜로 인해서 억압과 대체가 언제나 성공하는 건 아니라고 말해도 좋다. 거듭 우리는 하나님께서" 다른 신앙들을 지닌 사람들에게 "진정으로 관심을 가져왔음을 보여주는 증거들을 종교의 역사 속에서 알아차리게 되며"221) 그래서 "우리는 그들이 하나님을 믿는다*라고* 감사함으로 말해도 좋다."222) 왜 이것이 감사할 문제인가? 왜냐하면 이러한 '저것임'이 없이, 즉 종교적 의식에 대한 이런 객관적 사실, 이러한 *신앙행위*(this fides qua creditur)가 없이 선교적 교통은 "완전히 불가능할" 것이기 때문이다.223)

---

217) 참조. "Het problem der '*Anknüpfung,*'" 64-65; "Het evangelie en de andere godsdiensten," 67-68; *IZW*, 229 (*ISM*, 228); *CBTM*, 13-14.
218) 참조. *CBTM*, 124-125.
219) "Het problem der '*Anknüpfung,*'bij de evangelieverkondiging," 68.
220) *DAC*, 11.
221) *CBTM*, 203.
222) "General Revelation and the Non-Christian Religions," 54.
223) *CBTM*, 14.

바빙크는 때때로 이러한 믿음이 복음으로의 회심이 있은 후 성경의 메시지를 더 잘 이해하고 그것과 더 깊이 만나도록 할 수 있는 요소들을 담고 있다고 계속해서 주장한다. 예를 들어, 동양적 사유 방식은

> 우리로 하여금 그리스도의 복음 안에서 우리에게 제공된 풍부한 관념들을 훨씬 더 순수하고 충만한 빛 안에 두도록 도울 수 있다. (…) 동양은 만물 속에 있는 신의 편재를 더 강력하게 확신하고 있으며, (…) 이적의 세계로부터 우리만큼 그렇게 멀리 떨어져 있지 않고, (…) 하나님의 음성을 듣기 위해 보다 조용히 기다릴 수 있으며 보다 더 수동적으로 그분에게 복종할 수 있고, (…) 이 세계의 형태가 사라지고 있다는 것을 더 잘 인식하고 있다.224)

그러나 동시에 그는 본질적인 신학적 가치를 종교의 '저것임'에 돌리는 것, 즉 주요한 종교적 느낌들을 '진리의 요소들'로 간주하기를 거부한다 - 이 주요한 느낌들은 언제나 거짓된 '무엇임', 주관적인 문제, 잘못된 *신앙대상*(the mistaken *fides quae creditur*)과 잘못된 실천에 의해서 포장되어 있다는 근거에서 말이다. 바빙크에 따르면, 만약 '진리의 요소들'이란 개념이 종교적 의식에 관해 사용된다면 그것은 신중하게 행해져야만 한다. 모든 것은

> 우리가 '진리의 요소'에 의해서 의미하는 바에 달려 있다. 만약 모호하고 일반적인 의미로 취해진다면 그러한 요소들이 비기독교적 종교들에서 발견되어진다는 것을 인정해야만 한다. 만약 보다 특별하고 규정된 의미로 취해진다면 그 때에 그것은 거의 지지할만하지 않을 것이다. 기독교 신앙과 관련된 모든 중심적인 사상들, 즉 하나님, 창조, 인간, 죄, 구원, 생명의 법, 세상의 종국 등과 같은 사상들은 대부분의 종교들에서 발견된다. 하지만 그것들은 근본적으로 다른 의미로 모두 이해되어지며 매우 다른 연관 속에서 적용되어진다.225)

---

224) *CMO*, 9, 232. 이러한 생각은 크래머의 후기 작품인 『종교와 기독교 신앙』, 365페이지에서도 발견될 수 있다.
225) "General Revelation and the Non-Christian Religions," 54.

계시의 잔재들은 결코 유사종교의 토양 속에 굳은 화석처럼 숨겨진 채 남아 있지 않다. 거짓 종교는 언제나 획일적인 집단으로서 나타나며 사실상 변함없이 그러한 집단을 이룬다. 그 결과 그것이 흡수하는 모든 관념들은 전체와 함께 혼합되며 그 전체에 의해서 기형적이 된다. 다시 말해서 고립된 진리의 요소들, 즉 신적 진리의 불꽃들이 거짓과 오류 가운데에 존재하는 것은 불가능하다 - 사실상 그러한 불꽃들이 현존한다면 그것들은 유사 종교의 바로 그 본질 안에서 마찰을 초래할 것이며 그 본질의 파괴를 가져 올 것이다.226) 거짓된 맥락들에서 발견되는 죄의 종교적 고백들과 찬양의 표현들 같은 것들은 이러한 배경들로부터 벗어날 수 없는 반면에, 그것들은 그 자체로 순전한 "위선"으로 여겨지거나 "참되지 않은" 것으로 간주되어서는 안 된다고 바빙크가 신중하게 지적한다는 사실에서 우리는 그가 여기에서 기울이고 있는 신중함을 볼 수 있다.227) 하나님의 계시의 압도케하는 능력 덕택에 유사종교의 어떤 구성요소들은 참됨의 요소들을 담고 있을 수 있다.

바빙크는 또한 다른 종교들에 속해 있는 많은 개개인들의 신앙과 실천의 신실성과 진실성을 특별히 다루고 있다. 이러한 종교들에 대한 부정적인 판단은 "그러한 종교의 신봉자들 가운데에서 그리스도의 진리와 명백하게 일치하는 삶의 사유나 방식을 드러내는 사람을 전혀 발견할 수 없다"는 것을 함의하지는 않는다.228) 그리고 다른 곳에서 그는 다음과 같이 썼다: "어느 누구도 개인의 마음속에서 무슨 일이 일어나고 있는지를 말할 수 없다. 어느 누구도 하나님의 오래참으심과 선하심이 그러한 마음속에서 성령을 통해 무슨 일을 행하실지에 대해 알 수 없다."229) 그러한 신적 활동의 효과에 대한 성경적 예들이 인용되어질 수 있다: "동양세계의 이교민족들 중에서 우리는 멜기세덱과 욥이 어두

---

226) 참조. *PPRAO*, 14.
227) *ICNCW*, 97; *CBTM*, 203.
228) "Het problem der '*Anknüpfung*,' bij de evangelieverkondiging," 62; 또한 *ICNCW*, 96을 보라. 여기에서 바빙크는 이러한 가능성의 구체적인 예를 제공하고 있다.
229) "General Revelation and the Non-Christian Religions," 52, 또한 *BCNCR*, 79-80을 참조하라.

운 밤의 별과 같이 나타나는 것을 본다."230) 이와 관련해서 바빙크는 수사학적 물음을 제기한다: "[하나님께서는] 비록 그의 거룩한 말씀이 위장된 형태로 (이교도의-역주) 마음에 이른다 할지라도 그 말씀의 무한한 권능으로 불신과 반역의 숨겨진 작용을 때때로 멈추게 하시는가? 여기에서 우리는 갑자기 우리 자신이 모든 신비들의 가장 깊은 심연, 즉 하나님의 권능의 신비에 직면함을 느낀다."231) 이로 인해서 개개인들을 판단하는 것은 허용될 수 없다. 바빙크는 판단은 오직 종교적 체계에 대해서만 이루어질 수 있다고 주장하는데, 그러한 체계들은 이미 지적한 바와 같이 그가 보기에 그리스도의 진리와 일치하는 요소들을 담고 있을 수 있다. 그러나 논리적으로 말해서 그러한 그리스도를 닮은 종교들의 사상이나 믿음은, 하나의 전체로서 취해질 경우, 관련된 비기독교적 종교 내에서 *"이질적인 몸"(a Fremdkörper)*을 나타낼 것이다. 즉 그것은 그것이 발견되어지는 그 통합된 체계에 들어맞을 수 없는 이질적인 실체(a foreign substance)로 남을 것이다.232)

이러한 종류의 부정적인 신학적 판단은 또 다른 형태의 평가, 즉 *문화적 관점*으로부터 형성된 평가의 가능성을 배제하지 않는데, 이러한 평가는 여러 면에서 긍정적이다. 개인적으로 바빙크는 언제나 다른 민족들의 삶에서 목격한 종교-문화적 표현들에 깊이 감명을 받은 채로 남아 있었다. 예를 들어, 그는 다음과 같이 말했다: "동양세계에서의 사유는 아름다움과 깊이에 있어서 풍요롭다. 이 세계를 보다 깊이 꿰뚫어 보면 우리는 수 없이 많은 고양된 개념들과 접하게 되며 우리의 내적인 삶을 부요하게 만든다."233) 그리고 이와 관련해서 그는 많은 구체적인 것들을 지적한다: 우리는 이 비서구적인 문화들에서 종종 공동체를 낳고 상호적 책임과 안전 의식을 만들어 내는 강력한 사회적 충동을 보게

---

230) *ICNCW*, 101.
231) *Ibid.*, 106-107.
232) *CMO*, 9.
233) *Ibid.*

된다. 그리고 전체로서의 삶은 종교적인 것으로서 경험되어지며 신성한 것과 세속적인 것 사이의 어떠한 이원론도 생겨나지 않는다. 그리고 종교적 헌신은 종종 매우 열정적이다.234) 보다 폭넓게 말해서 그는 일반계시가 모든 곳에 있는 사람들의 삶에 행복한, 구원적 영향(felicitous, salvific effect)을 미쳐왔다고 진술한다: "인간의 양심에 미치는 어떤 영향이 있다. 즉 바울로 하여금 율법이 없는 이방인들이 '본성으로 율법의 일을 행한다'(롬 2:14)고 말하도록 하는 어떤 것이 있다.235)

다시 말해서 "이교도 세계에도 불법과 타락에의 일반적 성향을 억제하는데 영향을 발휘하는 강력한 도덕적 힘들, 즉 [사람들의] 마음에 신적으로 쓰여 진 것의 열매인 힘들이 작용하고 있다."236) 바빙크는 종교가 삶 속에서 가져 왔었고, 계속해서 가지고 있는 보호적 기능의 가치를 더 잘 인식할 수 있는 것은 정확하게 동시대의 세속 세계 내에서라고 주장한다. 이런 의미에서 그는 또한 삶에 대한 인본주의 철학과 같은 보다 현대적인 '종교들'에 대해 매우 긍정적으로 말하는데, 그러한 인본주의 철학은 "허무주의에 맞선 싸움에서 (…) 우리 문화의 지속에 적지 않은 공헌을 했다."237) 비기독교적 종교들의 문화적 가치에 대한 그의 인정은 또한 어디서나 사람들이 종교적으로나 문화적으로나 세속화된 서구적 여향들의 거침없는 쓰나미에 의해 뿌리뽑히고 있다는 사실을 그가 날카롭게 비판했다는 사실에 의해서도 증명된다.238)

---

234) 참조. "Het evangelie en de andere godsdiensten," 3-4와 IBD, 24-26; 바빙크는 또한 같은 책들에서 이러한 특징들의 신학적이긴 하지만 보다 주목을 덜 끄는 반대 측면에 주목한다. 참조. 각각 33-37과 26-29.
235) "General Revelation and the Non-Christian Religions," 53.
236) IZW, 63.
237) "Protestantisme," 44; 이 글에서 바빙크는 그의 신학적 관점을 훼손시키지 않은 채 인본주의에 대한 큰 감사와 깊은 존경을 표현한다. 그는 다음과 같은 말로 그의 주장을 마무리 한다: "우리가 우리 존재의 핵이 되는 구역으로 보다 깊이 내려가자마자 우리는 [이러한 삶의 관점과 기독교 사이에 다리를 놓을 수 없는 불일치들을 만나게 된다. 이런 말을 해야만 한다는 것은 심히 고통스럽고 심지어 번거로운 일이지만 이것은 단순하게 감추어질 수 없는 하나의 실재이다." 48.
238) 참조. ZWN, 202; 이러한 선상에서 1960년의 한 보고서에서 바빙크가 수리남에 있는 힌두스탄의 문화에 대한 보호와 복원을 호소했다는 것은 흥미로운 일이다; 참조. *Verslang van prof. dr. J.H. Bavinck betreffendezijn reis naar Suriname in opdracht van de Sticuse*.

이 후기의 입장은 종교적 의식에 *신학적* 가치를 분명하게 부여했으며 요한 바빙크가 보다 초기에 계속해서 동의하며 인용했었던 헤르만 바빙크로부터 명백하게 떠난 것을 의미한다.239) 헤르만 바빙크는 다양한 종교들 안에서의 "건전한 발달과 순수하지 못한 혼합" 사이, 즉 "참된 것과 거짓된 것" 사이를 구별하며 일반계시의 실재는 다른 종교적 전통들 안에서 "진리의 요소들"을 인식하기 위한 충분한 근거들을 제공한다는 견해를 가졌다.240) 비록 그가 하나님에 대한 이 *자연적* 지식을 하나님에 대한 *적절한* 지식에 이르는 첫 단계의 지위로까지 높일 정도로 멀리 나아가지는 않았지만 말이다.241) 그러나 그는 일반계시가 인간을 초감각적인 세계에 붙잡아 두며 그가 하나님 안에서만 안식을 발견할 수 있다는 그의 인식을 영속화하고 북돋을 수 있다고 말한다. "*일반계시*는 인간들이 그리스도 안에서 발견되며 회복되도록 하기 위해 그리고 그렇게 될 때까지 그들을 보존한다"고 그는 썼다. 이런 의미에서 *자연신학*은 일찍이 '*신앙의 전단계*'(a praeambula fidei), 즉 기독교를 위한 신적 준비와 교수라고 올바르게 불리었다.242) 이러한 식의 추론으로 인해서 그는 결국 "무의식적으로 예언함"(a bunbewusst Weissagendes), 즉 비기독교적 종교들에 의해 소유된 어떤 무의식적인 예언적 성질에 대해 말하게 되었다.243) 그들의 가장 훌륭하고 고상한 표현들을 통해 다른 종교들은 예수 그리스도를 가리키는데, 그는 학개 2장 7절에 따르면 "열방의 가장 바랄만한 것"(the desired of all nations, 개역성경은 '만국의 보배'로 번역되어 있다-역주)이다.244) 다시 말해서 헤르만 바빙크는 종교의

---

239) 참조. "Het christendom als absolute religie," 332; 이 글에서 바빙크는 헤르만 바빙크를 따라서 기독교를 종교의 이념의 절대적 성취라고 말한다.
240) 참조. *Gereformeerde dogmatiek*, Vol. I, 330.
241) 참조. *Ibid.*, *325*: "그러나 몇몇 사상가들이 참되고 순수한 지식에 이르렀다 할지라도 그것은 언제나 모든 종류의 잘못들과 섞였다."
242) *Ibid.*, 335.
243) 참조. *Gereformeerde dogmatiek*, Vol. III, 248.
244) 비록 "바랄만한 것"으로 번역된 히브리어가 한 개인을, 그래서 메시아적 의미와 가치의 항목들, 즉 "열방의 부요함" 두 가지 모두를 가리킬 수 있지만, 헤르만 바빙크는 첫 번째 해석에 의해서 표현된 생각이 - 비록 그의 마음에 이 번역이 두 번째 것 보다 타당하지 않았

'무엇임'을 벗어나서 '저것임'을 칭송했으며 그것에 독립적인 가치를 부여했다. 바빙크는 이런 식의 사유를 결정적으로 거부했다.[245] 구원에 대한 갈증, 다른 종교들에 있는 구원자에 대한 추구는 가시관을 쓰신 구원자에 대한 열망이 결코 아니다.[246]

> 이교주의가 꿈꾸는 구조자들과 구원자들은 그리스도가 어떤 분이신지에 대한 유형들이 아니며 앞으로도 아니고, 인간의 생각에 의해서 만들어진 구원자상들이다. (…) 그리스도는 인류의 종교들에 의해서 만들어진 구원자들과 다르다. 그의 복음은 인간들의 탐구와 더불어 찾음에 대한 답변이 아니라, 훨씬 더 깊고 날카로운 의미에서, 모든 인간의 [종교적] 변덕과 묵상에 대한 심판의 성격을 지니고 있다.[247]

바빙크의 입장은 크레머의 입장과는 다르지만 동시에 유사성을 보이기도 한다. 바빙크의 노선을 따라서 크레머는 그리스도 안에 나타난 하나님의 계시를 근본적인 출발점으로 삼아서 종교를 부정적으로 평가한다.

> 종국적인 준거기준으로서의 그리스도는 모든 종교들, 비기독교적 종교들과 또한 경험적 기독교의 위기이다. (…) 십자가와 그것의 진정한 의미 – 하나님의 주도권과 행위로서의 화해 – 는 모든 인간의 종교적 열망들과 목적들에 적대적이다. 왜냐하면 모든 인간적인 종교적 노력의 경향은 하나님을 소유하거나 정복하는 것, 즉 우리의 신적 본성을 실현하는 것이기 때문이다.[248]

바빙크는 칼빈을 따라서 종교들에 대한 그의 판단의 토대를 우선적으로 비성경적인 종교성의 형태들에 관한 성경의 부정적 증언에 두었다. 그

음에도 불구하고 - 철저하게 성경적인 성격을 지니고 있다고 여겼다; 참조. *Ibid*.
245) 베커(Beker)와 하쎌라르(Hasselaar)는 헤르만 바빙크의 입장이 지닌 모순을 다음과 같이 올바르게 지적하고 있다: "만약 하나님에 대한 자연적 지식이 인간의 마음을 분쇄하고 그의 교만을 낮추는 결과를 가져오지 않는다면 자연신학에 의해서 상기된 '구원의 필요성(Erlösungsbedürftigkeit)에 대한 의식'이 어떻게 참될 수 있으며 잠정적으로라도 순수할 수 있겠는가?"
246) 참조. *IZW*, 72 (*ISM*, 64).
247) *IZW*, 140-141 (참조. *ISM*, 136).
248) *The Christian Message in a Non-Christian World*, 110, 123.

는 참된 종교의 범주를 가지고 작업을 했으며 이러한 규범에 비추어 경험적 종교들을 측량하기를 원했는데, 이것은 그가 자신을 결코 변증법적 신학과 동일시하지 않았다는 것을 분명하게 해준다. 종교적 의식의 본질적인 성격('저것임')과 실질적 내용('무엇임')에 대한 보다 깊은 평가뿐만 아니라 이 두 요소들 *사이에 구별되기는* 하지만 *나누어질 수 없는* 문제에 대해 바빙크와 크레머는 의견이 일치한다. 이것은 그들의 다양한 책들에 의해서 입증된다. 그의 선교학 핸드북에서 바빙크는 만약 종교의 다양한 구성요소들이 개별적으로 보여진다면 그것들은 그것들이 전체로부터 떼어 내지기 전에 가졌던 것과는 다른 의미를 띠게 되며, 전체와 관련해서 취해질 때 "죄, 은혜, 구원, 기도, 희생제사 등과 같은 개념들 모두는 [그것들이] 성경에서 [맡는 것과는 다른 책임, 즉 다른 내용을 지니게 된다"249)고 하는 사실을 크레머가 올바르게 지적했다고 말한다. 그리고 그의 *주요저서*에서 크레머는 다음과 같이 쓰고 있다;

> 모든 종교는 분할될 수 없으며 분할되어서도 안 되는 실존적 이해의 통일체이다. 그것은 일련의 신조들이 아니다. (…) [그리고] 종교적 삶의 독립적인 항목들로서 하나씩 취해질 수 있거나 (…) 다른 종교의 유사한 항목과 인위적으로 비교될 수 있거나 그것과 다소간 연관되거나 그것에 이식될 수 있는 실천들이 아니다. (…) [그] 요지는 만약 우리가 [관련된] [그] 종교 전체를 지배하는 삶의 전체성의 근본적인 실존적 이해가 무엇인지를 우선적으로 고려하지 않는다면 하나님이나 구속이나 신앙이나 영혼 등 그 밖의 것이 지닌 관념의 진정한 힘, 가치 그리고 기능이 무엇인지를 우리가 모른다는 것이다.250)

다시 말해서, 바빙크와 크레머에게 모든 종교는 하나의 *총체*로서, 이것에 그것의 모든 부분들이 중요하게 그리고 본질적으로 관련되어 있다. 그리고 이들 둘은 바르트와는 다른데, 그는 비기독교적 종교들 안에서 어떠한 직접적인 신적 활동의 존재도 인정하기를 거부했다. 바빙크처럼 크레머는 개

---
249) *IZW*, 229 (참조. *ISM*, 228).
250) *The Christian Message in a Non-Christian World*, 135와 136; 참조. 130-141.

인적인 예외들, 즉 하나님의 영이 비기독교적 종교들의 다양한 신봉자들의 마음속에서 역사해 왔고 지금도 역사하고 있다는 가능성에 대한 문을 열어 두었다. 그리고 나중에 그는 그리스도의 빛 때문에 하나님의 발자국이 인간의 종교성의 오류 가운데서도 탐지될 수 있다는 것을 인정했다.251) 마침내 그는 성경에서 벗어난 종교들의 문화적 가치에 대해서 바빙크 못지않게 인정을 하게 되었다.252)

9. 종교적 의식과 기독교 신앙의 관계

바빙크에게 기독교와 성경에서 벗어난 종교들 사이의 관계는 교회가 존재하는 한 다루어야만 하는 생사의 문제이다.253) 그에게 종교적 의식과 기독교 신앙의 관계에 관한 이 문제는 다른 종교들에 대한 모든 신학적 반성의 중추적 물음, 즉 이 반성의 결과를 토대로 해서만 답변될 수 있는 물음이다.254) 이것은 그가 심리학적이며 도덕적인 반성들을 토대로 종교 사학자들에 의해서 꾸며진 모든 상대적으로 만드는 답변들과 분석들을 거부한다는 것을 의미한다.255) 그는 신랄한 음조로 그러한 접근들을 인정하지 않음을 표현한다: "우리는 회의주의 정서를 가지고 우리에게서 모든 것을 제거하고자 하는 이러한 사유 학파들의 저주로부터 우리를 해방시키기 위해 분투해야만 한다."256) 그것들은 "영원하신 분의 실재"에 대한 근본적인 오해를 이루며, 그것들이 하나님을 받아들인다 할지라도 "그것들은 여전히 [그의] 계시를 고려하지 못한다."257) 그가

---

251) 참조. *Waarom nu juist het christendom?*, 93-94.
252) 참조. *The Christian Message in a Non-Christian World*, 106.
253) 참조. "Uitkomsten der studie van buitenbijbelse religies," 337.
254) 참조. *Ibid.*
255) 참조. *DAC*, 2-10; 또한 다음을 보라. "Uitkomsten der studie van buitenbijbelse religies," 368-377과 *CBTM*, 15-18. 반둥에서 출판된 1939년 이전에 쓰여졌으나 날짜표기가 없는 책인 『기독교의 절대성』에서 바빙크는 여전히 주해적 근거보다는 철학적 근거에 그의 주장의 토대를 두고서 기독교 신앙의 절대적 진리에 대한 '증거'로서 개인적인 신념 conviction만을 강조한다.
256) *DAC*, 10.
257) *Ibid.*

그것들을 인정하지 않음에도 불구하고 그는 결국 이러한 학파들이 간접적으로 의미 있는 유익을 낳았다고 말한다: 종교적 연구의 분야에서 평준화하고 일반화하는 탐구의 결과들로 인해서 기독교회는 그리스도 안에 나타난 하나님의 계시의 의미와 의의에 대해 새롭게 반성하며 이 계시 안에 있는 신앙의 토대 위에서 *종교신학*을 발전시키게 되었다.258)

종교적 의식과 기독교적 신앙의 관계에 대한 바빙크의 견해를 검토해 보면 그의 마음에 그 둘 사이의 형식적 유사성이 있었음이 드러난다. 종교적 의식의 '무엇임'과 기독교적 신앙의 무엇임은 둘 다 하나님의 자기-현시에 대한 주관적 답변들을 이루며,259) 이런 면에서 모든 종교들은 똑같다. 왜냐하면 "그 본성상 종교는 인간이 하나님의 계시에 답하고 반응하는 하나의 반응이며 (…) 교제이기 때문이다."260) 그리고 또한 그 다양한 답변들이 주어지는 구조적 잣대는 각각의 모든 종교에 동일한 상태로 남아 있다: 이 모든 반응들은 동일한 다섯 가지 '자성점들', 즉 모든 단독적인(single) 인간 존재와 관련되어 있는 그 커다란 생사의 물음들의 주위를 돈다.261)

그러나 바빙크는 종교적 의식과 기독교 신앙 사이에 존재하는 본질적인 차이 또한 강조한다. 그것들은 넓은 균열에 의해서 분리되어 있다. 그것들은 거짓과 진리로서 서로 연관되어 있다. 그것들은 전적으로 양립불가능하다. 그것들은 "한 집에서 살지만 (…) 서로 물고 늘어지는 적들이다."262) 왜냐하면 기독교 신앙은 그리스도 안에 있는 하나님의 계시의 진리가 억압과 대체의 과정을 분쇄하고 성령께서 사람들을 진리로 인도하는 곳에 존재하기 때문이다.263) 그 둘 사이의 차이는 또한 경

---

258) 참조. "Uitkomsten der studie van buitenbijbelse religies," 337.
259) 참조. *RBCG*, 188-189.
260) *CBTM*, 18-19.
261) 종교적 의식의 다섯 가지 물음들은 위에 있는 3, 4, 5 단락에서 다루어지고 있다. 바빙크는 『성전과 모스크 사이의 교회』, 117-193페이지와 『종교적 의식과 기독교 신앙』, 180-186페이지에서 이 다섯 가지 점들에 비추어 기독교 신앙을 기술한다.
262) *RBCG*, 190.
263) 참조. *Ibid.*, 188.

험으로부터도 명백하다.264)

> 그들 자신의 영혼 속에서 [옛 것과 새 것 사이에 찢어지는] 싸움을 경험 해온 너무도 많은 사람들이 기독교는 그들이 이전에 알고 있었던 것과는 전혀 다르다고 솔직하게 보고하는 것은 주목할 만하다. (…) 모든 것이 새로워졌다! 이것은 모든 종교들이 지니고 있다고 추정되는 유사점에 관한 모든 이론적 가정들이 그 가장 깊은 본질에 있어서는 비실재적이며 옳지 못하다는 가장 강력한 증거들 중 하나임에 틀림없다.265)

종교적 의식과 기독교 신앙 사이의 모순은 신자들에게 주관적으로 명백할 뿐만 아니라 "이 시대의 관원들"(고전 2:8)이 그리스도를 십자가에 못박은 것에서도 객관적으로 드러난다. "그리스도를 십자가에 못박음은 진리로부터 계속해서 돌아서는 것의 핵심이며 이것은 모든 인간 삶의 비극적 비밀이다."266)

심지어 비기독교적인 신비적 경험을 기독교 신앙에서의 하나님의 영의 거하심과 비교해 보면 - 이 단계에서 우리는 굉장히 많은 유사점들을 만나게 되리라 기대할 것인데 - 기독교 다른 종교들 사이에 큰 차이를 보게 된다. 바빙크는 열방 속에서의 오순절의 열망에 관한 한 글에서 "오순절의 하나님은 이교도들이 그렇게 친밀한 교제를 나누고자 했던 신들과는 다르다"고 단언한다. 성령에 의한 하나님의 거주하심은 오직 "인간이 하나님과 화목하게 되었을 경우"에만 가능하다. 왜냐하면 그러한 회심이 없을 경우 "거룩하신 분이신 하나님과 죄책과 죄에 얽매인 인간 사이에는 측량할 수 없는 거리" 외에는 아무 것도 존재하지 않기 때문이다. 비기독교적 종교들에 관해서 우리는 궁극적으로 "심리적 변화", 즉 "개별성(individuallity)의 망상, 다시 말해 어떤 것이라는 꿈(the

---

264) 바빙크는 그의 신학적 입장들을 실천으로부터 오는 주장들로 지지하는 것을 좋아했다. 흥미롭게도 칼빈에게 있어서 실천으로부터의 주장은 신학적 주장을 이루었다: 하나님께서는 또한 경험에 의해서 가르치신다(*experiential docet*, 경험이 가르친다).
265) "Zijn alle godsdiensten gelijk?" 302.
266) *RBCG*, 129.

dream of being something)으로부터" 벗어난다는 의미에서의 변화에 대해서만 말할 수 있는데, 그러한 벗어남을 통해서 사람들은 자동적으로 "신과의 합일"을 경험할 것이다. 이것은 "그들의 신이 아브라함과 이삭과 야곱의 하나님과 동일한 분이 아니다"는 것을 입증해 준다.267)

바빙크는 이런 근본적인 차이가 기독교는 종교적 의식이나 다른 종교들과 비교하여 우월성을 지녀도 좋다는 것을 결코 의미하지 않는다고 강조한다. 기독교회는 자신 역시 진리를 억압하고 대체하는 죄를 범해 왔으며 "이런 면에서 기독교회의 죄는 예수 그리스도의 계시된 명백한 복음을", 오직 하나님의 은혜에 의해서만 극복될 수 있었던, "온갖 종류의 교활한 인간적 추론들로 너무나 자주 흐려왔기 때문에 다른 종교들의 죄보다 훨씬 크다"는 사실을 결코 놓쳐서는 안 된다.268) 또한 기독교 내에서의 이러한 억압과 대체의 과정은 어떤 식으로든 과거만의 일이 아니다: "기독교적인 것 안에서도 이교도적인 것이 계속해서 살아 있으며 호흡한다."269) 그리고 이것은 신자 개인에게만 타당한 것이 아니라 전체로서의 교회에도 그러한데, 교회는 그 모든 역사를 "형성하고, 망가뜨리며, 끊임없이 재형성하는" 드라마로 바꾸어 왔다.270) 기독교적 신앙은 종교적 의식에 의해 끊임없이 침투당함으로 그것은 언제나 복음에 비추어 비판되어야만 한다.271) 이것은 기독교 신앙의 절대적 진리에 대해 말하는 것을 불가능하게 만든다. 절대적 진리 - 그것은 결코 입증될 수 없으며 오직 신앙을 통해서 발견되고 확언될 수 있을 뿐이다 - 는 객관적 진리에만, 즉 그리스도의 복음 안에 있는 하나님의 계시에만 타당하다.272)

비교분석을 통해 이 문제와 관련해서도 바빙크의 입장이 헤르만

---

267) "Pinksterverlangen in de volkerenwereld," 16-17.
268) *CBTM*, 200.
269) *RBCG*, 189.
270) *Ibid*., 190.
271) 참조. *Ibid*., 189; 바빙크는 이와 관련해서 고린도후서 10장 5절을 언급한다.
272) 참조. *DAC*, 10-15. 그리고 *RBCG*, 189.

바빙크나 바르트의 입장과는 다르며 크레머의 입장과 매우 가깝다는 것을 알 수 있다. 한편으로 헤르만 바빙크는 "얼룩진 종교"로 정의된 *자연종교*와 "순수 종교"로 정의된 기독교 신앙 사이의 깊은 간격에 대해서 말한다.[273] 그러나 다른 한편으로 그는 각각 예비와 성취로서 그 둘을 함께 연결시킨다.[274] 바르트에게 있어서는 사람들이 기독교 신앙을 받아들이자마자 그것이 종교적 의식으로, 즉 인간의 종교로 퇴보하는 것 외에 종교적 의식과 기독교 신앙 사이에는 어떠한 연관도 없다. 이 문제에 대한 바르트의 생각은 다음의 세 인용글에서 분명하게 예증된다.

> 종교는 *불신앙*이다. 종교는 하나의 용무, *신이 없는 사람의* 그 용무라고 분명하게 말해야만 한다.[275]
> 참된 종교가 있다는 것은 예수 그리스도 안에서의, 좀 더 정확하게는 성령의 부어주심 안에서의, 훨씬 더 정확하게는 교회의 존재와 하나님의 자녀들 안에서의 하나님의 은혜의 행위에 놓여 있는 실재이다.[276]
> 만약 우리가 예수 그리스도의 이름에서 독립하여 기독교적 종교에 대해 말하기를 원한다면 우리에게는 사실상 다음 두 가지만 남을 것이다: 첫째로, 다른 모든 사람들에게 그렇듯이 물론 소위 그리스도인에게도 개방되어 있는 보편적으로 인간적인 종교적 가능성. (…) [그리고] 둘째로, 예전에 기독교라고 불렸으며 또한 사실상 기독교였던, 하지만 그 삶의 뿌리로부터 잘려진 후에는 지금 비기독교적 종교의 생명력조차 가지고 있지 않은, 종교를 닮은 구성물이 보다 빠르고 보다 완전하게 분해되어 파편이 되는 것[277]

---

273) 참조. *Gereformeerde dogmatiek*, Vol. Ⅰ, 244-245.
274) 참조. *Gereformeerde dogmatiek*, Vol. Ⅲ, 246-248.
275) "Religion is *Unglaube*; Religion ist eine Angelegenheit, man muss geradezu sagen: die Angelegenheit des gottlosen Menschen," *Kirchliche Dogmatik*, Ⅰ, 2, 327 (참조. *Church Dogmatics*, Ⅰ, 2, 299-300).
276) "Das es eine wahre Religion gibt, das ist Ereignis im Akt der Gnade Gottes in Jesus Christus, genauer: in der Ausgiessung des Heiligen Geistes, noch genauer: in der Existenz der Kirche und der Kinder Gottes," *Kirchliche Dogmatik*, Ⅰ, 2, 377 (참조. *Church Dogmatics*, Ⅰ, 2, 344).
277) "Wollten wir von der christlichen Religion abgesehen von dem Namen Jesus Christus reden, dann würde wir tatsächlich nur zweierlei in der Hand behalten: 1. Die allgemein-menschliche religiöse Möglichkeit, die allerdings den sog. Christen ebenso zu eigen ist wie anderen Menschen, (…) Und, 2. Die in rascher und völler Auflösung begriffener Trü

크레머는 종교적 의식과 기독교 신앙 사이의 관계를 1960년에 출판된 한 책자에서 명백하게 논의하는데, 그곳에 있는 많은 구절들을 통해서 그와 바빙크가 이 문제에 대해서 근본적으로 동일한 마음을 갖고 있다는 것을 분명히 알 수 있다. 종교연구를 위한 출발점과 관련해서 크레머는 다음과 같이 말한다:

> 간단히 말해서 (…) 나는 기독교를 포함한 모든 종교들을 예수 그리스도의 인격의 빛에 노출시킬 것을 제안하는데, 그는 하나님의 *그 계시*(*the Revelation of God*)이시며 모든 종교들과 인간 안에서 생겨나고 인간으로부터 나오는 모든 것의 유일한 합법적 비판자(즉, 분별하시며, 예리하신 재판관)이시다.278)

그리스도 안에 나타난 하나님의 자기계시라고 하는 이 기준은 인간의 선택에 종속되지 않는다 - *그것*이 *우리*를 선택한다. '하나님께서 그리스도 안에서 자신을 드러내신다'고 하는 확언은 이성적으로 증명될 수 있는 명제가 아니라, "하나님 - 그분은 오직 심령으로만, 즉 영혼과 정신과 마음을 다함으로 알려지시고 그럼으로써 사랑받으신다 - 께서 그 중심 인물이 되시는 영적 실재의 세계와의 살아 있는 교통"을 낳는 진리(a verity)이다.279) 이러한 기준에 의해 측량될 때에 다른 종교들 - 그것들 안에서 묘사될 수 있는 모든 선함에도 불구하고, '하나님의 발자국'까지도 그리고 그것을 포함하여 - 은 "그것들의 가장 깊고 가장 본질적인 의도와 의미에 비추어 *진리의 조산아*들이다.280) 인간적인 어떤 것도 기독교 신앙과 전혀 관계가 없는 것은 아니라 할지라도 기독교 신

---

mmer eines religionsähnlichen Gebildes, das einmal Christentum hiess und vielleicht auch war, das aber nun, nachdem ihm die Lebenswurzel abgeschnitten ist, nicht einmal mehr die Lebensfähigkeit einer nicht-christlichen Religion hat," *Kirchliche Dogmatik*, I, 2, 380-381 (참조. *Church Dogmatics*, I, 2, 346-347).
278) *Waarom nu juist het christendom?*, 11.
279) *Ibid.*, 67.
280) *Ibid.*, 85, 93.

앙은 "한 가지 핵심적인 면에서, 즉 그것이 그리스도 예수의 인격 안에 나타난 하나님의 계시에서 기인한다"는 면에서 다른 종교들과 구별된다.[281] 그러나 그는 또한 경험적 종교로서의 기독교 신앙은 그것이 계속해서 오류에 빠지며 그로인해 다른 종교들과 더불어 하나님의 계시의 비판적 판단을 받는다는 점에서는 다른 종교적 전통들과 구별되지 않는다는 사실을 매우 강력하게 강조한다.[282] 간단히 말해서 "절대적인 것은 기독교 신앙이 아니라 이 신앙의 원천이며 대상, 즉 예수 그리스도 안에 나타난 하나님의 자기선언이다."[283]

그러나 바빙크와 크레머 사이의 모든 유사성에도 불구하고 크레머의 사고에는 바빙크가 의견의 일치를 보이지 않는 한 가지가 있다. 그는 크레머가 그리스도 안에 나타난 하나님의 계시의 판단과 관련하여 경험적 기독교 또는 기독교계(empirical Christianity or Christendom)와 다른 종교들을 동일한 입장에 둔다는 점에서 너무 멀리 나아갔다고 느꼈다. 그는 기독교계가 복음과 분명하게 구별될 필요가 있다는데 동의한다. 그러나 이러한 구별을 적용하는데 있어서는 매우 조심할 필요가 있다고 주장했다. 왜냐하면 기독교계(Christendom)는 기독교(Christianity)와 기독교 신앙(Christian faith)을 수반하기 때문인데, 이것은 크레머의 급진적일 정도로 비판적인 상황구성, 그 논리적 결론에 이를 경우, 결코 받아들일 수 없는 결과들을 초래할 것임을 의미하는 것이다. 무엇보다도 만약 기독교가 복음과 지나칠 정도로 날카롭게 구별되며 다른 종교적 전통들과 너무 밀접하게 놓여진다면,[284] 다시 말해서 "역사의 상대적 영역 안에" 다른 종교들과 나란히 놓이게 된다면 신학의 정당성, 즉 신학의 가능성이 배제될 것이다. "우리는 (…) 그리스도 안에 있는 하나님의 계시에 대해서 더 이상 말할 수 없을 것이다." 왜냐하면 크레머의 입장이 인정될 경우 그것은 "이 계시에 대해 내

---

281) *Ibid.*, 103; 또한 다음을 참조하라. H. Kraemer, *Godsdienst, godsdiensten en het christelijk geloof*, 286.
282) 참조. *Waarom nu juist het christendom?*, 104.
283) *Ibid.*, 15.
284) *BCNCR*, 93.

가 말하는 것은 어느 것이나 그 동일한 순간에 '기독교계'가 될 것이며[285], 따라서 결코 신학적이지 않은, 기껏해야 단지 역사적이고 가능할 경우엔 사회학적 의미와 가치만을 지닌다는 것을 의미할 것이기 때문이다. 그리고 두 번째로, 그는 크레머의 입장은 기독교 신앙의 현시로서의 교회가 어떤 순간에도 '참된' 것으로서 간주될 수 없다는 것을 함의한다고 주장했는데, 이것은 교회와 신학 안에서의 성령의 사역을 잘못 이해하는 것과 같을 것이다. 기독교 신앙(그리고 틀림없이 기독교 일반)이 복음과 동일하지 않다는 것이 아무리 사실이라 할지라도 그것들을 그런 식으로 서로 대립시키는 것은 옳지 못하다고 바빙크는 주장했다.[286]

10. 5장 요약

앞 장에서도 지적했듯이 바빙크는 하나님의 일반계시가 예외 없이 모든 사람을 향한다고 강조한다. 이러한 편만하고 지속적인 신적 자기현현의 결과가 신-인간의 관계적 실재의 존재라고 그는 주장한다: 모든 인간은 하나님과 나-당신님의 관계 속에 서 있다. 모든 종교적 의식 - 기독교 신앙과 심지어 무신론까지도 포함해서 - 은 이러한 관계의 영역 내에서 발달하며 하나님의 자기현현에 대한 반응을 나타내고, 이러한 의미에서 모든 종교는 일차적으로 *신학적* 현상으로 보여질 수 있다.

그러나 이러한 반응은 언제나 보편적인 인간의 반역의 결과로 인한 대리와 대체의 과정으로 특징지어 지는데, 이것은 부차적인 의미로 종교가 심리학적이거나 *인류학적인* 현상으로 여겨져야만 한다는 것을 의미한다. 이러한 인간의 반역의 실재에 대한 바빙크의 의식은 그로 하여금 종교에 대한 그의 신학적으로 부정적인 견해를 급진화하도록 만들었다.

그의 관점을 발달시키는데 있어서 바빙크는 크레머의 관점에 의

---

285) *Ibid.*, 91.
286) 참조. *BCNCR*, 89-93; 여기에서 바빙크는 크레머 자신 또한 그러한 주장이 잘못되었다고 느꼈음에도 불구하고 그것을 충분히 명확하게 표현하지 않았다는데 주목한다.

해 영향을 받았지만,287) 그것들에 대한 그의 정교화는 두 가지 면에서 독창적이다: 첫째로, 그는 억압과 대체의 과정에 대한 심리학적 해석을 형식화했으며, 둘째로 그는 보편적인 종교적 의식의 형태론적 구조를 만들어 냈다. 인간들이 신에 대해 반응하는 매우 다른 다양한 방식들에도 불구하고, 바빙크에 따르면 다섯 가지 영속적인 생-사의 문제들을 포함하는 보편적인 종교적 의식이 있다: 실재의 총체성 속에서의 인간의 위치, 규범적 진리에 대한 탐구, 인간 행동과 운명 사이의 관계, 구속에 대한 열망, 그리고 보다 높은 힘과의 관련성에 대한 느낌.

한편으로 바빙크는 종교적 의식의 객관적 '저것임'의 진리를 인정했다. 동시에 그는 '저것임'이 언제나 주관적인 '무엇임' 안에 밀봉된 채 있다는 것을 강조했다. 이것과 일치해서 그는 - 헤르만 바빙크보다 더 날카로우며 바르트보다 더 정교하게 - 성경의 증거를 따라서 모든 종교적 의식이 거짓으로 이루어져 있다고 주장했다: 한편으로 모든 현존하는 종교와 다른 한편으로 말씀과 성령에 의해서 낳아진 기독교 신앙 사이에 다리를 놓을 수 없는 균열이 놓여 있다. 그렇지만 바빙크가 이러한 문제들을 다룬 그 방식에 있어서 그는 하나님 자신이 전 세계의 사람들 가운데 활동적으로 현존하신다는 그의 확신으로 인해 깊은 신중함을 보여 주었으며, 문화적 현상으로서 종교들이 제공해야만 하는 가치 있는 모든 것에 대한 깊은 존경을 보이는 특징을 보여 주었다. 그는 "이방 나라들을 다루시는 하나님의 방식은 매우 신비로운 방식이다"라고 썼다.288)

최근의 한 주석가가 올바르게 주목한 것처럼 바빙크의 접근은 널리 퍼져 있는 개혁주의적 교회관으로부터의 중요한 일탈을 수반했다: '인

---

287) 다시 한 번 바빙크가 단순히 크레머를 '모방한 것이 아니라 오히려 크레머의 생각들을 독특하게 독립적이고 독창적인 방식으로 그것들을 만들어 냄으로써 크레머의 생각들을 확장시켰다는 점을 강조해야만 하겠다. 바빙크 자신은 크레머의 후기 책인 『종교와 기독교 신앙』을 다루는 그의 논평 글에서 이 점을 직접 암시하고 있다: "크레머가 일반계시에 대해 말하는 것은 여전히 나에게 호소력이 없다. (…) 몇 년 전에 나는 [종교적 의식과 기독교 신앙에 대한 나의 책에서 나 자신의 견해들을 요약했다. 크레머가 쓴 이 새 책을 읽은 후에 나는 내가 나의 책에서 발달시켰던 그 입장을 고수하기를 선호한다," 70.
288) ICNCW, 106.

간과 그의 종교에 대한 반성은 더 이상 인식론이 아닌 하나님과 인간 사이의 존재론적 대화란 개념에 의해서 결정되었다: "바빙크의 견해에서는 인간이 문제가 된다. 그의 [선교학]에서 인간은 얼굴이 없는 존재가 아니며 그의 본성과 존재가 신학에 의해서 완전히 그리고 적절하게 도표화된 인류라고 하는 종의 많은 표본들 중 하나가 아니다. (…) 바빙크는 하나님의 계시의 빛 안에 서 있는 구체적인 인간에게 관심을 가졌다."289)

일반적으로 한편에서는 바빙크가 개혁주의적 개념들에서 헤르만 바빙크의 철학적 해석들인 *일반계시*와 *자연종교*를 제거했다고 결론을 내릴 수 있는 반면에, 다른 한편으로는 바르트에 맞서서 그가 말씀과 반-말씀(word and counter-word), 부르심과 반응(summon and response)으로서의 하나님의 계시와 인간 사이에 있는 깨어질 수 없는 끈이라는 개념을 굳게 지켰다고도 결론을 내릴 수가 있다.290) 더욱이 크레머가 그에게 미친 영향에도 불구하고 바빙크가 변증법적 신학의 해설자가 되지 않고,291) 그 대신에 계속해서 개혁 신학의 대표자가 되었다는 것은 명백하다.

---

289) N. Holtrop, 166-168.
290) 판 바우덴베르흐(R. van Woundenberg)는 바빙크를 "요한 헤르만 바빙크 박사"(1895-1964), 7페이지에서 "말씀과 반-말씀의 신학자"로서 특징짓는다.
291) 이것은 바빙크가 결코 은혜에 대한 크레머의 바르트적 견해를 따르지 않았다는 사실에 의해 가장 명확하게 드러난다. 『비기독교 세계에서의 기독교 메시지』, 126페이지에서 크레머는 다음과 같이 썼다: "예(yes)와 아니오(no)의 변증법적 통일을 넘어서 (…) 인류와 세계를 향하신 하나님의 구원하시는 의지 안에는 종국적인 신적 예(yes)가 의기양양하게 떠오른다." 바빙크가 이러한 중요한 점을 명백하게 주장하지 않았다는 것은 주목할 만하다. 이것은 논쟁술(polemics)이 매우 혐오스럽다는 것을 그가 알았다는 사실에 의해서 설명될지도 모른다. 틀림없이 그것들을 사용하는 것이 그가 많은 빚을 지고 있는 사람의 사유와 관련되어 있다면 말이다.

6 선교의 토대와 본질

제6장 선교의 토대와 본질

우리의 선교 개념이 실제적인 선교 사역에 본질적으로 중요하다는 것은 말할 것도 없다.("Zendingsbegrp en zendings-werkelijkheid," I)

1. 도입

앞에서도 지적했듯이 이미 다양한 선교학 서적들이 존재함에도 불구하고 바빙크는 확고하게 개혁주의적인 동시에 총괄적인(topical) 선교신학의 틀을 잡고자 시도한 첫 번째 사람이었다. 관련성(relevance)에 대한 그의 관심은 그가 『선교학 입문』에서 선교론에 관한 그의 반성을 수많은 물음들로 시작한다는 사실에 의해서 예증되는데, 이러한 물음들 중 일부는 과거에 선교학자들에 의해 다루어졌으며 - 선교의 토대, 선교의 목적, 선교에서의 교회의 위치, 공동체와 개인의 관계 등 - 그리고 다른 물음들은 그의 시대의 선교적 논의들로부터 나왔다 - 예를 들어, 선교와 복음전도의 관계, 이스라엘에 관한 선교적 소명, 말씀과 행위의 관계, 접촉점의 문제, 토착교회의 문화화, '파송' 교회와 '토착' 교회의 관계 등. 바빙크는 이러한 물음들에 답하고자 시도하면서도 성경의 증언을 본질적인 안내자로 간주했다.

> 선교학은 성경 안에서 [이러한 물음들에] 대한 답을 찾고자 해야만 한다. 왜냐하면 선교 사역은 바로 하나님의 사역이며, 그분을 섬기는 데에서 일어나는 [사역]이므로 우리가 독립적으로 즉석에서 일하는 것은 허용될 수가 없다. 매 걸음마다 우리는 우리 자신에게 하나님께서 요구하시는 바가 무엇인지를 물어야만 할 것이다.[1]

그러나 동시에 바빙크는 성경이 모든 현행문제와 물음들에 직접적인 답을 하지 않는다는 것을 깨달았다: "고달픈 일상의 실천 가운데에서 올바른 길을 찾는 것이 언제나 쉬운 것은 아니다. (…)"2)

이러한 절박한 물음들에 대한 개관을 한 후에 바빙크는 선교신학에 대한 자신의 분류를 제시하기에 앞서 많은 그의 선임자들에 의해서 제안되었던 선교신학의 분과들을 논의한다.3) 그 이전의 범주체계들에 의존하고 있는 선교신학의 주제에 대한 바빙크 자신의 정리는 그가 제일 중하다고 여기는 화제들과 주제들을 광범위하게 다룰 수 있는 충분한 여지를 허용하고 있다. 한 가지 중요한 예외만을 둔 채4) 우리는 바빙크의 인도를 따라 이번 장에서는 두 개의 주된 제목(two main headings) 하에서 그리고 다음 장에서는 세 개의 표제(three titles) 하에서 이러한 문제들을 다룰 것이다.

1930년부터 계속해서 바빙크는 선교신학의 문제들에 대해 그 어느 때보다 집중해서 고찰하기 시작했는데, 이것은 아주 많은 글들과 여러 책들을 포함한 그의 몇몇 출판물들 안에 반영되었다.5) 전자 중에서 가장 광범위하고 체계적인 것이 『선교학 입문』이다. 이 표준적인 저서에서 바빙크는 보다 초기의 글들에서 나타났던 것 중 상당수를 함께 묶었으며, 그럼으로써 그의 축적된 선교학적 사유에 대한 명백한 개관을 제공하고 있다. 따라서 그의 선교신학에 대한 우리의 분석의 주요 원천을 이루는 것이 바로 이 책이다. 보다 초기의 책자들은 특정한 문제에 대한 그의 사고에서의 어떤 진보나 변화를 가리키고자 하는 대조의 목

---

1) *IZW*, 21 (참조. *ISM*, 5).
2) *Ibid.*
3) *Ibid.*, 21-23 (*ISM*, 6-7).
4) 우리의 논의의 순서는 바빙크의 순서로부터 벗어나 있는데, 왜냐하면 우리가 보기에 '왜?'와 '어떤 목적으로?'라는 물음들이 논리적으로 잘 들어 맞는 까닭에 선교의 토대와 본질의 문제로 인해서 즉시 생겨나는 선교적 접근보다는 선교의 목적들(다음 장을 보라)을 다루기 때문이다.
5) 이 책들 중 가장 중요한 것들 가운데에는 다음과 같은 것들이 있다: *AWW*, 1941; *ZWN*, 19+46; 그리고 *ICNCW*, 1948.

적을 위해서 사용된다. 『선교학 입문』과 이 보다 초기의 저서들 사이에 어떠한 불일치도 없는 경우들에 있어서 후자의 책들은 오직 각주에서만 언급될 것이다.

2. 선교의 토대

바빙크는 선교 사역이 토대를 두게 되는 성경적 원리들을 추적하고자 성경을 탐구한다고 하는 그의 의도를 천명했으나, 이러한 성경적-신학적 책무의 영역에서 그가 스스로 진술한 목표가 함의하는 것보다는 덜 독립적으로 작업을 했다는 것이 분명하다. 보다 초기의 책자에서 그는 이 문제에 대해 구스타프 바르넥, 죠한네스 리히터, 칼 하르텐슈타인, 고트프로이 필립스(Godfroy E. Phillips) 등과 같은 다른 선교학자들에 의해서 제시되고 취해진 주장들을 일반적으로 언급하고 있다.6) 그는 또한 롤란드 알렌(Rollad Allen)의 독창적인 작품인 『선교 방법들: 바울의 방법인가, 우리의 방법인가?』(Missionary Methods: St. Paul's or Ours?)와 같은 바울의 선교적 견해와 활동들에 대한 많은 중요한 연구들을 언급한다.7) 불행히도 그는 이러한 책들을 간헐적으로만 언급하는데, 심지어 그의 선교학적 핸드북인 『선교학 입문』에서도 그렇다. 그러나 선교의 성경적 토대에 대한 그의 생각에 비추어 볼 때 그는 이 영역에서 동료 선교학자들에게 많은 것을 빌려 왔으며 우리가 기대했던 것보다는 덜 광범위하게 독립적인 성경적-주해적 탐구에 종사했던 것으로 보인다.

어쨌든 철저한 주해가 종종 부족하며 성경 본문들은 자주 단순 인용되고 있다. 그가 때때로 성경을 원천으로서 보다는 규준으로서 사용했다는 것은 분명하다. 이런 식으로 성경을 사용함으로 인해서 바빙크가 선교의 성경적 토대들이라고 하는 특정한 영역에서의 선교학적 고

---

6) 참조. ZWN, 227.
7) 그가 언급하는 바울에 대한 다른 책들로는 파울 베른레(Paul Wernle), 마틴 쉬룽크(Martin Schlunk), 그리고 요하네스 바르넥(Johannes Warneck)이 쓴 것들이다, (제목과 출판에 대한 세부사항을 위해서는 도서목록을 보라).

찰에 상대적으로 제한적으로 밖에 이바지하지 못했다 할지라도, 그럼에도 나는 그것이 개혁주의적인 성경적 선교신학을 발전시키고자 하는 그가 말했던 의도의 전반적인 결과들을 결코 훼손시키지 못했다고 주장할 것이다.

『선교학 입문』에서 바빙크는 구약, 신구약 중간사 그리고 신약을 성공적으로 논한다. 이 동일한 순서가 다음 단락에서 지켜질 것인데, 이것들은 많은 비판적 물음들과 논평들뿐만 아니라 그의 논증의 체계적 개관까지도 담고 있다. 전자와 관련해서 바빙크의 학생들 중 한 명이며 유사한 정신의 소유자였던 요하네스 블라우(Johnnes Blauw)가 성경적인 선교신학에 독창적으로 이바지 한 것, 즉 『이 세계에서의 하나님의 사역: 성경적인 선교신학의 특징들』(Gottes Werk in dieser Welt: Grundzüge einer biblischen Theologie der Mission, 1961[영어로는 The Missionary Nature of the Church로 번역됨])을 사용하게 될 것인데, 이 책에서 블라우는 그 자신의 견해들을 상술할 뿐만 아니라 당시까지 성경에 있는 선교주제에 대한 성경 신학자들과 선교학자들의 생각을 요약하고 있다.

2.1. 구약에 나타난 선교

2.1.1. 구약 성경이 증언하는 선교적 사명(The missionary thrust of the Old Testament witness)

바빙크에게 "첫 장부터 마지막 장까지 성경은 전 세계를 고려하고 있으며 이 세계에 관한 신적 구원계획을 펼치는 책"임이 아주 명백하다.[8] 따라서 바빙크에 따르면 구약 성경의 증언은 필연적으로 선교적 소명의 성경적 토대를 위한 건축재료들을 제공한다. 그 다음에 그는 잠재적인 선교적 내용을 가지고 있는 구약에 나타난 9가지 요소들을 묘사한다. 비교를 통해서 우리는 이러한 점들이 구스타프 바르넥으로부터 상당부분 빌려 온 것임을 알 수 있다.[9]

---

8) *IZW*, 24 (참조. *ISM*, 11).

1. 창세기 1장 1절로 시작해서 성경은 이스라엘의 하나님께서 세계와 그 안에 거하는 모든 나라들의 창조자이심을 분명히 한다. 그분은 신들처럼 어떤 부족적 하나님이 아니시며 온 땅의 주이시다. 창세기 1-3장과 10장의 열방의 목록은 모든 민족들이 동일한 영광과 비참함에 참여하며 원칙상 하나님 앞에서 동일하다는 것을 보여준다. 바빙크는 당시의 일반적인 견해를 따라 이것을 "선교학의 가장 광범위한 토대적 원리 중 하나"라고 부르며,10) 이것이 마태복음 28장 19절의 선교명령을 위한 토대라고 단언한다. "이러한 토대가 없이 그 위대한 선교명령은 존재할 수 없었다.11)

2. 이러한 사실을 토대로 하나님께서는 다른 나라들과 관계를 맺으시며 이스라엘의 분열기에도 그러하셨다(Pss. 24와 33). 그분은 그들을 심판하시며 그들에게 예배하도록 요구하신다.12)

3. 구약시대에 야훼께서는 유일한 하나님이시라는 생각으로 인해서 계속하여 모든 우상숭배가 무조건적으로 정죄된다(신4:39; 렘 10:10). 동시에 여기에는 선교적 명령과 선교적 약속의 가능성이 함축되어 있다.13)

4. 선교적 목적(a missionary thrust)을 가지고 있다는 것을 입증하는 것은 이스라엘의 선택(isolation), 즉 아브라함을 부르심과 더불어 시작되는 선택이다. 한편으로 이스라엘은 특별한 의미에서 하나님에게 속해 있다: "내가 땅의 모든 족속 중에 너희만 알았나니(암 3:2)". 언약은 깊이 새겨진 입법의 성격과 더불어 열방 가운데에서 이스라엘이 차지하는 전적으로 독특한 위치를 나타내는 틀로서 기능했다. 반면에, 아주 초기부

---

9) G. Warneck, *Evangelische Missionslehre*, 1, 136 ff. 직접적인 언급들은 빠져있다.
10) 바르넥 외에도, 예를 들어 하르텐슈타인의 "Heidentum und Kirche," 5페이지를 참조하라.
11) *IZW*, 25 (참조. *ISM*, 12). 참조. *ZWN*, 10: "따라서 강조하여 [창조의 웅장함과 비참함 속에서] 인간의 통일성을 강조함으로써, 장차 올 선교의 소명을 위한 매우 강력한 토대들이 세워졌다." 헤르만 바빙크는 이 기간에 은혜 언약이 보편적이었다는 것을 강조해서 지적한다. 참조. "De zending in de Heilige Schrift,"8.
12) *IZW*, 35-26 (참조. *ISM*, 12-14).
13) 참조. *IZW*, 26 (*ISM*, 12-13).

터 이러한 선택은 일시적인 것, 즉 이 세상의 구원을 위한 하나님의 계획의 한 국면으로서 나타난다. 세 번에 걸쳐서 아브라함은 그의 후손들 안에서 세상의 모든 민족들이 복을 받을 것이라는 확증을 받는다(창 12:3; 18:18; 22:18). 그 맥락의 인도를 받아서 바빙크는 이 세 번에 걸쳐 반복된 약속의 선교적 목적을 더욱 더 날카롭게 분석한다. 창세기 12장 3절에 대해 그는 다음과 같이 쓰고 있다: "하나님의 약속 안에는 아브라함의 자손들이 언젠가 그들 자신이 받았던 축복을 선포하기 위해 (…) 돌아와야만 할 것임이 함축되어 있었다." 창세기 18장 18절에 대해서는 다음과 같이 쓰고 있다: "(…) 아브라함이 제사장적인 형식으로 소돔에 대한 하나님의 자비를 구했을 때 하나님께서는 언젠가 그를 땅에 있는 열방의 축복으로 만드는 것이 자신의 거룩하신 뜻임을 그에게 확신시키셨다." 그리고 창세기 22장 18절에 대해서도 다음과 같이 적고 있다: "아브라함이 메시야의 사역에 대해 아주 분명하게 묘사했던 바로 그 순간에 하나님께서는 이미 그곳에서 친히 그 축복이 희생에 의해서 열방에게 임할 것임을 지적하셨다."14)

5. 언약구조는 선교에 대한 여지를 담고 있다. 하나님과 이스라엘 사이의 언약 관계 안에는 열방들이 경험했던 그들의 신들과의 동일시화 같은 것이 전혀 없었다. 야훼는 이스라엘과 함께 흥하고 망하는 그런 부족의 하나님이 결코 아니시다. 야훼와 이스라엘 사이의 유대는 오직 하나님의 선택적 사랑 안에만 뿌리박고 있다. "이스라엘은 하나님에게 어떤 특별한 권리를 요구할 자격이 없으며," 그러므로 "열방들 역시 그러한 언약의 축복에 언젠가 참여하고 그것에 포함될 것임을 충분히 생각할 수 있다."15)

6. 이스라엘은 자신의 역사가 세계의 무대에서, 즉 "주변국들이 보는 앞에서" 진행되는 것으로 계속 간주했다. 반복해서 우리는 하나님께서 간섭하셔서 열방이 그의 이름을 인정하게 되도록 해달라는 기도를

---

14) *ZWN*, 11-12. 참조. *IZW*, 26 (*ISM*, 13).
15) *IZW*, 27 (*ISM*, 14). 참조. H. Bavinck, "De zending in de Heilige Schrift," 8-9.

듣는다(예를 들어, 출 32:12; 민 14:16; 수 7:9; 사 37:20). "[이스라엘은] 그들의 역사를 통해 하나님께서 열방들에게 자신을 변호하셨으며, 따라서 그 역사의 흥망성쇠 속에서 하나님께서는 온 세상에까지 마음의 관심을 뻗치셨다는 것을 [알았다]."16)

7. 앞에 지적한 점과 밀접하게 연관해서 바빙크는 이 모든 것에서 우리는 열방의 구원을 위한 선교적 열정보다는 야훼만이 하나님이심을 온 세상이 보기를 바라는 신중심적 열망을 목격한다고 지적한다. 이러한 빛에서 우리는 또한 야훼를 경외하라고 하는 열방에 대한 수많은 권고의 외침들을 보아야만 한다(시 47편과 99편).17)

8. 이스라엘은 자신들이 구별되었음을 깊이 인식함으로써 주변 세계를 향한 공식적인 선교활동을 배제했다. 하지만 몇몇 순간들에서 "선교의 불이 이스라엘에 없지는 않았다"는 것이 분명하다. 때때로 이방의 땅들에서 야훼를 증거한 사람들이 있었다(왕하 5:1-3; 다니엘서).18) 그러나 이러한 인식은 우연한 현상으로 남아 있다. 바빙크에 따르면 니느웨로의 요나의 여행은 이러한 범주에 속하지 않는다: 요나서에는 진정한 의미에서의 선교가 없다. 왜냐하면 요나의 선교 목적은 "니느웨 안에 하나님의 백성을 세우는 것"이 아니기 때문이다.19) 그러나 앞에서 언급된 예들에 비추어 이러한 주장은 일관성이 없다. 여기에서 바빙크는 단순히 구스타프 바르넥을 따른 것처럼 보이는데, 바르넥은 어디에서도 요나의 선교적 함의를 언급하지 않는다.20) 이것은 똑같이 개혁파인 개혁교회소속이었던 헨드릭 비어징거가 같은 기간에 반대되는 견해를 표명했다는 사실에 비추어 볼 때 적어도 주목할 만하다.21) 더욱이

---

16) *IZW*, 28 (*ISM*, 15).
17) 참조. *IZW*, 29 (*ISM*, 16).
18) *IZW*, 29-30 (*ISM*, 16-17).
19) *ZWN*, 13. 『선교학 입문』에서 요나서는 심지어 더 이상 언급되지도 않는다.
20) 바르넥만이 이런 주장을 한 것은 아니었다. 참조. J. Blauw, *Gottes Werk*, 54, 블라우는 요나의 선교적 의의는 여러 면에서 부정된다고 말한다.
21) *Zendingsperspectief in het Oude Testament*, 60: "이스라엘의 하나님은 세상을 그냥 내버려 두시지 않는다. (…) 이스라엘에게도 이방세계와 관련한 소명이 있다. 요나의 역사는 하나님

요나서의 의미 - 즉 하나님의 자비가 이스라엘의 경계를 넘어서까지 뻗친다는 것 - 는 바빙크의 사고의 전반적인 관점에 매우 잘 들어맞았을 것이다(그럼에도 바빙크는 요나서에 선교적 의미를 부여하지 않았다는 뜻-역주).

9. 선교적 열정의 불은 주로 바빌론 유수와 그에 이어진 디아스포라에서의 삶으로 인해 더욱 강렬해졌다.[22] 그러나 이 점에 대한 바빙크의 추론은 별로 분명하지가 않다. 한편으로 그는 이스라엘의 정반대의 태도(반선교적 태도-역주)를 정당화 한다. 다른 한편으로 그는 바빌론 유수의 힘든 현실들이 이러한 태도를 박살내는 데에 필요했다고 말함으로써 이러한 태도를 비판한다. 그가 의미하는 바가 무엇인지에 대한 더 이상의 해명이 없는데, 이로 인해 그의 견해에 관해 논쟁의 여지가 있다.[23] 그러나 그는 이 문제에 대한 헤르만 바빙크의 생각, 즉 바빌론 유수의 심판은 특별히 완고한 이스라엘의 교만을 겨냥한 것이었는데, "이스라엘은, 하나님에 대한 두려움이 없고, 내용이 없는 형식에 따라 살며, 이교주의의 행위에 빠짐으로써" 더 이상 열방 속에서 자신의 소명을 성취할 수 없게 되었다는 것을 반복해서 말하고자 의도했을지도 모른다. 바빌론 유수 형태의 신적 징계와 잇따라 일어나는 다른 나라들과의 직접적인 대면으로 인해 이스라엘은 이러한 소명을 다시 한 번 형성할 수 있게 되었다.[24]

의 보편적인 구원계획의 한 표이며 예언으로서 존재한다. 따라서 이 책에서 복음의 여명이 밝게 빛난다: 세상의 구원자이신 그리스도." 또한 다음을 보라. H. Bavinck, "De zending in de Heilige Schrift," 11-12. 이 점에 대해서 아무도 바빙크를 따르지 않는다. 심지어 같은 마음을 지닌 개혁주의 학자들 가운데서도 그렇다. 블라우는 『하나님의 사역』(Gottes Werk)의 34페이지에서 요나서의 선교적 전망과 관련하여 보편적인 목적을 확신하지만 신중을 기한다. 요나서의 선교적 전망은 "기껏해야 추론될 수 있을 뿐이다." 페르까일은 Inleiding in de nieuwere zendingswetenschap의 131페이지 이하에서 매우 멀리 - 아마도 지나치게 멀리? - 나가서 요나서가 선교사역의 성경적 토대를 위해 심오할 정도로 의미 있다고 말하고서 그것을 "선교교육에 관한 책"으로서 논한다.

22) 참조. IZW, 29-30 (ISM, 15-16)과 ZWN, 13.
23) 바빙크는[IZW, 28 (ISM, 16)] 한편으로 이교주의에 관한 "거룩한 염려"에 대해 말하는 반면, 다른 한편으로 이스라엘의 선택은 선교와 관련해서 이스라엘을 무력하게 만들었다고 진술한다(p. 29). 이런 식으로 이스라엘은 자신의 종교적 힘을 그것의 선교적 연약함으로 바꾼다. 그러나 구약의 증거에 비추어 볼 때 이것은 잘못된 대조이다. 블라우(『하나님의 역사』, 25, 45)는 이스라엘의 선교적 힘은 바로 자신이 거룩하게 된 지위를 성취하는 데에 놓여 있었으나 그 정반대였다는 것을 보여준다.

위의 아홉 가지 점들에서 바빙크는 구약의 증언과 신약의 선교명령 사이에 다리를 놓고자 했다.

> 우리가 이 모든 것을 개관할 때 구약에서의 하나님의 계시 안에 선교사상을 떠받칠 수 있는 근본적인 원리들이 있다는 것이 우리에게 아주 분명해진다. 선교사상은 성경적 선포 전체 안에서 낯선 요소가 아니라 오히려 그것에 중심적이며 따라서 하나님 자신의 때에 충만하게 발전된다.[25]

그가 제시하는 자료들은 선교적 관점에서 가치가 있지만, 불행히도 그는 몇몇 주요한 성경적-신학적 노선들, 예를 들어 이후의 선교적 소명을 위한 토대로서의 구약의 보편적 성격,[26] 신약에 나타나는 원심적 선교명령의 선례로서 구심적[27] 선교 인식에 대한 구약의 흔적들, 그리고 전 세계적으로 야훼가 인정되기를 바라는 구약의 열망에 대한 함축된 적대적이고 송영적인 주제들[28]에 의해 그것들(성경적-신학적 노선들-역주)을 연결 짓지 못했다. 그렇게 했더라면 구약의 예언적 부분에 관한 그의 논의와의 관계들을 명료하게 했을 텐데 말이다.

2.1.2. 선지자들 안에 나타난 보편적인 구원에 대한 약속들

그의 선교학적 핸드북에서 바빙크는 선지서들에 있는 선교적 관점들에 각각 주목한다. 이스라엘이 - 자신을 둘러싸고 있는 초강세력들의 이교적 영향과 확장주의적 정책으로 인해 - 영적이고 정치적인 위기에 빠졌던 시기에 선지자들이 그들의 공적 사역을 수행했다는 것을 확고히 한

---

24) H. Bavinck, "De zending in de Heilige Schrift," 10. 후에 바빙크는 이스라엘이 "이교도의 행위들에 너무 지나치게 기울어 당시의 세계에서 강력한 증인이 될 수 없었다"고 진술함으로써 이와 동일한 방향에서 지적을 했다. *IZW*, 30 (*ISM*, 17).
25) *IZW*, 30 (*ISM*, 17).
26) 참조. Blauw, *Gottes Werk*, 27.
27) 이 연구에서 규칙적으로 사용될 "구심적"과 "원심적"이란 단어들은 바빙크에게서는 아직 나타나지 않고 있지만, 그것들이 함의하는 개념들은 나타나고 있다.
28) 참조. J. Verkuyl, *Inleiding in de nieuwere zendingswetenschap*, 130-131.

후에, 바빙크는 여덟 가지를 고찰하기에 이르는데 이것들은 서로 겹침으로 인해서 다음 여섯 가지로 요약될 수 있다.29)

1. 한편으로 선지자들은 영적인 붕괴와 그에 수반되는 정치적 붕괴가 일어나는 것을 본다. 다른 한편으로 "구원에 대한 보편적 약속의 밝은 빛"이 그들의 예언에서 빛난다.30)

2. 이 약속의 성취를 위한 조건은 이스라엘의 회심이다. 선지자들은 "하나님의 은혜로운 관심의 표현의 열매"로서 이것을 기대한다. 바빙크는 여기에서 겔 36:26과 렘 31:31을 언급하는데, 이곳에서 우리는 새로운 시작과 새 언약에 대해서 읽는다.31)

3. 이러한 갱신은 일관되게 메시야라는 인물을 중심으로 하고 있다. 그의 안에서 이스라엘이 세상에서 패배를 경험하는 옛 시대가 끝나고 "하나님께서 세상에서 그의 왕좌에 오르실" 새로운 시대가 도래 할 것이다. 이것은 종말론적인 사건이며 모든 사람에게 성령을 부어주시는 것과 연결되어 있다(욜 2:28). 동시에 이 구속의 과정은 신중심적 관점에서 묘사된다: 여기에서 문제가 되는 것은 이스라엘에 의해서 열방 가운데서 더럽혀졌던 이름인 하나님의 이름을 전 세계적으로 거룩하게 하는 것이다(겔 36:22, 23).32)

4. 메시야의 오심 - 그리고 그것과 연관된 주님의 날 - 은 세상에 구원을 가져 올 뿐만 아니라 열방에 대한 심판을 의미한다. 요엘 1장 15절과 말라기 3장 2절과 같은 본문으로부터 명백하듯이 이스라엘 자신 또한 그의 오심의 이러한 어두운 측면을 염두에 두어야만 할 것이다.33)

---

29) IZW, 30-36 (ISM, 17-24). 각각의 선지자들에 대한 이러한 관점을 바빙크가 다른 사람들로부터 빌려 왔는지를 결정하는 것은 전적으로 불가능하다. 어쨌든 바르넥은 『복음주의 선교학』(Evangelishe Missionslehre)의 1권 141페이지 이하에서 이러한 구별을 하지는 않는다. 이와 관련하여 바빙크는 그의 지도 하에 1950년에 완성된 블라우의 논문인 Goden en mensen: Plaats en betekenis van de heidenen in de Heilige Schrift를 언급한다. 참조. IZW, 31 (ISM, 18). 이 언급은 일반적인 언급일 뿐이지만, 바빙크가 블라우의 연구 결과들을 다소 폭넓게 사용했다는 것만은 분명하다.
30) IZW, 32 (참조. ISM, 19).
31) IZW, 32-33 (참조. ISM, 19-20).
32) IZW, 35-36 (참조. ISM, 20, 22-23).

5. 구약의 예언에서 모든 강조는 이스라엘 안에서 계시된 구원으로 열방들이 자발적으로 나아오는 것에 맞추어져 있다. 바빙크는 사 2:2 ff.; 19:23-25; 55:5; 66:18-19, 그리고 슥 8:23을 언급한다. 이사야 55장 5절에서만 '선교활동'에 종사하라고 하는 명령이 언급된다: "민족들의 통치자요 지배자이신 다윗의 위대한 아들의 축복된 통치 하에서 이스라엘은 자신이 알지 못하는 나라들을 불러내게 될 것이다."[34]

6. 이스라엘과 열방들에게 확장될 구원은 삶 전반을 포함하게 될 모든 것을 망라하는 포괄적인 사건이다(사 11:5-9, 25:6-9; 겔 36:30 그리고 호 2:20-21). "샬롬이란 개념의 온전한 함의들이 그때에 가시적인 형태로 명백하게 드러날 것이다."[35]

바빙크는 이 예언적 선포 안에서 이후의 선교적 관념들의 발달을 위한 비옥한 토대를 본다. 이것은 성격상 하나님 중심적이기도 하면서 동시에 이스라엘 중심적이기도 한 보편적인 구원 사건을 보여준다: 이스라엘 안에서의 그의 구원행위를 통해서 하나님께서는 자신의 이름을 온 세계에 알라신다.[36] 동시에 바빙크는 구약의 증언을 그 자체로 본성상 선교적인 것으로 보지 않는다. 왜냐하면 그것은 어떠한 선교적 명령도 거의 담고 있지 않기 때문이다.[37] 물론 이러한 견해는 바빙크가 본질적으로 선교를 원심적 활동으로 생각한다는 사실과 연결되어 있다. 그는 보편적 구원에 대한 예언들 안에 있는 구심적 개념의 존재 안에서 (열방들이 "자발적으로 오는 것")을 인식한다.[38] 그러나 그것을 그는 신약의

---

33) *IZW*, 33 (참조. *ISM*, 20).
34) *IZW*, 34 (참조. *ISM*, 22). 바빙크는 즉시 다음과 같이 덧붙임으로써 이것을 상대화한다: "그러나 동일한 구절의 결론은 다시금 (열방들이-역주) 자발적으로 나아오는 방향을 가리킨다. (…) 선교적 소명을 강력하고 효과 있게 만들게 되는 것은 소명 그 자체의 힘이라기보다는 하나님께서 이스라엘을 영화롭게 하실 것이라고 하는 사실(the fact that God will have glorified Israel)이다.
35) *IZW*, 35 (참조. *ISM*, 25).
36) *IZW*, 36 (참조. *ISM*, 24).
37) *IZW*, 34 (참조. *ISM*, 22). 이 문제에 있어서 구약 안에서 원심적인 사상들을 찾을 때에 바빙크는 이상하게도 이사야 42장 4절과 49장 6절이 아닌 55장 5절을 언급한다; 참조. C. Craafland, "De bijbelse fundering van het zendingswerk," 25.
38) 『선교학 입문』, 36페이지에서 (참조. *ISM*, 23) 바빙크는 다음과 같이 놀랍게 예언적 관점을

원심적 선교활동에 대한 구약적 표현과 그 원심적 선교활동을 향한 첫 단계로서 간주한다. 보편적 구원의 계시 안에 있는 이스라엘 중심적 성격은 장차 올 메시야의 "선교활동" 안에서 성취될 것이다. "메시야는 자신을 위대한 '열방에의 증인'으로서 계시할 것이다. 그는 세상에 대한 하나님의 위대한 소송에 참여할 것이며 그의 증언을 통해 열방들에게 자신들의 반역을 이해하게 만들 것이다."39) 우리는 구스타프 바르넥과 비교하여 바빙크가 주의 종의 소명(the calling of the Servant of the Lord)은 우선적으로 이스라엘과 관련되어야만 한다는 예언적 사상을 언급하지 않는다는 사실에 의해서 놀라게 된다.40)

바빙크는 구약의 *보편적* 요지(the *universal* thrust)에 대한 안목을 가지고 있었으나 그것의 선교적 의의를 충분히 인식하지는 못했다. 왜냐하면 그는 구약의 구심적 사고들을 참된 선교적 실재로서 보지 않고 오히려 그것들을 신약에 현존하는 원심적 활동의 잠정적 표현으로서 보았기 때문이다.41) 내가 보기에 구약의 선교적 의의에 대한 이런 압축된 이해는 그가 신약의 원심적인 선교적 명령의 관점에서 지나치게 많이 구약 증언의 선교적 내용을 검토하고 평가한 사실에서 기인하는 것처럼

요약하고 있다: "이스라엘은 (…) 세상 속에서 빛을 발한 채 놓여 있으며 자석과 같이 열방들을 자신에게로 끌어당길 것이다."
39) *IZW*, 36 (참조. *ISM*, 23).
40) G. Warneck, *Evangelische Missionslehre*, 1, 141.
41) 페르스떼이흐(J. Versteeg)는 25-27페이지에서 구약의 선교적 성격과 의의를 훌륭하게 묘사한다: "구심적인 것과 원심적인 것 사이의 관계에서 분명 구심적인 것에 강조가 있다. 하지만 그렇게 함으로써 원심적인 것이 배제되는 것은 아니다. 마찬가지로 구약의 예언에서 미래에 구원의 메시지를 열방들에게 가져오는 데에 분명 강조가 있지만, 이러한 강조는 [이스라엘의] 현재 안으로 이 메시지를 가져오는 것을 배제하지 않는다." 그는 이것이 "구약 세대에서 차지하는 이스라엘의 특정한 상황"과 관련이 있다고 지적한다. 이스라엘의 선택은 이스라엘과 열방들의 완전한 동등성을 배제했지만 그것은 동시에 주의 종의 (선교적) 과업(사 42:4과 49:6)이 이미 전체로서의 이스라엘을 위한 과업이라는 것을 함의했다. 블라우는 『하나님의 역사』, 44-46페이지에서 구약은 선교를 위한 토대를 거의 제공하지 않는다고 결론을 내리지만, 그는 또한 바빙크가 *신중심적*이라고 부르는 것과 *이스라엘 중심적*이라고 부르는 것이 신약교회에 굉장히 중요한 선교적 요지를 이룬다는 것을 인정한다. 그는 다음과 같은 마틴 아카드(Martin Achard)의 말을 인용한다: "세상의 복음화는 말과 활동의 문제라기보다는 임재의 문제이다: 인류 가운데 하나님의 백성의 임재, 그의 백성 가운데 하나님의 임재. 구약 성경이 교회에 이것을 상기시키고 있다는 것은 유익하다."

보인다. 다행히도 그는 이 점에서 일관된 입장을 취하지 않았다: 신약교회의 선교명령에 대한 논의에서 그는 구심적인 요소를 구약 예언의 성취로서 간주하며, 따라서 신약의 빛에서 선교적 의의를 구약의 예언에 부여하고 있다.42)

2.2. 신구약중간기의 선교적 주제들

내친 김에 바빙크는 신구약중간기간 동안 일어난 이스라엘 안에서의 선교적 발달을 논의한다. 『궁핍한 세계에서의 선교』에서 그는 그것을 구약 자료들에 대한 논의에 포함시키며, 『선교학 입문』에서 그는 그것으로 신약 자료들의 논의를 시작한다.43) 신약에서의 선교활동을 위한 이 기간의 예비적 발전에 대한 묘사를 하나의 '막간극'(an intermezzo)으로서 다루었더라면 더 적절했을 것이다. 왜냐하면 그 성격상 성경적인 선교신학은 구약과 신약의 선교신학을 종합하는 것과 관련되기 때문이다.44) 그러나 역사를 순전히 신학적인 말로 해석하는 바빙크의 사고방식에 비추어 볼 때 그의 방식은 이해할 만하다.

바빙크는 원칙상 문제가 되고 있는 기간 동안에(바빌론 유수이후-역주) 아무 것도 변하지 않았다고 말한다: 신학적으로 이스라엘은 구별됨에 비추어서 계속 생각했으며 유대인과 이방인을 "나누었던 벽"은 여전히 그대로 있었다.45) 그러나 변화하는 정치적, 문화적 요인들로 인해서 이 벽에 금이 가게 되었다.46) 정치적으로 이스라엘은 로마제국에 합병되었는데, 이로 인해서 주변국들과 자연스럽게 더 밀접한 접촉을 하

---

42) *IZW*, 51 (참조. *ISM*, 40). "선지자들이 너무도 분명하게 내다본 것 - 마지막 날들에는 온갖 언어를 사용 하는, 열방으로부터 온 사람들이 이스라엘에 합류할 것인데 그들은 '하나님이 너희와 함께 계시다'는 것을 들었었기 때문이다 - 은 여러 형태로 초기 기독교회에서 성취되기를 시작했다."
43) *ZWN*, 13-14; *IZW*, 36-40 (참조. *ISM*, 25-29).
44) J.A.B. Jongeneel, *Missiologie* 1, 68.
45) *IZW*, 36, 40 (참조. *ISM*, 25, 29).
46) *IZW*, 40; 참조. *ZWN*, 14.

게 되었고 내부적으로는 (타산적인, interested) 로마인들과 만나게 되었다.47) 문화적으로 이러한 발달에 가장 중요한 요소는 동양에서의 유대인 디아스포라(다수의 유대인들이 포로상태로부터 돌아가지 못해 생긴 결과)와 서양에서의 유대인 디아스포라(헬레니즘 세계에서 무역식민지가 세워진 결과)의 출현이었다. 그러고 나서 바빙크는 다음 여섯 가지의 목록을 적고 있는데, 모두가 서양의 디아스포라와 관련이 있다.48)

1. 유대인들은 처음으로 그리스 세계에서 경멸과 오해에 직면했다.

2. 점차적으로 그들은 그들의 일신론적 신앙과 높은 도덕적 기준들로 인해서 많은 인정을 받게 되었는데, 이로 인해 많은 사람들이 유대종교 안으로 들어오게 되었다. 따라서 유대교로의 개종자 그룹이 생겨났다.

3. 천천히 강력한 선교적 열정이 몇몇 유대인 집단들에서 발달했다(참조. 마 23:15).

4. 하나님에 대한 영적 개념을 가지고서 유대인들은 고대의 종교적 신화들로부터 자신을 멀리했었던 그리스의 지적 세계와 동조했다. 그리스 철학은 구약으로부터 파생된 것으로 보여지게 되었다. 반면에 구약의 관념들의 세계는 그리스의 철학적 관념들과 동일시되었다.

5. 구약을 그리스어(the Septuagint)로 번역하고 그것을 나누어 준 것은 유대종교에 관심을 갖도록 하는데 중요한 역할을 했다.

6. 유대 공동체들은 또한 정치적으로나 사회적으로 매혹적이었다. 왜냐하면 그것들은 당시의 사회 질서에서 중요한 자리를 차지하게 되었기 때문이다.

구스타프 바르넥을 따라서49) 바빙크는 이러한 역사적 발달들에 신

---

47) *ZWN*, 13-14. 『선교학 입문』에서 이러한 면은 거의 언급되지 않는다.
48) 바빙크는 『선교학 입문』, 37-39페이지에서(참조. *ISM*, 26-29) 일곱 가지를 적고 있다. 하지만 네 번째와 다섯 번째가 겹치기 때문에 사실상 여섯 가지라 할 수 있다.
49) 바르넥은 『복음주의 선교학』, 1권 145페이지에서 신구약중간기에 나타난 구원에 대한 보

학적 의의를 부여했다: "우리가 이 전체 기간을 개관할 때, 그것이 하나님의 섭리적 질서에서 큰 자리를 차지한다는 것이 즉각적으로 분명해진다." 뒤돌아보면 이런 식으로 "하나님 자신이 새로운 기간, 즉 예루살렘에서 시작해서 그의 교회가 당시의 세계에 그리스도 안에 있는 구원의 메시지를 전하게 되는 그 기간을 도래케 하고 계셨다"는 것이 분명하다.50)

신구약중간기의 단계에 대한 다소 뻔뻔스러울 정도로(unabashedly) 신학적인 바빙크의 해석은 비록 *역사적* 관점에서 이 기간이 어떠한 성경적-신학적 논의로부터도 벗어날 수 없다 할지라도, 어떠한 *신학적* 결론도 그것에 부여될 수 없다고 하는 견해와는 대조를 이룬다.51) 그럼에도 불구하고 신구약중간기에 대한 바빙크의 신학적 해석은 사도행전이 선교적 관점에서 이른바 *하나님을 두려워하는 자*들의 위치에 대해 말하는 바를 고려할 때 전혀 근거가 없는 것은 아니다. 더욱이 신구약중간기를 그런 식으로 다루는 것은 바빙크가 성경주의적(biblicistic) 신학자가 아니라 성경적(biblical) 신학자임을 분명히 해준다.

2.3. 신약에서의 선교

2.3.1. 복음서들에 나타난 선교 명령의 발전

구약의 예언은 메시야적 구원을 마지막 날들에 실현되고, 이스라엘의 영적 갱신과 열방의 자발적인 나아옴과 세계질서의 급진적 변화를 포함하게 될 하나의 포괄적 전체로 본다. 그러나 복음서들에 묘사된 발전에서 처음에 우리는 수수께끼에 직면한다. 왜냐하면 그것은 예언된 유형을 전혀 따르고 있지 않기 때문이다.52) 그러나 조금만 더 깊이 숙고해

편적인 신적 계획의 "교육학적 지혜"(erzieherische Weisheit)에 대해 말한다.
50) *IZW*, 40 (참조. *ISM*, 29).
51) 참조. J. Blauw, *Gottes Werk*, 69-70. 블라우는 역사적으로나 발생학적으로(genetically) 유대교로의 개종으로부터 신약의 선교활동에 이르기까지의 노선들을 그릴 때에는 매우 신중해야만 한다고 하는 견해를 갖고 있다.
52) 바빙크는 『선교학 입문』, 40-41페이지에서(참조. *ISM*, 29-30) '복음서의 수수께끼'를 표제로 선택했다.

보면 성취의 *방법*은 구약을 토대로 예상된 것과 달랐으나 그 성취는 구약에 의해서 생겨난 기대의 *내용*에 미치지 못한 것은 아니었다. 다시 말해서 예수님에 의해서 주어진 뉘앙스와 구체화는 이미 원리상 구약 예언 안에 들어 있다. 예수님의 시대에 이미 많은 사람들이 이 예기치 않은 해석을 구약의 증언과 일치시킬 수 없었는데 이것을 바빙크는 당시의 신학적 운동들이 "구약이 우리에게 제시하는 전반적인 그림을 상당한 정도로 왜곡" 했었다고 하는 사실로부터 설명한다.53)

그가 겉으로 보기에 대조되는 것처럼 보이는 구약과 신약 사이의 통일성을 확립하는 이러한 소개말을 한 후에 바빙크는 복음서들 안에서 선교적 명령이 어떻게 전면에 나오게 되는지를 한 걸음씩 추적해간다. 비록 형식적인 의미에서는 오직 간접적으로만 그것을 언급한다 할지라도,54) 내용과 관련해서 그는 19세기 이후로 계속되어 왔으며, 그 중심 물음이 예수님의 관점은 본질상 얼마나 특정주의적인가(particularist), 보편주의적인가(universalist) 하는 신학적 논의를 다룬다.55) 바빙크는 바르넥을 따랐는데, 바르넥은 바이스(J. Wiess)와 다른 이들과는 대조적으로 예수님의 입장이 특정주의에서 보편주의로 발전했다는 견해를 거부했다.56) 그가 시온의 종말론적 의의를 지적함으로써 그 딜레마를 해결했던 벵트 쉰트끌러(Bengt Sundkler)와 프리드리흐즌(A. Fridrichsen)의 기념비적인 연구에57) 얼마나 친숙했는지는 명확하지가 않다.58)

---

53) *Ibid.* 바빙크는 특히 "고통당하는 메시야 상"에 관한 예언의 무시를 지적한다(예를 들어, 사 53장).
54) *IZW*, 43 (참조. *ISM*, 32). 바빙크는 여기에서 폰 하르낙의 입장을 거부하는데, 그는 『기독교 선교와 확장, 동양 300년사』(*Mission und Ausbreitung des Christentums in den ersten drei Jahrhunderten*)의 1권 39페이지에서 예수님은 "오직 그의 동료 유대인들에게만 메시지를 전하셨"으며 "이방인에게로의 공식적인 선교는 예수님의 시야에 있을 수 없었다"고 진술했었다.
55) 참조. J. Blauw, *Gottes Werk*, 167-168. 이 논의에 대한 간단하지만 명료한 개관은 욘게넬(J.A.B. Jongeneel)에 의해서 『선교론』(*Missiologie*), 1권 78-79페이지에서 인용된다.
56) 참조. G. Warneck, *Evangelische Missionskunde*, 1, 162 ff. 바르넥의 영향은 그의 주장과 성경에 언급된 것들을 사용하는 데에서 분명히 알아볼 수 있다.
57) *Contritutions à l'étude de la pensée missionaire dans le Nouveau Testment*, 1937.
58) 참조. J. Blauw, *Gottes Werk*, 168.

바빙크에 따르면 복음서들은 *보편적인* 음조를 지니고 있다. 이것은 예수님께서 "이방을 비추는 빛"(눅 2:32)이라고 불리는 시므온의 찬양과 유대인의 왕에게 자발적으로 왔던 동방박사들의 이야기(마 2:1-12)에서 명백하다. 예수님의 여러 말씀들 또한 이러한 보편적 범위를 지니고 있다: "너희는 세상의 소금이요 너희는 세상의 빛이라"(마 5:13-14); "하나님이 세상을 이처럼 사랑하사"(요 3:16); "동서로부터 많은 사람이 이르러 아브라함과 이삭과 야곱과 함께 천국에 앉으려니와"(마 8:11); "인자의 영광을 얻을 때가 왔도다"(요 12:23). 그리고 나서 바빙크는 다음과 같은 결론을 내린다: "따라서 우리는 그 구원자께서 언제나 고대의 구원에 관한 예언의 넓은 맥락에서 자신의 삶을 보았다는 것을 복음서 전체에서 목격하게 된다 (…)."59)

이러한 보편적 음조는 예수님의 초기 사역이 특정주의에 의해 특징지어졌다는 사실을 바꾸지 않는다. 이것은, 예를 들어, 그가 그의 제자들을 이방인들 가운데로 가거나 사마리아인의 고을로도 가지 *말라*는 강조의 말씀과 함께 보낸 사실에서(마 10:5), 그리고 후에는 유대인이 아닌 여인에게 그는 오직 "이스라엘의 잃어버린 양"에게만 보냄을 받았다(마 15:24)고 대답하신 데에서 표현되었다. (유대인과 이방인의-역주) 구별의 기간은 갑자기 끝나게 된 것이 아니었다. 온 세상에 구원을 전하는 위대한 새벽이 즉시 동튼 것은 아니었다.60)

그 다음에 바빙크는 종국적인 구원의 파루시아가 십자가와 부활의 우회로를 통해 온다고 하는 예수님의 말씀에서 점차적으로 더욱 분명해진다는 것을 지적한다 - 이것을 이스라엘은 기대하지 않았다.61) 이러한 우회로는 두 측면이 있다. 한편으로 그것은 하나님의 나라의 충

---

59) *IZW*, 43-44 (참조. *ISM*, 32-33).
60) 참조. *IZW*, 44 (참조. *ISM*, 33)과 *ZWN*, 15.
61) 바빙크는 『선교학 입문』, 41페이지(참조. *ISM*, 30)에서 헤르만 리델보스(*De Komst van het Koninkrijk*, 389-390)를 따라 예수님의 예언들의 "두 노선"에 대해 말한다: 예수님의 죽음과 부활로 끝나는 노선과 그의 파루시아로 끝나는 노선인데, 이 두 노선은 궁극적으로 고통당하는 종에 의해서 장차 오실 하나님 나라라고 하는 하나의 노선에서 결합된다.

만함을 드러내는 데에 "커다란 지체"를 가져온다. 이러한 지체는 이스라엘의 영적 대표자들이 공식적으로 예수님을 거부한 결과이다. 예수님은 대축제의 비유(눅 14:15-24)나 사악한 소작인의 비유(마 22:33-46) 같은 몇몇 비유들에 의해 이것을 명료하게 하신다. 하나님의 나라는 이제 다른 나라에 주어질 것이다. 그 사건들은 이제 시간상으로 연장되어진다.62)

반면에 십자가와 부활은 보편적 의의를 지니며 예루살렘에서 시작될 세계적인 선교적 과업을 위한 토대를 형성한다(마 28:19; 눅 24:47; 요 20:21; 그리고 행 1:6-8). 중간기는 이제 성경의 성취기간이 된다: 교회의 선교활동을 통해 실현되어지는 구원에로 열방들이 나아옴.63) 바빙크는 열 므나 비유(눅 19:11-27)와 하나님의 나라가 이스라엘에 세워질 것이며 구원이 이스라엘 중심의 방식으로 실현될 것(행 1:6-8)이라는 잘못된 개념을 예수님이 거절하시는 데에서 이것이 표현됨을 본다. 그는 "예수님의 가르침 안에서 선교 사상이 아주 천천히 그리고 조심스럽게 메시야적 기대 전체로부터 나타나고 있다"고 결론을 내린다.64) 그리고 이 문제에 대한 크레머의 입장과 일치하여65) 그는 선교가 중간기를 특징짓는 요소라고 말한다.66) 그는 또한 이와 관련하여 호이켄디크를 인용한다: "역사의 장벽들은 선교에 의해서 무너졌다."67)

---

62) *IZW*, 42-43 (참조. *ISM*, 34-36). 『선교학 입문』, 16페이지에서 바빙크는 이러한 생각이 로마서 11장 11절 이하에서 확증된다고 보는데, 여기에서 바울은 이스라엘이 메시야를 거절함으로 인해 구원이 이방인에게로 넘어갔다고 쓰고 있다. *EVWE*, 142-151페이지에서 바빙크는 "지체의 수수께끼"를 상세히 논하는데, 이것을 그는 신약 전체의 증언을 통해서 살피고 있다.
63) *IZW*, 45-46 (참조. *ISM*, 35-36). 『궁핍한 세계에서의 선교』, 15-16페이지에서 바빙크는 후에 신약에서 이러한 개념이 확언되는 것을 발견하는데 신약에서 바울은 엡 2:13-16에 걸쳐 예수님의 십자가 안에서 이스라엘과 열방을 나누는 벽이 갈라졌다고 쓰고 있다.
64) *IZW*, 43 (참조. *ISM*, 35).
65) 참조. H. Craemer, *Kerk en zending*, 25: "교회는 하나의 중간기, 즉 육체로 오신 그리스도의 시기와 불멸과 영광 속에서 그리스도가 나타나시는 시기 사이에 있는 중간기 현상이다 (…). 교회의 위치는 그것이 시간상의 이 두 지점을 연결하는 것이며 이러한 중간기를 의식하면서 살아야만 한다는 것이다. 그리고 선교 전체는 이 중간기에 포함된다."
66) 바빙크는[*IZW*, 46 (참조. *ISM*, 34)] 이와 관련하여 이스라엘에서 세계로, 소수에서 다수로, 이미에서 아직으로의 신비로운 *그리고* 필연적인 전환에 대해 말한다.
67) Hoekendijk, 223.

바빙크는 일련의 사건의 이러한 과정이 구약의 약속과 신약의 구원 성취 사이에 모순이 있음을 의미하는 건 아닌지 자문한다. 왜냐하면 창세기 12장 3절에 따르면 열방들은 아브라함의 씨 *안에서* 축복을 받을 것이지만, 이것은 사실상 이스라엘의 배교를 통해서 이스라엘에도 *불구하고* 일어난다. 그는 갈라디아서 3:8-16에서 이 물음에 대한 답을 발견하는데, 여기에서 바울은 언어적 논증을 통해 단수인 '씨앗'이 다수로 이루어진 그 나라에 적용되지 않고 (이스라엘의 참된 한 아들로서의) 메시야에게 적용된다고 말한다. 따라서 비록 "이스라엘이 꿈꾸었던 것과" 다른 방식으로이긴 하지만 그 약속은 확실하게 성취되었다. 사실상 바빙크는 이스라엘이 긍정적인 의미에서가 아니라(그것의 신앙 때문에) 오히려 부정적인 의미에서(그것의 불신앙에 의해서) 그 전체 사건에서 결정적인 역할을 한다고 주장한다. 바울을 따라서 바빙크는 약속과 성취 사이의 이러한 긴장 속에서 경배의 이유를 본다(롬 11:33).68)

마지막으로, 바빙크는 예수님께서 그의 부활 후에 명하신 다양한 선교 명령들 속에서 세 가지 중요한 주제들(motifs)을 본다.

요한복음 20장 21절에서 ("아버지께서 나를 보내신 것 같이 나도 너희를 보내노라") 선교적 과업은 아버지에 의한 아들의 보내심에 즉각적으로 이어지는 것처럼 보인다. 보냄의 두 가지 예는 "아들 안에서 그리고 그 다음에는 또한 사도들 안에서 세상에까지 미치는 하나님의 자비하심을 나타내는 하나의 지속적인 사역"을 포함하고 있다. 그러므로 선교적 과업은 *하나님의 선교*에 그 닻을 내리고 있다.69)

마태복음 28장 18-19절("하늘과 땅의 모든 권세를 내게 주셨으니 그러므로 가서 [...]")은 "그러므로"라는 단어에 의해 그리스도께서 얻으신 권위와 전 세계가 그리스도의 것임을 주장하라는 교회에게 주신 명령이 연결된다. 따라서 선교는 그리스도의 다스리심(the rule of Christ)이나 그리스도의

---

68) *ZWN*, 17-18. 또한 다음을 참조하라. *IZW*, 59 (*ISM*, 50).
69) *ZWN*, 18. 바빙크는 이 용어에 분명 익숙했음에도 불구하고 이것을 결코 사용하지 않고 언제나 다른 말로 바꿔서 설명한다. 또한 다음을 참조하라. *IZW*, 45 (참조. *ISM*, 34).

통치(Christocracy)를 섬긴다.70)

누가복음 24:45-47(45이에 저희 마음을 열어 성경을 깨닫게 하시고 46또 이르시되 이같이 그리스도가 고난을 받고 제 삼일에 죽은 자 가운데서 살아날 것과 47또 그의 이름으로 죄사함을 얻게 하는 회개가 예루살렘으로부터 시작하여 모든 족속에게 전파될 것이 기록되었으니)에서 십자가와 부활, 그리고 이것들로부터 나오는 교회의 세계 선교소명은 성경의 성취라고 확언되어 진다. 교회의 선교명령은 "구약에서 우리에게 전달되어진 하나님의 약속들"에 토대를 두고 있다.71)

복음서들에 관한 바빙크의 선교적 사유는 다음과 같은 중요한 요소들을 낳는다: 특정주의적 이상으로부터 보편주의적 이상으로의 전이에 대한 구원-역사적 해석, 중요한 경계를 허무는 십자가의 의의, 구심적 개념들의 원심적 실현, 하나님 나라의 오심을 가져오는 중간기, 그리고 구약과 신약의 연속성. 그럼에도 불구하고 이스라엘이 메시야를 거부하는 "수수께끼"를 선교 개념의 발달을 위한 의미 있는 출발점으로 취할 때처럼, 바빙크의 주장은 또한 때때로 다소의 억지스러움이 있는 것처럼 보인다. 구약에 비추어서 그는 중간기의 현상을 하나의 실천적 필연성으로 해석한다. 그러나 복음서들의 메시지를 주의 깊게 주해해 보면, 구원의 실현은 필연성에서 나오는 것이 아니라 근본적 의미에서 처음에 잠정적인 방식으로 일어난다는 결론에 이르게 된다.72)

이러한 빛에서 볼 때 중간기는 그런 다소 억지스러운(forced) 성격을 상실하게 되며 예수님 안에서의 하나님 나라의 오심을 지배하는 종말론적 긴장을 보여 줄 뿐이다. 이 점은 요하네스 블라우에 의해서 간결

---

70) *Ibid.*, 19. 그리스도의 통치가 구체적인 표지들 안에서 명백하게 나타나는 막 16:15 이하를 바빙크가 여기에서 왜 언급하지 않는지는 명확하지 않다.
71) *Ibid.*, 19.
72) 참조. J. Blauw, 『하나님의 역사』, 75-79페이지에서 그는 옛 것과 새 것, 과거와 미래 사이의 연속성은 동일성(identity)과 차별성(distinction)을 둘 다 포함한다고 말한다: 하나님의 나라가 십자가를 통해 이스라엘로부터 전세계로 퍼진다는 의미에서의 동일성과 그것의 실현이 잠정적인 성격, 즉 하나님의 나라가 언제나 "이미"와 "아직 아니"의 긴장 속에 서 있다는 의미에서의 차별성. 또한 다음을 참조하라. J.P. Versteeg, 28-36.

하게 공식화되었다: "이것[하나님 나라의 오심]은 더 이상 역사의 시간 선상에서 끝 점(endpoint)이 아니다. 오히려 이 끝점은 그 이후의 결정적인 끝점을 가리키는 하나의 선(a line)이 되었다."73) 이 모든 것에서 이스라엘이 메시야를 거부하는 것은 이 세계에 하나님께서 구속적으로 관여하시는 과정에서 중심적인 사항이기 보다는 - 끔찍하긴 하지만 - 부차적인 문제이다.74)

2.3.2. 사도행전에 나타난 선교명령의 수행

바빙크는 분명 사도행전을 선교적 고찰을 위한 중요한 원천으로 본다.75) 신약교회의 자발적인 선교활동에 대한 그의 논의는 롤란드 알렌의 『교회의 자발적인 확장』(*The Spontaneous Expansion of the Church*)과 밀접하게 관련이 있다.76) 바빙크는 선교의 토대에 관해 여섯 가지 요소들을 구별한다.77)

1. 선교는 승귀하신 그리스도의 관심사, 즉 그가 이스라엘에서 시작하신 것을 세계에서 계속하신다는 사상은 사도행전 전체를 홍실처럼 관통하고 있다.78) 오순절에 성령을 부어주시는 분은 그리스도이시다(행

---

73) 『하나님의 역사』, 84 ("Dies ist nicht meher ein End*punkt* auf die Linie der Geschichte, sondern dieser Endpunk ist selber zu einer *Linie* geworden, die auf einen späteren, und dann definitiven Endpunkt weist"); 82페이지에서 블라우는 하나님의 구속은 시간과 공간이 추수를 위해 자라고 무르익게 되는 것을 전제로 하는 하나의 씨앗으로서 온다고 지적한다 (참조. 마 3).
74) 메시야를 이스라엘이 거부하는 것은 오직 열방에 복음이 임하는 것을 가속화시킬 뿐이다. (참조. A.F.N. Lekkerkerker on Rom. 11:11).
75) 『궁핍한 세계에서의 선교』, 20-31페이지에서 복음서들에 관해 논한 후에 바빙크가 그의 성경적-신학적 고찰들의 초점을 바울의 인격으로 좁히고, 그러고 나서는 선교의 토대, 목적 그리고 방법을 단숨에 다룬다는 사실은 주목할 만하다.
76) 『선교학 입문』, 47-51페이지에서 사도행전을 다루면서 바빙크는 이 책을 언급하지 않고 있지만, 『따라서 말씀은 자라고 성장했다』를 언급하고 있는데, 이곳에서 그는 깊은 감사와 더불어 알렌의 연구에 대해 말하고 있다(p. 33).
77) 참조. *IZW*, 47-51 (참조. *ISM*, 36-40); *AWW*, 60-63.
78) 바빙크는[*IZW*, 47 (참조. *ISM*, 36)] 흐로스헤이더(F.W. Grosheide, *De Handelingen der apostelen*, 7-8)를 따라 누가복음의 첫 문장은 이미 이러한 연속성을 전제하고 있다고 말한다. 누가가 자신의 복음서가 예수님께서 행하시고 가르치시기 *시작한* 모든 것에 대한 것이라고 쓸 때에 그 책은 예수님께서 *계속해서* 행하시고 가르치신 모든 것을 다룬다는 것을

2:33). 기사와 이적은 언제나 그리스도의 이름을 통해 일어나는데, 그는 그의 살아계시는 임재를 암묵적으로 알리신다(행 3:16; 4:10, 30). 바빙크에 따르면 "그리스도께서 그의 교회로 하여금 선교사역을 받아들이도록 촉구하시는" 인도하심의 예들, 예를 들어 사도행전 6장, 10장 그리고 13장 등은 주목할 만하다. 이러한 인도하심은 바울의 삶에서 매우 명백하다(행 9; 16:6-7, 9-10): "바울이 그의 모든 사역을 그리스도께서 언제나 주도권을 주장하시는 것으로서 경험하며, 그 일에서 그리스도는 언제나 진정한 주인(the real Author)이시며 그(바울)는 단지 수행하는 자에 불과하다(행 18:9-10)는 것은 모든 페이지에서 분명하다."79)

2. 선교는 성령의 부어주심의 직접적인 열매일 뿐만 아니라 - 구약 예언과의 연속성 속에서(행 2:17: "하나님이 가라사대 말세에 내가 내 영으로 모든 육체에게 부어 주리니") - 종말론적인 사건, 마지막 때의 표지, 말세의 현상으로서 여겨진다. 약속된 메시야적 구속은 그리스도의 재림의 날까지 이런 식으로 실현된다.80)

3. 사도행전의 진행 과정에서 하나님의 사역으로서의 선교는 동시에 교회의 과제이자 책무임이 점점 분명해진다. 이것은 사도행전 13장에서 시작되는데, 여기에서 안디옥 교회는 바울과 바나바를 파송한다. 그리고 이것은 선교적 과업에 관해 예루살렘 교회에 보고를 하고 그 교회의 지도를 받는 것을 언급하는 사도행전 15장과 21장에서 계속된다.81)

4. 교회 자체는 그 본실상 선교적이다.82) 복음의 확장은 처음에

함의한다.
79) *IZW*, 48 (참조. *ISM*, 38). 또한 다음을 참조하라. *AWW*, 59-60. 『궁핍한 세계에서의 선교』, 20-21페이지에서 바빙크는 이러한 인도하심의 영구적인 면과 일시적인 면을 지적한다. 영구적인 것은 모든 선교사역이 그리스도 안에 기원하고 있다는 것이며, 일시적인 것은 사도들의 말과 행위들이 성경 안에 기록된 하나님의 계시 안에 놓여 있다는 것이다.
80) *IZW*, 48-49 (참조. *ISM*, 38). 또한 다음을 참조하라. *AWW*, 13. 여기에서 바빙크는 선교가 최고의 부지런함을 불러일으키는 종말론적 지향을 포함한다고 쓰고 있다.
81) *IZW*, 49 (참조. *ISM*, 38-39). 『따라서 말씀은 자라고 성장했다』, 51-55페이지에서 바빙크는 사도행전 13장에서 선교사역에서의 변화가 일어난다는 점을 지적한다. 복음의 자발적인 확산은 원칙상 성령의 인도하심 하에서 이제 교회의 본질적인 명령으로 구조화된다.
82) 『궁핍한 세계에서의 선교』, 6페이지에서 바빙크는 이것이 객관적 측면과 주관적 측면을 지니고 있다고 지적한다. 교회의 선교적 지향은 일차적으로 그리스도의 명령에 대한 순종

교회의 일원들이 매일 다른 사람들과 접촉하는 가운데 그들을 통해서 그리고 핍박받는 교회의 일원들로부터 나온 평신도 설교자들(lay preachers)을 통해서 자발적으로 일어난다(행 8:4; 11:19-20). 하나님께서 특별한 사명을 주셨던 사람인 바울은 그들의 봉사를 감사함으로 사용한다. 그는 과도한 권위에 맞서 싸웠지만 점차적으로 일정 정도의 질서를 옹호하고 이 질서에 사도적 권위를 부여하였다.[83] 『따라서 말씀은 자라고 성장했다』(1941)에서 바빙크는 제2차와 제3차 선교여행 중 바울이 점차적으로 그의 사역의 초점을 이미 설립된 교회들에 맞추었는데, 그 교회들이 선교활동을 위한 전략적 거점들로 발전하도록 하기 위함임을 지적한다.[84]

5. 원심적 운동이 지배적인 반면에 구심적 운동 역시 분명 계속된다: 한 번 이상 "교회 안에서 구현되는 새로운 삶에로 이끌리는 이방인들의 자발적인 나아 옴"이 언급된다(행 2:47; 5:13). 구약의 예언(예를 들어, 슥 8:23)은 신약교회에서 성취된다.[85]

6. 할례 받은 자들과 할례 받지 않은 자들 모두를 겨냥한 그의 선교사역에서 (교회뿐만 아니라) 바울이 따라갔던 그 과정은 그가 안디옥에 있는 유대인들에게 "하나님의 말씀을 마땅히 먼저 너희에게 전할 것이로되 너희가 버리고 영생 얻음에 합당치 않은 자로 자처하기로 우리가 이방인에게로 향하노라"고 말할 때에 원칙적으로 언급된다(행 13:46). 바울은 언제나 이 원칙에 충실히 따랐다.

그는 각 지역에서 유대인들이 먼저 예루살렘에서 못 박힌 그들의 메시아에

에서 그리고 이차적으로 이 세상에 대한 긍휼에서 나온다고 지적한다.
83) *IZW*, 49-50 (참조. *ISM*, 39-40). 『따라서 말씀은 자라고 성장했다』, 32-51페이지에서 바빙크는 이러한 자발적인 복음의 확장을 다소 광범위하게 기술하는데, 결국은 바울이 그것의 "초점"이 된다. 이와 밀접히 연관해서 그는 『궁핍한 사회에서의 선교』, 65-77페이지에서 실라, 디모데, 아굴라와 브리스길라 그리고 디도와 같은 새로운 일꾼들을 복음을 섬기는 일에 동원하고 자격을 갖추도록 하는 것에 대해 논의한다.
84) *AWW*, 56-60.
85) *IZW*, 450-51 (참조. *ISM*, 40).

대면하여 그들의 입장을 정해야 한다고 이해했다. 그들이 그들의 지도자들과 동일한 죄를 범했을 때 지도자들 위에 임했던 그 거절은 그들에게도 적용되었다.86)

바빙크는 선교의 토대에 관한 앞의 여섯 가지 요소들에서, 복음서들에서 발견되는 것에 새로운 것은 아무 것도 추가되지 않는다는 결론에 이른다. 사도행전에서 그는 복음서들에서 묘사된 지침들의 성취, 확언 그리고 정교화를 본다. 우리는 여기에서 "그리스도 자신이 그의 교회 안에 임재 하시는 성령의 부어주심이라고 하는 이적이 지닌 말할 수 없을 정도로 큰 의의"에 대해서, 그리스도의 통치의 확장에 대해서, 선교적 명령을 수행하는데 있어서 교회(또는 간접적으로 사도들을 통해)의 결정적인 기능에 대해서, 이스라엘과 열방들의 신학적 위치에 대해서, 그리고 선교적 과업이 놓여 있는 종말론적 관점에 대해서 생각해야만 한다.87) 바빙크는 선교학을 위한 사도행전의 의의에 대한 좋은 통찰을 제공해 준다. 하지만 이상하게도 그는 사도행전의 가장 중요한 메시지라고 할 수 있는 것 - 그리고 심지어 이것이 사도행전의 구조를 결정지었다 - 즉, 복음의 메시지가 이스라엘의 중심지인 예루살렘에서 세계의 중심인 로마로 가는 것에 대해서는 아무런 주의를 기울이고 있지 않다.88) 특정주의적 견해는 보편주의적 견해로 대체되었으며 이러한 관점의 변화는 신학적으로 신약의 서신들, 특히 바울서신들에 의해서 뒷받침된다.

2.3.3. 신약 서신들에서의 선교명령의 정교화
(The Elaboration of the Missionary Mandate in the NT Letters)

바빙크는 사도들의 서신들이 선교적 맥락에 위치해 있으며, 그러므로 선교적 소명의 본질과 기능에 관한 많은 자료들을 담고 있다고 말한

---

86) *AWW*, 60-63.
87) *IZW*, 51 (참조. *ISM*, 40-41).
88) 참조. J. Blauw, *Gottes Werk*, 104.

다.89) 그는 서신들이 제공하는 것을, 그 서신들이 복음서들보다 먼저 쓰여졌다는 것을 고려하지 않은 채, 복음서들에 있는 선교명령을 나중에 발전시키고 보다 더 정교화한 것으로 본다. 그는 바울이 그리스도의 선교명령으로 거의 되돌아가지 않는다고 쓰고 있으며, "그 선교명령은 아주 최근에 주어졌기 때문에 그의 독자들에게 그것을 상기시키는 것은 거의 불필요한 것처럼 보였다"고 덧붙인다.90)

바빙크는 『선교학 입문』에서 많은 선교적 관점들을 적용함으로써 서신서들에 관한 논의를 시작하는데, 그러한 관점들은 부분적으로 앞에서 언급된 여섯 가지 요소들과 관련되어 있다.91) 다음으로 그는 서신서들에 나타나는 이스라엘과 열방들의 신학적 위치를 추적한다. 그리고 그는 포괄적인 구원의 성격에 대해 몇 마디 논평으로 결론을 맺는다. 우리는 앞으로의 논의에서 이러한 구조를 따르게 될 것이다. 위에서 이미 말한 것처럼 바빙크는 때로 다른 사람들의 중요한 연구들을 사용했다. 하지만 그는 자신이 문제가 되는 그 저자의 의견에 동의하건 안 하건 상관없이 구체적인 언급을 하지 않고 있다.

바빙크는 신약의 서신서들에 있는 여섯 가지 중요한 선교적 관점들을 구별한다.

1. 선교사역의 신비는 "모든 대상을 주체로 만드시는 하나님의 이적과 같은 사역 안에 함의되어 있다." 바빙크는 이것이 고후 5:18-19 안에서 가장 분명하게 언급되는 것을 본다:

^{18}모든 것이 하나님께로 났나니 저가 그리스도로 말미암아 우리를 자기와

---

89) 바빙크는 또한[IZW, 51 (참조. ISM, 42)] 요한계시록을 언급하지만 그 다음에는 그것을 무시한다.
90) IZW, 52 (참조. ISM, 42).
91) IZW, 51-58 (참조. ISM, 42-49). 공식적으로 바빙크는 종말론적 측면을 교회의 선교적 기능에 포함시킴으로써 네 가지 관점을 구별한다. 그러나 전자를 별개의 요소로 보는 것이 좋을 듯 싶다. 『궁핍한 세계에서의 선교』, 20-31페이지에서 바빙크는 바울의 선교활동만을 다루는데, 먼저 그것의 독특하고, 특정한 시대와 관련되어 있는, 지역적인 성격을 논한다. 그리고 나서 그것의 영구적 의미의 세 가지 면을 말한다: 바울의 소명의 성격, 그의 사역의 목적과 계획.

화목하게 하시고 또 우리에게 화목하게 하는 직책을 주셨으니 [19]이는 하나님께서 그리스도 안에 계시사 세상을 자기와 화목하게 하시며 저희의 죄를 저희에게 돌리지 아니하시고 화목하게 하시는 말씀을 우리에게 부탁하셨느니라.

사람들이 화목의 대상이 될 때 그들은 또한 즉시 전세계적인 화목사역의 주체가 된다. 하나님께서 사람들을 향해 개인적으로 돌아서시는 것은 언제나 선교적 의도를 수반한다. 하나님과의 화목은 언제나 세계적인 목표로서 이바지한다.[92]

2. 보냄을 받은 자의 자리는 자동적으로 이러한 화목의 행위에 의해서 결정된다. 그는 하나님의 대사(envoy)이다. 이것은 고결함을 함축하는데, 왜냐하면 보냄을 받은 자는 다름 아닌 그리스도를 대표하는 자이기 때문이다. 그것은 또한 겸손을 함축하는데, 왜냐하면 보냄을 받은 자들은 그리스도의 대변인 그 이상이 결코 아니기 때문이다.[93] 바빙크에게 이러한 면들은 특히 바울이 "'나'라고 하는 그 위험한 단어를 사용하는" 방식에서 명백하게 드러난다. 바울은 그가 "내가 모든 사도보다 더 많이 수고하였으나 내가 아니요 오직 나와 함께 하신 하나님의 은혜로라"(고전 15:10)라고 말할 때에 자신의 위대함에 대한 망상과 자신의 무력감 사이에서 이러지도 저러지도 못하는 상황에 처해 있는 것이다.* 바빙크는 "'내가 - 그렇지만 내가 아니고 은혜가'(I - yet not I, but grace)라고 하는 이 놀랍고 심오한 고백적 진술이 선교사역을 가능하게 만드는 토대이다"라고 말한다.[94]

3. 위의 것은 선교사역이 언제나 "이적적인 것의 가장자리에서(on

---

92) *IZW*, 53 (참조. *ISM*, 43). 바빙크는 이것을 세계창조의 시작으로부터 오는 "하나님의 모든 사역의 신비적 성격"이라고 부른다.
93) 참조. *IZW*, 53 (참조. *ISM*, 44)과 *ZWN*, 26.
* 원문대조: The apostle maneuvers between the Scylla of delusions of grandeur and the Charybdis of a sense of powerlessness when he says, "I worked harder than all of them - yet I, but the grace of God that was with me."
94) *IZW*, 53 (참조. *ISM*, 44).

the edge of the miraculous) 일어난다"는 것을 함의한다. 그것의 본성상 선교사역은 "하나님께서 함께 하시는 축복된 은혜의 사역"에 의존하고 있다. 바울은 이것을 반복해서 말하는데, 특히 그가 열린 문의 필요성에 대해 말할 때에 더욱 그러하다(고전 16:9; 고후 2:12; 골 4:3). "바울이 이렇게 '문'이 열리는 것을 하나님께서 자신의 특권으로서 간직해 두신 것으로 여기고 있다는 것은 주목할 만하다."95) 그리고 바울이 그때까지 있었던 선교사역을 평가할 때에 그는 "심는 이나 물주는 이는 아무 것도 아니로되 오직 자라나게 하시는 하나님뿐이니라"(고전 3:7)라고 하는 결론에 이르게 된다.

4. 그들이 질적으로 성장함에 따라서 신약 서신서들의 교회들은 선교적 소명이야 말로 그들이 성취해야만 하는 것으로서 보여지게 된다. 이것은 세 가지 면에서 구체적으로 표현된다.

첫째로, 교회는 "주의 메시지가 빠르게 퍼지며 영예롭게 되도록 중재해야 할 중요한 임무를 지니고 있다(살전 3:1; 참조. 또한 살전 5:25; 엡 6:19 그리고 골 4:3).96)

다음으로 교회는 벌들이 꽃들에게 이끌리듯이 믿지 않는 자들이 교회와 그리스도에게 이끌리도록 빛의 자녀들로서 행동해야 하는 구심적 임무를 지니고 있다(참조. 빌 2:14-15). 더욱이 교회의 증거는 그것이 "영화롭게 된" 에클레시아(ecclesia, 참조. 사 55:5)로서 살 때에 진실로 열매를 맺을 수 있을 뿐이다. 교회는 자신이 "세계의 눈 앞에서 살"며, 모순을 이끌어내고, 그럼으로써 거치는 자(참조. 고전 10:32-33)가 되어서는 안되며, 오히려 "선을 행함으로써 어리석은 자들의 무지한 말을 침묵케 해야만 한다"(벧전 2:15)는 사실을 의식해야만 한다. 교회는 적절하게 행동해야만 하며 "외인들"에 대해 행동하는 방식에서 지혜로워야만 하고(참조. 살전 4:12, 골 4:5), 그리고 "외인들에게 좋은 평판"을 유지해야만 한다(딤전 3:7). 직분들의 적절한 기능 역시 결국에는 엡 4:11-16에서 보여지

---

95) *IZW*, 54 (참조. *ISM*, 45).
96) 참조. *IZW*, 55 (참조. *ISM*, 45-46).

듯이 복음의 전파를 목적으로 하고 있다: 직분들이 성도들로 하여금 봉사의 일을 하게 하며 교회를 세우기 위한 목적으로 기능할 때(12절), 그것은 "연락하고 상합하여" 그 몸을 자라게 하며 스스로를 세우게 된다(16절).97)

마지막으로, 교회는 지속적인 증거에로 부름을 받는다. 교회는 한마음으로 복음의 신앙을 위해 분투해야만 한다(빌 1:27). 교회는 "[그리스도를 대신하여 선한 말을 하도록] 모든 기회를 최대한" 이용해야만 한다(엡 5:16). 그리고 이것을 행하되 교회의 선포가 "항상 은혜로 가득차며 소금으로 고루게" 함과 같이(골 4:6) 해야 한다. 교회는 "그것의 주위에 있는 세계와 영구적으로 논의를 하는 관계 속에 들어가" 있다. 이것이 주님의 사역인데 이러한 사역에서 교회는 넘쳐나야만 하며 이러한 일은 주님 안에서 헛되지 않는다(참조. 고전 15:58). 교회의 영적 갑옷의 일부는 "평안의 복음의 예비한 것으로 신을 신는" 것이다(엡 6:15).98) 바빙크는 교회의 소명이 베드로전서 2장 9절에서 가장 분명하게 묘사되고 있는 것을 본다. 교회는 "택하신 족속이요 왕 같은 제사장이요 거룩한 나라요 그의 소유된 백성"이 되도록 세상에서 부름을 받았다. 그러나 그것의 소명은 동시에 세상 안에서 그리고 세상으로의 섬김의 부르심이다: "너희를 어둠에서 그의 놀라운 빛 안으로 부르신 분을 찬양하도록."99)

5. 안톤 호너흐를 따라서100) 바빙크는 구원의 포괄적인 성격을 강조한다: 화목이라고 하는 중심적인 소여로부터 출발하여 바울의 편지

---

97) 참조. *IZW*, 55-57 (참조. *ISM*, 46-47). 엡 4:11-16에 대한 바빙크의 주해는 의문스럽다. 판 룬 (A. van Roon)이 109-110페이지에서 보여준 것처럼 이 본문은 교회의 양적 성장보다는 질적 성장을 언급하고 있으며, 따라서 직접적으로는 교회론과 관련이 있지만 선교학과는 간접적으로만 관련이 있다.
98) *IZW*, 57 (참조. *ISM*, 48). 바빙크는 여기에서 이사야 52장 7절과의 바울의 고리에 주목하는데, 그것은 "좋은 소식을 가져오는 자의 발"에 대해 말하며 "전 교회가 좋은 소식을 가져오는 자로서 특징지어진다"고 결론을 내린다.
99) 참조. *IZW*, 57-58 (참조. *ISM*, 48-49). 또한 다음을 참조하라. "De kerk, zendingskerk," 20.
100) 참조. A.G. Honig, *Bijdrage tot het onderzoek naar de fundering van de zendings-methode der 'comprehensive approach' in het Nieuwe Testament*, 41-71. 이 1951년의 박사 논문은 바빙크의 지도 하에 쓰여졌다.

들은 구원이 모든 생명을 포괄한다고 가르친다. "그리스도께서 그의 손을 인류에게 얹은 곳에서 모든 것은 변하며," 그리스도 안에서 사람들은 "새로운 피조물"이 된다(고후 5:17; 갈 6:15). 그러므로 그 서신들의 권면에서 다루어지지 않은 채로 남아 있는 "인간 관계와 인간 조건은" 없다. 그 서신들은 "결혼에 대해, 아이 양육에 대해, 정부와의 관계에 대해 그리고 주인과 종의 관계에 대해, (…) 탐욕과 야망에 대해" 말한다. 우리의 삶에는 단 하나의 중립 지역도 없다. 어떤 것도 죄의 세력 밖에 있지 않으며 어떤 것도 하나님의 구속으로부터 배제되지 않는다. 신앙의 결과로 인해 "사회 전체가 거듭난다."101)

6. 선교적 과업 전체는 종말론적 관점에 놓여 있다. 선교를 통해 하나님은 "하늘과 땅에 있는 모든 것을 하나의 머리, 즉 그리스도 아래에 가져 올" 때가 차도록 준비하기 위해 역사하신다(엡 1:10). 예전에는 다리를 놓을 수 없던 간격이 있던 곳에서 - 예를 들어, 유대인과 이방인 사이에서(참조. 엡 2:11-22) - 이제 열방들은 함께 하나가 되었다. 모든 선교사역은 이 마지막 목표에 도달하는데, "그것의 실현은 세계 역사의 지평을 넘어서서 장차 오게 될 시대에만 가시적인 모습을 띠게 될 것이다."102)

위에서 언급된 선교적 관점들 모두는 가치가 있다. 그러나 사도행전에 대한 논의에서처럼 여기에서도 바빙크가 다음과 같은 중요한 점을 지나치고 있다는 게 이상하다: 믿음에 의하여 경건치 못한 자들이 의롭게 된다는 개념 안에 뿌리를 두고 있는, 바울 서신들(특히 로마서, 갈라디아서, 그리고 에베소서)에서 표현된 구속의 보편적 주어짐(the universal reach of redemption). 모든 사람들에게 제공되며 모든 사람이 이용 가능한 것으로서의 구속에 대한 신약성경의 이해는 *개혁주의적* 선교신학에서 다루어지는 성경적 토대들을 특징지어야만 한다. 이러한 점을 바빙크가 빠뜨린 것은 이 점이 모든 수용된 신약의 선교신학에서 발견된다는 것을 기억할 때에 더욱 놀랍다.103) 더욱이 바빙크는 바울 서신들 외의 다른 서

---

101) *IZW,* 63-64 (참조. *ISM,* 55).
102) *IZW,* 58 (참조. *ISM,* 49).

신들에서 나타나는 선교적 주제들에 대해서, 설혹 기울인다 하더라도, 거의 주의를 기울이지 않은 것처럼 보인다. 마지막으로 위에 요약한 점들 중 처음 세 가지는 바빙크가 의도한 것보다 성경적인 선교신학의 맥락에서 관련성이 적다.

2.3.4. 이스라엘의 신학적 지위와 열방들의 신학적 지위
(The Theological Position of Israel and the *Goyim*)

앞의 여섯 번째 점에 대한 사유를 계속하면서 바빙크는 하나님의 약속들을 실현하는데 있어서 *이스라엘의 신학적 지위*가 서신서들에서 어떻게 보여지고 있는지의 문제를 논의한다. 결국 공식적인 이스라엘이 예수님을 메시야로서 인정하기를 거부한 이래로 이스라엘 중심적인 구속의 전파를 증거하는 구약의 약속들에 대한 신뢰성이 문제시 된다.

첫째로, 그는 다시 갈라디아서 3장 16절을 지적하는데, 거기에서 바울은 그리스도 안에서 아브라함에게 행해진 약속들이 실현되었다는 것을 보여준다. "이스라엘에 대해 말해진 모든 것은 이스라엘의 참된 이 아들 안에서 충만하게 실현되었는데 그는 다윗의 보좌에 오르셨다." 104)

다음으로 바빙크는 로마서 9-11장의 핵심 주장을 다룬다.

> 바울의 사고의 핵심은 "하나님의 말씀이 실패했다"(9:6)는 것은 가능하지 않다고 하는 움직일 수 없는 확실성이다. 하나님께서 구약에서 그의 언약 백성에게 주신 약속들은 이런 저런 방식으로 성취되었거나 앞으로 성취될 것이다.105)

---

103) 참조. G. Warneck, *Evangelische Misionslehre*, 1, 194 ff., and Blauw, (*Gottes Werk*, 109). 그는 바울이 유대인의 귀에는 믿을 수 없는 것을 가르친다고 쓰고 있다: "아브라함의 후손의 계열은 그리스도를 통해서 이방인들의 세계로 이어지며, 아브라함 자신은 이방인 그리스도인들의 원형이다" (die Linie der Abstammung von Abraham verläuft über Christus zur Heidenwelt, und Abraham selbst ist der Prototyp der Heidenchristen).
104) *IZW*, 59 (참조. *ISM*, 50).
105) *IZW*, 60 (참조. *ISM*, 51).

그리고 나서 바울은 실제적인 상황을 묘사하는데, 여기에서 이스라엘은 그 특권적 지위를 상실했으며, 따라서 유대인과 이방인들이 이제 구별없이 구원으로 부름을 받는다: "¹²유대인이나 헬라인이나 차별이 없음이라 한 주께서 모든 사람의 주가 되사 저를 부르는 모든 사람에게 부요하시도다. ¹³누구든지 주의 이름을 부르는 자는 구원을 얻으리라"(롬 10:12-13).106) 그 다음에 바울은 약속들의 구체적인 성취에 대해 말한다. "은혜로 택하심을 따라 남은 자"가 있다(11:5). 예수님을 메시야로 고백하는 이 핵(core)의 주위로 이방 나라들로부터 많은 사람들이 모였다. 이 새로운 하나님의 백성은 이제, 역으로, 다수의 믿지 않는 이스라엘 사람들로 하여금 시기케 한다(참조. 11:11). 요약하자면 바울은 "이스라엘이 이방인의 충만한 수가 들어오기 까지 더러는 완악하게 된 것이라. 그리하여 온 이스라엘이 구원을 얻으리라"(11:25-26)고 결론을 내린다.

바빙크는 이스라엘이 여기에서 모든 시대의 교회를 가리킨다는 칼빈의 생각을 거부한다.107) 이것은 이스라엘 민족을 향한 약속이다.108) *따라서*(so)라는 말은 ("*따라서* 모든 이스라엘이 구원을 받을 것이다"), 바빙크에 따르면, "이방의 충만한 수가 들어옴으로써 이스라엘에 영향을 미치게 될 것이다"라는 것으로 이해되어져야만 한다. "이스라엘은 이로 인해서 시기케 될 것이며, *따라서*, 즉 이런 식으로 시기심으로 인해 모든 이스라엘이 구원을 받을 것이다."109) 계 7:1-8이 이스라엘의 모든 족

---

106) 참조. *Ibid.*
107) 칼빈은 로마서 11장 26절에 대한 그의 주석에서 이렇게 쓰고 있다: "많은 사람들은 이것을 유대인들에 대한 것으로 이해한다. 마치 바울이, 유대교가 다시 예전처럼 그들 가운데 회복될 것이라고 말했던 것인 양 말이다. 그러나 나는 이스라엘이라는 말을 하나님의 모든 백성에게로 확장시킨다. (…)" 그러나 바빙크는 칼빈이 이스라엘에 대한 미래의 약속을 보지 못했다고 주장함으로써 잘못을 범하고 있다. 왜냐하면 칼빈은 즉시 다음과 같이 말하고 있기 때문이다: "이러한 의미에 따라서 (…): 이방인들이 들어 올 때에 유대인들 또한 그들의 잘못으로부터 믿음의 순종에로 돌아설 것이다. 따라서 양 쪽 모두로부터 모아져야만 하는 하나님의 이스라엘 전체를 향한 구원이 완성될 것이다 (…)." 그는 심지어 강조해서, "(…) 그럼에도 유대인들이 하나님의 가족에서 첫 번째 태어난 자들이므로, 그들이 첫째 자리를 차지하는 그러한 방식으로" 라고 덧붙이고 있다(존 오웬 역).
108) 참조. *IZW,* 61 (참조. *ISM,* 52). 바빙크는 "모든 이스라엘"이 "영생으로 선택된 이스라엘에 있는 자들"을 의미한다고 해석한다.
109) *IZW,* 61 (참조. *ISM,* 52).

속으로부터 온 144,000명의 인친 자들에 대해 말하고 있다는 사실은 그에게 특별히 의미가 없다. 그는 이 구절에 대해 가장 널리 수용된 주해라고 자신이 간주하는 것, 즉 그것이 모든 신약교회를 가리킨다는 것을 따르고 있다.110)

바빙크는 내친 김에 이것이 이스라엘의 정치적 회복과는 무관하다고 지적한다(1948): "로마서 11장에서 바울은 틀림없이 이스라엘은 정치체라고 말하지 않는다. 오히려 그는 이스라엘을 언약의 백성이라고 말한다."111) 따라서 어떠한 신학적 의미도 이스라엘이라고 하는 국가의 확립에 부여될 수 없다.112)

바울의 증언을 토대로, 바빙크는 이스라엘이 구약에서 지녔던 독특한 지위를 상실했으나 이스라엘에 대한 구속의 약속은 여전히 효력을 발휘한다고 주장한다. 비록 이러한 대체신학(replacement theology)이113) 어느 정도 변호될 만하다 할지라도 동시에 그것은 논쟁의 여지가 있는데, 왜냐하면 그것은 하나님과 그의 백성 사이에 있는 지속적인 신비를 고려하지 못하기 때문이다. 더욱이 용게넬은 이스라엘의 신학적 지위가 신약성경과 일치하고자 한다면 그것은 또한 유대인에 대한 예수님의 관점을 통합해야만 한다고 올바르게 주장하고 있다.114)

다음으로 바빙크는 서신서들에 묘사된 *열방들의 신학적 지위*를 추적한다. 한편으로 그들의 존재의 마귀적 성격이 충분히 강조된다. 그들은 "이 세상 풍속을 좇고 공중의 권세 잡은 자를"(엡 2:2) 따른다. 그들은 "세상에서 소망이 없고 하나님도 없으며"(엡 2:12), "저희 총명이 어

---

110) 참조. *IZW*, 62 (*ISM*, 53).
111) *IZW*, 61-62 (참조. *ISM*, 53).
112) 판 클링끈(G.J. van Klinken, 532)에 따르면 바빙크의 의도는 이것을 통해서 이스라엘 국가에 관한 지나치게 큰 (신학적) 낙관론에 대해 경고하고자 한 것이었다.
113) 1979년 개혁교회의 신학자인 페르스떼이흐(J. Versteeg)는 이러한 개념을 다음과 같이 설명했다: "이스라엘은 그것의 독특한 구약적 지위를 상실했다. 이스라엘은 이제 열방들과 함께 구원받을 수 있을 뿐이다. 그러나 이런 식 - 열방들과 함께 - 으로 모든 이스라엘에 대한 구원이 있다," 38.
114) Jongeneel, *Missiologies*, 1, 80.

두워"(엡 4:18)졌다. 그들은 자신을 "방탕"(엡 4:19)에 넘겨주었으며 ("세상의 초등학문에서", 골 2:20) 두려움과 교만에 빠져 있다. 반면에 "율법의 요구들이 그들의 마음에 새겨져 있"으며(롬 2:15), 그리고 그것은 "이러한 이방인들 또한 하나님의 자비의 영역 내에 있다는 강력한 증거"라고 바빙크는 말한다. 그러나 이로 인해 열방 가운데에서 그리스도를 자발적으로 부르게 되는 것은 아니다. 따라서 선교적 과업의 성격이 결정된다: "선교는 초대에 의해서 밖으로 나가는 것"이 아니라 오히려 "명령에 의해서" 밖으로 나가는 것이다.115)

2.4. 요약

선교에 대한 성경적 토대를 제공하고자 하는 노력으로 바빙크는 한편으로 구약과 신약의 다양한 선교적 동기들을 상세히 묘사한 반면, 다른 한편으로 그는 때때로 기초적인 성경적 유형들에 관한 반성에서는 지나치게 단편적인 상태에 머물렀다. 더욱이 그는 중심적인 구약과 신약의 용어들인 *샬라흐(shalach)*와 *아포스텔로(apostellō)*에 대한 철저한 탐구를 하지 못했다.116) 그러나 이것이 그가 선교의 성경적 토대를 다룸으로써 많은 중요한 구조적 요소들을 통합하고 있다는 사실을 바꾸지는 못한다.

첫째로, *삼위일체적 기획(Trinitarian scheme)*이 있는데, 이것에 의해 구약에서 *하나님중심적인(theocentric)*면이 강조되며, 신약에서 연속하여 *그리스도중심적(Christocentric)*이며 *성령중심적(pneuma-centric)*인 면이 강조된다. 비록 그의 선교신학적 반성 전체에서 바빙크가 "보냄을 받은 자들"에게 많은 주의를 기울였다 할지라도 그의 성경적인 선교신학에서는 모든 강조가 "보내는 자"에게 있다: *인간중심적인* 강조는 전혀 없다.117)

---

115) *IZW*, 62-63 (참조. *ISM*, 54-55). 이러한 생각들에 대한 광범위한 논의를 위해서는 다음을 보라. *IZW*, 70-74 (참조. *ISM*, 62-65).
116) 참조. Jongeneel, *Missiologies*, 1, 73, 78.
117) 이 인간중심적인 강조는 *ZWN*, 20-31에서 발견되는데, 거기에서 사도행전과 서신서들의 선교적 의의가 전적으로 "이방인들에게 보내진 자로서의 바울"의 경험을 토대로 하여 논의된다.

두 번째로, 바빙크의 성경적 선교신학은 구원-역사적 지향을 가지고 있다. 그는 구약성경의 초점은 특히 특정주의적(particularistic)이며 구심적(centripetal)이고, 신약성경의 초점은 특히 보편주의적(universalistic)이며 원심적(centrifugal)이라고 하는 일반적 구별을 사용하고 있다. 구약성경의 보편적 주제(thrust)는 하나님의 때에 그리스도의 십자가와 부활 그리고 성령의 부어주심을 통해 성취된다. 메시야를 거부함으로 인해 이스라엘의 특별한 부르심은 교회에로 옮겨진다. 그러나 바빙크는 가장 중요한 구원-역사적 측면, 즉 아브라함과의 언약이 그리스도 안에서 보편적으로 성취된다는 것을 발전시키지 못하고 있다.

세 번째로, 바빙크는 신약성경에서 수행되는 선교 안에서 *교회중심적(ecclesiocentric)* 경향을 본다. 거기에서 선교는 교회에 대한 것이다. 교회는 화해의 대상이자 동시에 화해 사역의 주체이다. 이러한 교회중심주의는 모든 삶을 포함하는 구속의 의미와 하나님 나라에 대한 종말론적 기대 때문에 *하나님 나라 중심적인(basileia-centric)* 초점을 지니고 있다. 그러나 서신서들만을 토대로 한 구원의 포괄적인 성격에 대한 논의는 하나님 나라의 의미에 관한 가르침을 정당하게 다루지 못하고 있다.

3. 선교의 본질

바빙크를 따라서 선교의 본질을 규정하는 네 가지 기본적인 주제들, 또는 측면들을 다룬 후에 이 단락에서의 초점은 선교에 대한 그의 정의로 넘어갈 것이다. 우리는 이 점과 관련해서 그의 사유에 발달이 있는지를 추적하기 원하므로 우리의 논의가 『선교학 입문』에서 주어지는 최종적인 정의를 분석하는데 제한되지 않고 그의 보다 초기의 시도들을 대략적으로 포함하게 될 것이다. 마지막으로 이러한 맥락에서 우리는 바빙크가 한편으로 선교 일반과 다른 한편으로 유대인들 가운데에서의 선교와 복음전도 사이에 있는 일치점들과 차이점들을 어느 정도 보고 있는지에 관한 물음을 다룰 것이다.

3.1. 선교의 현저한 요소들(The Salient Elements of Mission)

3.1.1. 하나님의 사역으로서의 선교

바빙크는 무엇보다도 선교를 신적 긍휼에 그 기원을 두고 있으며 성자를 보내시는 데에서(요 3:16) 실현되는 "하나님의 사역"으로 보는 것이 중요하다고 여긴다.118) 더 나아가 그는 선교를 "예수 그리스도께서 중재자로서의 사역을 마치신 후 모든 민족들을 그의 구원에로 이끄시고 그들을 위해서 획득하신 선물들의 참여자들로 그들을 만드시는 예수 그리스도의 위대한 사역"이라고 정의한다.119) 바빙크는 모든 선교적 노력의 이러한 그리스도 중심적인 성격이 특히 마 28:18-20에 표현되어 있다고 본다:

"그러므로 가라! – 내가 너희와 함께 있다." 그 함축적 의미는 이것이다: '너희 안에서 나는 나 자신(Myself)을 보낸다. 너희 안에서 내가 간다. 나는 너희를 보낸다. 그러나 너희가 행하고 성취하는 모든 것은 내가 하는 것이다.' 그 깊은 의미를 새길 때에 그리스도는 유일한 사도(the only *apostolos*)이시다(히 3:1).120)

그는 또한 마태복음 16장 18절을 언급한다: 그리스도 자신이 신앙고백의 반석 위에 교회를 세우실 것이다. 그리고 에베소서 2장 21절을 언급하는데, 이 구절은 교회의 성장을 주님 안에서 자라나는 것이라고 말한다. 이러한 성장은 "즉 소리가 나지 않는 신비로운 과정이다."121) 따라서 선교 사역은 근본적으로 그리고 오로지 "그리스도 예수 안에 있는 하나님의 은혜로우신 기쁘심" 안에만 토대를 두고 있다.122)

---

118) *ZWN*, 7.
119) *IZW*, 65 (참조. *ISM*, 57-58).
120) "Zendingsbegrip en zendingwerkelijkheid," 1. 이 글에서 바빙크는 마 28:18-20에 대해, "[이 구절들은] 견줄 수 없는 능력과 깊이로 교회의 선교사역에 빛을 던져주기 때문이다"라고 말한다.
121) *Ibid.*, 2. 또한 다음을 참조하라. *IZW*, 65 (참조. *ISM*, 57).

이와 관련하여 바빙크는 개신교 선교학자인 구스타프 바르넥의 저서와 로마 가톨릭 선교학자인 조셉프 슈미들린의 저서에서 주창된 '이중적 선교의 토대'라는 개념을 언급한다.123) 이 개념에 따르면 선교를 해야 할 이유는 하나님의 기쁘심 안에만 있는 것이 아니라 인간의 열망 안에도 놓여 있다.124) 한스 쉐러(Hans Schärer)를 따라서 바빙크는 이러한 생각을 강력하게 거부하는데,125) 왜냐하면 이에 대한 성경적 근거가 전혀 없기 때문이다. 학개서 2장 7절에 대한 전통적 호소는 이 본문에 대한 잘못된 해석에 근거했다. 이 구절은 종종 하나님께서 "내가 열방을 흔들 것이며, 열방의 열망(즉 그리스도)이 올 것이다"(I will shake all nations, and the Desire of all nations [i.e. Christ] shall come)라고 말씀하시는 것으로 이해되었다. 그러나 이것은 다음과 같이 옮겨지는 것이 더 좋다: "내가 열방을 흔들 것이다, 따라서 열방의 보물이 올 것이다(I will shake all nations, so that the treasure of all nations shall come" (NRSV).126) 사 11:10(롬 15:12에서 인용됨), 42:4; 51:5, 그리고 60:9과 같이 이러한 방향을 가리킬지도 모르는 다른 본문들은 주해적으로 "이교도들" 가운데에서의 하나님에 대한 지속적인 "무의식적 열망"을 가리키는 것이 아니라 "마지막 날 (…)

---

122) *IZW*, 70 (참조. *ISM*, 62).
123) 참조. *IZW*, 71-73 (참조. *ISM*, 62-65).
124) 바르넥은(*Evangelische Missionslehre*, 1, 240-304) "선교의 교회적, 역사적, 그리고 인종적 토대"에 대해 말한다. 후자에 관해서 그는 "모든 국적과 문화적 수준의 사람들이 기독교를 위한 자격을 지니고 있다"고 말한다. 슈미들린은(*Datholische Missionslehre im Grundriss*, 96) "열방들은 각각 그리고 모두 기독교도가 될 자격을 갖추고 있다"고 말한다. 이러한 맥락에서 바빙크는(*IZW*, 72, n. 13; *ISM*, 64, n. 13) 또한 로마 가톨릭의 저자 오토 카러(Otto Karrer)를 언급하는데, 그는 복음을 "세계의 비참함에 대한 하나님의 답변" (125)이라고 부른다.
125) 쉐러(*Die Begründung der Mission in der katholischen und evangelischen Missionswissenschaft*, 37-38)는 다음과 같이 말한다: "복음주의적 선교학에서의 선교의 토대는 한 가지(singular) 일 수 있으며 한 가지여야만 한다. (…) [그것의 정교화, elaboration]는 예수 그리스도 안에 있는 하나님의 계시를 토대로 해서만 일어날 수 있으며, 일어나야 하는데, 그것은 다른 모든 '계시', 즉 하나님에 관한 어떠한 다른 지식이든 무효화시키거나 배제한다."
126) 참조. *IZW*, 71 (*ISM*, 63). 여기에서 바빙크는 이 본문의 옛 번역이 불가타(Vulgate) 역에 직접적으로 근거하고 있다고 말한다: "*et movebo omnes gentes; et veniet Desideratus cunctis gentibus*."

주의 기쁨의 때에" 계시될 "매우 특정한 구속 사건"을 가리키는 것처럼 보인다. 바빙크는 그러고 나서 다음과 같이 결론을 내린다:

> 객관적으로 볼 때에 그리스도 없는 열방들은 평화를 발견할 수 없다는 것은 사실이지만, 이것은 그들이 주도적으로 그를 열망하고 그를 찾는다는 것을 의미하지 않는다. 그리스도의 복음은 '인간이 만들어낸 어떤 것'(갈 1:11)이 아니며, 그것은 열방들이 열정적으로 고대해 온 구속의 메시지도 아니다.127)

그리스도 안에 있는 하나님의 계시에만 선교의 토대가 있다는 것은 종교적 선험성(a religious a priori)의 필연성에 영향을 미치지 않는데(위의 3장을 보라), "그것이 없이는 하나님에 대해 말하는 모든 것이 소망 없는 허공 속에 매달려 있다."128)

3.1.2. 교회의 과업으로서의 선교

하나님의 사역으로서의 선교는 인간의 사역을 배제하기 보다는 오히려 포함하고 있다. 하나님께서는 그리스도 안에서 세상을 자신과 화목케 하셨으나 이러한 화목의 집행은 우리에게 맡겨졌다.129) 이렇게 보게 될 때 선교사역은 "역사의 모든 시대를 통해 계속되는 위대한 신적 추구와 말씀하심의 인간적 측면"에 다름 아니다.130) 바빙크에게 이러한 과업이 모든 시대의 교회를 위해 준비되었다는 것은 의심의 여지가 없다: "성경은 영화롭게 되신 그리스도께서 그것을 통해서 그리고 그것 안에서 자신의 위대한 구속사역을 세상에 계시하시기 원하는 기관(organ)을 구

---

127) *IZW*, 72 (참조. *ISM*, 64). 참조. *AWW*, 120. 여기에서 바빙크는 다음과 같이 진술한다: "[복음은 오늘날 그것이 선포되고 있는 열방들의 열망과 모순되는 것만큼이나 당시 사람들 편에서 찾고 있던 것과 모순되었다. (…) 그것은 때때로 다른 때보다 보다 더 쉽게 전파될지 모르지만, 이 모든 것에도 불구하고 그것은 모든 인간의 마음에 걸림돌 어리석음으로 남아 있다."
128) *IZW*, 74 (참조. *ISM*, 65).
129) 참조. *IZW*, 65-66 (*ISM*, 57-58).
130) *OKZK*, 10. 바빙크는 *선교*라는 말이 언제나 이러한 두 측면을 포함한다고 지적한다: 보내시는 분과 보냄을 받은 자들.

성하는 것이 바로 교회, 즉 그리스도의 몸이라는 것을 절대적으로 분명히 한다."131) 그리고 그는 "우리는 이러한 원리를 우리의 방식대로 우리 자신의 상황들에 적용해야만 한다"고 결론을 내린다.132)

이러한 원리를 발전시키는데 있어서 그는 보다 초기에 언급된 1896년, 미델부르흐 총회에서 논의된 것들과 발견한 것들의 지도를 충실히 따랐는데, 이것은 네덜란드 개혁교회가 교회에 토대를 둔 선교사역의 분야에서 선구적 역할을 했었다는 사실에 비추어 볼 때 놀라운 일이 아니다. 이 총회의 결론적인 진술은, "그리스도의 승천하심 이후에 선교의 권위를 누가 가지고 있느냐 하는 물음은 그러므로 이렇게, 즉 마태복음 28장 19절과 사도행전 13장 1절 이하에 따라서 이러한 권위가 그리스도에 의해서 교회 안에 주어졌다고 답변되어야만 한다"였다.133)

이곳에서 제시된 주장에 일치하여 바빙크는 먼저 마태복음 28장 19절에서 행해진 약속은 모든 시대의 교회에게 말해진 것임을 지적하는데, 그것은 사도들과 선지자들의 토대 위에 세워졌으며 그러므로 또한 모든 피조물에게 복음을 선포하라는 부르심의 상속자이다.134) 둘째로, 그는 "선교단체들"(societies)이나 "교회기관들"(sodalities)에 의한 이러한 과업의 성취를 거부한다. 왜냐하면 이것들은 성례를 집행할 권위가 없기 때문이다. 반면에 마태복음 28장 19절은 특별히 세례의 집행을 선교사역의 본질적인 부분이라고 말한다. "성례는 바로 교회에게 위탁되었다. 그러므로 선교사역이 시작되어야 하는 곳도 바로 교회이다."135) 나중에 바빙크는 이러한 주장을 더 이상 하지 않는다. 아마 그는 이런 식의 추론을 통해 개혁주의적 교회론을 마태복음 28장 19절에 적용하는 것이 시대에 뒤떨어진 것임을 깨달았던 것 같다. 그럼에도 불구하고 그

---

131) *IZW*, 66 (참조. *ISM*, 59).
132) "Kerk en zending," 100.
133) *Acta der generale synode* (Middleburg 1896), 24에서 발췌; 참조. *IZW*, 67-68 (참조. *ISM*, 59-60).
134) 참조. *ZWN*, 34. "Zendingsbegrip en zendingwerkelijkheid," 6; *IZW*, 67 (참조. *ISM*, 59).
135) *ZWN*, 38. 참조. J.C. Gilhuis, *De zendingstaak der Kerk*, 8, 그도 또한 이러한 주장을 사용한다.

는 선교 단체들을 통해 수행되는 선교는 계속해서 근본적으로 거부한다. 이제 그의 이유는 *교회 안에* 있는 선교적인 *작은 교회*(a missionary ecclesiola in ecclesia)를 지지하는 성경적 주장들이 전혀 없다는 것이다.136) 셋째로, 그는 사도행전 13장 1절 이하를 지적하는데, 여기에서 성령께서는 바울과 바나바를 보내는 데에 교회가 관여케 하시는 것처럼 보인다. "이 모든 것은 더욱 주목할 만한데 왜냐하면 예수 그리스도의 사도로서 바울은 사실상 안디옥 교회에 의해서 보냄을 받을 필요가 없었기 때문이다. 그는 그의 주(Master)로부터 '이방인들의 사도'가 되도록 직접 부름을 받았었다."137)

바빙크는 자신을 몇 안 되는 이런 의미 있는 구절들에 제한하지 않고 오히려 헨드릭 크레머를 언급하면서 신약성경의 증언에 비추어 선교는 - 가까운 곳에서 뿐만 아니라 전 세계적으로 이루어지는 말과 행위 속의 살아 있는 증거로서 - 기독교회와 각 신자의 본질적인 특징이라는 사실을 또한 계속해서 지적한다.138)

> 한편으로 그리스도 안에 있는 구원에로 사람들을 부르고, 다른 한편으로 주님과의 지속적인 연합 속에서 그것의 삶을 통해 열방들이 하나님께서 교회와 함께 하신다는 것을 들음으로 그들이 자발적으로 나아오도록 그들로 하여금 시기케 하는 것은 하나님께서 이스라엘, 즉 그리스도 예수 안에 있는 참된 이스라엘에게 주셨던 약속의 상속자인 교회이다.139)

---

136) *IZW*, 66-67 (참조. *ISM*, 58-59). 그는 구스타프 바르넥의 입장(*Evangelische Missionslehre*, 2, 31)을 강조해서 거부하는데, 여기에서 바르넥은 선교가 원칙상 교회의 책임이지만 그것은 사실상 선교적 동기에 의해서 추동된 *교회 안의 작은 교회*(ecclesiola in ecclesia)에 의해 가장 잘 수행된다고 주장한다.
137) *ZWN*, 35-36; 참조. *IZW*, 66 (*ISM*, 67).
138) 참조. *AWW*, 219-221: "그러나 요지는 전투하는 교회(the church militant)의 모든 살아 있는 일원은"자신의 과업에 "대해 인식해야만 한다는 것이다"; 그리고 *IZW*, 75-76 (참조. *ISM*, 67): "따라서 성경은 선교적 명령을 단 한 명의 교회 일원도 외면해서는 안 되는 소명으로 본다." 참조. *BCNCR*, 15-16과 *IZW*, 67 (*ISM*, 59), 여기에서 바빙크는 크레머에 동조하며 그를 인용한다: "선교, 즉 가까이 있는 세상과 멀리 있는 세상으로의 사도적 나아감은 모든 상황 속에서 기독교회의 본질에 속한다," *Blijvende Opdracht*, 8.
139) *IZW*, 69 (참조. *ISM*, 61).

다른 사람들을 끌어당기는 능력은 교회의 본질에 속한다.140) *HZB*에 있는 간략하지만 중요한 논문에서 그는 이러한 개념에 대해 5중적인 성경적 해석을 한다: 교회는 하나님의 공동체가 됨으로써(요 13:35), 그것의 전례에서 명백하게 됨으로써(고전 14:23), 삶에 대한 태도에서 그리스도를 명백하게 구현함으로써(마 5:13-16), 그것의 영적 기쁨에 의해서(행 13:52), 그리고 어떠한 조건도 없이 구원의 비밀을 넘겨주기 위해 세상에 자신을 개방함으로써(골 4:5) 끌어당기는 힘을 갖는다.141) 이것은 교회의 선교적 소명이 이중적 초점을 지니고 있음을 분명히 보여준다: 원심적이며 구심적이다. 그가 쓰고 있는 그 관계성과 관련해서는 다음과 같이 말한다:

> 절망적인 세상 속에서의 그리스도의 교회의 삶은 매우 분명한 증거이므로 그것은 깊은 인상을 심어주지 않을 수 없다. 다시 말해서 그것은 선포의 내용에 꿰뚫는 능력을 부여하는 공명판이다.142)*

그가 교회의 이러한 본질적 특성을 아무리 많이 계속해서 강조했다 할지라도143) 바빙크는 크레머나 호이켄디크와는 달리 교회의 성격을 오직 선교적 소명에 의해서만 규정하기를 일관되게 거부했다. 크레머는 그의 입장을 다음과 같이 진술했었다:

> 내가 보기에 그 존재 이유(the raison d'être), 즉 교회의 존재 이유는 그것이 세상의 불행 *때문에(because of)* 그리고 세상의 불행 *안에(in)* 있다는

---

140) 참조. "Nieuwe uitzichten in het zendingswerk," 12. 여기에서 바빙크는 그가 선교적이고 복음전도적인 사역이라고 간주하는 교회의 선교적 성격을 "교회의 존재의 표준적 양식"이라고 부른다.
141) *HZB*, 49 (1951), 131-132.
142) "Wht is zendingsarbeid?" *HZB*, 50 (1952), 36.
* 원문대조: the life of the church of Christ in the midst of a desperate world is such a clear witness that it cannot but make an impression. That is, at it were, the sounding board that gives the content of the proclamation its penetrating power.
143) 참조. *IGHG*, 103: "성경이 분명하게 지적하듯이 성령께서는 교회로 하여금 세상을 인식하도록 만드신다. 성령을 통해 교회는 자신이 하늘과 땅의 모든 권세를 부여받은 그분의 손안에 있는 도구임을 이해하게 될 것이다."

것이다 (…). 그리스도의 교회의 존재 이유는 그의 몸 안에서처럼 그것(세상
-역주) 안에서 세상을 향한 신적 자비의 움직임이 진행된다는 것이다.144)

그러나 바빙크는 교회를 사도직의 기능을 행하도록 만들 각오는 아니었다. 반대로, 그는 교회의 의의는 삼중적이라고 주장했다. 무엇보다 그것은 송영적(doxological) 기능을 갖고 있다: 우선 교회는 세상 때문에 또는 세상의 불행 때문에 존재하는 것이 아니라 무엇보다 하나님 때문에 그리고 하나님의 영광을 위해 존재한다. 다음으로 그것은 "엄마와 같은" 과업을 가지고 있다: "교회는 스스로 지속적으로 일을 한다. 그것은 하나님의 말씀을 장차 올 세대들에게 알린다." 그리고 오직 그때에만 그것은 선교적 소명을 갖는다: "그의 교회를 보존하시는 하나님께서는 또한 그것을 번성케 하신다."145)

이러한 맥락에서 바빙크는 더 나아가 네 가지를 지적한다. 첫째로, 그는 1896년 미델부르흐 총회 이래로 지녔던 관점인 선교의 일차적 책임은 지역 교회에게 있다는 관점을 유지한다: "세례를 베푸는 것은 전체로서의 교회가 아니라 오직 지역에 세워진 교회이다."146) 둘째로, 마카사르(Makassar)와 크비탕(Kwitang)에서 개최된 1947년의 대회들을 언급하면서 그는 이 명령의 에큐메니컬 성격을 강조한다: 자신을 세상 모든 곳에서 드러내는 교회는 공동의(collective) 선교적 책임을 지니고 있다.147) 셋째로, 교회는 순종에서 뿐만 아니라 믿음의 기대148)와 사랑의

---

144) *Kerk en Zending*, 15. 참조. *The Christian Message in a Non-Christian World*, 30. 여기에서 크레머는 교회가 "하나님과 그의 구속적 질서 안에 뿌리를 둔, 그럼으로써 세상을 섬기고 구원하도록 위탁받은 신자들의 공동체가 되도록 의도되었다"고 말한다.
145) *IZW*, 76-77 (참조. *ISM*, 68-69).
146) 참조. *IZW*, 68 (*ISM*, 59-60)과 *Acta der generale synode van Middelbrug*, 67.
147) 참조. "Zendingsbegrip en zendingswerkelijkheid, 6; 바빙크는 여기에서 파송교회들은 교회의 일치(ecumenicity)라고 하는 성경적 개념을 지지함으로써 그들의 식민지적 우월감을 버려야만 한다고 주장한다.
148) 참조. *OKZK*, 32-34, 여기에서 바빙크는 부활하시고 영화롭게 되신 그리스도의 사역에 대한 믿음의 필연성을 지적한다. 선교를 위한 힘은 "하나님께서 여전히 이 현대세계에서 우리의 말을 통해 놀라운 것들을 행하실 수 있다"는 깊은 믿음, 즉 "그리스도께서는 승리하심으로 앞으로 나아갈 것이다 (…)"는 믿음의 현존 속에서 나타난다.

관심 속에서 자신의 선교적 명령을 성취하도록 부름을 받는다:

> 만약 우리에게 [선교가] [신적] 명령의 토대 위에서 행하는 의무의 문제라면 이것은 성경적으로 건전한 것처럼 보일 것이지만 [그러한 동기부여는 그 자체로] 정확하게 선교에 그 강력한 호소력을 부여하는 것이 부족하다: 사랑의 거룩한 능력, 이것은 궁극적으로 그리스도 자신의 사랑 외에 다른 것이 아닌데 이것은 우리 안에서 그리고 우리를 통해서 이 파괴된 세상에 이르게 된다.149)

그리고 넷째로, 교회의 공식적인 선교 명령은 사회적, 의학적, 그리고 경제적 영역들에서의 신자들의 개별적인 선교 활동들에 의해서 완성된다.150)

3.1.3. 그리스도의 통치의 선포로서의 선교

그의 선교학적 반성의 아주 시초부터 바빙크는 선교적 명령의 이중적 성격을 지적했다. 초기인 1934년에 그는 선교를 "인간의 영혼이 그리스도에게 굴복하고 생사 가운데 그분 안에서 쉼을 얻도록 그들을 예수 그리스도의 빛으로 인도하고자 하는 시도"일 뿐만 아니라 "다른 문화들과의 씨름"이라고 묘사하였다.151) 1939년의 취임 연설에서 그는 동일한 입장을 수용함으로써 시작한다: 전통적이고 현대적인 사유의 흐름에 직면하여 선교는 예수 그리스도라고 하는 자신의 메시지를 말해야 하는 어려운 과제에로 부름을 받는다.152) 1947년의 책자에서 그는 삶의 전

---

149) *OKZK*, 30; 또한 다음을 참조하라. *ZWN*, 5-7. 여기에서 바빙크는 마음의 긍휼을 복음의 자발적 선포를 야기하는 것이라고 말한다. 하나님의 명령에 대한 순종은 토대를 이루는 것이지만, 이상적으로는 이러한 순종을 통해서 긍휼이 구체적으로 드러난다(Obedience to God's command is foundational, but ideally this obedience incorporates charity).
150) 참조. *IZW*, 68-69 (*ISM*, 60-61). 여기에서 바빙크는 더 깊은 숙고가 없이 이러한 과업들을 개인의 주도권에 맡기는 것을 옹호하고 있지 않았다는 것을 지적해야만 하겠다. 그는 교회가 또한 이 영역에서 성취해야 할 (공식적인) 섬김의 직을 가지고 있다고, 즉 "선지적 증거"의 과업과 더불어 "긍휼의 사제적 확장"의 과업을 가지고 있다고 주장했다. 그러나 실천적으로 말해서 교회가 마땅히 그래야만 하는 대로 그 모든 과업들을 성취하는 것은 불가능하기 때문에 개인의 주도권 역시 필요하게 된다, 76.
151) *CMO*, 5.

영역들에서 기독교적 원리를 이행하라고 하는 카이퍼주의적 개념을 선교에 적용했다.153) 1948년에 출판된 한 책에서 그는 "우리의 개혁주의적 사유 방식의 포괄적 범위"에 대해서 말하는데, 이것은 선교분야에서 실천적이고 전문적인 문제들을 해결하기 위한 기본원리들을 제공하는 데 근본적이라고 말한다.154)

바빙크는 이것을 신정적 또는, 더 좋은 말로는, 그리스도 중심적 사상이라고 부르며 이것이 이미 마 18:29의 대 위임령에서 표현된다고 본다. 선교명령은 그리스도의 왕적 통치의 선포와 더불어 시작된다: "하늘과 땅에 있는 모든 권세가 나에게 주어졌다." 그리고 그것은 복종에 대한 요청으로 끝난다: "가서 열방들에게 내가 너희에게 명령한 모든 것에 복종하도록 가르침으로써 (…) 그들을 제자로 삼으라." 이로부터 바빙크는 그리스도께서는

> 삶 전체의 주가 되기를 원하신다고 결론을 내린다. (…) 어떤 이를 예수 그리스도의 부분적 제자로 만드는 것은 불가능하다. 제자라면 그는 전적으로 제자가 되어야만 한다. 그는 그의 사회적, 경제적, 그리고 정치적 관계들에서 뿐만 아니라 개인적인 삶에서도 그리스도를 따라야만 한다.155)

또한 그는 이 원리가 신약교회에 어떻게 적용되었는지를 묘사했다. 교회가 사회를 즉시 그리고 포괄적으로 새롭게 하는 것은 불가능하다. 복음은 혁명적 행동을 초래하지 않았다. 그러나 교회는 그것이 "모든 방식의 관계들을 위해 새로운 삶의 방식, 즉 궁극적으로 옛 형식들을 타파

---

152) *CPVW*, 5-6. 바빙크는 "야만인들에게 복음을 전하는 것"이라고 하는 선교명령의 낭만적 견해를 강조해서 거부한다.
153) *ZWN*, 8-9. 바빙크가 이런 카이퍼주의적 원리를 하늘나라의 선포는 존재 전체에 중요하게 (critically) 스며 있다고 하는 바르트주의적 원리와 얼마나 쉽게 연결 짓고 있는지 주목할 만하다. 참조. *BCNCR*, 20-23. 비록 크레머가 바르트를 따라서 "기독교적 원리들"과 어떤 연관을 갖고 싶어하지 않았음에도 불구하고 여기에서 바빙크는 크레머를 긍정적으로 요약한다. 분명히 실천적 유사성 - 복음의 새롭게 하는 효과*와* 그것의 잠정적 성격 - 은 바빙크에게 근본적인 구별보다 중요하다.
154) *OKZK*, 23-25.
155) "Zendingsbegrip en zendingswerkelijkheid, 4-5.

하"고 "새로운 사회를 형성하는" 삶의 방식을 "드러내고자" 추구했다는 의미에서 급진적으로 나아갔다.156) 이와 관련하여 바빙크는 복음이 문화와 갖게 되는 갈등은 언제나 다원성을 전제로 한다고 강조한다. 우리는 "우리 자신의 문화를 (…) 다른 나라들에 강요해서는" 안 된다. 오히려 선교를 하는 사람들은 언제나 주어진 사람들의 "문화에서 중심적인 것과 살아 있는 관계" 속에서 그리스도의 통치를 확립하고 형성하고자 추구해야 한다.157)

성경적 가르침에 따르면 구속이 본성상 그리고 그 범위에 있어서 모든 것을 포괄하며 이것이 선교에 포괄적으로 접근하기 위한 토대를 이룬다는 것이 사실일지라도158) 바빙크는 이런 폭넓은 이해 내에서 복음의 선포와 믿음을 통한 하나님과의 화목이 선교의 제일가는 선봉으로 남아 있다고 여전히 확신한다. "본질적으로 그리고 중심적으로 문제는 하나님과의 관계를 회복하는 것, 즉 그리스도를 통한 화목이다. 그러나 화목의 출발점으로부터 모든 삶은 새로워질 것이고 보다 높은 곳으로 상승될 것이다."159) 바빙크에게 복음 선포의 중심적인 성격은 교회의 선교적 부름을 나타내는데 사용되는 구약과 신약의 용어들에서 분명하게 반영된다: 히브리어 동사들인 *baśar*(기쁜 메시지를 가져 오는 것)과 *qura*(부르는 것, to call), 그리고 그리스어 동사들인 *euaggelizesthai*(좋은 소식을 가져오는 것), *kērussein*(선포하는 것), 그리고 *marturein*(증거하는 것).160)

점차적으로 바빙크는 선교의 이러한 본질적 측면에 접근하는데 있어서 보다 의식적으로 신학적인 방식으로 하나님 나라의 개념을 사용하

---

156) *AWW*, 205. 또한 다음을 참조하라. *IZW*, 64 (참조. *ISM*, 55-56). 여기에서 바빙크는 사도들의 서신들이 존재의 모든 것을 급진적으로, 즉 그것의 뿌리에 이르기까지 건드린다고 쓰고 있다.
157) "Zendingsbegrip en zendingswerkelijkheid, 5-6.
158) 참조. *IZW*, 64 (*ISM*, 55)와 "Zendingsbegrip en zendingswerkelijkheid, 4-5. 바빙크는 이러한 개념이 비판적으로 개혁주의적 방식으로 해석될 경우에만 이 개념을 기꺼이 받아들인다.
159) *IZW*, 64 (참조. *ISM*, 55). 또한 다음을 참조하라. *ZWN*, 7-8과 *CMO*, 5.
160) 참조. *IZW*, 74-75 (*ISM*, 65-66)

기 시작했다. 따라서 그는 1961년에 다음과 같이 쓰고 있다: "그것의 엄청난 축복인 *샬롬*(shalom, 평화)과 더불어 장차 올 주님의 나라 개념은" 구약과 신약 모두에서 "무엇보다 가장 지배적인 요소이다." 선교는 장차 올 하나님 나라를 섬기는 데에서 일어난다: "이 거대한 하나님의 사역에서 우리는 그의 손들이다."161) 그러나 이러한 개념의 보다 일관된 사용은 원칙에서의 변화를 의미하는 것이 아니라 성경적-신학적 관점으로부터 심오해짐을 의미했다. 우리는 5장의 세 번째 단락에서 보다 상세히 하나님 나라라고 하는 이 중심적인 성경적 개념으로 돌아갈 것이다.

3.1.4. 종말론적 관점에서의 선교

선교는 구속 역사에서 그 자신의 자리를 지니고 있다. 그것은 "마지막 날에 일어날 일련의 일들"에 속한다(It is part of "the sequence of the last things").162) 바빙크는 성경적-주해적 고찰들에 근거해서 뿐만 아니라 당시의 선교학에서 일어나고 있던 다양한 발달들을 토대로 하여 선교의 종말론적 성격을 강조한다. 그는 독일의 선교학자들인 발터 프라이탁(Walter Freytag)과 요하네스 라인하르트(Johannes Reinhard)가 이 문제에 대해 썼던 것을 명시적으로 언급한다.163)

이미 구약에서 시온산으로 열방들이 오는 것이 새로운 시대의 표로서 여겨지는데, 그때에 "메시야의 모든 것을 포괄하며 모든 것에 미치는 구원이 삶 전체를 지배할 것이다."164) 다시 바빙크는 선교적 명령이 마 28:18-20에서 발견된다고 말하는데, 여기에서 교회는 십자가와 부활의 실재를 토대로 하는 동시에 "종말"을 내다보며 선교에로 부름을

---

161) "신학과 선교," 64-65: 바로 앞장인 63페이지에서 그는 하나님 나라를 "교리 신학에서 언제나 거의 잊혀진 장, 즉 우리가 선교를 다룰 때에 가장 지배적인 관념들 중 하나"라고 말한다(he speaks of the Kingdom as "that almost always forgotten chapter of doctrinal theology, that is one of the most dominant ideas when we are dealing with missions).
162) *IZW*, 69 (참조. *ISM*, 62).
163) 참조. "Zendingsbegrip en zendingswerkelijkheid," 3; W. Preytag, "Mission im Blick aufs Ende," 32 ff.; J. Reinhard, 175 ff.
164) *IZW*, 69-70 (참조. *ISM*, 61).

받는다.165) 따라서 선교명령은 최초의 성취와 최종적인 절정 사이에, 즉 구원이 "이미"와 "아직 아니" 사이에서의 균형을 잠정적인 형태로 취하는 기간에 수행된다. 이것을 염두에 두고서 바빙크는 고전 7:29-31을 가리키면서 지금 여기에서의 구속의 성취에 관한 지나친 낙관론에 대해 경고하는데, 이 구절들에서 바울은 이 세상의 형태(the form, schema)가 지나가고 있다는 사실로 인해 구속의 잠정적인 면을 강하게 강조한다.166) 그러므로 바울은, "새로운 시대의 위대한 현재" 속에 서서, 이제 하나님께서 "열방의 모든 사람들로 하여금 회개하도록 명령하신다"고 말하며 그러한 회개는 "하늘과 땅에 있는 만물들을 하나의 머리이신 그리스도 안에서 통일되게 하고자 하는 하나님의 뜻 - 그러한 뜻을 하나님께서는 때가 찼을 때에 이루실 것이다 - 의 신비의 목적에 이바지 한다"고 덧붙인다.167)

3.2. 선교의 정의

여러 해에 걸쳐서 바빙크는 위에서 논의된 면들을 통합하는 선교의 네 가지 정의를 제공하였다. 이러한 정의들은 그것들이 강조점에 있어서 발전과 변화를 보여주는지, 보여준다면 어느 정도인지를 알아보고자 이 단락에서 연속적으로 제시된다. 어쨌든 한 가지 점에서 그것들 사이에는 명백한 일치가 있다: 그것들은 본질상 모두 교회중심적이다.

『선교서』(Ons zendingsboek, Our Missionary Book, 1941)는 다음과 같은 문장으로 시작한다: "선교는 교회의 활동이며, 이러한 활동에 의해서 교회는 그리스도의 명령에 대한 기쁘고 겸손한 복종 속에서 하나님의

---

165) "Zendingsbegrip en zendingswerkelijkheid," 2.
166) 참조. Ibid., 3과 또한 "Theology and Mission," 66: "선교의 역사는 우리가 언제나 '이미'를 지나치게 강조하거나 '아직 아니'를 지나치게 강조하는 위험에 처해있음을 보여준다. 전자를 행할 때에, 우리는 (…) '모든 것들'이 '그분 안에서 연합되어야 한다 (…)'는 것을 잊게 되며, 반면에 우리가 '아직 아니'를 지나치게 강조한다[면] 우리는 종말론적 위급함을 [지나치게 강조하는] 위험에 처한다."
167) 참조. IZW, 70 (ISM, 62).

은혜의 복음을 모든 민족들에게 선포한다."168) 여기에서는 죄인들을 위해 제공된 하나님은 은혜가 전적으로 강조되며, 따라서 개인적인 회심과 화목이 전적으로 강조되는데, 이것은 이러한 정의를 *신중심적*이며 *구원중심적*이도록 만든다. "기쁜"(joyful)과 "겸손한"(humble)이라는 형용사들은 *믿음의 영성*(spirituality of faith)이 모든 선교활동을 위한 본질적인 요소임을 가리켜 준다.

『궁핍한 세계에서의 선교』에서 바빙크는 위에서 공식화한 것을 다음과 같이 변형시켰다: "선교는 예수 그리스도의 활동이며, 이러한 활동에 의해서 그는 그의 교회에서 그리고 그의 교회를 통해서 자신을 모든 민족들에게 알리시며 그들을 그의 구속 사역의 풍부함과 광휘 속으로 통합시키신다."169) 이러한 정의는 *그리스도중심적*으로 초점이 맞추어져 있다. 이것은 분명 선교의 성경적-신학적 측면들에 대한 지속적인 반성의 열매이다. 교회의 선교적 과업은 일차적으로 *하나님의 선교*(missio Dei)에 닻을 내리고 있다. "그의 교회 안에서 그리고 그의 교회를 통하여"라는 표현은 선교적 소명의 *구심점*이며 *원심적* 측면들을 가리킨다. 더욱이 "그의 구속 사역의 풍부함과 광휘"라는 표현은 구원과 그것의 종국적 성취라고 하는 보다 넓은 개념을 위한 여지를 허용하는데 이러한 정의는 그 이전의 정의보다 본질상 덜 구원론적임을 보여준다.

"Zendingsbegrip en zendingswerkelijkheid"(1949)라는 그의 논문에서 바빙크는 다음과 같이 정의하였다:

> 선교는 전 세계에서의 교회의 활동 – 그리고 이것은 보다 깊은 본질에 있어서 그리스도 자신의 활동이다 – 이며, 이러한 활동을 통해서 교회는 열방들을 그들의 다양성 속에서 예수 그리스도에 대한 믿음과 순종으로 부르며, [그것의] 섬김과 사역의 표지들에 의해서 그들에게 그리스도의 구원이 어떻게 삶의 모든 것을 포괄하는지 증명해주고, 동시에 그들로 하여금 하

---

168) *OZB*, 5.
169) *ZWN*, 5.

하나님께서 모든 것이 되시며 모든 것 안에 있게 되실 하나님 나라의 완성을 고대하도록 가르친다.170)

이것은 신중하게 균형 잡힌 방식으로 선교적 과업의 본질을 구성하는, 위에서 언급된 네 가지 요소들을 통합하고 있다는 점에서 바빙크에 의해 제시된 가장 상세한 정의이다: 이것은 선교의 *그리스도중심적, 교회중심적, 포괄적, 종말론적* 성격을 강조하여 보여준다. 더욱이 두 가지 더 중요한 측면들이 이 정의에 포함된다: 선교사역의 *에큐메니컬*("온 세상 전체의 교회", the church through out the whole world)하고 *다원적인(pluriform)* 성격.

우리는 『선교학 입문』에서 네 번째 정의를 발견한다:

> 선교는 교회의 활동 – 그리고 이것은 본질상 교회를 통해서 행사된 그리스도 자신의 위대한 활동에 다름 아니다 – 이며, 이러한 활동에 의해서 교회는 끝날(the end)이 연장된 기간 속에서 열방들이 그의 제자가 되어 세례에 의해 하나님 나라의 오심을 고대하는 사람들의 공동체 속으로 통합되도록 하기 위해 그들을 회심과 그리스도에 대한 믿음에로 부른다.171)

원칙상 이러한 정의는 앞의 정의와 다르지 않다. 비록 에큐메니컬하고 다원적인 면들은 빠져있지만 말이다. "종말의 연기"라고 하는 공식화 - 바빙크의 관점에서 매우 이해할 만한 - 는 주해적으로 의문의 여지가 있지만, 그것은 선교의 *구속사적* 위치(*heilsgeschchtlich* place)를 지켜준다. 세례에 의한 통합은 새로운 요소로서 소개되는데, 그것은 이러한 정의를 이전의 정의들 보다 훨씬 더 강력하게 교회중심적으로 만든다. 이전의 정의와 이 정의 사이의 또 다른 차이는 후자의 경우에 비록 제자도의 개념 안에 암묵적으로 현존한다 할지라도 선교의 포괄적인 성격이 명시적으로는 언급되지 않고 있다는 것이다. 이것은 잠재적으로 선교적

---

170) "Zendingsbegrip en zendingswerkelijkheid," 7-8.
171) *IZW*, 70 (참조. *ISM*, 62).

과업의 본질을 보다 좁게 이해하도록 했을 수도 있는데, 이것은 바빙크 자신이 선교에의 접근에 대한 그의 반성에서 명시적으로 경고하고 있는 것이기도 하다.172)

3.3. 요약

만약 위에 있는 첫 번째의 제한된 정의를 고려에서 제쳐둔다면 우리는 선교의 본질에 관한 바빙크의 사유에서 어떠한 근본적 변화도 발견하지 못한다. 이러한 결론은 바빙크 자신이 초기의 정의들에 대해 결코 비판적인 언급을 하지 않는다는 사실에 의해 지지를 받는다. 분명히 그는 자신이 일관된 궤적을 따라서 움직이고 있는 것을 보았다. 분명한 것은 그가 이 점에서 지속적으로 반성하고 그의 사유를 더욱 다듬었다는 점이다. 이로 인해서 그는 선교의 종말론적 초점과 포괄적 성격을 점점 강조하게 되었다.

우리가 할 수 있는 두 번째 관찰은 송영적 요소가 선교에 대한 바빙크의 정의들에서 언뜻 보기에 다소 발전되지 못한 것처럼 보인다는 것이다. 이것은 선교의 목적에 대한 바빙크의 견해와 일관되지 않을 것인데, 그는 선교의 목적을 기스베르투스 후티우스를 따라 *열방의 회심*(conversio gentilium, conversion of the nations), *교회 심기*(plantatio ecclesiae, planting of the church), 그리고 *신적 은혜의 영화와 계시*(gloria et manifestatio gratiae divinae, the glorification and revelation of divine grace)로 공식화했다. 그러나 바빙크가 실로 송영적 요소를 고려했다고 가정할 만한 정당한 이유가 있다. 왜냐하면 그가 선교의 종국적이고 하나 밖에 없는 목표로서 "하나님을 영화롭게 함"에 대해 말할 때에 그는 이것을 "하나님 나라의 오심과 확장"으로서 묘사하고 있는데, 이러한 하나님 나라의 오심과 확장에서 문제가 되고 있는 주요한 것은 "하나님, 그의 영광, 그의 위대하심, 그리고 그의 은혜"이기 때문이다.173) 그리고 이러한 요소는 마지막 두 정의에서

---

172) 참조. *IZW*, 118 (참조. *ISM*, 113-114).

명시적으로 진술된다.

　마지막으로 미델부르흐 총회(1896)가 선교는 *택자들의 회심(conversio electorum)*을 목표로 행해진다는 이론을 변호했던 후티우스를 따랐던 것처럼, 바빙크가 선교와 선택교리를 명시적으로 연결 짓지 않았다는 것은 주목할 만하다.174) 바빙크가 보기에 선교는 이 세상의 구속을 위한 하나님의 영원한 계획의 틀 내에서 똑바로(squarely) 서 있는 것으로서 보여져야만 하는데, 이것에 의해서 선택의 대상으로서의 교회는 하나님의 경륜(the counsel of God)을 섬기도록 부름을 받는다. 이런 면에서 바빙크의 사유는 발터 홀스텐과 다른 개신교 선교학자들의 사유와 보다 더 일치하였으며, 미델부르흐 총회의 결의안들보다는 빌링엔(1952)에서의 국제선교대회로부터 나온 *하나님의 선교*란 개념에 보다 더 일치하였다.175)

4. 6장 요약

바르넥이 이 문제에 대해 가르친 것과는 대조적으로 바빙크는 선교의 토대를 오직 성경적 증언 안에만 두었다. 구약성경의 선교적 짐은 특히 이스라엘의 하나님이 모든 민족의 창조자라는 사실에, 아브라함과의 언약 안에, 그리고 구원에 대한 예언적인 보편적 약속 안에 놓여 있다. 구약성경의 구심적 기대는 (이스라엘을 포함한) - 특히 유대인들이 예수를 그리스도로 받아들이기를 거부한 것 때문에 - 모든 민족에게 십자가에 못박히시고 부활하신 그리스도를 전하라는 소명 속에서 신약 성경 안에서 원심적 열매를 맺게 된다. 소위 두 시대 사이에 있는 시대 안에서 수행된 이러한 명령은 삼위일체적 역동성으로 가득 차 있으며 교회중심적 용어로 해석된다.

　선교의 본질과 관련하여 바빙크는 다섯 가지 기본적인 전제들을

---

173) *IZW*, 157 (참조. *ISM*, 155).
174) 참조. H.A. van Andel, *De zendingsleer van Gisbertus Voetius*, 62 ff, and Extract from the *Acta der generale Synode* (Middelburg, 1896), 31.
175) 참조. W. Holsten, *Das Evanglium und die Völker*, 156.

설정한다.

1. 선교는 하나님의 사역이다. 그것은 무엇보다 *신학적*으로 결정된다: 그것은 하나님으로부터 와서 하나님에게로 돌아간다. 그것의 토대는 *하나님의 선교*이다. 그리고 선교의 궁극적인 목적은 송영과 *하나님의 영광*이다.

2. 선교는 교회의 과업이다. 그것은 *교회중심적*으로 일어난다. 삼위 하나님께서는 원칙상 교회에 의해서 이스라엘을 포함한 세상 안에서 행하신다. 비록 선교가 교회의 의미를 모두 포괄하지는 않으며 교회가 사도직의 기능은 아니라 할지라도 교회는 선교적 기능을 행하지 않을 때 세상에서 그것의 의의를 상실한다.

3. 선교는 그리스도의 통치 또는 그리스도의 다스리심을 선포하는 것이다. 그것은 언제나 본질상 *그리스도중심적*이다. 왜냐하면 그리스도께서는 뛰어나게(preeminently) 성부로부터 보냄을 받은 자이시며, 하나님께서 그 안에서 이 세상에 구원을 제공하시는 참된 이스라엘이시기 때문이다. 그러므로 그는 또한 선교의 내용이 그 중심에 모이게되는 축이시다. 그리스도를 향한 이러한 근본적인 방향설정으로부터 추정하건데 선교는 오직 하나님 나라에 대한 예언적 선포로서만 이해될 수 있을 뿐이며 이러한 선포 안에서 하나님과의 화목이라는 사제적 측면과 존재의 갱신이라고 하는 왕적인 측면은 함께 간다.

4. 선교는 *종말론적* 관점에서 일어난다: 그것은 이미 와 있는 하나님 나라의 획기적인 진전에 대한 기대, 즉 "이미"와 "아직 아니" 사이의 긴장의 장에서 성취된다.

5. 선교적 실천은 *성령론적으로*(pneumatologically) 결정된다. 하나님께서 그리스도 안에서 성취하시는 사역은 부어진 성령을 통해서 실현된다. 이것은 선교적 대상에게 뿐만 아니라 선교적 주체에게도 적용된다.

바로 이러한 원리들에 근거해서 바빙크는 선교에 대한 그의 정의를 신자들의 공동체의 활동으로 서술했는데 - 그리고 그러한 노력은 사실상 그의 교회를 통하여 역사하시는 그리스도 자신의 위대한 사역에 다름 아니다 - 그러한 활동에 의해서 교회는 *종말(eschaton)*이 지체된 기간 동안에 세상의 민족들을 회개와 그리스도에 대한 믿음으로 부른다. 그들이 그분의 제자가 되어 하나님 나라의 오심을 고대하는 사람들과의 *교제* 속에서 세례를 통해 그 일원이 되기를 고대하면서 말이다.

7 선교의 목적과 접근

제7장 선교의 목적과 접근

하나님께서는 우리와 [메시지가 전달되는 자들을] 진지하게 취하시며 하나님의 종들로서 우리 역시 그렇게 해야만 한다. (…) 나는 예수 그리스도 안에 있는 하나님의 은혜의 메시지를 그들의 삶의 실제적인 환경 속에 빠져 있는 실질적인 사람들(real people) (…)에게 가져가야만 한다. 그러나 그때에 내가 그들의 문화와 역사를 진지하게 받아들이지 않는다면 나는 분명히 중대한 잘못을 범하게 될 것이다. (*IZW*, 8)

1. 선교의 본질에 대해 정의하는 맥락에서 바빙크는 오랫동안 만연해왔던 선교 활동의 삼중적 구분에 대해 『선교학 입문』에서 언급한다. (1) 불신자들(이교도들)과 무슬림들 사이에서의 선교; (2) 유대인들 사이에서의 선교; 그리고 (3) 복음전도.[1] 바빙크에게 첫 번째 점, 즉 "불신자들과 무슬림 사이에서의 선교"가 그가 더 이상 추구하지 않는 선교적 과업의 본질에 속한다는 것은 매우 자명하다. 그러므로 "불신자들"과 "무슬림들" 사이의 구별에 대한 반성 또한 『선교학 입문』에 빠져 있다. 앞으로의 논의에서 그가 다른 책들에서 이 문제에 대해 상술하고 있는지에 대한 물음이 제기될 것이다. 『선교학 입문』에서 그는 나머지 두 가지에 대해 논의한다: "유대인들 사이에서의 선교"와 "복음 전도." 따라서 체계적 관점에서 그는 모든 것을 포괄하고자 노력했지만 내용과 관련해서 그의 반성은 여전히 제한된 채로 남아 있었다.[2] 다른 신앙을 가

---

[1] *IZW*, 78 (참조. *ISM*, 69).
[2] 바빙크는 유대인들 가운데에서의 선교에 오직 다섯 페이지만을(*IZW*, 78-52; 참조. *ISM*, 69-74) 할애하며 복음전도에는 오직 두 페이지만을(*IZW*, 82-84; 참조. *ISM*, 74-76) 할애한다. 그러나 그는 *HZB*, 42페이지(1944)에서 "Zending en evangelisatie"라는 제목으로 후자의 주

진 사람들과의 대화는 그 자체로 어쨌든 전혀 없다.

1.1. 불신자들과 무슬림들 사이에서의 선교

위에서 말한 대로 바빙크는 더 이상의 실제적인 논의 없이 "불신자들과 무슬림 사이에서의 선교"라는 표현을 공식적으로 수용한다. 이전에 행해졌던 구별은 더 이상 아무 의미가 없는 것처럼 보인다.3) 이러한 결론은 그의 다른 출판물들 중 어디에서도 바빙크가 한편으로 이슬람과 관련된 것으로서의 선교명령과 다른 한편으로는 다른 비기독교적 종교들과 관련된 것으로서의 선교명령 사이에 전혀 본질적인 구별을 하지 않는 것처럼 보인다는 사실로 인해 정당화된다. 그의 첫 번째 선교적-반증적 책인 『그리스도와 동양의 신비주의』(Christus en de mystiek van het Oosten, Christ and Eastern Mysticism, 1934)에서 그리고 사후에 출판된 『성전과 모스크 사이의 교회, 1966』에서 그는 이슬람을 불교와 힌두교와 나란히 세계 종교들 중 하나로서 논의하고 접근한다.4) 이런 동일한 취급이 부분적으로는 바빙크가 특히 형태론적 관점에서 이슬람을 포함한 그 종교들을 다루었다는 사실과 관련이 있다고 생각해 볼 여지가 있다.

1.2. 유대인들 가운데에서의 선교

그의 성경적-신학적 반성들에서 바빙크는 이미 신약에서의 유대인들의 지위를 논했다.5) 이로부터 어느 정도 그리고 어떻게 교회의 선교명령이 이스라엘에도 적용되는가의 문제가 따라 나온다. 그의 논의는 확신하며 장담하는 것이기 보다는 궁구하며 탐색하는 것이다. 그는 상호 교차하

제에 대해 일련의 논문들을 썼다; 3, 12, 19, 35, 42. 우리는 그가 『선교학 입문』에서 이러한 논문들을 단지 요약하고 있다는 인상을 받는다.
3) 이것은 또한 1945년에 이미 후티우스에 의해 이루어지고 카이퍼에 의해 받아들여진 구별을 비판했다는 사실로부터 명백하다. 참조. *De zending nu!*
4) 우리는 *IZW*, 248 ff. (참조. *ISM*, 264 ff)에서 동일한 접근을 발견하는데, 여기에서 바빙크는 "반증학의 개요"를 논한다.
5) 또한 앞 장에서 2, 3, 4 단락을 보라. 이 단락과의 약간의 중복은 여기에서 어쩔 수 없다.

는 두 주장을 본다.

첫 번째 주장은 열방들 가운데에서의 선교와 이스라엘 중에서의 선교 사이에 아무런 본질적인 차이도 없다는 것이다. 눅 24:47과 행 1:8 모두에서 예루살렘과 열방들은 선교명령의 목표로서 동시에 말해진다. 마 28:19에서 이스라엘은 심지어 개별적으로 말해지지 않는다. 이스라엘은 분명 연대기적 우선성에 의해서만 구별되는, 세상의 일부일 뿐이다. 이러한 우선성은 사도적 선교 행위들에서 충분하게 존중된다. 여기에서의 문제는 "이스라엘 땅의 안과 밖 모두에서 유대인들이 어느 정도 그들의 최고 의회(Supreme Court-산헤드린-역주)의 공식적인 판결을 확언하고 승인했느냐"였다. "만약 그들이 그렇게 하지 않고(산헤드린의 판결을 수용하지 않고서-역주) 그리스도를 그들의 구세주로 받아들였다면 그때에 그들은 그분 안에서 하나님께서 그 주위에 모든 시대의 그의 교회를 짓기 원했던 저 참된 이스라엘에 속하였다(then they belonged in Him to that true Israel around which God wanted to build his Church of all ages)."[6] 그러나 이러한 일시적인 우선성은 이와 함께 유대적 기원을 가진 그리스도인들에게 교회 안에서 보다 지배적인 지위를 가져다 주지 않았다. 로마서 1장으로 3장에 걸친 바울의 주장은 이 점에 있어서 분명하다. 연대기적 우선성은 그때 이후로 오랫동안 작용하지 않았으며 이제 이스라엘은 복음이 전파되어져야만 하는 세상의 열방들 중 하나에 불과할 뿐이다.[7]

두 번째 주장은 이스라엘이 하나님의 구속에 대한 약속들을 받은 나라로 남아 있다는 것이다. 한편으로 바빙크는 이러한 약속들이 그리스도 안에서와 더불어 오순절로부터 현재까지 예수를 그리스도로서 받아들인 이스라엘 안에서 성취된다고 본다.

> 우리는 신약성경이 오순절의 성령 강림과 뒤이은 이스라엘의 수많은 자녀들의 회심을 구약성경에서 주어진 회심에 대한 약속들의 성취로 간주하는

---

6) *IZW*, 79 (참조. *ISM*, 71).
7) *IZW*, 78-79 (참조. *ISM*, 71).

것을 본다. 오순절에 베드로는 숨김없이 요엘서의 유명한 구절을 인용한다. 이사야와 예레미야 그리고 모든 선지자들에 의해 예언된 이스라엘의 회심이 일어났으며, 그리스도 안에서 중심에 놓인 실재가 되었다.[8]

반면에 그는 특히 롬 11:25-26에 비추어 "하나님께서 이 민족을 위한 놀라운 계획들을 여전히 가지고 있다"는 것이 가능한 일임을 깨닫는다.[9] 이러한 두 주장이 교차하는 데에서 이스라엘 가운데에서의 선교의 필연성은 아직 성취되지 않은 약속으로 인해 강화된다. 바빙크는 그것을 이렇게 말한다: "그러므로 이 모든 것으로부터 다른 열방 속에서의 선교 외에 이스라엘 가운데에서의 선교에도 우리는 철저히 주목할 필요가 있다. 이스라엘은 어떠한 우선성도, 어떠한 선행성도 가지고 있지 않지만 결코 잊혀져서도 안 된다."[10]

바빙크는 1948년에 이루어진 이스라엘 국가의 설립을 해석하는데 매우 신중을 기한다.

> 여러 나라들로부터 이스라엘의 많은 자녀들이 현재의 이스라엘 국가로 되돌아 오는 데에 고대 예언자들이 말한 것과 놀라울 정도로 유사한 많은 요소들이 있다할지라도, 그럼에도 불구하고 영적으로 볼 때에 [이러한 복귀가] 본질상 완전히 다른 어떤 것, 즉 완전히 예언의 지평 밖에 있는 것일 수 있는 가능성이 있다.[11]

보다 초기에 그는 심지어 이것에 대해 다소 부정적으로 쓴 적이 있었으며 이스라엘 국가의 설립을 열매있는 선교사역에 대한 또 다른 장애물이라고 불렀다.[12] 반면에 그에 따르면 예언 안에는 디아스포라로부터

---

8) *IZW*, 81 (참조. *ISM*, 73).
9) *IZW*, 82 (참조. *ISM*, 74).
10) *Ibid*.
11) *IZW*, 81 (참조. *ISM*, 72-73).
12) "Overal, behalve in Israel,": 바빙크는 신학적으로 뿐만 아니라 사회학적으로도 이 문제에 접근했다; 선교는 "순수하게 세상적인 형태의 예언 해석"과 "종교적 애국주의"에 직면하여 어려운 시기를 맞게 될 것이다; GJ. van Klinken, 532를 보라.

이스라엘 땅으로의 복귀와 참된 회심이 병행할 것이라는 지적들이 많기 때문에 우리는 "하나님께서 고대의 땅에 이스라엘 민족을 새롭게 모으시는 이것을 새로운 영적 번영에 이르는 수단으로서 사용하실 것이라는 가능성을 제시할 수 있다."13) 그의 결론은 "그러므로 이스라엘 민족 가운데서의 선교는 매우 중요한 사건으로 (…) 남아 있으며 우리는 하나님께서 그것을 가지고 무엇을 행하실지 경외심을 갖고서 기다려야 한다"는 것이다.14)

불행히도 바빙크는 이스라엘과 마주한 교회의 이러한 선교적 과업이 어떻게 이해되어져야만 하는지에 대해서는 아무 말도 하지 않는다. 이것은 그의 시야에서 너무 멀리 떨어져 있었던 것일까? 그는 설혹 그러한 구분을 한다할지라도 유대인들 사이에서의 교회의 과업과 열방과 관련한 선교적 명령 사이에 본질적인 구별을 거의 하지 않는 것처럼 보인다. 그러나 바빙크와 같이 섬세한 사람이 그러한 구별을 하지 못할 것이라고 상상하기는 어렵다. 각주에서 바빙크는 논평 없이 교회와 이스라엘에 대한 네덜란드 개혁교회[Netherlands Reformed Church (Nederlandse Hervormde Kerk)] 위원회의 사무총장이었던 그롤레(J. J. Grolle)가 쓴 책을 언급하는데, 그것은 유대인들과 관련하여 선교적 과업이 증거적 대화의 형태를 취해야만 한다고 주장한다.15) 그리고 이것에 비추어 우리는 그가 개혁교회(RNC)에서 일어난 전후의 발전을 승인하여 따랐다고 추정할 수 있는데, 이 회의에 의하여 "유대인에의 선교(mission to the Jews)"란 표현은 이스라엘에 대한 교회의 관계가 본질상 대화적이어야만 한다는 것뿐만 아니라 "이스라엘과의 대화"란 표현이 메시야이신 예수

---

13) *IZW*, 81 (참조. *ISM*, 73).
14) *Ibid*. 개혁교회는 네스(Rev. J. Nes)가 파송된 1916년 이스라엘에서의 유대인 선교에 적극적으로 종사하게 되었다. 1957년, 바빙크가 이 글을 썼을 때 유대인들 속에서의 선교에 종사하는 사람의 수는 네 명으로 늘어났다. (참조. H. Bergema, 46).
15) *IZW*, 81 n.20 (참조. *ISM*, 73 n. 20)을 보라. 1951년의 네덜란드 개혁교회(NRC) 교회법의 8항의 입안을 지지하여 그롤레는 다음과 같이 썼다: "그리스도를 고백하며 세상 안에 놓인 신앙 공동체로서 교회는 특히 이스라엘과의 대화를 통해 자신의 사도적 명령을 성취한다. 이 대화에서 교회는 회당과 선택된 백성에게 속해 있는 모든 사람들에게 성경으로부터 예수는 그리스도이시다라고 그들에게 말하도록 권면한다.

의 복음의 전달을 포함한다는 것을 가리키기 위해 "이스라엘 사람들 가운데에서의 복음의 선포"로 대체되었다.16)

1.3. 복음전도 사역

바빙크는 다음과 같은 정의로 시작한다: "일반적으로 우리는 복음전도를 타락한 언약의 일원들을 주님되시는 그리스도와 그의 교회로 다시 데려오기 위한 그들 가운데에서의 사역을 의미한다고 이해한다." 그러나 다음과 같이 덧붙인다.

> 어디에 그 선이 그어져야만 하는지를 말하기가 어려운데 왜냐하면 우리는 누가 언약에 속해 있는지를 알지 못하기 때문이다. 그럼에도 복음이 전에 결코 전파된 적이 없던 땅에서 수행되는 사역과 복음의 영향 하에서 여러 해에 걸쳐 이미 살았던 땅에서 행해지는 사역 사이에는 언제나 어떤 차이가 남아 있다.17)

따라서 그는 선교와 복음전도 사이에 분명한 구별을 하는데, 이것을 다음과 같이 강조한다: 선교는 "아직 아니"와 관련이 있다. 복음전도는 "더 이상 아니(no longer)"와 관련이 있다.18)

그러나 용어들에 대한 이러한 정의는 바빙크에 따르면 성경적인 언어 용례에서 도출될 수 없다. *유앙겔리체스다이*(euaggelizesthai, 복음을 선포하다)란 동사는 신약에서 빈번하게 발견되며 이로부터 복음전도(evangelism)란 단어가 파생되었는데, 복음전도라는 좁은 의미가 아니라 일반적인 의미로 사용된다.19) 또한 선교와 복음전도 사이의 구별 자체도 성경에서 직접 도출될 수 없다. 한편으로 바빙크는 복음전도와 이스

---

16) 참조. J. Verkuyl, *Inleiding in de nieuwere zendingswetenschap*, 189.
17) *IZW*, 82 (참조. *ISM*, 74).
18) *IZW*, 84 (참조. *ISM*, 76). 페르까일(*Inleiding in the evangelistiek*, 69-70)은 이 문제에 대해 바빙크의 견해를 간단히 요약한다.
19) 참조. *IZW*, 83 (*ISM*, 74-75)와 "Zending en evangelisatie," 3.

라엘 중에서 배교한 자들과 타락한 자들에 대한 선지자들과 예수님 그리고 사도들의 선포를 대조시키는데 왜냐하면 이러한 선포 또한 하나님의 언약에 합당한 삶으로 돌아오라는 부름의 요소를 담고 있었기 때문이다. 다른 한편으로 그는 본질적 차이, 즉 이 선포는 언제나 하나님의 지속적인 자기계시를 포함했다는 것을 지적한다.20) 복음전도와 유대인들 가운데서의 복음의 선포 그리고 선교와 불신자들 가운데서의 복음의 선포를 너무 쉽게 동일시하는 것에 대한 다른 반론들이 있다. 우선 많은 경우에 신약의 증인들은 선조들의 신앙에 등을 돌린 유대인들보다는 오히려 확고하게 그 신앙을 붙든 사람들과 마주한다.21) 더욱이 사도들은 유대교로 개종한 이방인들보다도 더 하나님에게서 멀어진 이교도화된 유대인들과 접촉했다.22) 그러므로 당시에 교회의 사역 영역은 모든 종류의 미묘한 차이들(nuances)을 포함했으며 복음의 선포는 원칙상 그리스도의 부르심에서 오는 하나의 큰 사역(one great work)으로서 이해되었다.23) 바빙크에 따르면 선교와 복음전도에서 오늘날 교회의 선교사역에 적용되어야만 하는 것이 바로 정확하게 이 근본적 원리이다: 선교와 복음전도는 둘 다 그리스도의 동일한 부르심에서 나오며 둘 다 목자 없는 양과 같은 모든 자들에게까지 이르는 자비로운 사랑의 표현들이다.24) 그는 이 부르심 안에서 복음전도가 심지어 우선한다고 덧붙이는데, 왜냐하면 그것은 "과거에 동일한 교회에 속했던, 부분적으로는 여전히 그들의 이마에 세례의 표를 지니고 있으며 그러므로 여전히 상당한 정도로 우리의 책임인" 사람들을 포함하기 때문이다.25)

성경적 관점에서 선교와 복음전도 사이에 전혀 차이가 없다 할지라도 접근에 있어서는 분명한 차이가 있는데, 왜냐하면 복음전도에서

---

20) 참조. *IZW*, 83 (*ISM*, 75)와 "Zending en evangelisatie," 3.
21) 참조. "Zending en evangelisatie," 19.
22) 참조. *Ibid.*, 3.
23) 참조. *Ibid.*, 4.
24) 참조. *IZW*, 84 (*ISM*, 76).
25) "Zending en evangelisatie," 19.

우리는 때때로 여전히 언약에 대한 지식을 가지고 있으며 일반적으로 여전히 기독교 메시지를 어느 정도 알고 있는 사람들을 다루기 때문이다.26) 이러한 사람들은 복음에 반응해야 할 더 큰 책임을 가지고 있으며 복음의 선포는 "보다 강조되어서 그리고 보다 강력하게 (…)" 그들에게 이르러야만 할 것이다. "그들에게는 언약 내부로부터(from within the covenant) 선포되어질 수 있으며 그들이 등을 돌린 분에게로 돌아가도록 권면되어질 수 있다."27) 동시에 이러한 차이는 부당하게 강조되어서는 안 된다.

그 다음에 바빙크는 언약의 객관적 의미와 사람들이 그것에 대해서 여전히 주관적으로 알고 있는 의미를 구별한다. 비록 개개인들이 "신자들의 씨"에 속에 있다할지라도 그들 자신은 "모든 종교적 확신"으로부터 떨어져 나갔을 수 있으므로 그들에게 언약에 관해 책임을 묻는 것은 거의 불가능할 수 있다고 바빙크는 썼다. 하지만 "길을 어긋나간 모든 사람들이 고의로 교회에 대해 등을 돌렸다고 생각하는 것은 전혀 옳지 않다. 셀 수 없는 사람들이 교회 안에 있어 본 적도 없으며 사실상 복음의 기본 진리들에 대해 아무 것도 알지 못한다"고 덧붙인다.28) 서양에서 기독교 신앙으로부터의 점점 증가하고 있는 이러한 이탈의 문제 외에도 교회는 종종 복음전도와 선교에서 유해한 편견들, 즉 "사람들이 기독교에 대해 가지고 있는 모든 방식의 부정적인 경험들의 결과로 인해 동양과 서양 모두에 있는 기독교에 대한 깊은 불신"에 직면하고 있다.29) "현대 세계에서의 세속화의 과정과 실용주의에 대한 강조" 때문에 탈-기독교화(de-Christianization)가 진행됨에 따라서 복음전도는 점점 더 선교적 사역의 성격을 획득하게 될 것이다. 바빙크는 서양의

---

26) 참조. *Ibid*.
27) *IZW*, 83 (*ISM*, 75). 이와 관련하여 바빙크는 바울이 "언약의 자녀들을 대할 때보다 이방인들에게 설교할 때에 (…) 더 부드럽고 더 열심히 탐구하며, 더 신중하게 사유하고 있다"고 지적한다.
28) *IZW*, 83-84 (참조. *ISM*, 75-76); "Zending en evangelisatie," 13, 19.
29) 참조. *IZW*, 84 (*ISM*, 76); "Zending en evangelisatie," 35,

타락의 과정을 잘 알고 있었으며 그러한 과정을 선교 현장으로 까지 추적해 들어갔다(Bavinck was aware of and closely followed the process of the degeneration of the West into a mission field).30) 그리고 이러한 발달이 방법론적인 결과들, 즉 서양에서 선교를 위한 출발점은 복음의 메시지 - 한편으로는 "인간의 마음의 모든 물음들"과 관련되어 있지만 그럼에도 다른 한편으로는 인간으로부터 나온 것이 아닌 메시지 - 를 가지고서, 우리가 더듬어 찾기만 한다면, 세속화된 실재에 대면할 수 있는 길을 찾게 될 것을 고대함으로써 그 속에서(세속화된 실재 안에서-역주) 발견되어야만 한다고 주장했다.* 이것은 심판하고 구속하는 말씀을 통해서 과거와의 단절이며 새로운 시작으로서의 회심을 향해 언제나 일해야만 한다는 것을 의미한다.31)

1.4. 요약

이 논의를 마치면서 우리는 바빙크의 물음으로 돌아간다: "불신자들과 무슬림들 가운데에서의 선교," "유대인들 가운데에서의 선교," 그리고 "복음전도"는 얼마나 선교의 본질에 속하는가? 우리는 다음과 같이 결론을 내릴 수 있다.

이슬람교도들은 다른 비기독교인들과 동일한 방식으로 선교적 명령에 포함된다. 비록 이러한 견해가 원칙상 변호될 만하다 할지라도 그것이 실제적으로 어느 정도 유지될 수 있는지에 대한 물음은 열려진 채로 있다.32)

---

30) 사후에 출판된 *De mens van ons*는 이에 대한 유력한 증거다, 참조. 특히 38-47.
* 원문비교: And this development, he contended, bore methodological consequences, namely, that the point of departure for mission in the West must be found in secularized reality, with a view to finding a way to confront that reality, if only gropingly, with the message of the gospel-a message that concerns on the one hand "all the questions of the human heart," yet on the other hand is "not according to man."
31) "Zending en evangelisatie," 43.
32) 현재 이 문제는 다시 한 번 개혁교회 내에서 많은 논의의 초점이다. 참조. H. Mintjes, 157 ff.

예수를 그리스도로서 고백하기를 공식적으로 거부함으로 인해 이스라엘은 열방 중의 한 나라가 되었다고 선포함으로써 유대인들 가운데에서의 복음의 선포는 명백히 선교의 한 부분에 속하게 된다. 바빙크가 선교의 본질에 대한 정의에서 "열방들"에 대해 말할 때 이것은 이스라엘을 포함한다. 유일한 차이는 이스라엘에 대한 하나님의 불변하는 약속들로 인해서 이스라엘에 대한 선교의 소명이 특별히 강조된다는 것이다. 이런 식으로 바빙크는 1950년대까지 개혁교회 안에서 유행했던 그리고 '대체' 신학으로 나아갔던33) 보다 초기의 관점을 지지했는데, 이 대체 신학은 1950년대 이후로 급격히 변하였다.34) 이스라엘과 관련한 교회의 선교적 소명을 부인하지 않으면서도 로마서 9장으로 11장에 비추어 이스라엘에 대한 교회의 관계는 다른 열방에 대한 관계보다 더 신비적이라고 말해져야만 한다: 선교적 관계는 다르고 ("같은 나무에 이식되었으며"), 선교적 방법은 적어도 보다 더 온화하고 ("시기를 불러일으키며"), 선교적 *카이로스*(kairos)는 더욱 숨겨져 있고 ("이방인들의 충만한 수가 들어 올 때까지 완고하게 되며"), 그리고 선교적 열매는 처음부터 보다 더 전망이 좋다 ("모든 이스라엘이 구원을 받을 것이다").

복음전도사역이 어느 정도로 선교의 본질에 속하는가의 문제에 대한 답은 이중적이다: 선교와 복음전도는 둘 다 *하나님의 선교*에 뿌리를 두고 있다는 점에서 둘 사이에 본질적인 일치점이 있다. 그리고 (언약의 내부와 외부에 있는) 대상의 신학적 지위와 관련해서는 본질적인 차이가 있다. 하지만 페르까일은 세속화의 꾸준한 발달로 인해 바빙크에게 선교와 복음전도의 차이가 점차적으로 사라졌다고 올바르게 말한다.35) 이런 면에서의 그의 생각은 이 시기의 선교론적 발달과 밀접하게 연결

---

33) 참조. G. J. van Klinken, 463.
34) 참조. 예를 들어 페르까일(*Inleiding in de nieuwere zendings wetenschap*, 186)은 유대인들과 그리스도인들은 하나님의 동일한 언약 안에 포함되어 있기 때문에 유대인들 가운데에서 그리스도인들에 의해 사용된 증거의 *방법*뿐만 아니라 그들 사이에서의 모든 *관계*가 대화적이어야만 한다고 말하였다.
35) 페르까일(*Inleiding in de evangelistiei*, 69-70)은 "동시발생"(synchronization)이란 용어 하에서 선교와 복음전도의 관계에 대한 바빙크의 견해를 논의한다.

되어 있으며, 이것은 멕시코 시티에서 열린 1963년 세계선교대회에서 "여섯 대륙에서의 선교"(Mission in six continents)라는 개념을 이끌어 냈다. 그러나 바빙크 자신은 이것을 언급하지는 않았다.

2. 선교의 목표

바빙크가 선교의 목표를 다루는 논의는 간략하다.36) 그 내용은 별로 놀라운 것이 아니다. 왜냐하면 그는 후티우스에 의해서 형식화된 선교의 삼중적 목표에 깊이 동조하기 때문이다: *불신자들, 무슬림들, 그리고 유대인들의 회심, 교회(the Church) 또는 교회들(churches)을 심음, 그리고 신적 은혜를 영화롭게 하고 드러냄.*37) 『궁핍한 세계에서의 선교』에서 바빙크는 아직 후티우스를 언급하지 않는다. 그는 미델부르흐 총회(1896)의 선언들을 언급하는데, 여기에서 모든 선교의 목표는 "하나님의 이름을 영화롭게 함"이라고 공식화된다. 그리고 이것은 "그것[선교사역]이 잃어버린 사람들의 구원을 가져오는 곳에서 가장 분명하게 나타나" 지만 또한 "그것이 마음을 완고케 하는 일을 초래하는 곳에서조차도 성취된다."38) 그 다음에 그는 교회의 선교사역에 대한 길후이스(J. C. Gilhuis)의 1940년의 연구의 첫 문장을 거의 축어적으로 받아들인다:39)

> 우리는 선교가 비기독교적 나라들 가운데에서 복음을 선포하고, 그분의 교회를 심으며, 따라서 이러한 나라들이 하나님의 이름을 영화롭게 하도록 교회가 그리스도의 명령에 따라 수행해야만 하는 영적 노동을 의미한다고 이해한다.40)

---

36) 참조. *IZW*, 157-161 (*ISM*, 155-159), *ZWN*, 27-28, 41. 페르까일(*Inleiding in de evangelistici*, 38)은 바빙크가 이 주제에 대해 "광범위하게" 썼다고 잘못 말한다.
37) 참조. H.A. van Andel, *De zendingsleer van Gisbertus Voetius*, 141-150.
38) *ZWN*, 41. *Acta of the Generale Synode de GKN*(Middelburg, 1896), 22로부터의 발췌문을 참조하라.
39) 참조. *ZWN*, 41.
40) J.C. Gilhis, *De zendingstaak der kerk*, 7; 바빙크는 이 연구의 서문을 썼으며 따라서 그것을 잘 알고 있었다.

이것은 바빙크가 후기 단계까지 후티우스의 선교학, 즉 후티우스에 대한 판 안델의 연구를 연구하지 않았다는 것을 의미할 수도 있다.

바빙크는 후티우스에 의해 형식화된 삼중적 목표를 그것들이 하나님의 한 전능한 목표, 즉 하나님 나라의 오심과 확장의 세 측면들이라고 말함으로써 자신의 방식대로 해석한다. "이 하나님 나라의 오심은 그의 영광, 그의 위대하심, 그의 은혜에 대한 것이다. 이러한 도래는 죄인들의 회심에서 실현된다."41) 바빙크는 이 순서대로 세 가지 면들을 검토하는데(그리고 그것은 후티우스의 순서와는 반대이다), 그것은 또한 그것들이 여기에서 논의되는 순서이기도 하다.

『선교학 입문』(1954)의 이 단락에서 바빙크는 또한 교회와 국가, 조화(accommodation), 그리고 포제씨오(possessio, 점유-역주)의 관계를 논한다. 이러한 주제들은 내가 보기에 선교에의 접근과 선교의 실천 하에서 더 잘 들어맞는다. 그러므로 이 책에서 이러한 제목들 하에 논의 된다[8.1을 보래].

2.1. 하나님의 영광

바빙크에 따르면 구약에서 우리는 야훼의 이름이 열방들 가운데에서 높임을 받을 것이라고 하는 지속적인 열망(민 14:16; 시 72:17; 시 83:19; 합 2:14; 겔 38:23)을 발견한다. 한편으로 바빙크는 이러한 열망이 항상 선교적 관점에 놓여 있는 건 아니라는 것을 인정한다: "잃어진 자들에 대한 긍휼의 어조가 고대 이스라엘에서 거의 표현되지 않는다. (…)"42) 그러나 다른 한편으로 그는 에스겔 38장 23절("이와 같이 내가 여러 나라의 눈에 내 존대함과 내 거룩함을 나타내어 나를 알게 하리니 그들이 나를 여호와인 줄 알리라")이 선교의 목표를 표현한다고 본다. 이러한 성경본문들을 인용하는 것보다 설득력 있는 것은 기본적인 구약의 유형에 대한 그의 지적인데, 그것은

---
41) *IZW*, 157-158 (참조. *ISM*, 155).
42) *IZW*, 158 (참조. *ISM*, 156).

하나님 나라의 종말론적 계시와 지상에서 야훼를 영화롭게 하는 것과 뗄 수 없을 정도로 연결되어 있다: "우리가 세계 역사라고 부르는 경악할 만한 연극의 모든 거친 불협화음들은 저절로 해소될 것이며 모든 것은 결국 지존자(the Most High)의 나라의 저 숭고한 협화음으로 끝날 것이다."43) 덧붙여 말하자면 바빙크는 더 나아가 성경적 자료를 토대로 이러한 주장을 증명하지 않고, 단지 "구약의 모든 선지자들은 하나님의 전능한 역사들의 묘사할 수 없는 놀라운 결과를 각자 자신의 음조로 말한다"고만 진술할 뿐이다.44)

바빙크에 따르면 신약에서도 하나님 나라의 오심에서 중요한 것은 전 세계적으로 하나님을 찬양하는 것이다. "틀림없이 하나님 나라는 평화, 즉 그것에 참여하는 모든 이를 위한 구원을 포함한다. 하지만 제일 강조되는 것은 이것이 아니다. 그것이" 언젠가 "유일하게 안전한 피난처, 유일한 안식처"가 될 "하나님의 나라라는 사실이 훨씬 더 강조된다."45) 이러한 견해를 지지하여 바빙크는 하나님 나라의 종말론적 약진을 가리키는 두 개의 성경 본문들, 즉 엡 1:10-11과 고전 15:24-25, 28만을 언급한다.

이러한 접근과 더불어 바빙크는 *하나님의 영광*을 다소 일면적으로(one-sidedly) 미래에로 전환한다. 본질상 하나님을 영화롭게 하는 것은 인간의 삶 속에서 그리스도의 구원을 실현함으로써 드러난다고 하는 그의 견해 - 이것은 후티우스의 견해와 일치한다46) - 가 현재에 *하나님의 영광*을 잠정적으로 실현하는 것에 대한 관점을 제공할 수 있었다.

『선교학 입문』에서 바빙크가 미델부르흐 총회의 선언들을 더 이상 언급하지 않는다는 것은 더욱 주목할 만한데, 이 총회는 선교사역의 최고 목표로서 하나님의 이름을 영화롭게 하는 것이 두 가지 방식으로

---

43) *IZW*, 158-159 (참조. *ISM*, 156-157).
44) *IZW*, 159 (참조. *ISM*, 157).
45) *IZW*, 159-160 (참조. *ISM*, 157).
46) 참조. H.A. van Andel, *De zendingsleer van Gisbertus Voetius*, 150.

성취된다고 말한다: 메시지가 받아들여질 때와 그것이 거부될 때. 분명하게 그는 이제 - 이러한 전환을 말하지 않은 채 - 안델을 전적으로 지지했는데, 안델은 후티우스가 *영화롭게함(glorification)*과 *신적 은혜의 계시(gloria et manifestatio gratiae dinnae)*라는 원칙을 오직 *함께 모임(gathering together)*과 *택자들의 구원(collectio et salus electorum)*에만 적용했다고 결론을 내렸다.47)

2.2 교회 심기(Church Planting)

두 번째 목표는 첫 번째 목표를 섬기는데, 그것은 하나님 나라의 잠정적 현현으로서의 교회 확장과 심기이다:

> 그리스도께서는 친히 현 세대에 그가 그리스도라고 하는 신앙고백(마 16:18)의 *반석(petra)* 위에 그의 *교회(ecclesia)*를 세울 것이라고 이미 말씀하셨다. (…) 요지는 우리가 하나님 나라의 종국적인 영광스러운 도래를 준비하여 하나님께서 세상의 모든 지역으로부터 자신을 위해 교회를 모으신다는 것을 보는 것이다.48)

교회에서 신자들은 하나님과 그리고 서로 간에 새로워진 교제를 경험한다:

> 이 세상에서의 일상에서 매우 광범위한 의의를 지니고 있는 모든 다양한

---

47) 참조. 안델(*De zendingsleer van Gisbertus Voetius*, 150)은 후티우스의 생각과 미델부르흐 총회의 생각의 차이를 보여준다. 또한 다음을 참조하라. J. Verkuyl (*Contemporary Missiology*, 184), 페르까일은 후티우스가 "그의 자유케 하시는 은혜를 드러내시는 하나님의 영광과 이러한 은혜를 확장시키심으로 인해 그에게 마땅한 찬양을 전적으로 강조했다"고 주장한다. 바빙크가 여기에서 심판을 "제거한다"(disposes of)고 하는 클랍베이끄(J. Klapwijk)의 가정(16-17)은 지지될 수 없다: 바빙크는 단지 후티우스의 지도를 따를 뿐이다. 크라이드호프(J. Kruidhof)(11 ff.)는 바빙크의 신학 안에서 불신앙에 대한 종국적인 정죄로서의 심판이 좀 비중이 작게 다루어지고 있다고 언급하여 보다 신중한 분석을 제공하고 있다.(J. Kruidhof, 11ff., provides a more nuanced analysis by referring to the limited place judgment as ultimate condemnation of unbelief occupies in Bavinck's theology).
48) *IZW*, 160 (참조. *ISM*, 158). 또한 다음을 참조하라. *GGMT*, 676, 여기에서 바빙크는 "이 '마지막 날들'에 그리스도의 나라가 에클레시아로서, 즉 교회(Church)로서 자신을 드러낸다고 말한다.

불화들과 대립들은 [교회 안에서] 더 이상 아무런 가치도 없다. "헬라인과 유대인이나 할례당과 무할례당이나 야인이나 스구디아 인이나 종이나 자유인이나 분별이 있을 수 없다"(골 3:11).49)

후에 바빙크는 이런 새로워진 교제를 성령중심적인 것으로 묘사했다.50) *교회심기*(plantatio ecclesiae)라고 하는 이러한 목표는 인간의 회심의 목표를 초월하는데, 왜냐하면 "모든 참된 구원의 본질적인 요소는 다른 사람들과의 유대이기 때문이다."51) 그는 구약에 대한 어떤 언급도 없이 오직 신약의 자료만을 기초로 이 점을 주장한다. 교회는 믿는 모든 자가 통합되는 그리스도의 몸(엡 1:23), 즉 - 다른 유비를 사용하자면 - 신자들이 융합하는 건물, 곧 성전이다.52) 그러므로 선교는 회중들의 구성과 교회들의 확립을 구체적으로 형성하기 위해 요구된다.53) 이러한 필연성은 "모든 성도와 함께" 우리만이 "지식에 넘치는 그리스도의 사랑을 알아 그 넓이와 길이와 높이와 깊이가 어떠함을 깨달을"(엡 3:18-19) 수 있다는 성경적 실재에 의해서 강조된다.54)

바빙크가 강력하게 교회중심적인 용어들로 자신을 표현함으로써 하나님 나라의 도래를 교회 심기에 제한할 때에 그는 선교의 성격에 대한 자신의 견해와 모순을 일으키고 있다. 바빙크가 이것을 『선교학 입문』(1954)에서 보여주고 있다는 것은 더욱 놀라운 일인데, 왜냐하면 그 자신이 보다 초기의 저서인 『비기독교 세계에 대한 기독교의 영향』(1948)에서 지나치게 편향적인 교회중심주의를 비판했기 때문이다: "다른 사람들은 선교사역의 목표를 *교회심기*로 묘사했다. 그러나 교회는

---

49) *IZW*, 160 (참조. *ISM*, 158).
50) 참조. *IGHG*, 87 ff.
51) *IZW*, 161 (참조. *ISM*, 159).
52) *IZW*, 160 (참조. *ISM*, 159). 참조. *ZWN*, 28: "그의 사역에서 바울은 또한 개인들에게도 말한다. 그러나 그럼에도 그는 즉시 보다 더 큰 목표를 염두에 둔다: 그리스도의 교회들을 세우는 것, 그는 회심자를 즉시 그리스도의 몸으로서의 교회의 일원으로서, 즉 전 세계에 퍼져나갈 교회로서 본다."
53) *IZW*, 160 (참조. *ISM*, 158). *ZWN*, 27.
54) *IZW*, 161 (참조. *ISM*, 159).

하나님의 뜻에 자신의 환경 전체를 복종시키라는 저항할 수 없는 명령을 자신 안에 가지고 있지 않은가? 하나님의 뜻을 과학과 예술에서, 정치와 사회적 관계에서 하나의 규범으로 세우는 것이 교회의 끝없는 욕망이 아닌가? 교회 안에는 이 세상에서 하나님 나라를 선포하고자 하는 영구적인 경향이 잠재해 있지 않은가?"55) 이 구절은 실로 그가 보다 폭넓은 목표에 대한 안목을 가지고 있었다는 것을 보여준다: 비록 구원이 교회를 떠나서는 실현되지 않는다 할지라도 그것은 또한 교회 *안에서*만 실현되어서는 안 된다. 『선교학 입문』(1954)에서 바빙크는 보다 깊은 반성이 없이 후티우스의 교회중심주의를 수용했던 것처럼 보인다.56)

2.3. 인간의 회심

필연적으로 교회의 확장 안에 세 번째 목표가 내포되어 있다: 모든 곳에 있는 사람들의 회심. 구약과/또는 신약의 증거를 토대로 이러한 목표를 위한 토대를 명시적으로 제공하지 않은 채 - 아마 그것이 너무 명백하기 때문에 - 바빙크는 그 문제 자체를 다음과 같이 기술한다: "낡은 것, 즉 죄에 대한 굴종을 완전히 버리고 온 맘과 영혼을 다해 그리스도에게 자신을 바치는 것 - 이것이 인간의 관점에서 본 회심이다. 이 사건 자체는 당연히 무한할 정도로 더 크고 더 풍부하다. 이것은 '흑암의 권세'에서 건져내사 그의 사랑의 아들의 나라로 옮기는" 것이다(골 1:13). 이것은 그리스도 안으로 통합되는 것이며 그럼으로써 그와 함께 그의 죽음 안에 묻히고 새로운 생명으로 일으킴을 받는 것이다. 이것은 급진것인 변화이며 따라서 우리는 "새로운 피조물"이 된다: "옛 것은 지나갔으니 보라 새 것이 되었도다"(고후 5:17).57) 그러므로 이러한 목표에 이르는 것은 하나님의 사역을 포함하는 것이 아주 분명하며, 이것을 하나님께서

---

55) *ICNCW*, 31.
56) 후티우스의 이러한 교회중심주의를 위해서는 다음을 보라. J.A.B. Jongeneel, "Voetius' zendingstheologie," 145.
57) *IZW*, 161 (참조. *ISM*, 159).

는 사람들의 삶에서 행하시고 "하나님의 동역자들"로서 우리는 이 일에 동참한다.58) 기대를 가지고 선교적 명령을 성취하도록 하는 동기부여를 반복해서 제공하는 것은 바로 이러한 신중심적 출발점이다.

2.4. 요약

바빙크는 후티우스로부터 도출된 목표의 형식화, 즉 그 목표를 일차적으로 송영적으로(또는 신중심적으로), 교회중심적으로, 그리고 구원중심적으로 규정하고 또한 종말론적 정향을 가지는 형식화를 사용한다. 선교의 본질에 대해 그가 말한 것과의 연계는 분명하다.

그러나 바빙크가 하나님 나라의 도래라는 중심개념의 관점에서 보다 더 충분하게 삼중적 목표를 숙고했더라면, 다시 말해서 그가 교회중심주의와 하나님나라중심주의를 보다 분명하게 연결지었더라면 그의 논의가 전체적으로 일관성이 있었을 것이다. 『비기독교 세계에 미치는 기독교의 영향』에 나타나는 주제에 대한 보다 초기의 진술을 고려할 때 이것이 논리적이었을 것이다. 그것이 지금의 경우보다 선교의 본질과 목표 사이의 보다 밀접한 관계, 특히 그리스도론적 측면을 제공했을 것이다. 더 나아가 그는 두 번째와 세 번째 목표, 즉 '이미'와 '아직 아니' 사이의 관계 속에 내재해 있는 긴장을 보다 더 분명하게 지적할 수 있었을 것이다.

마지막으로 개혁주의 선교학의 틀 안에서 미델부르흐에서 표현된 바와 같이 하나님의 영광의 이중성(the duality of the glory of God)이 간단하게 무시될 수 있는지에 대한 물음이 조심스럽게 제기될 수 있다.

3. 선교적 접근

『선교학 입문』에서 선교에의 접근에 대한 장이 선교의 토대에 대한 장

---

58) *IZW*, 160 (참조. *ISM*, 159).

에 곧바로 뒤따른다. 선교적 접근에 대한 바빙크의 견해에 대한 논의에서 우리는 그 자신이 그린 주요한 방법론적이고 신학적인 노선들을 따를 것이다. 이것들 중 첫 번째는 이러한 반성을 위한 다른 학문분과들의 중요성 뿐만 아니라 신학의 우선성이다. 후티우스를 따라서 바빙크는 선교적 접근에 대한 반성에 본질적인 네 가지 물음을 제시한다: 누구에게, 누구에 의해서, 언제, 그리고 어디에서 메시지가 전달되는가. 그는 이러한 물음들의 성경적 정당성을 증명하고 나아가 그것들을 인종학, 인류학, 사회학 그리고 심리학의 관점에서 상술한다.59) 다음으로 우리는 그가 자신이 제안한 이중적 접근 이해를 지지하는데 사용한 성경적-신학적 논증60)을 추적한다: 보다 폭넓은 *포괄적인* 의미에서의 접근과 보다 좁은 *케리그마틱(kerygmatic)*한 의미에서의 접근. 그 후에 이 두 형태의 접근이 방금 말해진 순서대로 논의된다. 바빙크는 이 순서를 선호하는데 왜냐하면 그가 보기에 선포는 언제나 보다 큰 것의 일부이기 때문이다. 그는 중요한 것은 오직 선포라고 하는 공통의 "순진한 오해"(naive misapprehension)가 선교 역사의 과정 속에서 있었으며, 나중에서야 선포가 훨씬 큰, "훨씬 더 포괄적인" 전체의 일부로서, "케리그마틱한 접근은 그것의 제한된 일부만을 구성할 뿐이라고 하는 깨달음이 일기 시작했다고 쓰고 있다.61) 케리그마틱한 접근을 다루는 것은 또한 반증학을 다루는 이 연구의 다음 장에 대한 입문으로서 여겨질 수 있다.

선교적 접근에 대한 바빙크의 반성이 정확히 탈식민지화의 시대에 일어났다는 것을 주목하는 것이 중요한다. 그는 국제적인 정치적 관계들에서의 이 거대한 변화가 선교적 접근의 새로운 이행뿐만 아니라 새롭게 새로운 사유방법을 수반하는 것을 점차적으로 더 많이 인식하게

---

59) 참조. *IZW*, 21, 88 ff. (*ISM*, 6, 82-87).
60) 체계적 관점에서 이러한 논증은 선교의 성경적 토대를 다루는 부분에 더 잘 부합한다. 그러나 포괄적 접근에 관한 바빙크의 추론에 분명한 발전이 있으므로 이것은 여기에서 다루어지는데 왜냐하면 이러한 발전에 대한 논의는 현 맥락에 더 잘 부합하기 때문이다.
61) *IZW*, 93 (참조. *ISM*, 87). 또한 *ZWN*, 48을 참조하라. 여기에서 바빙크는 "말씀과 행위는 지속적으로 서로를 지지해주어야만 한다"고 말한다.

되었다. 이와 관련해서 그는 다음과 같이 썼다:

> 당분간 우리는 우리 자신이 중간기에, 즉 파열된 관계들에서 오는 격동인 식민지 이후 시대의 격동의 시기라고 심심치 않게 언급되는 기간에 있음을 발견한다. (…) 그러나 그 사이에 새로운 세계의 시대가 그것의 위협과 기회들을 가지고 천천히 형성되기를 시작하고 있다. 그리고 이런 새로운 시대에 선교는 그것이 취해야 할 길을 결정해야만 할 것이다. 실로 우리는 이미 그러한 작업을 하느라 바쁘다.[62]

그럼에도 어떤 면에서 그 전성기를 누려 온 선교적 접근에 지나치게 많은 주목을 하는 이유에 대한 물음이 제기되는 것은 바람직할 수 있다. 두 가지 이유가 있다: 첫째는 바빙크의 선교신학에 대한 완전한 통찰을 제시하기 위해서이며, 그리고 둘째는 바빙크가 변화하는 맥락에 의해서 야기된 모든 새로워진 선교적 반성에서 고려될 가치가 있는 원칙들을 우리에게 주기 때문이다.

마지막으로 바빙크의 선교적 준거틀이 1896년 미델부르흐 총회의 선언들과 1928년 예루살렘에서의 국제선교대회 이래 논의되어져 왔던 포괄적 접근의 주제 사이에서 오락가락 하고 있다는 것을 주목해야 한다. 이 외에 제 삼자들과의 그의 대화는 제한되어 있었다.

3.1. 접근에 관한 두 가지 근본적인 개념

3.1.1. 신학의 우선성(The Primacy of Theology)

『선교학 입문』에서 바빙크는 우리가 실천적인 선교적 접근을 성경에서 직접 끌어내려고 애쓰는 것에 대해 주의해야만 한다고 강조해서 지적한다. 예를 들어 바울의 방법을 아무런 반성이 없이 현재에 적용하는 것은 근시안적임을 보여줄 것이다.[63] 역설적으로 이것은 심지어 *비*성경적인

---

[62] "Het Vasco da Gama-tijdperk," 바빙크 자신이 이런 새로운 반성에 얼마나 관여하기 시작했는가는 아래의 3, 4단락에서 논의될 것이다.

접근을 초래할 수도 있는데 왜냐하면 선교적 명령이 성취되어야만 하는 항상 변화하고 있는 상황을 적절하게 고려하는데 실패한다면 성경에서 발견되는 선교적 접근의 기본 원리들을 *사실상(de facto)* 폐기하게 될 것이기 때문이다.64) 바빙크는 이러한 원리들을 찾아서 그것들을 선교에의 이정표와 선교에 적절하게 접근하기 위한 경계표(boundary markers)로서 사용하기를 원하지만,65) 덧붙여 말하기를 이러한 작업은 "큰 주의"를 요하는데, 왜냐하면 우리가 성경적 자료들로부터 "풍부한 보물들"을 끌어낼 수 있다 할지라도 우리는 이것들로부터 "우리의 시대에 그리고 우리가 처해 있는 환경들 하에서" 우리에게 요구되는 것을 단순하게 끌어낼 수 없기 때문이다.66) 그는 『궁핍한 세계에서의 선교』에서 그랬던 것보다 여기에서 훨씬 더 신중해진 것처럼 보이는데, 이 책에서 그는 롤란드 알렌을 따라 여전히 사도 바울이 따랐던 방법을 선교에의 접근을 위한 모델로서 제시했다. 비록 이 책에서도 그는 바울의 방법을 현대의 선교적 상황에 단순하고 직접적으로 적용하는 것에 대해 경고했지만 말이다.67)

동시에 바빙크는 선교적 접근이 오직 인류학, 인종학, 그리고 심리학만을 포함한다는 생각에 반대한다.68) 그는 선교적 방법을 이런 식으로 세속화하는 것을 확고히 거부하는 반면에, 선교에의 접근의 "무엇"과 "어떻게"는 분리될 수 없을 정도로 연결되어 있다고 말한다. 우리가 선교사역의 *내용*을 보는 한 신학이 그 답을 제공한다는 것은 사실이지만, 이 사역의 *방식*에 관한한 다른 학문분과들이 결정적이라는 것

---

63) *IZW*, 85 (참조. *ISM*, 79-80).
64) 참조. *IZW*, 85-86 (*ISM*, 80).
65) 참조. Herman Bavinck, "De zending in de Heilige Schrift," 30, 헤르만 바빙크는 성경은 "문자 그대로 반복하도록" 우리에게 주어진 것이 아니라 "우리가 그것들을 신중하게 동화해서 일상의 삶에 그것들을 적용하도록" 주어졌다고 말한다.
66) "De zendingsmethode van Paulus," 99.
67) 참조. *ZWN*, 20 ff.
68) 비록 바빙크가 여기에서 아무 이름도 언급하고 있지 않지만 그가 (선교가 토착문화로부터 그 실마리를 취해야한다는 접근과 관련해서) 구트만(B. Gutmann)의 *민족유기체적인 (Volksorganische)* 방법과 (선교의 방법은 토착적인 맥락에서 도출되어야 한다는) 카이쎄르 (C. Keysser)의 *민족교육적(Volkspaedagogische)* 방법을 염두에 두고 있었을 가능성이 있는데, 이 둘 모두에 바빙크는 이의를 제기했다.

은 사실이다.69) 그 내용이 "우리가 무엇을 해야만 하며 우리가 반드시 무엇을 해서는 안 되는지"를 확고히 결정한다.70) 우리가 "무엇"이 단지 이론만을 포함하는 것이 아니라 하나님 자신의 말씀하심까지도 포함한다(고후 5:20)는 것을 깨달을 때에 이것은 더욱 분명해진다.71) 선교사역은 원칙상 "살아계신 하나님과 (…) 온갖 종류의 어리석은 생각에 갇힌 사람들 사이"의 만남이다.72) 그러므로 그 접근은 언제나 "그의 사랑, 그의 헤아릴 수 없는 자비"의 표현이어야만 한다. "*어떻게*는 그리스도께서 그 안에서 자신을 인식하는 그런 것이어야만 한다."73) 비록 바빙크가 성육신을 지나치면서 언급한다 할지라도 그는 이것을 핵심적인 주장으로서 제시한다: "하나님의 계시는 결코 먼 어떤 곳에서 계속 떠돌고 있다가 일반진리로서 우리에게 내려오는 것이 아니라 우리의 역사 속으로 들어 왔으며 육체의 형태를 취하여 '우리 가운데 거하였다.' 말씀의 성육신은 계시역사의 중심이므로 계시는 언제나 살아 있는, 구체적인 만남을 갖는다."74)

신학은 어떻게 인류학, 인종학, 사회학 그리고 심리학과 연관되는가?75) 한편으로 신학은 이러한 학문분과들에 기능할 수 있는 간단한 여지를 부여하는데 왜냐하면 확신하건데

> 추상적이고(abstract), 비유형적인(incorporeal), 비역사적(ahistorical) 죄인들은 전혀 없으며 [오직] 그들의 죄된 삶이, 다른 요소들 가운데에서, 다양한 문화적이고 역사적인 요소들에 의해, 즉 가난, 굶주림, 미신, 전통, 만

---

69) *IZW*, 85-86 (참조. *ISM*, 80).
70) *IZW*, 87 (참조. *ISM*, 81).
71) 참조. *BBO*, 7-15. 여기에서 비록 전혀 다른 맥락이긴 하지만 바빙크는 뛰어난 방식으로 이러한 생각을 발전시켰다.
72) *IZW*, 87-88 (참조. *ISM*, 82).
73) *IZW*, 88 (참조. *ISM*, 82).
74) *IZW*, 89 (참조. *ISM*, 83).
75) 『선교학 입문』에서 바빙크는 사회학을 언급하지 않지만 유진 니다(Eugene A. Nida)의 책인 『메시지와 선교』(*Message and Mission*)를 비평하며 그는 이것을 염두에 두었던 것이 분명하다. 왜냐하면 이 비평은 "Hoe de boodschap verder gaat: Sociologische aspecten in de verbreiding van het evangelie"를 보기 때문이다.

성적인 질병, 부족의 관습, 그리고 수많은 다른 것들에 의해 결정되는 구체적인(concrete) 죄인들만이 있기 때문이다.76)

반면에 신학은 이러한 학문분과들의 사용과 적용을 제한한다. 칼 바르트77)를 언급하며 바빙크는 신학이 언제나 "훈계의 손가락을 들어서 가능한 한 청중에게 가까이 가고자 하는 열망으로 인해 복음의 순수함이 희생되어서는 안 된다고 경고해 줄 것이다" 라고 말한다.78)

3.1.2. 이중적 접근(A Two-fold Approach)

선교적 접근에서는 모든 것이 선포의 주변만을 맴돈다고 하는 가정을 바빙크는 "순진한 망상"(naive illusion)이라고 부른다.79) 성경과 실천 모두에 비추어 볼 때 선교적 접근은 언제나 존재 전체와 관련이 있다. 케리그마틱 접근은 언제나 포괄적 접근을 뒤따르며 그것에 수반되는데, 이 포괄적 접근은 개인의 행위들에서 그리고 집단적인 형태의 조력과 발달에서 표현된다.80) 신학적 동기부여에 대한 바빙크의 이해에 명백한 발전이 있음을 알 수 있다. 『궁핍한 세계에서의 선교』에서 바빙크는 선교적 접근은 언제나 말씀과 행위 둘 모두에서의 선포라고 하는 입장을 지지하는 신학적 논증을 간단히 설명한다. 먼저 그는 말씀의 성육신을 지적한다: "말씀(The Word)은 '담화'(discourse)나 '주장'(argument)이 되지 않고, '육체'(flesh)가 되었다. 즉 그것은 진정으로 인간적인 살아 있는 형태로 우리 가운데 나타났다."81) 복음은 이에 대한 한 증거인데, 왜냐하면 그리스도

---

76) *IZW*, 87 (참조. *ISM*, 81).
77) K. Barth, "Die Theologie und die Mission," 189-215. 바빙크가 구트만과 카이싸르에 반대한다는 나의 인상은(위의 각주 67을 보라) 바르트에 대한 이 언급에 의해 지지를 받게 되는데, 바르트 또한 이 글에서 구트만과 카이싸르를 비판한다. 또한 다음을 참조하라. T. Yates, *Christian Mission in the Twentieth Century*, 49 ff.
78) *IZW*, 86(참조. *ISM*, 87).
79) *IZW*, 93 (참조. *ISM*, 87).
80) 참조. *IZW*, 93-95, 98-121 (*ISM*, 87-89, 90-120)과 *ZWN*, 45-46, 49-50.
81) *ZWN*, 48.

께서는 하나님의 사랑을 말씀으로 구현하셨을 뿐만 아니라 그의 생명으로 구현하셨기 때문이다. 그러므로 말씀과 행위가 서로를 지지하는 것은 복음의 본질에 속한다. 복음의 선포는 언제나 "도움과 긍휼을 베풀 준비가 되어 있는 삶 안에" 메시지가 성육하는 것을 함의한다.82) 그는 이러한 행동들을 단순히 복음의 선포를 예비하는 것으로서 보는 것은 옳지 않다고 지적한다. 따라서 환대는 "교회에 이르는 길"일 뿐만 아니라 "그 자체로 가치"를 갖고 있다. 모든 행위들은 "자비의 증거"이며 "그 자체로 하나의 설교"이다.83) 동시에 바빙크는 기독교적 행위들을 행하는 것으로 충분하다는 생각을 거부한다. 사랑을 실증하는데 있어서 보여지는 것은 그리스도의 사랑이라는 것이 언제나 분명해야 한다.84) 행위들은 결코 말씀과 분리되어서는 안 된다. 왜냐하면 오직 말씀을 통해서만 행위들은 참된 의미로 이해될 수 있기 때문이다.

『인간과 그의 말씀』(*De mensch en zijn wereld*, Man and His Word, 1946)에서 바빙크는 계시 역사에 나타나는 지배적인 주제로서의 하나님 나라의 의의에 대한 흥미로운 신학적 설명을 제공했다.85) 비록 이 책이 선교론적 저서는 아니며 그래서 선교적 접근을 직접적으로 다루고 있지는 않다 할지라도 여기에서 바빙크는 처음으로 『비기독교 세계에 미치는 기독교의 영향』과 『선교학 입문』같은 선교론적 책들에서 후기의 입장으로서 보다 상세하게 설명되는 생각들의 윤곽을 그리고 있다. 그러므로 여기에서 보충설명의 형식으로 이 설명에 대한 요약을 포함시키는 것이 적절해 보인다.*

하나님 나라 개념은 피조물 전체를 지배하는 바탕이 되는 주제이다.86) 처

---

82) *Ibid.*
83) *Ibid.*, 53.
84) *Ibid.*, 49.
85) *De Mensch en zijn wereld*, 47-66. 이러한 발달의 암시들은 보다 초기에 발견된다. 참조. "De komst van het Godstijk," 6-13.
* 이후의 글은 보충설명의 형식을 띠고 있기 때문에 저자는 들여쓰기의 형태를 취하고 있다. 그래서 역자 역시 들여쓰기 형태를 취하였다-역주.

음부터 그것은 본질상 우주적이며 완벽한 조화를 함축하는데, "왜냐하면 위대한 피조물의 전당에서 매 순간은 가장 기본적인 단계에서조차 모든 것을 함께 묶어주는 하나의 목표, 즉 전능자의 의지를 향한 존귀한 복종을 향하고 있기 때문이다."87) 하나님 나라는 정적이 아닌 역동적이 되도록 의도되었다: "하나님 나라에 담겨진 것은 처음부터 번창하라는, 완벽하라는, 그 전체(피조계 전체—역주) 안에 숨겨져 있는 모든 씨앗과 능력들을 펼쳐 보이라는 요청이었다."88) 그러므로 하나님 나라는 역사 안에서 실현되는데, 그 안에서 인간은 다시 결정적인 지도적 역할을 하게 된다. 왜냐하면 인간은 하나님 나라의 주체일 뿐만 아니라 그의 문화적 과업에서 "공동—통치자"(co-regent)이며 "부왕"(viceroy)이기 때문이다(창 1:28-29; 시 8:4-7). 그러나 이러한 발달은 죄에 의해서 방해를 받는다. 바빙크는 죄 안에서 하나님과의 교제로부터 떠나는 것을 포함하는 제사장적 요소와 하나님의 전 포괄적 통치를 깨뜨리는 왕적 요소를 구별하는데, 이러한 것들을 통해서 "전 세계 질서는 혼란 속으로 던져진다." 89) 인간이 지속적인 불협화음 속으로 떨어지게 된 것은 인간으로 인해서 땅이 저주를 받으며(창 3:17), 피조물이 허무한데 복종하게 되는(롬 8:20) 즉각적인 결과를 가져왔는데, "왕이 되고자 하는 인간이 하나님의 영광스러운 나라로서 하나님에게만 자신을 복종시키고자 하는 세상에서 살지 못하도록" 하기 위해서였다.90) 세상은 그 모든 상호관계 속에서 마귀적인 세력들의 손아귀에 빠져 있으며 "타락, 파괴, 분열, 적의, 반목, 무의미, 흑암 그리고 죽음으로 특징지어진다."91) 인간의 사역은 더 이상 하나님을 섬기지 못하며 단지 "생을 위한 투쟁"일 뿐인데,92) 이것은 특히 전도서에서 묘사된 무의미함과 목적없음에 의해서 특징지어진다. 바빙크가 이것을 얼마나 명확하게 보았는가는 다음의 인용 글에서 명백한다.

---

86) *DE Mensch en zijn wereld*, 47-49. 여기에서 바빙크는 특별히 이것이 표현되는 시편들을 지적한다: 95:3-5; 33:9; 19:3; 103: 19-22.
87) *ZWN*, 49.
88) *Ibid.*, 50.
89) *Ibid.*, 51-52.
90) *Ibid.*, 53.
91) *Ibid.*, 53-55. 바빙크는 이러한 마귀적 드라마가 헤아려질 수는 없지만, 이것은, 예를 들어 누가복음 4장 39절과 마가복음 4장 39절(여기에서 열과 폭풍이 각각 꾸지람을 듣는다)에 따르면, 일상의 실재라고 지적한다.
92) 이 용어는 바빙크의 것은 아니지만 그가 『궁핍한 세계에서의 선교』, 55페이지에서 쓰고 있는 것을 요약해 주는 표현이다.

인간은 엄청난 것들을 할 수 있다. 그는 피조물의 가장 깊은 신비들까지도 꿰뚫을 수 있다. 이 모든 것은 더 이상 의미가 없다. 그는 더 이상 조화로운 세계를 건설하지 못한다. 그는 세계의 파괴를 무효로 할 수 없다. (…) 이 모든 것은 점차적으로 자기보존을 향한 충동, 모든 실망들과 낙심들에 대한 대비의 필요, 그리고 보충에 대한 강할 열망을 강화시킨다.[93]

그러나 하나님께서는 하나님 나라의 계획을 고수하셨으며, 그것의 형성(신생)은 세계 역사의 가장 깊은 주제로 남아있다. 바빙크는 몇 가지 측면을 말한다:

1. 성경의 상당 부분이 역사서들로 이루어져 있다는 사실에 의해서 역사 속에 있는 하나님 나라의 존재 안으로 들어오는 것(The coming into being of the Kingdom in history)이 강조되는데, 이러한 역사서들 안에서 역사는 하나님 나라 개념의 실현으로서의 하나님의 행위들로부터 계속해서 그 의미를 도출해낸다.[94]

2. 이스라엘의 존재에서 하나님의 나라가 예표된다. 이스라엘은 교회이자 동시에 국가였다. 그것은 자신 안에 제사장적 측면들과 왕적 측면들을 연합시키며 그러므로 "제사장 나라"(출 19:6)라고 불린다.[95] 국가적 측면은 이스라엘이 정치적인 혼란 속에 지속적으로 얽히게 되었으며 전쟁과 대립에도 불구하고 계속 존재했다는 것을 함축했다. 이것은 "상징적인 형태들"로 나타난 하나님 나라의 역사로서 간주될 수도 있다. 이것이 바로 이스라엘이 자신을 바라본 방식이었다는 것은 메시아적 시대에 대한 기대가 계속해서 되살아나는 것에 의해서 입증되는데, 이때에 하나님께서는 자신의 홀(scepter) 아래에 열방들을 모으실 것이다(슥 14:9; 사 25:6-12).[96]

3. 하나님 나라의 오심은 예수 그리스도 안에서 실현된다. "아담의 죄가 세상을 파괴했듯이, 이 세상은 예수 그리스도 안에서 함께 모여 하나가 된다." 왜냐하면 그는 제사장으로서 인간을 하나님과의 관계에로 회복시키실

---

93) ZWN, 56.
94) Ibid., 60.
95) Ibid. 여기에서 바빙크는 또한 성전과 궁전이 함께 인접해 있었으며 시온이 그 둘을 위한 이름이었다고 지적한다.
96) Ibid., 60-62.

뿐만 아니라 왕으로서 "이 타락한 세상에서 그의 구원의 통치를 회복시키시기" 때문이다.[97] 그리스도 안에서 가까이 오게 된 이 하나님의 나라는 (마 3:2, 4:17) 우주적이며 보편적인 것으로 이해되어야만 한다(엡 1:9-10; 고전 15:24-28).[98]

4. 원시시대에 존재했던 하나님의 나라는 모든 분열과 불화를 통해서 마지막 때에 충만하게 실현된다. 그때까지 그것은 "가까이"(near)있거나 "오는 중"(coming)이다. 이러한 종말론적 성격은 구약과 신약에서 계속 강조된다.[99]

5. 그 밖의 모든 것, 예를 들어 은혜언약과 같은 것은 종말론적 관점에 종속된다. "우리의 삶의 종국적인 목적은 우리가 개인적으로 다시 하나님을 즐길 수 있게 되는 것이 결코 아니라 (…) 우리가 다시 한 번 하나님 나라라고 하는 폭넓은 맥락 안에서 우리의 자리를 차지하는 것이다 (…)."[100]

6. 하나님 나라의 오심은 뗄 수 없을 정도로 함께 엮여있는 두 실재인 "성전"과 "궁전", 즉 제사장과 왕직을 포함한다.

> 성전은 언제나 하나의 실재로 남아 있는 원시 시대이며, 그것은 동시에 마지막 때, 즉 하나님의 낙원과 생수의 강에 이르는 표지판이다. (…) 예수 그리스도 안에 있는 하나님의 은혜를 토대로 하여 생명나무에로 머리 숙여 돌아오는 아담이 있다. (…) 그 왕(the King)은 그의 뒤에 있는 원시 시대의 하나님 나라이며 먼 지평에서 종말의 하나님 나라는 그의 앞에 있다. 그는 시작과 끝 사이에, 세상에서 일어나는 하나님 나라의 격렬한 싸움의 중간에 놓여 있다.[101]

바빙크는 후자를 "세상 역사의 극적인 긴장"으로 묘사하는데, 이 안에서 하나님 나라는 인간의 제국을 그 대립자로서 갖고 있다.[102] 비록 인간의 제국이 그 집단적인 죄된 의지(the collective sinful will)로 인해서 내재적으로 불가능한 것(an inherent impossibility), 즉 역사가 증명하듯이 영구적인 권력을 갖지 못하는 유토피아임에도 불구하고 인류는 "잃어버린 하나님

---

97) *Ibid.*, 58-59.
98) *Ibid.*, 57, 59-60.
99) *Ibid.*, 57.
100) *Ibid.*, 58.
101) *Ibid.*, 65-66.
102) *Ibid.*, 62.

을 회복하기" 위해 하나님을 향한 결연하고 마귀적인 분노(시 2:2)를 품고서 거듭 그것을 다시 세우고자 시도한다.103) "그러므로 하나님 나라의 역사는 조용하게 졸졸 흘러가는 시내가 아니다. (그것은) 반복해서 인간 제국의 현현들과 마찰을 일으킨다. 그리고 그것은 순간 순간 세계 역사의 종막(finale), 즉 주님의 위대한 날을 가리킨다." 104)

이러한 보충설명은 바빙크에게 존재 전체를 포괄하는 선교적 접근에 있어서 가장 중요한 성경적-신학적 기준이 무엇이었는지를 분명하게 보여준다. 특히 그가 하나님 나라의 오심을 그리스도중심적으로 이해했으며 메시야의 제사장적 측면과 왕적 측면의 뗄 수 없는 연결을 강조했다는 사실은 매우 중요하다. 이것은 구원의 수직적 차원과 수평적 차원의 균형을 잡아준다. 그러나 이 귀중한 관점에 부재한 것이 선지자적 측면, 즉 하나님 나라의 복음의 선포이다(막 1:14). 그가 이 면을 고려했더라면 선교적 접근의 케리그마틱한 면과 포괄적인 면 사이에 훨씬 더 좋은 균형을 가져올 수 있었을 것이다.105)

『비기독교 세계에 미치는 기독교의 영향』에서 바빙크는 위의 견해를 선교적 접근의 관점 안에 놓았다.106) 과거의 하나님 나라 개념(corpus christianum, 기독교왕국)과 현재의 하나님 나라 개념("정치적 프로그램을 가지고 있으며 지상의 국가에 통합된 지상의 영역으로서의 하나님 나라"107))의 세속화에 반대하여 그는 또한 하나님 나라가 그리스도의 화목케 하시는 사역으로 인해 살아가는 신자들의 공동체로서의 교회와 분리되어서는 안 된다고 강조해서 지적한다. "교회는 그리스도를 제사장이요 구속자로서 받아들이며 그의 희생 안에서 삶의 갱신을 발견한 사람만이 그를 왕으로서 인정하며 복종할 수 있다는 것을 깨닫는다."108) 동시에 교회는

---

103) *Ibid.*, 63.
104) *Ibid.*, 65.
105) 또한 다음을 참조하라. C. Craafland, "Theologische hoofklijnen," 108-109.
106) 참조. *ICNCW*, 27-41, "전포괄적인 선교적 과제"라는 제목 하에 별개의 한 장이 이 물음에 바쳐진다.
107) *Ibid.*, 33-37.

"자신 안에 하나님 나라가 되고자 하는 제어할 수 없는 충동"을 갖고 있다.109) 바빙크는 이러한 논증의 토대를 마태복음 28장에 둔다: "마태복음 28장에 있는 선교적 명령이 하늘과 땅에 있는 모든 권세가 그에게 주어졌다고 하는 그리스도 자신의 선언에 근거하여 따라 나온다는 것은 주목할 만하다. 선교적 메시지는 그리스도의 권위와 결코 분리되어서는 안 된다."110) 그 제사장(The Priest)은 또한 그 왕(the King)이시다:

> 예수님은 모든 생명의 주이시다: 이것이 [교회가] 모든 상황 속에서 선포하는 메시지이며, [교회는] 주께서 자신을 인간 삶의 전 영역으로 스며드는 맛을 내는 소금으로 만드셨다는 것을 끊임없이 인식하고 있다. 그러므로 교회는 결코 쉴 수가 없다. 교회는 언제나 모든 것에 하나님의 의지의 표를 각인하기 위해 분투하며 수고하고 있다.111)

이로 인해서 교회는 신중심적 경향을 갖고 있으며, 그럼으로써 그것은 "다윗과 솔로몬의 왕국"을 되돌아보며 "예수 그리스도의 영원한 왕국"을 내다 본다.112)

여기에서 바빙크가 이 '신정주의적 경향'과 비기독교적 종교의 전체주의적 성격을 신중하게 구별하고 있다는 것을 명백히 주목해야만 한다. 전체주의적인 것에 반대하여 그는 기독교 신앙을 삶의 *뿌리(radix)*라고 말한다: 삶 전반은 이 뿌리의 비판(critique) 하에 놓여 있다. 이러한 급진적인 충격은 현존하는 문화의 제거가 아니라 이 문화의 갱신을 수반한다.113) 따라서 바빙크는 여기에서 기독교 신앙의 내용을 신중하게 문화화할 것을 주장한다.

---

108) *Ibid.*, 37.
109) *Ibid.*, 36.
110) *Ibid.*, 30.
111) *Ibid.*, 28, 37.
112) *Ibid.*, 37.
113) *Ibid.*, 29.

따라서 그리스도에 대한 신앙의 뿌리로부터 발전해 나오는 새로운 문화는 보편적으로 획일적인 문화가 아니다. 새로운 생명의 식물은 그것이 자라나는 토양에 상응하는 성격을 가질 것이다. (…) 모든 나라, 모든 민족, 또한 모든 인종은 자신의 문화적 성향을 가지고 있으며 복음은 그것들을 교란시키기 보다는 오히려 그것들을 품고서 그것들을 자극한다.114)

『선교학 입문』에서 바빙크는 하나님 나라에 대해 이러한 깊은 신학적 고찰을 지배적 관점으로서 제시하지는 않는다. 그럼에도 불구하고 앞선 고찰은 (포괄적) 접근에 대한 바빙크의 이상을 위한 토대를 형성하는데, 왜냐하면 바빙크가 여기에서 행위들이 "하나님의 왕권 또는 천상의 나라와 가장 밀접한 관계 속에 있으"며 "하나님께서 이 세상에서 그의 왕적 권세를 드러내실 새로운 세계 질서에 속한다"고 강조하는 것은 주목할 만하기 때문이다.115)

더 나아가 바빙크는 예수님의 다면적 사역과 새로운 지반을 연 사도들의 행위들은 선교적 접근에서 그것이 단지 결코 마음을 새롭게 하는 것만이 아니라 사회적 삶을 새롭게 하는 것임을 확언해준다고 지적한다.116) 예수님의 사역은 분할될 수 없는 말씀과 행위 전반이다(참조. 행 1:1, 여기에서 누가는 복음이 "예수님께서 행하시고 가르치시기 시작한 모든 것에 대한 것"이라고 쓰고 있다). 바빙크는 다음과 같이 쓰고 있다: "예수님께서 가시는 곳마다 마귀들은 달아나고, 폭풍은 잠잠해지며, 열은 가라앉고, 저주와 비참으로 인해 폐허가 된 이 세상 위에 새로운 아침이 떠오른다." 그리고 그는 예수님의 이적들을 선포를 실증하고, 지지하며, 확증하는 표지들로 보며 기사들과 표적들에 의한 복음의 확증이 오늘날의 선교적 실천 안에서 그리고 그 실천을 위해서 계속 중요하다고 주장한다.117) 그리고 비록 하나님 나라의 침투가 연기되었다 할지라도, 이 연기의 시

---

114) *Ibid*. 바빙크는 여기에서 아우구스티누스를 언급하는데, 그는 『하나님의 도성』에서 천상의 도성은 이 세상에서 순례를 하게 되는데 파괴적이 아니라 건설적으로 그렇게 한다고 말한다.
115) *Ibid.*, 96.
116) *Ibid.*, 97-98.
117) *Ibid.*, 96-97.

기에 - 이 시기에 선교적 명령은 강력하다 - "하나님 나라의 빛의 일부를 그것이 수반하는 표적들(참조 마 10:7-8)과 모든 것에서 역사하는 복음의 능력으로 인해 이미 볼 수 있다."118)

3.2. 포괄적 접근

3.2.1. 포괄적 접근의 본질

포괄적 접근에 대한 바빙크의 정의에서 그는 공개적으로 이 주제에 대한 미델부르흐 총회의 선언들로부터 거리를 둔다. 여기에서(미델부르흐 총회에서-역주) 특히 교육과 의학적 도움을 제공하는 데에 놓여 있는 것으로 여겨졌던 이러한 포괄적 접근의 본질은 진정한 선교적 과제인 복음의 선포를 위한 필수적 준비로서 묘사되었다. 이것은 총회에 의해서 분명하게 다음과 같이 진술되었다: "그러나 이 모든 것은 준비이며 선교가 아니라 목적에 이르는 수단이라는 것을 명심해야만 한다."119) 이러한 관점으로 인해서 말씀과 성례의 사역으로 이루어진 것으로 이해되는 '일차사역'(primary)과 교육과 의학적 도움 같은 '이차사역'(subsidiary ministries) 또는 '보충사역'(supplemental ministries)사이의 구별이 생겨나게 되었다. 이러한 용어는 분명 복음의 선포와 관련하여 실천적인 선교적 봉사의 종속적인 기능을 표현한다. 바빙크는 이러한 관점과 용어를 비판하였다.

비록 행위가 언제나 그 동기와 정당성을 말씀 안에서 찾아야 한다는 것을 확신했다 할지라도 바빙크는 이 두 가지 것들이 하나의 분리될 수 없는 전체를 구성하며 선교적 실천에서 분리되어 존재할 수 없다고 주장했다. 그는 *핵심사역*(core ministry)과 *보조사역들*(ancillary ministries)에 대해 말함으로써 이것을 표현하고 있다.120)

---

118) *Ibid.*, 97.
119) *Extract from the Acta der Generae Synode* (Middelburg, 1896), 34.
120) *ZWN*, 53-54. 그는 이미 이러한 용어들을 *Ons Zendingsboek*(1941)에서 사용했었다. 그가

바빙크는 이것을 예루살렘의 1928년도 국제선교협의회(the International Missionary Council) 회의에서 소개된 *포괄적 접근*이란 개념과 구별함으로써 그의 입장을 분명히 한다. 이 개념은 다음과 같이 정의되었다: "인간은 한 연합체이며, (…) 그의 영적인 삶은 분리될 수 없을 정도로 그의 모든 조건들 - 육체적, 정신적, 사회적 - 안에 뿌리박고 있다. 그러므로 우리는 모든 민족들 가운데에서의 선교사역 프로그램이 그의 삶과 관계들의 모든 면에서 전인을 섬길 수 있을 정도로 충분히 포괄적이기를 바라는 것이 마땅하다."121) 이것은 4차원적인 선교적 접근이란 개념을 가져왔는데, 여기에서 복음 선포, 교육, 의학적 돌봄 그리고 사회-경제적 도움은 동일한 발판 위에 나란히 서 있다. 바빙크는 특히 이러한 견해의 물질주의적 토대(인간의 영적인 삶은 "그의 모든 조건들에 뿌리" 박고 있다고 가정한다)뿐만 아니라 그것의 인류학적 토대(이 주장의 출발점은 "인간의 통일성"이다)로 인해 그것을 비판하면서, "만약 [예루살렘 총회가] 영적 삶이 모든 삶 환경들과 함께 엮여 있으며 상호연관 되어 있어서 전자에서 (영적 삶에서-역주) 일어나는 모든 변화가 삶 전체에 대해 필연적으로 영향을 미친다고 하는 주장에 머물렀더라면 그것은 다를 텐데"라고 덧붙이고 있다.122) 그는 성경적-신학적인 빛에서 볼 때에 4차원적 접근은 "매우 오도적"이라고 부르는데, 왜냐하면 "그리스도께서는 우리에게 열방에 복음을 전하도록 명령하셨을 뿐"이기 때문이다.123) 선교적 접근은 우선적으로 일차원적이라고 그는 주장했다. 비록 이것이 필연적으로 그것의 모든 차원들에서 존재의 변화를 함의한다 할지라도 말이다.124) 이와 관련해서 그는 다시 한 번 핵심사역과 보조사역들 사이의 관계를 묘사한다: "(…) 모든 사역들은 오직 그것들이 이 한 가지 것, 즉 복음의 선

왜 『선교학 입문』에서 이러한 용어들을 사용하지 않았는지를 설명하기는 어려운데, 이 책에서 그는 분명 미델부르흐에서 제시된 용어를 분명하게 거부했었다.
121) *Jerusalem Series VI, The Christian Mission in Relation to Rural Problems*, 287.
122) *IZW*, 114 (참조. *ISM*, 108-109)
123) *IZW*, 114 (참조. *ISM*, 109).
124) *IZW*, 115 (참조. *ISM*, 109).

포를 명확히 하고, 구체화하며 그것에 초점을 맞추는 한에서 의미를 가질 뿐이다."125) 그 밖의 다른 곳에서 바빙크는 우리가 명백한 속죄(atonement)의 관점에서 그렇게 할 경우에만 삶 전체의 갱신에 대해 말할 수 있다는 사실을 강조하면서 포괄적 접근의 가치들과 경계들에 대해 폭넓게 논의한다.126)

『궁핍한 세계에서의 선교』에서 바빙크에 의해 소개된 핵심사역과 보조사역들의 원리는 바빙크의 제자인 호너흐에 의해서 더욱 견고해지고 발전되었다.127) 나중에 바빙크 사후 거의 10년 후에 호너흐는 이 가르침을 다음과 같이 반복했다:

> 그리스도를 선택하는 것은 모든 분야에서 우리 삶의 모든 표현들과 접촉하는 결과들을 가져온다. 사회에서의, 정치에서의, 그리고 이 세상에 있는 물품들을 분배하는데 있어서의 세력들, 즉 그리스도의 공의의 나라에 대적하는 세력들로부터의 분리가 없이 그리스도 안에의 참여는 없다.128)

바빙크는 역으로 『선교학 입문』의 "포괄적인 접근"에 대한 그의 비판에서 호너흐의 저서를 사용했다.

바빙크는 핵심사역과 보조사역들을 교회론적으로 보다 더 명료화하는 데에 거의 주의를 기울이지 않았다. 그는 의문을 제기한다. 하지만 그것에 답하지는 않는다.129) 그것에 대해 그가 말하는 것이라곤 다른 문맥에서 간접적으로 논평한 것 뿐이다: "선교사역에는 여러 활동들을 위한 여지가 없다. (…) 이러한 고찰은 선교사들을 보내는 데에서 일어나는 '공식적인' 선교 사역과 개인적 맥락에서든 조직적 맥락에서든 신자들을 통해서 일어나는 복음의 자발적인, 비공식적 선포 사이에 구별을 초

---

125) Ibid.
126) 참조. ICNCW, 175-183.
127) 참조. *Bijdrage tot het onderzoek naar de fundering van de zendingsmethode der 'comprehensive approach' in het Nieuwe Testament.*
128) *De Heerschappij van Christus en de zending*, 62.
129) 참조. IZW, 121 (참조. ISM, 116). 그는 후에 이 문제로 돌아오겠다는 그의 약속을 지키지 않았다.

래한다. 선교 사역은 매우 광범위하고 매우 포괄적이어서 그것의 제도적 형태로 교회의 활동들에 제한된 채 남아 있을 수 없고 모든 삶에서 그리고 신자들의 자유롭거나 조직화된 활동 속에서 자발적으로 실현된다."130) 여기에서 그는 호너흐에 의해 공식화된 기초적인 개념을 (출처를 밝히지 않은 채, without attribution) 통합하는 것처럼 보이는데, 호너흐는 그것의 특별한 직분들의 중요성으로 인해 핵심사역을 책임지고 있는 제도로서의 교회와 단체들을 통해서 보조적인 사역들을 책임지고 있는 유기체로서의 교회 사이를 (카이퍼와 함께) 구별하고 있다.131) 나중의 단계에서 간접적인 진술을 통해 그가 '세계 집사직'(world diaconate)으로 알려지게 된 제도를 환영했다는 것을 알 수 있다.132)

3.2.2. 포괄적 접근의 내용

복음의 선포라고 하는 공식적인 핵심 사역의 주변에 몰려 있는 네 가지 비공식적인 보조 사역들을 보게되는데 이것들은 하나님의 자비하심에 근거하고 있으며 하나님 나라의 선포의 구현을 제공한다. 이와 더불어 그는 의학적, 교육적 사역들에 스스로를 제한했던 미델부르흐(1896)의 보다 더 협소한 해석을 버리고 호너흐의 견해를 따른다: "어쨌든 지금까지 선교사역을 수행하는 데에 존재해 왔던 경계는 근본적으로 받아들여질 수 없다."133)

의료 사역(Medical ministry). 고통당하는 인류를 위해 자신을 낮추시는 하나님의 사랑은 의학을 통한 도움에서 가시적이 되며 모든 마법적 수단의 치유에 대한 믿음은 박살난다. 수용된 기술들에 대해 하나님께 감사함으로 의학적 도움을 베풀고 하나님의 축복을 신뢰함으로써, 이러한 도움에 대한 물질주의적 이해에는 어떤 것이든지 반대해야만 한다.134)

---

130) *IZW*, 76 (참조. *ISM*, 68).
131) A.G. Honig, *Bijdrage*, 82 ff.
132) *IGHG*, 103: "집사직(disaconate)은 완전히 새로운 관점을 얻고 있다. 우리는 세계-집사직(world-diaconate)에 대해 말하기 시작하고 있다."
133) A.G. Honig, *Bijdrage*, 92.

교육 사역(educational ministy). 교육은 사람들의 성장과 발달을 증진시키는 것을 의도하며 또한 이교도의 인생관을 성경적 관점으로 대체하는데 이바지해야만 한다. 교육과 학문의 실용화로 인해서 사람들이 종교적 태도에 빠지게 되는 것을 예방해야만 한다.135)

문학사역(Literature ministry). 신학적, 헌신적, 저널적(journalistic), 그리고 기사적(narrative) 문학을 통해 신앙이 깊어지고 구체적이 될 수 있으며 모든 삶이 복음의 건전한 영향 하에 놓일 수 있다.136)

사회적-경제적 사역(Social-economic ministry). 이 사역이 의도하는 바는 가족과 사회에서의 관계들이 복음을 토대로 하여 교정되는 것이며 농업의 갱신과 경제적 갱신을 통해 가난과 싸워 그것을 정복하는 것이다. 그러나 물질적인 번영은 결코 영적 갱신과 나누어질 수 없다.137)

여기에서 주목할 만한 것은 그의 반복된 경고들에서 지적되었듯이 바빙크가 이러한 사역들이 세속화될 위험을 매우 두려워했다는 것이다.138) 그는 이러한 위험이 서구 신자가 언제나 한 쪽 다리는 복음 안에 그리고 다른 쪽은 불가지론적이거나 심지어 무신론적(godless) 문화에 둔 채 이원론적으로 사는 경향을 가지고 있다는 사실에 그 뿌리를 두고 있는 것으로 본다.139)

3.2.3. 포괄적 접근의 방법

바빙크는 포괄적 접근의 방법 그 자체를 논의하지는 않았다. 하지만 그는 전체로서의 그의 논증 안 여기 저기에 그것을 포함시켰다. 이로부터

---

134) 참조. *ZWN*, 58-61과 *IZW*, 119-120 (*ISM*, 114). 또한 다음을 참조하라. "De medische dienst in het geheel van het zendings werk," 7 ff.와 "Wat heeft het medische werkte maken met den godsdiensten van den inlander," 15 ff.
135) 참조. *ZWN*, 61-62, *IZW*, 120 (*ISM*, 114), "De zending en haar diensten," 83, 91, 99, 107.
136) 참조. *ZWN*, 44-45.
137) 참조. *ZWN*, 46, 186-189와 *IZW*, 120 (*ISM*, 115).
138) 참조. *IZW*, 106-113 (*ISM*, 100-107). 여기에서 바빙크는 서구 문화의 무분별한 전이에 일관되게 반대한다.
139) 참조. *IZW*, 120 (*ISM*, 115).

우리는 다음과 같이 추론할 수 있다. 바빙크는 포괄적 접근에 함축되어 있는 "인간의 통일성"이라고 하는 인류학적 원리에 기반을 둔 방법론을 거부한다. 선교적 접근의 방법론은 그리스도께서 그를 따를 자들에게 "전인을 진지하게 취하도록" 가르치셨다는 신학적 원리에 의해 결정되어야만 하며, 따라서 전포괄적인 구속의 실현은 복음의 선포와 지속적인 영향으로부터 결코 분리될 수 없다.140)

> 교회가 긋는 모든 선은 언제나 내부로부터 시작하며 우리의 개인적인 삶에서 나타나는 변화에 의해 확장되고 그리스도 안에서 기원한다. 이것은 다른 방법으로 구원을 성취하고자 하는 세상 속에서 매우 어렵고도 감사하다는 말을 들을 수 없는 메시지(a very difficult and thankless message)이다. 하지만 또한 이 진리를 교회는 위장하려고 해서도 안 된다.141)

따라서 언제나 포괄적 접근을 위협하는 "위험한 이원론"은 도전을 받을 수 있다. 과학적 방법들의 적용은 그것과 더불어 우리가 사람들을

> 과학적 세계관의 영적 공허함 속으로 데려 갈 위험을 수반하는데, 이러한 세계관 속에서 하나님은 기껏해야 우리가 자유롭게 믿지만 더 이상 모든 현상들의 중심으로서, 즉 모든 빛의 빛이요 모든 구원의 구원으로서 간주되지 않는 어떤 것으로서 관용되어진다.142)

바빙크는 이러한 식의 사유를 세계 평화에 대한 물음에 구체적으로 적용했다. 한편으로 그는 "교회에서의 평화운동"을 칭찬했지만, 다른 한편 다음과 같이 주장했다:

---

140) 참조. *IZW*, 116 (*ISM*, 112).
141) "Drie grote vragen: De vraag naar de verlossing," 184.
142) *IZW*, 117 (참조. *ISM*, 112).

교회는 동작들(motions)과 타협들에 의해서 외부로부터 평화를 성취하기 원하는 일종의 국제적인 조직(다시 말해 맑시스트적 국제 조직의 노선을 따르는)이 결코 될 수 없다. 종국적으로 세계평화, 열방의 형제애는 우리가 모든 힘과 헌신을 다해 먼저 하늘나라를 구하면 또한 우리에게 주어질(마 6:33) 모든 것들의 범주에 속한다.143)

그러나 이 모든 것은 선교를 실천하는데 있어서 보조적 사역들이 핵심 사역을 앞설 수 있다거나 그것을 동시적으로 포함할 수 없다는 것을 의미하지 않는다.144)

이와 관련하여 바빙크는 또한 브루노 구트만145)과 카이싸르146)의 인종주의적 접근과 거리를 두는데, 이들은 각각 *민족유기체적인*(Volksorganische) 선교 방법과 *민족교육적인*(Volkspaedagogische) 선교 방법을 가지고 집단적 기독교화(collective Christianization)라는 의미에서의 포괄적인 접근을 각각 자신의 방식으로 (부족적 또는 국가적·문화적 맥락을 토대로 하여) 변호하였다.147) 비록 심리학적이고 사회학적인 이유들로 인해서 그가 친족의 사실(the fact of kinship)을 신중하게 다루기 원함에도 불구하고,148) 그는 성경에서 인종적 접근을 주장할 만한 근거를 발견한다.149) 이것은 "집단적 기독교화"라고 하는 개념에 대한 극단적인 침묵을 함의할 뿐만 아니라, *필요한 변경을 가하여*(mutatis mutandis), 또한 선교에서 사회의 갱신이 개인의 회심 및 교회 심기와 분리되어서는 안 된다는 것을 의미한다.150)

바빙크는 메를레 데이비스(J. Merle Davis)151)를 언급하면서 파송교

---

143) "Drie grote vragen: De vraag naar de verlossing," 181/
144) 참조. *IZW*, 93-95, 125 (*ISM*, 87-89, 121).
145) 참조. *Gemeindeaufbau aus dem Evangelium*.
146) 참조. *Eine Papuagemeinde*.
147) 참조. *ZWN*, 183; *IZW*, 124 (참조. *ISM*, 119-120).
148) 참조. *IZW*, 161 ff (*ISM*, 159 ff).
149) 참조. *IZW*, 122-123 (*ISM*, 116-118).
150) 참조. A.G. Honig, *Bijdrage*, 91: "목표는 사회의 종교적 기독교화가 [아니라] 오직 그리스도 앞에 사람들을 세우며 따라서 그들을 신앙으로 옮기는 것 (…) 이다."
151) 참조. Davis, *New Buildings on Old Foundations*.

회는 이런 포괄적 접근에서 지나치게 많이 그리고 지나치게 오랫동안 책임을 짊어지지 않도록 주의해야만 한다는 견해를 덧붙인다. 사실상 이러한 수준의 관여(지나치게 많이 그리고 지나치게 오랫동안 책임을 지는 것 역주)는 유지될 수가 없다. 왜냐하면 이것은 결국 파송교회의 재정적인 방편을 초과할 것이기 때문이다. 그리고 이것은 원리상 옳지 않은데 왜냐하면 이것은 토착교회들의 독립적인 발전을 방해하기 때문이다.152)

3.2.4. 요약

포괄적 접근에 대한 바빙크의 고찰 - 여기에서 그는 핵심사역과 보조사역을 구분하며 그것들의 상호관계의 근거를 신학적으로 하나님 나라의 전포괄적인 의의 안에 둔다153) - 은 미델부르흐 총회에 의해 취해진 일방적인 입장에 대해 비판할 뿐만 아니라 개혁주의적이고 복음주의적인 선교학에 본질적으로 이바지하며 성경적 관점에서 말씀과 행위 사이의 균형 잡힌 관계에 도달한다.154) 삶의 전 영역에서 그리스도의 왕되심이 선포되어야만 한다고 하는 아브라함 카이퍼의 유명한 경구를 바빙크가 어디에서도 언급하지 않는다는 것은 주목할 만하다. 비록 그것이 바빙크의 견해를 형성하도록 도왔음에도 불구하고 말이다.

    이 연구의 초기에 선교의 본질에 대한 바빙크의 정의에 나타나는 그리스도중심적인 (그리고/또는 집사적인, diaconal) 측면들이 드러나지 않은 채 남아 있다고 지적했다. 위에서 지적한대로 바빙크 자신이 이것들에 부여한 중요성은 단지 이러한 비일관성(선교의 본질에 있어서 그리스도중심적인 측면들의 중요성을 강조했으면서도 그러한 면들을 명확하게 드러내지 않은 데에서의 비일관성-역주)을 강화했을 뿐이다.

---

152) 참조. *IZW*, 105 (참조. *ISM*, 100).
153) 코엣치어(C.H. Koetsier, 74)는 *총체적인 선교(integral mission)*라는 용어를 가지고서 바빙크의 입장을 요약한다.
154) 복음주의 선교학자인 J. R. W. Stott, 25를 참조하라.

3.3. 케리그마틱 접근(The Kerygmatic Approach)

3.3.1. 케리그마틱 접근의 본질

바빙크는 케리그마틱 접근의 본질을 특징짓기 위해 조우(encounter)라는 개념 - 하나님의 말씀과 인간 사이의 대면(a confrontation)이 일어나는 선교자와 청취자 사이의 조우155) - 을 사용한다. 바빙크는 이러한 조우가 신학적, 심리학적 그리고 교육적 구성요소들을 갖고 있다는 것을 분명히 한다. 이것들을 탐구하기 위해 그는 먼저 성경적 관점, 즉 "성경적 인간론"에 나타나는 인간상을 아는 것이 필연적이라고 여긴다.156) 『선교학 입문』에서 그는 이러한 문제들에 대한 그의 생각을 요약하는데, 이것을 그는 다른 책들에서 발전시켰으며 이 연구의 앞 장에서 광범위하게 논의되었다. 그 핵심은 인간이 그 가장 깊은 본질에 있어서 반역자라는 것이다. 인간됨의 이 중심적인 핵은 문화적-종교적 "껍질들" 속에 숨겨져 있다.157) 이러한 견지에서 케리그마틱 접근을 실존적 조우로 만드는 세 가지 국면들이 있다.

우선 우리는 실로 그를 꿰뚫어 본다는 의미에서 우리가 만나는 그 사람을 *보아야*만 한다(we must truly *see* the person we encounter, in the sense of seeing through him). "우리는 거듭 복음서에서 예수님께서 어떤 한 사람을 '쳐다보신다'(looks at)거나 '본다'(see)는 말을 읽으며 각각의 경우에 이것은 그가 모든 위장들을 꿰뚫어 보시고(see through) 이 개인의 모든 삶을 지배하는 그 한 가지 것까지 통찰하신다(penetrates)는 것을 의미한다."158) 선교사역자는 신중하게 탐구함으로써 사람들의 문화적이고 종교적인 삶 안에 숨겨져 있는 가장 깊은 의도들을 인식해야만 한다: 인간은 하나님을 어떻게 대하며 왜 그는 그렇게 하는가?

---

155) *IZW*, 125 (참조. *ISM*, 121).
156) 참조. *IZW*, 126 (*ISM*, 122).
157) 참조. *IZW*, 127-128 (*ISM*, 122-123).
158) *IZW*, 130 (참조. *ISM*, 126).

다음으로, *사랑의 순응*(loving accommodation)의 자세가 필수적이다. 이것은 상대방의 가장 깊은 동기부여를 인식하게 되었으므로 우리가 "하나님 앞에서 우리의 집단적 죄책을 참으로 인식하며" 그리스도 안에 서서 신실하게 "그리스도께서 나를 위해 행하신 것을 타자를 위해 행하고자" 열망하면서 인내를 가지고 접근하고자 애쓴다는 것을 의미한다.159)

마지막으로, 이러한 유대감은 하나님의 말씀이 심판하고 자유롭게 하는 것 모두에서 활동하는 *조우*를 가져와야만 한다.

이러한 접근은 선포에서 집단적으로 일어날 뿐만 아니라 회심에서 특히 개별적으로 일어난다.160) 바빙크는 주목할 만한 대조를 통해서 조우의 본질을 요약한다: 우리는 "우리가 단지 좋은 말(the good word)을 했을 때에야" 우리의 일을 다 하는 우편배달부가 아니다. 오히려 우리는 *대리대사*(chargés d'affaires)로서 특히 그리스도의 사랑(agape)을 실천하고자 열망하며 열방 가운데에서 그리스도의 일을 찾아야만 하는 특사들이다.161) 바빙크는 선교적 선포에 대해 보다 상세한 정의를 제공하지 않았다.162)

3.3.2. 케리그마틱 접근의 내용

바빙크는 이 점에 대해서는 간략하게 다루는데, 왜냐하면 선포의 내용은 주어져 있는 것(a given)이기 때문이다: 예수 그리스도 안에 있는 은혜의 메시지. 물론 이 메시지는 심판을 선언하고, 권고하고, 회심에로 부르는 것과 같은 여러 면들을 지니고 있다. 그리고 선포는 법정소송에서의 *증거*(marturein), 그리스도의 왕되심의 *선포*(kerussein), 그리고 성경을 열어서 *가르치는 것*(didaskalein)과 같은 다른 형태들을 띨 수 있다. 그러나

---

159) *IZW*, 130-131 (참조. *ISM*, 126-127).
160) 참조. *IZW*, 132 (*ISM*, 128). 바빙크에 따르면 개인적 대화 또한 바울의 선교사역의 핵심이었다.
161) *IZW*, 132-133 (참조. *ISM*, 128-129).
162) 참조. J.A.B. Jongeneel, *Missiologie*, 2, 263-265.

선포의 중심은 예수 그리스도 안에 나타난 하나님의 구원의 좋은 소식을 가져오는 것이다.163)

이와 관련하여 바빙크는 그가 그것의 내용에 비추어 이 하나님의 구원의 메시지를 어떻게 이해했는지를 명시적으로 말하지 않는다.164) 그러나 해석학적으로 그가 개혁주의적 전통에 서 있는 것은 분명하다.

3.3.3. 케리그마틱 접근의 방법

성경으로부터 우리는 방법론에 대해 그것이 "많은 유연성"을 담고 있다는 것 이상의 것을 말할 수 없다. 특히 설교자의 인격("그를 통하여, through whom")과 청중의 본성("그에게, to whom")은 중요한 역할을 하는데, 이것은 케리그마틱 접근이 상당한 정도로 심리학적으로 결정된다는 것을 의미한다. 유일하게 참된 근본적 출발점은 그 증거가 그리스도의 복음을 충분히 정당하게 다루어야만 한다는 것이다: 그것은 가능한 가장 명료하게 전해져야만 한다. 이 원리에서 출발하여 우리는 실천에 있어서는 다양한 상보적 방법들을 사용할 수 있다.

그럼에도 불구하고 케리그마틱 접근의 본질을 정의하는데 바빙크는 한스 쉐러165)를 따라 그가 "상승하는 방법" 또는 "대면의 방법"이라고 부른 것에 대한 선호를 표현했는데, 이러한 방법에 의해 그가 의미한 것은 말씀을 듣는 자들의 종교적, 윤리적, 철학적 개념들과 명제들을 그것의 출발점으로서 취하고, 그 다음에 그리스도의 메시지를 가지고서 이러한 사유방식들을 하나씩 하나씩 대면하는 성경적 증거를 점차적으로 펼쳐 보이는 것이었다.166) 그는 네 가지 방법들의 신학적이고 심리학적인 장점들에 관해 그것들을 비판함으로써 이러한 선택을 구체화한다.167)

---

163) 참조. *IZW*, 133-134 (참조. *ISM*, 129-130).
164) *IZW*, 133 (참조. *ISM*, 129)에 있는 "선포의 내용"이란 제목은 그것이 언급하는 그 단락의 내용을 다루지 않는데, 그것은 보다 방법론적으로 초점이 맞추어져 있다.
165) in *Die Missionarische Verkündigung auf dem Missionsfeld*.
166) 참조. *IZW*, 135-136 (*ISM*, 130-131).
167) 『궁핍한 세계에서의 선교』(65-73)에서 바빙크는 이 네 가지 방법들 모두를 간략하게 논하

반정립적(antithetical) 방법. 선교 역사에서 가장 오래 된 이 방법은 - 이성 안에서 중요한 접촉점을 보았던 고전적인 변증적 관점에서 - 합리적 논증을 통해 성경의 진리에 반하는 문제가 되고 있는 종교적 관념들의 오류를 증명하고자 다른 종교들을 공격하는 데에서 그 힘을 추구한다. 바빙크는 신학적 근거들에 토대를 두고서 순전히 이성 안에 뿌리를 둔 그러한 접촉점을 거부할 뿐만 아니라 심리학적 관점에서 이러한 접근에 아무런 유익이 없다고 본다: 이러한 접근은 "뜨거운 머리와 냉랭한 가슴"을 초래할 뿐이다.168)

공감적(sympathetic) 방법. 비기독교적 종교들에 대한 긍정적인 신학적 인식에서 출발하는 이 방법은 성경과의 (명백한) 일치점들을 '진리의 요소들'이라고 부름으로써 가능한 한 기독교를 현존하는 지역 종교와 연결시키고자 하며, 따라서 청중의 편에서의 공감을 낳는다. 복음은 모든 불완전한 종교적 노력의 성취로서 해석된다. 바빙크는 이러한 방법의 심리학적 이점들을 인정한다. 하지만 그는 신학적 근거들을 토대로 이것을 철저히 거부했으며 윌리엄 호킹(William E. Hocking, USA),169) 뱅갈 카카라이(Vengal Chakkarai, 인도),170) 그리고 토요이꼬 카가와(Toyohiko Kagawa, 일본)171)의 견해들에 분명하게 반대했다. 모든 종교는 원칙상 진리를 거짓말로 바꾼 것(롬 1:25)이며 그러므로 "모든 비기독교적 종교들과 복음 사이에 다리를 놓을 수 없는 간격"이 있다.172)

독단적(thetic) 방법. 칼 바르트와 다소 다른 형태로 헨드릭 크레머와 다른 이들173)에 의해서 옹호되었던 이 방법은 위에서 언급된 방법들

며, 반면에 *IZW*, 136-156 (참조. *ISM*, 131-152)에서 그는 처음 두 가지는 언급하지 않고 나중 두 가지만을 상세하게 논한다.
168) *ZWN*, 65-66.
169) 참조. *IZW*, 140 (*ISM*, 135). 다음을 보라. Hocking, *Rethinking Mission*, 1931.
170) 참조. *IZW*, 138 (*ISM*, 134). 다음을 보라. Chakkarai, *Jesus the Avatar*, 1926.
171) 참조. *IZW*, 151 (*ISM*, 146-147). 다음을 보라. Kagawa, *The Religion of Jesus*, 1931.
172) *ZWN*, 66-68. 또한 다음을 참조하라. *IZW*, 138 ff (참조. *ISM*, 134 ff).
173) 참조. "Het probleem der 'Anknüpfung' bij de evangelieverkondiging," in: Woudenberg, 59-60; Barth, "Die Theologie und die Mission in der Gegenwart"; Kraemer, *The Christian Message in a Non-Christian World*.

의 이중 장애물(the twin shoals)을 피하기 원하며 성경적 메시지를 직접 펼쳐 보이는 것을 그 출발점으로 삼는다. 예수 그리스도 안에 나타난 계시에 대한 해설은 신앙을 유발해야만 하며, 다시 말해서 이전의 생각들에 있는 잘못되고 죄된 것을 자발적으로 드러내야만한다. 신학적으로 이 방법은 하나님의 말씀이 중심이며 이것이 새로운 메시지라는 것이 즉각적으로 명백하다는 장점을 가지고 있다.[174) 동시에 바빙크는 이러한 방법에 반대한다. 심리학적 관점에서 이러한 방법은 진정한 조우를 가져오지 못한다. 왜냐하면 이것은 우리의 말을 "듣는 사람들"을 적절하게 고려하지 못함으로 인해서 메시지가 듣는 자들의 삶에서 적절하게 공명할 수 없는 결과를 초래하기 때문이다.[175) 더욱이 그는 월터 프라이탁이 제기한 신학적 반론에 동의하는데, 프라이탁은 필연적으로 우리의 용어는 언제나 청중이 친숙한 개념 세계와 묶여있어야만 한다고 지적했었다.[176) 그러나 만약 그 이상의 자극이 없이 그리고 새로운 것과 옛 것의 심오한 만남이 없이 이것이 행해진다면, 그 때에 이것은 모르는 사이에(implicitly) 혼합주의적인 경향들을 재강화 하는 결과를 가져온다.[177) 마지막으로 이 방법은 메시지를 청중에게 어느 정도 이해할 수 있도록 하게끔 성경적 주제들이 선포되어야만 하는 그 순서에 관한 방법론적 문제를 지니고 있다.[178) 바빙크에 따르면 복음을 펼쳐 보이는 것으로서의 독단적 방법은 오직 나중의 단계에서만 가능하다.[179)

대면적(confrontational) 방법. 앞선 방법에 대한 비판을 토대로 바빙크는 그가 분투적인 또는 대면적인 방법이라고 부른 것을 선택하는데, 이것을 그는 신학적으로나 심리학적으로나 보다 더 책임이 있다고 간주한다. 그의 출발점은 바울적인 접근모델로서[180), 이 모델에서 그는 여

---

174) 참조. *ZWN*, 68과 *IZW*, 146 (*ISM*, 142).
175) 참조. *ZWN*, 69와 *IZW*, 153 (*ISM*, 149).
176) 참조. *IZW*, 144, 153 (*ISM*, 139, 149).
177) 참조. *IZW*, 146 (*ISM*, 142).
178) 참조. *IZW*, 147 ff (*ISM*, 143 ff). 바빙크는 이 방법을 사용할 때 계시역사의 "규칙에 따르기"(toeing the line)를 주장한다.
179) 참조. *IZW*, 147 (*ISM*, 142-143).

섯 가지 지침을 구분한다: 첫째로, 비기독교적 종교는 *하나님으로부터 돌아서는 것*이다. 둘째로, 심지어 그것도 *마귀적 성격*(고전 8:4; 10:19-20)을 가지고 있다. 셋째로, 동시에 모든 종교는 어느 정도 이 계시가 거짓말들에 빠진 채 놓여 있었다 할지라도 *하나님께서 말씀하신* 자료들에 토대를 두고 있다(행 14:17; 17:26-27; 롬 1:19). 넷째로, 이것은 *공손하고 비판적인 종교적 생각들을 향한 태도를* 함축한다(행 17:23; 19:37). 다섯째로, 선교적 선포는 *어떤 이상한 하나님*을 제시하는 것이 *아니라* 오히려 진리 안에서 자신을 계시하신 분을 설명해 준다(행 14:16-17; 17:23). 여섯째로, 공식적으로는 *친숙한 형태의 표현*이 사용되지만, 이 개념의 내용에는 *새로운 의미가 주어진다*(행 17:28).181)

대면적 방법은 원리상 *케리그마틱*하지만, 실천적으로는 본질상 *대화적*이다. 이 방법은

> 반정립적이지 않다. 왜냐하면 이것은 조롱 속에서 그것이 능력을 추구하지 않기 때문이다. (…) 이것은 공감적이지도 않다. 왜냐하면 이것은 이교도를 복음의 선행자로 보지 않기 때문이다. (…) 마지막으로 이것은 또한 독단적(thetic)이지도 않다. 왜냐하면 이것은 가능한 메시지가 주어지고 있는 사람들의 삶과 사유에 가까이 가고자 하기 때문이다.182)

"선교사역은 원칙상 언제나 토론이며 토론 이외의 어떤 것일 수 없다"고 바빙크는 말했다.183)

바빙크는 이 방법에서 세 가지 이점들을 본다: (1) 이 방법은 *교육*

---

180) 여기에서 바빙크가 알렌의 『선교적 방법: 바울의 것인가, 우리의 것인가』(*Missionary Methods: St. Paul's Or Ours*)를 사용했는지는 명확하지 않다. 바빙크는 알렌을 언급하지 않는데, 예를 들어 알렌은 바울의 방법에 비추어 "우리가 설교하는 그 사람들의 믿음에 대한 공감적인 지식을 갖고서" 그리고 "우리가 우리의 말을 듣는 사람들과 함께 붙들고 있는 공통의 진리에 우리의 호소의" 토대를 둠으로써 그리스도를 전하기 위해 많은 것을 말할 수 있다고 썼다. 동시에 그는 이성을 통한 접근은 거부했다: "우리가 그리스도를 선포할 때에 우리의 시간을 철학화하는 데에 쓰는 것은 별개의 문제이다"(90).
181) 참조. *ZWN*, 69-71.
182) *ZWN*, 71.
183) "Het evangelie en de andere godsdiensten," 54.

*학적-심리학적*이다. 왜냐하면 "처음부터 주목을 끌기 때문인데, 이것은 따라야 할 것에 대해 마음이 수용적이 되도록 만들어 준다."184) (2) 이 방법은 *실천적-심리학적*이다. 왜냐하면 우리가 그 속에서 일하고 있는 사람들의 문화적-종교적 사유방식과 실천들을 진지하게 고려하고자 하는 노력과 존중을 보여주는 것은 서구적 우월감에 대한 만연해 있는 의심들을 깨뜨릴 수 있기 때문이다.185) (3) 이 방법은 *신학적*이다. 왜냐하면 그리스도의 메시지는

> 불시에 이상한 세계에서 떨어진 어떤 것이 아니라 (…) [오히려] 옛 것이 그것의 근본적인 주제들과 관련하여 빛에 노출되어 있고, 깊이 파헤쳐져 있으며 완전히 드러난 채 있다(the old is exposed to the light, plumbed in its depths, laid bare with respect to its fundamental motifs). 그리고 그때에 갑자기 그리스도의 거대한 말씀이 개입하여 폭로하며 심판한다. (…) [옛 것에서의] 단절이 가시적이 되며 얼마 안가 회심에로의 부름의 내용이 구체적이고 잘 규정된 형태를 띠게 된다.186)

물론 바빙크는 이 모든 것에서 시간과 공간이 얼마나 중요한 역할을 한다는 것을 깨달았다. 예를 들어, 종교가 과학과 과학기술로 대체된 상황에서 이러한 종류의 종교적 의식과 개념들로 '되돌아 가는 것'은 사실상 불가능할 뿐만 아니라 심리학적으로 나쁜 영향을 미칠 것이다.187)

3.3.4. 접촉점

접촉점과 같은 것이 있는지의 문제는 선교적 접근에 대해서 취하는 입장

---

184) *IZW*, 136 (참조. *ISM*, 131).
185) *IZW*, 137 (참조. *ISM*, 133). 여기에서 바빙크는 심지어 다음과 같이 쓰고 있다: "이것은 우리로 하여금, 때로는 아마도 우리가 신학적으로 정당화할 수 있는 것 이상으로, 우리의 말을 듣는 사람들의 마음속에 무엇이 살고 있는지를 주목하며, 우리가 말해야만 하는 것이 아니라 그들이 생각하고 믿는 것 안에서 우리의 출발점을 삼도록 자극한다."
186) *IZW*, 136-137 (참조. *ISM*, 133).
187) *IZW*, 137-138 (참조. *ISM*, 133-134). 바빙크는 "왜냐하면 그들은 우리가 그들로 하여금 그들이 아주 최근에 그리고 굉장한 열정을 가지고 돌아섰던 종교를 향해 되돌아가도록 다시금 강제하고자 하는 시도로서 그것을 경험할 수 있기 때문이다"라고 쓰고 있다.

과 불가분하게 엮여 있으며 그러므로 앞의 단락들에서 암묵적으로 답변되었다. 그럼에도 불구하고 또한 명시적으로 다루어질 필요가 분명 있다. 바빙크 자신은 그것의 굉장한 중요성과 그것이 지닌 신학적 함의들의 다양성을 인식함으로 인해서 이 문제를 길게 언급하였다: 사실상 접촉점의 문제는 비기독교적 종교에 대한 적절한 신학적 평가에 대한 탐구를 구성한다.188) 일반계시와 종교적 의식에 대해 앞의 장들에서 말한 것을 계속 따라서 접촉점에 대한 바빙크의 견해를 설명할 필요가 있다.

요하네스 비테를 따라서189) 바빙크는 기독교와 다른 종교들 사이의 실제적인(substantive) 접촉과 형식적(formal) 접촉을 구별하였으며 비기독교적 종교들과의 형식적 접촉은 피할 수 없는 것이지만 그것들과의 실제적인 접촉은 불가능하다고 주장하였다.190) 실제적인(substantive) 또는 실질적인(material) 접촉점의 거부는 하나의 전체로서 취해질 경우 비기독교적 종교는 하나님에게서 돌아서는 것, 즉 진리를 거짓으로 대체하는 것을 구성한다는 신학적 출발점에 토대를 두고 있다. 만약 다른 종교들 안에 기독교적 신앙과 잘 어울리거나 양립할 수 있는 것들이 있다면, 결국 그것들은 언제나 *겉으로 보기에만* 유사한 것들로 판명된다.191) 형식적 접촉점에는 세 가지 순간들이 있는데 그중 첫 번째는 신학적이요, 나머지 둘은 실천적이다.

첫째로, 우리는 모든 비기독교적 종교 안에서 하나님의 계시 안에 그 기원을 두고 있는 "모호하며 일반적인 직관들"을 만난다. 바로 이러한 직관들이 선교적 접근을 가능하게 만든다. 칼 바르트가 주장한 것과는 달리 선교는 "진공상태"에서 일어나는 것이 아니다.192) 왜냐하면 하나님께서는 자기를 증거하지 않으신 적이 없기 때문이다(행 14:15-17).

---

188) 참조. "Het probleem der 'Anknüpfung,'" 59.
189) 참조. J. Witte, "Die Christusbotschaft und die Religionen."
190) 참조. "Het probleem der 'Anknüpfung,'" 61-64.
191) 참조. *Ibid.*, 61. "Het evangelie en de andere godsdiensten," 67;   *IZW*, 138-139 (*ISM*, 134-135).
192) K. Barth, "Die Theologie und der Mission in der Gegenwart," 197.

그리고 바로 이러한 사실이 "복음을 섬기는 교회의 사역에서 교회가 이용할 수 있는 커다란 접촉점"을 형성한다.193) 이전에 행하신 하나님의 간섭하심으로 인해 하나님을 증거하는 것이 가능하다. 바빙크는 일반적으로 말해 다른 종교들에서 접촉점은 반정립의 방식에 의해서만 확립될 수 있다는 헨드릭 크레머의 주장에 기본적으로 동의하는데, 이러한 대조의 방식은 "부정적인 정죄의 방식으로서가 아니라" 인간 종교의 "변증적 실재를 실제적으로(the dialectical reality realistically) 다루는 매우 긍정적인 방식으로서 의도된 것이다."194) 이것은 바빙크에게 종교적 의식은 그것이 하나님의 보다 초기의 계시에 대한 답변인 한에서만 접촉점으로서 이해될 수 있다는 것을 의미했다: "계시가 묶여 있는 유일한 것은 계시이다."195) 그러나 시작점, 즉 선교사와 복음전도자를 위한 출발점이 있다:

> 그렇다. 복음의 선포는 출발점을 가지고 있다. 그는 하나님과 청취자 사이의 대화를 개시하지 않는다: 그는 단지 새로운 장을 열 뿐이다. 그는 인간의 이성이나 인간의 덕 안에 접촉점을 [갖고] 있는 것이 아니라 하나님의 사역과 하나님의 자비로우심 안에 접촉점을 [갖고] 있다. 이것이 선교사역의 미(beauty)이다.196)

둘째로, 선교적 접근은 위에서 언급된 "직관들"을 가리키는데 사용되는 현존하는 다양한 말들과 표현들을 수용하는 것을 피할 수 없다. 오직 그렇게 해서만 우리는 우리자신을 이해시킬 수 있다. "바울과 다른 사도들은" *로고스*(logos)와 *쏘테리아*(soteria)와 같은 "헬레니즘적인 문화로부터 온 수많은 매우 특정한 단어들과 표현들을 주저하지 않고 사용했는데, 이러한 것들은 물론 복음을 전하는데 있어서 잘못된 함의들을 지니고 있었다."197) 바빙크는 이런 맥락에서 "디딤돌들"(stepping stones)에 대해

---

193) *IZW,* 140 (참조. *ISM,* 136). 참조. *RBCG,* 119.
194) H. Kraemer, *The Christian Message in a Non-Christian World,* 139.
195) "Het probleem der 'Anknüpfung'" 67.
196) *ICNCW,* 110.
197) "Het probleem der 'Anknüpfung'" 67.

말한다.198) 이러한 말들과 개념들의 내용은 다른 맥락에서 사용됨으로써 점차적으로 순화된다. 비록 이것이 우리를 "갈라진 균열을 따라서" 이끈다 할지라도(Although this takes us "along gaping chasm,") 우리는 동시에 "우리의 선포에서 성령께서는 우리의 말을 듣는 사람들의 마음속에서 죄를 깨닫게 하시는 사역을 행하신다"고 확신할 수 있다.199) 선교적 맥락에서 우리는

> 진리의 강력함을 믿을 수 있다. (…) 하나님의 진리는 강한, 저항키 어려운 능력을 가지고 있으며 말과 생각에 전적으로 새로운 의미를 부여해 준다. 만약 우리가 하나님의 진리의 장엄한 능력을 전적으로 신뢰하지 않으며, 그럼으로써 예수 그리스도 안에 있는 하나님이 계시의 부요함을 기술하고 가시화하기 위해 우리가 할 수 있는 것을 무엇이든지 감히 붙잡고자 하지 않는다면 우리는 비기독교적 세계 가운데에서 공개적으로 그리고 자유롭게 우리의 과업을 성취할 수 없다.200)

셋째로, 복음이 제시되는 표현의 형태들에서 우리는 필연적으로 "우리가 선포하는 그 민족들의 성격과 가능성들에 아주 철저히 적응하고자" 해야만 한다. 예를 들어, 예증을 통해서 바빙크는 일본인들이 풍유(alegory)와 늦은 밤의 대화를 선호한다는 것을 지적한다.201) 비록 바빙크와 크레머가 마지막 두 가지 점에서 분명한 일치를 보인다 할지라도 (크레머가 바빙크에게 미친-역주) 영향에 대해 말하기 보다는 (둘 사이의-역주) 밀접한 관계(affinity)에 대해 말하는 것이 좋을 것이다. 왜냐하면 바빙크는 이미 초기 단계에서 이러한 방법을 적용했기 때문이다.

이러한 문화적-종교적 접촉점외에 바빙크는 또한 *존재론적* 접촉

---

198) "General Revelation and the Non-Christian Religions," 54.
199) *IZW*, 143 (참조. *ISM*, 139).
200) "Het probleem der 'Anknüpfung'" 67.
201) "Het probleem der 'Anknüpfung'" 66. 또한 다음을 참조하라. "The Problem of Adaptation and Communication," 307-313. 바빙크 자신은 이러한 원리를 매우 초기에 그의 소책자인 『영혼의 길』(*Soeksma Soepana*, The way of the Soul, 1932)에서 적용했는데, 여기에서 그는 앞에서 지적한대로 인간의 마음속에서 복음이 역사하는 것을 설명하기 위해 *크라톤(kraton*, 수라카르타의 통치자의 거주지)의 비유를 사용했다.

점에 대해서도 말한다. 그는 현대 세계에서의 발달들과 관련하여 후자를 사용한다. 서양이든 동양이든 종교적 의식이 붕괴되고 세속화가 덮치는 곳에서 영적 가난, 불만족, 공허함, 그리고 두려움에 대한 인식이 종종 들어선다. 이것은 그리스도를 향한 갈증이 아니다. 그러나 기독교적 증거는 이러한 감정들과 경험들을 낚아채서 그것들을 보다 깊은 필요, 즉 하나님에 대한 필요까지도 통찰하는 수단으로서 사용할 수 있다. "하나님께서는 우리의 선포에서 [이러한 존재론적 조건을] 하나의 수단으로서 사용하여 그 마음을 드러내고 그것이 훨씬 더 큰 비참함, 모든 비참의 가장 깊은 근거, 즉 우리가 죄인들이라고 하는 사실을 인식하도록 만드실 수 있다."202)

3.3.5. 요약

케리그마틱 접근에 대한 고찰에서 바빙크는 균형잡힌 그리고 특히 성경적으로 책임 있는 방식으로 신학과 심리학 사이의 상호관계를 확립하였다. 그는 비기독교인들에 대한 선교적 선포가 현존하는 종교적 경험(현존하는 하나님에 대한 지식)을 그것의 출발점이나 예수 그리스도 안에 있는 계시로서 취해야만 하는가라고 하는 이제껏 반복된 난제에 있어서 훌륭하게도 방향을 제시해 주었다. 다시 말해서 이러한 선포가 보다 신중심적이어야 하는지 아니면 보다 더 그리스도중심적이어야 하는지 말이다.203) 선교적 접근에 대한 그의 고찰에서 신학과 심리학 모두를 고려함으로써 바빙크는 그리스도중심주의를 배제한 신중심주의뿐만 아니라 신중심주의를 배제한 그리스도중심주의를 피하였는데, 이 둘 다가 복음의 진정한 영향을 방해하며 혼합주의를 초래한다. 이 문제에 대해 바빙크가 취한 입장은 소위 접촉점의 개념을 반정립의 형태로 균형있게 해

---

202) *IZW*, 145 (참조. *ISM*, 141).
203) 참조. H. Kraemer, *The Christian Message in a Non-Christian World*, 21-22, 그는 두 개의 화해할 수 없는 양 극에 대해 말한다. 또한 다음을 참조하라. J.A.B. Jongeneel, *Missiologie*, 2, 265-266.

석할 수 있는 여지를 남겨두었다.

3.4. 식민지 이후 시대의 선교적 접근

바빙크는 특히 1947년 인도의 독립 후에 힘을 얻었던 지속적인 탈식민지화가 이 세상에서의 선교 방향에 대한 새로운 고찰을 요구한다는 것을 알았다. 바스코 다 가마(Vasco da Gama, 1460-1524: 인도항로를 개척한 포르투갈의 항해사로 인도총독을 지냈다-역주) 시대의 종말에 대해 말했던 크레머를 따라서 그는 *트로브(Trouw,* 신실함)지204)에 실은 1954년의 한 기사에서 선교가 변화된 그리고 변화하고 있는 관계들 내에서 새로운 길을 모색해야 할 것이라고 지적한다. 이러한 현실에 대한 고찰에서 두 가지가 중심적이다.

첫째로, 선교는 점차적으로 그것의 국가적 성격을 상실하고 있으며 점차적으로 세계적인 면을 요구한다: 선교가 기능했던 식민지적 맥락은 에큐메니컬한 유대 속에서 교회들의 협력운동에 의해 대체되어야만 한다.205)

둘째로, 선교가 정치적 지원에 더 이상 의존할 수 없으며 문화적 우월성의 지위를 상실한 까닭에 그 어느 때보다 이것은 다른 종교들과의 진정한 조우를 수반할 것이다: "보호를 받지 못한 채 복음 자체가 이것을 해야만 한다"고 바빙크는 *트로브*지에 쓰고 있다. 그는 이것이 요구하는 보다 많은 선교적 노력들에도 불구하고 이것을 긍정적으로 판단하며 "전례가 없는 기회들"에 대해 말한다. 아마도 그는 여기에서 선교의 식민지 문화화(the colonial enculturation of mission)의 일부였던 기독교 신앙으로의 개종을 위한 감정적 장애물들과 기회주의적 동기들이 제거되었다는 사실을 가리키는 것 같다.

1년 전, 한 책의 서평에서 그는 이미 바로 이러한 변화들이 다시

---

204) "Het Vasco da Gama-tijdperk, Wereldhistorische bespiegeligen en de zending,"
205) 또한 다음을 참조하라. *IZW,* 302 (*ISM,* 305).

한 번 "성경적 선교관," 그렇다, 우리는 다시금 "이 세상 속으로 그리스도께서 나아가시는 것의 일부가 되라"는 선교적 소명의 본질에로 던져져 있다는 "성경적 세계관으로 더 가까이 나아가는" 자극제라고 썼었다.206) 이것은 선교학이 이러한 선교적 접근에 대한 적절한 해석을 제공하고자 한다면 그것의 신학적 출발점들과 방법론적 접근들에 대해 다시 한 번 알아야만 한다는 것을 함축한다.

바빙크는 다른 글들에서도 이러한 현상을 지적하며 교회가 선교적 호소력을 증대시키는 수단으로서 문화화(inculturation)에로 점점 부름을 받고 있다고 강조한다. 만약 교회가 점증하고 있는 국수주의의 시기에 자신의 메시지를 계속 전달하고자 한다면 교회는 자신이 활동하는 세상에서 알아볼 수 있는 얼굴(a recognizable face)을 갖는 것이 방법론적으로 필수적이다.207)

바빙크에 따르면 가장 큰 문제들 중 하나는 독립의 실현과 더불어 많은 나라들이 불가지론과 무신론을 초래하는 경제적, 과학기술적, 사회적 혁명으로 들어섰다는 것이다. 이것은 존재론적인 물음들에 대한 관심을 최소화시킨다.208) 그러나 바빙크는 물질주의가 시초에 종교를 몰아내는 혼동의 시기에 새로운 영적 균형에 대한 추구가 생겨날 것이라고 확신한다. 교회는 이 공허함 속에서 복음의 결정적 의미를 선포하기 위해 자신의 눈과 귀를 열어두어야 한다.209) 따라서 위에서 언급된 존재론적 접촉점은 선교사역을 위한 매우 적절한 출발점이 될 수 있다.

4. 7장 요약

---

206) "Opgenomen zijn in God grote daden," review of Gustaf Wingren, *Die Predigt*.
207) "Verkondiging aan de volkerenwereld, De zending," in J. Waterink et al., *Cultuurgeschiedenis van het Christendom*, 4: 359-409.
208) *IZW*, 304 (참조. *ISM*, 307).
209) 참조. *IZW*, 305 (*ISM*, 308). 바빙크는 이러한 일이 인도에서 일어나고 있는 것을 보았다. 다음을 보라. "India in transition,"과 "Nehroe: 'Ja ik ben veranderd,'"

전체를 바라볼 때에 우리는 이 점에서 다루어진 주제들에 관한 바빙크의 생각과 관련하여 다음과 같은 결론들을 끌어낼 수 있다.

바빙크는 선교의 목표나 목적에 대해 조금도 반성하지 않았고, 단지 후티우스의 정의를 수용했다: 하나님의 영광을 드높이기, 교회 심기, 그리고 모든 곳에 있는 사람들의 회심.

바빙크는 - 하나님 나라의 개념과 관련하여 시간이 지날수록 - 선교에서의 이중적 *작용방식(modus operandi)*을 주장하였다: 포괄적 접근(보다 광험위한 소명)과 *케리그마틱* 접근(선포). 그리고 이 두 가지를 그는 각각 보조적인 선교 봉사와 핵심적인 선교 봉사로 특징지었다. 그는 전자에 대한 그의 입장과 에큐메니컬 선교신학에 의해서 옹호된 다면적인 포괄적 접근(휘트비 1947)을 분명하게 구별하였다. 케리그마틱 접근과 관련하여 그는 신학적이고 심리학적인 근거들을 토대로 (반)독단적 방법을 거부하고 조우적 방법을 선택했는데, 한편으로 그는 이것에 대화적 성격을 부여한 반면 다른 한편으로는 존재론적 또는 실질적(material) 접촉점을 부정하였다.

더 나아가 바빙크는 교회중심적인 선교의 초점은 *왕국*이며, 이것을 통해서 선교적 접근의 두 요소 - 케리그마틱한 핵심 사역과 포괄적인 보조 사역 - 가 분리될 수 없으며 돌이킬 수 없는 관계 속에서 함께 묶여 있다고 주장했다. 바빙크에 따르면 이 이중적인 선교적 접근의 첫 번째 구성요소는 공식적인 기관으로서의 교회에 의해서 수행되며 두 번째 구성요소는 신자들의 조직체로서의 교회에 의해서 수행된다.

8 반증학

제8장 반증학

(Elenctics)

유럽과 다른 대륙들의 미래는 변함없이 남아 있는 두 세력들 간의 대화로서 생각되어져야만 한다: 인간과 예수 그리스도.("Jesus Christus is dezelfde, tot in eeuwigheid," 38)

1. 도입

19세기 종교 연구의 도래와 함께 기독교와 다른 종교들 간의 관계에 대한 신학적 고찰의 필요가 증가하게 되었다. 둘 다 선교적 명령을 위한 그리고 그것을 섬기는데 있어서의 지주대로서 말이다. 독일의 선교학자 구스타프 바르넥은 처음으로 선교 변증학(missionary aplogetics)이라고 하는 특정 분과의 중요성을 강조하였으며 그의 『복음주의 선교학』(*Evangelische Missionslehre*)에서 선교의 역사, 이론 그리고 방법과 나란히 *선교변증론*(*Missionsapologetik*)을 위한 별도의 자리를 주장하였다. 바르넥의 제자였던 쥴리우스 리히터는 그의 『복음주의 변증학』(*Evangelishe Missionskunde*)에서 선교 변증론을 더욱 확장시키고자 했는데, 여기에서 그는 이 연구분야에 별도의 단락을 할애하였다. 리히터는 선교 변증론을 신학적 변증론의 독립적 가지로 보았는데, 왜냐하면 그는 그것이 기독교 변증보다는 이교주의를 대체하고자 하는 데에 그것의 과업이 있다고 보았기 때문이다. 그는 선교 변증론을 추구하는데 있어 세 가지 초점을 구분하였다: 기독교 신앙의 절대적 독특성을 위한 신학적 토대의 제공, 기독교의 우월성을 분명하게 증명하는 기독교와 다른 종교들 간의 대조, 그리고 기독교 신앙이 다른 모든 종교들을 정복한다는 사실의 역사적 증명. 에딘버리, 예루살렘, 그리고 탐바람에서의 국제선교대회에서 이러한 주제들이 특히 논의되었으며, 그 결과 이것은 국제적인 선교적 고찰에서 중요한 항목이 되었다. 그 자신의 방식대로 바빙크 역시 다른 종교들과의 관계에 관한 중요한 물음을 다루었다. 『종교적 의식과 기독교 신앙』에서 그는 다른 종교들과 대조하여 기독교 신앙의 절대적 독특성을 신학적으로 증명하고자 하였다. 그리고 이 연구의 결과들과 거의 동시에 그는 『선교학 입문』에서 별개의 단락을 그가 다른 책들에서는 거의 사용하지 않았던 용어인 "반증학"이라는 제목 하에서 "선교 변증론"에 할애하였다.[1] 비록 그가 "그것의 주제의 성격에 비추어" 반증학은 "교의학과 밀접하게 연관되어 있다"고 결론을 내렸다 할지라도 그는 그것이 "의도에 있어서는 분명히 선교적 학문분과"라고 하는 의견을 가졌다.[2] 그리고 보다 초기에 그는 "선교학은 일차적으로 진리의 내용의 문제를 다루는 것이 아니라 우리가 어떻게 그리스도의 진리를 가져가야만 하는가라고 하는 이차적인 물음과 관련이 있다"고 말했었다.[3] 그러므로 그는 카이퍼가 그랬던 것처럼, 그것을 교의학 아래에 분류하지 않고 바르넥과 리히터가 그랬었던 것처럼[4] 선교신학 아래에 분류했다. "그것을 지배하는 선교적 동기가 가려지지 않도록 하기 위해서" 말이다.[5]

바빙크는 반증학을 '설득술'(discipline of persuasion, *elenchein*)이라고 부르며 이것을 두 날의 활동으로 이해한다: 종교들에 대한 학문적 반성과 종교적인 사람에 대한 변증적 접근에 대한 신학적 반성. 반증학의 이

---

[1] 바빙크의 몇몇 제자들만이 *반증학*이란 용어를 계속 사용했다는 것을 여기서 주목할 수 있다. 이 용어는 당시에 국제적으로 확립된 용어였던 *선교 변증론(missionary apologetics)*을 사용했던 헨드릭 크레머에 의해서는 결코 사용되지 않았다. 페르까일은(*Contemporary Missiology*, 361-368) 대화와 삼자대화(trialogue)를 통한 선교적 의사소통에 관해서 말한다.
[2] *IZW*, 234 (참조. *ISM*, 233).
[3] *CPVW*, 10.
[4] A. Kuyper, *Encyclopaedie*, 3, 359 ff.
[5] *IZW*, 233 (참조. *ISM*, 232).

러한 두 요소는 구별될 수는 있지만 서로 분리될 수는 없다: 그것들은 서로를 섬기며 한 동전의 양 면이다. 이러한 근본적인 출발점은 이 장의 구조를 위한 토대를 형성한다.

2. 반증학이란 용어

*반증학*이라는 대면적(confrontational) 개념은 선교적 틀에서 후티우스에 의해 처음 사용되었는데, 그는 그것을 디도서 1장 13절에서 이끌어 냈다: "(…) 저희를 엄히 꾸짖으라(*elenche*) 이는 저희로 하여금 믿음을 온전케 하고."6) 그는 기독교 신앙의 선포와 교회의 설립에 예비적인 비기독교 신앙들을 논박하고 허무는데 필요하다고 자신이 느꼈던 것을 가리키는 데에 이 용어를 사용하였다. 카이퍼가 이 용어를 다시 소생시켰고 그것을 이교에 대한 반정립(antithesis)으로서의 논쟁술, 그리고 유사철학(pseudo-philosophy)에 정반대되는 것으로서의 변증론과 나란히 유사종교에 대한 반정립으로서 제시하였다.7)

이러한 개념을 받아들여서 바빙크는 그것을 선교적 접근과 연결지었다: "반증학은 선교적 접근의 아주 특별한 면, 즉 사람들을 회심에로 부르는 것을 준비하는 비기독교적 종교성의 직접적인 대면을 다루는 학문분과이다."8) 그는 반증학이 우선 "비기독교적 종교성의 위험한 힘에 대한" 반응적 "방어"로 이루어진 것이 아니라 그 대신에 다음과 같은 적극적인 선교적 개념에 의해서 강력하게 지배된다고 말한다: "그것은 (…) 비기독교적 종교를 꾸짖으며 그것을 신봉하는 사람들에게 죄를 깨닫게 하고 그들로 하여금 회개와 회심으로 나아가도록 한다."9)

반증학이라는 용어는 그리스어 동사인 *엘렌카인*(*elenchein*)에서 유

---

6) 참조. J.A.B. Jongeneel, *Missiology*, 2, 332와 Kuyper, *Encyclopaedie*, 3. 365.
7) Kuyper, *Encyclopaedie*, 3. 365.
8) *IZW*, 234 (참조. *ISM*, 233).
9) *IZW*, 233 (참조. *ISM*, 232).

래되는데, 이것은 처음에 누군가를 수치스럽게 하거나 부끄럽게 하는 것을 의미했으며, 고전 그리스어에서 "죄를 입증하다, 논박하다," 즉 "그의 죄를 그의 앞에 갖다 놓고 그에게 돌아서도록 도전을 주는 것" 이란 의미를 얻었다.10) 바빙크는 이 단어가 발견되는 많은 성경 본문들을 언급한다:

유다서 14-15절: "¹⁴보라 주께서 그 수만의 거룩한 자와 함께 임하셨나니 ¹⁵이는 뭇사람을 심판하사 모든 경건치 않은 자의 경건치 않게 행한 모든 경건치 않은 일과 또 경건치 않은 죄인의 주께 거스려 한 모든 강퍅한 말을 인하여 저희를 정죄하려(elenchein) 하였느니라"

요한계시록 3장 19절: "무릇 내가 사랑하는 자를 책망하여(elenchō) 징계하노니 그러므로 네가 열심을 내라 회개하라"

디모데전서 5장 20절: "범죄한 자들을 모든 사람 앞에 꾸짖어(elenche) 나머지 사람으로 두려워하게 하라"

마태복음 18장 15절: "네 형제가 죄를 범하거든 가서 너와 그 사람과만 상대하여 권고하라(elenxon)"

이러한 본문들을 근거로 바빙크는 엘렌카인(elenchein)이란 용어가 벌하거나 징계하는 것을 의미한다고 결론을 내리는데, 하지만 그때에 그것이 죄를 깨닫게 하는 것과 회심에로의 부르심을 수반한다는 의미에서 그러하다는 것이며, 더 나아가 그 개념 자체는 전적으로 윤리적-종교적 영역에 속한다고 주장한다.11)

바빙크에 의해서 인용된 본문들은 이 단어가 신약에 나타나는 여

---

10) *IZW*, 222 (참조. *ISM*, 221); 바빙크는 여기에서 키텔(471)로부터 인용한다.
11) *IZW*, 222-223 (참조. *ISM*, 221). 클랍베이끄(J. Klapwijk, 18-19)는 이 단어가 일차적으로 법정적 용어이며 그것이 회심에의 부름을 포함하는지는 오직 문맥으로부터만 결정될 수 있다고 주장하면서 이러한 결론은 *elenchein*이란 단어의 의미를 정당하게 다루지 못한다고 말한다. 그러나 *elenchein*에 대한 바빙크의 해석이 '탈선해 있다는 클랍베이끄의 주장은 지나치게 강하다. 왜냐하면 그 본문들 대부분에서 - 그리고 신약의 다른 곳들에서 - 가면을 벗기는 것(unmasking)은 실제로 회심에의 부름을 포함하기 때문이다. 우리는 이 개념의 법정적 성격에 대해 일면만을 강조해서는 안 된다. 또한 다음을 참조하라. *Theologisches Begriffslexikon zum NT*, 2, 1095.

러 경우들 중 일부이다.12) 그는 동사 *elenchein*의 주어를 토대로 하여 이 본문들을 선택했다: 주님(마지막 심판에서 그리고 현재에), 성령, 직분자, 그리고 형제. 이런 식으로 그는 *elenchein*이 인간의 활동을 가리키며 동시에 신적 차원을 지니고 있다는 것을 보여준다.13)

3. 반증학의 성경적 토대

바빙크에게 반증학의 추구는 성경적인 문제인데, 많은 본문들에서 이 용어가 사용되기 때문만이 아니라 성경 자체가 원칙상 반증적인 책이기 때문에 훨씬 더 그러하다. 그는 다음과 같이 쓰고 있다: "성경"은

> 이 단어의 매우 주목할 만한 의미에서 선교서이다. 그것이 선교서인 까닭은 그것이 끊임없이 삶에 대한 이방인의 관점과 논의를 하기 때문인데, 그것이 계속해서 이방인들에게 말하기 때문이다. 그것은 이교주의 안에서 매우 본질적인 자기신성화라고 하는 깊이 뿌리박힌 경향들을 결코 간과하지 않고 있다. 그것은 이교주의의 매혹케하는 능력을 고려하고 있으며 언제나 그것의 마법을 깨드리고자 애쓰고 있다.14)

마법적-신비적 사유에 관해 글을 쓰면서 바빙크는 "성경 전체는 이러한 마법적이고 모든 거짓된 신비주의에 맞선 하나의 거대한 증거를 이루는데, 이러한 신비주의는 하나님과의 연합을 추구하는데, 그것이 추구하는 연합이란 죄된 인간을 거룩하신 분이신 하나님과 분리시키는 측량할 수 없는 균열을 인정하지 않는 연합이다"라고 주장했다.15) 그리고 그의 선교학적인 소책자에서 그는 이러한 확신을 재언급했다: "성경은 첫 장

---

12) 참조. A. Schmoller, 159, 그는 신약에서 19번의 경우들을 열거하고 있다.
13) 이와 관련하여 바빙크가 후티우스로 하여금 *elenctics*라는 용어를 소개하도록 영감을 주었던 본문인 디도서 1장 13절을 언급하지 않고 있다는 것은 주목할 만하다. "직분자"가 이 단어의 주어임을 고려할 때 우리는 바빙크가 디모데전서 5장 20절보다는 이 구절을 선호했을 것이라고 생각할 텐데 말이다.
14) *ICNCW*, 132.
15) *CMO*, 115.

에서 마지막 장에 이르기까지 이교주의에 맞선, 이스라엘 자체 내에 있는 이교화의 경향들에 맞선, 간단히 말해서 종교의 타락에 맞선 하나의 거대한 방어이다."16) 바빙크는 그것의 거의 모든 부분이 물질을 숭배하는 "가치 있는 지적들로 가득 차 있는" 구약성경의 구체적인 기사들을 통해 이것을 명료하게 한다. 그리고 우리가 신약성경으로 돌아설 때 "우리는 곧 성경의 이 부분 역시 이교주의의 가장 깊은 동기들과 계속해서 갈등을 일으키는 것을 목격한다."17) 따라서 창세기의 시작은 자기 신성화에 대한 하나의 커다란 항의이다. 그리고 삼손의 이야기, 블레셋 사람들에 의해서 강탈된 법궤 이야기, 애굽에서의 전염병들, 그리고 예수님의 기록된 이적들 - 이 각각은 마법적-신비적 사고에 맞선 증거이다.18) 선교적 실천에서 바빙크 자신이 경험했던 것처럼 성경의 반증적 성격은 반복해서 표면에 떠오른다.

> 복음을 피상적으로가 아니라 정신을 집중해서 읽은 이방인은 누구나 얼마 안가 예수님께서는 다르다는, 즉 예수님의 능력은 그의 자기 희생적 사랑과 동일하기 때문에 그분의 능력은 세상의 다른 모든 형태의 능력들과 다르다는 놀라운 발견을 하게 될 것이다.19)

간단히 말해서 바빙크에 따르면 선교학은 반증(elenctics)의 문제를 결코 피할 수 없는데, 왜냐하면 *elenchein*이 성경 메시지 자체 안에 내재해 있기 때문이다. 바빙크는 이 문제에 대한 자신의 생각을 다음과 같이 요약한다.

---

16) *IZW*, 245 (참조. *ISM*, 245). 또한 다음을 참조하라. *CTM*, 29 ff., 여기에서 바빙크는 다시 성경과 다른 경전들 사이의 다섯 가지 근본적인 차이들을 지적함으로써 성경의 반증적 성격을 강조한다: 성경에서 하나님은 피조물과 동일시되지 않는다. 우주적 질서보다는 하나님 나라가 중심적이다. 윤리적 규범들은 사랑의 관계 속에 새겨져 있다. 점진적인 구원 역사가 순환적 역사관을 대체한다. 그리고 그리스도의 부활이 새로운 시대를 창조하며 "만물의 회복"을 약속한다.
17) *ICNCW*, 126, 128.
18) *Ibid.*, 125-133.
19) *Ibid.*, 132.

그것[성경]은 교회를 위한 책이다. (…) 그리고 그것은 동시에 세상을 위한 책이다. (…) 성경에서 하나님은 진리를 받아들이고 하나님과 화목하게 되도록 여러 민족들을 설득하시고, 꾸짖으시고, 권면하시고, 간청하시면서 세상과 씨름하고 있다. (…) 이 책은 우리의 불신앙과 우리의 불경건함과 그리고 우리의 불의에 대해 평결을 내린다. (…) 그러나 이 동일한 책은 우리 주와 구주의 구속하시는 사역을 믿는 사람들에게 기쁨의 원천이다.20)

4. 반증학의 보조적 학문분과들
(Auxiliary Disciplines of Elenctics)

바빙크에게 반증학의 토대는 성경의 메시지에 놓여 있으며, 직접적으로 이와 관련해서 비기독교적 종교들에 대한 성경적 평가에 놓여 있다.21) 그러나 *elenchein*을 염두에 두고서 비기독교적 사유와 삶을 분명하게 이해하기 위해서 우리는 신학적 커리큘럼에 들지 않는 다양한 학문분과들을 참고할 필요가 있다.22) 바빙크는 이런 과목들을 다음과 같이 많이 언급한다.

종교의 역사(History of religions). 이 과목은 다양한 종교들의 기원, 발달, 상호 영향에 관해서 그것들의 발달을 추적하고자 한다. 바빙크에 따르면 비기독교적 종교들 가운데에서의 상호 영향들 외에 또한 이스라엘과 기독교회를 통해 다른 종교들 가운데에서 역사하는 "어떤 특별계시의 빛"을 가리켜 주는 것들이 있다.23) 바빙크는 "성경에 대한 믿음의 토대 위에 섬으로써 우리는 - 비록 그것이 과학적으로 증명될 수 없다 할지라도 - 인간의 역사가 하늘과 땅의 창조주이신 한 하나님께 대한 섬김과 경배로 시작되었다는 것을 목격하지 않을 수 없다"고 쓰고 있다.24)

---

20) Ibid., 139-140.
21) *IZW*, 17 (참조. *ISM*, xxi).
22) *IZW*, 234 (참조. *ISM*, 233). 이러한 분야들에 대한 바빙크의 취급은 이것들이 신학의 바깥에 있다는 사실이 이것들과 신학적 학문분과들 사이에 어떠한 상호적 관계도 없다는 것을 의미하지는 않는다는 것을 분명히 보여준다. 한편으로 이것들은 성경적 계시에 비추어 그 자체로 추구되어야만 한다. 다른 한편 이것들은 선교학적 반성을 구체화하고 강화시킨다.
23) *IZW*, 237 (참조. *ISM*, 236).

그럼에도 불구하고 기독교를 포함한 모든 종교들이 동일한 뿌리에서 나왔다고 가정하는 것은 오해일 것이며 또한 그렇게 함의하는 것은 잘못일 것이다. 그러한 입장은 "종교적 삶에 미친 타락의 파괴적 영향을 정당하게 다루지 못하는 것일 것"이며 "잘못된 가정들을 만들어 내는 일"을 초래할 것이다.[25] 따라서 그는 종교들의 역사에 대한 학문적 연구가 역사적-종교적이며 성경에 묘사된 *구속사적인* 발달들에 대한 고려 없이 추구될 수 있다는 생각은 어떤 것이든 거부한다는 것을 강조한다. 오히려 그는 후자가 전자에 의해서 확증될 것이라고 가정한다.[26]

종교 연구(Religious studies). 이 연구 분야는 다양한 신앙 전통들에 대한 경험적 탐구와 관련한다. 종교들의 역사뿐만 아니라 종교 연구 역시 신학보다는 오히려 인문학에 속한다.[27]

종교 심리학(Psychology of religion). 이 주제 영역은 이러한 전통들의 보다 깊은 배경을 발견하고자 하는 취지로 하나의 현상으로서의 종교가 어느 정도 심리학적으로 설명될 수 있는지 그리고 어떤 심리학적 현상들이 다양한 종교들의 필수적인 부분인지를 결정하고자 한다. 여기에서 다시 그는 종국적인 것은 심리학이 아니라 신학이라고 강조해서 지적한다. 비록 "종교적 삶의 많은 표현들이 다른 심리학적 현상들과 연관되어 있으며 그것들과 관련하여 보아져야만 함에도 불구하고" 모든 종교의 배후에 놓여 있는 것은 "타락한 인간에 간섭하시는 하나님의 표현할 바 없는 신비"라는 것이 성경으로부터 명백하다. 더욱이 성경은 또한 이 연구 영역에 "하나님을 인정하기를 꺼리는 마음은" 모든 종교 안에 "가장 깊은 심리학적 동기부여로서 숨겨져 있다"고 하는 "매우 중요한 지침"을 제공해 준다. "종교 분야에 대한 모든 심리학적 탐구들은 이 신적으로 계시된 자료를 고려해야만 한다."[28]

---

24) *IZW*, 235-236 (참조. *ISM*, 234-235).
25) *IZW*, 235 (참조. *ISM*, 234).
26) *IZW*, 235-236 (참조. *ISM*, 234-235).
27) *Ibid.*, 238.
28) *IZW*, 238 (참조. *ISM*, 237).

종교 현상학(Phenomenology of religion). 이 학문분과는 다양한 종교들이 공통으로 가지고 있는 현상들을 연구하고 비교하며 이러한 현상들에 본질적인 것이 무엇인지를 발견하고자 한다. 다시금 바빙크는 이 연구의 결과들이 성경적 자료들과 일치를 보여줄 것이라 확신한다. 이와 관련하여 그는 다음과 같이 쓰고 있다:

> 놀라울 정도로 인간이 반복해서 동일한 관념들, 동일한 태도들로 돌아갔다는 것이 점차 명백해지고 있다. (…) 우리는 전 세계에 걸쳐 동일한 과정들, 동일한 타락의 징후들을 발견한다. 인간은 완전한 차이들에도 불구하고 우리가 일반적으로 생각하는 것보다 더 깊은 의미에서 통일성이 있는 것처럼 보인다.[29]

종교 철학(Philosophy of religion). 이 과목은 철학적 노선들을 따라서 종교적 연구의 결과들을 처리하는 일을 하며 따라서 종교들의 본질, 분류법, 독특성과 같은 문제들에 몰두한다. 이 철학적 반성의 객관성은 그것이 그 출발점으로서 우리 밖에 있는 그리고 우리 위에 있는 권위를 취하는지에 달려 있다: 하나님의 말씀. 종교의 본질에 대한 물음을 논하면서 바빙크는 다음과 같이 쓰고 있다:

> 종교 철학의 첫 물음이 이미 끝없는 어려움들에 부딪힌다는 것이 분명하다. 종교가 무엇인지를 사실 누가 결정할 것인가? 이것이 종교 철학이 하나님의 말씀에 귀를 기울임으로써 시작해야만 하는 이유이다. 하나님만이 우리에게 종교가 무엇인지를 말씀해 주실 수 있다.[30]

반증적 접근을 발전시키면서 바빙크는 그가 인용하며 상호 작용하는 다른 이들의 풍부한 저서들[31]과 그 자신이 이 문제에 대해 썼던 짧은 글들의 수로부터 명백하게 알 수 있듯이 이 보조적인 과목들을 자주 다루었다.[32]

---

29) *IZW*, 239 (참조. *ISM*, 238).
30) *IZW*, 240 (참조. *ISM*, 239).
31) 특히 『그리스도와 동양의 신비주의』, 『종교적 의식과 기독교 신앙』, 그리고 『선교학 입문』에서 그가 인용하는 다른 이들의 다양한 책들을 언급한다.

5. 반증학의 분과들(The Divisions of Elenctics)

바빙크는 반증학을 세 분과로 나눈다: 일반(또는 역사적) 반증학, 특별 반증학, 그리고 현상학적 반증학.33)

*일반 반증학(General elenctics)*은 종교적 삶을 그것의 역사적 발달 안에서 바라보며 이것을 논증을 위한 출발점으로 삼는다. 종교적 삶은 타락과 중생의 끝없이 반복되는 과정으로 특징지어진다. 만약 우리가 이 역사의 배후에서 자신을 드러내시는 하나님의 행위와 응답하는 인간의 반응을 모두 볼 수 있다면 그때에 종교의 역사는 결국 "하나님께서 죄된 자기만 속에서 꿈꾸고 있는 인간과 하는" 하나의 거대한 씨름인 것처럼 보인다.34) 이 역사는 그 자체로 한, 참되신 하나님께로의 회심과 굴복에로의 요청이다.35) 『선교학 입문』의 별도의 장에서 바빙크는 네 가지 관점에서 일반 반증학의 본보기를 제공한다: 하나님과 우주, 뒤편으로 밀리시며 물러나시는 하나님(God who is pushed and withdraws into the background), 하나님과 도덕적 세계 질서, 하나님과 원시의 대양(God and the primeval ocean).36)

비록 바빙크와 카이퍼가 이 점에 대한 그들의 생각에서 밀접히 연관되어 있다 할지라도 그들은 또한 차이가 있는 것처럼 보인다. 바빙크는 종교의 발달에서 우리는 죄된 분열의 부정적 요소뿐만 아니라 "일반은총"의 긍정적 요소가 구조적으로 존재한다는 것을 발견한다고 하는 카이퍼의 입장을 공유하지 않는다. 일반은총의 이런 강력한 사역은 아름답고 선한 많은 것이 "해안의 모래에 있는 금가루들과 같이" 여러

---

32) Het primitieve denken; *De godsdienst van Java;* Het hindoeïsme; *De psychologie van de Oosterling;* Berg en zee als mystiek-religieuze gootheden; *Phaenomenologische classificatie der religieuze structuren;* Uitkomsten der studie van buitenbijbelse religies; De absoluutheid van het Christendom.
33) 참조. *IZW*, 244-246 (*ISM*, 243-244).
34) *IZW*, 244-245 (참조. *ISM*, 243).
35) 참조. *IZW*, 245 (*ISM*, 244).
36) 참조. *IZW*, 248-272 (*ISM*, 247-272).

종교들에서 발견되는 이유이다.37) 바빙크는 이러한 가능성을 전적으로 부정하지는 않는다: "우리는 하나님의 은혜에 의해서 억압과 대체가 항상 성공하는 건 아니라고 말할 수 있다."38) 그럼에도 그는 일반적으로 이 점에 있어서 훨씬 더 급진적인 크레머의 입장을 따르는데,39) 이는 "피상적인 연구는 [성경 밖의 관습들 및 생각들과 성경적 관습 및 생각들] 사이에 놀라울 정도의 유사성이 있다는 개념을 초래하지만 보다 깊이 고찰해 보면 이 유사성 안에 커다란 차이가 숨겨져 있음을 발견하게 된다"고 하는 그의 주장에서 보여질 수 있다.40)

*특별 반증학(Special elentics)*은 한 특정한 종교를 보고서 그것을 신학적으로 뿐만 아니라 역사적으로, 심리학적으로 그리고 현상학적으로 이해하고자 한다. 이러한 지식으로 무장할 때 선교의 맥락에서 사람들에게 죄를 깨닫게 하고 그들을 회심으로 부르는 것이 성경의 토대로 기능할 수 있다.41)

*현상학적 반증학(Phenomenological elentics)*은 여러 종교들에서 발견되는 특정한 현상, 예를 들어 기도, 희생, 신비주의와 같은 것에 대해 고찰한다. 따라서 그 핵심은 성경이 이러한 현상들에 대해 가르치는 바를 토대로 "열방들이 [이것들을] 가지고 무엇을 해왔는지를 탐구하고 사람들을 꾸짖어 회개에로 부르는 것"이다.42) 바빙크 자신은 일차적으로 신비주의의 현상에 몰두했다. 이 분야에서 가장 중요한 그의 책은 『그리스도와 동양의 신비주의』이다.43)

---

37) Kuyper, *Encyclopaedie*, 3, 453.
38) *CBTM*, 203. 또한 다음을 참조하라. *ICNCW*, 96-97. 여기에서 그는 이에 대한 놀라운 예를 든다.
39) 참조. H. Kraemer, *The Christian Message in a non-christian World*, 137 ff.
40) *IZW*, 229 (참조. *ISM*, 228).
41) *IZW*, 245 (참조. *ISM*, 244).
42) *Ibid*.
43) 이 분야의 다른 책들로는 다음의 것들이 있다: "Berg en zee als mystiek-religieuze grootheden"; "Mythos en logos"; *Gereformeerd Weekblad*, 6 (1952)에 있는 신비주의에 대한 일련의 글들과 "Het evangelie en het mystiek levengsgevoel."

6. 변증학의 출발점

변증학에서 이성은 종종 비기독교적 사유의 내재적 옹호불가능성(untenability)을 보여주기 위한 출발점이 된다. 초대 교회에서 로고스, 즉 *라치오*(ratio)는 로고스에 대한 반성으로 여겨졌으며 따라서 기독교 신앙의 동맹자로서 그리고 신화에 기반을 둔 모든 종교에 맞선 싸움에서의 무기로 간주되었다(참조. 저스틴 마터, Justin Martyr). 이러한 견해는 로마-가톨릭 전통에서 체계화되었다(참조. 토마스 아퀴나스). 이성은 하나님에 대한 자연적 지식의 원천, 즉 기독교 신앙에로의 입구로 여겨졌다. 이성에 호소함으로써 사람들에게 한 분 하나님만이 계실 수 있으며, 공의와 사후의 삶이 있음에 틀림없다는 것을 확신시키는 것이 가능할 것이라고 생각되었다. 이러한 합리적 접근은 필연적이라고 여겨졌다: 처음에 성경에 호소하는 것은 쓸모없는 것이라고 생각되었다. 왜냐하면 그것은 믿지 않는 사람들에 의해서 하나님의 계시로서 인정되지 않을 것이기 때문이다. 오직 이성이 강력한 힘으로 그 변호를 하고 첫 번째 빛의 여명이 비추어진 후에야 성경적 계시는 출발점으로서 사용될 수 있다. 따라서 이성의 능력을 넘어서지만 그 자체로 비합리적이지만은 않은 초자연적 진리들은 성경으로부터 가르쳐질 수 있다.

바빙크는 하나님에 대한 이러한 자연적 지식을 매우 부정적인 빛에서 본 첫 번째 사람이 칼빈이었다고 지적한다.[44] 심지어 가장 지적인(sophisticated) 사상가들조차도 하나님에 대한 그들의 사유에서는 "우둔함과 소경 그 이상"이다.[45] 그리고 모든 불꽃은 "그들이 더 밝은 광선을 발하기 전에는 꺼진다."[46] 칼빈은 변증학에서 이성 자체가 출발점으로서 더 이상 섬길 수 없다고 하는 그러한 비판을 이성의 능력에 가했다. 바빙크는 "그럼에도 불구하고 종교개혁 교회들에서 선교학이" 보다 초기

---

[44] 참조. *IZW*, 225 (참조. *ISM*, 224).
[45] J. Calvin, *Institutes*, I, 5, 12.
[46] *Ibid.*, I, 5, 14.

의 로마 가톨릭 신학47)의 "관념들에 붙잡힌 채 남아 있었다는 것은 놀랄 만하다"고 쓰고 있으며 이와 관련하여 특히 후티우스를 언급한다.

토마스 아퀴나스를 명시적으로 언급하면서 후티우스는 "우리의 신앙의 진리에 대한 해명으로 시작하지 않고 이교주의에 대한 논박으로 시작하며 자연적 이성의 빛의 도움을 얻어 이 일을 하는 것이 매우 유익하다고 하는 게 우리의 의견이다"라고 말한다.48) 그는 비유를 들어 계속했다: "신앙을 심는 사람들은 여기에서 정원사들의 모범을 따르는데, 그들은 먼저 잡초들을 제거하고, 그리고 나서야 씨앗을 깨끗해진 땅에다 심는다."49) 이와 관련하여 그는 더 나아가 선진국으로 보내진 사람들은 철학적으로 훈련을 받아야만 한다고 말한다.50) 후티우스에 따르면 이성을 출발점으로 취하는 것을 지지하는 또 다른 주장은 성경이 불신자들에 의해서는 하나님으로부터 온 계시로서 인정되지 않는다는 사실이다.51) 바빙크에 따르면 "기꺼이" 후티우스를 따랐던 카이퍼52) 역시 이 점에 대해서는 완전히 명료한 것은 아니다. 그는 카이퍼가 유사종교를 논박하는데 있어서 철학적 논증을 지나치게 신뢰했다고 느끼는데, 카이퍼가 비기독교적 종교들의 "내재적 비진리성," "계시의 전통의 왜곡" 그리고 "하나님에 대한 자연적 지식의 비정상적이고 죄된 발달"을 보여주는 것에 대해 말하고 있다는 사실로부터 그렇게 추론한다.53) 이미 지적했듯이 카이퍼가 "일반은총" 때문에 많은 선이 비기독교적 종교들 안에서 발견된다는 견해를 주장하는 것은 사실이다. 그러나 카이퍼

---

47) *IZW*, 226 (참조. *ISM*, 225).
48) "Putamus expeditissimum esse, si incipiatur non a demonstratione veritatis fidei nostrae, sed a refutatione Gentilismi, idque ex ratione ac lumine naturali," G. Voetius, *Disputatio*, 637. 참조. H.A. van Andel, *De zendingsleer*, 172-173.
49) H.A. van Andel, *De zendingsleer*, 173.
50) G. Voetius, *Politica*, 334-335. 참조. H.A. van Andel, *De zendingsleer*, 173-174.
51) H.A. Andel, *De zendingsleer*, 172. 이것은 이방인들과 무슬림들에게 적용된다. 유대인들에게 전할 때에 우리는 기독교 신앙의 정당한 주장들에 대한 증거를 구약성경으로부터 제시할 수 있다.
52) J.A.B. Jongeneel, *Missiologie*, 2, 332.
53) A. Kuyer, *Encyclopaedia*, 3, 446.

는 또한 철학적 논증을 상당한 정도로 상대화한다. 어쨌든 그에게 있어서 *elenchein*의 무게중심이 하나님의 계시 안에 놓여 있다는 것은 분명하다: "만약 빛(*Phoos*)이 그리스도부터 어둠(*skotia*) 속으로 비취며 '그들 마음의 죄된 열망 속으로' 던져졌던 자들이 하나님의 자비에 붙잡히기만 한다면" 죄인들은 그들의 길이 잘못되었다는 것을 확신할 수 있다고 그는 쓰고 있다.54)

바빙크가 자신의 입장을 규정할 때에 그는 *elenchein*의 개념이 종교적-윤리적 성격을 지니고 있으며, 그러므로 그것은 결코 철학적 논증에 의한 설득을 의미할 수 없다고 다시 한 번 강조해서 지적한다. 그는 요한의 로고스 개념을 매우 강력하게 받아들였던 초기의 변증론자들은 바로 요한복음 안에서 "진리에로 나아 오는 것"이 종교적 문제라는 것을 발견할 수 있었을 것이라고 말한다: "사람들이 빛 대신에 어두움을 사랑하였다"(요 3:19).55) 더욱이 종교들에서의 일탈들을 철학적 논증들에 의해 교정될 수 있는 이성의 탈선으로 보는 것은 너무나 지나칠 정도로 단순화시키는 것이다. "그 문제는 훨씬 더 진지하다. 인간의 합리적 삶은 그의 본능적 열정들, 즉 그의 감정적이고 의지적인 삶과 너무도 밀접하게 엮여 있어서 합리적 논증을 통해 그를 진정으로 변화시킬 수 없다."56) 어리석음의 배후에 하나님에 대한 반역이 놓여 있다. 이성의 숙고들은 무에 이른다. 왜냐하면 사람들이 "그들의 사악함으로 진리를 억누르기" 때문이다(롬 1:8).57) 바빙크는 구약의 선지자들이 "우상숭배에 대한 그들의 반증적 공격에서 합리적 논증을 사용한다"는 것을 인정한다.58) 그러나 - 이사야 선지자가 우상숭배의 어리석음을 웃음거리로 만드는 이사야 44장을 지적하면서 - 그는 즉시 그들의 논증의 날카로움은 이사야가 거짓을 폭로하는 데 있다고 지적한다.59) 간단히 말해서 이성

---

54) *Ibid.*, 449.
55) *IZW*, 227 (참조. *ISM*, 226).
56) *IZW*, 229-230 (참조. *ISM*, 228).
57) *IZW*, 230 (참조. *ISM*, 228).
58) *IZW*, 227-228 (참조. *ISM*, 226).

은 여기 저기서 보조적인 반증적 봉사를 제공할 수 있지만 그것이 결코 출발점일 수는 없다. 바빙크는 일찍이 1927년에 이것을 이미 지적했었다:

> 기독교의 독특성은 어디 있는가? 이것 안에, 즉 기독교가 어떤 다른 종교들보다 삶의 비참함, 삶의 파괴를 훨씬, 훨씬 더 진지하게 (…) 다룬다는 것에 있다. 우리가 진리를 알 때에, 구원에 이르는 길이 우리에게 그려져 있을 때에 우리는 충분한가? 아니다. 왜냐하면 우리는 그 길을 따르지 않기 때문이다. 내가 무엇을 해야만 하는지 아무리 잘 안다 할지라도 내 안에는 나를 악으로 몰아붙이는 어떤 힘이 있다. (…) 이러한 비참은 지성 안에, 무지 안에, 오류 안에만 있는 것이 아니다.60)

동시에 바빙크는 우리가 성경을 우리의 출발점으로 만들 수 없다는 것을 너무도 잘 알고 있다. 왜냐하면 "예수 그리스도 안에 있는 하나님의 계시는" 불신자에 의해서 "알려지지도 믿어지지도 않기 때문이다."61) 이러한 고찰들을 토대로 바빙크 안에서 삼중적 출발점을 발견할 수 있다.

첫째로, 바빙크는 모든 인간이 하나님의 일반계시의 범위 내에 있다고 지적한다.62) 모든 종교들이 이 계시에 대한 반응이라는 사실 외에도 그것들은 또한 이것에 의해서 어느 정도 지속적으로 가면을 벗게 된다. 선교사가 그의 반증적 논증을 가지고 도착하기 전에 하나님께서는 이미 그의 진리와 함께 거기에 계셨다. 따라서 그들에게 분명 어떤 식으로든 하나님에 대해 알려질 수 있다(롬 1:19). 진리가 계속해서 억압되며 대체된다는 사실 외에도, 그것은 또한 삶들을 내적으로 불안하게 만든다. "사람이 마음 속 깊은 곳에, 또한 기독교적 종교들을 신봉하고 그것들을 믿는 사람들의 마음속에 하나님과 게임을 하고 있으며 언제나 은밀하게 그분으로부터 도망하느라 바쁘다고 하는 아주 희미한 인식이 있

---

59) *Ibid.*
60) *LV*, 88.
61) *IZW*, 228 (참조. *ISM*, 227).
62) *Ibid.* 이 문제에 대한 바빙크의 견해의 상세한 논의를 위해서는 앞의 4장을 보라.

다."63) 바빙크는 반증적 주장은 하나님과 인간 사이에 끊임없이 수행되어지고 있는 이러한 대화와 연관되어 있어야만 하며, 그것은 사람들의 존재론적 불안정에 호소해야만 한다고 선언한다. 그는 이것을 다음과 같은 주목할 만한 말로 표현한다: "이것이 유사종교의 골리앗 갑옷에 있는 유일한 약점으로서, 여기에서 목동은 그의 돌로 - 하나님께서 그의 손을 인도하신다면 - 사람들을 때릴 수 있다."64) "이런 기본적인 인정들로부터 시작해서 [반증적] 대화가 시작될 수 있다. (…) 그 마음의 심연에서 인간은 자신이 하나님을 기만하려고 하며 하나님 앞에서 죄가 있다는 모호한 의식을 가지고 있다."65) 만약 접촉점과 같은 그런 것이 실제로 있다면 그것은 *라치오(ratio)* 보다는 *프시케(psyche)* 안에 놓여 있다.

둘째로, 선교사는 "[하나님의] 명령에 순종하며 길이요 진리요 생명이신 분의 메시지를 가져가도록" 부름을 받는다.66) 바빙크에 따르면 예수 그리스도 안에 있는 하나님의 계시는 반증적 접근의 중심에 서 있어야만 하며,67) 따라서 비진리의 가면을 벗기는 것은 진리에 비추어서 발생하며 이것을 통해 인간은 하나님 앞에서 그의 참된 색깔을 발견한다. 예언적-반증적 주장의 요지는 종교적 분투가 궁극적으로 "하나이신 참된 하나님께 대한 반역, (…) 자기 신성화, 하나님을 세상으로 끌어내리는 것, 그리고 하나님을 자기자신에게 굴종하도록 만들려는 무시무시한 시도"를 수반한다는 것을 아주 분명히 하는 것이다.68) 그는 불신자가 아직 하나님의 계시에 동의하지 않는다는 사실은 오직 명백한 모순만을 구성할 뿐이라고 강조한다. "왜냐하면 비록 인간이 완고하게 이 계시된 진리를 불의로 억누른다 할지라도 우리는 자신을 모든 인간에게 계시하시는 하나님과 관계되어 있기 때문이다."69) 다시 말해서 비록 인간이 처음

---

63) *IZW,* 229 (참조. *ISM,* 227).
64) *PPRAO,* 19.
65) *CBTM,* 200-201.
66) *CMO,* 104.
67) 참조. *IZW,* 232 (참조. *ISM,* 231).
68) *IZW,* 227-228 (참조. *ISM,* 226).
69) *IZW,* 232 (참조. *ISM,* 231).

에는 그것을 인식하지 못한다 할지라도 그가 하나님에 의해서 말씀을 듣게 되는 것이 처음은 아니다. 어떤 의미에서 알려지지 않으신 하나님은 알려져 있다. 그리고 바빙크에게 성경 메시지와의 직접적인 조우는 충분히 가능한데, 왜냐하면 이미 지적한대로 그는 성경 전체를 본질상 반증적이라고 보기 때문이다. 그는 다음과 같이 쓰고 있다:

> [성경은] 모든 이방인이 읽을 수 있는 책이며 그가 그것을 읽을 때 그는 그것에 의해 논박됨을 느낀다. 성경은 마치 그를 위해 기록된 것처럼 보인다. 그것의 모든 페이지는 귀중한 지혜로, 그의 특정한 필요에 놀라울 정도로 적합한 지혜로 가득 차 있다. 성경을 읽는 어느 누구도 그것의 호소로부터 벗어날 수 없다.70)

셋째로, 바빙크는 *elenchein*의 주체로서 성령의 결정적인 중요성을 지적한다. "성령께서 친히 출발점을 창조하신다. 그는 인간 안에서 이 깊이 숨겨져 있는 죄에 대한 인식을 일깨운다. (…) 성령께서는 설교자의 말을 사용하며 성령께서 친히 인간의 마음속에서 그 말이 들어가도록 허용하는 수용성을 창조하신다."71) 바빙크에 따르면 순전히 인간적인 과제로서의 반증학은 "거의 희망이 없는 일"일 것이다. 그러나 성령께서는 그리스도 안에서 우리를 강하게 만드신다.72) 좋은 소식을 지닌 자의 메시지는

> 오직 하나의 강력한 무기를 가지고 있다. 즉 그것의 전달자들은 그들이 하나님의 도움과 성령을 신뢰하고서 순종함으로 정직하게 그것을 가져간다면 그것이 어쨌든 인간의 마음을 건드릴 것임을 알고 있다는 것이다. (…) 다시 말해서, 그때에 억압의 수단들은 멈추게 되며 오직 그때에 그는 자신이 누구인지를 그리고 하나님이 어떤 분이신지를 명료하게 본다.73)

---

70) 참조. *ICNCW*, 133.
71) *IZW*, 230 (참조. *ISM*, 229).
72) *IZW*, 230, 232 (참조. *ISM*, 231).
73) *CBTM*, 206.

반증학에서 바빙크의 출발점은 인간중심적이 아니라 삼위일체적 의미에서 분명히 *신중심적*이다: 그는 신학적인 면, 기독론적인 면, 그리고 성령론적인 면을 말한다. elenchein에서 성부 하나님께서 모든 인간과 행하시는 대화는 말씀(그리스도)과의 대화에서 그리고 성령의 증거를 통해 그 결정적이고 중대한 절정에 이른다. 철학적 논증은 이 과정에서 유익하게 봉사하지만 그것은 결코 회심을 초래할 수는 없는데, 왜냐하면 종교적 일탈들은 단순히 사고에서의 오류들만을 수반하는 것이 아니라 하나님으로부터의 은밀한 도주를 수반하기 때문이다.

> 그것[반증학]은 언제나 이 모든 것 뒤에 숨겨진 동기들을 이해하려고 애써야만 한다. 이것은 종종 무자비할 정도로 어렵게 들릴지 모른다. 그리고 사람들은 자주 반증적 증거에 반기를 든다. 하지만 그럼에도 불구하고 반증적인 말은 불굴의 인내와 재치로 말해지는 결정적인 말이 되어야만 한다.[74]

이것은 분명 바빙크에게 *심리학적* 접근이 적어도 철학적 논의만큼 반증적 조우에서 중요하다는 것을 보여준다.

7. 반증학의 본질

위에서 묘사된 자료를 토대로 바빙크는 반증학을 "하나님을 거역하는 죄로서의 모든 거짓 종교의 가면을 벗기고 사람들을 하나이신 참된 하나님에 대한 지식에로 부르는" 학문분과라고 정의한다. 인간들은 하나님의 손에 있는 도구로서 이러한 설득의 과정에서 중요한 역할을 차지하지만, 결정적인 역할은 하나님 자신, 즉 성령에 의해서 행해진다. "성령께서는 사실상 이 동사[elenchein]에 대해 유일하게 생각 가능한 주어이시다. 왜냐하면 죄를 깨닫는 것은 모든 인간의 능력을 넘어서기 때문

---

74) *IZW*, 272 (참조. *ISM*, 271).

이다."75) 따라서 바빙크는 *elenchein*에서의 인간의 협력적인 면을 하나님의 삼위일체적 행동 안에 끼워 넣는다. 이것은 그가 다음과 같이 쓸 때에 분명하게 드러난다:

> 성령께서 참된 주체(author)라는 지식은 우리가 충분히 진지하게 우리의 수고를 다 해야 하는 것에 대한 책임으로부터 우리를 면제시키기 위해 우리에게 주어진 것이 분명 아니다. 반대로, 성령께서는 자신이 우리에게 부과하신 그 과업에 진정으로 헌신하도록 우리에게 요구하신다. 그리고 (…) 그때에 그는 우리를 그의 손의 도구로서 사용하실 것이다.76)

인간이 *elechein*에서 주체인 한에서, 필연적인 것은 - "종교에서 표현되는 영혼의 가장 깊은 자극들에 대한 분명한 지각" 이외에 - "이 종교에 대한 숙고된 지식"이다. 책임 있는 신학적 탐구는 종교들에 대한 연구로부터 도출된 지식이 없이는 불가능하다.

8. 반증학의 방법들

관련된 종교들의 다양성 때문에, 바빙크에 따르면 단 하나의, 일반적으로 타당한 반증적 방법은 있을 수 없다. 심지어 하나의 특정한 종교에 있어서조차 어떠한 고정된 방법도 발달될 수 없는데 왜냐하면 *elenchein*은 "사실상 다른 종교들의 신봉자들과의 살아 있는 접촉 속에서만 실행될 수 있기 때문이다."77) 체계화된 반증적 접근은 어떤 것이든 생존해 있는 사람을 부당하게 다룰 위험을 지니고 있는데, 왜냐하면 사실상 우리는 결코 '이슬람'을 다루는 것이 아니라 *한 명의* 무슬림과 *그의 또는 그녀의* 이슬람을 다루기 때문이다. "다시 말해서, 학문분과로서의 반증학은 개인의 종교적 비밀과 그의 전 존재를 채우고 있는 것

---

75) *IZW*, 223 (참조. *ISM*, 222).
76) *IZW*, 230 (참조. *ISM*, 229).
77) *IZW*, 242 (참조. *ISM*, 240).

에 대한 정교한 탐구를 결코 쓸모없는 것으로 만들 수 없다."78) 건전한 복음의 선포는 "우리의 사역의 대상을 우리의 생각과 노력에서 충분히 진지하게 취할 것을 요구한다."79) 그러므로, 처음에 반증적 접근은 선포 보다는 탐구의 성격을 지닌다.

그러나 이것은 몇몇 기초적인 방법론적 원리들을 세우는 것이 불가능하다는 것을 의미하는 건 아니다. 『따라서 말씀은 자라고 성장했다』에서 바빙크는 성경으로부터 이러한 원리들을 이끌어내고자 시도하는데, 이러한 목적을 위해서 특히 바울이 따랐던 방법을 검토한다. 제일 먼저 그의 주목을 끄는 것은 바울이 "그의 시대 사람들의 마음 속에 무엇이 있는지를 충분히 인지하고 있었다는 것이다."80) 『선교학 입문』에서 그는 이로부터 "반증학은 그것이 다루고 있는 종교를 주의 깊게 서두르지 않고 면밀히 조사하는 것으로 시작해야만 한다"는 결론을 끌어낸다.81) 이러한 검토는 가능한 한 객관적이어야만 한다. 그리고 객관성을 보장하기 위해서 바빙크는 "우리가 연구하는 종교 안에 있는 타락의 모습들에 초점을 맞추지" 말고 "그것을(우리가 연구하는 그 종교를-역주) 특히 그것의 가장 고상한 형태들 안에서 보도록" 충고한다.82) 그리고 이것을 위해 반증학은 현상학과 종교 역사의 학문분과들에 의해 제공된 건축자재들을 감사하게 사용한다.

다음으로, 바빙크는 "이교주의의 모든 빛을 통해서" 바울은 "그것의 공허함을 보았다"고 지적한다.83) 바빙크는 종교를 객관적으로 검토하고 난 다음에는 "그것의 배경을 형성하는 심리학적 심연을 꿰뚫고자 하는 시도"가 있어야만 한다고 말함으로써 이것을 반증학에 적용한다.84) 어떤 사람의 종교가 무엇을 가르치는지를 아는 것으로는 충분하

---

78) Ibid.
79) CPVW, 12.
80) AWW, 121.
81) IZW, 243 (참조. ISM, 241).
82) Ibid.
83) AWW, 122.
84) IZW, 243 (참조. ISM, 242).

지 않다. 그가 그것을 어떻게 경험하는지를 아는 것이 또한 필수적이다: "이 사람은 하나님과 내적으로 무엇을 하고 있는가?"85) 이러한 탐구는 종교 심리학 외에도 또한 우리가 성경적 증거를 고찰할 것을 요구한다. 왜냐하면 "하나님을 찾으면서 동시에 그를 피하고자 하는 인간 마음의 교활한 시도들 속에서 그러한 인간의 마음에 관해 성경이 우리에게 가르쳐 주는 바에 의해서 그것은 매 걸음마다 우리를 지원하기 때문이다.86)

이러한 지식으로 무장되어 있어야만 진정한 의미의 *elenchein*이 시작될 수 있다. 한스 쉐러를 따라서87) 바빙크는 "그것의 목적이 언제나 다른 종교의 사람들을 진정으로 만나는 것인, 느리고 면밀한 접근"에 대해서 말한다.88) 바빙크는 이것이 바울의 접근이라고 여겼다:

> 우리가 그의 서신들을 통해 볼 수 있듯이 바울은 복음의 선포를 어려운 과업으로서 경험하였다. 그 어려움은 그가 그것을 부끄러워했다는 것이 아니었다. (…) 매 걸음마다 죄와 상실이 무엇인지를 모르는 사람들에게 그리스도의 측량할 수 없는 사랑의 부요함을 명백하게 하는 것이 얼마나 어려운지를 그는 깨달았다.89)

그럼에도 불구하고 바빙크는 이러한 탐구에서 바울의 주요한 구조의 반증적 접근, 즉 방향을 제공해 주는 건축술적 노선(architectonic line)을 찾아낸다. 이 기본적인 도식(schema)은 다음과 같은 요소들로 이루어져 있다: 첫째, 바울은 우상들과 대조하여 살아 있는 하나님에 대해 말한다. 그 다음에 그는 부활하신 그리스도께서 세상의 심판자로서 나타나시는 심판의 날을 종말론적으로 가리킨다. 그리고 마지막으로 그는 세상의 구

---

85) *Ibid*.
86) *IZW*, 246 (참조. *ISM*, 244).
87) 참조. H. Schärer, *Die missionsarische Verkündigung*, passim.
88) *IZW*, 243-244 (참조. *ISM*, 242).
89) *AWW*, 129. 바빙크는 골로새서 4장 3절에서 바울이 전도의 문을 열어 달라고 교회의 중보기도를 요청하는 것을 그의 겸손에 대한 강력한 표시라고 말한다.

원자이신 십자가에 못 박히신 그리스도를 통한 구속을 선포한다.90) 바울이 반증적 조우를 위해서 '율법과 복음'이라는 연대기적 도식 (chronological scheme)을 옹호하지 않았다는 것이 강조되어야만 하겠다. 반대로 그는 다음과 같이 썼다:

> 먼저 율법이 이방인들과 무슬림들에게 선포되어져야만 하고, 그 다음에 복음이 선포되어져야만 한다고 말해 질 때 우리는 이 두 가지를 서로 그렇게 날카롭게 나누기를 원하지 않을 것이다. 왜냐하면 선교지에서 종종 율법의 장엄함이 복음의 빛에서만 분명하게 이해된다는 것이 거듭 명백해지기 때문이다.91)

반증적 증거의 바울적 도식에서 그리스도의 십자가는 출발점이 아니다. 그러나 그것은 이 증거의 초점이다.92) 이것은 "우리가 그 구별을 깊고 철저하게 느끼게 만들 수 있는" 가장 좋은 수단은 "동양을 그리스도의 거룩하신 모습 앞에 세우는 것"이라고 하는 바빙크의 보다 초기의 진술과 일치한다.93) 요약하여 바빙크는 다음과 같이 쓰고 있다:

> 소아시아와 그리스의 시장들에서 바울은 성령에 이끌리어 세상에 죄에 대해, 공의에 대해 그리고 심판에 대해 깨닫도록 하고자 설교했다. [사람들이] 이 설교를 통해서 우리 주 예수 그리스도의 십자가를 통한 은혜의 신비를 발견할 기회를 만들게 되기를 고대하며 말이다.94)

한편으로 바울이 사용한 방법은 우리 시대의 선교적 접근에 방향을 제시할 수 있다. 인간은 변하지 않았고, 메시지는 동일하고, 그리고 헬레

---

90) *Ibid.*, 124-129. 바빙크는 이러한 도식을 바울이 데살로니가 전서 1:9-10에서 쓰고 있는 것과 루스드라(행 14)와 아덴(행 17)에서의 그의 연설들로부터 제시하며 이것이 행 16:31, 19:37, 30:20 ff. 24:24-26 그리고 26:20에서 확인되는 것을 본다.
91) "De zending nu!"
92) *Ibid.*, 128. 바빙크는 여기에서 고전 2:1-2과 고후 5:20을 언급한다.
93) *CMO*, 228-229.
94) *AWW*, 152. 분명히 요한복음 18절 이하에 대한 여기에서의 바빙크의 이해(reading)는 신중한 주해의 산물보다도 더 인상주의적(impressionistic)이다.

니즘 문화와 오늘날의 문화들 사이에 주목할 만한 유사점들이 있다.95) 반면에 우리는 "복음의 중심 내용이 당시의 세계와 관련하여 주제적으로(topically) 표현되었다"고 하는 바울의 반증적 접근으로부터 배워야만 한다.96) 그리고 이것이 또한 오늘날 우리의 관심이어야만 한다. 우리가 "복음의 첫 설교자들의 선교적 방법론을 구별할 수 없을 정도로 따르는 것"으로는 충분치 않다.97) 바빙크는 구체적인 상황 속에서 적절한 반증적 접근을 찾는데 있어서 본토 기독교인들 - 그런 사람들이 조금이라도 있다고 가정한다면 - 이 이러한 접근의 발달에 이바지할 수 있는 지식과 지혜와 경험을 감사함으로 사용하는 것이 선교에 의무로 지워져 있다고 공언한다. 그리스도께서 들어가실 수 있도록 세계관들의 견고한 벽이 어떻게 깨뜨려질 수 있는지를 발견하는 최고의 방법은 "복음이 '본토 교회들' 안에서 어떻게 수용되었는지를 탐구함"으로써, "어떤 개념들이 그들에게 첫 발판을 제공했는지를 [찾음으로써], 복음이 어떻게 그들의 정신과 마음 안에 반영되는지를 [규명함으로써]이다.98)

바빙크는 반증적 상황에서 우리는 상대방보다 결코 *위에*(above) 서서는 안 되며, 언제나 상대방*과 나란히*(next to the other) 서 있어야만 한다는 것을 여러 번 강조했다. 우리가 "어리석고 어린아이 같은 많은 주장들의 배후에 숨겨져 있는 가장 깊은 자극물들"을 알게 될수록 우리는 우리 자신을 더 잘 인식한다. 우리는 하나님으로부터 도망치고 있었고 (그리고 도망치고 있고) 그를 유사한 방식으로 옆으로 밀치고 있다. 훨씬 더 교활한 방식으로 말이다. 그 다음에 바빙크는 "너의 모든 반증적 노력들에서" 너는 "너 자신의 삶의 견해"로부터 사물들을 볼 수 있는데, "거기에서 하나님의 은혜는 너 자신의 마음의" 완고한 "반항"에도 불구하고 "놀라운 역사를 행하셨으며, 거기에서 그는 여전히 계속해서 무한한 인내로" 이적들

---

95) *CPVW*, 11.
96) *AWW*, 148.
97) *CPVW*, 12.
98) *Ibid.*, 14, 16, 17.

을 행하신다고 말한다. 반증학은 "성령에 의해서 우리의 마음속에 켜진 이 참된 자기-지식을 토대로 해서만 가능하다"고 주장하며,99) "반증적 증거에 진정으로 종사할 수 있기 위해 우리 자신과 우리 자신의 마음의 깊은 곳을 철저하게 알아야만 한다"고 덧붙인다.100) 이로부터 그는 다음과 같이 결론을 내린다: "따라서 여러분이 다른 종교에 매여 있는 다른 사람 앞에 서 있을 때, 그를 대화 속에 끌어들이는 것은 어렵지 않다. [이런 식으로 상대방 앞에 서서] 당신은 그의 생각 속에 얽혀 있는 것들을 깨드리기 위해 끊임없는 지적 논쟁을 시작할 필요가 없을 것이다."101) 여기에서 마음과 마음 간의 대화가 나타나는데 이 대화 속에는 어떤 걸로 인해 서로를 꾸짖을 공간이 없다. 왜냐하면 삼자대화인 이 대화에서 성령께서는 우리에게 함께 동일한 죄에 대해 깨닫게 해주시기 때문이다.102) 반증적 증거는 "어떠한 자부심도 없이 주어져야만 한다. (…) 그것은 인종과 민족의 구별 없이 우리 모두에게 주어지는 하나님의 메시지이다."103) 그리고 "세상에는 더 이상의 겸손한 사역은 없다. (…) 왜냐하면 그가 상대방을 가리키는 그 무기가" 또한 "그를 다치게 했다는 것을 우리는 매 순간 깨닫기 때문이다."104) 그에게 결정적인 이러한 입장을 취함으로써 바빙크는 그가 옹호하는 반증적 출발점을 그의 반증적 방법 안으로 완전히 통합하는 일을 완수한다. 반증적 메시지는 "철학적 논증들로 자신을 포장할 수 없으며, 어떤 것을 '증명'할 수 없고, 모든 면에서 '논리적'일 수는 없다"고 쓰고 있다.105) 예수 그리스도의 은혜에 의해서 우리는 우리의 뜻대로 할 수 있는(at our disposal) "보다 강력한 수단"을 가지고 있다. 바울의 말에 따르면 다음과 같다: "내 말과 내 전도함이 지혜의 권하는

---

99) *IZW*, 223 (참조. *ISM*, 222).
100) *IZW*, 272 (참조. *ISM*, 272).
101) *IZW*, 231 (참조. *ISM*, 230).
102) 참조. *IZW*, 230 (참조. *ISM*, 229-230). 바빙크는 여기에서 카이퍼(*Encyclopaedie*, 3, 449)를 언급한다.
103) *CBTM*, 205-206.
104) *IZW*, 272 (참조. *ISM*, 272).
105) *Ibid.*, 206.

말로 하지 아니하고 다만 성령의 나타남과 능력으로 하여"(고전 2:4).106) 이 메시지는 "한 가지 강력한 무기만을 가지고 있다. 즉 그것의 전달자들은 그들이 하나님의 도움과 성령을 신뢰하고서 순종하며 정직하게 그것을 가져간다면 그것이 어쨌든 인간의 마음을 건드릴 것임을 알고 있다는 것이다" 라고 바빙크는 말한다.107) 따라서 선교적 증거의 능력들과 노력들은 반증적 상황에서 그 자체로 거의 쓸모가 없다: "거부는 쉽다. 아첨도 쉽다. 그러나 이해를 가지고 도전하는 것, 설득력 있게 증거하는 것, 이것은 어렵다. 그리스도의 특사는 세상으로 하여금 죄를 깨닫게 하시는 동일한 성령께서 그 안에 역사하실 때에만 이것을 할 수 있다."108)

앞의 것으로부터 바빙크가 반증적 접근의 탐구적인 면과 선포적인 면 모두에서 대화에 큰 가치를 두고 있다는 것과 그러므로 바빙크의 사유에서 *elenchein*이 대화적 성격을 지니고 있다고 말해질 수 있다는 것이 분명해 보인다. "대화" 라는 개념은 심지어 『성전과 모스크 사이의 교회』에서도 한번 사용된다: "그것[교회]은 그들[성전과 모스크]과의 대화를 피할 수 없다. 단순히 증거만 하는 것으로는 충분치 않다. 왜냐하면 [교회는] 어떻게 해서든지 자신이 다른 종교들에 대해 생각하고 있는 바를 말해야만 할 것이기 때문이다.109)

9. 반증학에서의 복잡한 요소들
(Complicating Factors for Elenctics)

바빙크는 실행에 있어서 반증학이 부딪히는 세 가지 문제를 균형 있게 지적한다. 비기독교적 종교의 사상에 내재하는 혼합주의라고 하는 언제나 반복되는 문제가 있다. 그리고 종교적 갱신과 종교적 타락을 초래하는 국수주의와 세속화라고 하는 두 개의 전형적인 20세기의 문제들이

---

106) *IZW*, 231 (참조. *ISM*, 230).
107) *CBTM*, 206.
108) *AWW*, 187.
109) *CBTM*, 199.

있다.

9.1. 혼합주의의 경향

바빙크는 열방들의 모든 곳에서 혼합주의를 향한 강력한 경향이 나타나는데 주목을 요청한다. 이것은 복음의 선포를 더 어렵게 만드는데, 왜냐하면 "모든 것에 예라고 대답하지만 [자신들이 듣고 보는 것을] 혼합주의적 노선을 따라서 이해하는 사람들 속에서 보다는 [복음에] 대립하여 저항하는 사람들 속에서 일하는 것이 훨씬 쉽기" 때문이다.110) 이미 그의 첫 반증적 연구서인 『그리스도와 동양의 신비주의』에서 바빙크는 일본인들이 "동양적 정신으로 예수님을 해석하고 따라서 그의 안에서 동양적 사상들을 발견하도록 허용되기만 한다면 그에게 영예의 자리를"111) 부여하는 경향이 있을 정도로 복음의 어떤 면들이 얼마나 그들에게 "호소력이 있고" 그들의 "마음을 끄는"112)지를 보여줌으로써 이것을 실증하고 있다. 이것은 심지어 기독교 신앙과 일본의 신비주의 사이의 근본적 차이가 강조될 때 "복음을 듣는 사람이 자신이 서양 설교자보다 훨씬 더 잘 이해하고 있다고 생각"해서 "알고 있다는 미소"가 그의 얼굴에 나타날 정도이다.113) 이것은 (복음을-역주) 마비시키는 효과를 갖는다. 그리고 바빙크는 계속해서 이러한 위험을 매우 두려워한다. 그의 마지막 책인 『그리스도와 동양의 신비주의』에서 그는 다음과 같이 쓰고 있다: "교회가 마주치는 저항이 혼합주의적 운동들로부터 그것이 받는 표면상의 인정만큼 위험하지는 않을 가능성이 많다."114)

크레머를 따라서,115) 바빙크는 이러한 혼합주의적 경향이 많은 종

---

110) "Syncretisme als zendingsprobleem," 11.
111) *CMO*, 216.
112) *Ibid.*, 209.
113) *Ibid.*
114) *CBTM*, 199.
115) 참조. H. Kraemer, *De wortelen van het syncretisme* (1937). 바빙크는 ("Syncretisme als zendingsprobleem," 12.) "이 연구는 혼합주의에 대한 우리의 이해를 [증진시켰다]"고 말한

교들의 기초가 되는 종교적인 우주적 사유 안에 내재해 있다고 선언한다. 삶과 자연에 대한 자연주의적 통찰(naturalistic apperception)은 전체주의적 사유를 초래한다. 세계와 삶은 하나의 통일체(대우주와 소우주)를 이룬다. 우주는 대조적 관계들(예를 들어, 빛과 어두움)로 분류되는 것이 사실인 반면에, 이러한 대조들은 본질적으로 단지 외견상일 뿐인데, 왜냐하면 상호 연결 속에서 그것들은 전체를 구성하며 신적인 것을 나타내기 때문이다. 이러한 분류는 다신적인 종교관에서 표현된다. 다양한 민족들의 신들은 서로 다른 미묘한 차이들(shadings)을 가지고 있지만 본질적으로는 동일하다. "혼합주의는" 이러한 전체론적 일원론(holistic monism)과 그것의 암묵적 혼합주의의 토양에서 "방해받지 않고 자랄 수 있다." 116)

이러한 혼합주의적 경향은 모든 종교가 "모든 것 보다 뛰어난 하나님의 표현할 길 없는 하나의 진리에 이르는 외적인, 불완전한, 인간적 접근" 117)이라고 하는 생각에서 생기며, 이것은 두 가지 방식으로 강화된다. 첫째로, 과거에 저질러진 "선교사들의 죄"를 통해서인데,118) 그들은 - 신학적 지식의 부족, 또는 그들이 접하는 종교적 전통에 대한 존경과 거짓된 겸양으로 인해서 - 기독교와 비기독교적 전통들을 혼합할 정도로까지 나아갔다.119) 일단 이러한 일이 일어나면 회심에로의 반증적 요청은 매우 어렵게 되는데, 왜냐하면 듣는 자들은 자신들이 기독교 신앙을 정복했다는 생각을 갖기 때문이다.120) 『우리의 교회: 선교 교회』(*Onze kerk, zendingskerk*, Our Church: Missionary Church, 1948)에서 바빙크는 선교론적

다.
116) "Syncretisme als zendingsprobleem," 12-13.
117) "Christus en de wereld van het oosten," 230.
118) *Ibid.*, 229.
119) 참조. *Ibid.*, 229-230과 "Syncretisme als zendingsprobleem," 14-15. 여기에서 바빙크는 이와 관련하여 유명한 선교사인 앤드류스(C.F. Andrews)를 언급하는데, 그는 1939년 탐바람 대회에 대한 반응으로 다음과 같이 썼다. "모든 종교들을 서로 조화시키려고 하는 힌두교의 성향은 많은 그리스도인들이 다른 종교들을 정죄하는 거칠고 광적인 방식보다 훨씬 더 선호되어져야만 한다." 이러한 견해를 신학적으로 지지하기 위해서 앤드류스는 "누구든지 하나님의 뜻대로 하는 자는 내 형제요 자매요 모친이니라"(막 3:35)라고 하는 예수님의 말씀을 인용한다.
120) "Christus en de wereld van het oosten," 233-234.

세계에서 점증하는 상대화 경향들을 암묵적으로 비난한다:

> 선교는 오직 모든 시대와 사람들에게 타당한 하나님의 절대적인 계시에 대한 믿음의 견지에서만 가능하다. 이 계시를 부인하자마자 선교를 위한 자리는 더 이상 없다. 하나님의 진리를 상대화하자마자 나는 나의 생각을 가지고서 다른 사람들을 괴롭힐 용기를 더 이상 발견할 수 없다. 하나님께서 친히 말씀하셨다고 하는 확신 속에 서 있을 때에만 나는 다른 사람들에게 내 자신이 복음을 들었던 것처럼 복음을 듣도록 강권할 수 있다.121)

둘째로, 국수주의는 영적인 자기인식을 촉진한다. 과학과 과학기술과 관련하여 "서양은 (동양인들에 의해-역주) 대가(master)로서 기꺼이 인정되지만 동양인들은 자신들이 아주 오랫동안 몰두해왔던 것들에 대해 서양으로부터 배우고자 하는 마음의 문을 열기가 굉장히 어렵다."122) 서양은 지나치게 경건치 못하고 지나치게 물질주의적이며 동양은 이에 비해 너무나 가치 있는 종교적 관념들을 만들어냈다.123) 그 결과 동양인들이 그들 자신의 종교적 과거를 정죄하고 "그리스도와 함께 새롭게 시작하는 것"은 어렵다.124) 기껏해야 그들 자신의 영적 유산과 복 사이에 어떤 종합을 찾고자 하는 준비만이 되어 있을 뿐이다.125) 바빙크는 이러한 입장의 예로서 마하트마 간디를 든다: "간디는 자신 또한 예수님을 하나님의 현현으로서 간주하지만 유일한 자로서는 아니라고 고백했다."126)

혼합주의에 대해 근본적으로 반대하고 혼합주의적 기독교가 일종의 전환적인 국면으로서 기능할 수 있다고 하는 개념을 거부함으로써 바빙크는 그가 이 맥락에서 언급하는 칼 하르텐슈타인보다 더 미묘한 자세를 취하지만 그러나 그는 후자를(혼합주의적 기독교가 일종의 전환적인 국

---

121) *OKZK*, 9.
122) *CMO*, 230.
123) *Ibid*. 또한 다음을 참조하라. "Syncretisme als zendingsprobleem," 13.
124) *CMO*, 230-231.
125) "Syncretisme als zendingsprobleem," 13.
126) *CBTM*, 198-199.

면으로 기능할 수 있다는 개념-역주) 하나의 실천적 가능성으로서 고려하고 있다.127) 하나님의 대화는 이따금 오래 계속되며, *elenchein*은 종종 장기간의 과업이다. 따라서 그는 아시아에서의 발전을 염두에 두고서 "그리스도의 말씀은 동양세계에서 하나의 힘(a force)이 되었지만" 하나님께서는 "아직 아시아인들과의 대화를 끝내지 않으셨다"고 말할 수 있다.128) 이러한 싸움에서 교회는 "동양이 하나님에 대해 말하고 생각한 모든 것과 그리스도께서 하나님에 대해 우리에게 보여주신 것 사이에 있는 심오한 차이를" 명백히 하도록 요구된다.129) 그리고 사람들이 기독교 신앙을 받아들였을 때조차 그들과 하나님의 대화는 계속된다: "특히 그리스도의 복음으로 이미 나아 온 사람들에게 말할 때에" 우리는 "동양의 통찰들(subtleties)을 복음의 생각들과 구별하는 것에 관해 조심스럽고 신중하게 지도해야만 한다"고 느낀다.130)

9.2. 종교적 갱신과 부패

문명화의 과정을 통해 제3세계에서 가르침과 삶, 종교와 문화, 고대의 종교적 관념들과 새로운 과학적 통찰들 사이에 더욱 깊어 가는 간극이 나타났다. 바빙크는 다음과 같이 쓰고 있다: "그들 모두는 그들이 서양의 문명과 접촉하게 되었던 앞선 세기에 어떤 위기를 겪었다. (…) 옛 전통들은 예전처럼 유지될 수 없었다. 그리고 지도자들은 새로운 과정들을 입안해야만 했다."131) 그 결과는 힌두교와 불교에서 뿐만 아니라 이슬람에서도 새롭게 활력을 불어 넣는 과정이 시작되었다. 고대의 종교적 견해와 실천들을 재해석하였으며, 현대적 삶이 그것들에 의해서 힘을 얻게 되는 방식으로 그것들을 현대적 삶 속으로 통합하고자 하는 운

---

127) "Syncretisme als zendingsprobleem," 19.
128) "Christus en de wereld van het oosten," 233-234. 또한 다음을 참조하라. *CMO*, 231.
129) *CMO*, 107.
130) *Ibid*.
131) *CTBM*, 196. *De strijd op het derde front*, 9-11에서 바빙크는 "옛 신앙들 안에 있는 능력의 새로운 원천들"에 대한 탐구를 간단히 개관한다.

동이 있었다.132) 국수주의적 야망들과 결합됨으로써 이것은 종교적 자기인식에 강력한 힘을 부여했다. 바빙크에 따르면 이러한 재활력화는 복음의 메시지에 대한 재강화된 봉쇄물을 이룬다.133) 이에 덧붙여서 만약 교회가 복음의 메시지를 고수하고자 한다면 그렇게 하지 않을 수 없는 "예수님의 동정녀 탄생과 같은 형이상학적 명제들"을 주장함으로써 교회는 이 소위 "계몽된 시대"에 일어나고 있는 사유에서의 이른 바 '진보들'에 '뒤쳐져 있다'고 말해진다.134) 게다가 (서구의) 기독교는 "그것이 지배적인 힘이었던 세계의 지역들에서 날카로운 논쟁과 심지어 종교 전쟁과 박해의 원인이 되어 왔다"고 여겨진다.135) 많은 사람들의 눈에 기독교는 "새로운 시대와 새로운 세계로 사람들을 이끌어 줄 가장 적절치 않은 기관"이다.136)

이것은 *elenchein*을 거대한 압박 하에 놓는다. 그럼에도 불구하고 그리스도 안에 있는 가면을 벗기는 하나님의 은혜의 메시지를 가지고 세계와 대면하는 것은 피할 수 없는 과업으로 남아 있다. 여기에서의 초점은 네 가지인데, 모두 영적인 책무를 지니고 있다: 하나님께 복종함, 세상을 향한 정직, 기독교간의 얼룩진 과거로 인한 겸손, 그리고 현재 일고 있는 반항에도 불구한 신앙(faith despite the recalcitrant present). 이러한 근본적인 실존적 태도가 전적으로 바빙크를 특징짓고 있다.

바빙크에 따르면 종교적 부패는 종교적 재활력화 보다도 훨씬 더 문제가 된다. 거의 예언적으로 그는 이미 제2차 세계 대전 전에 커다란 영적 진공상태가 증가할 거라고 지적하기 시작한다. 종교적 인식과 경험은 과학적, 과학기술적 그리고 경제적 발달에 의해 전 세계적으로 훼손되어진다. 신비로서 경험되었던 것이 이제 측량 가능한 것처럼 보인다. 신적 능력들에 대한 두려움과 그것들로부터의 독립은 의학적 지식

---

132) *Ibid.*, 197.
133) *Ibid.*, 196-197.
134) *Ibid.*, 197.
135) *Ibid.*
136) *Ibid.*, 198.

과 인간의 통제가능성에 굴복했다. 교육과 발달은 자기 자충족적인 삶의 벽들을 깨뜨리고 그것을 진보의 물결 속에 놓았다. 이것은 한편으로 정신에 있어서 부요해짐을 의미하지만 다른 한편으로 그것은 종교적 삶과 경험에서의 궁핍함을 야기한다. 신적인 것이 세속적인 것에 굴복한다. 경건치 못하고 규범이 없는 경향들을 지닌 이러한 세속화의 과정은 서구적 확장의 쓴 열매이다.[137] 서구 문화는 종교적 사유와 개념들을 혁신하고 분해하는 데에 영향을 미쳤다.[138]

바빙크는 종교적 준거틀의 부재가 *elenchein*을 방해한다는 것을 깨닫고 있다. 그럼에도 불구하고 그는 처음에 여전히 다소 낙관적이었다. 1937년에 그는 다음과 같이 썼다:

> 이러한 현대의 발흥기에 토착교회들은 그들이 바깥쪽에 머물러 있다면 그들의 책무를 다하지 못할 것임을 깨닫기 시작하고 있다. 그들은 자신들이 그들의 민족과 환경의 운명에 대해 책임을 공유하고 있다고 느낀다. 그리고 그들 주변의 세계 또한 도움을 요청하기 시작하고 있으며 붙들 수 있는 어떤 것을 가지고 있는 사람을 향해 그 손을 뻗기 시작하고 있다. (…) 만약 예수 그리스도께서 세상의 삶의 모든 필요에 대해 답하실 수 있다고 하는 열렬한 확신 속에 우리가 서 있다면 말할 것도 없이 우리는 이러한 것들의 발달을 아주 면밀하게 주목할 것이다. (…) 우리는 이것이 우리 주변과 우리 안에서 일어나고 있음을 본다. 우리는 이것이 서양과 동양에서 일어나고 있음을 본다. (…) 그 진공상태가 끔찍하면 할수록 새로운 능력의 원천에 대한 요청은 더 심각하며, 하나님께서는 요청하고 찾는 모든 이를 더욱 더 깊이 굽어 보신다. 왜냐하면 그는 능력이요 생명이며 진리이시기 때문이다.[139]

따라서 바빙크는 선교적 교회가 자신이 살았던 시대의 중대한 시기에 구원의 말씀을 전할 수 있을 것으로 간절히 기대했다.[140] "일본이나 중

---

137) *De strijd op het derde front*, 5-9.
138) *PO*, 24.
139) *De strijd op het derde front*, 11-15.

국 또는 인도에서 살아 있는 기독교회가 그 나라의 삶 전체 속에서 하나의 세력(a force)으로 성장하게 된다면 무슨 일이 일어나게 될지를 생각할 때 나는 무엇을 기대할 수 있을지 정말 모르겠다. (…) 나는 그때에 놀라운 일들이 가능하게 될 것으로 믿는다"라고 그는 썼다.

비록 바빙크가 이런 믿음을 결코 상실하지 않았다 할지라도 그의 낙관론은 점차 수그러들었다. 1942년에 그는 다음과 같이 썼다:

> 만약 우리가 서양 문화로부터 제거된 [예수 그리스도 안에 있는 하나님의] 이 계시를 가져갈 수 있다면, 서구 문화가 동양 전체에 매우 많이 스며들고 있는 중인 바로 이 시기에 동양에서 복음을 선포함으로써 우리가 지금 떠맡고 있는 것보다 훨씬 더 단순한 과업을 떠맡을 수 있었을 것이다.[141]

여기에서 바빙크는 종교적 인식이 파괴되고 있는 상황 속에서 *elenchein*이 훨씬 더 어렵게 되었다는 것을 인정하는데, 이런 상황 속에서는 어떠한 말도 걸 수 없기 때문이다(since in that kind of situation there is no point of address). 따라서 바빙크는 1948년에 다음과 같이 결론을 내린다:

> 만약 세계 역사에서 우리가 보기에 동양에서의 복음 확장에 매우 비호의적이라고 여겨져야만 하는 순간이 있다면 지금이 바로 그때이다. 복음을 가져가는 자들과 그것을 듣는 자들 모두 자신들이 무척 위험한 상황에 처해 있음을 발견한다. 하나님의 평화를 간절히 찾는 것 때문에, 사실상 하나님의 진리를 조용히 숙고할 시간이 전혀 없다.[142]

이와 밀접히 관련하여 바빙크는 선교의 미래를 위한 "모든 문제의 핵심"은 종교적 물음들이 뒤로 밀려나 있다는 사실에 있다고 말함으로써 『선교학 입문』을 결론짓는다.[143] 동시에 그의 초기의 희망은 남아 있다:

---

140) *Ibid.*, 14.
141) *PO*, 25.
142) "Christus en de wereld van het oosten," 211.
143) *IZW*, 304 (참조. *ISM*, 307).

(…) 현재의 발달의 소용돌이가 (…) 조만간 깨어지고, 그때에 내적인 안정
성, 삶의 철학, 영구성에 대한 탐구가 강력한 힘으로 전면에 나설 것이다.
그때가 하나님께서 우리에게 그의 놀라운 사역들을 보여주실 위대한 시간
이 될 것이다.144)

바빙크의 몇몇 저서로부터 보건데, 영적인 진공상태를 배경으로 *elenchein*이 점차적으로 바빙크의 사유에서 그리스도를 길이요, 진리요, 생명이라고 말로써 선포하는 데에 자리를 넘겨주고 있는 것처럼 보인다.145) 이것은 하나의 증언(a witnessing)인데, 이러한 증언에서 우리는 "그 어느 때보다도 더 무력하며, 우리가 이용할 수 있는 능력의 마지막 자원들"에 전적으로 던져져 있다: "하나님께서 왕이시며 기도가 많은 것을 성취할 수 있다고 하는 확고한 확신."146)

반증학과 세속화와 관련한 그의 논의와 연관해서 서구 기독교 자체가 영적인 부패를 향해 나아가는 세속화의 경향들로 인해 오랫동안 고통받아왔다는 사실에 의해서 생겨난 *elenchein*에 미친 부정적인 영향을 지적하고 있다는 것 또한 언급되어야만 하겠다.147) 그러므로 서구 기독교는 "서양에서 지배적이었던 종교에 관한 숭고한 개념들을 동양에" 거의 "제공"할 수 없다.148)

10. 선교를 위한 반증학의 근본적 의의

바빙크의 선교신학(특히 그의 *종교신학*과 선교에 대한 정의)에 비추어 그에게 반증학이 모든 선교사역의 핵이라는 것은 분명하다: 반증학이 없는 선교는 불가능한 것이다. 이런 이유로 그것은 바빙크가 보기에 선교론적

---

144) *IZW*, 305 (참조. *ISM*, 309).
145) 참조. *Christus en de wereldstorm*; *Het raadsel van ons leven*; 그리고 "Christus nu!."
146) *IZW*, 306 (참조. *ISM*, 309).
147) *RBCG*, 77. "Christus en de wereld van het oosten," 210.
148) *CMO*, 232.

반성에서 영구적인 자리를 차지해야 마땅하다.149) "사방에서 새롭고 영적인 세력들이 우리를 덮치는 현대의 싸움에서 우리가 반증학 속으로 더 깊이 들어가는 것이 중요할 수 있다."150) 이러한 관점에서 반증학은 정적인 것이 아니며 시대와 함께 움직이며 발전해야만 한다.

그는 또한 모든 종교들이 원칙상 동일한 장점을 가지고 있다는 근거에서 반증학이 사라졌던 선교신학의 형태에 명시적으로 반대한다. 그러한 신학은 그가 보기에 역사 속에서 규칙적으로 행해졌는데, 선교의 존재이유를 공격한다고 그는 굳게 확신한다.151) 선교는 "악한 자에게 붙잡혀 있는 세상 속에서 거룩한 기쁨을 가지고 죄의 고백과 회심에로의 요청을, 또한 예수 그리스도를 믿으라는 요청을 선포하도록"152) 하나님께서 교회에게 주신 과업이며, 과업으로 남아 있다. 그것은 타락하여 "영적 경험을 상호 교환하거나, 서로에게 상호간 영향을 미치거나, 형제애의 정신을 북돋아주거나" 해서는 안 된다.153) 이러한 종류의 선교론에 대한 바빙크의 판단은 감정적으로 가득 차 있는 것처럼 보인다: 이러한 성격의 선교신학은 "예언적 신앙이 끔찍할 정도로 부족"한 데에서 기인한다고 그는 말한다.154)

그의 생을 다할 때까지 그가 얼마나 반증학의 근본적 의의를 강조했는가는 선교와 관련한 그의 마지막 저서의 결론에서 분명하게 드러나는데, 거기에서 그는 다음과 같이 쓰고 있다:

> 하나님께서는 우리 인간들이 우리의 종교적 환상들 속에서 그를 상상해 왔던 방식과는 다르다. 전혀 다르다. *로고스*이신, 말씀이신 예수 그리스도 안에서만 우리는 그의 목소리를 들으며 그의 상(image)을 본다. 이것이 교회가 다른 종교들과 접촉할 때에 교회가 해야 할 증언이어야만 한다. (…) 하

---

149) *IZW*, 247 (참조. *ISM*, 246).
150) *Ibid*.
151) *RBCG*, 149-156.
152) *IZW*, 247 (참조. *ISM*, 246).
153) *RBCG*, 155.
154) *CMO*, 232.

나님 나라에 관한 이 메시지는 어느 정도는 가면을 벗기는 것이다. 즉 그것은 억압과 대체의 깊은 과정을 폭로하며 우리가 하나님을 다루었던 방식에 대해 우리로 하여금 부끄러워하도록 만든다. 이 메시지는 계시적이다. 왜냐하면 그것은 인간 안에서와 세상 안에서 무슨 일이 일어나고 있는지를 보여주며, 만물을 향한, 인간을 향한 하나님의 의도가 무엇인지를 지상의 그의 대리자에게 보여주기 때문이다.155)

11. 8장 요약

반증학이란 개념은 후티우스에 의해서 소개되었으며 "하나님께 대해 죄를 범하는 모든 거짓 종교들의 가면을 벗기고 사람들을 유일하신 참 하나님에게로 나오도록 요청하는" 방법으로서 카이퍼에 의해 수용되었다. 후티우스와 카이퍼의 발자국을 따라서 그리고 크레머의 영향을 받아서 바빙크는 반증학에 대해 독립적으로 고찰했으며 이 개념에 처음으로 새로운 형태를 부여하였고 개혁주의적 선교신학의 다른 측면들과 동일한 발판을 그것에 마련해 주었다. 이로 인해서 바빙크는 바르넥과 리히터의 무리에 들게 되었는데, 이들의 개신교 선교학은 이미 *선교변증론*에 독립적인 학문분과의 지위를 부여했었다.

반증학을 교의학의 구성요소로서 보았던 카이퍼와 달리 바빙크는 선교 변증학으로서의 이 학문분과를 선교신학에 집어넣었다. 이것이 그가 그의 선교학적 핸드북인 『선교학 입문』에서 반증학을 선교론 및 선교 역사와 나란히 선교학의 세 가지 주요한 하위과목들로서 다루었던 이유이다.

바빙크가 *elenchein*(논박, 설득)의 필요성을 지적한 것은 다른 종교들에 대한 그의 성경적-신학적 이해를 토대로 해서만이 아니었다. 그는 또한 설득이 성경 메시지 자체에 본질적이라는 것을 보여줌으로써 그것에 직접적인 성경적 근거를 제공하였다. *elenchein*은 다른 종교들에 대한 지식이 없이는 결코 일어날 수 없었으며 이런 이유로 역사, 심리학, 현상

---
155) *CBTM*, 205-206.

학 그리고 종교 철학의 학문분과들을 충분히 고려할 것을 요구한다.

바빙크는 *라치오(ratio)*를 *elenchein*의 출발점으로 간주하는 신학적 전통에 강한 이의를 제기했다. 비기독교적 종교가 주로 합리적 논증에 의해서 바로잡힐 수 있는 사유의 일탈들로 특징지어진다고 생각하는 것은 올바르지 않다. 왜냐하면 이러한 생각은 하나님께 대한 인간의 반역을 은폐하기 때문이다. 합리적 논증들은 *elenchein*에서 보조적(supporting) 역할을 한다. 하지만 반증적 출발점은 *근본적으로(au fond)* 하나님의 계시 안에, 즉 성령께서 마음에 우리의 죄를 깨우치시는 예언적 증거 안에 놓여 있다. 그러나 바빙크에 따르면 이러한 예언적 증거는 결코 허공에 매달려 있지 않다. 왜냐하면 그가 보기에 그것은 일반계시에 대한 사람들의 종교적 반응과 형식적으로 일치할 뿐만 아니라 일반계시의 단계에서 하나님과 인간 사이의 끝없는 대화와 일치하기 때문이다. 이것이 방법론적으로 귀착하는 것은 현상들에 대한 성경적 분석의 도움을 받아 하나님과 인간 사이의 대화의 연장으로서 이해되어지는 적절한 증거에 종사하는 것이 가능하도록 체계적인 반성과 참된 조우를 통해 다른 종교들에 대한 정확한 지식을 얻어야 할 필요성이다. 어떠한 고정된 성경적 선교 방법도 없다. 각각의 상황은 창조성(inventiveness)을 요구하며, 이런 면에서 토착교회들은 그 길을 지시해 줄 수 있는 유리한 입장에 있다. 그러나 적절한 반증적 입장은 정해져 *있다.* 기독교적 증인은 결코 상대방 보다 위에 서 있지 않고 언제나 상대방의 옆에 서 있다.

바빙크의 견해를 가장 잘 특징짓는 것은 그것이 *합리적* 측면을 선교적 증거의 반증적 방법의 *신학적*이고 *심리학적인* 차원들에 종속시킨다는 점이다. 선교에 대한 그의 정의와 완전히 일치하여 바빙크는 *elenchein*을 신중심적으로 규정하는 반면, 동시에 인간의 관점에서 반증적 접근은 감정이입과 기지에 의해 철저히 특징지어져야만 한다고 강조한다. 그리고 실로 우리는 그가 반증학에 몰두했던 방식이 영적이며 인간적이라고 하는 사실에 의해 감명을 받는다. 피터 홀트롭(Pieter Holtrop)

은 카이퍼와 바빙크 사이의 "미묘한 차이"를 올바르게 다음과 같이 지적하고 있다: "카이퍼가 보기에 반증학은 특히 종교적 *체계(system)*에 대해 말하는데 사용되어야만 했지만, 바빙크에게는 종교적인 *사람(person)*에게 말하는데 사용되어야 했다.156) 이 모든 것에서 바빙크가 계속 저항하기를 고집하는 사람들과 관련하여 반증학에서 심판의 요소를 위한 충분한 여지를 허용했는지에 대한 물음이 제기될 수 있다. *elenchein*이란 단어가 지닌 의미의 다양한 측면에 비추어 볼 때 이러한 심판의 요소 역시 반증학의 본질적인 면으로 간주하는 것에 대해 많은 것이 말해질 수 있다.

비판적으로 말해서 『선교학 입문』의 틀 내에서 바빙크가 그의 *종교 신학*에 대해 간단한 설명 이상의 것을 제공하지 못하는 것은 단지 하나의 미흡한 일로 간주될 수 있을 뿐이다. 그는 이 주제에 관해 보다 초기의 저서인 『종교적 의식과 기독교 신앙』을 언급하는데, 하지만 이 문제에 대해 충분히 발달된 견해의 주요한 특징들을 언급했더라면 보다 적절했을 것이다. 그랬더라면 『선교학 입문』을 보다 가치 있는 완전한 것으로 만들었을 것이며 그것에 보다 영구적인 의의를 부여했을 것이다.

성경적 증거에 비추어 이러한 증거가 하나님의 배타적인(exclusive) 계시로서 이해되는 한에서 바빙크가 선교신학 내에서 반증적 고찰을 위해 요구하는 자리는 절대적으로 정당하며 필수적이다. 반증적 증거를 여분의 것으로 간주하고 선교를 특히 - 또는 심지어 오직 - 대화로서157) 이해하기를 원하는 사람은 페르까일이 쓴 것을 기억해야만 한다: 선교적 증거가 여분의 것임이 사실이라면 "그때에 성경은 틀렸으며 사복음서 모두에서 발견되며 사도들의 사역에서 성취되는 선교명령은 실수(mistake)에 근거하고 있다." 이것을 함축하는 *종교 신학*은 "성령께서 이끄시는 교회의 소명을 보이콧 하는 것"158) 외에 다름 아님을 나타낸다.159) 배타

---

156) P.N. Hotrop, 163.
157) 이러한 생각은 WCC의 몇몇 부서들(quarters)에서 아주 강력하게 나타났다. 참조. D.C. Mulder, "Diallog als zending," 137-145.

적으로 대화적인 이러한 접근이 보다 새로운, 보다 깊은 이해를 나타낸다고 하는 지속적으로 제기된 제안은 역사적 관점에서 볼 때에 올바르지 않을 뿐만 아니라160) 신학적으로도 옹호될 수 없는 채로 남아 있다. 간단히 말해서 성경적으로 근거지어지 개념과 삼자대화161)의 실재에 대한 해석적 고찰로서 반증학을 추구하는 것은 세상에서 그것의 선교적 소명을 성취하는데 있어 기독교회의 본질적인 과업으로 남아 있다.

*elenchein*은 선교적 고찰과 실천에서 본질적인 초점을 구성한다. 그리고 모든 곳의 교회가 혼합주의적인 경향들에 직면해 있음을 발견하며 그 어느 때보다 철저하게 세속화 되는 동시에 점차적으로 다종교적이 되고 있는 사회 속에 빠져 있는 까닭에 이것은 특히 절박하다.

반증학이란 용어가 처음에 바빙크의 제자들 중 몇몇에 의해서 받아들여졌음에도 불구하고, 그리고 그것이 어떠한 명료성의 결핍을 겪지 않았음에도 불구하고 그것은 국제적인 선교론적 저서에서 자리를 발견하지 못했다.162) 선교적 변증학과 대화적 접근 같은 다른 용어들이 현대의 선교적 담화에서 보다 더 많이 사용되고 있다.

---

158) J. Verkuyl, *Inleiding in de nieuwere zendingswetenschap*, 485.
159) 참조. 예를 들어, G. Bouritius, 171.
160) 역사적으로 이러한 관점은 탐바람(1938) 총회 *전에* 널리 주장되었으며, 탐바람에서 그리고 탐바람 이후에 크레머의 신학적 고찰에 의해서 도전을 받았다.
161) 페르까일에 의해서(*Inleiding in de nieuwere zendingswetenschap*, 492-493) 사용된 이 용어는 바빙크의 의도를 표현해준다. 이 용어는 1963년 멕시코 시티에서 IMC에 의해 채택된 공식화를 반영한다: "모든 인간적 대화에서 우리의 의도는 하나님과 인간의 대화에 관련되는 것이며 우리가 상대하는 사람과 우리 자신으로 하여금 그리스도 안에서 하나님께서 우리에게 계시하신 것으로 나아가도록 하고 그분에게 답하도록 하는 것이어야만 한다." (참조. *Witness in Six Continents*, 147).
162) 영국의 복음주의자인 존 스토스(66 ff.)는 이 용어를 사용한다. 그리고 독일의 루터교 선교학자인 뮐러(K.W. Müller, 415-451)는 반증학에 대한 새로운 고찰을 요청하며 바빙크를 언급한다.

9 실천적 선교신학

제9장 실천적 선교신학

> 모두가 진심으로 그리스도를 섬기며 그의 이름을 선포하고자 열망한다는 확신이 있을 때, 그때에는 이미 논의를 위한 준비된 토대가 있다. 많은 것이 토착교회들 자신의 발전에 남겨져야만 할 것이다. (*IZW*, 205)

1. 도입

바빙크의 선교학적 고찰은 그의 선교 사역에 뿌리를 두고 있다. 그리고 그의 선교 이론은 특히 선교적 실천을 염두에 두고서 발전되었다. 이러한 실천적 관점에 의해 움직임으로써 그는 그가 자신의 선교 사역에서 직접적으로나 간접적으로 맞닥뜨렸던 구체적인 문제들을 규칙적으로 제시한다. 만약 우리가 이러한 실천적인 초점을 논의하지 않고서 그의 체계적 고찰을 분석하는데 우리 자신을 제한한다면 선교학자로서의 바빙크를 부당하게 다루는 일이 될 것이다.

　이번 장은 바빙크를 다소 강렬하게 사로잡았던 네 가지 실천적인 선교적 문제들을 다룬다: 현존하는 문화 안에서의 기독교 신앙의 통합, 소위 "파송"교회들과 "토착"교회들 간의 관계, 교회의 일치, 그리고 인종적 문제. 이러한 문제들 - 이것들은 바빙크의 생애에서 선교사역 기간 전체를 차지하는데 - 이 논의되는 순서는 어느 정도 연대기적으로 결정되었다. 전쟁 이전의 시기, 즉 자바에서의 선교 봉사에서 그는 이러한 문제들 중 첫 번째 것에 직면했다. 비록 그가 그의 사역의 후기에 이르기까지 이 문제에 대해 많은 것을 쓰지는 않았지만 말이다. 선교학 교수로서 그가 '선교 교회들'의 독립을 지도하는 과정에 밀접히 관여했던, 전쟁 이후인 탈식민지화의 시기에 그는 두 번째 문제에 주의를 집중했다. 이때는 또한 이전의 50년 동안 일어나고 있었던 에큐메니컬한 관계들의 성장이 1948년 세계교회협의회의 설립으로 절정에 달했던 시기이기도 했다. 그는 1950년대에 세 번째 문제에 관심을 갖게 되었는데, 이때에 그는 남아프리카를 방문한 결과로서 차별(discrimination)과 인종차별(apartheid)을 접하게 되었다. 마지막으로 바빙크의 신학적 출발점이 그의 실천적 고찰에 얼마나 영향을 미쳤는지에 대한 물음이 제기될 것이다.

2. 포제씨오: 그리스도를 위한 문화 주장:
(Possessio : Claiming Culture for Christ)

처음부터 바빙크는 선교에서 정치적이고 사회적인 요소들 뿐만 아니라 종교적 요소들에 의해 특징지어지는 문화와의 싸움이 일어난다는 사실을 깊이 확신했다. 1934년에 이미 그는 그리스도와 동양인의 신비주의에 대한 연구서를 썼는데, 이 책의 첫 문장들은 이 문제에 대한 그의 사유를 특징짓는다.

> 동아시아는 우리 시대에 거대한 위기의 장소이다. 거기에서는 수 세기에 걸쳐 지배를 해왔던 모든 영적 세력들이 활동하고 있다. 또한 우리의 시대에도 서구 문화의, 과학기술의 힘인 세속주의의, 물질에 대한 지배의, 무신론과 물질주의의, (…) 국수주의의, (…) 즉 자기 정체성을 위한 강력한 투쟁의 거대한 힘이 있다. 그리고 이러한 영적 운동들의 대혼란 중에서 복음 역시 동양 세계를 꿰뚫고 있다.[1]

앞으로 다루는 것을 통해 이러한 대면 속에서 바빙크가 *포제씨오*(possessio, take possession of, 점유하다)라고 하는 핵심 개념을 가지고 고립과 순응(accommodation) 사이에서 어떠한 입장을 취하는 지가 분명해질 것이다.

---
1) *CMO*, 5-6.

2.1. 신학적으로 건전한 출발점으로서의 *포제씨오*

바빙크는 초기 단계에서 이미 기독교 신앙의 내용과 다양한 민족들의 종교적으로 충만한 문화적 가치들 간에 언제나 존재하는 심오한 차이를 지적했었다. 따라서 그는 『그리스도와 동양의 신비주의』에서 "기독교는 독특한 어떤 것, 즉 인간의 모든 관념들과 다른 어떤 것이다"[2]라고 쓰고 있다. 그러므로 단순히 토착적 사유와 관습, 경험과 반성을 받아들이는 것은 불가능하다. 동시에 바빙크는 복음의 메시지가 이 다른 문화의 맥락에서 그리고 그것과 대면하여 일어날 경우에만 그것이 적절하게 전파될 수 있으며, 기독교 신앙과 생명이 문화 속에 구현될 때에만 미래를 갖는다는 것을 깊이 인식하고 있었다. 따라서 예를 들어 그는 다음과 같이 썼다:

> 많은 토착교회들은 그들의 삶 전반에서 선교를 본보기로서 보여진 것에 가능한 한 가깝게 머물러 왔었으며, 그럼으로써 자신들을 그들 자신의 문화적 환경으로부터 다소 강력하게 멀리해 왔다. 이러한 태도 – 충분히 이해할만 하지만 – 에 대한 주요 반론은 이런 식으로 본질적인 대면이 새로운 기독교 원리들과 고대의 비기독교적 유산 사이에 거의 일어나지 않는다는 것이다. 따라서 이교주의는 대체되긴 하지만 정복되지는 않는다. 그리고 대체되는 것은 얼마 안가 사람들의 마음에 대한 자신의 힘을 재주장할 것이다. 이것이 그러한 대면이 위해를 가하지 않고서는 피해질 수 없는 이유이며, 토착 기독교회가 자신이 성숙해 가는 환경과의 관계에 대해 새로운 고찰을 조만간 해야만 하는 이유이다. 기독교 공동체는 자신의 환경 속에 결코 '낯선' 것으로 남아 있어서는 안 된다. 그것은 자신의 본질을 굴복시키지 않으면서 '토착적'이 되어야만 한다.[3]

---

[2] *Ibid.*, 109.
[3] "Verkondinging in de volderenwereld," 405-406. 이 글에서 바빙크는 선교가 어떻게 이러한 과정의 필연성을 점차적으로 이해하게 되었는지에 대한 간결한 개관을 하고 있다.

바빙크는 이러한 선교적 과업을 종말론적 관점에 위치시킨다: 이런 식으로 "하나님 나라들은 하나님의 도성 안으로 그들의 광채를 가져올 것이다."4) 이것은 선교적 실천이 끊임없이 활동하는 긴장의 장을 묘사한다: 한편으로 우리는 혼합주의적인 경향들에 맞서야만 하며, 다른 한편으로 우리는 다리를 놓을 수 없는 간극을 만들지 않도록 주의해야만 한다.5) 선교적 문제로서의 혼합주의에 대한 1944년 강의에서 그는 이 두 개의 위험한 바위들 사이에 협상의 길을 내고자 모색한다. 그는 혼합주의를 "기형적인 것, 즉 종교들의 자발적인 자연적 융합"으로서 묘사하는데, "이러한 융합을 통해서 그것들은 본래의 경계들이 더 이상 명료하게 추적될 수 없는 전체주의적인 종교적 단지를 형성한다."6) 이러한 정의로부터 진행하여 그는 계속해서 "기독교를 이식하고자(naturalize) 하는 충동 자체는 혼합주의가 아니요" *포제씨*오라고 말한다. 이때에 그는 처음으로 이 용어를 사용한다.7) 그리고 그것을 다음과 같이 정의한다: 사람들 자신의 생각이 전례, 건축, 삶의 스타일, 사회적 관계, 심리학적이며 신학적인 고찰 속에서 토착적인 표현을 찾아 이러한 형식들을 비판적으로 형성하고 검토한다는 점에서 기독교 신앙은 한 민족을 점유한다. 그리고 그는 이와 관련하여 다음과 같이 덧붙인다:

> 우리는 여기에서 정신적 기능들의 중립성이란 현상을 다루어야만 한다. 그 자체로 사유는 중립적이다. 내가 직선적으로 생각하느냐, 직관적으로 생각하느냐, 가시적으로 생각하느냐, 또는 감정적으로 생각하느냐는 나를 하나님 나라로 더 가까이 데려가지 않는다. 그것은 나를 하나님 나라로부터 더 멀리 떼어 놓지도 못한다. 복음은 나 자신의 사유 양태에서 나를 사로잡으며 이 사유 양태 속에서 나에 의해 고백되기를 원한다.8)

---

4) "Christendom en cultuuruitingen," 45.
5) *IZW*, 171 (참조. *ISM*, 170).
6) "Syncretisme als zendingsprobleem," 45.
7) 내가 결정할 수 있는 한 바빙크 자신이 이 개념을 소개했다.
8) "Syncretisme als zendingsprobleem," 18.

선교의 과업은 이러한 과정을 감독하는 것이다: 선교는 "다양한 민족들 가운데에서 복음이 가능한 깊이 뿌리를 내리며 그것이 본토의 이교적 관념들과 표현 양태들에 융합되지 않은 채 가능한 한 강력하게 이식되도록" 하고자 노력하는 데에서 협력한다.9) 이러한 맥락에서 그는 원칙상 칼 하르텐슈타인과 의견이 일치하는데, 그는 혼합주의가 *중간적인 종교적 단계*(religiöses Durchgangsstadium)로서 간주되어야만 한다는 개념을 거부했다: "혼합주의는 중간적인 단계가 아니라 오히려 마지막의 폐쇄된 어떤 것, 즉 사실상 새로운 종교이다."10) 동시에 바빙크는 원칙상 그러한 혼합주의적인 중간적 단계가 종종 피할 수 없다고 말함으로써 이러한 입장을 순화시킨다:

> 우리는 동양 전체에 강력한 혼합화의 시기가 오고 있다는 것 외에 다른 것을 생각할 수 없다. (…) 첫 기독교회 역시 그러한 시기를 경험했었다. 본질적인 것은 [동양의] 이러한 나라들에 있는 기독교회가 그것이 혼합주의적인 충동을 마주하고 참된 신앙의 고백에 이를 수 있도록 먼저 아주 심오하게 그리스도의 목소리를 이해했어야 했다는 것이다.11)

그는 『선교학 입문』에서, 특히 선교의 목표에 대한 장에서 이러한 노선을 따라 이 문제를 더욱 완전하게 발전시킨다. 비록 그것이 체계적인 관점에서는 의문의 여지가 있을 수 있지만 그것은 그에게 있어서 이 문제가 명백히 부수적인(incidental) 것이 아니라 오히려 그것을 구성한다는 것을 보여준다.

그는 본성과 은혜에 관한 신학적 개념들의 관점에서 언제나 광범위한 순응을 주장했던 죠한네스 타우렌에 의해서 구체적으로 표현되었던 로마 가톨릭의 선교적 실천을 명시적으로 거부함으로써 그의 논의를

---

9) *Ibid.*, 19.
10) K. Hartenstein, *Die Mission*, 62: "Der syncretismus is keine Durchgangsstufe, sondern irgendwie etwas Letztes, Geschlossenes, wirklich eine neue Religion."
11) "Syncretisme als zendingsprobleem," 19.

시작한다.12) 이것에 반대하여 바빙크는 크레머를 따라13) 죄의 만연적 성격과 비기독교적 종교들의 전포괄적 성격을 지적하는데, 이것은 개혁주의적 관점에서 순응 개념에 관해 훨씬 더 큰 염려를 야기한다.14) 사실상 그는 순응의 개념을 본질적으로 사용불가능하다고 여겼는데 왜냐하면 그것은 복음의 훼손이나 복음의 부정이라는 생각을 아주 강력하게 함의하기 때문이다. 비록 그가 실천적 관점에서 순응이 피할 수 없는 것임을 여기에서 다시 인정하고 있을지라도, 그는 그럼에도 불구하고 신학적으로 이것이 목적에 이르는 수단 외에 아무 것도 아니라고, 즉 궁극적으로 모든 것이 복음을 통해 새로운 함의들을 받아들여야만 한다고 주장한다. 술어상으로 그는 이러한 목적이 *포제씨오* 개념에서 가장 잘 표현된다고 보는데, 그는 토착 언어의 사용을 염두에 두고 글을 썼던 하인리히 프릭(Heinrich Frick)의 진술을 참조하여 이 개념을 다음과 같이 정의한다: "그러므로 우리는 결코 극단적으로 단순화된 적응(simplistic adaptation)이 아니라 동시에 철저한 변화를 의미하는 적응을 다루어야만 한다.15) 바빙크는 이러한 생각을 *포제씨오*를 수반하는 모든 영역들에 적용한다.

바빙크가 원칙상 이러한 입장을 주장할지라도 그는 동시에 우리로 하여금 지나치게 극단적 입장을 취하지 못하도록 해주는 두 가지 요소를 지적한다. 첫째로 모든 타락 가운데에서도 하나님의 관여하심 덕택에 가치 있는 문화적 요소들이 있다는 사실을 고려해야만 한다.

> 여전히 양심과 같은 것이 있는데, 그것의 경이를 바울은 매우 놀랍게 말한다(롬 2:14-15). 도덕적 영역에서, 사법적 영역에서, 그리고 다른 다양한 영역에서 우리는 자주 상상하지 못한 그리고 예기치 않은 가치들을 만난다.

---

12) *IZW*, 171-182 (참조. *ISM*, 169-179).
13) H. Kraemer, *The Christian Message in a Non-Christian World*, 135: "모든 종교는 분리될 수 없는, 그리고 분리되어서는 안 되는 존재론적 불안의 통일체이다."
14) *IZW*, 175 (참조. *ISM*, 173).
15) 참조. *IZW*, 182 (참조. *ISM*, 179), n. 20. "Wir haben es hire also nie mit glatter Anpassung zu tun, sondern mit einer Anpassung, die glechzeitig Umbruch bedeutet."

> 선교지에서 우리가 만나는 문화들은 어떤 의미에서 분리될 수 없는 구조들이지만 그것들은 그럼에도 불구하고 여기저기에서 진기한 균열을 보인다. (…) [이것이] 우리가 결코 융통성이 없는 이론을 가지고서 이교주의를 향해 무모하게 돌진하지 않는 [이유]이다.16)

그리고 『비기독교 세계에 미치는 기독교의 영향』(75-77)에서 바빙크는 종교적 문화들의 타락이 한계를 가지고 있다고 진술할 뿐만 아니라 이러한 사실을 부정하는 것은 선교적 접근을 원칙상 소망이 없게 만들 것이라고 날카롭게 덧붙인다: "그때에 선포 자체가 완전히 불가능한데 왜냐하면 그것은 진리의 도구들로서 사용될 수 있는 말을 전혀 발견할 수 없기 때문이다."

이와 관련하여 고려되어야 할 두 번째 것은 수 세기에 걸쳐 많은 문화적 특질들이 그들의 본래적인 종교적 함의들을 상실하였으며 온갖 의도와 목적들로 인해 세속화되었다는 것이다. 그리고 나서 바빙크는 다음과 같은 결론을 내린다: "그러므로 사실상 우리는 우리의 개혁주의적 관점이 요구하는 것처럼 보이는 것보다 열방의 관습에 마주하여 보다 더 관대한 입장을 취할 수 있다." 그리고 이것을 염두에 두고서 그는 하인리히 프릭을 따라서 '핵심-근접성'(core-proximity)이라는 기준을 도덕과 관습에 적용하도록 충고할만 하다고 생각한다: "이러한 관습들은 이교적 사유의 [핵심 또는 본질]의 영역 내에서 여전히 얼마나 분명하게 알아 볼 수 있는가?" 그는 사실상 "이러한 기준을 적용하는 것이 언제나 쉬운 건 아닐지라도 우리는 실천적인 실재[또는 종교적 전통들]을 조용하고 건전하게 검토할 가능성을 가지고 있다" 고 덧붙인다.17)

2.2. 건전한 선교적 실천으로서의 *포제씨오*

바빙크는 한편으로 *포제씨오* 원리가 성경적-신학적 가르침의 원리를 정

---

16) *IZW*, 176 (참조. *ISM*, 174).
17) *IZW*, 177 (참조. *ISM*, 174-175).

당하게 다룬다고 강조하는 반면에, 다른 한편으로 그는 이러한 원리를 충분히 적용하는 것은 선교 사역에서 만나게 되는 다른 요소들을 고려해야 함을 반복해서 보여준다. 우리는 현존하는 언어를 사용하지 않을 수 없는데, 그 속에서 은혜, 죄, 하나님, 구속과 같은 모든 종류의 개념들이 알려지지만 다른 내용을 가지고 있다. 원어를 사용하는 것은 그 언어를 그리스도에게로 돌이키는 것을 요구한다고 주장하는 프릭을 따라서[18] 바빙크는 다음과 같이 말한다:

> [복음이] 다른 언어로, 다른 민족에게 선포될 때마다 그것은 다시 말해서 다양한 말들을 변형시켜서 그것들에게 새로운 내용을 부여해야만 한다. [복음은] 세계 어디에서도 의상과 같이 완전하고 절대적으로 딱 들어맞는 언어를 발견하지 못한다.[19]

둘째로, *포제씨오*는 심리학적 요소들을 고려한다. 서구의 문화적 유산이나 서구의 신학적 업적들을 지나치게 강조하는 것은 열등감을 낳아서 궁극적으로 이 서구의 지배를 보충할 강력한 필요를 초래할 수 있다. 그러한 반응들은 토착 유산이 균형 있게 수용되고 본토인의 기독교적 양식과 기독교 신학[20]이 발달하게 된다면 예방될 수 있다. 바빙크는 몇 가지 예에서 이것이 매우 민감한 문제로 남아 있다고 자신의 경험으로부터 다음과 같이 덧붙인다: 토착 문화를 지역의 기독교적 삶 속으로 통합하고자 하는 선구적 노력들은 때때로 "토착교회의 그리스도인들에 의해서 그들을 '그들의 자리에' 그대로 두려고 하는, 그들에게 서구적 삶의 부요함과 강점들을 허용하려고 하지 않는 위장된 노력으로 해석" 되었다.[21]

셋째로, *포제씨오*는 사회적 요소를 고려한다. 종교적 함의들 외에

---

18) H. Frick, *Christliche Verkündigung*, 24.
19) *CMO*, 109.
20) 1933년에 이미 바빙크는 일본인을 위한 교의학의 발달을 주장하고 있었다(in *De Opwekker* 78, 457-465).
21) 참조. *IZW*, 182 (*ISM*, 179-180)과 "Syncretisme als zendingsprobleem," 19-20.

도 사회적 기능을 가지는 많은 관습들과 실천들이 있다. 토착적인 그리스도인들은 그들이 갑자기 이러한 관습들을 버린다면 사회적으로 고립되어 결국은 그들의 사회적 유대를 끊게 된다. 이것은 현명치 못하다. 이것이 가능한 한에서 토착적 관행과 관습들은 위에서 언급된 핵심-근접성의 기준을 토대로 유지되어야만 한다.22)

넷째로, *포제씨오*는 *선교적* 요소를 정당하게 다룬다. 선교적 관점에서 그리스도인이 되는 것이 서구적 삶의 방식을 받아들이는 것과 동일한 것처럼 보인다면 이것은 치명적이다. 이렇게 함으로써 토착 교회들은 그들 주위에 오해와 불신의 벽을 쌓는다. 중요한 것은, 그들이 현존하는 사회적 환경의 전반적인 삶의 양식에 일치하여, 비기독교적 환경에 다리를 놓기 위해서 그리스도 안에서의 새 삶을 표현하는 그들 자신의 형식들을 찾는 것이다. 선교는 가능한 모든 면에서 이러한 과정을 촉진하도록 요구받는다.23)

2.3. *포제씨오*의 예들

2.3.1. 상황신학을 향한 최초의 발걸음들

바빙크가 주장하는 *포제씨오*에 대한 많은 실천적 예증들을 제시하는데 있어서 나는 가장 중요한 것으로 시작하겠다: 신학적 문화화 또는 상황화. 이런 개념들이 바빙크의 시대에 아직 사용되지 않았다고 할지라도 그는 지속적으로 이것들에 의해서 문제들을 제기했다. 그는 기존의 종교적-철학적 전통들의 사유와 상상력의 범주들과 그리고 또한 실제적인 사회적 맥락들과 밀접하게 연관되어 있는 토착적인 신학적 틀의 발달을 위해 어디에서나 일해야 할 필연성에 대해 확신했다.

바빙크가 현존하는 유산과 복음 사이에 주장한 관계에 관해 그는

---

22) *IZW*, 178-180 (참조. *ISM*, 175-177).
23) *IZW*, 179-182 (참조. *ISM*, 176-179).

처음에 기독교적 견해를 표현하기 위해 토착적인 상들과 개념들을 적절하게 사용하기를 원했다. 이것의 전형적인 예가 그의 유명한 책인 『영혼의 길』인데, 여기에서 바빙크는 초보 선교사로서 일본인의 상을 가지고서 복음을 해석하고자 시도했다. 그러나 바빙크는 관련된 것이 단지 번역에서의 (교훈적, homiletic) 실행 그 이상이라는 것을 보았다. 이것은 이미 『그리스도와 동양의 신비주의』에서 명백한데, 여기에서 그는 다음과 같이 말한다:

> 우리는 네덜란드령 동인도와 자바에서 토착적인 기독교 신학이 자라나야만 할 것임을 잘 알고 있다. 다시 말해서 이러한 기독교 신학 속으로 이슬람 신비주의 및 힌두교와의 싸움이 통합되어진다. 그러한 신학을 장려하는 것은 몇 년이 아닌 몇 세기의 과업임에 사실이지만 그러한 신학의 씨앗들이 하나님의 축복 하에서 그리고 그분의 때에 싹을 내어 열매를 맺도록 지금 뿌려져야만 한다.24)

『영혼의 길』에서 그는 성경적 견해를 가지고 세계와 삶에 대한 신비적 견해에 대면함으로써 이러한 씨의 일부를 뿌리고자 하며 "동양적 사유의 정교한 통찰들을 복음의 사상들과 구별 짓는 것이 무엇인지를 지적하고자 한다." 25) 그는 서구의 신학적 공식들을 들여와서 강제하기를 원하지 않는다고 아주 분명하게 지적한다:

> 우리는 그리스도에 대한 동양적 사유가 발전하게 될 노선을 미리 그릴 수 없다. 이러한 과정에 영향을 미칠 수 있는 너무도 많은 요소들이 있다. 또한 이것은 복음으로부터 삶과 탐구의 모든 영역에 이르는 폭넓은 선들이 그려질 수 있기 전에 매우 많은 지성적 작업을 필요로 할 것이다.26)

서구에 의해서 동양의 신학이 이렇게 사전에 결정되기 보다는 정확히

---

24) *CMO*, 107. 또한 다음을 참조하라. *CPVW*, 17-18.
25) *Ibid.*, 6, 107.
26) *Ibid.*, 231.

그 반대이기를 그는 요청한다: 서구의 교회들은 의식적으로 한 걸음 뒤로 물러나야만 하는데, 왜냐하면 토착적인 교회들만이 결정적인 신학적 말들을 구술할 이해력을 가지고 있기 때문이다.

> 우리의 신학적 논의는 동양에 있는 교회에 가장 중요하며 이 교회는 숨을 죽이고 그것을 듣는다. 그러나 결국 그 자신의 답을 공식화하고, 표면에 떠오르는 뒤엉킨 문제들을 통해서 자신의 길을 찾아야만 하는 것은 바로 이 토착 교회이다. 우리는 동양에 있는 우리 형제들을 점령하고 있는 생각들, 그들에게 기어올라 붙어 있는 문제들을 결코 적절히 이해할 수 없다. 설혹 그렇게 할 수 있다 할지라도 우리가 주게 될 답은 결코 완전한 만족을 줄 수 없을 것인데 왜냐하면 그것은 그들 자신의 마음에서 나온 답이 아닐 것이기 때문이다.[27]

바빙크는 이러한 과정에서 두 가지 가능성을 본다. 한편으로 복음의 진리를 어둡게 할 위험이 있는데, 왜냐하면 다소간 혼합주의적인 방식으로 복음의 메시지가 종교적 유산에서 오는 생각과 동일시되기 때문이다. 그는 『비기독교 세계에 미치는 기독교의 영향』에서 이것의 분명한 많은 예들을 제시하는데, 여기에서 그는 "예수님의 토착적인 개념들"을 논의한다.[28] 반면에 이러한 종교적 요소들은, 만약 그것들을 정화하는 성경의 비판적 검증 하에 지속적으로 놓이기만 한다면, 훨씬 더 복음의 진리를 밝게 할 수 있다. 1934년에 이미 바빙크는 의미 있는 말로 그의 책들 중 하나인 『그리스도와 동양의 신비주의』를 끝맺었다:

> 그리고 얼마 안가서 번성하는 교회가 동양 세계에서 생겨나게 될 때, 그때에 그리스도께서는 거기에서 이적들을 행하실 것이다. 아시아인은 그로 하여금 복음의 의미를 파악하기에 매우 적합하도록 만드는 재능과 힘을 가지고 있다. 결국 그의 유산은 그로 하여금 일상의 모든 문제들에서 신의 편재를 더욱 강력하게 확신하도록 만들어 주며, 그러므로 그는 삶의 모든 면에

---

27) "Christus en de wereld van het Oosten," 241.
28) *ICNCW*, 157-167.

서 그리스도의 손을 더 잘 볼 수 있을 것이다. 그는 우리가 그런 것처럼 신비로부터 그리 멀리 떨어져 있지 않으며, 그러므로 그리스도께서 거기에서 큰 일들을 행하실 수 있다. 아시아인은 우리보다 더 잘 들을 수 있고, 하나님의 음성을 더 조용히 기다릴 수 있으며 훨씬 더 철저한 수동성 속에서 자신을 하나님께 굴복시킬 수 있다. 그러나 무엇보다 아시아인은 우리보다 돈과 재산, 영예 그리고 이름을 훨씬 하찮게 여기며, 그는 이러한 형태의 세계가 사라지고 있다는 것을 더 잘 알고 있다. 그리고 이에 덧붙여 지금 그리스도의 복음은 그에게 우리가 세상을 경멸해서는 안 되며 (…) 또한 동일한 복음이, 언젠가 나타나게 될 저 흔들림 없는 하나님 나라를 그리고 우리 모두가 그것이 임하는 것을 향하여 나아가게 될 저 흔들림 없는 하나님 나라를 내다보며 고대하도록, 그를 권고할 것이다.[29]

따라서 신비적 인생관은 복음의 비평을 받을 뿐만 아니라 이러한 과정 속에서 그리고 그것을 통해서 복음을 보다 깊고 더 잘 이해하도록 하는 데 이바지 한다.

바빙크는 계속해서 신학이 사회적 맥락과 연결되어 있어야만 함을 강조했다. 국수주의, 과학기술의 진보 그리고 세속화와 같은 현존하는 억압적 구조들과 발달들 가운데에서 교회와 신학은 예언적으로 비판적인 과업을 성취하도록 요청되는데, 이것에 의해서 그들은 독특한, 상황화된 면을 개발할 것이다.[30] 그들은 보다 깊이 숙고하지 않고서는 결코 자유케 하며 회복시키는 운동에 합류하지 않을지 모르지만, 언제나 선과 악, 옳고 그름의 최종적 중재자이신 그리스도에게 이르기까지 철저히 상황들을 숙고해야만 한다. 1960년대에 바빙크는 이러한 견해를 다음과 같이 진술했다: "이식(transition)의 문제는 본질적으로 단지 사회적이거나 경제적이거나 정치적인 문제가 아니라 종교적인 배경을 가지고 있다. 한 민족은 그것이 하나님을 발견할 경우에만 자신의 미래를 발견할 수 있다."[31]

---

29) *CMO*, 232.
30) *IZW*, 169-170 (참조. *ISM*, 167-169). 또한 다음을 참조하라. *ZWN*, 186-189. 여기에서 바빙크는 일본의 사회적 문제들이 신학의 발달에 미친 영향에 대해 긍정적으로 말한다.

2.3.2. 예의범절과 관습의 통합(Integration of Manners and Customs)

『선교학 입문』에서 바빙크는 *포제씨오*가 적용될 수 있는 수 많은 늘상 반복되는 삶의 영역들을 지적한다: 결혼과 관련된 의식, 농사, 죽음, 가입(initiation), 축제 그리고 예배의 조직.32) 그의 논의에서 그는 각 상황이 각각에 맞는 접근을 요청하며 '토착 교회들'이 그들 자신의 맥락에서 새로운 터를 닦아야만 한다는 인식 속에서 지도를 위한 몇 가지 지침들을 세운다. 그는 "그들 가운데에서 남녀들이, 즉 그리스도에게 가까이 살며 그들 자신의 국민들과 가까이 사는 신자들이 성령으로 가득차서 일어설 때, 그때에 완전히 만족할 만한 해결책이 발견될 수 있다"고 쓰고 있다.33) 다시금 바빙크에게 *포제씨오*는 주변적인 문제가 아니라 굉장히 중요한 과제라는 것이 분명하다. "선교지에 있는 토착교회들이 옛 문화적 유산의 일부를 간직하면서도 예수 그리스도에 대한 믿음이 어떤 식으로도 타협되지 않는 그들 자신의 존재 형태를 점차적으로 발견할 때에 이것의 측량할 수 없는 중요성이 판명될 것이다."34) 바빙크의 *포제씨오* 적용은 바빙크가 명시적으로 다루는 두 가지 개념에 의해 더욱 더 예증될 수 있다: 부족적 유대감과 5인회들.

이것이 여전히 발견되는 곳에서 부족적 관계가 매우 강하다고 바빙크는 지적한다. 이것은 특히 그것의 종교적 뿌리들 때문이다. 부족은 대우주와의 신비한 관계 속에 서 있는 소우주로서 여겨진다. 사회 전체는 이런 깊은 확신을 토대로 사회적으로, 윤리적, 경제적으로 규정된다. 부족적 유대감의 특징들은 집단성과 (함축적으로) 개별성 또는 개인적인 책임의 부재이다. 자기 신성화와 마술이 규범과 가치를 결정한다.35) 비록 바빙크가 이러한 부족적 집단성에 있는 많은 긍정적 요소들을 인정

---

31) "India in Transition," 37.
32) *IZW*, 182-193.
33) *IZW*, 194 (참조. *ISM*, 190).
34) *Ibid*.
35) *IZW*, 182-184; 162 ff (참조. *ISM*, 160 ff.).

한다 할지라도 그는 그럼에도 불구하고 자신을 브루노 구트만과 거리를 두는데 구트만은 그것을 어떤 일이 있어도 보존되어져야만 하는 창조 시에 주어진 것으로까지 높인다. 바빙크는 구트만의 입장을 다음과 같이 비판한다.

> 하나님께서는 틀림없이 인간을 관계들 속에서 살아야만 하며 이러한 관계들 속에서만 그 말의 의미에 충실하게 살 수 있는 존재로 창조하셨다. 그러나 이것이, 개인적 책임감이 일반적으로 부족의 관행 속에 완전히 용해되어 버리는, 실제로 존재하는 대로의 사회적 관계들 또한 하나님의 의도의 표현으로 여겨져도 좋다는 것을 의미하지는 않는다. 사실상 그것들은 공동체의 의미에 심히 위험할 정도로 많은 짐을 지우는 것이며 이런 식으로 영적이고 도덕적인 삶에 위협이 된다고 상상할 만한 충분한 이유들이 있다.36)

그럼에도 불구하고, 바빙크는 부족과의 끈이 끊겨서는 안 된다고 주장했다. 그는 두 논증으로 이것을 뒷받침한다. 첫째로, 개별적 책임감의 부족 때문에 부족과의 고리를 조기에 자르는 것과 그로 인한 부족적 관행의 보호 기능의 상실은 끔찍한 결과를 초래할 수 있다.37) 둘째로, 그러한 단절은 쉽게 고립을 초래할 수 있으며, 따라서 교회는 부족의 다른 일원들을 향한 선교적 소명을 실현할 수 있도록 해줄 바로 그 길들을 봉쇄하게 된다.38) 동시에 전체로서의 부족주의는 기독교 신앙에 의해 비판을 받는다: "복음의 선포는 부족적 충성에 의해 사는 사람들에게 어떠한 주저함도 없이 '너희 나라와 너의 백성을 떠나라'라고 하는 고대의 말을 반복해야만 할 것이다."39) 오랜 종교적 뿌리들은 잘려져야만 하며 공동체적 유대감은 그리스도 안에서 그 토대를 발견해야만 하며, 관습은 복음으로 이식되어야만 하고, 그리고 개별성과 집단성 사이의

---

36) *IZW*, 164 (참조. *ISM*, 162); 참조. B. Gutmann, *Gemeindeaufbau aus dem Evangelium*, 87.
37) 참조. *IZW*, 163-164 (*ISM*, 161-162).
38) 참조. *ZWN*, 182-185 *IZW*, 168 (참조. *ISM*, 166-167).
39) *IZW*, 165 (참조. *ISM*, 163).

올바른 관계가 촉진되어야만 한다.40) 바빙크는 여기에서 또한 이것이 장기간의 과정임을 강조하는데, 왜냐하면 "이교주의라는 나무는 한 방에 쓰러질 수 없기 때문이다."41)

자바에서의 사역 동안 바빙크는 어느 순간 위에서 언급한 5인회들을 세움으로써 창조적인 *포제씨오*의 예를 생각해 냈는데,42) 이것은 당시에 큰 성공으로 판명되었다. '다섯'이라는 숫자는 모든 자바인의 사고와 감정에서 고대 이래로 매우 중요한 역할을 해왔다. 자바 문화에서 이 숫자는 하나의 통일성을 구성하는 복수성을 가리킨다: "자바인들은 다섯의 의미를 알고 있다. 자바의 주간은 5일로 구성되며, 세계는 나침반의 다섯 점들(네 개의 나침반 점들 더하기 천정)로 구성되며, 손은 다섯 손가락을 가지고 있고 등등."43) 성경공부 그룹들의 사역에 새로운 힘을 불어넣기 위해서 바빙크는 이 성스러운 수를 사용하였다. 그의 의도는 다섯 명으로 이루어진 그러한 그룹들을 세움으로써 용해될 수 없는 단위들을 창조하는 것이었다. 이러한 하나됨은 특히 형제애와 상호 신뢰 속에서 표현되었다. 자바 사회가 고수하는 다른 자바 관습들과 상징들로 된 언어 또한 이 사역이 소그룹들과 함께 최고로 기능하도록 하기 위해 수용되었다. 세 달에 한 번 있는 5인회들의 공동 모임에서 참석자들은 그리스도 안에서의 그들의 구원과 이 빛이 모든 곳에 퍼져나가야 할 필요성을 가리키는 십자가의 형태로 설치된 촛불 주위에 큰 원을 이루어 앉았다.44) 더 나아가 믿음의 삶의 다섯 가지 요소들이 강조되었다: 주님에 대한 믿음, 이웃 사랑, 하나님께 대한 예배, 기쁨의 추구, 죄와의 전쟁.45)

---

40) 참조. *ZWN*, 185-186과 *IZW*, 124-125 (참조. *ISM*, 119-120).
41) *IZW*, 125 (참조. *ISM*, 120).
42) 참조. "Jeugdwerk: De kringen van 5," 353-363; 이 5인회들은 위의 2장, *auod vide*에서 보다 상세하게 논의되었다.
43) *Ibid.*, 355.
44) *Ibid.*, 358.
45) *Ibid.*, 360.

2.4. 요약

바빙크는 언제나 선교가 영혼을 구원하고 교회를 세우기 위한 복음 선포 그 이상임을 깊이 인식하였다. 외국어의 사용에서 이미 암시되었듯이 선교는 그 출발부터 현존하는 문화와의 대면을 수반한다. 선교는 현존하는 문화를 비판적으로 동화시키고 기독교 신학과 실천의 뿌리를 복음에 비추어 이 문화 안에 두라고 하는 명령을 가지고 있다. 이러한 복음의 문화화는 또한 종국적인 비판적 권위자이신 그리스도에게 이르기까지 철저하게 숙고되어야만 하는 다양한 사회적 구성요소들을 갖는다. 이러한 과정을 묘사하기 위해 바빙크가 *포제씨오*라는 용어를 선택한 것은 잘 숙고해서 이루어진 일이었다. *포제씨오*는 *순응*의 개념보다 훨씬 더 현존하는 문화와 관련하여 비판적인 성질을 띠고 있다. 바빙크가 동양의 종교적 유산을 가치 있게 여겼다는 것은 이러한 유산에 대한 비판적 과정이 또한 기독교적 이해를 풍부하게 해 줄 수 있다고 하는 그의 신념으로부터 명백하게 드러난다.

더 나아가 그의 신학적 반성은 현실주의에 대한 강한 의식과 연결되어 있었다: 실제적인 현실(practical reality)의 반항적 성격 때문에 *포제씨오*는 언제나 실천적 관점에서 천천히 그러나 확실하게 극복되어야만 하는 혼합주의적 경향들로 가득찬 과정으로 이루어질 것이다. 또한 주목할 만한 것은 *포제씨오*의 의미와 함의들을 연구하면서 그가 신학적 동기들과 나란히 실천적, 심리학적, 그리고 사회적 요소들을 얼마나 고려하는가 하는 것이다. 바빙크의 체계적 사유와 실천적 반성 사이의 연속성은 명백하다: 한 편으로 비기독교적 종교들과 문화에 대한 신학적 평가와 다른 한편으로 열방 가운데에서의 하나님 나라의 구현을 촉진하라는 교회의 선교적 소명은 둘 다 그의 사역에서 동일한 주목을 받는다.

*포제씨오*라는 용어는 "문화화" 또는 "상황화" 같은 보다 흔한 개념들을 선호함으로 인해 선교적 저서와 반성에서 일반적으로 사용되지 않게 되었다. 그러나 이것은 *포제씨오*란 개념에 의해서 표현된 원리를

포기해야만 하며, - 인간적인 범주들에 대한 적응의 토대를 성육신에 둠으로써(on the basis of an appeal to the incarnation as an adaptation to human categories) - 현존하는 종교적-문화적인 그리고 사회적-정치적인 유형들을 교회의 생활 및 사역과 역동적이지만 무비판적으로 통합하는 것을 고려하는 상황화의 개념으로 대체해야만 한다는 것을 함의하지는 않는다. 말씀의 성육과 세례에 의한 기독교적 교제 안으로의 합류는 둘 다 보다 비판적인 목소리를 발하는데, 이것은 바빙크의 접근의 신학적 정당성을 뒷받침해준다.

마지막으로, 바빙크의 문화의 진보적 기독교화에 관한 낙관적 기대 - 19세기 후반과 20세기 전반에 서구 기독교 사회들에서 매우 흔했던 기대 - 는 오늘날 비현실적이며 부당할 정도로 이상주의적인 것처럼 들린다. 그러나 이 점에 대한 바빙크의 높은 소망들은 그의 현실주의적 관점에서 나온 건전한 정도의 진실성에 의해 수반되었음을 즉시 덧붙여야만 한다. 따라서 예를 들어 그는 다음과 같이 말했다:

> 전 세계적으로 발견되는 공산주의의 놀라운 힘, 삶의 세속화, 정치적이고 사회적인 긴장들은 빠른 결과들을 기대하는 것을 불가능하게 만든다. 우리는 합리적으로 남아 있고자 한다면 보다 긴 시간에 비추어 생각해야만 한다. 그럼에도 불구하고 우리로 하여금 미래에 대해 희망을 품도록 만드는 징조들이 도처에 있다. (…) 그러나 한 가지를 즉시 말하고 강조할 필요가 있겠다. 그것의 성격상 기독교 공동체는 그것의 주위환경에 대해 측량할 수 없는 우위를 점하고 있다. 종교적 가치들이 시들어 가고 있으며, 옛 관념들과 개념들이 뿌리 뽑히고 있고, 그리고 세속화되고 경건치 않은 문화가 매일 같이 더 강하게 느껴지고 있는 세계 속에서 기독교 공동체는 신앙의 토대, 삶에 대한 내적 확신, 인간과 세계에 대한 새로운 견해를 가지고 있다. 그것은 계속해서 더듬어 찾으며 비틀거리지만, 그것은 또한 무한한 잠재력을 지니고 있다. (…) 아시아와 아프리카, 아메리카와 오스트레일리아에 있는 토착 교회들의 지역에서 기독교의 문화적 역사에서의 새로운 장이 쓰여지고 있다.46)

오늘날 우리는 교회의 지속적인 변방화로 인해 훨씬 더 절제해서 말한다. 그럼에도 이러한 기대의 가장 깊은 동기 - 그리스도께서 유익한 방식으로 그의 교회를 통해 역사하신다는 믿음 - 는 영원히 그의 교회를 살아있게 할 것이다. 그리스도께서 친히 제자들에게 주신 "나라이 임하옵시며"라는 교회의 기도는 그 열정을 상실할 필요가 없다.

3. '파송' 교회들과 '토착' 교회들 간의 관계

이 단락은 바빙크가 서구와 소위 '선교 교회들' 사이의 관계 문제에 적용했던 실천적-신학적 원리들을 간단히 묘사하는 것으로 제한될 것이다.

3.1. 제2차 세계대전 이전의 기간

선교와 20세기 에큐메니컬 운동에 대한 그의 책에서[47] 빈트는 1920년 대부터 서구 교회들이 어떻게 아시아와 아프리카에 있는 소위 토착교회들의 독립과 평등을 위해 보다 더 분명하게 일하기 시작했는지를 묘사한다. 두 명의 지도적인 선교 지도자들 - 미국인 루푸스 앤더슨(Rufus Anderson, 1796-1880)과 영국인 헨리 벤(Henry Venn, 1796-1873) - 에 의해서 그들이 이상적인 선교정책으로 내다보았던 것을 표현하기 위해 19세기 중반에 소개된 잘 알려진 '삼자원칙'(three-self formula)은 이 기간 동안에 새로워진 역할을 하기 시작했다. 선교사들과 선교 집행자들은 다시 한 번 선교가 자급(self-supporting), 자치(self-governing), 그리고 자전(self-propagating)하는 또는 스스로 확장해 가는 토착 교회들을 길러내기 위해 최선의 노력을 해야 한다는 앤더슨과 벤의 견해를 옹호하기 시작했다. 1928년 예루살렘과 1938년 탐바람에서의 국제선교대회들과 그 후에 일어났던 실천적-신학적 반성에서 식민주의적 관계들이 점점 더 비판을 받게 되었

---

46) "Verkondinging aan de volkerenwereld," 408-409.
47) A. Wind, *Zending en oecumene in de twintigste eeuw*, I, 150.

고 그 어느 때보다 명시적이며 날카롭게 부정되었다. 이러한 발달은 제2차 세계대전에 의해서 가속화되었는데 이때에 많은 토착교회들은 필연적으로 서구 교회들의 지도와 후원이 없이 지내야만 했다. 캐나다의 휘트비에서 열린 1947년 국제선교대회에서 "복종 속에서의 동역자 관계"(partnership in obedience)라는 용어가 '파송' 교회들과 '토착' 교회들 간의 이상적인 관계를 나타내기 위해 소개되었다.[48] 이 개념은 세상에서 그들의 공통적인 선교 명령을 함께 성취할 것을 고대하며 '토착' 교회들이 가능한 한 독립적으로 기능해야만 하며 어떤 경우에는 '파송' 교회들과 동일한 지위를 가지고 있어야만 한다는 확신을 보여 주었다. 이러한 관계에 대한 바빙크의 반성은 특히 개혁교회의 선교지에서 일어난 교회적(ecclesiastical) 발달과 국가적 발달로 인해 그가 이 문제를 다루어야만 했던 제2차 세계대전 후에 힘을 얻었다. 당시에 그는 특히 교단 주간지에 일련의 논문들을 기고함을 통해 '토착' 교회들의 독립을 향한 움직임을 지도하도록 도우며 교회에 대해 다소 비판적인 일반인들의 영역 내에서의 변화하는 관계를 변호하고자 시도했다. 이로부터 그의 1954년 선교서인 『선교학 입문』에서 공식적으로 표현되는 실천적-신학적 반성이 발전하였다.

3.2. 1945년 이후의 변화하는 관계들

제2차 세계대전까지 개혁교회는 그들의 지교회들의 상대적 독립에도 불구하고[49] 이 교회들의 영적, 사업적, 재정적 일들에서 지도적인 역할을 하였다. 그러나 밀접하게 연관된 세 가지 요소들이 이 관계에 돌이킬

---

[48] *Ibid.*, 168.
[49] 교회들의 상대적 독립과 근본적 평등성에 대한 이러한 개혁주의적 원리는 이미 후티우스(참조. Jongeneel, "Voetius' zendingstheologie," 136)에 의해서 강조되었으며 미델부르흐 총회에서 다음과 같이 반복되었다: "각 지역 교회는, 자바지역의 교회 역시, 자체 내에서(within itself) 완벽하며 왕이신 예수 아래에 직접 서 있으므로 파송교회는 모교회로서의 역할에서 후원하고 충고하지만 결코 그러한 지교회에 대해 어떠한 권위도 행사해서는 안 된다. 자바 교회는 우리에게 종속되어 있지 않고 우리와 동등하다." 참조. *Uittreksel uit de Acta der generale synode van de GKN*, 37.

수 없는 변화를 야기했다.50) 첫째로, 다양한 이유들로 인해서 제2차 세계대전이 시작된 이래 점차적으로 제한되었던 자바와 수마트라에서의 개혁교회와 지교회 간의 접촉은 일본의 점령으로 인해서 완전히 끊어졌다. 토착 그리스도인들은 그 어느 때보다 그들의 삶과 사역에 대한 책임을 떠맡도록 요구되었다. 그 교회들은 전쟁 동안 이 일을 아주 잘 해냈으며, 일본의 점령 후 접촉이 다시 이루어졌을 때 토착 교회들은 그들이 얻었던 독립을 마지못해 넘겨주었다. 그들은 지도력을 발휘하고 정책을 세우며 활동들을 개발하는 것을 배웠었다.

둘째로, 이 기간 동안에 더욱 급진적이 되었던 점증하는 국수주의는 기독교회를 그냥 지나치지 않았다. 외국의 지배로부터 자유롭고자 하는 열망은 인도네시아 교회들 내에서도 자라났다. 네덜란드의 식민 통치는 억압으로서, 즉 분명 기독교적 관점에서 근본적으로 받아들여질 수 없는 사람들의 권리에 대한 침해로서 점차 인식되었다. 물론 이러한 정서 또한 서구 교회들을 향한 토착 교회들의 태도에서 나타났다. 교회의 문제들에 대한 어떠한 관여도 위장된 제국주의의 형태로 해석되었다. 따라서 정치적이며 교회적인 관계들은 종종 함께 엮여졌으며 따로 떼어놓기가 어려웠다.

셋째로, 토착 교회가 자신의 능력(devices)에 전적으로 남겨졌던 시기 동안에 그것이 그들의 국민들 속에서 대중적이 되었다는 것은 분명했다. 그때까지 기독교회는 서구적인 것으로서 보여졌었으며 그러므로 사회의 변방에 서 있었다. 서구로부터의 후원이 없다면 그것은 거의 살아남지 못할 것으로 예상됐었다. 그러나 그 반대 결과가 나타나고 교회의 문제는 결국 토착적인 문제임이 아주 분명한 것처럼 보였을 때, 확신이 기독교 공동체 내에서 서서히 자라나기 시작했으며 그것은 사회 속으로 더욱 더 통합되었다. 따라서 교회는 다소간 자발적으로 인도네시

---

50) 참조. 1945년과 1948년 사이 *Gereformeerd Weekblad*에 실린 바빙크의 일련의 논문들. 이러한 관계들에서의 긴장과 발달에 관한 더 많은 자료를 위해서는 T. van der End, *Gereformeerde zending op Sumba 1859-1972*를 보라.

아의 이슬람이 지배하는 사회 속에서 더 큰 선교적 세력이 되었다. 이러한 발달들로 인해서 토착적인 교회들은 옛 형식에 머물고 싶어하지 않았다. 따라서 상호간의 많은 불신이 사라진 후 자카르타에서 열린 1947년의 획기적인 크비팅 대회에서 새로운 관계가 시작되었다. 가장 중요한 결정은 비록 서구 교회들이 필요할 경우에 한해서 지성적, 선교적 그리고 재정적 후원을 제공하도록 요구되었다 할지라도 모든 영역에서 지도력과 책임이 전적으로 토착교회들의 손에 주어졌다는 것이다. 이것은 서구 교회들을 완전히 다른 지위에 놓았다. 그들은 그들의 지도자로서의 역할을 봉사와 지원의 태도로 바꾸어야만 했다.

늘상 그렇듯 평화주의적인(irenic) 방식으로 바빙크는 교회의 일반인들 가운데에서 이러한 상황에 대한 이해를 촉진하고 긍정적인 태도를 증진시키고자 끊임없이 노력했다. 하지만 이것은 결코 단순하지 않았는데, 왜냐하면 정치적이고 교회적인 일들이 네덜란드에서도 역시 밀접하게 엮여 있었기 때문이다. 여기에서 나타난 가장 중요한 물음은 이것이다: 무엇 때문에 바빙크는 이러한 입장을 취했는가? 어쩔 수 없는 상황을 가장 잘 사용하고자 하는 필요에 의해서만 그는 움직이게 되었는가? 아니면 원칙 또한 어떤 역할을 했는가? 그 답은 그가 1945년 말에 썼던 글에서 발견될 수 있다.

> 우리 모두가 즉시 보게 되듯이, 이것[새로운 관계]은 매우 광범위한 변화를 구성한다. 우리의 계획에 따르면 금후 몇 년까지는 우리가 만나지 못할 상황이 갑자기 하나의 사실이 되었다. 그리고 나는 우리가 받아들여야만 하는 한 가지 사실을 즉시 덧붙이고 싶다.[51]

이 진술은 어느 정도는 상황에 따라 움직이고 싶은 마음이 있다 할지라도 그의 태도가 편의와 같은 것보다는 훨씬 그 이상의 어떤 것에 의해 고무되었다는 것을 분명하게 보여준다. 분명히 다른, 보다 깊은 동기들

---

51) "Nieuwe orientering in ons zendingswerk."

이 결국은 그의 사고에서 동일한 발달을 초래했을 것이다. 상황은 단지 그 과정을 가속화시켰을 뿐이었다.

3.3. 성경적으로 건전한 관점

바빙크는 파송교회들과 토착 교회들 사이의 관계를 성경적 관점에서 숙고하기를 원했다. 그렇게 하는데 있어서 그는 성경에서 원리들을 찾을 경우 그때와 지금의 상황들에서의 차이들이 주의 깊게 고려되어야만 한다는 것을 분명하게 깨달았다.[52]

한편으로 바빙크는 "성경이 파송 교회들과 토착 교회들 간의 구별에 대해서는 완전히 무지하다"고 지적한다.[53] 물론 신약성경이 개별적인 교회들(congregations)에 대해서 말하긴 하지만 교회는 특히 그리스도의 몸으로서 신비적 의미로 이해되고, 따라서 "강력한, 깨뜨려질 수 없는 통일체"로서 보여진다: "⁵주도 하나이요 믿음도 하나이요 세례도 하나이요 ⁶하나님도 하나이시니 곧 만유의 아버지시라 만유 위에 계시고 만유를 통일하시고 만유 가운데 계시도다"(엡 4:5-6).[54] 이것은 원칙상 파송 교회들과 토착 교회들 간의 구별을 위한 또는 후자에 대한 전자의 어느 정도의 권위를 위한 토대가 전혀 없음을 의미한다. 그는 "예수 그리스도와 밀접하게 묶여 있는 각 교회는 그 자체로 그리스도의 몸의 일부이며 그것들이 어디에 있든지 다른 모든 교회들과 하나이고 독립적으로 자신의 책무를 성취하도록 요구를 받는다"고 썼다.[55]

그러나 다른 한편으로 바빙크는 사도들이, 특히 바울이 그들이 지역 교회를 세우자 마자 그들의 과업이 완수되었다고 여기지 않았음을 본

---

52) "De zendingsmethode van Paulus en die van ons," *HZB*, 39 (1951): 99. 바빙크는 여기에서 우리가 바울이 이미 세워져 있었던 교회들을 다룬 방식으로부터 무언가를 배울 수 있다는 것을 예를 들어 지적하지만, "만약 사람들이 [이것을] 구별없이 모방하고자 한다면 나는 갑자기 다시 한 번 매우 회의적이다"라고 덧붙인다.
53) *IZW*, 195 (참조. *ISM*, 191).
54) *IZW*, 195 (참조. *ISM*, 191-192).
55) *IZW*, 198 (참조. *ISM*, 194-195).

다. 심지어 장로들이 지역 교회들의 삶을 이끌도록 임명된 후에도 바울은 이 어린, 아직 성숙하지 않은 교회들을 여러 면에서 계속 돌보았다:

> 그는 [그들에게] 편지를 썼으며 규칙적으로 방문하였고, 자주 명시적인 명령의 형태로 [그들에게] 모든 종류의 충고를 하였다. 그는 장로들에게 상담을 해 주었고, 충고했으며 격려하였다 – 간단히 말해서 – 그는 아빠가 그의 자녀들을 돌보듯이 그러한 교회를 계속 돌보았다. 교회들에 대한 이러한 관심을 그는 자신이 짊어져야 할 가장 무거운 짐들 중 하나라고 말한다 (고후 11:28).56)

이 모든 것에서 우리는 바울이 파송 교회 또는 모교회로부터의 – 예를 들어, 안디옥 – 명령에 의해서 이러한 방법을 따른 것이 아니라 그의 사도직으로 인해서 따른 것이었다는 것을 고려해야만 한다고 바빙크는 덧붙인다. "사도로서, 다시 말해 예수 그리스도에 의해 보냄을 받은 자로서 그는 성령에 의해서 매일 매일 그에게 주어진 인도하심 덕택에 이 모든 것들을 행할 권위가 있었다."57) 그러므로 토착 교회들에 대한 권위를 끈질기게 행사한 것은 또 다른 교회가 아니요 그의 종을 통해서 이 어리고 연약한 교회들을 계속해서 인도하고 지도했던 예수 그리스도 자신이셨다.58)

앞의 논의는 그때의 상황과 지금의 상황이 오늘날의 선교적 실천을 위해 신약성경으로부터 직접적인 결론들을 이끌어내기가 너무 어렵다는 것을 보여 준다. 그러나 몇몇 근본적인 통찰들을 끌어내는 것은 가능하다.

첫째로, 파송 교회들은 토착 교회들에 관해 어떤 식으로든 권위주의적이고 온정주의적인 역할을 떠맡아서는 안 된다. 이것은 그들이 그들의 상호 관계가 정치적 규범들에 의해 만들어지도록 해서는 안 되며, 언

---

56) *IZW*, 198 (참조. *ISM*, 195).
57) *IZW*, 198 (참조. *ISM*, 193).
58) 참조. *IZW*, 198 (*SM*, 194).

제나 그들의 관계를 그들 자신의 필요와 힘(strengths)에 따라서 공식화해야만 한다는 것을 함의한다. 사실이 이러하므로 '보다 오래된 교회(older church, 파송 교회-역주)'와 '보다 어린 교회(younger church, 토착 교회-역주)'라는 용어는 오직 연대기적인 명칭으로서만 사용되어야만 한다.59)

둘째로, '모'(mother)교회는 필요하며 바람직하다고 여겨질 때마다 '지'(daughter)교회를 세우는데 있어서 섬김의 역할을 성취해야만 한다. 여기에서 언제나 세 가지 위험을 명심해야 한다: 파송교회가 지나치게 많은 지배적인 역할을 떠맡고 독립적인 지위를 거의 떠맡지 않는 것, 파송 교회가 토착 교회의 손에서 너무 많은 책임을 취하는 것, 파송 교회가 자신을 너무 오랫동안 없어서는 안 된다고 여기는 것.60) 바빙크에 따르면 모교회의 봉사기능은 특히 신학적 훈련, 기독교적 저서의 출판, 변화하는 사회에 의해 제기된 도전들에 관한 고찰, 그리고 선교사역의 영역들에서 실현될 수 있었다.61)

바빙크는 당시에 가장 민감한 문제였던 것에 별도의 주의를 기울였다: 토착 교회들이 선교적 과업을 수행하는 데 있어서 파송 교회들의 봉사적 기능. 그는 선교 사역이 일차적으로 계속해서 서구 교회들의 책임이라고 하는 생각은 실천적 관점에서 변호될 수 없을 뿐만 아니라 현명치 못하다고 여겼다. 성경에 비추어 토착 교회들은 처음부터 그들 자신의 환경에 관해 선교적 과업을 지니고 있다. 엡 6:15, 골 4:5, 그리고 벧전 2:9 등을 언급하면서 바빙크는 사도들의 편지에서 "교회(the congregation), 그리고 심지어 한 교회(a congregation)의 모든 일원이 선교사로서 활동하는 것이 완벽하게 정상적이며 자명한 문제로 여겨진다"고 쓰고 있다.62) 그리고 실천적으로 볼 대에 토착 교회들에게 선교적 명령을 수행하는 데에서 심지어 지도적인 역할이 주어져야만 한다. 왜냐하면 그들은 문자 그대로 그리고 비유

---

59) 참조. *IZW*, 210-212 (*ISM*, 198-199).
60) 참조. *IZW*, 200-201 (*ISM*, 197-198)과 또한 다음을 참조하라. "Samenspreking met de kerken in Java," 399와 "Wat kuunen wij nu nog voor indonesie doen?" 235.
61) 참조. *IZW*, 218-221 (*ISM*, 214-217).
62) *IZW*, 208 (참조. *ISM*, 205-206).

적으로 그들 자신의 국민에게 훨씬 더 가까이 서 있기 때문이다.

> 모교회는 유럽이나 아메리카의 저기 어딘 가에, 멀리 떨어져 있다. 그것은 서구 사람들, 특정한 문화를 가지고 있으며 특정한 수준의 발달을 이룬 백인들로 이루어져 있다. 토착 교회는 선교 현장에, 혼란 속에, 그리스도와 사단 사이의 고된 싸움 가운데에 있다.63)

동시에 그리스도의 몸으로서의 교회의 신비한 연합은 서구 교회들과 토착 교회들이 나란히 그들의 선교사역을 수행할 것을 보장하며 요구한다.

> 소아시아의 루스드라에서 온 디모데가 바울에 의해 고린도에서 중요한 일을 하도록 보냄을 받았다는 것은 전혀 이상한 일이 아니다. 왜냐하면 비록 루스드라와 고린도가 멀리 떨어져 있으며 전적으로 다른 세계에 속해 있다 할지라도 이 두 도시들에 있는 교회들은 그리스도 안에서 하나이기 때문이다. 심지어 인종, 언어 그리고 문화와 같은 매우 근본적인 차이들조차 그리스도 안에서의 연합과 관련해서는 그 강력한 힘을 상실하고 만다.64)

이와 관련하여 바빙크는 1947년 휘트비에서 상술된 복종 속에서의 동역자 관계의 원리를 주장했으며, "아마 이것은 너무 약하게 표현하고 있는 것 같다. 두 교회는 동역자 그 이상이다. 그들은 하나의 동일한 교회이다"라고 덧붙이고 있다.65) 파송 교회들이 더 이상 선교적 과업을 가지고 있지 않으며 토착 교회들을 돕기만 하도록 되었다는 개념은 누가 사실상 더 큰 책임을 가지고 있는가에 관한 문제와 같이 더 이상 타당하지 않다. 교회들은 서로 경쟁해서는 안 되며 그들의 한 왕을 섬기는 데 있어 보편적(catholic) 관점에서 협력해야만 한다.66)

이러한 이상(vision) 속에는 바빙크에게 있어 인도네시아에 있는 교회들에서의 발달들에 긍정적으로 반응하고자 하는 동기가 놓여 있다.

---

63) *IZW*, 209 (참조. *ISM*, 206).
64) *IZW*, 209 (참조. *ISM*, 206-207).
65) *IZW*, 210 (참조. *ISM*, 207).
66) 참조. *IZW*, 210-211 (*ISM*, 207-208).

변화하는 정치적 구조들로부터 독립하여 - 따라서 식민지적 상태든 식민지 이후의 상태든 - 교회들은 서로를 대하는 이러한 성경적 방법을 실천해야만 하며 언제나 하나님의 나라를 세우는 것을 분명하게 염두에 두어야 한다. 출발점으로서 사용된 이 중심 원리는 여러 환경들에 반응하는 행동의 요소에 신학적 토대를 제공해 준다. 빠른 발달 속도에 브레이크를 밟는 것, 시계를 거꾸로 돌리는 것은 개혁교회에 대한 토착 교회들의 큰 불신을 초래할 뿐이며 그들 사이의 관계를 어둡게 하는 일과 좋은 유대의 단절을 초래할 것이고 *그럼으로써 하나님 나라를 건설하고 확장하는 데에 손상을 끼칠 것이다.*[67]

4. 세계교회의 일치(Ecumenicity)

이어서 1910년 에딘버러 국제선교대회 이후로 점증하는 힘을 얻어 왔던 에큐메니컬 운동에 대한 바빙크의 평가를 1948년 세계교회협의회 개회 모임에 대해 그가 썼던 인상을 토대로 재구성 할 것이며,[68] 특히 1954년도의 논문과 1948년과 1954년에 각각 나온 두 개의 부가적인 저서 속에 반영된 에큐메니컬 노력의 실용적 필연성과 세계교회의 일치에 관한 그의 후기 견해를 재구성 할 것이다.[69]

4.1. 에큐메니컬 운동에 대한 긍정적 평가

1948년 세계교회협의회(WCC)의 설립으로 인해서 네덜란드 에큐메니컬 교회협의회(Dutch Ecumenical Council of Churches)와 세계교회협의회 안에서 표현된 에큐메니컬 운동에 개혁교회가 가입하는 것과 관련하여 취해야만 하는 입장에 관해 개혁교회 내에서 상당한 논의가 생겨났다.[70] 1946

---

67) 참조. "Aan de vooravond van de samenspreking met de Javaanse kerken."
68) "De vergadering van de Wereldraad van Kerken."
69) "Apostoliciteit en katholiciteit," *OKZK*, 그리고 *IZW.*
70) 다음의 자료들은 대개 빈트의 *Zending en oecumene in de twintigste eeuw*, 1, 208-210에서 온 것이다.

년 개혁교회 총회에서 다수의 대의원들은 가입에 반대했다.71) 왜냐하면 WCC에 의해서 받아들여진 기본원칙 - "WCC는 주 예수 그리스도를 하나님이시오 구세주로서 고백하는 교회들의 교제이다"- 은 다양한 해석들의 여지를 너무 많이 남겨 놓았는데, 특히 자유주의적 성향을 지닌 교회들의 WCC 참여를 고려할 때 더욱 그러했다. 그러나 소수는 WCC와의 비판적 유대를 주장했으나 1949년 개혁교회 총회를 이러한 방향으로 움직이고자 하는 시도는 실패했다. 1948년 논문에서 저명한 개혁교회 주석가 추이데마(S. Zuidema)는 바로 교회들 가운데에서의 다양성 속에서 WCC 설립의 정당성을 발견할 수 있으며,72) 바로 WCC의 기본원칙을 토대로 개혁교회는 에큐메니컬 운동과의 대화에 긍정적으로 참여해야만 한다고 주장했다. 그는 "더 이상 질병이 없어서 더는 병원에 갈 필요가 없다면 영광스러운 일이듯이, 오직 하나의 참된 교회만이 있어서 에큐메니컬 운동이 전혀 필요하지 않다면 그것은 기도에 대한 응답일 것이다" 라고 썼다.73) 그리고 바빙크는 이와 유사한 노선을 따라 움직였다. WCC의 개회집회에 대해 1948년 그가 쓴 논문은 에큐메니컬 사상에 대한 깊은 개인적 호감(affinity)을 드러낸다. 그가 자신의 반성의 글을 시작하는 다음의 인용은 이 집회가 그의 안에 있는 에큐메니컬 정서(chord)를 얼마나 건드렸는지 보여준다.

> '세계 교회'로부터 온 다양한 위대한 인물들을 보고, 듣고 그리고 만나는 것은 그 자체로 이미 하나의 커다란 기쁨이다. (…) 우리는 우리 자신이 순식간에 세계 운동에 매료됨을 느꼈으며, 그것은 그 자체로 하나의 거대한 사건이다. (…) 사실 때때로 이 대화는 그것의 모든 결점들에도 불구하고 묵시적(apocalyptic) 사유들과 감정들을 유발했다. 그러한 감정들은 물론 언제나 어느 정도는 위험하다. (…) 그럼에도 불구하고 이와 같은 대화는 큰

---

71) 이 총회는 1930년 총회를 따랐는데, 이 1930년 총회에서는 교회의 상대주의(ecclesiastical relativism)와 경계를 흐리게 하는 것에 대한 두려움으로 에큐메니컬 운동에 참여하지 않는다는 결정이 내려졌었다.
72) Zuidema, 5.
73) *Ibid.,* 6-7.

기대를 낳는 관점을 열어 줄 수 있다.74)

그 다음에 바빙크는 WCC의 의미에 대해서 논했다. 그는 "'세계 교회'라고 하는 실재를 부정하기 어렵다"고 말하며 이것에 의해 그가 의미하는 것은 "세계의 다양한 나라들에 있는 서로 다른 교회들이 여러 방식으로 서로를 촉발하고, 영향을 미치며 이 시대가 지닌 문제들과 하나의 거대한 싸움에서 함께 서 있다"는 것이다.75) 이러한 실재를 분별하는 것이 본질적으로 중요하다고 그는 생각한다: "어떤 이는 이런 생각에 오싹할지 모른다. 또 어떤 이는 아이만큼 행복할 지도 모른다. 그러나 나는 우리가 이러한 사실들을 부정할 수 있다고 생각하지 않는다."76) 바빙크는 WCC를 하나의 실체화 된 것(a substantiation), 즉 현존하는 교회 간의 관계를 구체적으로 구현하고 강화한 것으로서 본다.

> 교회를 통해 흐르는 다양한 영적 운동들이 [WCC의 개회모임과 같은] 그러한 대화들에서 서로 접촉하게 된다. 그들은 단 하나의 초점 안에서 결합된다. 그들은 서로에게 도전을 주며, 그들은 서로를 비교하여 고찰한다. 그들은 서로에게 스며든다. 간단히 말해서 때때로 몇 년 동안 지속되는 발효의 과정이 일어난다.77)

그러므로 그가 보기에 WCC를 거들먹거리듯이(condescendingly) 내려다보는 것은 "교회의 초자연적 성격에 대한 커다란 이해의 결핍"을 반영한다.78) 개혁교회 - 의식적으로 그것을 알든 모르든 - 가 소속되어 있는 교회들 가운데 존재하는 상호 관계의 망에 비추어 바빙크는 변방에 머무는 것은 무책임하다고 간주한다. "나는 불만을 나타내야만 하겠다"고 말하며 그는 다음과 같이 썼다:

---

74) "De vergadering van de Wereldraad van Kerken," 274.
75) *Ibid.*, 275.
76) *Ibid.*
77) *Ibid.*, 274.
78) *Ibid.*, 276.

나는 WCC에 반대해서 제기된 그러한 모든 반론들을 충분히 인정한다. 하지만 우리의 목소리가 거기에서 들려지지 않은 것이, 우리가 준비과정들에서, 보고들(the reports)에서 협력하지 않았다는 것이, 그리고 우리가 논의들에 참여하지 않았다는 것이 나를 무척 슬프게 한다. (…) 우리 가운데에 틀림없이 세계적인 맥락에서 말할 것이 있는 사람들이 있다. 하지만 우리는 외부에 서 있기 때문에 우리의 목소리를 낼 방법조차 전혀 없다.79)

이에 더하여 바빙크는 WCC의 그리스도중심적인 기본원칙에 비추어 참여에 반대하는 것보다는 찬성하는 것에 대해 할 말이 더 많으며, WCC는 초대형교회(a super church)가 되고자 하는 어떠한 구실도 가지고 있지 않고 오히려 소속 교회들로 하여금 기독교 신앙과 삶에 대한 그들 자신의 해석을 유지하도록 허용하는 조직체이기 때문에 더욱 그렇다는 견해를 가졌다. 이러한 넓은 관용(latitude)은 그것의 약점일 뿐만 아니라 강점이기도 하다. 하나님의 말씀의 진리가 모든 의심과 불신의 세력들보다 스스로를 더 강하게 드러내실 것이라는 신앙의 토대 위에서 그리고 그리스도께서 친히 그의 사역을 완성하실 것이라는 약속의 토대 위에서 우리는 다른 사람들과의 대화를 회피할 필요가 없고, 반대로 추구하도록 허용되어야만 한다.80)

이러한 열정적인 간청에도 불구하고 개혁교회는 변방에 남아 있었다. 1963년 총회에 가서야 개혁교회는 WCC에 가입하게 되었다. 바빙크가 이러한 변화를 어떻게 보았는지에 관한 물음은 답변되지 않은 채 남아 있어야만 하는데, 왜냐하면 그는 이에 대해 결코 의견을 표현하지 않았기 때문으로, 아마 당시에 그의 건강은 이에 적절하게 반응하기에는 이미 너무나 쇠약해져 있었기 때문일 것이다.

---

79) *Ibid.*, 277. 바빙크는 거의 극적으로(dramatically) "바르트, 크레머, 판 두젠(Van Dusen), 메를레 데이비스(Merle Davis)와 같은 사람들의 이름은 중국과 일본, 인도와 아프리카까지 널리 알려져 있지만, 우리의 존재는 아무도 모른다"고 말한다.
80) *Ibid.*, 279-282.

4.2. 에큐메니컬 사상에 대한 근본적 반성

1954년에 바빙크는 사도적 교회에 대해서 한 권으로 된 본질적인 실천적-신학적 글을 출판했는데, 여기에서 그는 에큐메니컬 운동에 대해 좀 더 고찰했다.[81] 바빙크는 그의 근본적인 입장을 명백하게 보여주는 이 작품을[82] 보편성이 이미 초대교회에서, 사도신경과 니케아 신경에서 보여지듯이, 본질적인 교회의 특성으로서 이해되었다고 지적함으로써 시작한다. 교회는 언제나 보편성을 네 부분으로 된 개념(a quadripartite concept)으로 보아 왔다: *에큐메니컬 요소* - 머리로서의 그리스도와 연합되어, 그리스도의 몸으로서의 교회는 분해될 수 없는 단일체(unity)를 구성한다; *선교적 요소* - 그리스도 안에 있는 구속의 전포괄적인 성격에 비추어 교회는 열방 가운데 퍼지도록 되어 있다; *사도적 요소* - 분파주의와 대조적으로 교회는 진리 전체를 있는 그대로 보존한다; *총체적(holistic) 요소* - 구속의 총체성을 고려하여 교회는 인간을 전포괄적인 방식으로 이끌며 그것의 질병들을 치유한다.[83] 보편성의 개념의 의미에 대해 바빙크는 다음과 같이 진술한다: 교회의 "통일성과 그것의 세계적 관점은 (…) 이 한 단어 안에 모두 담겨 있다."[84]

개혁주의적 신앙고백들에 비추어 보편성의 에큐메니컬하고 선교적인 또는 사도적인 측면들은 특히 바빙크에게 적절하였다. 예를 들어, 하이델베르크 요리문답의 54문과 답은 거룩한 보편적 교회에 관해 "성자께서는 세계의 시초부터 종말에 이르기까지 참된 신앙에서 의견이 일치함으로써 영원한 생명으로 선택받은 교회를 모든 인종으로부터 그의 성령과 말씀에 의해 모으시고, 변호하시며 보존하신다"고 말한다. 그리

---

[81] "Apostoliciteit en katholiciteit."
[82] 이것은 "*De katholiciteit van christendom en kerk*"에서 바빙크의 것과 밀접하게 관련되어 있다. 또한 다음을 참조하라. J. Veenhof, "Honderd jaren theologie aan de Vrije Universiteit."
[83] "Apostoliciteit en katholiciteit."
[84] *Ibid.*, 219.

고 벨직 신앙고백서는 "이 거룩한 교회는 어떤 장소나 어떤 사람들에게 제한되거나 묶여 있어 한정되지 않고 전 세계에 퍼져 있으며 흩어져 있다"고 선언한다.

다음으로 바빙크는 교회의 역사를 토대로 19세기에 이르기까지 교회는 다음 두 가지 면 모두에 관해서 심각할 정도로 부족했다고 지적한다: 그것은 사도적 열심을 거의 보여주지 못했으며 그것은 그것의 분열을 너무 쉽게 받아들였다. 그러나 19세기 후반에 변화가 일기 시작했다. 사도적 소명에 대한 점증하는 인식과 이와 더불어 선교적 실천에서의 커다란 증가는 곧 교회의 분열이 가져오는 고통스럽고 마비적인 실재를 드러냈다. 이것은 1910년부터 소집된 국제선교대회의 회의들에서 구체적으로 표현되었다. 교회들과 선교 단체들을 하나로 모은 것은 고백적 다양성에 대한 염려가 아니라 협력에 대한 실천적 필연성이었다. "에큐메니컬 사고의 이 단계에서 선교적 절박성"에 대한 인식이 "강력하게 지배한다"고 바빙크는 결론을 내린다.[85]

점차적으로 에큐메니컬 과정은 깊어졌다. 따라서 그것 자체를 선교적 절박성의 문제와 연결시키는 것 외에 에큐메니컬 운동에 관여한 사람들은 또한 신앙고백, 교회조직 그리고 전례의 실행에 대해 반성하기 시작했다. 1925년 스톡홀름 대회와 1927년 로잔대회로부터 에큐메니컬 운동은 삶과 사역(Life and Work), 그리고 신앙과 직제(Faith and Order)라는 두 개의 통로를 활용했는데, 이것들은 나중에 WCC를 형성하는데 함께 합류하게 되었다.[86] 1948년에 세워진 새로운 에큐메니컬 조직의 이 두 분과가 계속해서 자문 반성(consultation reflection)과 후원(backing)을 통해 자신의 길을 계속 추구했다 할지라도 그럼에도 불구하고 WCC에서 서로 밀접한 관계를 맺게 되었다.

바빙크에 따르면 에큐메니컬 대화가 쉽게 끝날 줄 모르는 쓸모 없는 논의들에 쉽게 빠져 헤어나지 못하다가 결국 끝나고 말 수도 있다는

---

85) Ibid., 222.
86) Ibid., 219-224.

타당한 두려움이 있다. 오직 이 세계에서의 교회의 사도적 소명에 대한 지속적인 인식만이 "전체로서의 교회를 더 큰 연합과 유대로 이끌" 것이다.[87] 국제 대회들에 대한 다양한 보고들과 다른 책들을 인용해서 바빙크는 보편성의 에큐메니컬하고 사도적인 요소들이 신학적으로 상호연관되어 있으며 실천에 있어서 서로 분리되어 존재할 수 없다고 하는 통찰이 이 기간에 깊어졌으며 넓어졌다고 진술한다.[88] 바빙크는 한편으로 그가 이러한 에큐메니컬 발달들을 진심으로 승인하며, 다른 한편으로 그는 그것들을 비판적으로 따르고자 한다고 하는 것을 분명히 한다.

바빙크는 교회의 보편성이 "한 주로서 그의 구속 사역 안에서 전 세계를 포함하시는 그리스도의 사역"에 토대를 두고 있다고 지적함으로써 보편성을 위한 *신학적* 근거를 강조한다.[89] 그러므로 교회에게는 하나이며 세계적인 것, "즉 단어의 의미 그대로 에큐메니컬"한 것이 가장 중요하다.[90] 그는 인종, 국적 또는 국가적 성격 등에 어떤 차이가 있든지 간에 그것들은 결코 본질적인 의미를 지닐 수 없는데, 왜냐하면 그리스도 안에서의 신생은 매우 철저한 현상이어서 그것은 교회를 새로운 존재질서 속에 놓으며, 그 속에서 이전의 모든 분열의 형태들은 제거되었거나 적어도 그 분열적 능력을 상실하였다고 강조해서 말한다. 그는 여기에서 엡 2:15-16을 지적한다: "[15]이는 이 둘로 자기의 안에서 한 새 사람을 지어 화평하게 하시고 [16]또 십자가로 이 둘을 한 몸으로 하나님과 화목하게 하려 하심이라."[91]

더욱이 그는 통일성과 사도성 사이의 매우 옹호되어진 관계의 전체 개념 안에 "자연스럽고, 자명한 진리가 놓여 있으"며, "지난 몇 십년 간 교회 생활의 운동을" 목격한 사람은 누구나 "반복해서 보편성과 사도성이 서로를 찾으며 서로를 필요로 한다고 하는 사실에 의해 깊은 감

---

87) Ibid., 228.
88) Ibid., 224-228.
89) Ibid., 232.
90) Ibid., 233.
91) Ibid., 233-235.

동을 받는다"고 말함으로써 에큐메니컬 관계들과 협력을 위한 *실천적-선교적* 동기를 제시한다.92) 현대적 삶의 마귀적 세력들과 대결하는 전장에서 교회들은 보다 깊이 근본적인 하나됨을 깨닫고 경험하게 되며, 반면에 셀 수 없이 많은 사소한 차이들은 뒤로 물러나게 된다. 모든 형태의 세계교회일치를 거부하는 것은 신앙의 근본적 내용이 걸려 있는 "묵시적 시대"에 우리가 살고 있다는 것을 깨닫지 못하는 교회의 자기만족에 의해서만 존재할 수 있다.93)

비록 이때까지 바빙크가 에큐메니컬 운동에 대한 그의 접근에서 긍정적이었다 할지라도 그의 음조는 진리의 문제에 관해 보다 더 비판적이 된다. 바로 피할 수 없는 이 점이 전체 문제를 보다 복잡하게, "보다 까다롭고 해결할 수 없게" 만든다.94) 그는 진리의 문제는 사도적 명령을 함께 성취함으로 인해 신앙고백, 전례 그리고 교회 직제에 관한 공식적인 에큐메니컬 관계들과 논의들을 확립하게 된 후에라야만 들여다볼 수 있게 되는 것이 아니라, 이 문제는 바로 시초부터 논의될 필요가 있다고 지적한다. 바빙크는 이러한 과정을 다음과 같이 표현한다: "우리가 보편성을 보다 구체적으로 실현하고자 애쓰자마자 어떤 조직적 형태로든지 간에, 갑자기 신앙고백, 전례, 그리고 교회정치에서의 커다란 차이들이 심각한 장애물로서 부각된다."95) 사도적 명령은 즉시 진리의 문제를 함축하는데, 왜냐하면 이 명령은 선교적 사역으로의 부르심 뿐만 아니라 교회가 서 있는 토대로서의 사도적 증거(참조. 엡 2:20)와 오늘날에 있어서 이 증거의 가감 없는 선포에 충실하게 남아 있어야 할 의무에로의 부르심을 포함하는 것으로 이해되어야만 하기 때문이다. 사도성은 "사도적 증거를 믿고 받아들이는 것"을 함의하며, 그러므로 "사도직에 대해 말할 때 어떤 식으로든 진리의 문제를 사소하게 만드는 것"

---

92) *Ibid.*, 228; 참조. 239.
93) *Ibid.*, 230.
94) *Ibid.*, 235.
95) *Ibid.*, 238.

은 허용될 수 없다.96)

비록 바빙크가 교회들 가운데 있는 많은 차이들이 교회와 세계 사이의 전선(frontline)에서 상대화될 것이고 상대화될지도 모른다고 확신했다 할지라도 그는 사도적 *케리그마*의 핵심 내용에 관해서는 분명한 명료성이 있음에 틀림없다고 확신한다. "교회는 신앙 안에서 사도들의 말씀을 받아들이고 이 말씀을 계속해서 우리 시대의 현세대에게 살아 있게 그리고 능력으로 넘겨 줄 때에만 비로소 진정으로 보편적일 수 있다."97) 그러나 그는 이것이 WCC에서 적절하게 인식되었다고는 전혀 확신하지 못했다. 그는 에큐메니컬 운동의 긍정적인 의도들을 인정했다. 하지만 WCC가 그 채택된 핵심 고백(위에서 말한 "WCC는 주 예수 그리스도를 하나님이시오 구세주로서 고백하는 교회들의 교제이다"라고 하는 기본 원칙-역주)을 해석하는데 있어서의 차이들을 너무 쉽게 간과하지 않았는지 진지하게 의문을 가졌다. WCC에 있는 사람들과 교회들은 "그들이 예수는 주이시다(Jesus is Lord)라고 말하고 인정했을 때 정말 같은 것을 의미하는가?"98) 그는 교회들 간에 진정한 상호 간의 인정과 참된 에큐메니컬 관계들이 있고자 한다면 WCC의 기본원칙에 관해 더 많은 것이 말해져야만 한다고 강조해서 지적한다.99)

그는 또한 중심 진리("하나님이시오 구세주로서의 예수 그리스도")와 소위 '좀 더 주변적인' 진리들(성경관, 창조론 그리고 성례신학과 같은) 사이를 구별하는 방식에 관해 의문을 갖는다. 바빙크가 보기에 이러한 성격의 구별을 하는데 있어서는 주의가 요청되는데, 왜냐하면 "하나님의 계시 전체의 진리는 우리에게 '살아 있는, 유기적 전체'로서 자신을 드러내기 때문이다. 그러나 그는 여기에서 또 다른 종류의 중요한 구별, 즉 자신을

---

96) *Ibid.*, 236, 242.
97) *Ibid.*, 239; 그는 "사도직이 우리로 하여금 사도들의 메시지에 대해 새롭고, 신선한 고찰을 하도록 만든다"고 하는 취지의 중요한 관찰을 여기에서 덧붙였다.
98) *Ibid.*, 237.
99) *Ibid.*, 238. 예를 들어, 바빙크는 노르웨이 교회들의 제안을 지적하는데, 그들은 "성경에 따라서"라는 표현을 이 기본원칙에 추가할 것을 촉구했다.

진리로서 객관적으로 제시하는 것과 사람들과 교회들이 그것이 의미한다고 주관적으로 이해하는 것 사이에 중요한 구별을 한다. 설사 복음의 핵심이 완전하게 받아들여진다 할지라도 이러한 주관적인 해석들이 큰 공백들이나 차이들을 보일 수 있다. 그러나 명료성의 결핍은 에큐메니컬 유대에 장애가 아니라 그것을 위한 촉진제이다.100) 그는 모든 종류의 요소들로 인해서 세세한 것들에 대한 의견 차이들이 남아 있을지 모른다는 것을 고려하길 바란다:

> 우리는 어떤 한 사람이 – 그의 성향, 입장, 연구, 그리고 모든 종류의 다른 요소들 때문에 – 다른 사람보다 현대적이고 세속화된 사유에 맞선 투쟁으로 인해 의심할 바 없이 더 많은 문제들을 가지고 있다는 것을 고려해야 하며, 따라서 우리는 너무 쉽게 판단하고자 해서는 안 된다.101)

그러나 이것을 고려할 때조차 "예수 그리스도의 말씀에 복종하고자 하는 본질적이고 진심에서 우러난 마음의 준비"가 있는지, 또는 "사도적 증거가 매우 비판적으로 그리고 많은 조건들을 달고서 수용되고" 있는지에 관한 결정적인 물음이 남아 있는데, 후자의 경우에 에큐메니컬 "대화는 방해를 받게 되며 우리는 예수 그리스도 안에서 보다 참된 상호 간의 만남을 향해 함께 노력할 수 있는 가능성을 점차적으로 잃게 된다.102) 그러므로 세계교회일치가 문제가 되는 것은 본질적인 공통의 것들에 대한 인식 부족으로 인해서 서로를 인정하기가 불가능하기 때문이다.

다른 곳에서 바빙크는 교회의 다수성(pluriformity) 또는 복수성(plurality)과 같은 난처한 개념들에 의해서 내적인 교회 분열들을 정당화하는 것은 옳지 못하다고 지적한다. 다수성에 대해 말함으로써 관련된 모든 것들이 외적인 형태들에서의 차이들이며, 그 결과 신앙고백에서의 훨씬 더 깊은 차이들이 위장되고 무시된다고 하는 개념이 생겨난다. 그

---

100) *Ibid.*, 239와 239-241.
101) *Ibid.*, 241.
102) *Ibid.*

리고 사실상 복수성의 개념의 도입은 교회의 근본적 통일성을 희생시킨다. 사실상 이러한 용어들은 보편성의 본질적인 부족을 가릴 뿐이다.103) 이 모든 것은 그에 앞선 헤르만 바빙크와 같이 요한 바빙크가 세계교회일치에 관해 양면적인 입장을 취했다는 것을 보여준다: 그는 제공되어 있는 통일성(the unity that is offered)을 추구했으면서도 주어진 진리(the truth that has been given)를 보존하기를 원했다.

이러한 양면성에도 불구하고, 그럼에도 바빙크는 그의 반성으로부터 명백한 결론을 내린다:

> 교회는 보편적이기 때문에, 다시 말해서 세계적인 운명을 지니고 있기 때문에 그것은 또한 사도적이어야만 하며, 세계를 향해 고개를 돌려야만 한다. (…) 그리고 그것은 사도적 일을 행하느라 바쁜 반면에 그것은 그리스도 예수 안에 있는 모든 신자들의 근본적 통일성이란 의미에서 그것의 보편성을 보다 깊이 인식하게 된다. (…) 이러한 과정에서 진리의 문제가 교회에 강제된다. 교회가 겸손하고 용기 있게 이 문제에 직면하고자 할 때에만 (…) 예수 그리스도의 한 영이신 성령께서 그것을 보다 더 확고하게 신앙 안에 두시며 이런 식으로 교회를 한 분이신 주님 손에 훨씬 더 적합한 도구로 만드실 것인데, 그 분은 우리가 지금 떨림으로 서서 분투하는 세상의 비참을 향해 자비 속에서 그의 손을 뻗치신다.104)

교회에 축복을 그리고 세상에 구원을 가져 올 참된 세계교회일치에 대한 이런 열정적인 청원이 보여주는 바는, 궁극적으로 중요한 것이 바빙크의 비판적인 의구심들(critical reservations)이 아니라 모든 진리 안에서 그의 교회를 이끄시는 성령의 사역에 대한 그의 신앙이라는 것이다.

4.3. 에큐메니컬 노력들의 실천적 필연성

특히 선교지에서와 토착 교회들에서 그리스도인들은 상호 협력과 하나

---

103) 참조. *IZW*, 203 (*ISM*, 200).
104) "Apostoliciteit en katholiciteit," 242.

됨의 실현을 위해 최선의 노력을 기울여야 한다. 그것을 구하는 가장 깊고 결정적인 동기인 하나님에로의 성경적 요청들 외에,105) 바빙크는 에큐메니컬 활동에 종사하는 선교사들과 지역의 신자들을 계속해서 자극해야만 하는 세 가지 다른 동기들을 언급한다. 첫째로, 교회들과 선교단체들이 개별적으로 일하고 서로 경쟁할 때에 그것은 내적인 연약함의 표시이며 신뢰성이 부족하다고 하는 증거로서 보여진다.106) 다음으로 단지 역사의 과정 속에서 전개되어 온 분열들을 수출하여 그것들을 새롭게 설립된 교회들에 넘겨주는 것, 즉 새롭게 설립된 교회들을 저 과거(의 분열들-역주)에 묶어 두는 것은 무책임한 일이다.107)* 그리고 마지막으로, 많은 토착 교회들은 한편으로 하나의 신앙 안에서 서로를 더 잘 인식할 수 있기 위해서, 그리고 다른 한편으로 그들이 사는 세상에서 보다 강한 지위를 확보하기 위해서 보다 밀접한 상호간의 유대에 대한 절박한 필요성을 지니고 있다.108) 그리고 나서 바빙크는 분열들이 가능한 한 많이 제거되고 하나됨이 증진될 수 있는 세 가지 길을 제시한다.

첫째로, 파송교회들은 선교적 과업을 수행하는데 있어서 가능한 최대의 협력을 끌어내기 위해서 서로와의 대화를 시작하도록 요청된다. 그들은 어떤 형태의 경쟁이든지 피하기 위해 지역을 분할해야 할 뿐만 아니라 그들 사이의 차이들 또한 논의되어야만 한다. 그러한 발판을 통해서 폭넓은 선에서 일치가 이루어질 수 있다면 선교지에서의 상호 신뢰에서의 성장, 선교적 협력 그리고 하나의 교회의 형성을 위한 토대가 세워진 것일 것이다. 이러한 협력은 성경 번역, 찬송, 그리고 전례와 같은 실질적인 것들에 대한 일치의 추구를 포함해야만 한다.109) 바빙크는

---

105) 참조. *OKZK*, 40.
106) 참조. *IZW*, 203 (*ISM*, 200).
107) 참조. "Apostoliciteit en katholiciteit," 229.
* 원문대조: Next, it is irresponsible simply to export the divisions that have evolved in the corse of history and to impose them on newly founded churches, or to tie them permanently to that past.
108) 참조. *OKZK*, 41과 *IZW*, 205-206.
109) 참조. *IZW*, 204-205 (*ISM*, 201-202).

협력에 대한 이러한 필연성이 한계들을 지니고 있다고 쓰고 있다:

> 어떤 주어진 교회가 근처에서 행해지는 선교가 사실상 그리스도를 선포하는 것이 아니라 기독교적 말들을 가장하여 이상적인 일종의 인본주의를 선포하고 있으며 이 선교가 기독교회의 가장 근본적인 교리들을 발 아래 짓밟고 있다는 결론에 이르게 된다면 그때에 이러한 선교와 어떤 종류의 협력에든 종사하는 것은 정말 문제가 있는 것이 될 것이다.[110]

둘째로, 토착 교회들은 어떤 주어진 순간에 그들이 사는 세상에 마주하여 적절한 신앙고백적 입장을 취하도록 요청 받을 때 상호 간에 서로 접촉할 수가 있다. 사실상 토착 교회들은 처음에 '모교회'의 신앙고백적 표준들을 하나의 지침으로서 받아들이는 반면에, 그들은 점차적으로 그들 자신의 신앙고백적 진술, 즉 그들의 상황의 필요들과 도전들에 적합한 진술을 형식화해야 할 필요를 느낀다.[111] 그리고 이러한 필요가 생길 때 지역 교회들은 그들이 싸워야만 하는 그 세력들에 의해서 제기된 문제들을 공동으로 고찰하고 그들이 직면하는 문제들에 대한 시의적절한 반응을 숙고할 때에 서로를 섬길 수가 있다.[112]

셋째로, 파송 교회들은 하나됨을 위해 분투하는 토착교회들을 결코 방해해서는 안 되며, 오히려 이러한 목적을 향해 나아가도록 그들을 가능한 한 많이 충고하고 격려해야만 한다. (파송교회가 토착교회들에게-역주) 여러 가지 단서들을 달게 되고, 파송교회의 지도가 토착교회를 섬기기 위한 것임을 망각하게 될 때에(When only reservations are expressed and this guidance that seeks to serve is withheld) 토착 교회들이 얼마 안가서 바람직하지 못한 하나됨에 이르게 될 위험이 존재한다.[113] 하나됨(unification)의 과정에서 다음의 것에 특별히 주목할 필요가 있다: 전례, 교회 직제 그리

---

110) *IZW*, 205 (참조. *ISM*, 202).
111) 참조. *IZW*, 206 (*ISM*, 203-204).
112) 참조. *IZW*, 206-207 (*ISM*, 203-204), *OKZK*, 44-45와 "Theologie in het verre Oosten," 179.
113) 참조. *OKZK*, 45와 *IZW*, 205 (*ISM*, 202-203).

고 신앙고백. 바빙크의 생각은 여기에서 공통적인 에큐메니컬 논의점들과 일치하고 있다.

비록 바빙크에게 전례의 문제가 가장 중요한 것은 아니라 할지라도 그럼에도 그는 그것이 결정적일 수 있다고 생각하는데, 이것은 그것이 피할 수 없는 논의의 주제라는 것을 의미한다. 목표는 한편으로 서구의 유형들과 실천들의 무분별한 모방이 아니면서, 다른 한편으로 이교적 사상들에 의해서 감염되지 않은 전례적 모델들을 발견하는 것이다.114)

교회 직제의 분야에서 문제들은 더욱 복잡해진다. 역사적으로 발달하게 된 것들은 절대시 되어서는 안 된다는 것을 이해하는 것이 중요하지만 교회 직제의 다양한 문제들은 언제나 성경에 비추어 평가되며 규정되어야만 한다고 바빙크는 쓰고 있다. 그는 이 분야에서의 가능성들에 대해 분명 매우 낙관적이었다: 교회 직제의 적절한 형태들을 찾는 것은 "우리가" 이 과업에 관련된 모든 사람이 "하나님의 말씀에 복종하고자" 원한다고 하는 "확신을 가지고 있다면 (…) 영광스럽고 즐거운 과업이다."115)

신앙고백적인 문제는 가장 어려운 것 중 하나이다. 한편으로 복음의 본질적인 점들에 일치가 있다면 때때로 서구 세계보다는 비서구 세계에서 서로를 발견하는 것이 더 쉽다. 서구에서 결정적인 보다 많은 세세한 불일치점들이 종종 동양에서는 지평선 아래에 있다. 이런 보다 주변적인 고백적 문제들을 제기하며 또한 그것들에 대해 동의를 요구하는 것은 쓸모없는 일이다. 이러한 문제들은 토착 교회들 자신의 분별력에 맡겨 두는 것이 좋다. 다른 한편으로 현존하는 고백적 차이들이 무시되어서는 안 된다. 진리가 하나됨을 위해 소홀히 되는 곳에서 "진정으로 하나가 되는 것은 불가능하다."116) 바빙크가 보기에 분명히 "선교지에도 분열이 하나됨 보다 더 나은 환경들이 있었다." 하나됨 자체만을 위

---

114) 참조. OKZK, 42.
115) Ibid., 42-43.
116) Ibid., 43.

해 "인간들이 하나됨을 추구하여 하나님의 말씀이 희생될 때 이것은 언제나 사실이다."117)

4.4. 요약

파송 교회들과 토착 교회들 사이의 관계에 대한 반성에서 바빙크는 정치적 관련들과 심리적 민감성들을 충분히 고려하였다. 교회들은 동일하다는 성경적-신학적 원리에 호소하여 그는 또한 토착 교회들 편에서의 자율성을 지향하는 성장과 상호 간의 선교적 협력을 모두 옹호했다. 그러나 그는 새로운 방향으로 나아가지는 않았다. 오히려 그는 미델부르흐의 1895년 총회의 교회관을 좀 더 정교화하고 그것에 실천적인 초점을 맞추었는데, 여기에서는 후티우스와의 연속성 속에서 토착 교회의 독립의 필연성이 분명하게 확립되었다. 그는 또한 공개적으로 휘트비에서의 1947년 국제선교대회로부터 나온 "복종 속에서의 동역자 관계"라는 개념을 따랐다. 더 나아가 파송 교회와 토착 교회의 관계에 대한 그의 사유는 이론과 실천 사이에 명백하게 목도할 수 있는 일관성을 증명해 준다: 선교에 대한 그의 정의에서 바빙크는 선교를 *교회*의 사역으로 묘사하며 사람들을 하나님 나라의 오심을 기대하는 사람들 간의 *교제* 안으로 합류케 하는 것에 대해 말한다. "교회"라는 개념 속에는 모든 교회가 연합하여 - 그리고 그 결과 서로 개별적으로 - 선교적 과업을 가지고 있다는 개념이 함축되어 있다. 그리고 "교제"라는 개념은 교회들의 동등한 지위와 상호 간의 섬김의 기능을 함축한다.

파송 교회들과 토착 교회들 간의 현재의 관계들에 비추어 보면 바빙크의 탄원은 낡은 것이다. 그럼에도 그가 제시하는 성경적 원리들은 교회들 간의 관계에서 어떠한 형태의 제국주의에도 반대하는 경고와 보호로서의 나름의 의미를 지니고 있다.

바빙크는 에큐메니컬 운동에 관해 묘한 입장을 지녔다. 교회의 보

---

117) *IZW*, 206 (*ISM*, 203).

편성과 사도성에 관한 성경적 가르침에 토대를 두고서 그는 국가적이고 국제적인 수준에서의 세계교회일치를 열렬히 지지했다. 이것은 그 자신이 언제나 주장하였던 개혁교회 밖에 있는 신학자들과 선교학자들을 향한 그의 열린 태도와 완전히 일치한다. 반면에 그는 진리의 문제를 세계교회일치의 성공과 실패를 좌우하는 결정적 기준으로서 설정함으로써 에큐메니컬 노력들에 관해 비판적인 유보를 주장했다. 개혁교회의 다수와 달리 그는 에큐메니컬 만남을 즉각적으로 거부하는 것에 반대하고, 반대로 에큐메니컬 운동에 참여하기를 원했다. 세계교회일치에 관한 바빙크의 *양면성*은 *모호성*과는 아무 관련이 없었다는 것에 주목해야만 한다. 그의 양면성의 배후에는 바빙크를 특징 지었던 기본적인 확신, 즉 기독교적 사유와 행동을 결정하는 배타적인 성경의 특권이 놓여 있었다: 에큐메니컬 운동이 존재할 수 있는 권리는 성경에 그 닻을 두고 있으며, 성경은 참된 세계교회일치의 기초를 형성한다. 죠한네스 판 덴 베르흐가 바빙크를 보편적-개혁주의 사상가라고 특징지은 것은 옳았다.118)

교회일치의 추구에 대한 바빙크의 견해는 오늘날 그 타당성을 상실하지 않았다. WCC에서의 발전들을 고려할 때 성경적 관점에서 바빙크가 그의 염려를 표현했을 때 못지 않게 걱정할 만한 이유가 있다. "*최소한의* 토대로 *최대한의* 외적 협력"이119) 성취될 수 있다고 하는 생각은 여전히 몇몇 사람들이 공통으로 가지고 있다.120) 진리의 문제는 전적인 주목을 받아 마땅하다. 동시에 특히 개혁주의적 성향을 지닌 그리스도인들의 경우에 하나됨에로의 성경적 부름은 너무 빨리 포기되거나 즉각적으로 포기되어서는 분명히 안 되며 오히려 그것의 사도적 (선교적) 차원으로 인해 쓰라린 파국에 이를 때까지는 계속해서 유지되어야만 한다는 것을 오늘날 바빙크로 부터 배울 수 있다. 개혁주의적 기원을 가진 교

---

118) "De wetenschappelijke arbeid van Professor Dr. Johan Herman Bavinck," 41.
119) 참조. K. Deddens and M.K. Drost, *Balans van het oecumenisme*, 10.
120) 캔버라(Canberra, 1991)에서의 WCC대회에서 혼합주의적인 요소들이 분명하게 보여졌다 - 덧붙여서 그것들은 강력한 저항을 받았다.

회들로 하여금 에큐메니컬 만남에 참여하도록 자극하는 것은 바로 바빙크의 에큐메니컬 관점을 특징짓는 종교개혁의 기초적인 원리들이다: 성경은 어떤 신학적 전통이 아닌 신성한(sacred) 것임을 가리키며, 그럼으로써 대화의 여지를 만드는 오직(sola) 성경과 전체(tota) 성경의 원리, 성령의 지속적인 역사하심에 대한, 바랄 수 없는 중에 바라는, 기대를 표현하는 오직 믿음(sola fide)의 원리, 그리고 교만을 배제하고 신자들로 하여금 다른 동료 인간들을 겸손히 섬기도록 요청하는, 즉 그들이 받은 축복들을 다른 사람들에게 나누어 주도록 요청하는 오직 은혜(sola gratia)의 원리.121)

5. 인종의 문제

그의 선교학적 사역(missiological expertise)으로 인해서 바빙크는 1950년대부터 계속하여 남아프리카에서 규칙적으로 시간을 보냈으며 강의를 했다. 이로 인해서 그는 거기에 있는 인종의 문제와 인종차별의 정치를 매우 직접적으로 접하게 되었다.122) 이러한 경험으로 인해서 인종문제 일반에 대해 고찰하게 되었으며, 이러한 고찰들은 이 문제를 다룬 1956년도의 책인 『인종의 문제: 세계 문제』(Het rassenvraagstuk, problem van wereldformaat, The Race Question: A World Problem, 1956)에 기술되었을 뿐만 아니라 그가 여러 주간지들에 규칙적으로 글을 실었던 남아프리카에서의 복잡한 상황에 대해서는 보다 구체적으로 특히 『개혁지』(Gereformeerd Weekblad)에서 기술되었다.123)

---

121) 참조. P.N. Visser, "Een gereformeerde? Aller dienaar!" 42-45.
122) 아브라함 카이퍼가 남아프리카에서의 정치적이고 사회적인 관계들에 관해 상당한 양의 글을 이미 썼다는 사실을 고려할 때 바빙크가 이전에 이 문제를 간접적으로 접했을 가능성이 없지는 않다.
123) 이러한 글들 중 가장 의미 있는 것들과 Het rassenvraagstuk에서 뽑은 몇몇 부분들이 판 덴 베르흐에 의해서 수집되어 Een geheel andere waardemeter(1972)에 간단한 주해와 더불어 출판되었다. 베르흐는 남아프리카에서의 상황에 대한 바빙크의 반성을 담은 기고문들은 날짜가 기록되어 있음을 강조한다. 그것은 "남아프리카 교회들과 그 교회들 내에서 인종차별에 대한 공개적인 대화가 새로운, 창조적 이상을, 즉 전 세계의 이 지역에서 인종들 간에 다른 관계의 전조가 될 변화를 초래하게 되기를 많은 사람들이 희망했던 시기"였다(10).

5.1. 성경에서의 인종 문제들의 부재

『인종의 문제: 세계 문제』에서 바빙크는 성경이 이 단어(인종-역주)에 대해 모를 뿐만 아니라 이 개념에 대한 어떤 언급도 하지 않는다고 지적한다. 열방들 사이의 구분선은 그들의 혈통을 토대로 해서만 그어지는 건 아니다.124) 구약 율법에서 이스라엘은 그들이 누구이든지 간에 낯선 사람들(비이스라엘인들)을 진정으로 대해야만 한다는 것이 주목할 만하다(참조. 출 12:38; 신 10:18-19). 낯선 사람들은 "나는 너희 하나님 여호와임이니라"(레 24:22)고 하는 의미심장한 주장을 토대로 이스라엘과 동일한 법적 지위를 갖는다. 이어지는 이스라엘의 역사에서 생사를 건 싸움들이 이스라엘과 인종적으로 관련이 있는 나라들과 때때로 행해진다. 예언자들에서 모든 종류의 인종들은 하나님의 자비하심의 범위 내에 들어오는 것처럼 보인다(참조. 사 18:17; 19:25; 45:1; 슥 8:23).125) 이스라엘과 열방들의 구별이 언급될 때에 그것은 결코 인종이나 문화의 차이에 의해서 유발되는 것이 아니다. 오히려 이러한 차별이 그리스도 안에서 폐지되었다고 하는 것, 이것이 하나님의 명령이다(엡 2:14-22).126) 함의 후손(가나안)에 대한 저주를 모든 셈족이 아닌(non-Semitic) 그리고 백인이 아닌(non-Caucasian) 나라들의 영원한 열등성을 가정하거나 단정하기 위한 주장으로서 종종 사용하는 것은 성경적-주해적 관점에서 전혀 옳지 않다.127)

신약성경은 "다른 인종들에 대한 차별"(reserve)에 대해 어디에서

---

124) *RPW*, 5. 바빙크는 모세가 에디오피아인과 결혼했음을 지적하는데, 이로 인해 미리암이 불쾌히 여기는 것을 제압하심으로 하나님께서는 모세를 보호해 주신다.
125) *Ibid.*, 6.
126) *Ibid.*, 8.
127) *Ibid.*, 7. 바빙크는 이용 가능한 자료들로부터 도출될 수 있는 것이라곤 가나안의 자손들과 다른 두 자손들 간의 일시적인 정치적 관계(노예상태)라고 주장한다. 이렇게 주장하는데 있어서 그는 카이퍼와 분명히 거리를 유지하는데, 카이퍼는 『칼빈주의 강연』(*Lectures on Calvinism*)에서 "셈과 야벳이 인종발달의 유일한 담지자들이었"으며 "셋째 그룹에서는 삶의 향상을 위한 어떠한 충동도 일어난 적이 없다"고 주장했다. 린데(J.M. van der Linde)는 이 문제를 *Over Noach en zijn zonen*에서 아주 상세히 논의하지만 어디에서도 바빙크를 언급하지 않는다.

도 말하지 않는다. 모든 차이들이 그리스도 안에서 완전히 사라진다: 그리스인과 유대인, 할례자와 무할례자, 야인이나 스구디아 인이나 종이나 자유인이 그 분 안에서 하나이다(참조. 갈 3:28; 골 3:11).128)

그러므로 성경은 우등 국가와 열등 국가 사이의 어떠한 차별에 대해서도 알지 못한다. 이스라엘 역시 다른 나라들과 같은 하나의 나라이며 그것의 특별한 지위는 하나님의 선택적 사랑으로 인한 것이다. 열방들에 대한 성경적-신학적 관점에서 중요한 것은 아담 안에서의 그들의 하나됨이며, 이로 인해서 죄성의 공유와 그리스도 안에 있는 구원의 보편적 성격이 강조된다(참조. 예를 들어 롬 5:12-21).129) 그러나 성경이 인종적 문제를 전혀 알지 못한다고 해서 우리가 성경으로부터 이 문제에 대해 말할 수 없다는 것을 의미하는 건 아니다. "그리스도에 대한 믿음의 관점에서 바라보며 판단해야 할 한 가지 문제가 있다면 그것은 바로 이 문제이다."130)

5.2. 역사에 나타난 인종 문제의 실재

비록 성경적으로 인류가 한 단일체(a unit)로 이루어져 있다 할지라도 인류학적 관점에서 그것은 큰 다양성을 나타낸다. 알베르트 드렉셀(Abert Drexel)을 따라서 바빙크는 인종이란 개념을 "일단의 유전적 특징들에 의해서 함께 연결된 개인들의 총체"라고 규정한다.131) 세 개의 주요한 인종들이 구분될 수 있다: 백인종, 황인종 그리고 흑인종. 이 각각은 많은 다양성을 담고 있다. 바빙크는 이러한 다양성들의 기원을 감히 설명하고자 하지 않았다.132) 오히려 신학자로서 그는 이러한 다양성을 해석

---

128) *RPW*, 7.
129) *Ibid.*, 8-9.
130) *Ibid.*, 9.
131) A. Drexel, 12. 바빙크는 여기에서 성향과 기질 뿐만 아니라 피부색, 머리길이, 얼굴표정 그리고 체격에서의 차이에 대해 생각한다.
132) *RPW*, 11. 그는 기후, 삶의 방식 그리고 문화적 발달과 같은 여러 요소들 또한 영향을 미쳤다고 지적한다.

하고자 한다. 그는 이것을 하나님의 형상으로 된 인간의 충만성을 반영하는, 하나님에 의해서 의지된 부요함이라고 본다. 이러한 관점에서 그는 상보적인 인간의 성질들, 재능들, 능력들을 공유하도록 장려하고자 상호적인 교통의 필요성을 강조한다.

수 세기에 걸쳐서 인종들 사이에 오고 가는 지속적인 우월감과 열등감이 있어 왔다.[133] 바빙크는 이러한 감정들에 대한 세 가지 이유를 제시한다: 첫째로, 우리 자신의 문화적 성취들에 비추어 다른 사람들을 평가하고자 하는 경향이 있다. 이러한 성취에 미치지 못하는 사람은 열등하다고 간주된다. 둘째로, 첫 번째 원인과 직접 관련된 것으로 빈번히 일어나는 타인의 문화에 대한 관심과 존경의 부족이다. 셋째로, 고등의 문명화와 발달에 대해 조금이라도 말할 수 있다면 그러한 문명화는 하나님의 호의의 산물로서 여겨져야만 하며 한 민족(인종)의 우월성을 가리키거나 입증하는 것 또는 자기-위대성을 위한 근거를 제공하는 것으로서 보여지기 보다는 다른 사람들을 적극적으로 섬기는데 종사해야 하는 이유가 되어야만 할 것임을 종종 잊게 된다.[134]

다음으로 바빙크는 인종문제는 사람들 간의 차이들을 가속시켜 온 사회적, 경제적, 정치적, 문화적, 그리고 종교적인 차이들과 언제나 거의 동시에 일어나기 때문에 점차적으로 더욱 복잡했졌다고 지적한다. 이러한 문제들에 대한 그의 묘사는 이 문제의 복잡성에 대한 그의 관심과 이해가 어느 정도인지를 보여준다.[135]

이 모든 것의 결과는 날카로운 긴장이 늘어났고 특히 서구인들을

---

133) *Ibid.*, 13-14. 바빙크는 여기에서 1928년 예루살렘에서 행해진 두 개의 진술을 언급한다: 아프리카 출신의 자바부(Jabavu)는 "많은 백인 그리스도인들은 흑인들을 완전한(fledged) 인간성을 가진 사람들로서 대우하지 않는다"고 말했으며, 인도에서 온 틸락(V.N. Tilak) 자매는 "우리 인도인들은 백인들과의 접촉이 제한되어 있으며 따라서 우리는 '오, 그는 미국인이야!'라거나 '오, 그는 영국인이야!'라고 말한다. 이러한 표현들에서 종종 우리는 무의식적인 우월감이 미묘하게 표현된다"고 진술했다.
134) *Ibid.*, 14-17. 바빙크는 이와 관련하여 사람들의 사유와 삶에 대해 미치는 복음의 유익한 결과를 지적하며, 나아가 한 인종이 다른 인종보다 더 많은 잠재성을 가지고 있다고 생각해야 할 어떠한 과학적 토대도 전혀 없다고 말한다.
135) *Ibid.*, 20-32.

향한 깊은 불신이 자라났다는 것이다. 바빙크는 "양 측에서 진정한 신뢰"를 위한 새로운 토대를 위해 노력하지 않으면 자신의 시대에 끔찍한 결과가 일어날 것임을 예견했다.136) 그는 이러한 영적이고 도덕적인 설계의 성취를 예수 그리스도의 교회의 중요한 과업으로 본다. "이것은 세계 역사에서 이 순간에 교회가 직면해 있는 가장 큰 문제들 중 하나로 불릴 수 있다."137) 자신의 선교적 경험에 의존해서 그는 인종적 긴장을 누그러뜨리는데 있어 동등한 삶의 조건들을 만드는 것 이상의 것들이 관련되어 있다고 지적한다. 바빙크에 따르면 그리스도인들에게 핵심 물음은 다음과 같다: "그리스도께서는 이러한 [인종적인] 관계들에서 우리가 어떻게 행동하시기를 원하시는가? 무엇이 우리를 지도하는 동기가 되어야만 하며 우리 목표는 무엇이어야만 하는가?" 그리고 그는 다음과 같이 덧붙인다: "처음부터 한 가지만은 확실하다. 우리는 철저한 정직함을 갖고서 우리 자신을 검토해야만 할 것이며 이러한 검토로부터 결론들을 이끌어 내는 데 주저해서는 안 된다. 우리는 개방된 채로 하나님 앞에 서서 공손함으로 그의 말씀을 들음으로써 미궁에서 나갈 길을 찾아야만 할 것이다."138)

5.3. 복음의 관점에서 본 인종 문제

『인종의 문제: 세계 문제』에서 바빙크는 과거에 인종들 간의 관계를 위한 지침들을 확립하고자 하는 시도들이 있어왔으나 이것들은 종종 잘못된 방식으로 기능해왔다고 지적한다. 따라서 식민지 기간의 시초부터 식민지역들과 마주한 서구 제국 세력들 편에서의 도덕적-종교적 *소명감*에 대한 논의가 있었다. 그러나 소위 이러한 소명감에는 힘과 부에 대한

---

136) *Ibid.*, 17. 바빙크는 "새로운 방식으로 서로 간에 만나고자 하는 화해(rapproachment)의 정신과 열망이 다양한 인종들 속에서 자라나기를 시작하지 않는다면 인간의 미래는 어두워 보인다"고 쓰고 있다.
137) *Ibid.*, 18.
138) *Ibid.*, 32.

열망이 자주 스며들었으며 그것은 지도자로서의 자신의 지위를 유지하기 위한 위장으로서 기능했다. 다시 말해 그것은 종종 상대방을 진정으로 섬기고자 하는 기꺼운 사랑의 마음이 부족했다.139)

보호자로서의 지위(guardianship)라는 많이 사용된 용어에 대해서도 똑같이 말해질 수 있다. 보호자로서이 지위는 그것이 관련된 모든 당사자들에 의해서 자연스럽게 그리고 상호적으로 받아들여질 수 있는 한에서, 그리고 그것이 일시적 성격을 가지며 그 자체로 하나의 목적이 되지 않는 한에서 수용될 만하다고 바빙크는 생각했다.140) 바빙크는 또한 *하나님의 섭리*(the providence of God)를 자의적이거나 자신에게 유익한 대로 해석하는 것을 아주 단호하게 거부했다. 하나님께서는 다양성을 원하셨다는 사실이 폭력에 의해서나 자기 자신의 규범들에 의해서 다양성을 조성하는 행위를 정당화하지 않는다. 이러한 종류의 행위는 섭리의 주재로서의 하나님의 역할을 떠맡는 것과 같은 것이다.141)

위에서 언급된 부패하고 올바르지 못하게 해석된 개념들 대신에 바빙크는 성경에 기반을 둔 *평등*(equality) 개념을 선택한다.142) 성경은 "[하나님] 앞에서 우리 모두가 그의 은혜로만 구원받을 수 있는 죄인들로서 여겨진다"는 의미에서 평등을 증거한다.143) 바빙크는 여기에서 골로새서 3장 25절을 지적하는데, 이 구절은 하나님에게는 "어떠한 편견도 없다"고 말한다. 모든 인종 관계들에 대한 고찰을 위한 가장 깊은 신학적 동기로서 그는 "자신을 비우셔서 서구인도 동양인도, 백인도 흑인도 아닌 *인간*이 되셨던" 그리스도의 성육신을 든다.144) 이러한 평등은 기독교회에서, 특히 성찬을 기념하는 데에서 보여질 수 있게 된다. 그러나 그것이 교회 관계들 속에서만 구체적으로 표현된다면 원칙상 평등은

---

139) *Ibid.*, 33-38.
140) *Ibid.*, 38-40.
141) J. van den Berg, *Een geheel andere waar demeter*, 97-101.
142) 바빙크는(*RPW*, 41) 이러한 개념이 결코 절대적인 것으로서 이해되어서는 안 되며 언제나 상대적으로 이해되어져야만 한다고 올바르게 지적하고 있다.
143) *Ibid.*, 41.
144) *Ibid.*, 53.

"값싼 현시"(a cheap manifestation)에 불과할 것이다. 그것은 또한 모든 종류의 다른 인간 관계들 속에서도 느껴질 수 있어야만 한다.145)

비록 바빙크가 열방들의 독특성과 그 안에 함축된 부요케 하는 다양성의 성경적 측면을 무시하지 않는다 할지라도 그는 원칙상 평등을 위협하거나 이른 바 독특성을 근거로 그것을 제거하는 어떠한 태도도 반대한다.146) 바빙크에게 광범위한 인종적 문제의 핵심은 종교적이다. 다시 말해서 사람들의 죄된 교만의 직접적인 결과이다. 따라서 그는 이 문제를 푸는 가장 중요한 열쇠가 그리스도에 의해서 거룩하게 된 태도 안에, 즉 사람들로 하여금 동료 인간으로서 서로를 재발견하도록 도와주며 그들로 하여금 이웃에 대한 사랑이 그들의 행동을 결정하도록 격려하는 태도 안에 있다고 주장한다.147) 또는 바빙크의 말로 표현하면 다음과 같다:

> 이 세계에는 성경이 사랑이라고 부르는 이 놀라운 것을 대체할 만한 것이 단 하나도 없다. 바울은 비록 내가 타 인종의 사람들을 위한 집과 학교들과 운동장들을 짓도록 수많은 돈을 내놓는다 할지라도 사랑이 없다면 나는 아무 것도 얻는 게 없다고 말하곤 했다.148)

앞의 것에 비추어 볼 때 바빙크가 이러한 인종 문제의 원리들과 그것에 대한 실천적 접근에 대해 반성하는 선구적 역할을 교회와 선교에 부여하고 있음이 분명하다.149) 이러한 반성에서 이 원리들은 무엇보다 하나님 나라에 관한 성경적 개념들에 의해 인도를 받아야만 한다. 이 하나님

---

145) *Ibid.*, 40-43.
146) *Ibid.*, 43-47. 그는 깊이 뿌리박힌 불신 때문에 독특성에 대한 지나친 강조는 어떤 그룹의 사람들로 하여금 문화적으로 진보하는 것을 막고자 하는 시도로서 해석된다고 지적한다. 반대로 독립성(과 평등)을 획득한 민족들은 아주 자연스럽게 다시 한 번 그들에게 독특한 것에 주목하기 시작한다.
147) *Ibid.*, 52-54.
148) *Ibid.*, 51.
149) 『우리의 교회: 선교 교회』(OKZK, *Onze kerk, zendingskerk,* Our Church: Missionary Church, 1948), 8페이지에서 바빙크는 선교가 존재해야 할 권리는 열방들이 "한 피에 속해 있으며" 하나님께서는 "온 땅의" 하나님이시라고 하는 전제 때문이라고 지적한다.

나라를 배타적으로 종말론적 노선을 따라서 해석하며 이런 식으로 그것(하나님나라-역주)을 가혹하고 반항적인 세계 사건들의 명부에 후보로 올리는 것은 옳지 않다(It is not correct to interpret this kingdom along exclusively eschatological lines and in this way turn it into a provisional entry in the ledger sheet of grim and recalcitrant world events). 하나님 나라가 그리스도 안에서 임했다는 인식 속에서 교회와 선교는 마지막에 일어날 일들이 철저하게 진행중이며(fully underway) 역사적으로 발달해 온 관계들은 항상 - 새로운 하나님 나라(the ever-new Kindom)의 역동성의 압력에 노출되어야만 한다는 것을 알고 있다. 물론 이것은 마땅한 실재론에 대한 정당한 의식을 가지고 행해져야 하지만 실재가 결코 규범적인 위치에까지 올라가서는 안된다(This must, of course, be done with a due sense of realism, but rality must never be elevated to a normative position).150)

5.4. 요약

인종 문제에 대한 그의 반성에서 바빙크에게는 언제나 오직 하나의 규범이 있었다: 복음. 한편으로 그는 복음이 말하는 것 *이상(more)*을 말하기 원하지 않았는데, 이것은 실천적-정치적 척도들에 대한 그의 견해에서 그를 중용적이도록 만들었다. 이러한 중용은 이 문제의 복잡성에 대한 분별 있는 이해에 의해서 더욱 더 강화되었다: 정치적, 사회적, 경제적 그리고 심리학적 요소들이 함께 엮여 있다는 것은 그로 하여금 신중한 접근을 취하도록 만들었다. 다른 한편으로 그는 복음보다 *적게(less)* 말하기를 원하지 않았다. 이것은 그가 실천적인 정책들의 배후에 있는 근본적인 태도들을 검증하는데 있어서 단호했다는 것을 의미했다: 평등의 성경적 원리와 일치하지 않는 모든 태도는 정죄되어야만 했다. 그리고 이 안에서 교회는 선구적 역할을 성취해야만 했다. 이러한 본질적인 평등이 기반이 되는 전제인 곳에서 그것은 정치적, 사회적, 경제적 그리

---

150) J. van den Berg, *Een geheel andere waardemeter*, 97-101.

고 교회적 조직들에 유익한 영향을 미칠 것이다.

앞의 것으로부터 바빙크는 일관되게 복음이 모든 관계들을 새롭게 한다고 하는 그의 신학적 원리를 구체적으로 형성하기 원했던 것으로 보인다. 이러한 책임과 관련해서 특히 교회, 즉 그리스도인들을 염두에 둠으로써 그는 또한 구원의 수평적 차원들이 그것의 수직적 차원과 아무런 연관이 없는 게 아니라는 원칙을 주장했다. 중용과 단호함(decisiveness)이 함께 가는 이러한 접근은 바울이 그의 시대의 사회적 관계들을 비판했던 방식을 상기시킨다. 비록 바빙크 자신이 이와 관련하여 바울을 명시적으로 언급하지 않았다 할지라도 그가 바울의 예를 염두에 두었다는 것은 불가능한 것이 아닌데, 왜냐하면 그 접근 방식이 세계에서 작용하는 가장 풍성한 열매를 맺는 방식일 것이라고 하는 확신 속에서 그것이 언제나 성경에 접목되어야 한다는 것이 그에게 중요했기 때문이다.

6. 9장 요약

위에서 제시된 내용은 바빙크의 체계적 반성들과 실천적 적용들 사이에 큰 일관성이 있다는 것을 보여 주었다. 바빙크의 선교 신학은 실천(praxis) 속에 그 기원을 두고 있으며 실천을 지향하고 있다. 그의 저서 어디에서도 이론과 실천 사이에 모순을 발견하기가 불가능하며, 반면에 그것들은 규칙적으로 서로 엮여져 있다. 사실상 이 책에서 행해진 체계적인 선교 신학과 실천적인 선교 신학 사이의 구별은 바빙크에게 적용될 경우 별로 적절하지 않다.

이 장은 네 영역에서 그의 체계적 사유의 실천적 결과를 평가하는 데 바쳐졌다: 현존하는 문화에서의 기독교 신앙의 통합, '토착' 교회들과 '파송' 교회들 간의 관계, 세계교회일치론(ecumenics) 그리고 인종 문제.

바빙크는 언제나 선교가 복음만을 선포하는 것 그 이상임을 깊이 인식하였다: 시초부터 선교는 또한 그것이 그 속에서 이루어지는 문화와의 대면이다. 이것은 선교가 외국어를 사용한다는 점에 의해서 이미 함축된 사실이다. 복음에 비추어서 문화를 비판적으로 사용하며 기독교 신학과 실천을 세계의 다양한 문화들 속에 확고하게 심는 일을 촉진하는 것은 선교에 의무로서 주어져 있다. 이러한 복음의 문화화는 또한 많은 사회적 구성요소들을 지니고 있는데, 이것들은 마지막 원리이신, 그리스도 자신에게 이르기까지 비판적으로 숙고되어야만 한다. 종교 신학에 관한 그의 견해와 일치하여 바빙크는 이러한 문화화의 과정을 가리키기 위해 *포제씨오*라는 용어, 즉 *순응(accomodatio)*이라는 개념보다 종교와 문화와 관련하여 훨씬 더 많은 비판적 능력을 지니고 있다고 할 수 있는 개념을 사용했다. 동시에 그는 현존하는 문화들의 종교적 유산의 가치를 인정했다: 이것을 비판적으로 사용함으로써 기독교 사상과 전통을 부요하게 만들 수 있다. 더 나아가 그가 그의 신학적 반성을 실재의 강한 의미와 연결지었음이 분명하다: 사물들의 현존방식의 완고성 때문에 *포제씨오*는, 사실상, 오직 혼합주의적 경향들이 느리긴 하지만 틀림없이 극복되어져야만 하는 과정으로서 이해될 수 있다(owing to the refractoriness of things the way they are, *possessio* can only be understood, practically speaking, as a process in which syncretistic tendencies must slowly but surely be won over). 더욱이 우리는 바빙크가 그의 선교학을 형식화하는데 있어서 신학적 주제들 외에도 실천적, 심리학적 그리고 사회적 주제들을 어느 정도 사용했는지에 의해서 놀라게 된다.

'파송' 교회들과 '토착' 교회들 사이의 관계에 대해 반성할 때에 바빙크는 정치적 복잡성과 심리학적 민감성을 충분히 고려했다. 더 나아가 교회들은 동등하다고 하는 근본적인 성경적-신학적 원리에서 출발함으로써 그는 '토착' 교회들의 해방과 모든 교회들 가운데에서의 선교적 협력을 호소했다. 이 일에서 그는 1895년 미델부르흐 총회를 따랐을 뿐만 아니라 1947년 캐나다의 휘트비에서 열린 1947년 국제 선교대회의 주제들 중 하나인 *복종 속에서의 동역자 관계*라는 사상과도 일치하였다. 더욱이 이 문제에 대한 그의 사유는 이론과 실천 사이의 명백한 일

관성을 보여준다: 바빙크는 선교를 *교회*(the Church)의 활동으로서 규정하며 새로운 신자들을 하나님 나라의 오심을 기다리는 사람들과의 *교제*(koinonia) 속으로 통합하는 것에 대해 말한다. *교회*라는 개념에는 모든 교회들이 함께 가지고 있는 그리고 그 결과 모든 교회가 개별적으로 가지고 있는 개념, 즉 선교적 과업이라고 하는 개념이 들어 있다. 그리고 *공동체*라고 하는 개념은 교회들의 동등함과 서로를 섬겨야 할 그들의 의무를 함축하고 있다.

세계교회일치론과 관련하여 바빙크는 양면적 입장을 취했다. 한편으로 그는 - 신학적이고 선교학적인 근거들을 토대로, 즉 교회의 보편성과 사도성을 근거로 - 국가적 단계와 국제적 단계 모두에서 에큐메니컬 관계들의 발달을 열렬히 옹호했다. 다른 한편으로 그는 진리의 문제를 에큐메니컬 운동의 성과와 실패를 가늠 하는 결정적인 기준으로 제시함으로써 비판적 유보를 주장하였다. 그러나 당시 네덜란드에 있는 개혁교회들의 다수와는 달리 바빙크는 이러한 기준을 사전에 에큐메니컬 만남을 부정하는 수단으로서 사용하지 않고, 정반대로 에큐메니컬 일들에 종사하기 위한 자극물로서 사용하였다. 이러한 양면적 입장의 배후에는 성경이 세계교회일치론 뿐만 아니라 에큐메니컬 관계들을 포함한 모든 일에서 최종적인 권위를 지니고 있다는, 바빙크를 특징짓는 근본적인 확신이 놓여 있었다.

인종 문제를 다루는데 있어서 바빙크에게는 단 한 가지 규범이 있었다: 복음. 한편으로 그는 복음보다 *더 많은*(more than the gospel) 어떤 것도 말하기를 원하지 않았으며, 이것은 그로 하여금 실천적 정치적 문제들을 판단하는데 있어서 자제를 하도록 만들었다. 더욱이 이러한 중용은 인종 문제의 복잡성에 대한 순전한 인식에 의해서 강화되었다: 그가 보기에 정치적, 사회적, 경제적 그리고 심리학적 요소들이 서로 얽혀 있음으로 인해서 신중히 접근할 필요가 있었다. 다른 한편으로 그는 복음보다 *더 적은*(less than the gospel) 어떤 것도 말하고자 하지 않았다. 이것은 그가 인종 관계들의 영역에서 실천적인 정책의 배후에 있는 주요한 태도와 지배적인 전제들을 검증해야 할 필요성을 주장했다는 것을 의미했다: 성경적 평등의 원리에 반하는 어떠한 이전의 입장이나 믿음도 정죄되어야만 했으며, 이 일에서 교회는 지도적인 역할을 수행해야만 한다.

일반적으로 바빙크의 사역은 체계적 반성과 실천적 적용의 현저한 협화음으로 특징지어진다고 결론내릴 수 있다. 동시에 그의 신학적 접근은 그의 심리학적 민감성 및 실재에 대한 건전한 의식과 조화롭게 연결되어 있다. 이것은 기회주의로 해석되어서는 안 된다: 그리스도를 본 받아 그는 하나님의 대의와 그의 동료 인간들을 가능한 한 효과적으로 섬기고자 했다.

10 결론적 후기

제10장 결론적 후기
(Concluding Postscript)

이 마지막 간단한 요약 장에서는 바빙크의 선교학적 저서 전반의 발달, 내용 그리고 의미, 즉 그의 사유의 독창성, 그의 선교 신학에 나타나는 명백한 연속성과 비연속성, 그리고 다른 사람들의 저서들에 나타나는 그의 저서들을 언급함으로써 표현되는 바 그의 저서들의 타당성(relevance)등에 관한 세 가지 문제에 간략하게 주목하고자 한다.

1. 바빙크의 선교학의 독창성

적절히 말하자면 바빙크의 선교학 전반은 독창적이라고 평가될 수 있다. 개혁교회의 첫 번째 선교 신학자로서 그는 기독교적 선교의 소명 및 과업과 관련한 근본적인 물음들을 성경적으로 검토하였다. 비록 그의 사유와 글이 개신교 전통 일반과 그리고 특히 개혁주의 전통과 철저하게 일치하였다 할지라도, 그는 또한 현존하는 선교 원리들과 주제들을 신학적으로 근거 짓고 형식화 하며 그리고 그것들을 깊고 폭넓게 만드는 데에 독창적으로 이바지 하였다. 그렇지만 "끈기 있게 성경에 귀를 기울이는 것"의 필요성에 대한 그의 강조에도 불구하고 그 자신이 항상 주의 깊고, 상세한 성경적 주해를 한 것은 아니었다는 것 또한 지적되어야만 하겠다. 따라서 그의 작업은 개혁주의적 관점에서 선교학이라는 학문분과를 개간할 때에 힘 있고 권위 있게 시작했던 것만큼의 극치를 보여주지는 못했다. 바빙크의 사유의 신선함과 독립성은 그의 신학 일반을 특징짓는 것과 그가 많은 특정한 주제들과 문제들(issues)을 발전시키는 방식에서 보다 명백하게 드러난다.

일반적으로 그의 독창성은 그가 성경이 철저히 심리학적 책이라고 하는 그의 깊은 확신을 토대로 신학적 반성을 심리학적 접근과 통합한 방식에서 볼 수 있다. 그는 신학적 진리들의 심리학적 실재를 신중하게 분석하는 데에 많은 노력을 기울였다. 이러한 방법에 의해서 그는 진정으로 현상학적인 방식으로 신적 계시에 대한 인간의 종교적 반응을 헤아리고 묘사할 수 있었다. 한편으로 이것은 비기독교 전통들의 종교적 현상들에 관한 그의 묘사에서 예증된다. 예를 들어, 『그리스도와 동양의 신비주의』에서 그는 삶의 신비적 의미에 있는 심리학적 경향들을 날카롭게 분석하며, 『종교적 의식과 기독교 신앙』과 『성전과 모스크 사이의 교회』에서 그는 종교적 의식의 본래적 형태론을 전개한다. 그리고 이 모든 것에서 우리는 끊임없는 긴장을 느낀다: 바빙크는 신비주의와 종교적 의식의 실재에 의해 매혹되는 반면 동시에 관찰된 심리학적 과정들을 토대로 하나님께 마주하여 인간은 가장 깊은 의미에서 탈주 중인 반역자라고 하는 그의 신학적 판단을 실질적으로 표현하고 있다. 종교적 인간의 위대함은 동시에 그의 비참함을 이룬다. 다른 한편 그의 심리학적 접근은 영적인(정서적인) 가장자리(edge)를 보여준다: 바빙크는 선교(반증적 조우)와 목회 모두에서 하나님의 말씀이 성령의 작용을 통하여 인간의 마음 안에서 뿌리를 내린다면 그것에 어떠한 일이 일어나는지를 확인하고자 한다. 그러나 (종교적) 인간의 신비의 밑바닥까지 이르고자 하는 이러한 충동은 바빙크의 저서에서 결코 홀로 서 있는 것이 아니라 언제나 그를 사로잡고 있던 고상한 목적, 즉 가능한 한 적절한 방식으로 복음을 전달하는 데 봉사하고자 의도되었다. 포스가 썼듯이 인간을 심리학적으로 이해하고자 하는 바빙크의 노력들은 참된 삶과 하나님을 섬기는 것에 대한 인간의 마음속에 있는 저항의 뿌리들을 발견하고자 하는 것이었다.[1] 이러한 심리학적 민감성은 또한 실천적인 선교 신학의 분야에서의 그의 견해들이 발전하는데 중요한 결정요인이었다. 바빙크의 선교학을 그의 시대의 다른 선교 신학들과 구별지어 주었던 독특한 성격과 내용을 그것에 부여한 것은 바로 이러한 신학의 심리학적 부요함이었다. 바빙크의 선교학적 사유의 주제적인 의의(topical significance)는 그의 성경적 반성보다는 이러한 본래의 심리학적 접근에 보다 더 근거하고 있다. 그의 저서들이 현대 고전의 범주에 속한다고 말해 질 수 있으며2) 그것들이 '종교적 감정'이 다시 한 번 일반 대중 안에서 제일가는 관심사가 된 현재의 기독교 이후의 시대에 그것들의 중요성을 간직하고 있는 것은 일차적으로 이러한 접근 때문이다.3)

바빙크의 독창성은 다섯 가지 별개의 신학적 영역들에서 그가 행한 공헌들에 의해 더욱 확증되어진다. 이것들 각각은 그가 개신교적, 개혁주의적 그리고 에큐메니컬 전통들에 의지했을 뿐만 아니라 그가 또한 독립적인 사상가였다는 것을 보여준다.

첫 개혁파 선교 신학자로서 바빙크는 일반 계시의 삼위일체적 해석을 제공했다. 이러한 형태의 계시는 기원에 있어서는 신중심적이며, 내용에 관해서는 그리스도중심적이요, 그리고 그것의 실행과 관련해서는 성령중심적이라고 주장했다. 이것은 특히 그것의 선교적 함의들과 관련해서는 보다 깊은 신학적 반성을 필요로 하는 매우 중요한 점이다.

바빙크는 또한 종교적 의식의 완전히 독창적인 형태론을 개발했는데,4) 이것들은 그가 다섯 가지 "자성점들"이라고 부른 것으로 이루어져 있다: 전체에 속해 있다는 느낌, 초월적 규범에 대한 느낌, 섭리적 또는 운명적 능력에 의한 존재의 지배에 대한 느낌, 그리고 보다 높은 최고의 능력과 관련되어 있다는 느낌.

말씀과 선교의 관계에 대한 문제에서 1896년 미델부르흐 총회는

---

1) 참조. "Leven en werk van Dr. John Herman Bavinck," p. 2.
2) 참조. J. Verkuyl, "Woord vooraf," p. IX.
3) 참조. R. van Woudenberg, *J.H. Bavinck: Een keuze uit zijn werk*, p. 31.
4) 참조. J. Verkuyl, "Woord vooraf," p. VIII, 그리고 H. Kraemer, *Religions and Christian Faith*, pp. 79-81.

'일차적인' 선교적 과업들과 '이차적인' 선교적 과업들 또는 사역들을 구별하였는데, 이것에 따르면 '행위'는 선교적 소명의 본질적인 부분으로 간주되지 않았다. 성경적 주장들을 사용해서 바빙크는 이러한 전통적 입장을 거부하고 새로운 개념들의 설정을 요구하였다. 그는 복음의 선포로 이루어져 있는 케리그마틱 '핵심 선교사역'과 그 짝으로서 그가 '선교적 선포'라는 하나의 용어 아래 포섭한 생명을 새롭게 하는 행위들로 이루어져 있는 '보조적 선교 사역들'에 대해 말하는 것을 선호하였다. 비록 바빙크가 폭 넓고 포괄적인 선교 이해를 옹호했다 할지라도 그는 그 자신의 입장을 에큐메니컬 운동에 의해 지지된 '포괄적 접근'이란 개념과 조심스럽게 구별했다.

비록 반증학이라는 학문분과가 바빙크에 의해서 생겨난 것은 아니었을지라도 - 이 개념은 후티우스와 카이퍼에 의해 이미 사용되었다 - 그는 그것에 새로운 생명을 부여했다.5) 바빙크가 마음을 둔 곳이 특히 선교 변증학의 이 분야였다: 그는 반증학이 모든 선교 사역과 목회 사역의 신경센터를 이룬다고 확신했다. 사실상 『비기독교 세계에 미치는 기독교의 영향』에서 그는 성경 자체가 처음부터 끝까지 반증서라고 주장한다. 그는 종교 연구의 분야에서 축적된 정보와 지식의 도움을 입어 이 분야를 철저하고 조심스럽게 개간할 것을 간청한다. 설득($\varepsilon\lambda\varepsilon\gamma\chi\varepsilon\iota\nu$)의 사역은 필연적으로 신학적, 심리학적 그리고 영적인 측면들로 이루어져 있다: 설득의 사역이 신학적인 이유는 종교적 확신이 합리적 논증이 아니라 성령의 작용을 통해 일어나기 때문이며, 심리학적인 이유는 설득이 상대방이 하나님을 어떻게 대해 왔는지를 발견하고자 하는 노력을 수반하기 때문이고, 영적인 이유는 설득이 어떠한 기독교적 우월감도 없으며 반증적 무기가 무엇보다 자신을 향하고 있음을 증거하고 있는 사람 편에서의 겸손한 인식이 있을 경우에만 유익한 결과들을 가져오기

---

5) 참조. J.A.B. Jongeneel, "Voetius' zendingstheologie," p. 121, 그리고 R. Fernhout, "Van elenctiek naar dialoog," pp. 9-17.

때문이다. 이것을 가지고 바빙크는 그것의 개혁주의적 기원을 드러내며 내용에 관해서는 철저히 기독교적인 대화를 통한 조우라고 하는 개념을 제공한다.

*포제씨오*는 바빙크가 오늘날 기독교 신앙의 문화화와 복음의 상황화라고 불리는 것을 표현하는데 사용하는 용어이다. 그는 우연히 또는 실수로 이 단어를 선택한 것이 아니라 의도적으로 선택하였다. 이 단어는 종교가 총체적으로 하나님으로부터의 변절이라고 하는 그의 신학적 확신과 옛 것은 그것이 비게 될 경우 새롭게 채워져야 한다는 그의 심리학적 확신 모두를 전달해 준다. 교회의 가르침과 삶은 토착화되어야만 한다는 그의 확신의 배후에는 그러한 문화화가 지역의 기독교 신학과 종교적 경험에 광범위한 유익한 영향을 미칠 것이라고 하는 확신이 놓여 있었다.6) 그리고 토착 교회 자체가 이러한 과정에 관하여 결정적인 발언권을 가져야만 한다는 그의 견해는 서구 교회와 그 신학의 '우월성'에 대한 생각은 어떤 것이든 그에게 완전히 낯선 것임을 보여준다.

2. 바빙크의 선교학의 연속성과 비연속성

2.1. 연속성

바빙크의 선교학, 그리고 특히 그의 *성경적* 선교 신학은 상당한 정도의 연속성을 보여준다. 우리는 여기서 특히 중심사상들로서 그의 글들을 관통하는 삼위일체적, 교회론적 그리고 송영적 주제들을 염두에 두고 있다. 그의 사상은 1896년 미델부르흐 총회에서 채택된 중심적인 후티우스적 선교 목표들과 동기들에 뿌리를 두고 있다: 인간의 회심, 교회 심기, 그리고 하나님의 영광. 바로 이러한 준거틀 내에서 바빙크의 사유

---

6) 참조. A.G. Hoekema, *Denken in dynamisch evenwicht*, p. 195, 그는 *theologia in loco*를 장려하고 증진시키는데 있어서 바빙크가 행한 선구적 역할을 지적한다.

와 사역은 시간이 지남에 따라서 보다 깊고 넓은 차원들을 취하게 되었다. 이러한 발전은 그의 성경적 반성들에 의해서 뿐만 아니라 그가 일차적으로는 개신교적 선교 신학들로부터 그리고 이차적으로는 에큐메니컬 선교 신학들로부터 구성요소들을 받아들임으로써 점화되었다. 그러나 이런 식으로 외부의 영향들을 수용했다고 해서 그의 사유에 진정 어떠한 근본적인 변화가 일어난 것은 아니었다. 베르흐가 지적했듯이 "그[바빙크]는 이러한 영향들을 그 자신의 경험의 음악적 키(musical key) 안으로 옮겨 놓았다."7) 오직 한 경우에서만 그의 지속적인 고찰로 인해 그는 미델부르흐 총회가 받아들인 입장들에서 떠나게 되었는데, 그것은 위에서 언급된 말씀과 행위 사이의 관계에 대한 문제에서였다.

바빙크의 선교 신학을 특징짓는 것은 화려한 과학적 전시와 같은 것이 없이 사상들을 열렬히 해명하는 것이라 할 수 있다. 한편으로 이것은 그의 선교학의 단점을 보여주지만 다른 한편으로는 그것의 강점을 보여주기도 한다: 바빙크의 선교학적 노력들의 전형이 되는 것은 신학적 추상이 아니라 선교를 통해 하나님의 세계적인 사역에 영적으로 참여하는 것이다. 그의 교실에서의 강의 역시 그리스도의 복음에 대한 이러한 무조건적인 헌신과 솔직한 충성으로 가득찼는데, 이것은 그의 많은 학생들을 대단히 고무시켰다.8) 그리고 이러한 영적 차원은 그의 선교 신학에 영구적인 가치를 부여하는 가장 중요한 요소들 중 하나를 이룬다.

2.2. 비연속성

바빙크의 선교 신학에는 비연속성을 보여주는 두 가지 점이 있다. 첫째로, 우리는 그의 종교 신학의 전개에서 그리고 두 번째로는 그의 글들에서 하나님 나라에 대한 집중이 늘어나는 데에서 이것을 목격한다.

---

7) "De wetenschappelijke arbeid van Professor Dr. Johan Herman Bavinck," p. 41.
8) 참조. A. Pos, "Leven en werk van Dr. John Herman Bavinck," pp. 24-25.

그의 선교학적 작업의 시초에 인간 일반과 특히 비기독교인들의 종교적 삶에 관한 바빙크의 견해는 종교 심리학 분야에 대한 그의 통찰들에 의해 강한 영향을 받았다. 당시에 그는 기독교 신앙과 인간들이 경험하는 일반적인 종교적 감정들 사이에는 어떤 관계가 있다는 견해를 가졌으며, 그 결과 그는 종교적 의식을 하나님을 진정으로 찾는 것이며 동시에 하나님으로부터 달아나는 것, 또는 반대로 하나님으로부터의 도피이며 동시에 하나님을 향해 나아가는 것이라고 특징지었다. 나중에 계속해서 탐바람에서의 1938년 세계선교대회를 위한 준비에 참여한 결과로 인해 그리고 헨드릭 크레머의 책, 『비기독교 세계에서의 기독교 메시지』의 영향 하에서 바빙크는 종교 심리학에 의해 상당한 정도로 조건지어진 접근으로부터 보다 더 분명하게 신학적인 입장으로 옮겼으며, 그는 이것을 명백하게 개혁주의적인 준거틀 내에서 더욱 발전시켰다. 비록 심리학이 바빙크의 사유에서 계속 모습을 드러냈지만 탐바람 이후에 그것은 그의 선교학에서 점차적으로 종속적인 역할을 하기 시작했다.

바빙크의 사역의 두 번째 비연속성은 하나님 나라의 개념에 대한 강조에서의 변화와 관련이 있다. 1978년에 출판된 한 글에서 어떤 주석가는 "바빙크의 선교 신학에서 하나님의 나라가 제한된 적은 공간을 차지했다"고 말했다.[9] 그러나 이러한 비판은 제한될 필요가 있다. 그의 선교학적 작업이 끝날 때쯤인 1961년에 바빙크 자신이 하나님 나라의 개념을 가리켜 "선교를 다룰 때 가장 지배적인 사상들 중 하나임에도 불구하고, 거의 언제나 잊혀진 교리 신학의 장"이라고 말했다.[10] 비록 하나님 나라의 개념이 바빙크의 초기 반성에서 별 다른 주목을 받지 못했을지 모르지만 그의 후기 사역에서 그것은 보다 더 지배적인 기능을 하게 되었다. 바빙크의 반성에서 나타나는 하나님 나라라는 주제에 대한 점증하는 주목은 신학 일반과 특히 에큐메니컬 선교학에서 나타나는 하나님 나라에 대한 점증하는 관심과 병행했다고 말해질 수 있다. 이 문

---

9) C. Graafland, "Theologische hoofdlijnen," p. 106.
10) "Theology and Mission," p. 63.

제에 대해 그의 사유에서 나타나는 변화는 1948년에 출판된 『비기독교 세계에 미치는 기독교의 영향』에서 처음으로 보여졌다. 이 책에서 선교의 목표로서의 교회 심기에 대한 강조는 하나님 나라의 잠정적 실현이라고 하는 보다 넓은 관점을 포함할 정도로 확장되었으며, 이후의 작품들에서 바빙크는 이전보다 더 많이 이 개념을 강조하였다. 더 나아가 그의 선교학적 핸드북인 『선교학 입문』이 그것의 체계상 분명 교회중심적이긴 하지만, 이것 역시 *하나님 나라* 중심적인 통찰을 가지고 있다. 그러나 이러한 강조들에도 불구하고 바빙크는 이 하나님 나라라고 하는 성경적 개념의 관점에서 개혁주의적 선교 신학을 철저하게 해석하지는 못하였다.

3. 바빙크의 선교학의 타당성(Relevance of Bavinck's Missiology)

3.1. 네덜란드에서

그의 저서들과 교실에서의 사역을 통해서 바빙크는 네덜란드에서 큰 영향력을 행사하였다. 블라우, 호너흐 2세, 그리고 다른 사람들을 포함한 바빙크 이후의 선교학자들 세대가 보여준 생산적(seminal) 사역에서 선교학은 어느 정도는 바빙크가 확립한 노선들을 따라서 발전하였다.

그의 책, 『신들과 인간들』(*Goden en Mensen*, Gods and Humans)에서 블라우는 바빙크의 종교적 의식에의 관계적 접근을 새로운 신학적 틀, 즉 하나님의 형상으로서의 인간의 틀 속에 놓았다. 블라우에게 종교는 하나님께서 인류를 돌보시며 인간은 하나님께 속해 있다고 하는 *선험적인* 표지들(*a-priori* signs)이다. 동시에 그의 스승과 같이 블라우는 하나님께 대한 인간의 종교적 반응의 양면성을 인정한다. 페르까일이 의식적으로 자신의 사상을 바빙크의 선교 신학을 배경으로 하여 발전시키기로 결정했다는 것은 네덜란드어 제목이 붙은 그 자신의 선교학 교과서인 『새로운 선교학 입문』(*Inleiding in de nieuwere zendingswetenschap*, Introduction to the

Newer Science of Mission)에 의해 이미 분명하게 드러났다. 페르까일에게 바빙크의 선교학의 가장 중요한 주제들은 그의 *종교 신학*과, 확대해석 하자면, 그가 '삼중적 대화'라고 부르는 것에 대한 논의에 통합시키고 있는 반증학에 대한 그의 견해이다. 선교신학과 관련하여 페르까일은 하나님 나라의 수직적이고 수평적인 차원들에 비추어 선교의 본질적인 과업을 규정함으로써 바빙크의 포괄적 접근에 대한 이해를 상술한다. 호너흐는 페르까일이 했던 것과 동일한 방식으로 바빙크의 사유를 사용했으며 그것에 의지하였다. 다른 것들 가운데에서도 종교적 현상과 구원 선포의 핵심적 의미, 범위, 그리고 의의를 다루는 책들에서 호너흐는 바빙크를 반복해서 언급한다.

마지막으로 오늘 날 네덜란드에 있는 장년과 젊은 층의 개혁주의 및 로마 가톨릭 학자들과 교수들의 세대 안에는 선교학 분야에서 뿐만 아니라 철학과 조직 신학 같은 다른 학문분과들에서도 그들의 사역에 있어 어떤 면에서 그리고 다양한 정도로 바빙크에 의해 영향을 받은 사람들이 많이 있다.[11]

3.2. 네덜란드 밖에서

국제적인 수준에서 바빙크는 외국인과의 접촉들, 외국 학생들, 여행, 초대강사 그리고 영어로 된 책의 출판 등을 통해 어느 정도 영향을 발휘했는데, 신학 교육 기관들이 있는 인도네시아, 북 아메리카와 남아프리카 등이 가장 주목할 만하다.[12] 그럼에도 불구하고 그는 일반적으로 그

---

[11] 이러한 사람들 가운데에 다른 많은 사람들 가운데에서도 다음과 같은 사람들을 들 수 있다 (알파벳 순서로): M.E. Brinkman, A. Camps, J.D. Gort, C. Graafland, S. Griffioen, P. Holtrop, J.A.B. Jongeneel, H. Mintjes, D.C. Mulder, K. Runia, J. van den Berg, A. van Egmond, C. van der Kool, J.N.E. van Lin, R. van Rossum, H. Visser, H.M. Vroom, A. Wessels, R. van Woudenberg, 그리고 저자인 나.

[12] 이런 저런 식으로 바빙크에 의해 영향을 받은 네덜란드 밖에 있는 선교사들 가운데에는 다음과 같은 사람들이 있다(알파벳 순): G.H. Anderson(USA), D.J. Bosch(SA), H.R. Boer(USA), J.H. Boer(Canada), M.L. Daneel(Zimbabwe), H. Dekker(USA), J.J.F. Durand(SA), R. Greenway(USA), Anne(SA), J.N.J. Kritzinger(SA), P. Meiring(SA), G.C. Oosthuizen(SA), E.D. Roels(USA), W. Waayman(SA), W.R. Shenk(USA), C. van Engen(USA), 그리고 A.F.

의 나라 밖에서는 알려지지 않았다. 네덜란드 이외의 국가들에서 1960년대 이후에 나오고 있는 선교학 서적들에는 그의 사역에 대한 언급들이 거의 없다. 예외적인 사람들이 영국의 복음주의 신학자인 존 스토트와 독일의 루터교 신학자인 클라우스 뮐러로서, 이들은 바빙크의 사상들을 긍정적으로 언급하였는데, 특히 반증학을 다루는 것들에 대해 그러했다.

4. 맺음말

바빙크의 관련 서적들에 대한 분석은 여러 해에 걸쳐서 그의 선교적 사유 안에서는 어떤 근본적인 변화가 일어났다고 하는 어떠한 증거도 보여주지 않는다. 『선교학 입문』(1954)과 더불어 그의 첫 선교 입문서인 『우리의 선교서』(1941)는 어떠한 근본적인 변화도 보여주지 않는데, 이 두 책은 선교학 교수로서의 그의 임기의 거의 전반에 걸쳐 있다. 그러나 베르흐는 어떤 진전이 목격될 수 있다고 올바르게 결론지었다:

> 지평선은 넓어진다. 현상들 사이의 관계는 계속 깊어진다. 새로운 실들은 계속 그 유형에 추가된다. 그러나 이 모든 것을 통해서 그의 사유의 과정은 형식적으로도 그리고 실제적으로도 놀라운 연속성에 의해 특징지어진다.13)

우리는 여기에서 특히 선교의 토대와 본질에 대한 바빙크의 깊어진 성경적-신학적 반성, 교회와 하나님 나라 그리고 이와 밀접히 연관된 말씀과 행위 간의 관계에 대한 그의 지속적인 반성, 그리고 그의 종교-신학적 통찰들을 선교적 접근에 대한 그의 반성 속에 통합한 것 등을 언급할 수 있다.

바빙크는 개혁주의적 맥락 내에서 선교에 대한 철저한, 성경적 고찰을 제시하고자 노력했다. 그는 의심할 바 없이 성공하였다. 그럼에도

Walls(Scotland).
13) J. van den Berg, "De wetenschappelijke arbeid van Professor Dr. Johan Herman Bavinck," 41.

모든 사역은 인간적이다. 그리고 한편으로 그가 우리에게 가치 있는 통찰들을 제공했다 할지라도 때때로 그의 주해적 작업과 신학적 고찰은 다소 단편적인 성격을 지녔다. 이것이 그가 학자로서 뿐만 아니라 선교사로서의 열정을 가지고 선교학에 종사했다는 사실과 관련이 있었다는 것은 불가능한 일이 아니다. 또한 그의 사역 방법은 심지어 『선교학 입문』의 이론적 틀 내에서조차 그가 때때로 지나칠 정도로 상세히 선교적 실천에 대해 논의했다는 사실 뿐만 아니라 제한적으로만 증거자료를 사용하고 있는 이유에 대해서도 설명해 줄지 모른다. 그러나 그의 사역 방법에 대한 이러한 비판적인 논평(marginal notes)과 더불어 우리는 또한 그것의 긍정적인 측면, 즉 선교에 대한 그의 이론적 연구가 고립된 채로 홀로 서 있는 것이 아니라 언제나 하나님 나라의 확장 - 의미 있는 선교학을 위해서는 언제나 없어서는 안 될 기본적 관심 - 을 염두에 두고서 선교적 실천에 이바지 하고자 행해졌다는 것이다.

앞의 사실은 다른 사람들이 내린 결론, 즉 바빙크가 성경적으로 선교 신학을 깊이 있게 만들고 그리고 내용에 있어서 그것을 폭넓게 만듦으로써 개혁주의적 관점에서 그것을 발전시키는데 있어 선구적 역할을 하였다는 것을 훼손하지 않는다.14) 그의 통찰들이 성경적 토대 위에 있음으로 인해서 그것들은 지속적으로 주목을 받아 마땅하다. 페르까일은 바빙크가 그의 선교학적 원리들을 전개한 선교적 틀은 과거 (식민지) 시대까지 거슬러 올라가며, 이로 인해서 바빙크가 내다 본 그것들(선교학적 원리들-역주)의 이행은 무차별적으로 수용되어질 수 없다고 올바르게 주목하였다. 그러나 그것들은 변화된 그리고 변화되고 있는 세계에서 선교에 대한 신선한 고찰을 위한 토대를 구성한다.15) 바빙크 자신은 어쨌든 이러한 지속적이 고찰을 지지하는 확신에 찬 주창자였으며, 이것

---

14) 참조. A. Pos, "Leven en werk van Dr. John Herman Bavinck," pp. 24; J. van den Berg, "De wetenschappelijke arbeid van Professor Dr. Johan Herman Bavinck," 39; J. Verkuyl, *Inleiding in de nieuwere zendingswetenschap*, 65; C. Graafland, "Theologische hoofdlijnen," 63.

15) J. Verkuyl, *Inleiding in de nieuwere zendingswetenschap*, 65-66.

을 그는 *개혁된 교회는 항상 개혁되어야 한다*(reformata, semper reformanda)고 하는 종교 개혁의 원리를 선교와 관련하여 적용하는 것으로 보았다.16)

이 연구의 마지막 결론은 바빙크의 선교 신학이 오늘날에도 그 타당성을 분명히 간직하고 있다는 것이다. 그것은 개혁주의 선교 신학과 *종교 신학*의 더 나은 발달을 위한 훌륭한 출발점을 나타내는데, 이것은 다시 오늘날의 선교학적 담론에 상당히 이바지할 수 있다. 그의 이상주의적 신앙과 활기를 북돋아 주는 영성을 모두 반영하는 바빙크의 선교학적 핸드북인 『선교학 입문』의 맺음 문장들 중 하나는 그가 그것을 썼을 때만큼 신선하고 적용가능하다:

> 우리가 우리 시대의 세계를 바라볼 때 우리는 도처에서 드러나고 있는 [복음에 대한] 거대한 저항을 눈을 똑바로 뜨고 고려해야만 한다. 그러나 우리는 또한 반복해서, 그리고 종종 예기치 않은 순간에 하나님의 은혜에 의해서 새롭고, 소망에 찬 미래로 나아가는 문들이 열려진다는 것을 보고서 기뻐할 지도 모른다.17)

---

16) 참조. *ZWN*, 223과 *IZW*, 303-306 (*ISM*, 306-309). 바빙크는 또한 다양한 글들에서도 지속적인 고찰의 필요를 지적한다.
17) *IZW*, 305 (*ISM*, 308).

참고도서

참고 도서 목록

1. 일차 자료들(연대순)

바빙크의 저서들, 논문들, 연설들

Der Einfluss des Gefühls auf das Assozationsleben bei Heinrich von Suso, Erlangen, 1919.

Ziekundige opstellen, 1925, Bandung.

Inleiding in de zielkunde, Kampen (1926), second revied and enlarged edition prepared by A. Kuypers, Kampen 1935.

Levensvragen, Magelang, 1927.

Persoonlijkheid en wereldbeschouwing, Kampen, 1928.

De tien geboden, Magelang, 1932.

Hoe kunnen wij den Heere Jezus vinden?, Magelang, 1933.

Christus en de mystiek van het Oosten, Kampen, 1934.

Menschen rondom Jezus, Kampen, 1936.

De strijd op het derde front, Zeist, 1937.

Geschiedenis der Godsopenbaring II: Het Nieuwe Testament, Kampen, 1938.

Jezus als zielzorger, Baarn, 1938.

Christusprediking in de volkerenwereld, Kampen, 1939.

De boodschap van Christus en de niet-christelijke religies: Een analyse en beoordeling van het boek van dr. Kraemer, The Christian Message in a non-Christian World, Kampen, 1940.

Het raadsel van ons leven, Kampen, 1940.

Alzoo wies het woord: Een studie over de voortgang van het evangelie in de dagen van Paulus, Baarn, 1941.

Ons zendingsboek, no place name, 1941.

Het probleem van de pseudo-religie en de algemene openbaring, no place name, no year, bound separate issue of an article that appeared in *Orgaan van de Christelijke Vereeniging van Natuur-en Geneeskundigen in Nederland*, 1941, 1-16.

De bijbel het boek der ontmoetingen, Wageningen, 1942.

De psychologie van den Oosterling, Loosduinen, 1942.

De toekomst van onze kerken, Bruinisse, 1943.

Het primitieve denken, critical review of Lévy Bruhl, *Les fonctions mentales,* and K. Th. Preuss, *Glauben und Mystik im Schatten des höchsten Wesens,* stenciled address delivered at the missionary conference, Bilthoven, 1943.

Christus en de wereldstorm, Den Haag, 1944.

De zegen van den arbeid, Den Haag, 1944.

Hoofdmomenten uit de zendingsgeschiedenis en andere referaten, stenciled manuscript, Putten, 1944.

Herinneringen aan het laastste oorlogsjaar 1944-1945, unpublished stenciled manuscript located in the Bavinck family archives.

Zending in een wereld in nood, Wageningen, 1946; fourth enlarged version, Wageningen, 1948.

Leven bij den bijbel, Den Haag, 1946.

De mensch en zijn wereld, Baarn, 1946.

De godsdienst van Java, stencil, no place name, 1947.

Onze kerk zendingskerk, Kampen, 1948.

The Impact of Christianity on the Non-Christian World, Grand Rapids, 1948.

Religieus besef en christelijk geloof, Kampen, 1949.

Het woord voor de wereld, Baarn, 1950.

In de ban der demonen, Kampen, 1950.

En voort wentelen de eeuwen: Gedachten over het boek der Openbaring van Johannes, Wageningen, 1952.

Menschen rondom Jezus, Kampen, 1952.

Inleiding in de zendingswetenschap, Kampen, 1954.

Het rassenvraagstuk: Probleem van wereldformaat, Kampen, 1956.

Religies en wereldbeschouwingen in onze tijd, Groningen, 1958.

Flitsen en fragmenten, Kampen, 1959.

Verslag van prof. dr. J.H. Bavinck betreffende zijn reis naar Suriname in opdracht van de Sticusa, 1960 (located in the Center for the Historical Documentation of Dutch Protestantism from 1800 Onward, Free University, Amsterdam).

Ik geloof in de Heilige Geest, Den Haag, 1963.

Wij worden geroepen, Wageningen, 1964.

The Church Between the Temple and Mosque, Grand Rapids, 1966.

Stille tijd in vrije tijd: Evangelisch weekboek, Kampen, 1966.

De mens van nu, Kampen, 1967.

Religieus besef en christelijk geloof, reprinted with a foreword by J. Verkuyl and enlarged with *Algemene openbaring en de niet-christelijke religies* (translation of "General Revelation and the Non-Christian Religions" [1955] by R. van Woudenberg), Kampen, 1989.

De absoluutheid van het christendom, Bandung, no year.

공저들

Inkeer en uitzicht; een woord voor deze tijd, with C.B. Bavinck, Kampen, 1940.

Het geloof en zijn moeilijkheden, with J.H. de Groot and M.J.A. de Vrijer, 1940.

De christen en zijn moeilijkheden, with J.H. de Groot, M.J.A. de Vrijer and K. Kijk, 1941.

Salve Rex, with H. Kraemer and K.H. Miskotte, 1941.

책, 저널, 잡지에 실린 바빙크의 글들

"Iets over de psychologie der religie," *Gereformeerd Theologisch Tijdschrift,* 28 (1927, 1928), 341-346. Also published in R. van Woudenberg (ed.), *J.H. Bavinck: Een keuze uit zijn werk,* Kampen, 1991, 32-36.

"Een woord van verweer tegen prof. Hoekstra en prof. Waterink," *Gereformeerd Theologisch Tijdschrift,* 28 (1927, 1928), 544-552. Also published in R. van Woudenberg (ed.), *J.H. Bavinck: Een keuze uit zijn werk,* Kampen, 1991, 37-45.

"Christendom en cultuuruitingen," *De Macedoniër,* 36 (1932).

"De crisis van het zendingsonderwijs in Indië," *De Macedoniër,* 36 (1932), 97-101, 129-133.

"Jeugdwerk, de kringen van 5," *De Macedoniër,* 37 (1933), 353-363.

"Is het christendom absoluut?" *Horizon,* 1 (1934, 1935), 265-272.

"Zijn alle godsdiensten gelijk?" *Horizon,* 1 (1934, 1935), 297-302.

"het christendom als absolute religie," *Horizon,* 1 (1934, 1935), 329-333.

"Het dertigjarig jubileum van de Opleidingsschool te Djokjakarta," *De Opwekker,* 81 (1936), 488-491.

"Het geloof waaruit de kerk leeft," *De Opwekker,* 81 (1937), 520-547.

"Drie grote vragen, De vraag naar de verlossing," in: *Het Triwindoe-Gedenkboek Mangkoe Nagoro,* Part 7, Surakarta, 1939, 9-13.

"Berg en zee als mystiek-religieuze grootheden," *Almanak van het studentencorps aan de VU,* Amsterdam, 1939, 133-144.

"Het probleem der 'Anknüpfung' bij de evangelieverkondiging," *Vox Theologica,* 11 (1939, 1940), 105-111. Also published in R. van Woudenberg (ed.), *J.H. Bavinck: Een keuze uit zijn werk,* Kampen, 1991, 57-69.

"Jezus Christus is dezelfde...tot in eeuwigheid," in: A.G. Barkey Wolf, J.H. Bavinck, A.K. Straatsma, *Gisteren en heden Dezelfde en tot in eeuwigheid,* Den Haag, 1939, 30-46.

"Veel vragen en één antwoord," *De Standaard* (May 25, 1940).

"Worden wij weer primitieve menschen?" *Horizon,* 7 (1940, 1941), 306-312.

"Christus nu," in: J.H. Bavinck, H. Kraemer, K.H. Miskotte, *Slave Rex,* Den Haag, 1941, 7-35.

"Zending en cultuur," in: *Indische dag,* a collection of addresses, Heemstede, 1941.

"Phaenomenologische classificatie der religieuze structuren," *Vox Theologica,* 13 (1941, 1942), 28-32.

"Het evangelie en de andere godsdiensten," *Het Zendingsblad,* 39 (1941), 148, 164, and 40 (1942), 3, 35, 52, 67.

"De zending en haar diensten," *Het Zendingsblad,* 40 (1942), 83, 91, 99, 107, and 41 (1943), 28, 44, 51, 67.

"De komst van het Godsrijk," in: *Militia Christi,* addresses delivered at the 20th gathering of the Association of Reformed (Gereformeerde). Men's Societies, 1942, 6-13.

"Mythos en logos," *Almanak van het corpus studiosorum in academia campensi 'Fides Quaerit Intellectum,'* 51 (1943), 55-66.

"De medische dienst in het geheel van het zendingswerk," and "Wat heeft het medische werk te maken met den godsdienst van den inlander," in: *Voordrachten op de conferentie voor medici en verpleegsters in augustus 1944 te Voorburg,* stenciled collection of conference addresses, Baarn, 1944, 7-8, 15-18.

"Het hindoeïsme en syncretisme als zendingsprobleem," in: J.H. Bavinck, *Hoofdmomenten uit de zendingsgeschiedenis en andere referaten,* stenciled manuscript, Putten, 1944, 7-10.

"Nieuwe oriëntering in ons zendingswerk," *Gereformeerd Weekblad,* 1, 23 and 24 (1945), no pagination.

"Mijn oordeel over de Nederlandsche Volksbeweging" and "Dupliek," in: W. Schermerhorn (ed.), *Christelijk-nationale en humanistische wilskracht in de Nederlandsche Volksbeweging,* Amsterdam, 1945, 3-5, 52-53.

"De zending nu!" foreword in *Historisch Document*, a reissue of the address on mission delivered by A. Kuyper in Amsterdam in 1890, no place name, 1945; also incorporated in the bound 43rd volume of *Het Zendingsblad*.

"Op weg naar een nieuwe zendingsstrategie," "De jonge kerken moeten het doen," "De taak der oudere kerken," "Zendingswerk onder leiding der jonge kerken," "Zending en cultuur," "Het vraagstuk der aansluiting," "Zending in een veranderende wereld," "Aan de vooravond van de samenspreking met de Javaanse kerken," "Samenspreking met de kerk op Java," *Gereformeerd Weekblad*, 2 (1946), 82, 91, 107, 116, 133, 169, 189, 381, 399.

"Het eerste gebod," in: Th. Delleman (ed.), *Sinaï en Ardjoeno, Het Indonesische volksleven in het licht der tien geboden*, Aalten, 1946, 21-45. Also published in R. van Woudenberg (ed.), *J.H. Bavinck: Een keuze uit zijn werk*, Kampen, 1991, 88-109.

"De deur op een kier," "Het moeilijke gesprek," "Kunnen wij nog met vrucht in de zending werken?" "Onze zendingsvelden opgenomen in grotere verbanden," "Centralisering in het zendingswerk," "Het vraagstuk van de decentralisatie in de zending," "Wijde perspectieven," "De breedheid van de zendingstaak," "Waar liggen de grenzen van de zendingstaak," *Gereformeerd Weekblad*, 4 (1948), 84, 93, 108, 115, 131, 147, 163, 179, 195, 227.

"Christus en de wereld van het Oosten," in: F.W. Grosheide *et al.*, *Christus de Heiland*, Kampen, 1948, 208-242.

"De vergadering van de wereldraad van kerken," *Bezinning*, 3 (1948), 273-282.

"Review of J.C. Hoekendijk, *Kerk en volk in de Duitse zendingswetenschap*," *Nederlands Theologisch Tijdschrift*, 3 (1949), 304-306.

"Theologie in het verre Oosten," *Gereformeerd Weekblad*, 4 (1949), 179.

"Zendingsbegrip en zendingswerkelijkheid," *De Heerbaan*, 2 (1949), 1-8.

"Pinksterverlangen in de volkerenwereld," and "Hebben wij de Heilige Geest ontvangen?" in: G. Brillenburg Wurth, J.H. Bavinck, P. Prins (eds.), *De Heilige Geest*, Kampen, 1949, 7-20, 437-452.

"Toekomstverwachtingen voor ons zendingswerk," "Onze gemeenschappelijke taak," "Wat kunnen wij nu nog voor Indonesië doen?" *Gereformeerd Weekblad*, 5 (1949), 178, 214 and 5 (1950), 235.

"De jonge kerk en het cultureel erfgoed," *De Heerbaan*, 3 (1950), 327-330.

"Overal, behalve in Israël," *Gereformeerd Weekblad*, 6, 44 (1951), no pagination.

"Verkondiging aan de volkerenwereld, De zending," in: J. Waterink *et al.*, *cultuurgeschiedenis van het christendom*, Part 4, Amsterdam-Brussels, 1951,

359-409.

"Uitkomsten der studie van buitenbijbelse religies," in: J. Waterink *et al.*, *cultuurgeschiedenis van het christendom*, Part 5, Amsterdam-Brussels, 1951, 368-377.

"De zendingsmethode van Paulus en die van ons," *Het Zendingsblad*, 49 (1951), 99.

"De kerk, zendingskerk," *Het Zendingsblad*, 50 (1952), 20.

"Kerk en Zending," *Het Zendingsblad*, 50 (1952), 100.

"Het vraagstuk spitst zich toe," in: J.H. Bavinck and G. van Veldhuizen, *Mens of robot*, Den Haag, 1952, 5-47.

"Mystiek," "Geloven en kennen," "Mystiek dus niet-wat dan wel?" *Gereformeerd Weekblad*, 7 (1952), 313, 329, 361. Also published in R. van Woudenberg (ed.), *J.H. Bavinck: Een keuze uit zijn werk*, Kampen, 1991, 110-144.

"Indrukken van Zuid-Afrika," *Gereformeerd Weekblad*, 7 (1952), 141, 150, 164, 174, 180, 189, and 8 (1953), 219.

"Protestantisme," in: *Ontmoeting der levensovertuigingen, Inleidingen gehouden op de Zomerschool*, no place name, 1954, separate pagination for each article.

"Het rassenvraagstuk in Zuit-Afrika," *Anti-Revolutionaire Staatkunde*, 24 (1954), 257-269.

"Apostoliciteit en katholiciteit," in: *De apostolische kerk*, theological essays presented on the occasion of the centenary of Kampen Theologlical Seminary, Kampen, 1954, 218-242.

"Nieuwe uitzichten in het zendingswerk," in: *Gespannen verwachting*, a publication of the Association of Reformed (Gereformeerde) Girl's Societies, 1955, 10-16.

"General Revelation and the Non-christian Religions," *Free University Quarterly*, 4 (1955), 43-55. Also published in Dutch translation as "Algemene openbaring en de niet-christelijke religies," in J.H. Bavinck, *Religieus Besef en christelijk geloof*, Kampen, 1989, 192-209, and R. van Woudenberg (ed.), *J.H. Bavinck: Een keuze uit zijn werk*, Kampen, 1991, 70-87.

"The problem of adaptation and communication," *International Review of Missions*, 45 (1956), 307-303.

"het evangelie en het mystisch levensgevoel," farewell lecture, Kampen, October 5, 1956, *De Heerbaan*, 9 (1956), 157-165. Also published in R. van Woudenberg (ed.), J.H. Bavinck: Een keuze uit zijn werk, Kampen, 1991, 145-153.

"Religie en het christelijk geloof," *Bezinning*, 12 (1957), 61-71.

"Hendrik Kraemer als denker en medewerker," *De Heerbaan,* 11 (1958), 84-96. Also published in R. van Woudenberg (ed.), J.H. Bavinck: Een keuze uit zijn werk, Kampen, 1991, 158-171.

"Bijbel en ras," *De Heerbaan,* 11 (1958), 53-70.

"Harrenstein als oecumenische gestalte," *Uitzicht,* 5 (1959), 160-164.

"Het Vasco da Gama-tijdperk, Wereldhisorische bespiegelingen ende zending," *trouw,* (September, 12, 1959).

"India in Transition," *Free University Quarterly,* 7 (1960), 26-37.

"Hoe de boodschap verder gaat: Sociologische aspecten in de verbreiding van het evangelie," *Trouw* (July 10, 1961).

"Theology and Mission," *Free University Quarterly,* 8 (October 1961), 59-66.

"Nehroe, 'Ja ik ben veranderd,'" *Trouw* (November 24, 1962).

"Die Gereformeerde Kerk van Suid-Afrika en die Sending," *Pro Veritate,* 3, 2 (1965), 1 ff.

"Artikelen over de rassenproblematiek en Zuid-Afrika," in: J. van den Berg, *Een geheel andere waardemeter,* Amsterdam, 1972.

"De religie en de ontwikkelingsproblematiek," in: *Problematiek van de ontwikkelings-landen,* published by the Foundation for International Cooperation of Dutch Universities and Colleges, no place name, no year, 21-36.

공문서와 인터뷰

The central archives of the Reformed Churches in the Netherlands (GKN), housed partly in the Netherlands National Archives in Utrecht and partly at the Central Offices of the Uniting Protestant Churches in the Netherlands, Utrecht.

The archives of the Gereformeerde Kerk in Heemstede.

The archives of the Gereformeerde Kerk in Delft, housed in the municipal archives of Delft.

The archives of Kampen Theological Seminary, largely housed in the municipal archives of Kampen.

The J.H. Bavinck archive in the Center for the Historical Documentation of Dutch Protestantism from 1800 Onward, Free University, Amsterdam.

Interviews with family members, C.B. Bavinck (daughter), H.J. Bavinck and B. Bavinck (nephews).

Interviews with others who knew J.H. Bavinck personally, J. van den Berg, J. Verkuyl, A.G. Honig jr., J. v.d. Linden, D. Bakker, M.J. Richters Hessels, L.J. Wolthuis.

2. 이차 자료들(알파벳 순)

특수자료(Specific)

Bakker, F.L. "In memoriam prof. dr. J.H. Bavinck," *Algemeen Handelsblad* (June 24, 1964).

Breukelaar, W. "Berichten over werkzaamheden van J.H. Bavinck," *Het Zendingsblad*, various issues and years.

Haak, C.J. "De elenctiek van van J.H. Bavinck en zijn actualiteit voor de moderne missiologie," theme issue, van J.H. Bavinck 100 jaar na zijn geboorte, *GMO Bulletin*, 5 (1996), 31-84.

Kievit, J. *Tussen Clemens en Barth, De visie van J.H. Bavinck op de religies,* Th.M. thesis, Free University, Amsterdam, 1987.

Klapwijk, J. *Vervagend oordeel, Genade en oordeel in Bavincks Inleiding in de zendings-wetenschap,* Curaçao, 1988.

Kruidhof, J. "Fundering van de zending, Over de ernst van de werkelijkheid," theme issue, J.H. Bavinck 100 jaar na zijn geboorte, *GMO Bulletin*, 5 (1996), 7-30.

Pos, A. "Bij het sterven van prof. dr. J.H. Bavinck," *Trouw* (June 24, 1964).

Pos, A. "In memoriam prof. dr. J.H. Bavinck," *Centraal Weekblad*, 12, 27 (1964), no pagination.

Pos, A. "Leven en werk van Dr. Johan Herman Bavinck," in: J. van den Berg *et al.* (eds), *Christusprediking in de wereld,* Kampen, 1965, 7-26.

Ridderbos, H.N. "In memoriam prof. dr. J.H. Bavinck," Gereformeerd Weekblad, 20 (1964), 2.

Rullmann, J.A.C. "Bij het overlijden van prof. dr. J.H. Bavinck," *Nieuw Rotterdamsche Courant* (June 24, 1964).

Slagboom, J. *J. H. Banvinck als zendeling,* Apeldoorn, 1985.

van den Berg, J. "Prof. Bavinck 40 jaar in het ambt," *Centraal Weekblad*, 9, 28 (1961), no pagination.

van den Berg, J. De wetesnschappelijke arbeid van Professor Dr. Johan Herman Bavinck," in: J. van den Berg et al. (eds), *Christusprediking in de wereld,* Kampen, 1965, 27-42.

van den Berg, J. *Een geheel andere waardemeter, Beschouwingen van Prof. Dr. J.H. Bavinck over het rassenvraagstuk en Zuid-Afrika,* Amsterdam, 1972.

van den Berg, J. "The legacy of J.H. Bavinck," *International Bulletin of Missionary Research,* 7, 4 (October 1983), 171-174.

van Woudenberg, R. "Dr Johan Herman Bavinck (1895-1964), Theoloog van Woord en antwoord," in: R. Woudenberg (ed.), *J.H. Bavinck: Een keuze uit zijn werk,* Kampen, 1991, 7-31.

Verkuyl, J. "In memoriam prof. dr. J.H. Bavinck," *De Heerbaan,* 17 (1964), 93.

Verkuyl, J. "Prof. dr. J.H. Bavinck," in: J. Verkuyl, *Inleiding in de nieuwere zendingswetenschap,* Kampen, 1975, 60-66.

Verkuyl, J. "Woord vooraf," in: *Religieus besef en christelijk geloof,* enlarged with *Algemene openbaring en de niet-christelijke religies,* Kampen, 1989, ixxix.

Visser, P.J. *Geen andere naam onder de hemel, De missiologie van Johan Herman Bavinck,* Th.M. thesis, University of Utrecht, 1987.

Visser, P.J. "De openbaring Gods in missiologisch perspectief, De visie van J.H. Bavinck op de relatie tussen Gods openbaring en de niet-christelijke religies," in: J. van der Graaf (ed.), *Een vaste burcht voor de kerk der eeuwen,* essays presented to K. Exalto, Kampen, 1989, 166-190.

일반자료(General)

Algra, A. *De Gereformeerde Kerken in Nederlands-Indië/Indonesië (1877-1961),* Franeker, no year.

Algra, H. *Het wonder van de negentiende eeuw,* Franeker, 1979.

Allen, R. *Missionary methods, St. Paul's or Ours?* London, 1912.

Allen, R. *The Spontaneous Expansion of the Church and the Causes Which Hinder It,* London, 1927.

Anonymous. "God in de internationale politiek," *Koers,* 26, 23 (1995), 4.

Arndt, W.F. and F.W. Gingrich, *A Greek-Engloish Lexicon of the New Testament and Other Early Christian Literature,* Chicago, 1960.

Baas, H. *Van Baarn tot Leusden, 40 jaar Zendingscentrum 1946-1986*, Leusden, 1986.

Bailey, C. *Epicurus, The Extant Remains*, Oxford, 1926.

Bailey, C. *Titi Lucreti Cari*, Vol. Ⅰ, Oxford, 1972.

Bakhuizen van den Brink, J.N. and W.F. Dankbaar. *Handboek der kerkgeschiedenis*, Vol. 4, Den Haag, 1968.

Bakker, F.L. "Enkele gegevens over de Opleidingsschool te Djokja," *De Macedoniër*, 40 (1936), 257-264.

Bakker, W. (ed.) *De Afscheiding van 1834 en haar geschiedenis*, Kampen, 1984.

Bakker, W. (ed). *De Doleantie van 1886 en haar geschiedenis*, Kampen, 1986.

Balke, W. *Heel het Woord en heel de Kerk, Schetsen uit de geschiedenis van de vaderlandse kerk*, Kampen, 1992.

Barth, K. "Die Theologie und die Mission in der Gegenwart," *Zwischen den Zeiten*, (1932), 43-65.

Barth, K. *Het christelijk openbaringsbegrip*, translation of *Das christliche Verständnis der Offenbarung* by H.C. Touw, Nijkerk, no year.

Barth, K. *Kirchliche Dogmatik*, Vol. Ⅰ. 2, Zürich, 1969.

Barth, K. *Church Dogmatics*, Vol. Ⅰ. 2, tr. By G.T. Thomson and H. Night, Edinburgh, 1956.

Bassham, R.C. *Mission Theology 1948-1975, Years of Worldwide Creative Tension, Ecumenical, Evangelical, and Roman Catholic*, Pasadena, 1979.

Bauer, W. *Wörterbuch zum Neuen Testament*, Berlin-New York, 1971.

Bavinck, C.B., et al. *Ons aller moeder*, no place name, 1926.

Bavinck, C.B. *Welke zijn de oorzaken van het kerkelijk-gescheiden leven der Gereformeer-den in Nederland*, Aalten, 1921.

Bavinck, C.B. *Gaat in tot Zijne poorten met lof*, farewell sermon, December 2, 1930, Rotterdam.

Bavinck, H. *De katholiciteit van christendom en kerk*, Kampen, 1888.

Bavinck, H. *De offerande des lofs*, Kampen, 1901.

Bavinck, H. *De zekerheid des geloofs*, Kampen, 1901.

Bavinck, H. *Gereformeerde dogmatiek*, Vols. 1, 2, 3, Kampen, 1906, 1908, 1910.

Bavinck, H. "De zending in de heilige Schrift," in H. Beets, *Triumfen van het kruis*,

Grand Rapids, 1914, 7-30.

Bavinck, H. *Beginselen de psychologie,* Kampen, 1923.

Bavinck, H. *Stemmen des heils,* no place name, 1863.

Bavinck, H. *De Heidelbergse Catechismus in 60 leerredenen verklaard,* Vols. 1, 2, Kampen, 1903.

Bavinck, J. *Feeststofen I, II en III,* Kampen, 1909.

Beker, E.J. and J.M. Hasselaar, *Wegen en kruispunten in de dogmatiek,* Vol. 1, Kampen, 1978.

Bergema, H. "Over de beteekenis van de kennis der Javaansche cultuur voor het verstaan van de Javaansche levensvisle," *De Macedoniër,* 36 (1932), 257-268.

Bergema, H. *Rondom Israël,* Kampen, 1957.

Berkhof, H. "Emancipatie, secularisatie en de zending van de kerk," in: J.D. Gort and H.J. Westmaas (eds.) *Zending op weg naar de toekomst,* essays presented to J. Verkuyl on the occasion of his retirement, Kampen, 1978, 166-177.

Berkouwer, G.C. *Dogmatische Studiën, De algemene openbaring,* Kampen, 1951.

Bertram, G. "Θεοσεβής, Θεοσέβεια," in: Gerhard Kittel (ed.) *Theological Dictionary of the New Testament,* Vol. 3, θ-K, translated by Geoffrey W. Bromiley, Grand Rapids, 1972, 123-128.

Blauw, J. *Goden en mensen, Plaats en betekenis van de heidenen in de Heilige Schrift,* Groningen, 1950.

Blauw, J. *Gottes Werk in dieser Welf, Grundzüge einer biblischen Theologie der Mission,* München, 1961.

Blauw, J. "Rijmloos, Overwegingen bij het thema 'evangelie en religies,'" in: J. van den Berg *et al.* (eds), *Christusprediking in de wereld,* Kampen, 1965, 111-132.

Boersema, J.A. "Een halve eeuw zending van de Gereformeerde Kerken (Vrijgemaakt) tegen de achtergrond van Middelbrug 1896," *Documentatieblad voor de geschiedenis van de Nederlandse zending en overzeese kerken,* 3, 2 (1996), 51-70.

Bosch, D.J. *Witness To the World,* London, 1980.

Bosch, J. *Figuren en aspecten uit de eeuw der afscheiding,* Goes, 1952.

Bouquet, A.C. *The Christian Faith and Non-Christian Religions,* London, 1958.

Bouritius, G. "Interreligieuze dialoog," in: H. Schaeffer (ed.), *Handboek godsdienst in Nederland*, Amersfoort, 1992, 167-179.

Bremmer, R.H. *Herman Bavinck als dogmaticus*, Kampen, 1961.

Bremmer, R.H. *Herman Bavinck en zijn tijdgenoten*, Kampen, 1966.

Brillenburg Wurth, G. and W.A. Wiersinga. *Het evangelie in een ontkerstende wereld*, Kampen, 1953.

Brinkman, M.E. *De theologie van Karl Barth, Dynamiet of dynamo voor christelijk handelen, De politieke en theologische controverse tussen nederlandse barthianenen neocalvinisten*, Baarn, 1983.

Broekhuis, J. *Oriëntatie in de godsdienstwetenschap*, Zoetermeer, 1994.

Brouwer, K.J. *Zending in een gistende wereld*, Amsterdam, 1951.

Brunner, E. *Natur und Gnade*, Tübingen, 1934.

Brunner, E. *Der Mensch im Widerspruch*, Zürich, 1941.

Buskes, J.J. *Hoera woor het leven*, Amsterdam, 1960.

Calvin, John. *Institutes of the Christian religion*, Vol. 1, translated by Ford Lewis Battles, Philadelphia, 1960.

Calvin, John. *Institutie*, translated by A. Sizoo, Delft, 1931.

Calvin, John. *Verklaring van de bijbel, Romeinen*, Goudriaan, 1972.

Chakkarai, V. *Jesus the Avatar*, Madras, 1926.

Clemen, C. *Der Einfluss des Christentums auf andere Religionen*, Leipzig, 1933.

Christelijke Encyclopedie, Vol. 5. Kampen, no year.

Dana, H.E. and J.R. Mantey, *A Manual Grammar of the Greek New Testament*, New York, 1960.

Dankbaar, W.F. "Het apostolaat bij Calvijn," in: W.F. Dankbaar, *Hervormers en humanisten, Een bundel opstellen*, Amsterdam, 1978.

Daubanton, F.E. *Prolegomena van protestantsche zendingswetenschap*, Utrecht, 1911.

Davis, J.M. *New Buildings on Old Foundations, A Handbook on Stabilzing the Younger Churches in Their Environment*, New York-London, 1947.

Deddens, K. and M.K. Drost. *Balans van het oecumenisme*, Enschede, 1980.

Dee, J.J.C. *K. Schilder, Zijn leven en zijn werk*, Vol. 1, Goes, 1990.

de Vos, H. *Het christendom en de andere godsdiensten*, Nijkerk, 1962.

Dibelius, M. *Paulus auf dem Areopag*, Heidelberg, 1939.

Drexel, A. *Die Völker der Erde*, Vol. 1. no place name, 1947.

"Edinburgh to Melbourne," theme issue, *International Review of Mission*, 67, 267 (July, 1978)

Endedijk, H.C. *De Gereformeerde Kerken in Nederland*, Vol. 1, Kampen, 1991.

Esser, B.J. "Ambt en kerkelije positie der missionair-predikanten in de Gereformeerde Kerken en de opleiding daartoe," *De Macedoniër*, 37 (1933), 97-112.

Fernhout, R. "Van elenctiek naar dialoog," in: R. Bakker, R. Rernhout, J.D. Gort, A Wessels (eds.) *Religies in nieuw perspectief*, essays on interreligious dialogue and religiosity presented to D.C. Mulder on the occasion of his retirement, Kampen, 1985, 9-17.

Freytag, W. *Die junge Christenheit im Umbruch des Ostens*, Berlin, 1938.

Frick, H. *Christliche Verkündigung und vorchristliches Erbgut*, Stuttgart-Basel, 1938.

Gilhus, J.C. *De zendingstaak der kerk*, Kampen, 1940.

Gilhuis, J.C. *Ecclesioncentrische aspecten van het zendings werk*, Kampen, 1955.

Goodall, Norman, "Towards Willigen," *International Review of Mission*, 41 (1952), 129-138.

Goodal, Norman (ed.) *Mission Under the Cross*, Addresses Delivered at the Enlarged Meeting of the Committee of the International Missionary Gouncil at Willingen in Germany, 1952, London, 1953.

Gort, J.D. and H.J. Westmaas (eds.), *Zending op weg naar de toekomst*, essays presented to J. Verkuyl on the occasion of his retirement, Kampen, 1978.

Gort, J.D. "The Contours of the Reformed Understanding of Christian Mission," *Mission Focus*, 7, 3 (September 1979), 37-41. Also published in enlarged form as "Contours of the Reformed Understanding of Christian Mission, An Attempt at Delineation" in *Calvin Theological Journal*, 15, 1 (April 1980), 47-61, and in *Occasional Bulletin of Missionary Research*, 4, 4 (October 1980), 156-162).

Gort, J.D. "Buitenkerkelijken als randkerkelijken," in: J.M. Vlijm (ed.), *Buiten sporig geloven, Studies over 'randkerkelijkheid,'* Kampen, 1983, 137-152.

Gort, J.D. "Van Edinburgh 1910 naar Sam Antonio 1989, Een doorlopend verhaal," *Wereld en Zending*, 18, 4 (1989), 359-365.

Graafland, C. "Theologische hoofdlijnen," in: C.A. Tukker (ed.), *Gij die eertijds verre waart: Een inleiding tot de gereformeerde zendingswetenschap*, Utrecht, 1978.

Graafland, C. "De bijbelse fundering van het zendingswerk," in: C.A. Tukker (ed.), *Gij die eertijds verre waart: Een inleiding tot de gereformeerde zendingswetenschap*, Utrecht, 1978.

Grolle, J.H. *Gesprek met Israël*, Den Haag, 1949.

Grosheide, F.W. "Beginselen der Gereformeerde Evangelisstie," in: *Handboek voor Gereformeeerde Evangelisatie*, Kampen, no year.

Grosheide, F.W. *Kommentaar op heit NT, De Handelingen der Apostelen 1*, Amsterdam, 1942.

Gutmann, B. *Gemeindeaufbau aus dem Evangelium, Grundsätzliches für Mission und Heimatkirche*, Leipzig, 1925.

Hadiwyono, H. *Man in the Present Javanese Mysticism*, Baarn, 1967.

Handboek van de Gereformeerde Kerken in Nederland, 22 (1910), Goes, 1910.

Harnack, A. von. *Dogmengeschichte*, Vol. 1, Tübingen, 1909.

Harnack, A. von. *Mission und Ausbreitung des Christentums in den ersten drei Jahr-hunderten*, Vol. 1, Leipzig, 1924.

Hartenstein, K. *Die Mission als theologisches Problem, Beiträge zum grundsäβlichen Verständnis der Mission*, Berlin, 1933.

Hertenstein, K. "Heidentum und Kirche," *Evangelisches Missionsmagazin*, 80 (1936), no pagination.

Hartweld, G. "De vraag van Lessing, Wie van de drie?" *Rondom het Woord*, 21 (1979), 21-29.

Hastings, J. (ed.) *Encyclopaedia of Religion and Ethics*, no place name, 1909.

Hepp, V. *Dr. Herman Bavinck*, Amsterdam, 1921.

Hocking, W.E. *Rethinking Missions, A Laymen's Inquiry After One Hundred Years*, New York-London, 1932.

Hoekema, A.G. *Denken in dynamisch evenwicht, De wordingsgeschiedenis van de nationale protestantse theologie ca. 1860-1960*, Zoetermeer, 1994.

Hoekendijk, J.C. *Kerk en volk in de Duitse aendingswetenschap*, Amsterdam, 1948.

Holsten, W. *Das Evangelium und die Völker, Beiträge zur Geschichte und Theorie der Mission*, Berlin-Friedenau, 1939.

Holsten, W. *Das Kerygma und der Mensch, Einführung in der Religions- und Missions-wissenschaft*, München, 1953.

Holtrop, N. "Van Middelburg tot aan de einden der aarde," *Documentatieblad voor de geschiedenis van de Nederlandse zending en overzeese kerken*, 3, 2 (1996), 160-170.

Holtzmann, O. *Neutestamentliche Zeitgeschichte*, Tübingen, 1906.

Honig jr., A.G. *Bijdrage tot het onderzoek naar de fundering van de zendingsmethode der 'comprehensive approach' in het Nieuwe Testament*, Kampen 1951.

Honig jr., A.G. *De heerschappij van Christus en de zending*, Kampen, 1973.

Idenburg, J. et al, *Evangelische benadering van de mens*, Delft, 1953.

Jongeneel, J.A.B. and E. Klootwijk. *Faculteiten der godgeleerdheid, theologische hoge-scholen en de derde wereld*, Leiden, 1986.

Jongeneel, J.A.B. (ed.) *Ganges en Galilea, Een keuze uit het werk van Stanley J. Samartha*, Kampen, 1986.

Jongeneel, J.A.B. "Voetius' zendingstheologie, De eerste comprehensieve protestantse zendingstheologie," in: J. van Oort et al., *De onbekende Voetius*, Kampen, 1989.

Jongeneel, J.A.B. "De zendingstheologie van F.E. Daubanton," *Nederlands Thologische Tijdschrift*, 44 (1990), 288-307.

Jongeneel, J.A.B. *Missiologie*, Part 1, Zendingswetenschap, Part 2, Missionaire theologie, Den Haarg, 1991.

Jongeneel, J.A.B. "De missie volbrengen," in: W. Aantjes et al., *Gereformeerden en het gesprek met de cultuur*, Zoetermeer, 1991, 191-201.

Jongeneel, J.A.B. "Missie en zending," in H. Schaeffer (ed.), *Handboek Godsdienst in Nederland*, Amersfoort, 1992, 573-586.

Jonker H. and E.S. Klein Kranenburg, *Bijbel en ervaring*, Zoetermeer, 1991.

Joosse L.J. (ed.). *Leren hoe hij wand'len moet, over woord en daad in de zending*, Goes, 1992.

Kagawa, T. *The Religion of Jesus*, London, 1931. 1931.

Kamphuis, J. *Zien in de toekomst*, Groningen, 1979.

Karrer, O. *Het religieuze in de mensheid en het christendom*, Bilthoven, 1939.

Keysser, C. *Eine Papuagemeinde*, Kassel, 1929.

Kinghorn, J. (ed.). *Die NG Kerk en apartheid*, Johannesburg, 1986.

Kinnamon, M. and B.E. Cope, *The Ecumenical Movement: An Anthology of Texts and Voices*, Geneva / Grand Rapids, 1997.

Gittel, G. *Theologisches Wörterbuch zum Neuen Testament*, Vol. 2. Stuttgart, 1935.

Koetsier, C.H. *Zending als dienst aan de samenleving*, Delft, 1975.

Kok, J. *Meister Albert en zijn zonen*, Kampen, 1984^3.

Korff, F.W.A. *Het christelijk gellof en de niet-christelijke godsdiensten*, Amsterdam, 1946.

Kraemer, H. *Kerk en zending*, Den Haag, 1936.

Kraemer, H. *De wortelen van het syncretisme*, Den Haag, 1937.

Kraemer, H. *Blijvende opdracht*, Den Haag, 1941.

Kraemer, H. *Communicatie*, Den Haag, 1957.

Kraemer, H. *Godsdienst, godsdiensten en het christelijk geloof*, Nijkerk, 1958.

Kraemer, H. *The Christian Message in a Non-Christian World*, Grand Rapids, 1969.

Kraemer, H. *Waarom nu juist het christendom?*, Nijkerk, 1960.

Kraus, H.J. *Biblischer Kommentar, Psalmen*, Vol 2, Neukirchen-Vluyn, 1966.

Kuitert, H.M. *In rapport met de tijd*, Kampen, 1990.

Kuyper, A. *Lectures on Calvinism: Six Lectures Delivered at Princeton University, 1989*, under the auspieces of the L.P. Stone Foundation).

Kuyper, A. *Het Calvinisme, Zes Stone-Lezingen in October 1898 te Princeton gehouden*, Amsterdam-Pretoria, no year.

Kuyper, A. *Encyclopaedie der Heilige Godgeleerdheid*, Vol. 3, Kampen, 1909.

Lambooy, J. "De methode van de elenctiek van het heidendom," *De Macedoniër*, 43 (1939), 38 ff.

Lekkerkerker, A.F.N. *De prediking van het NT, De brief van Paulus aan de Romeinen*, Vol. 1, Nijkerk, 1971.

Liddell, H.G. and R. Scott. *A Greek-English Lexicon*, Oxford, 1958.

McCracken, G.I. *St. Augustine, The City of God Against the Pagans*, Vol. 2, London-Cambridge, Massachusetts, 1963.

Mintjes, H. "In lijn van Abraham, Hondred jaar Gereformeerde Kerken en de Islam," *Documentatieblad voor de geschiedenis van de Nederlandse zending en overzeese kerken*, 3, 2 (1996), 140-159.

Mulder, D.C. "Dialoog als zending," in: J.D. Gort, H.J. Westmaas (eds.), *Zending op weg naar de toekomst*, Kampen, 1978, 137-145.

Mulders, A.J.M. *Missiologisch bestek: Inleiding tot de katholieke missiewetenschap*, Hilversum-Antwerpen, 1962.

Müller, K.W. "Elenktik, Gewissen im Kontext," in: H. Kasdorf and K.W. Müller (eds.), *Balanz und Plan, Mission an der Schwelle dritten Jahrtausend*, Festschrift presented to George W. Peters on the occasion of his 80th birthday, Bad Liebenzell, 1988.

Muller, Richard A. *Dictionary of Latin and Greek Theological Terms Drawn Principally from Protestant Scholastic Theology*, Grand Rapids/Carlisle, 1985.

Nauta, D. (ed.), *Biografisch lexicon voor de geschiedenis van het Nederlandse protestantisme*, Vols. 1, 2, Kampen, 1983.

Neill, S.C. *A History of Christian Missions*, Harmondsworth, 1964.

Neill, S.C. *Christian Faith and Other Faiths*, London, 1968.

Neill, S.C., G.H. Anderson and J. Goodwin (eds.), *Concise Dictionary of the Christian World Mission*, London, 1971.

Neurdenberg, J.C. *Proeve eener handleiding bij het bespreken der zendingswetenschap*, Rotterdam, 1879.

Nida, E.A. *Message and Mission, The Communication of the Christian Faith*, New York, 1960.

Norden, E. *Agnostos Theos, Untersuchungen zur Formengeschichte religiöser Rede*, Leipzig, 1931.

Oepke, A. *Das neue Gottesvol*, Stuttgart-Basel, 1938.

Oepke, A. "εις," in: Gerhard Kittel (ed.), *Theological Dictionary of the New Testament*, Vol. 2, Δ-H, translated by Geoffrey W. Bromiley, Grand Rapids, 1964, 420-434.

Otto, R. *Das Heilige*, Breslau, 1922.

Pol, D. *Midden-Java ten Zuiden*, Hoenderloo, 1939.

Pol, D. "Vorstenlanden," in: *Christelijke Encyclopedie*, Vol. 5.

Pos, A. "Oosterse theologie," *De Heerbaan*, 8 (1955), 159 ff.

Reichelt, K.L. *Der Chinesische Buddhismus, Ein Bild vom religiösen Leben des Ostens*, Basel, 1926.

Rienecker, Fritz. *Sprachlicher Schlüssel zum Griechischen Neuen Testament*, Giessen-Basel, 1960.

Reinhard, J. "Wandlungen im Missionsdenken der letzten 50 Jahre," *Evangelisches Missions Zeitschrift* (1943), 175 ff.

Richter, J. *Evangelische Missionskunde*, Vols. 1, 2, Leipzig, 1927.

Ridderbos, H.N. *De komst van het Koninkrijk*, Kampen, 1985.

Ridderbos, J. *Strijd op twee fronten, Schilder en de gereformeerde elite in de jaren 1933-1945 tussen aanpassing, collaboratie en verzet op kerkelijk en politiek terrein*, Vols. 1, 2, Kampen, 1994.

Runia, K. *Het evangelie en de vele religies*, Kampen, 1990.

Schärer, H. *Die Begründung der Mission in der katholischen und evangelischen Missions-wissenschaft*, Zürich, 1944.

Schärer, H. *Die missionarische Vekündigung auf dem Missionsfelde*, Basel, 1946.

Schippers, R. *De bronnen van een oecumenisch ethos*, Kampen, 1951.

Schleiermacher, F.D.E. *Über die Religion, Reden an die Gebildeten unter ihren Verächtern*, Hamburg, 1958.

Schleiermacher, F.D.E. *Der christliche Glaube, Nach den Grundsätzen der evangelische Kirche im Zusammenhange dargestellt*, Berlin, 1960.

Schlunk, M. *Paulus als Missionar*, Gütersloh, 1937.

Schmidlin, J. *Katholische Missionslehre im Grundriss*, Münster, 1923.

Schmidlin, J. *Einführung in die Missionswissenschaft*, Münster, 1925.

Schmoller, A. *Handkonkordanz zum Griechischen Neuen Testament*, Stuttgart, 1973.

Schürer, E. *Geschichte des jüdischen Volkes im Zeitalter Jesu Christu*, Vol. 3, Leipzig, 1898.

Schuurman, B.M. *Over alle bergen*, Den Haag, 1952.

Schweitzer, A. *Die Mystik des Apostels Paulus*, Tübingen, 1930.

Seesemann, Heinrich, "παροξύνω, παροξυσμός," in: Gerhard Friedrich (ed.), *Theological Dictionary of the New Testament*, Vol. 5, Ξ-Π α, translated by Geoffrey W. Bromiley, Grand Rapids, 1970, 857.

Smit, W. *De Islam binnen de horizon, Een missiologische studie over de benadering van de islam door vier Nederlandse zendingscorporaties, 1797-1951*, Zoetermeer, 1995.

Stellingwerf, J. *De Vrije Universiteit na Kuyper, De VU van 1950 tot 1955, een halve eeuw geestesgeschiedenis van een civitas academica*, Kampen, 1987.

Stott, J.R.W. *Zending in de moderne wereld*, translation of *Christian Mission in the Modern World*, (Eastbourne, 1975), Goes, 1978.

Sundkler B.G.M. and A. Fridrichsen. *Contributions à l' étude de la pensée missionaire dans la Nouveau Testament*, Uppsala, 1937.

Thauren, J. *Die Akkomodation im katholischen Heidenapostolat*, Münster, 1927.

Tigchelaar, J.J. "Liefde in daden," in: C.A. Tukker (ed.), *Gij die eertijds verre waart: Een inleiding tot de gereformeerde zendingswetenschap*, Utrecht, 1978.

Uittreksel uit de Acta der generale synode van de GKN, Middelburg, 1896.

van Andel, H.A. *De zendingsleer van Gijsbertus Voetius*, 1912.

van Andel, H.A. "De Conferentie op de Olijfberg," *De Macedoniër*, 33 (1929), 64-75.

van Baal, J. *Ontglipt verleden, Verhaal van mijn jaren in een wereld die voorbijging*, Vol. 2, Franeker, 1989.

van Bel다, et al. *De Afgescheidenen en hun nageslacht*, Kampen, 1984.

van den Berg, A.J. *De Nederlandse Christelijke Studenten-Vereniging 1896-1985*, Den Haag, 1991.

van den Berg, J. "De Gereformeerde Kerken en de oecumenische beweging," in: W.F. Golterman and J.C. Hoekendijk (eds.), *Oecumene in 't vizier*, essays presented to W.A. Visser 't Hooft on the occasion of his 60th birthday, Amsterdam, 1960, 9-22.

van den Beukel, A. *De dingen hebben hun geheim*, Baarn, 1991.

van den Toren, B. *Breuk en brug, In gesprek met Karl Barth en postmoderne theologie over geloofsverantwoording*, Kampen, 1995.

van der End, T. *Gereformeerde zending op Sumba 1859-1972, Een bronnenpublicatie*, Alphen aan de Rijn, 1987.

van der Linde, J.M. *Gods wereldhuis*, Amsterdam, 1980.

van der Linde, J.M. *Over Noach en zijn zonen, De Cham-ideologie en de leugens tegen Cham tot vandaag*, Utrecht-Leiden, 1993.

van der Linde, S. *Zending naar gereformeerd beginsel*, Huizen, 1946.

van der Woude, A.S. "God en de goden in het Oude Tesament," *Rondom het Woord*, 21 (1979), 3-11.

van Dusen, H. *Het Christendom in de wereld*, Amsterdam, 1948.

van Eck, J. "In gesprek met het heidendom," *Wapenveld*, 42 (1992), 131-135.

van Klinken, G.J. *Opvattingen in de Gereformeerde Kerken in Nderland over het Jodendom*, Kampen, 1996.

van Koppen, C.A.J. *De geuzen van de negentiende eeuw, Abraham Kuyper en Zuid-Afrika*, Wormer, 1992.

van Leeuwen, A.T. *Hendrik Kraemer, Dienaar der wereldkerk*, Amsterdam, 1959.

van Leeuwen, c. *De prediking van het OT, Amos*, Nijkerk, 1985.

van Lin, J.J.E. *Protestantse theologie der godsdiensten, Van Edinburgh naar Tambaram, 1910-1938*, Assen, 1974.

van Niftrik, G.C. *Een beroerder Israëls, Enkele hoofdgedachten in de theologie van Karl Barth*, Nijkerk, 1949.

van Roon, A. *Prediking van het NT, De brief van Paulus aan de Efeziërs*, Nijkerk, 1976.

van Ruler, A.A. *Theologie van het apostolaat*, Nijkerk, 1953.

van 't Hof, I.C. *Op zoek naar het geheim van de zending, In dialoog met de wereldzendingsconferenties 1910-1963*, Wageningen, 1972.

van Woudenberg, R. "Christelijk exclusivisme en religieus pluralisme," *Nederlands Theologisch Tijdschrift* (1994), 275-290.

van Woudenberg, R. "Waarheid en haar adjectieven," *Radix*, 21 (1995), 32-46.

Veenhof, J. "Honderd jaar theologie aan de Vrije Universiteit," in: M. van Os and W.J. Wieringa (eds.), *Wetenschap en rekenschap, 1880-1980, Een eeuw wetenschaps-beoefening en wetenschapsbeschouwing aan de VU*, Kampen, 1980.

Veenhof, J. "Geschiedenis van theologie en spiritualiteit in de Gereformeerde Kerken," in: M.E. Brinkman (ed.), *100 jaar theologie, Aspecten van een eeuw theologie in de GKN, 1892-1992*, Kampen 1992.

Verkuyl, J. *Zijn alle godsdiensten gelijk?* Baarn, 1953.

Verkuyl, J. *Inleiding in de nieuwere zendingswetenschap*, Kampen, 1975.

Verkuyl, J. *Comtemporary Missiology: An Introduction*, Grand Rapids, 1978.

Verkuyl, J. *Inleiding in de evangelistiek*, kampen, 1978.

Verkuyl, J. *Gedenken en verwachten, Memoires*, Kampen, 1983.

Verkuyl, J. "De spanning tussen westers imperialisme en kolonialisme en zending in het tijdperk van de 'ethische koloniale politiek,'" in: J. de Bruijn (ed.), *Een land nog niet in kaart gebracht, Aspecten van het protestantschristelijk leven in Nederland in de jaren 1880-1940*, Amsterdam, 1987.

Verkuyl, J. *De kern van het christelijk geloof*, Kampen, 1992.

Versteeg, "De bijbelse fundering van het zendingswerk," in: C.A. Tukker (ed.), *Gij die eertijds verre waart: Een inleiding tot de gereformeerde zendingswetenschap*, Utrecht, 1978.

Verstraelen, F.J., et al. (eds.) *Oecumenische inleiding in de missiologie, Teksten en kon-teksten van het wereldchristendom*, Kampen, 1988.

Verstraelen, F.J., et al. (eds.) *Missiology, An Ecumenical Introduction, Texts and Contexts of Global Christianity*, Grand Rapids, 1995.

Visser, P.J. "Bijbelse taxatie van niet-christelijke religie" in: A.G. Knevel, *Jezus de enige weg*, kampen, 1991, 59-65.

Visser, P.J. "Confrontatie met niet-christelijke religie," in: A.G. Knevel, *Jezus de enige weg*, kampen, 1991, 66-70.

Visser, P.J. "Een gereformeerde? Aller dienaar!" *Kontekstueel*, 6, 5 (1992), 42-45.

Voetius, G. *Disputatio de Gentilismo*.

Voetius, G. *Politica Ecclesiastica*, 4.

Voetius, G. *Tractaat over de planting en planters van kerken*, translation of De Plantatione ecclesiarum, Groningen, 1910.

Vroom, H.M. *Geen andere goden? Christelijk geloof in gesprek met Boeddihsime, Hindoeïsme en Islam*, Kampen, 1993.

Vroom, H.M. "Van antithese naar ontmoeting," *Gereformeerd Theologisch Tijdschrift*, 91, 3 (1991), 122-137.

Warneck, G. "Die moderne Weltevangelismus-Theorie," *Allgemeine Missions Zeitschrift*, 24 (1897), 305-325.

Warneck, G. *Evangelische Missionslehre*, Vols. 1, 2, 3, Gotha, 1894-1905.

Warneck, G. *Die Mission im Lichte der Bibel*, Gütersloh, 1907.

Warneck, J. *Paulus im Lichte der heutigen Heidenmission*, Berlin, 1913.

Wernle, *Paulus als Heidenmissionar*, Tübingen, 1909.

Wessels, A. "Op weg naar een contextuele missiologie," in: R. Bakker et al., (eds.), *Religies in nieuw perspectief*, Kampen, 1985, 109-136.

Wessels, A. *En allen die geloven zijn Abrahams geslacht*, Baarn, 1989.

Wessels, A. "Biblical presuppositions for and against syncretism," in: J.D. Gort et al., (eds.), *Dialogue and Syncretism: An Interdisciplinary Approach*, Grand Rapids, 1989, 52-65.

Wielenga, D.K. *De akker is de wereld*, Amsterdam, 1975.

Wiersinga, H.A. *Zendingsperspectief in het Oude Testament*, Baarn, 1954.

Wiersinga, H.A. *Bijbel en zending*, Baarn, 1955.

Wind, A. *Leven en dood in het evangelie van Johannes en in de Serat Dewarutji, met een elenctische confrontatie*, Franeker, 1956.

Wind, A. *Zending en oecumene in de twintigste eeuw*, Vols. 1, 2, Kampen, 1984, 1991.

Wingren, G. *Die Predigt*, Göttingen, 1936.

Yates, T. *Christian Mission in the Twentieth Century*, Cambridge, 1994.

Zielhuis, L. *het offermaal in het heidendom en in de Heilige Schrift*, Franeker, 1951.

Zuidema, S.U. "Gereformeerd oecumenisch," *Bezinning* 3 (1948).

개혁주의 선교학의 선구자
요한 헤르만 바빙크의 생애와 사상

복음을 향한 열정,
세계를 향한 열정

출판일 · 2015년 6월 1일
발행일 · 2015년 6월 5일
지은이 · 폴 안 뷔셔
번역 · 조호영
감수 · 이승구
편집 · 윤효배
펴낸곳 · 도서출판 **나눔과 섬김**
    서울시 서초구 나루터로 4길 58
    T_02-536-4511 F_02-536-4566, E_hbyun3709@hanmail.net
디자인 · Yoon & Lee Design

ISBN : 978-89-88524-41-1 03230
가격 : 15,000원

*잘못된 책은 교환하여 드립니다.